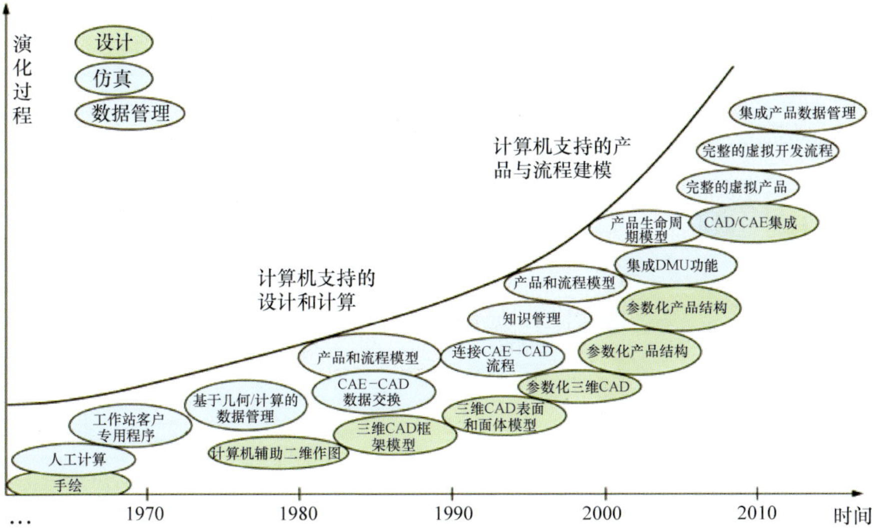

图 2-4　CAD、CAE 以及数据管理系统的发展历史（以 [4-6] 为基础）

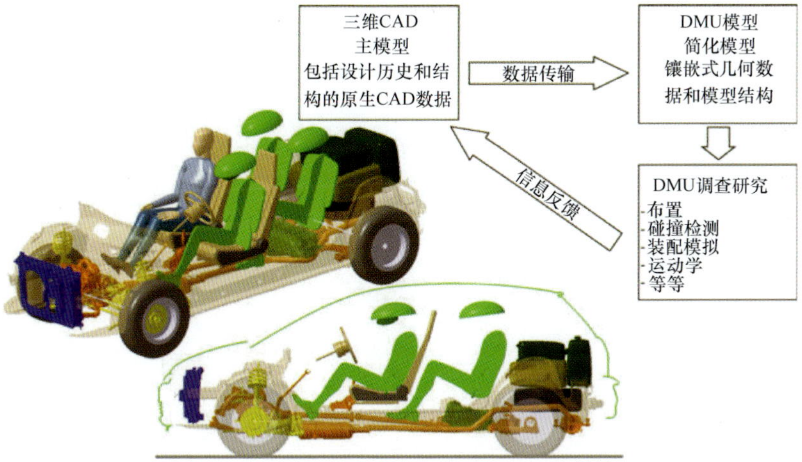

图 2-7　基于概念车辆包装研究的 DMU 工作流程 [8]

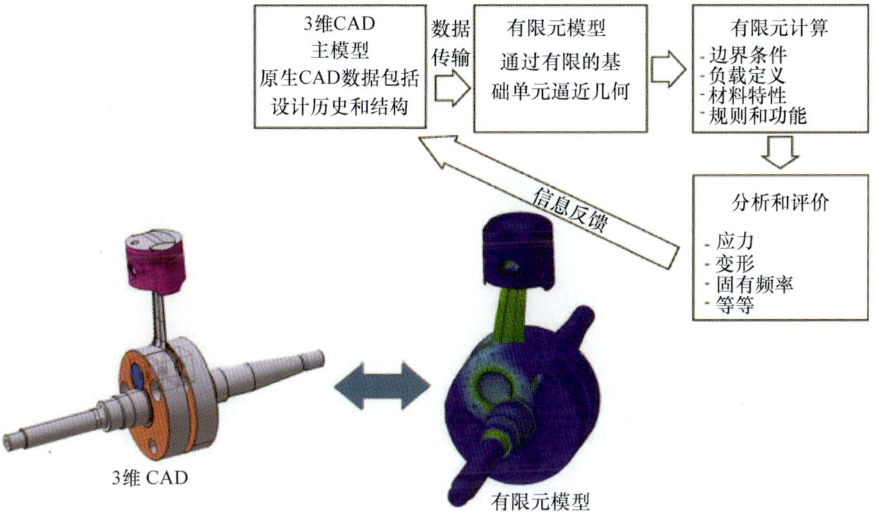

图 2-8　有限元过程中的数据流和单缸发动机曲轴的有限元模拟示例

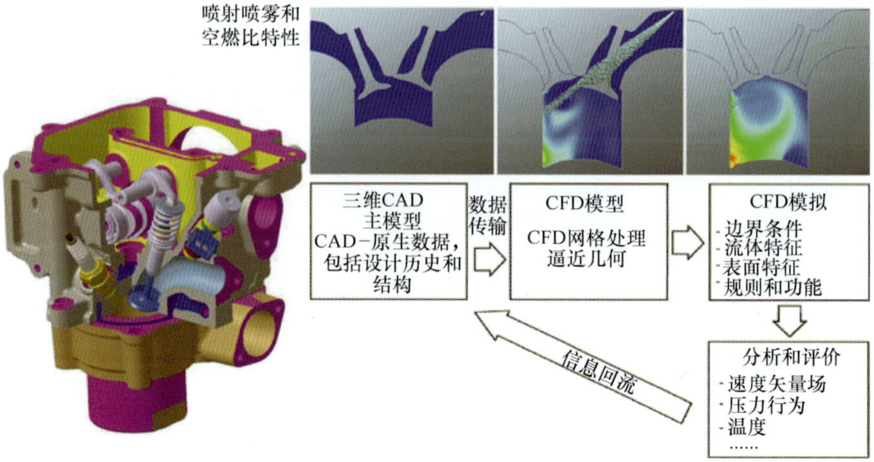

图 2-9　气缸盖装配件和摩托车发动机的 CFD 模拟

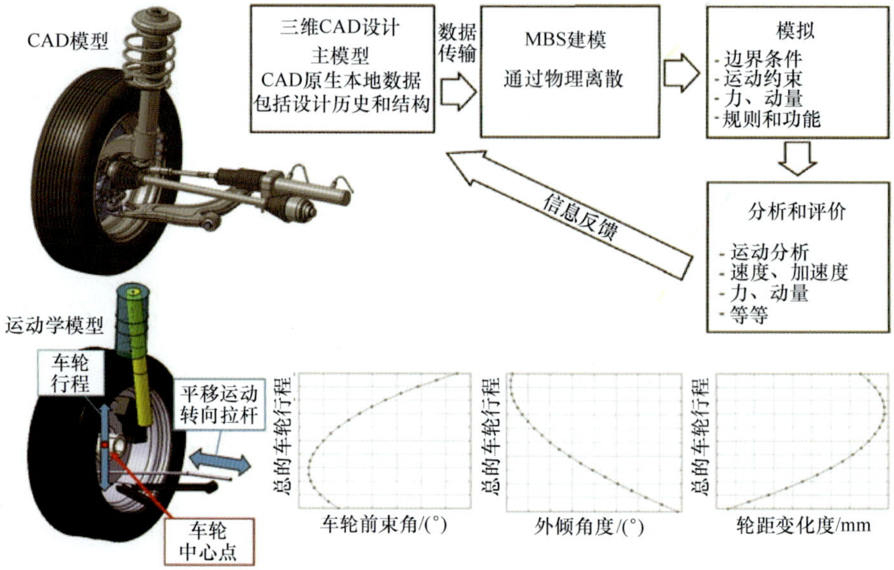

图 2-10　汽车悬架的 MBS 图示

图 2-11　VR 设备和电子屏幕显示

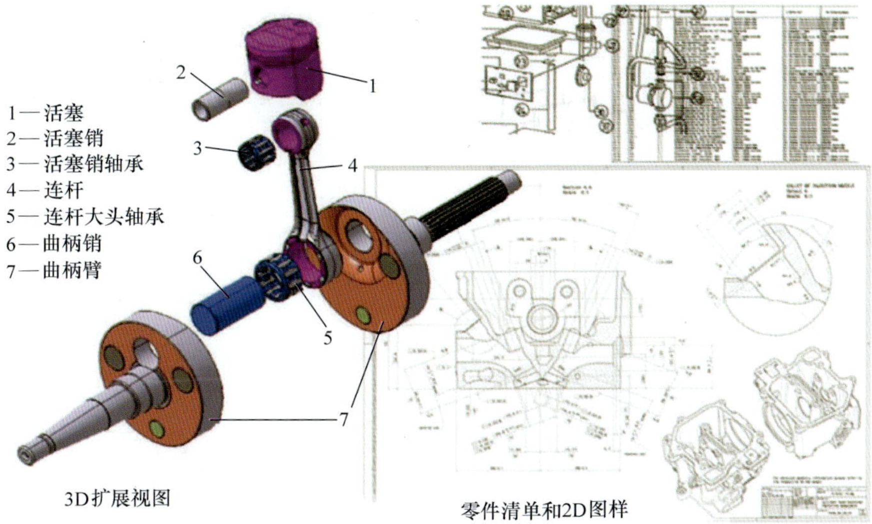

图 2-12 TPD 实例

图 2-14 数字控制和机器人控制模拟实例

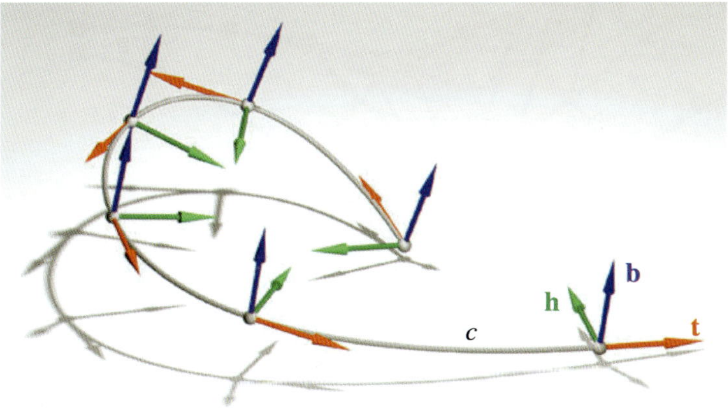

图 3-23 对于不同弧长参数值 s 的曲线 c 和其 Frenet 标架｛**t**，**h**，**b**｝。切向量 **t**，主法线向量 **h**，次法线向量 **b** 分别用红色、绿色、蓝色表示

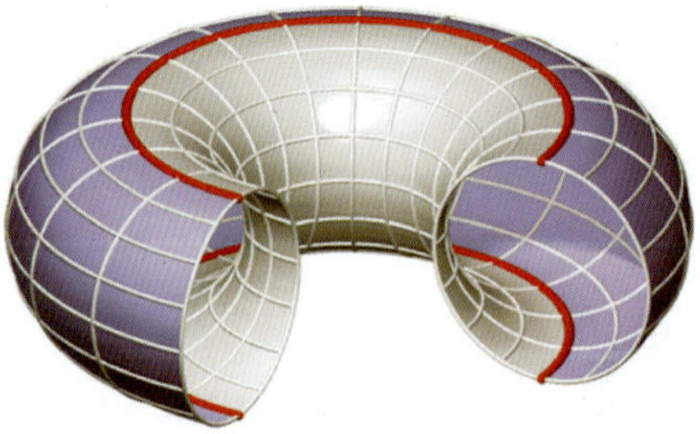

图 3-76　在一个环面上，有一块椭圆面点的区域（蓝色的，高斯曲率 $K>0$），另一块区域是由双曲面点组成的（灰色的，高斯曲率 $K<0$）。这两块区域的边界曲线是两个圆（红色），圆上的点是抛物面点（高斯曲率 $K=0$）

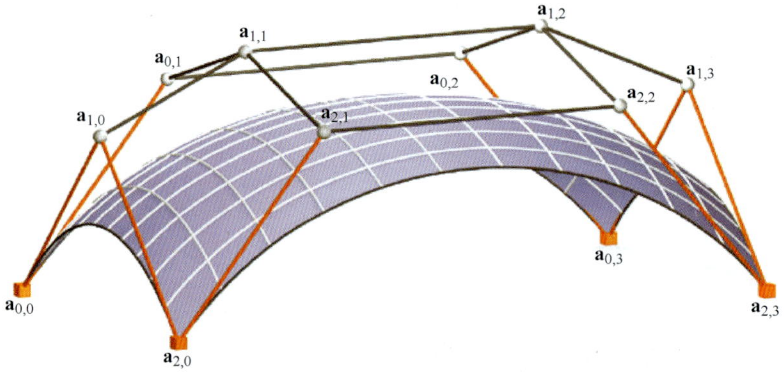

图 3-101　（2，3）控制网格构成了一个贝塞尔曲面。曲面边缘和控制网格边缘重合；在各角点的切向面，相应的线（橙色）也横穿而过。参数线是贝塞尔曲线本身，四个边界曲线的控制多边形构成网格的边界线

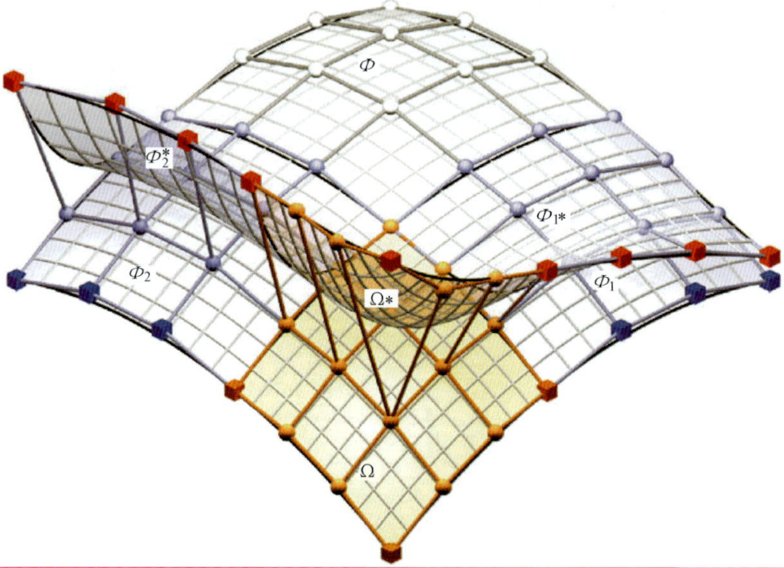

图 3-107　给定（m，n）阶贝塞尔曲面片 Φ（此处，$m=n=3$），在 u，v 两个方向以 C^2 连续（$k=1$）延伸该曲面片，直至整体延伸再次填充矩形域。新产生的曲面有待修正，以保持 C^2 连续性。首先，如构造 3.6 所示，在 u 方向和在 v 方向分别生成 Φ_1 和 Φ_2 这两个 C^2 连续的延伸曲面（蓝色面片）。深蓝色立方体为仍可以修正的控制点，红色立方体表示已修正过的控制点。按此种方式修正的延伸曲面片分别被命名为 Φ_1^* 和 Φ_2^*。最后，根据构造 3.9，须在 v 方向和在 u 方向分别延伸曲面片 Φ_1^* 和 Φ_2^*。最终得到曲面片 Ω^*。当（$m-k$）×（$m-k$）=1 时，此例中只有一个点可以修正，即图中前上角红色立方体所代表的点。为便于比较，该图还显示了未经修正的曲面片 Φ_1、Φ_2 以及由这两个曲面片所生成的曲面片 Ω（黄色）

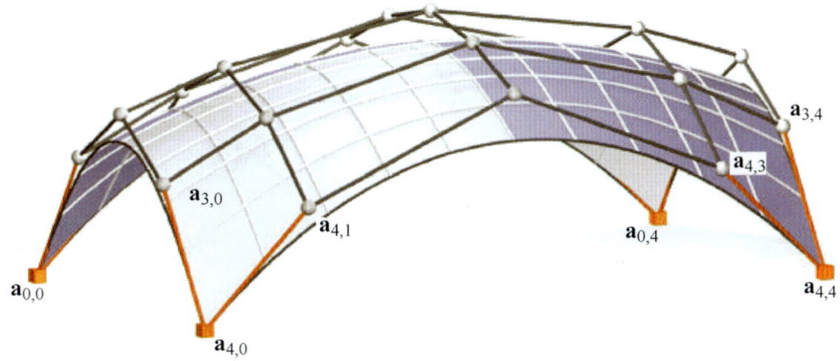

图 3-109 节点向量必须调整（参见式（3.225）和式（3.226）），以实现角点插值特性。在此例中，$m=n=4$，$k=l=4$。角点 $\mathbf{a}_{0,0}$，$\mathbf{a}_{0,4}$，$\mathbf{a}_{4,0}$，$\mathbf{a}_{4,4}$（橙色立方体）上的切向面被各自的 deBoor 网格的边缘（橙色）分割

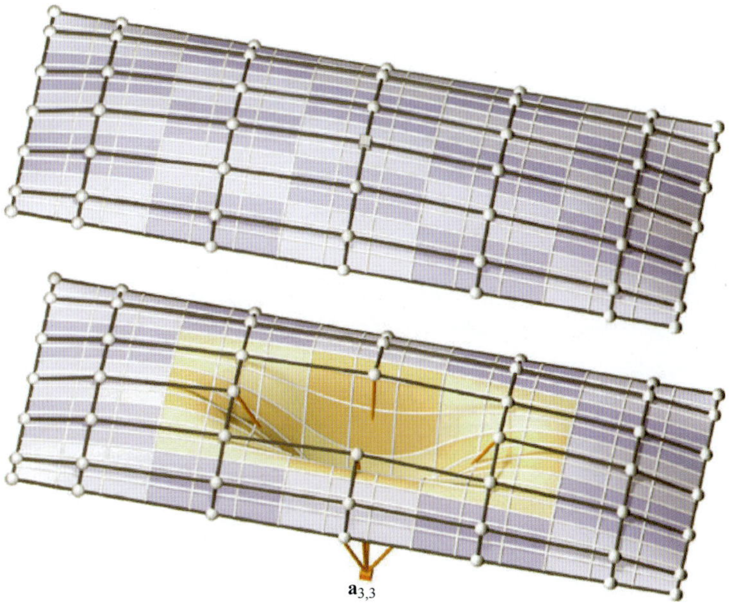

图 3-111 为 B 样条曲面的局部控制特性。此处，$m=n=6$，$k=l=3$。B 样条片段用浅蓝色和蓝色标记。它们之间的过渡区全都是 C^1 连续。顶部为原始曲面片 Φ。在底部，Φ 的控制点 $\mathbf{a}_{3,3}$ 已被修正（橙色立方体）。受修正影响的为黄色片段，其他部分保持不变。在整个曲面上，曲面片间的过渡仍然是 C^1 连续

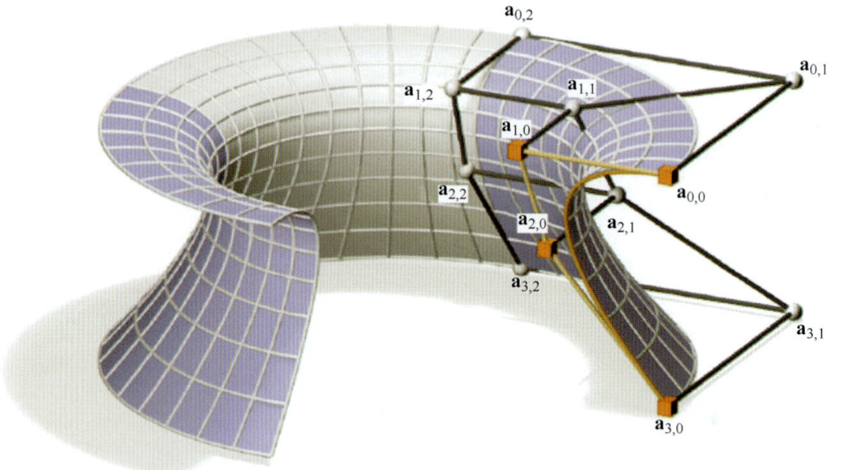

图 3-113 是表述为有理贝塞尔曲面的旋转有理曲面。另外，也对其 1/4 部分的控制网格进行了图解说明

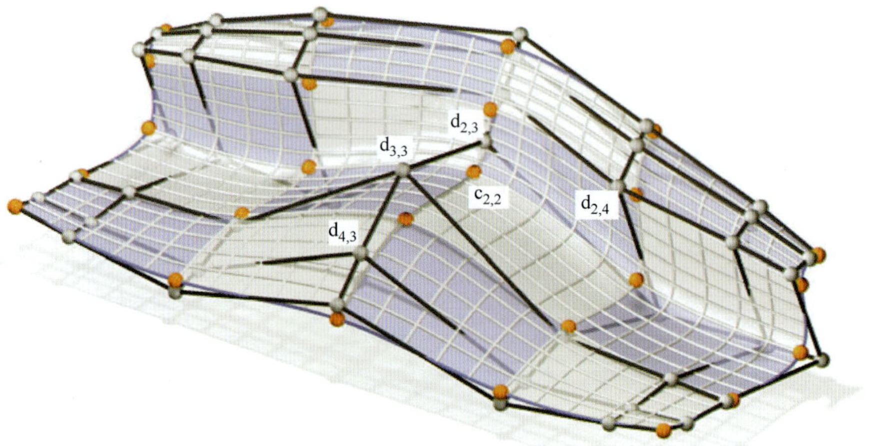

图 3-118 通过有 5 × 5 输入数据点 $\mathbf{c}_{i,j}$ 的三次 B 样条曲面进行二元插值。通过算法 3.7，可以计算合适的 B 样条插值曲面片的 de Boor 节点 $\mathbf{d}_{i,j}$，i，j=0，…，6。这组数据点 $\mathbf{c}_{i,j}$，i，j=0，…，4（橙色）是待插值的节点，它们与图 3-116 中的插值点完全一样。对比图 3-116 中的拉格朗日法，可看出，B 样条方法给出了更具有适应性的插值曲面，它也不易产生振荡

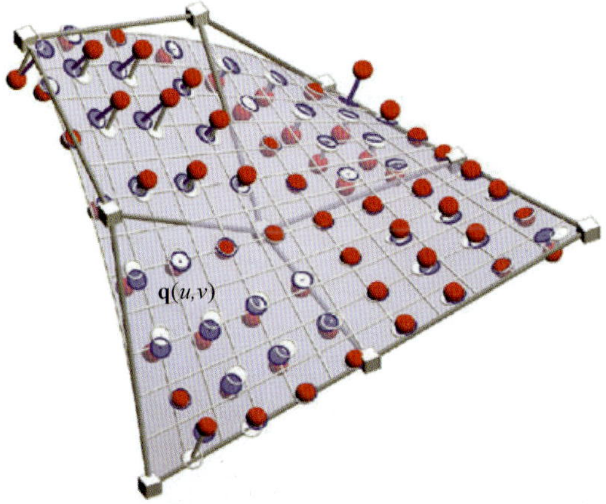

图 3-120 三维空间中有 64 个点的点云可通过（2，2）阶贝塞尔曲面进行逼近。输入点用红色突出显示。算法 3.9 中最小化的函数是输入点（红色）和参数对（s_a，t_a）拟合平面上的点之间距离的平方和；后者标记为白色圆盘。需要注意的是，这些点一般不是逼近曲面上的垂足点（标记为蓝色圆盘）

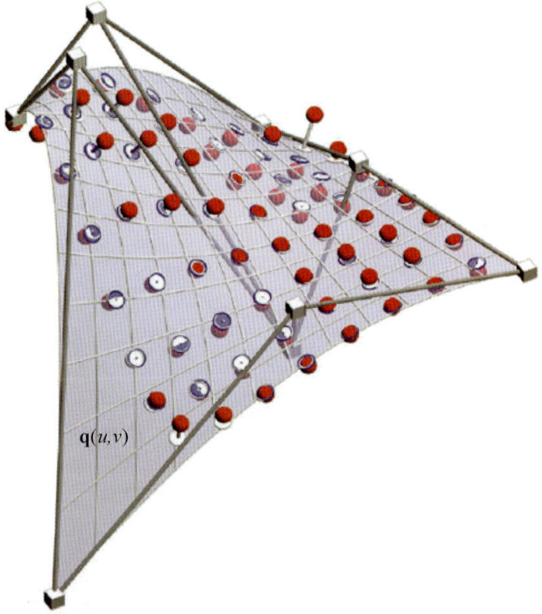

图 3-121 使用了一组与图 3-120 相同的输入点，再次通过（2，2）阶贝塞尔曲面逼近。此处，根据算法 3.10，采用了六轮参数修正。作为迭代参数修正的结果，白色圆盘和蓝色圆盘在整个曲面上几乎完全相同

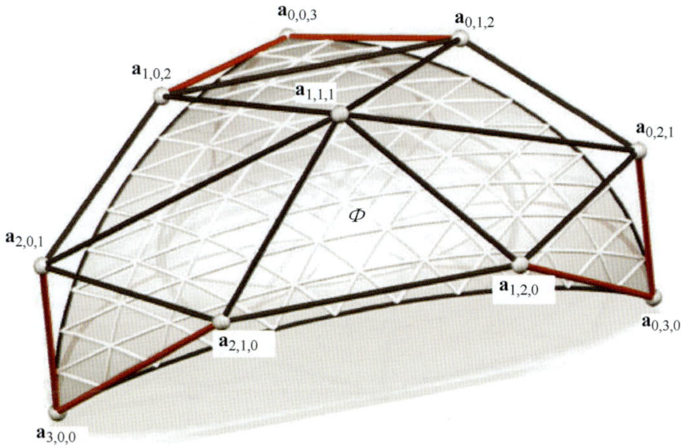

图 3-124 为三阶三角贝塞尔曲面片 Φ 及其控制网格 {$\mathbf{a}_{i,j,k}$}。相交在三角形曲面片角点的两条线（红线）穿过角点的切向面。此图还显示了包括曲面片的边界曲线在内的几个参数线。参数线形成一个三重编织结构

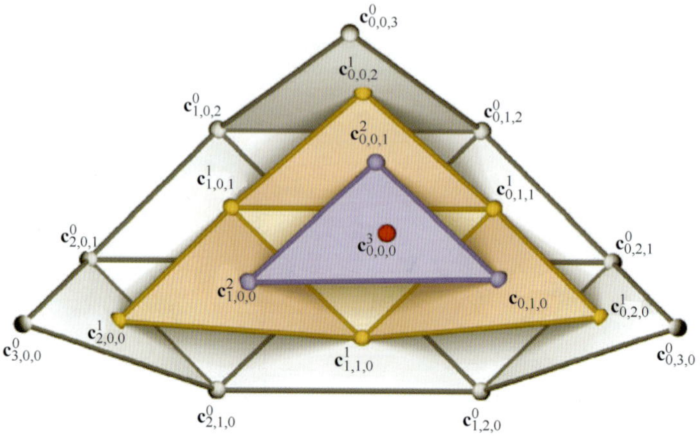

图 3-125 为运用于给定的三阶贝塞尔曲面和三元参数（u_0=0.25，v_0=0.35，w_0=1−u_0−v_0=0.4）的 de Casteljau 方案。原控制网格（灰色，上标 0）由 n^2=9 个三角形构成，即（n+1）·n/2=6 个直立三角形和 n·（n−1）/2=3 个倒立三角形组成。根据式（3.278），网格内的每个直立三角形的角点都仿射连接到一个新的点，r=1。这样，就到达下一代网格（橙色，上标 1）。用同样的方法处理网格内的每个直立三角形，直至下一代网格的一个点上（蓝色网格，上标 2），如此等等。最后，得到一个网格，它由一个单一点（此处，$\mathbf{c}^3_{0,0,0}$=$\mathbf{q}$（u_0，v_0））构成。这就是三角贝塞尔曲面所需的点，并与给定的三元参数（u_0，v_0，v_0）相关。甚至可以指出，只有倒数第二个三角形（蓝色三角形）才标志着所考虑的点的切向面

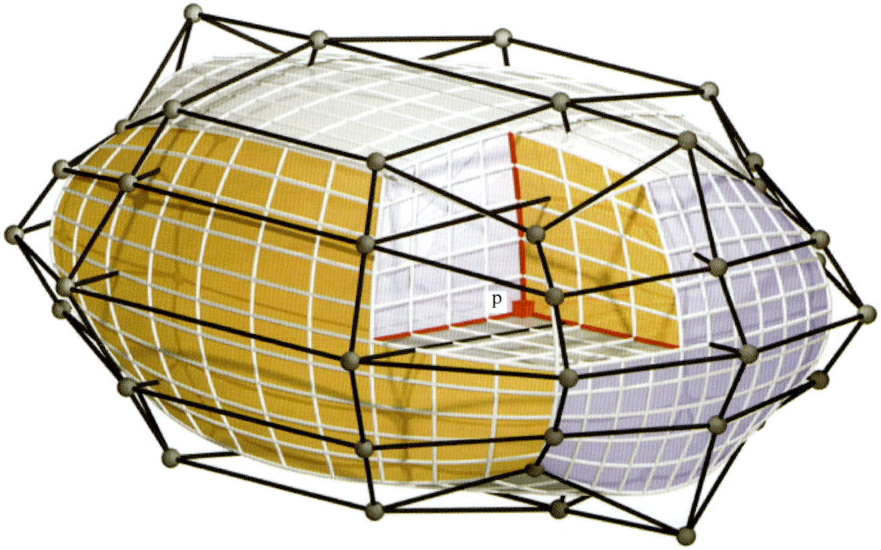

图 3-126 （k，m，n）=（2，3，4）阶的贝塞尔体和其控制网格。与几条参数线（白色）一样，边界曲面 u=1（橙色）、v=1（蓝色）和 w=1（灰色）均可见。三元参数（u_0，v_0，w_0）=（0.6，0.7，0.5）的点 $\mathbf{p}=\mathbf{q}$（u_0，v_0，w_0）用红色标记。（v，w）参数曲面 $u=u_0$ 以及其他两个通过 $\mathbf{p}$ 点的参数曲面也显示在图中

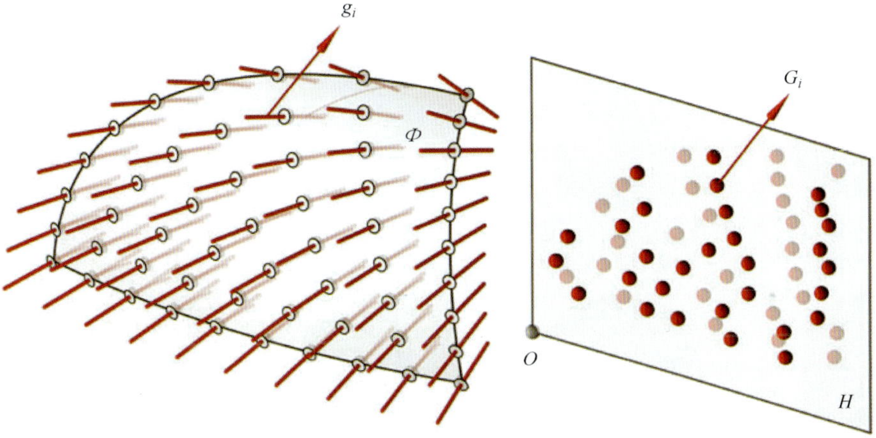

图 3-128 找到适合给定窗口曲面 Φ 的空间运动 M。优化作业的输入由多个曲面法线 g_i（左图，红色）组成。尽管在高维空间中（右图，象征），优化归结为散布数据点 G_i 的平面拟合问题

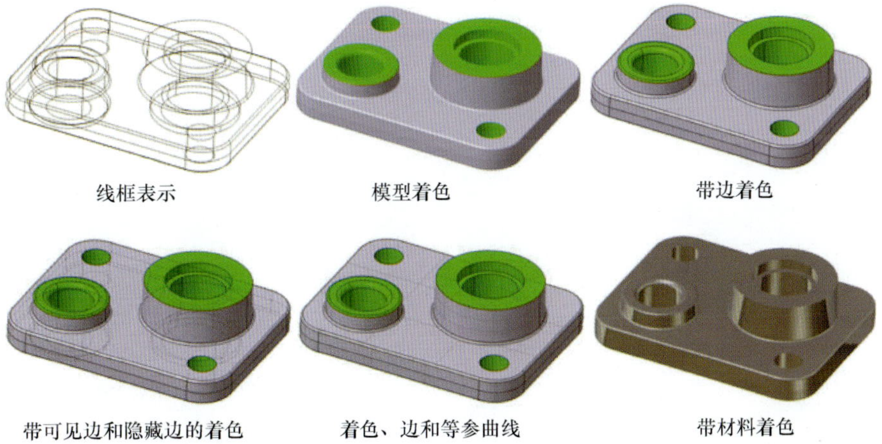

图 4-31 一组不同类型的 CAD 可视化

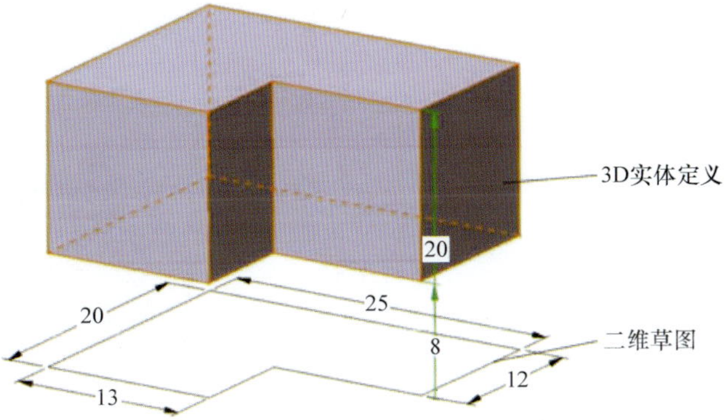

图 4-34 基于草图的实体定义

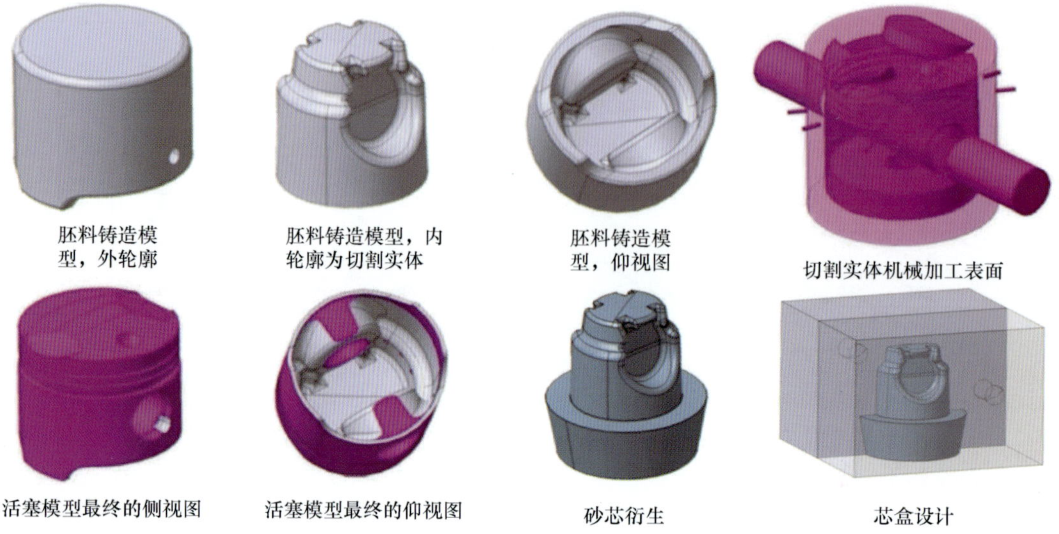

图 4-37 布尔运算活塞生产相关模型的应用

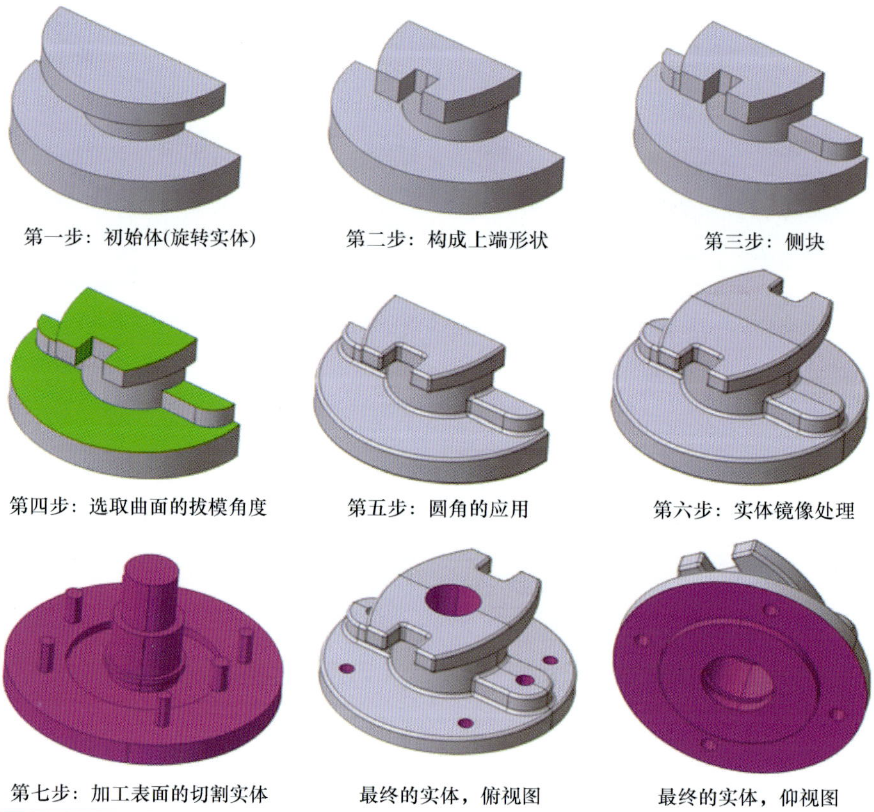

图 4-40 阀盖的示范性设计步骤

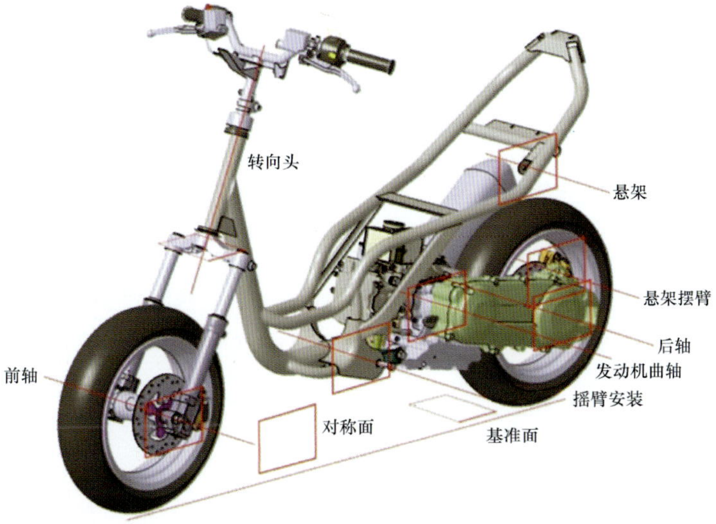

图 4-51 摩托车装配的骨架模型元素

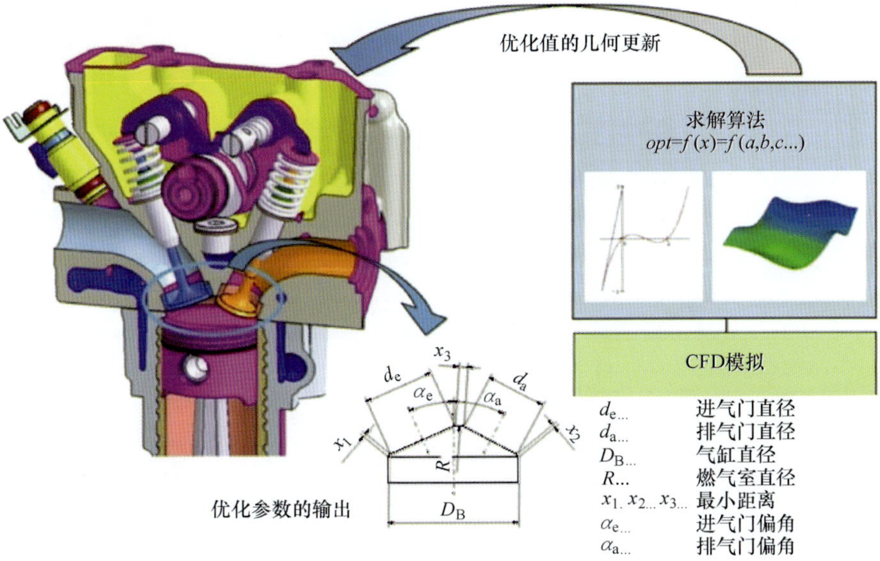

图 5-13 外部求解算法在气缸盖开发中的应用

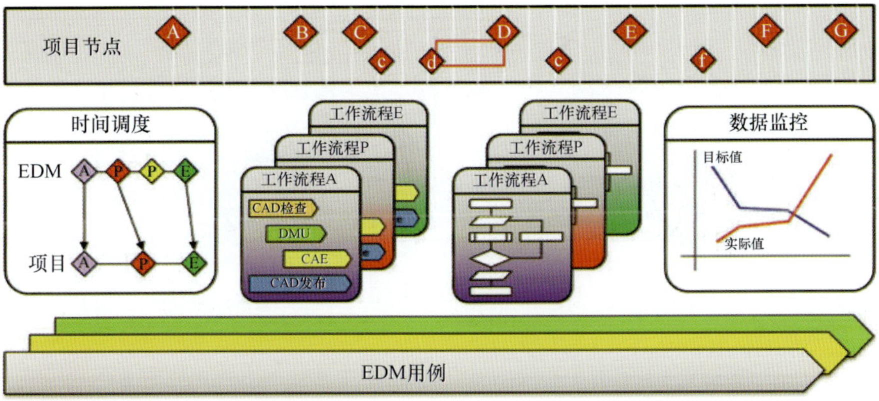

图 9-5 集成 CAD 数据管理的概念

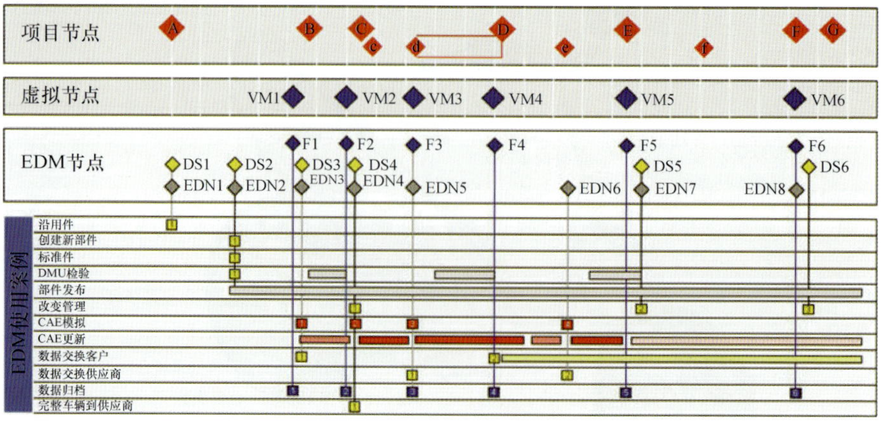

图 9-6　产品开发过程中的概念数据路线图

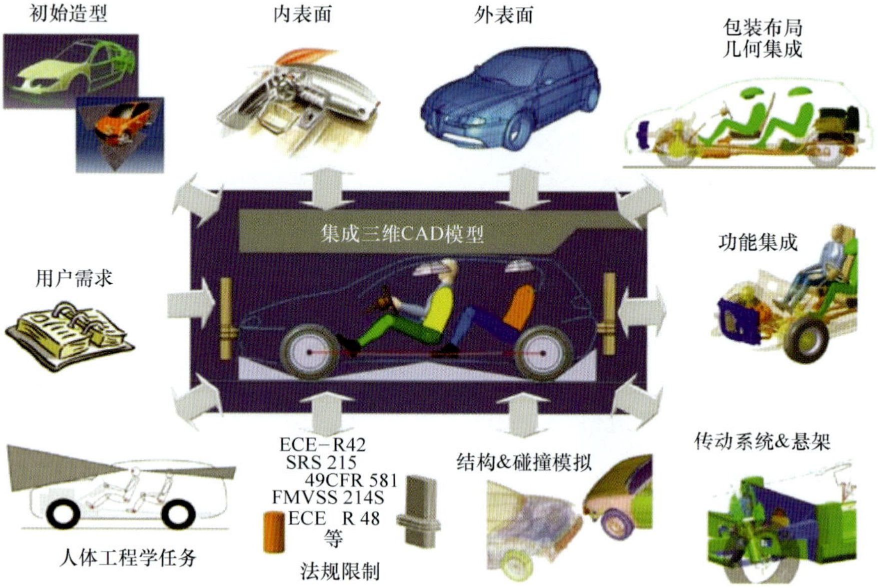

图 9-11　早期开发阶段中影响集成三维 CAD 模型的因素[1]

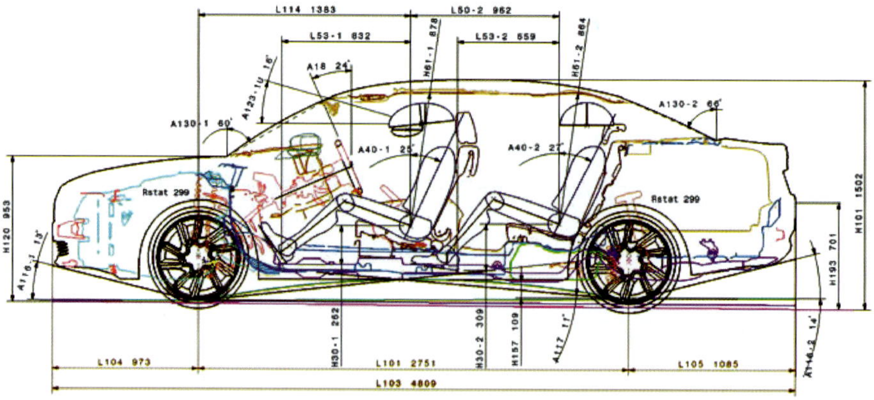

图 9-12　一辆现代汽车的整车布局，带有大约 30 个选定的人体工程学和车身尺寸

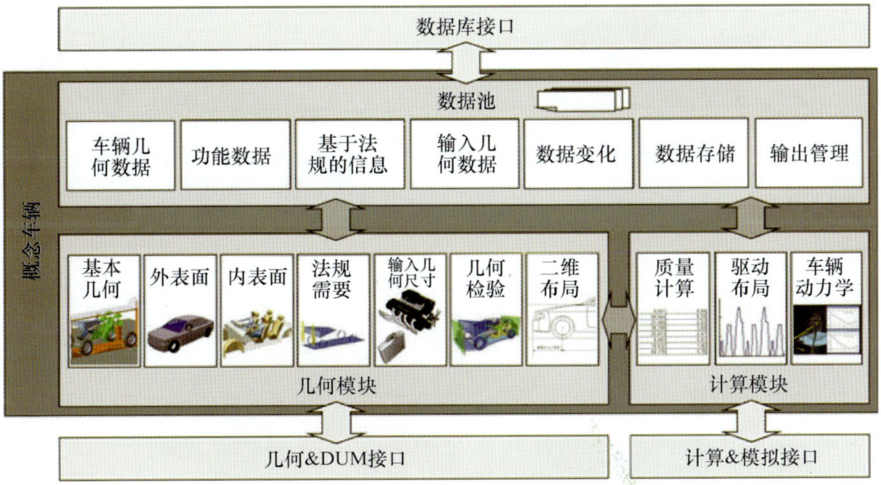

图 9-14　概念工具的原理架构

图 9-17　几何模块中展示的概念车布局

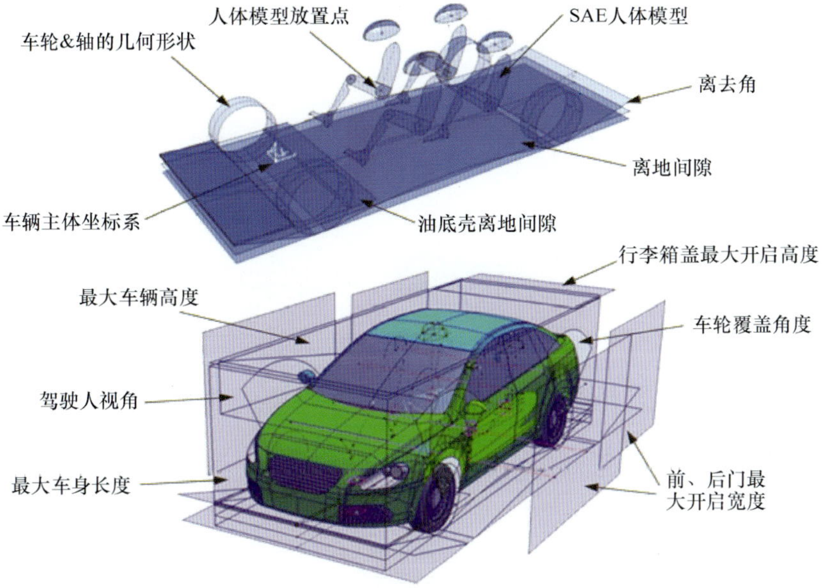

图 9-18　基础几何部分中边界表面和尺寸的选择

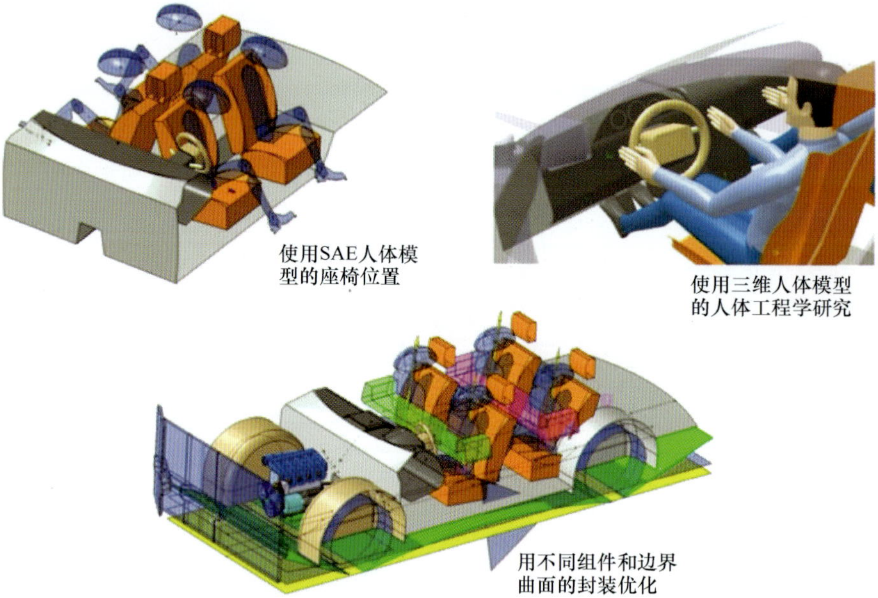

图 9-21 带应用实例的内部几何截面

图 9-22 导入几何结构的封装研究

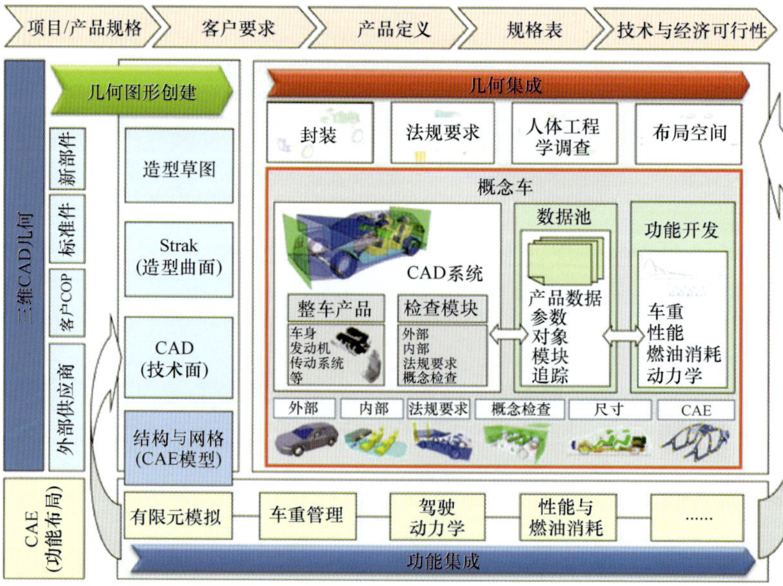

图 9-25 生产流程中虚拟概念车的模块和功能[20]

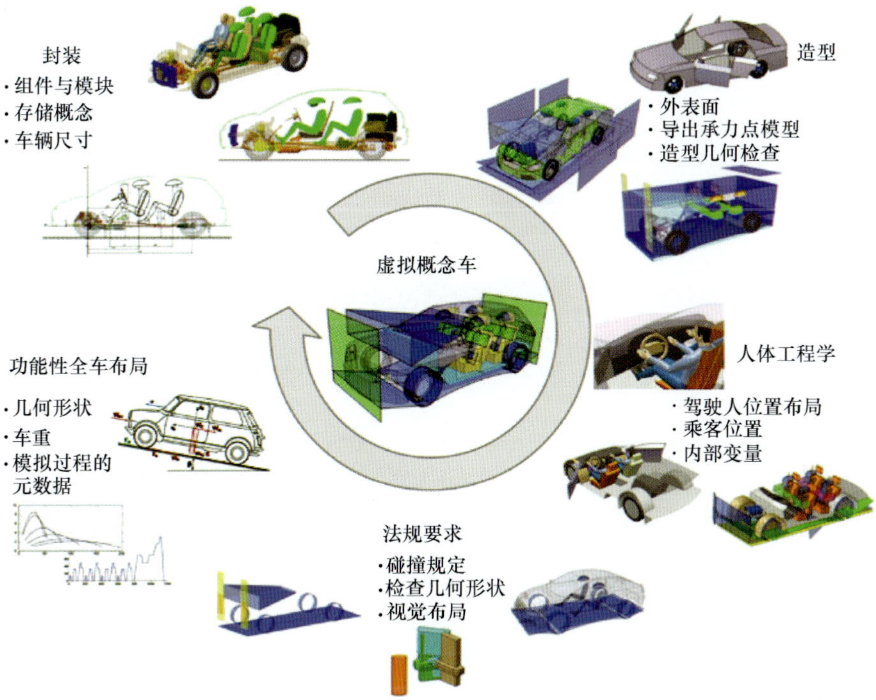

图 9-26　汽车概念阶段使用集成方法的工作流程的跨学科因素 [1]

图 9-27　几何为中心的集成三维 CAD 模型的工作流程例证 [1]

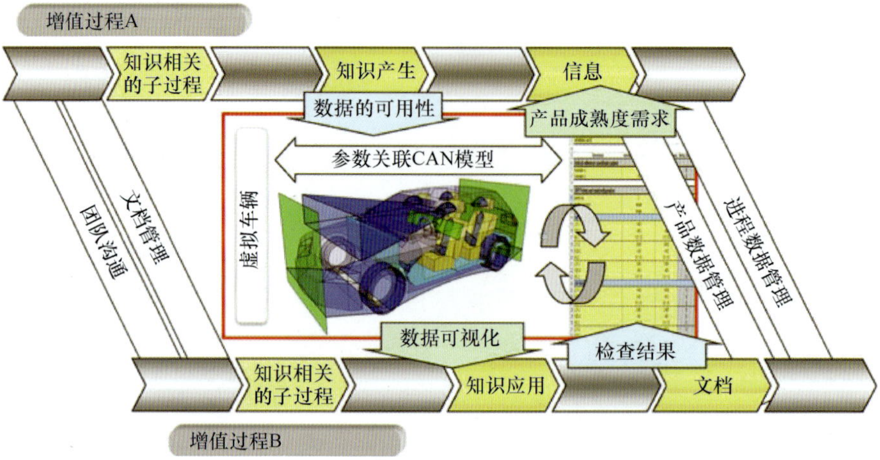

图 9-28　嵌入到汽车开发过程中的虚拟概念车[21]

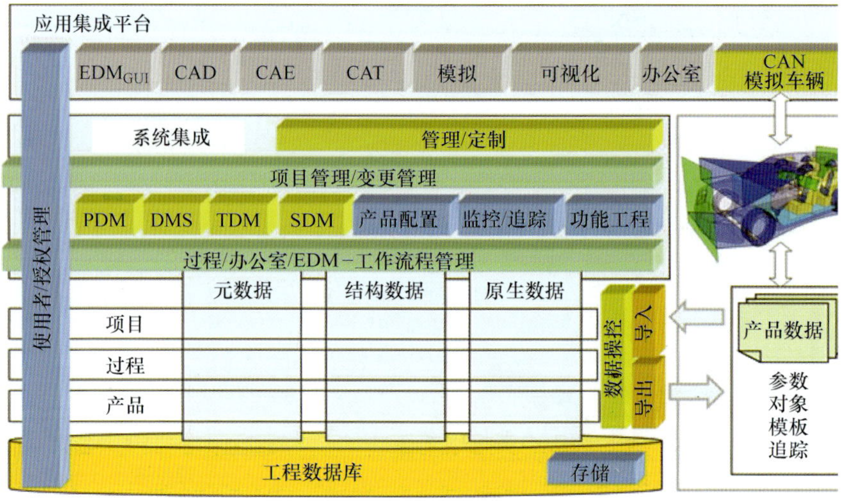

图 9-29　工程数据管理系统——带有集成虚拟概念车模型的架构

汽车先进技术译丛

汽车研发中的
集成计算机辅助设计

［奥］ 马里奥·希尔茨（Mario Hirz）
威廉·迪特里希（Wilhelm Dietrich）
安东·格夫莱勒（Anton Gfrerrer）
约翰·朗（Johann Lang） 著

江苏大学 组译
尹必峰 董非 译

机 械 工 业 出 版 社

本书对集成 CAD 开发进行了全面的介绍，并着重阐述了它在汽车产品开发过程中的应用。本书探讨了产品设计的整个流程链，包括几何创建的基本方法、CAD 的应用、设计和工程的集成以及产品和流程相关信息的管理等。本书对虚拟产品开发方法和工具的全面阐述有助于理清产品开发中存在的错综复杂的关系以及不同流程模块间的相互作用，让读者对产品开发有一个更全面清晰的了解。书中所提到的方法、策略和工具并非仅能应用于某个特定的行业，本书的基本研究和发现同样适用于机械及机电行业的产品开发。

本书内容翔实，案例丰富，尤其是开发流程及知识架构的管理等方面的描述为目前市场上图书所少见，非常适合汽车行业及机械、机电行业的开发工程师阅读使用，也适合汽车专业师生参考阅读。

编者的话

《汽车研发中的集成计算机辅助设计》一书是格拉茨理工大学与麦格纳 & 斯太尔工程公司的产学研专家奉献给读者的饕餮盛宴。本书包含了产品开发流程、几何学基础、CAD 方法及基于知识的工程数据管理，对于汽车及相关产品的设计开发人员非常有帮助。由于本书对于细节的描述非常精准，这对译者提出了很高的要求。非常感谢江苏大学汽车与交通工程学院的尹必峰和董非二位教授，正是他们在翻译过程中，凭借严谨的治学态度和一丝不苟的治学精神，非常认真地完成了本书的翻译与校核工作，才使得本书得以翻译出版。

2014 年，我社曾经引进出版了德文版的《汽车及其驱动系统虚拟产品开发》一书，作者是曾担任大众公司技术总监的 Ulrich Seiffert 博士和 AVL 公司负责全球软件业务的副总裁 Gotthard Reiner 博士。读者曾经反馈，感觉这本书内容比较宏观，还不够贴近日常技术工作。由于两位作者身处的位置，他们看待虚拟产品开发工作的视角更为宏观，也给读者提供了从更广泛的角度审视自己日常技术工作及相关工作在整车开发中的位置和要求的机会，无疑对拓宽视野是有帮助的。而本书更着重描述集成计算机辅助设计，两本书结合起来比对学习，相信读者会更有收获！

目　录

引　言

汽车开发离不开灵活且功能强大的工具。当前的汽车市场竞争激烈，降低投入成本、减少研发时间的需求持续提升，从而促使研发策略不断创新，力求实现车辆开发中不同研发部门之间的智能化和功能化的高度关联，让项目工程师、人体工程学专家、安全与事故专家、设计师等所有部门人员能够协同交流，高效工作。虚拟设计、仿真方法与物理开发测试步骤的结合代表了当前汽车研发的现状，集成化的虚拟开发流程则代表了未来的发展趋势。新的开发流程仍将产品本身作为研发的核心，同时也将考虑生产和供应商之间的各种潜在关系，并关注整个产品生命周期的各种相关因素，包括客户使用、保养、售后服务及产品报废等。

汽车开发中，计算机辅助设计（CAD）可用于进行产品几何形状的定义。而这些几何形状恰恰是三维虚拟产品模型的基础。模型的构建通过将主装配线、分装配线及各个部件组合的方式完成，这样该虚拟模型就与物理产品的配置几近一致。在虚拟建模过程中，设计任务采用参数化关联技术实现，并依赖于设计过程的相关指南和项目特定的默认程序步骤。参数化关联模型结构得以实现，几何元素之间相互连接，设计检查特征的相关要素、数字样机相关的信息以及计算和逻辑功能等均可加入模型，从而提高了虚拟模型的几何表达。虚拟模型还可以将几何元素和几何定义参数拆分，这就为复杂计算流程的集成、模型与外部设计程序的对接，以及将基于宏的自动化程序直接嵌入到设计软件中提供了便利。这样，以前各自独立的工作领域（如计算和仿真）将能够整合或连接到 CAD 模型中。

为了提升现代产品开发的工程能力，产品、流程数据以及知识信息的收集、储存和分配均要采用智能化解决方案。在产品开发和改进期间，复杂的信息流、开发流程及相关文档的管理均离不开强大的管理理念。如工程数据管理系统（Engineering data management，EDM）的作用就是负责产品开发过程中数据流的组织，防止数据冗余。在当今多公司合作及全球联合研发的大背景下，该系统在复杂产品构建中的重要地位更加突出。

本书对集成 CAD 开发进行了全面的介绍，并着重阐述了它在汽车产品开发过程中的应用。需要指出的是，书中所提到的方法、策略和工具并非仅能应用于某个特定的行业，因此在本书中还对其应用范围做了明确的界定。毫无疑问，本书的基本研究发现同样适用于机械及机电行业的产品开发。

编写本书的主要目的之一是探讨产品设计的整个流程链，包括几何创建的基本方法、CAD 的应用、设计和工程的集成以及产品和流程相关信息的管理等。本书对虚拟产品开发方法和工具的全面阐述有助于理清产品开发中存在的错综复杂的关系以及不同流程模块间的相互作用，让读者对产品开发有一个更全面清晰的理解。

本书共分 9 章，以下是各章节的简要介绍：

第 1 章为汽车开发过程简介。本章首先回顾了过去 120 年汽车行业的发展，介绍其主要成就的同时也阐述了影响其发展的因素。然后详细介绍了现代汽车设计要求及未来特点，阐明当前汽车开发面临的挑战。最后是对汽车开发不同阶段的解释说明，包括对不同项目阶段的详细分析，以及对整个开发链中虚拟产品创造环节如何整合的讨论。

第 2 章为虚拟产品开发概述。本章首先对机械产品整个生命周期的不同阶段做了简要介绍，然后介绍了计算机辅助产品开发中的主要术语、定义和方法，包括 CAD、仿真和数据管理系统的发展历史等，另外还选取了一些有代表性的汽车开发流程案例进行介绍和讨论，最后简要介绍了协同产品开发的概念。

第 3 章为几何学基础。本章主要介绍了数学和几何领域的基本概念，为 CAD 系统的理解打下基础。本章从零起点开始，让读者了解曲线、表面、自由曲面技术、差值、逼近等一系列基本概念。事实上，本章也可作为标准 CAD 概念的手册使用。需要指出的是，本章绝非设计方法和算法的简单罗列，我们还对其原理进行了解释。要知道，只有对原理正确理解，才能够真正帮助工程师们有效地工作。

第 4 章为 CAD 建模技术。本章详细介绍了 CAD 环境下的建模方法，从产品协同开发的角度讨论了线框建模、曲面建模和实体建模的结构与策略。除 CAD 主要功能模块的应用外，本章还利用汽车工业中的具体实例介绍了高效创建机械组件和装配件的不同方法。

第 5 章为基于知识的设计。本章内容包括模板模型的运用、集成化计算与仿真流程的运用、自动化程序的使用等。这些知识都为产品设计服务。基于知识的设计离不开专业知识的收集、存储和再利用，另外还需将专业技术后续整合到开发流程中。本章以部件和装配开发为例详细阐述了强参数化关联设计以及基于知识的工程设计在同步结合计算流程中的应用潜力。

第 6 章为工程数据管理（EDM）。工程数据管理方法涉及汽车开发过程中不同部门及不同学科间数据和工作流程的整合，本章对其基本原理进行介绍。在过程导向型产品生命周期管理方法的背景下，分析完整的 EDM 使用案例，介绍 CAD 和计算机辅助工程（CAE）的基本功能模块。最后，本章还阐述了集成于计算机辅助应用程序和数据管理系统的 EDM 系统构架，在此基础上介绍系统导向的工程数据管理理念。

第 7 章为产品开发中的知识管理。本章一方面将产品知识作为研发基础进行了介绍，另一方面还对产品生命周期中产品知识的开发进行了阐述。这一章着重讨论了知识的基本原理、知识管理、知识转移，以及与之相关的基本模型和方法。本章最后对知识管理领域的最新研究发现进行了总结，并指出知识管理在后续分析中的作用。

第 8 章为基于知识的工程数据管理。本章着重介绍了一种过程导向的知识管理方法，阐述了如何将该方法用于数据管理中的知识密集型活动的识别和组织。现代设计过程涉及任务较多（如几何创建、仿真），还要关注产品特性的方方面面［如功能分布、材料、与过程相关的数据（如生产）、产品结构、配置］，所有这些均可通过基于知识的方法进行管理。产品开发过程中的知识交换全面且复杂，同样离不开有效的数据管理策略，及其在基于知识的 EDM 中的应用。

第 9 章为 CAD/EDM 在汽车工业中的高级应用。本章选取了汽车开发的一系列实例进行介绍。实例之一为基于知识的 EDM 应用，着重介绍了虚拟产品开发过程中知识过程和数据管理之间的互动协作。本例还介绍了 CAD、仿真及管理在产品开发日常工作中的集成应用。另一个实例为 CAD 数据管理系统在汽车工程中的集成应用，这是 EDM 领域中的一个重要课题。最后，本章还举例介绍了参数化关联概念模型方法在初期车辆开发中的应用，其涉及汽车概念设计阶段的各种工作领域。此外，还介绍了一种用于几何和功能集成的模型。

第1章　汽车开发过程

汽车行业内产品类型众多、功能各异，由此催生了一系列高度复杂的市场需求，这些市场需求驱动着汽车工业的产品开发。一方面，传统市场销量的停滞不前和愈发激烈的市场竞争导致汽车产品日趋多样化，其投放市场前的开发过程也被缩短；另一方面，研发、制造和分销的产业全球化也促成了一些必须考虑各种市场特定因素的新商业模式。由法规和顾客定位所引发的汽车业大环境的变化，以及对石油供应有限性意识的提高，正极大地促使人们在个人出行方面做出调整，并不断引进新概念车型。为了开发由可替代动力技术驱动的更加高效和轻量化的汽车，需要改进常规的汽车理念，引进全新的汽车构造及样式的设计方案。与此同时，消费者日益增长的对安全、舒适的需求和对流行趋势的追求，也推动着新技术的创造和应用。技术的这一发展迫切需要减少整个产品生命周期中的投资风险，这就使得在整个开发过程中，始终要考虑那些与生产、市场情况和报废处理相关的因素显得至关重要。

汽车工业的开发过程对所采用的开发策略、开发工具的效能及灵活性有着很高的要求。除了标准前提条件（例如：设计、仿真和生产工艺），许多其他条件的提高也将对未来的汽车开发设计师构成新的挑战。由于工程研发永远需要节约金钱和时间成本，新的开发策略必须能有效支持项目工程师、组件开发者、人体工程学专家、安全与事故专家、设计师和其他各方参与人员之间的智能化衔接。近年来，虚拟设计与仿真方法的良好交互，与实车开发及测试相互结合共同推动着汽车的开发（图1-1）。未来的趋势无疑将是集成虚拟开发过程，既关注产品功能本身，同时也兼顾生产和供应商的情况，以及与客户使用、保养、售后服务和报废处理等这些与产品生命周期相关的因素。随着虚拟方法应用的增多，一些原本采用实车开发完成的项目，因其主要任务已转变为数据采集和验证过程，正在由虚拟开发替代完成。实车试验和模型开发在过去的几十年里已显著减少。

汽车千变万化的外形和特点给整个开发过程带来巨大的挑战。20世纪中期，汽车型号十分有限，如今的私人汽车却拥有大量不同的种类、级别和配置。新的汽车类型［例如：MPV（多功能汽车）、SUV（运动型多用途汽车）］、新的车身配置（例如：掀背车、跑车、两厢敞篷车）以及新型发动机与传动系统的开发

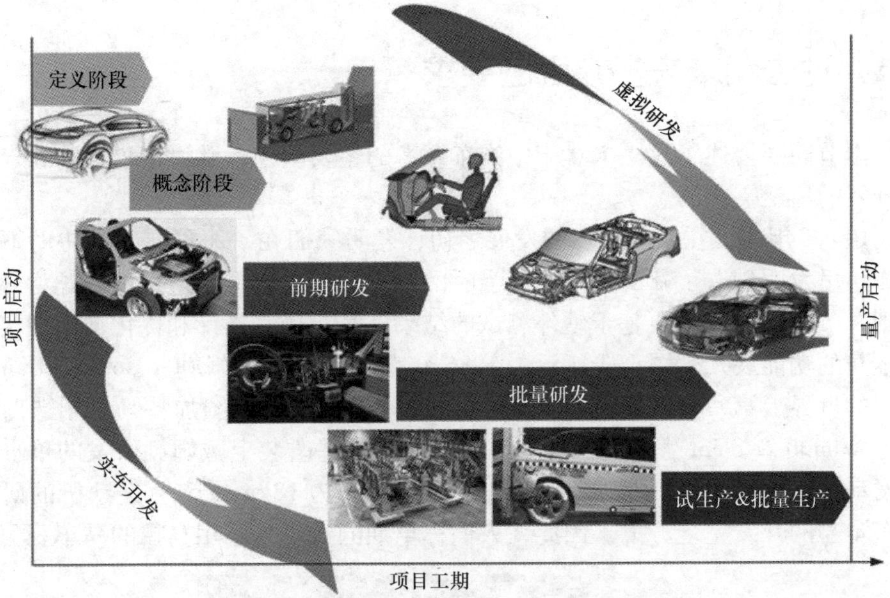

图 1-1　汽车整车开发过程的样本阶段[1]

（例如：增压柴油机和汽油机、混合动力车和电动车、自动离合器和双离合器传动系统）导致产品种类和数据显著增加。丰富多样的汽车样式、动力系统和底盘配置，以及各种各样可供选择的辅助设备组合派生出无数的产品。这虽然满足了消费者的需求，但也给产品开发过程中和整个生命周期内的产品数据管理带来了挑战。20 世纪 60 年代开发一款新车型需要 7 年，而如今，受益于虚拟设计、仿真和测试技术，新车开发周期已缩短至 2 年（图 1-2）。

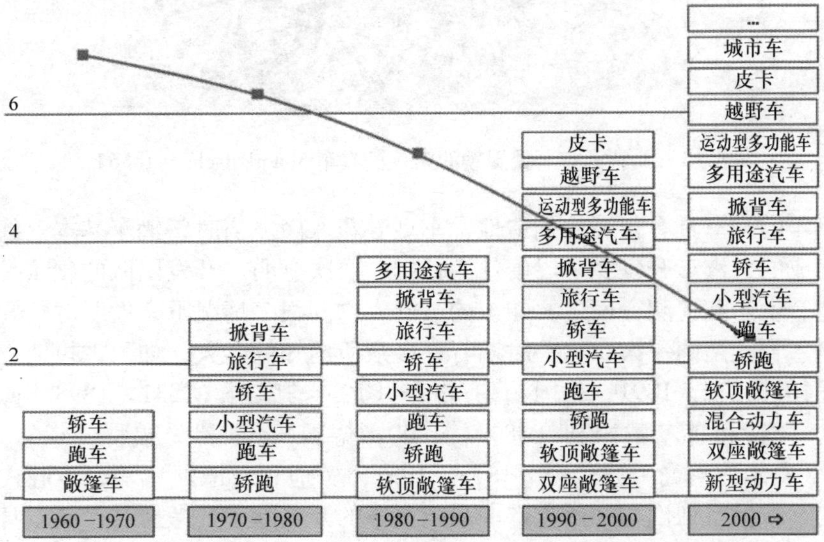

图 1-2　过去几十年产品种类的增加和研发时间的减少[2]

1.1 过去和未来多方面的要求

本节简要概述了过去120年中汽车开发的主要问题，并讨论了当前和未来汽车开发的广泛需求。

100多年前，在汽车行业的发展之初，发明家们在一小群专家的协助下在简单作坊里发明创造了新的机动车。当时的汽车开发过程严格遵循以问题为导向的原则，产品的改善主要基于硬件测试的结果，其布局、设计和优化均围绕实现产品本身的功能展开。图1-3所示为1886年戈特利布·戴姆勒（Gottlieb Daimler）研制的世界上第一辆四轮汽车Motorkutsche。这辆车以斯图加特马车制造商Wilhelm Wimpff & Sohn生产的四轮大马车为基础，并改装上戴姆勒研发的单缸四冲程发动机。这辆四轮汽车重达290kg，最快时速为18km/h[3]。发动机的研发与汽车本身的开发完全分离。因此，人们称早期的汽车为不用马拉的马车。

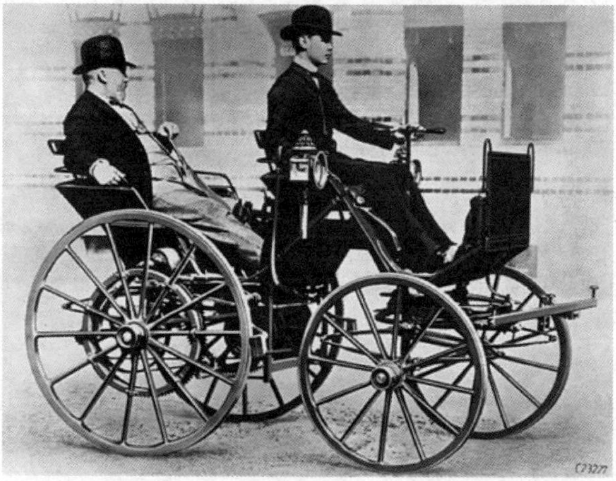

图1-3 戈特利布·戴姆勒的第一辆汽车Motorkutsche（1886）[4]

早年的汽车具有很高的创造性，车型五花八门。当时每辆车基本上都是单独制造完成的，汽车开发完全以硬件为基础，层次分明。开发团队的领队是掌握汽车构造、生产和检测方面主要知识的关键人物。很多情况下，发明者、开发主管和公司主管就是同一人。这一时期有许多众所周知的名人，如尼古拉斯·奥古斯特·奥托（1832－1891，德国），齐格弗里德·马库斯（1831－1898，德国，奥地利），戈特利布·戴姆勒（1843－1900，德国），亨利·福特（1863－1947，美国），费尔迪南德·波尔舍（1875－1951，奥地利，德国）等，不胜枚举。20世纪初，首批系列汽车开始生产。系列汽车的开发除了要考虑与产品本身相关的技术要求，还必须考虑与生产相关的各个方面。然而当时较低的汽车产量制约着生产工程和操作规划，这意味着那个时期的汽车开发过程并未完全考虑汽车制造的组织协调和必备条件等因素。

亨利·福特率先开始大批量生产汽车。他将原本只适用于简单产品的装配线上的生产知识进行调整，使之适合相对复杂的汽车工业产品。这样，生产的各个阶段就能实现严格有序的部分自动化，从而以惊人的低廉平均成本大批量生产汽车。流水线生产的引入使得汽车开发过程的首要因素发生变化。除了产品本身的技术要求，制造和装配对汽车开发的影响愈发重要。以生产线为导向的汽车开发在最初时严格遵守统一性原则。福特的 T 型车起初仅有一个配置，后来的新配置沿用了相同的平台，并大量使用沿用件装配而成。

图 1-4 为 1908 年引进的福特 T 型车零件组装和汽车总装两条生产线。该车配置强劲，采用四缸发动机。T 型车作为低价车型，上市当年售价为 825 美元，随后逐年下跌。这款汽车起初以传统的方式生产，但在亨利·福特的指导下该车的制造工艺后来得到改进。为了提高生产效率、降低成本，福特于 1913 年将移动装配线引入其工厂，使该厂的生产力得到大幅提高。这一成功的关键因素之一在于将生产工程学运用到了汽车开发中。T 型车的生产一直持续到 1927 年，在其生产的 19 年间总共售出约 1500 万辆。1927 年，T 型车基本款的售价降至 290 美元（按消费者价格指数换算大约相当于 2012 年的 6200 美元），这使得汽车成为中产阶级也能买得起的产品。

图 1-4　在密歇根州底特律生产的福特 T 型车[5,6]

20 世纪 30 年代，汽车制造方面的因素越来越受到重视，最终这对汽车产品本身产生了重要影响。日益增长的生产数量带来了汽车组件成本优化、生产模块化（即使用固定配件）和装配线结构优化等发展。这些措施帮助降低了成本，使汽车得以进入欧美不同社会阶层的生活。

此时，最早的汽车风格设计也被纳入新车开发中。设计师在纸上画图并用黏土进行汽车建模。这些所谓的黏土模型可用于表现不同规模和层次的细节，至今仍是造型设计的重要环节。最初影响汽车风格设计的因素除了车辆总布置和乘客空间等外，还深受两次世界大战休战期间的航空工业的影响。如图 1-5 所示，于 1937 年问世的著名的布加迪 57 型 SC 大西洋跑车就深受这些因素的影响，这款车当时只生产了 4 辆，是目前最有价值的古董车之一。

图 1-5　布加迪 57 型 SC 大西洋（1937 年）[7]

20 世纪 30 年代末和第二次世纪大战期间，军备需求影响了汽车制造商。1940 年，Riekert 和 Schunk 引入了对汽车驾驶特性计算的科学方法，这是汽车开发方法领域的一项突破。该方法以“单一跟踪模型”这一简化汽车模型为基础，通过一系列的方程式和关系式描述汽车的驾驶特性[8]。这一来自于汽车实车的简化抽象法使得对典型的动态驾驶特性的整体计算成为可能。正是以这一最初的基本方法为起点，计算和仿真算法才得以发展和广泛应用。当然，计算本身是人工完成的，计算机仿真计算直到 20 多年后才开始出现。今天，Riekert 和 Schunk 的成果依然被应用于汽车动态仿真的不同领域。

之后，随着社会财富的增长，汽车工业已能开发出新的产品并提供多样化的配置。汽车的机动性变得越来越重要，汽车厂商提供的汽车价位也各不相同。生产总量的增加、日益丰富的产品类型给汽车开发部门提出了更大的挑战。新的开发战略和开发步骤的出现，使得新的部门和公司结构应运而生。尽管在紧凑的开发部门（和开发项目）之间沟通很方便，但是随着任务量和劳动力需求的增加，建立新的组织机构来管理人员和过程已经变得很有必要。早期汽车的开发主要是对主要模块，如发动机、变速器、悬架、底盘和车身等的开发。个人（或小组）被分配到具体明晰的模块中工作，信息的流动相对简单，主要由责任方之间直接沟通完成。此外，由于汽车设置较简单，开发时间因此相应较短，多数情况下几个月内即可开发出一款新车。

但是，随着汽车开发领域和相关人员数量的增加，开发新汽车的新组织架构也应运而生。如图 1-6 所示，欧宝汽车于 1957 年引入并成为欧洲中级市场的成

图1-6 欧宝 Rekord P1 1957年[9]

功模型。当时，汽车消费者已开始提出更多的舒适性和性能方面的需求，因此汽车开发目标也变成了性能、耐久性和技术功能。此外，在欧洲汽车工业重建之后，汽车风格和时尚设计变得愈发重要。所以，汽车造型、舒适度和消费者附加利益开始影响私家车的开发工作。

20世纪下半叶，消费者需求进一步提升，要求汽车增强安全性、舒适功能、电气性能和品牌标志等。由于产品复杂程度的增加，汽车开发变成一项团队性的工作。劳动分工的结构化创造了就业机会和责任领域。20世纪60年代，开发过程进行了更加严格的规范化和组织化。随着资源和职责的增加，开发部门按照不同的任务和需求被细分为各个分支部门，汽车开发随后细分为开发研究、前期开发和系列开发等分支。这使得人们能够不受批量生产和成本的限制，研究和开发面向未来的新技术。

私人汽车数量的增加也导致了交通事故的增加，这迫使制造商考虑安全方面的因素。1968年，美国交通部（DOT）启动了一项开发汽车安全技术的研究项目。因为欧洲汽车制造商开始加强他们对碰撞测试和乘客安全技术的研发（图1-7），欧洲汽车安全强化委员会也于1970年成立。这些新目标影响了汽车开发的研究主题，人们开始分析不同事故情况下的车身结构刚度和负载路径，计算和碰撞测试程序也被纳入整车开发过程。后来，计算技术的引入为汽车结构计算带来了新的可能性。计算机辅助软件在仿真中的应用以及随后在设计中的应用，促使开发过程中出现了新的组织结构和流程。对安全的顾虑一直持续到20世纪八九十年代，这一时期主动和被动的安全相关功能首先被引入豪华车，之后在所有级别汽车中得到普及。

除了提高汽车安全性，另外两个因素也对汽车效能提出改进要求。其一是对汽车运行成本的担忧。20世纪70年代，油价的上涨和资源的枯竭引发了石油危机，这使得人们对运行成本的担忧显得尤为突出。其二是人们逐渐意识到20世

图 1-7　奔驰碰撞测试 1959[4]

纪中期汽车数量的增长对环境所造成的冲击。这一问题最初出现在加利福尼亚州。受地理和气候因素影响，汽车尾气造成了加利福尼亚州地区的大雾霾，严重污染了空气，人口稠密的城区尤甚。因此，在 20 世纪 60 年代初，洛杉矶政府对汽车一氧化碳和碳氢的排放设置了限制。在欧洲，汽车尾气排放标准于 1970 年颁布，之后不断更新。20 世纪八九十年代，严格的排放标准促使人们在汽油发动机中安装排气催化系统和电控系统。另一方面，增压直喷柴油机的发展使得柴油车在很多领域得到应用。

除了对安全和效能的要求，20 世纪下半叶的消费者在汽车舒适性方面的需求也在增长。从驾乘舒适度（例如加强的悬架系统）、方便度（例如电控车窗）到车内空气控制甚至车载娱乐，开发人员和工程师们在顾客需求的驱使下将更多的技术和特性集成到新车的设计中。然而到 20 世纪末，对汽车舒适度和性能的关注在一段时间后却明显转变为对环保性和燃油效率的关注。由于消费者开始认识到他们的机动性直接依赖于可用的石油资源，出现了低油耗发动机和类似天然气发动机、混合动力系统等替代性动力传动系统的理念。例如，大众在 2013 年宣布生产一款油耗为 1L/100km 的汽车（图 1-8 左图）。这款车与 1986 年大众推出的一款概念车有明显的相似之处，该款概念车已强调低油耗汽车的设计理念，比如它要求高效的发动机、较轻的车重和较低的驱动阻力等（图 1-8 右图）。20 年后，这款概念车的时代显然已经到来。事实上，对环保的重视不仅包括提高燃油效率，还包括越来越普遍地使用可循环产品和可持续材料。

当前，鉴于这些各不相同且不断发展的需求，市场调研人员不断寻找新的市场空白点和变化，以满足消费者对个性化和量身定制方面的要求。如图 1-9 所示，日产 Pivo2 原型概念车配备了四个轮毂电动机，体现了市内交通对零排放单

图1-8　大众概念车：1986的Scooter和2013年的XL1[10,11]

图1-9　日产概念车Pivo2（2007）[12]

元、灵活的泊车性能和电子辅助设备选项等方面要求的设计理念。尽管这些理念对消费者来说具有真正的价值，但也必须认识到，这些有时彼此相互冲突的需求以及它们所催生的产品多样性也给汽车工程师和研发人员带来了巨大的挑战。认识这一点十分重要。

为应对这些挑战，汽车本身及开发过程都必须进行调整。例如，受排放标准的限制和燃油成本增加的影响，人们启动了新概念发动机和排放后处理系统的研发。随着发动机开发任务复杂性的增加，有必要把开发过程细分为各特定组件的子过程，如发动机子过程、传动系统子过程以及其他组件子过程。复杂性的不断增加所带来的一个重要影响就是，它推动了汽车生产商与特定组件或系统的重要供应商进行合作。一种全新的概念，即共同开发应运而生，供应商被融入开发过程，各自商业领域的知识也被整合进来。这种合作的进一步结果就是专有技术网络化的形成以及具体研究领域内不同汽车制造商之间的合作，这对当代的汽车开发工作起着重要的作用。

除了汽车本身复杂性的增加，汽车市场日益复杂也极大地影响了现代汽车的开发战略和方法。汽车行业的全球化对汽车开发过程影响尤其深远[13]。一方面，必须满足世界各地不同消费群体以及立法机关的要求；另一方面，生产过程还必须最大限度地标准化以实现世界各国生产设备的协同。因此，全球化发展的组织结构促使人们借助虚拟产品的开发，建立了基于全球网络的产品数据管理系统，并实现开发过程的全球化。

在未来几年，汽车开发将面临巨大的挑战。必须开发新的动力推进系统、能量存储单元、油箱系统和全新的汽车概念，以持续满足未来几十年个人的出行需求。新的汽车概念需要新的开发方法和工具。因此，汽车工程方面的虚拟开发在未来若干年将变得更加重要，而灵活的设计方案和仿真技术将会是成功的关键。不过，汽车开发的主要目标仍和几十年前保持一致——节省成本和开发时间，提高开发过程的质量和效率。

图 1-10 描述了新车模型开发的边界条件。影响新车总体开发要求的因素包含私家车对环境的影响、石油资源可用量的影响、安全因素以及消费者在舒适性和生活方式的需求这四个主要方面。

这些边界条件以汽车工程为核心，对汽车开发目标以及所采用的方法有着巨大的影响。要使新的汽车概念满足日益增长的需求，必须进行细致的规划并提炼现有知识，同时要有新的理念和新的技术。早期阶段的开发工作对新理念和新技术的构思、发展和评估起着尤为重要的作用。

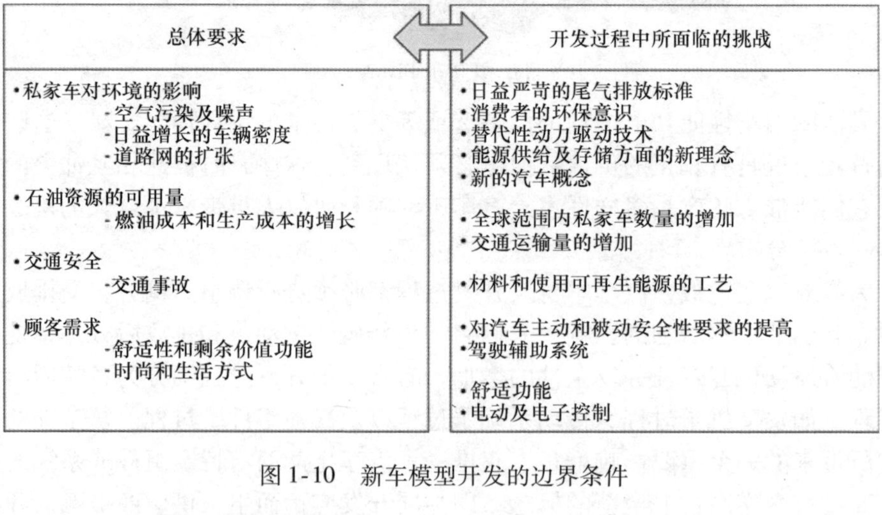

图 1-10　新车模型开发的边界条件

1.2　汽车开发过程

20 世纪 80 年代中期，汽车开发过程以高程度的硬件和基于模型的优化循环为特征。开发项目被划分为各自独立的任务，彼此间鲜有数据共享。各个独立的任务过程基本上按串行程序进行，数据的传输则采用基于单个任务完成情况的刚性结构。计算机辅助计算的运用仅限于特定领域。例如：20 世纪 70 年代末首个计算机二维绘图系统的投入使用标志着汽车设计方面的一个根本性变革。

那时，整车开发过程包括三个模型阶段，共持续 6 年时间[14]。然而，随着计算机辅助虚拟设计方法的引入，汽车开发过程发生了重大的变化。20 世纪 80 年代中期，CAD 和仿真方法开始接管之前基于硬件的工程开发任务。在设计阶段，无须借助硬件测试，就能根据对车辆结构、耐用性和噪声性能的预先计算结果对产品进行优化。设计和计算能力的不断发展使得计算机辅助虚拟设计的影响力不断增加。在汽车开发中，以设计过程为核心的参数关联法极大地推动了虚拟建模的发展。

在 20 世纪最后几年，集成 CAD 工艺和集成计算机辅助工程分析工艺（CAE）促进了以网络为基础的汽车工程的发展。虚拟模型开始出现，它们至少取代了一个阶段的实车模型。在整车开发中，虚拟工程的应用将世界各个国家和地区的合作伙伴和市场联合起来，从而促进了全球范围内的合作。如今，一项整车开发工程不到 3 年时间就能完成，且时间还有继续缩短的趋势。当然，由于必须保证产品质量，整车开发中采用了多个虚拟和实体测试以及验收过程。

尽管各家汽车制造商的开发环节先后顺序各不相同，但基本上各厂商的主要开发环节却都相同。图 1-11 代表最新水平的整车开发过程。该图是在对几家汽车制造商以及全球运营供应商的开发过程进行细致研究的汇总结果。图中所描述的开发过程可以理解成一个包括现代汽车开发周期中各主要部分和重要阶段的综合步骤。虽然专业术语有时不同，但这些主要模块却存在于世界绝大部分汽车制造厂商的开发过程中。

因此，图 1-11 所展示的过程仅作为讨论或描述现代汽车工业的产品开发周期的一个依据，绝不代表任何汽车制造商的实际开发过程。图中所描述对象是新款汽车开发的各个环节，改装或新款汽车的发布并不在考虑之列。此外，同步组件开发以及独立于项目之外的平行研发也未做详细考察。为了清楚说明情况，该图采用了几种不同类型的描述。整体结构则通过技术研发阶段、整车开发阶段和批量生产阶段这三个主要分时期展现出来。通过定义整个开发进程中的重要节点，各阶段最重要的环节也就一览无余了。描述工作流程时则将其划分为过程阶段和相应的步骤分而述之，同时遴选出一些指导各个部门展开工作任务的综合性原则，这既反映了各步骤自身的复杂性，又体现了各步骤之间广泛存在的关联性。

1.2.1 项目周期

汽车开发过程可以分为三个主要阶段。技术研发阶段包括产品特征的规划、

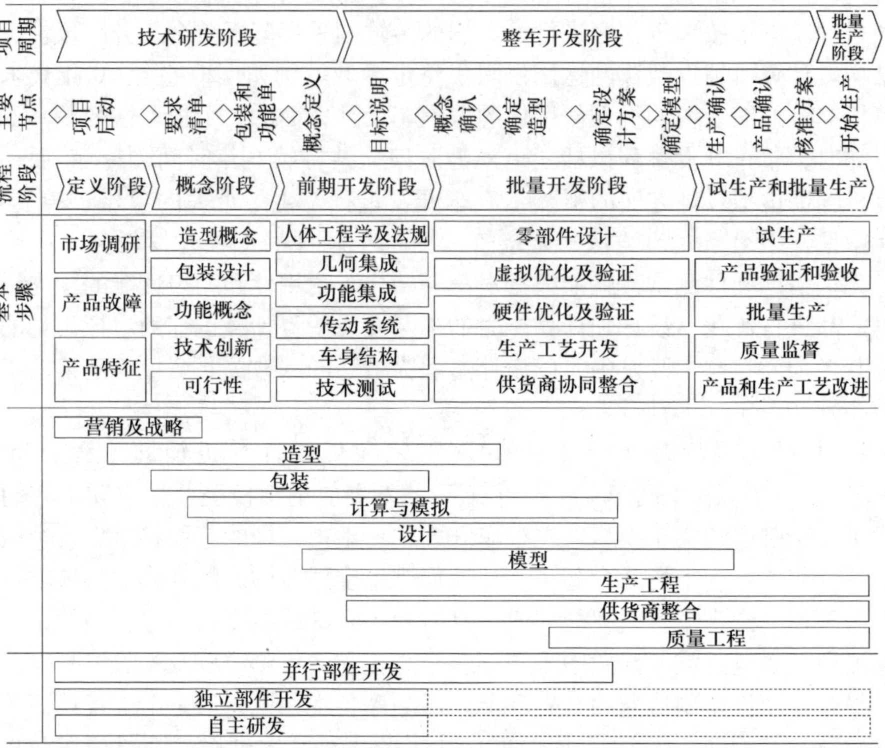

图 1-11　代表最新水平的整车开发过程

汽车概念以及一些初始的前期开发环节。技术研发阶段将制定一个详细的目标定义。这包括根据一系列与生产相关的观点来确定车辆布局和传动系统配置的定义。在技术研发阶段结束时，研发人员将考虑并描述新开发车在驱动、传动、特定技术特征和车身等方面相对于以前车型的变化，确定创新之处，同时考虑（来自以前车型/或竞争对手的）市场相关的研究。整车开发阶段始于随后对汽车开发步骤所做的详细规划。在整车开发阶段，必须考虑与制造相关的各项工作任务，同时，必须把供应商也整合到开发过程中来。生产工程与设计环节同时进行，必须考虑影响产品细节设计的所有因素。概念确认前，必须满足所有与生产相关的要求。整车开发阶段第一环节的技术测试必须评估并优化汽车各模块之间的相互作用。

前期开发阶段完成之后（主要节点：概念确认），批量开发阶段则根据前期形成的汽车概念来开发产品直至其能走向市场销售。在这期间，与生产相关的任务和工作的数量继续增加。此外，分销和营销的影响将被纳入考虑范围，而产品开发本身的影响则开始削弱。在批量开发阶段，存在大量相互关联的过程，需要对其实施有效的项目管理。在前期开发阶段结束前，必须完成生产确认、产品确认和产品认证，而整车开发阶段则以生产启动节点为终点。

随着与制造相关的任务重心的增加，质量工程开始被纳入开发过程。除了考虑上述各环节外，还必须考虑一些其他任务。独立于项目之外的研究主要包括新技术、战略品牌创新和其他基础性研发工作。独立于项目之外的组件研发存在于不同类型汽车的通用发动机和变速器研发、平台开发以及通用组件研发中。为了确保已交付模块的按期运转，必须同时展开项目内同步的组件开发，其中包括发动机和变速器的开发、测试和优化等任务。这有助于管理整车开发过程中的工作和时间。通过这种方式，不同部门和专家就能投入到新的发动机、传动系统、电子设备和其他部件的研发工作。同步工作完成之后，通过测试和核准的模块就能及时运用于整车开发过程。

1.2.2　汽车开发阶段

除了分成上述三个主要阶段，一款新车的生产过程也可以划分成若干过程阶段。图1-11按照先后顺序列出了五个主要阶段：定义阶段、概念阶段、前期开发阶段、批量开发阶段和最后的试生产和批量生产阶段。

定义阶段

定义阶段包含最初的特征评价和拟开发汽车模型的评估。为了完成该阶段的工作，需要对市场进行广泛的调研并预测其发展走向，以便对项目产品生命周期内目标市场的需求进行预测。此外，在新车开发的定义阶段，还必须考虑汽车制造商的整体产品策略以及与经济金融形势相关的外部条件。产品特征将被列入可充当随后的概念阶段启动计划的要求清单。该要求清单以定义阶段为基础，描述了汽车的分类（迷你型、紧凑型、轿车、SUV、货车和跑车等）、基本尺寸、目标驾驶行为等其他因素。定义阶段的工作还包括在充分考虑未来汽车造型趋势和同类竞争产品的前提下提交并讨论初始造型方案。

概念阶段

概念定义节点是概念阶段的目标之一，它包括对车辆概念本身的详细描述。在这一节点上，必须对汽车造型、总布置和功能进行粗略估算，以此来概述整车的主要配置。概念阶段的工作模块在前期技术的支撑下能够整合以往项目和研发工作中所获取的知识。

概念阶段的主要工作之一就是在特定的技术范围内完成造型过程。在初始阶段，造型草图以及车身形状的概念来源于初始布置研究和人体工程制图。在随后步骤中，汽车造型必须详细考虑诸如传动系统和组件的空间、空气动力学、乘客、行人和碰撞安全等技术和立法方面的要求。设计师的任务就是找到最优的解决方案，以满足技术、经济、市场和流行趋势的要求。基准研究则被用于对市场走势和顾客需求的评估。另外，也必须落实和强化典型品牌特征。因此，设计师会提出多个造型方案，以此作为开发团队以及管理层内讨论的基础。

造型过程是概念阶段乃至整个开发过程中的一个重要环节，这是因为汽车造型对消费者的认知以及购买决定有着重要的影响。在现代汽车开发中，往往借助计算机辅助造型软件（CAS）来完成汽车内外部曲面造型的设计。这些造型软件通过使用一些较为复杂的算法，完成对高质量曲面模型的定义，进而为汽车造型的开发打好基础。在虚拟现实（VR）环境中，造型相关的评估和表述将借助几何数据完成。同时，这些几何数据也是后续工程过程（例如，整车布置、人体工程学开发、组件设计和模块设计等）的信息输入源。在大多数情况下，设计数据将以中性数据的格式传入 CAD 环境。

除了造型，整车总布置的设计是概念阶段的另一个重要任务。布置设计须采用基于车辆组件和模块虚拟装配的数字样机（DMU）过程，而这些组件的几何描述则借助 CAD 和 CAD 软件（CAS）完成。布置设计的工作内容是处理如动力传动系统、油箱、温度控制、悬架以及其他汽车模块的布局要求。整车总布置研究的首要任务就是考虑乘客和行李空间。在现代汽车开发过程中，整车布置是围绕乘客来设计的。在这一背景下，座椅的摆放位置非常重要。乘客乘坐的是跑车、轿车还是 SUV，会对座椅的摆放位置造成很大的差异。

除了汽车类型，还必须考虑某些品牌特有的座椅摆放位置和空间特色。一旦座椅位置、乘客的空间需求（例如头部、肘部和膝盖部分的空隙）和行李空间的设计确定下来，车辆总布置的概念也就能够确定下来。这包括主要模块的布局、检查空间设计是否符合立法要求以及以技术为基础对汽车外形曲面进行定义。所有与汽车曲面造型相关的技术要求必须复查，确保在不影响汽车造型的前提下找到满足技术要求的最优解决方案。

除了整车布置相关的研究外，还必须展开初始功能性研究。这些研究不仅考察组件与模块在技术层面的交互作用，而且验证其人体工程学功能。在这一阶段，需要准备好包括发动机、传动系统组件、悬架等其他供应件在内的技术模块，并审视其在车辆概念阶段实施的适用性。此外，功能性概念还包括对一些必须重新开发的组件进行初始功能性布局研究，例如，对基本车门运动学和车窗升降机制的初始评估（参见 3.13 节）。布置和功能性检查节点包括从造型和技术要求这两个方面对车辆结构进行简要描述。

当然，概念阶段的主要任务之一就是考虑实施诸如新的动力系统概念（例如混合动力、电气驱动）、新的变速器系统（例如无级变速器、双离合器变速器）和新的汽车概念（例如敞篷小轿车、微型城市车、一升车）等方面的技术创新。这些新技术是否影响汽车的整体结构（例如全新的车辆类型）或者只是影响到汽车的一部分（例如新的传动类型）存在重要的区别。在这两种情况下，都必须根据新产品的需求清单来检查这些新技术。同时在新车研发中这些新技术的后续研发和应用情况必须加以验证。这可以包括在同期内与创新相关的虚拟开发周期和基于硬件的开发周期。

最后，概念阶段将以汽车概念的可行性研究结束。该部分包括对已满足汽车布置要求的不同造型方案的描述、对功能性概念的定义以及核准新技术在新车型中的适用性。

前期开发阶段

前期开发阶段以概念阶段为基础，对车辆布局进行详细定义，并全面考察人体工程学和立法方面的外部条件。车辆布置研究可以通过完整的组装和布局研究以及功能性优化得以加强。除了对技术相关的特征进行定义外，前期开发阶段也做出一些如将新模型整合到平台策略、搭建模块系统以及定义模型衍生品等全产品决策。许多情况下，新车开发都是建立在以往模型的基础之上，并大量沿用它们的技术特色和组件。在这种情况下，前期开发就必须对现有模型是否适用于新产品做出评估。

前期开发阶段的几何集成将对汽车布置以及其他基于几何学的边界进行详细定义。借此，来自于以前模型的相关知识能起到重要的作用。品牌独有的特征，诸如座椅位置、传动系统配置和悬架组件等被引入到车辆布局，进而构成一个完整的车辆概念。该完整的车辆概念用一个详细的三维 CAD 模型表示。在这些过程中，不同的规格通过不同开发部门和决策者的协商加以调整。车辆造型的开发和调整也在同时进行着。每个部门在重点关注的造型和工程方面也都在进行一些调整。

与几何集成同步进行的是功能集成，它验证所有组件和单元的技术功能性及其交互作用。人体工程对车辆功能的影响可通过人体工程学和仿真技术的研究来进行。例如，入口以及座椅位置的优化、开关设备易用性等。造型设计和工程学的结合分几个步骤进行，与之相伴的是部门之间数据的不断传递。这个结合过程有时可能很难，尤其是当造型设计师和工程师的意愿互相冲突的时候。功能集成的对象还包括其他方面，比如底盘和传动系统等，尽管其中的一些模块和组件一般来说都是独立开发的，因为它们在不同车型中使用要求不太一样。传动系统模块可视作输送单元。但在车辆的设置中，必须对之进行多角度的考虑。例如，发动机布置、与冷却系统的恰当连接、油箱系统的集成、排气系统的开发（包括尾气后处理）、传感器和控制单元的应用，所有这些都必须经过调整和核准，以适用于新车型。

功能集成的一个重要任务就是完成与驾驶性能和燃料消耗相关的整车布局。在这一早期阶段进行的计算通常基于以往的车型或替代性的仿真模拟，因为这时尚无新车开发所需的全部数据。在许多情况下，没有足够的数据可用于未来概念的整车模拟。在这些情况下，结合预编辑方法，对现有数据进行智能集成，可以提高功能集成这一重要开发阶段的效率和精确度，从而获得同步工程所需的数据。

车身结构的定义和优化是与汽车总体架构的开发同时进行的。在早期阶段，须粗略估算车身结构的支撑元件，并根据造型和布置要求对之进行调整。车身的初始结构是根据不同的碰撞场景、刚度和最大应力等主要负载情况计算得到的。在许多情况下，最初的车身结构是以以往的项目和基准研究的经验为基础的。随着前期开发阶段的进展，车身结构的设计及其仿真在更大程度上始于各种影响因素的整合。详细的应力和耐久性计算、全车碰撞模拟、焊点尺寸预标注以及其他与生产相关的目标都在考虑和实施的范围内。

该阶段结束时，会生成一个经过完整计算的系列开发设计方案。就新的车身概念而言（比如，新的轻量化材料或设计方法），一些额外的方面需要进行研究和考虑。在前期开发阶段的最后部分，将会选出满足布置、功能、法规、人体工程学和空气动力学等要求的最终造型方案，并对其进行验证。通常，会建立一个1:1的实物原型，以此验证造型方案的选择是否合理。由于会对后续工程的步骤产生重大影响，汽车造型方案一旦固定下来，就不再允许对其进行调整。在虚拟开发的同时，会对组件和原型车辆进行不同的硬件测试，借此来验证新车的功能。

在对不同的技术进行研究和评估的过程中，可以明确目标规定的时间节点。该规格列表包含对产品特征以及应交付产品所做的详细描述。目标规格列表以需求列表为基础，其内容包括在概念阶段和前期开发阶段的进程中做出的一些调整和细节设计。概念的确认则标志着前期开发阶段的完成。在这个节点，所有与目标规格相关的产品特征均已实现并得到验证。车辆概念固定后，若再对之进行修改，将对下一进程的时间表和项目成本产生重大的影响。初始开发阶段对产品开发周期的成败甚至产品本身影响重大。鉴于此，不仅需要采用高度灵活且有效的开发策略，而且非常有必要通过使用灵活的工具、有效的方法和经验丰富的工程师来确定最佳的产品特征和技术解决方案。在这些早期阶段，整个产品生命周期的主要事项均要确定下来。

批量开发阶段

批量开发阶段包括考虑了过程和生产相关的观点概念的实现。在此阶段，所有工程步骤均受制造业相关条件的限制。因此，无论是虚拟开发还是实车开发，都与生产工程和供应商有着紧密的联系。在批量设计过程中，组件的几何形状在CAD环境下被精确地描述。这个阶段对细节的关注度明显高于概念阶段或前期开发阶段。考虑制造过程的虚拟模型需要借助特殊的设计方法和策略才能被精确地生产出来。目前，批量开发阶段的CAD模型参数化水平低于概念阶段的设计模型，其灵活性因而也较低。

新设计方法的产生可使模型从高度灵活的项目阶段直接转入严格的量产开发环境，这为提高整个开发过程的效率提供了巨大潜力。除了组件设计，批量开发的重要步骤还包括对零部件和产品配置所做的虚拟优化和验证。其中，数字样机过程核查并改进不同模块之间在功能、装配和公差方面的相互作用，而广泛深入的仿真过程确保模块性能和交互作用的零故障。在车身方面，要在考虑组件设计、材料和实用连接技术的前提下，进行详细的结构研究、虚拟碰撞测试和耐久性仿真。尤其在现代轻量化车身设计时，如何通过虚拟维护，确保产品生命期内运行无故障，这对各方来说都是一个重大挑战。

在批量开发中，同步开发的几个组件和模块都被运用到整车架构中。因此，发动机和传动模块、制动、悬架和电子系统都将被纳入到车辆的调校中。同步开发的组件及模块的一个显著优势就是它们能同时生成并验证封闭单元。这些模块的优化和测试则以理论上能否无故障运行为根据。在集成过程中，必须根据这些模块在复杂的车辆系统中是否适用以及能否无故障运行来对之进行验证。

同步开发模块的集成的一个实例就是发动机组。发动机的开发是一项复杂的挑战，它既要考虑工程学的要求，还要考虑客户和法规的需求。因此，减少燃油消耗及废气排放、提高性能要求、实施替代性的传动系统概念（如混合动力系统）和高研发成本的压力都将影响发动机新技术的研发。发动机的开发过程本身分为几个步骤：设计、机械及热力学模拟、测试台架及路面的应用和与生产相关的研发。本章的重点是整车的开发过程，不涉及发动机或组件开发的细节。

批量开发阶段的一个重要步骤包括质量计算和质量管理任务。这项任务则须通过虚拟优化和验证以及与硬件相关的步骤来完成。由于车辆的质量直接影响着驾驶性能、燃油消耗和废气排放，减小车的质量是新车型开发的一个重要目标。硬件的优化和验证与虚拟开发同时进行。在原型测试的过程中，所有虚拟开发的结果将得到验证和调整。硬件的优化和验证不仅包括组件和模块的测试周期，而且也包括对测试平台和不同路况下的整车原型的操作。硬件测试案例包括对新动力系统概念的测试、发动机和传动装置的测试、针对硬件模型的空气动力学和气流（冷却）研究、针对封闭系统的功能测试平台、悬架和制动性能测试、电子测试程序、软件测试、触觉和人体工程学研究、密封概念的测试以及其他更多测试。

除了产品相关的硬件测试，在生产过程的开发中还必须对制造相关的硬件进行优化循环。此外，虚拟制造和设备工程包括模拟生产和装配程序，以支持内部过程优化以及与供应商的整合。批量开发的结果之一便是形成完整的三维 CAD 和二维图样。这些产品数据与数据组织、供应和制造等不同的过程有着联系。工具的设计和计算与组件设计同步进行，它不仅存在于制造商内部，而且存在于制造商与供应商之间的合作中。产品的数量和质量、项目进度、物流以及制造过程的详细规格也将被确定下来。

在考察批量开发阶段的主要节点时，产品开发和生产工程之间互为依赖的关系愈发明显。内外造型的过程以造型冻结节点这一目标为终点，它包括根据技术、生产以及美学方面的观点对车辆造型进行完整的定义。造型冻结节点的实现标志着包括辅助性计算和仿真程序在内的所有设计过程的结束。在这一节点，生产工程中所有影响产品的因素都必须得到落实。在原型冻结节点，车辆配置方案得到广泛的认可。这不仅包括机械和电气方面的确认，而且还包括硬件和软件方面的验证。批量开发的最后一个节点是生产确认。在此阶段，产品的生产准备工作已经就绪。生产规划和控制方面的所有工作，包括对制造业相关数据和程序的管理和组织，均已冻结并被批准。随后的步骤则必须最终完成生产过程本身。

试生产（小批生产）**和批量生产**

新车模型的生产始于试生产。尽管这一阶段使用了系列工具，但该过程并未按照最终制定的时间进度表来进行。试生产阶段将通过降低生产率来检查每一个生产环节，以此来检测和评估加工及装配步骤。这一阶段还会审查计算机控制程序，同时对人力资源进行培训。产品以及生产过程的检测则依据质量指导原则进行。产品确认节点标志着产品验收合格，这包括产品开发、生产和加工质量等各个方面被认可。

由于不同的市场要求，车辆认证是一个长期的过程。因此，车辆认证始于试生产的车辆或接近批量生产的原型车。当然，这些车辆必须满足批量生产的车辆认证规范。认证节点标志着法律批准程序的结束。产品开发伴随着生产启动节点（SOP）的到来而结束。从这一阶段开始，制造过程按照预定的时间步骤进行，产量目标得以实现。供应组件和模块的交付、装配线的布置和质量控制按制定的顺序进行。在大多数情况下，供应商已经提前开始他们的生产，确保装配过程启动时没有任何故障。在批量生产的过程中，持续进行的质量检查保证了产品预先定义的特征得以实现。在对产品和生产过程持续检查的同时，也不断落实对生产步骤的改进。在一款新车的生命周期内，进一步的开发和车型升级包括新技术的实施（比如新型发动机和传动装置、新的安全装备或舒适装备）或轻微的造型调整。这些调整与批量生产同步进行，并被落实到制造过程中去。

一旦进入市场，汽车产品就以一种不同的管理方式进行维护。除了零部件的交付，销售中心还参与到质量保证和产品改进的过程中。市场反馈将为当前的批量生产和未来的发展提供重要信息。因此，世界各地市场都重视客户反馈数据的收集和评估，并对之进行详细的评价。

1.3 CAD 在汽车开发中的应用

CAD 是现代汽车开发方面的核心学科之一。有效的计算机辅助创建几何模型为许多领域内的相关工程的进展打下了基础。基于 CAD 的综合模型不仅包含几何数据，而且还为产品结构［比如，材料清单（BOM）］、组件和模块在几何学以及功能上的交互提供了丰富的信息，同时还提供许多与生产相关的信息。

1.2 节介绍了当前包括所有子领域和操作区域在内的最新水平的汽车开发过程的发展顺序。在这个过程中，有相当数量的工作领域涉及虚拟产品的开发，因而也涉及以 CAD 为基础的信息产生、修改和使用。图 1-12 展示了汽车工程的几个方面，其排列顺序主要依据它们与六个主要领域之间的关系，旨在说明汽车开发的主要目标和影响因素。其中，与经济相关的方面包括产品策略、市场影响以及成本管理。与过程相关的方面则与生产工程、供应商的整合以及备用件的管理密切相关。最后，传统的以工程为重点的工作领域不仅包括组件和模块的开发，而且包括与整车相关的技术参数的审议和执行。

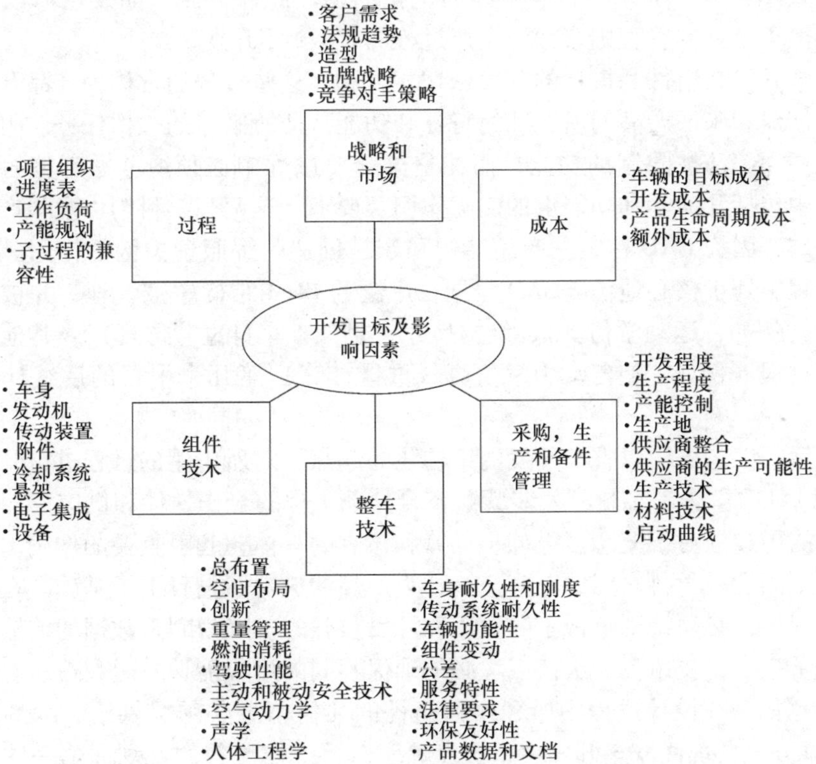

图 1-12 汽车整车工程过程的发展目标及其影响因素[15]

由于承担虚拟环境中产品数据几何图形的生成任务，CAD 过程从一开始就加入开发过程。市场和产品策略相关的决策往往受时尚潮流和生活方式的影响。这样，计算机辅助创建并可视化的初始造型模型就可以在对客户要求和市场趋势的评估中发挥重要作用。在随后的步骤中，最初创建的造型曲面成为包括一些修改和调整在内的深度优化的基础。计算机辅助造型软件（CAS）的运用支持造型曲面的高效建立、数据备份处理以及对现有模型的优化调整。

由于费用成本计算对竞争力有着重要的影响，人们将大量精力用于预测、计算和评估许多不同产品及生产开发过程在节约成本方面的潜力。提供当前信息（包括几何图形、功能、材料、制造和装配相关的数据）、安装启用其他模型的组件和模块（COP）以及提供整个产品创造期内产品结构的信息都为成本相关方面的计算提供重要支持。以产品数据管理（PDM）为基础来组织所有相关信息，使得有关部门和工作领域可以直接获取成本计算方面的相关信息。

生产规划和制造工程，包括供应商整合和物流过程，需要采用便于计算安装和装配步骤、验证生产线以及开发和评估自动化控制与自动传输的各种汽车 DMU 结构。源自 CAD 数据的装配仿真可以解决有关顺序、冲突检测以及操作员方面的人体工程学研究等安装步骤的优化问题。此外，当产品发生修改或变化时，对汽车变型的管理则有助于生产过程的有效确认。

整车开发与组件和模块的开发密切相关联。这些过程通常称为产品开发，它包括了创建和验证产品的所有几何特征和功能特征所必需的一切任务。组件技术的开发往往关注被限制的功能，而在整车开发过程中，必须考虑完整的产品结构，其中包括几何学和功能上的交互作用及要求。这两门学科均以虚拟产品的开发为基础，因为 CAD 在定义产品结构和产品创造时都起着关键的作用。由于在汽车工程中处于核心地位，CAD 数据在广泛的 PDM 结构中被管理，并被用于功能布局（例如，运动学仿真）、结构尺寸（例如，车身碰撞仿真）或其他的优化和验证过程（例如，空气动力学仿真，重量计算）等几个平行的后续计算和仿真过程。

最后，工艺工程以整车开发的结构化为起点，对所应用的过程进行开发和优化（图 1-11）。为了细化开发步骤、整合外部工程的合作伙伴和供应商，由此派生出来的子过程对于概念、设计、计算和仿真的一体化起着重要的作用。不同部门以及不同发展学科之间的充分交流，为产品的成功开发打下了基础。在汽车开发的过程中，必须特别重视不同顺序和开发步骤的准确规划，数据的传输则在其中扮演了一个重要角色。工艺工程必须确保不同的过程能够及时获得所有必要的信息（比如，在设计过程中所开发的组件的几何信息必须提供给后续的应力和疲劳仿真）。在现代汽车开发中，开发顺序以及工作流程的规划面临一些来自同步工程和前期方法的挑战。这些同步工程和前期方法所依据的既包括部分同时进行的研发步骤，也包括基于知识且与产品相关的决策切入到早期的研发阶段。CAD、CAE 和知识工程（Knowledge - Based Engineering）这三者间的相互作用十分复杂。由于它对产品的成功开发非常重要，必须对之进行精心的规划。

参 考 文 献

1. Hirz, M.: An approach of multi disciplinary collaboration in conceptual automotive development. Int. J. Collaborative Enterp. IJCEnt **2**(1), 39–56 (2011)
2. MAGNA STEYR Fahrzeugtechnik AG & Co KG: date of access: 2009–11-10. http://www.magnasteyr.com
3. Bols, U.: Die berühmtesten deutschen Autos. Podszun, Brilon (1990)
4. Mercedes-Benz Classic Archive, Daimler AG, Stuttgart, Germany
5. Courtesy of Ford Motor Company - Gross Point Public School System: date of access: 2010–05-11. http://www.gpschools.org
6. Courtesy of Ford Motor Company - Motorwayamerica: date of access: 2009–10-05. http://www.motorwayamerica.com
7. Bugatti Type 57 Atlantic, photographed by Martyn Goddard, England. http://www.martyngoddard.com
8. Riekert, P., Schunck, T.E.: Zur Fahrmechanik des gummibereiften Kraftfahrzeugs. Ing. Arch. **11**(3), 210–224 (1940)
9. Opel Classic Archiv der Adam Opel AG, Rüsselsheim, Germany
10. Volkswagen AG: date of access: 2013–03-29. http://www.volksgenag.com
11. Volkswagen Scooter 3-Wheel Microcar Press Kit, Volkswagen United States Inc., Michigan, USA 1986
12. Nissan Austria: date of access: 2009–10-05. http://www.newsroom.nissaneurope.com/at/deat/Home/Welcome.aspx
13. Jürgens, G., Hirz, M., Bader, M.: Entwicklungsmethodik. Lecture script at Graz University of Technology, Graz (2011)
14. Sorsche, J.H.: PKW-Konstruktion. Lecture script at the University of Stuttgart (1989)
15. Hirz, M.: Advanced Computer Aided Design in Conceptual Automotive Development. Habilitation Thesis at Graz University of Technology, Graz (2011)

第2章 虚拟产品开发概述

本章为产品开发概述，重点介绍（但不局限于）汽车工程。在对机械产品开发的过程进行简要定义后，对虚拟产品开发的主要术语、常用定义及一系列开发方法做了一一介绍，如CAD、CAE和PDM的发展历程，产品建模基本方法分类，汽车工程中典型CAD－CAE过程链和产品数据管理任务等，最后简要介绍了产品协同开发的概念。

2.1 机械产品的开发

产品工程过程涵盖产品开发、制造、使用、服务以至报废处理等所有操作。产品开发在考虑不同边界条件的前提下管理产品本身的创造，因此产品开发流程囊括了把新产品推向市场的所有必要操作，包括创意产生、概念阶段、产品造型与设计以及详细工程等。所有这些操作均需以市场调研和营销分析为背景进行。

图2-1为常见的产品生命周期序列。首先，产品研发包括基本的研究工作和针对具体产品的调查。其中，产品规划通常在概念阶段进行。作为产品开发的开端，该阶段要对新产品的主要特点进行定义和预估。概念阶段之后则是包含造型、设计和细节工程等的系列开发阶段，然后进入产品测试阶段。产品测试的程度是由产品类型决定的。在汽车工程过程中，测试阶段需包括全面而深入的测试以及优化工作。以上阶段完成后就进入与生产相关的开发和实施阶段。项目投产后进行的产品制造阶段是产品创造周期的终点。产品销售、使用和报废（回收）阶段在市场中进行。该阶段的进行需考虑市场相关因素、售后服务及用户支持等的影响。

德国VDI2221指南描述了机械产品开发的各个阶段。该指南没有对开发的整个生命周期进行一一介绍，而是侧重于产品开发阶段的描述。尽管机械产品开发的工具和方法不尽相同，但其开发过程大致都可分为五个主要阶段（图2-2）。第一阶段制定产品的需求和规格。在汽车工业中，产品特点的规划需在对市场的深入了解、不断变化的客户需求的充分掌握以及对基于法规的边界条件的充分分析的基础上完成。研发阶段耗资巨大，新车规划精心准备，这样方才推出新的汽

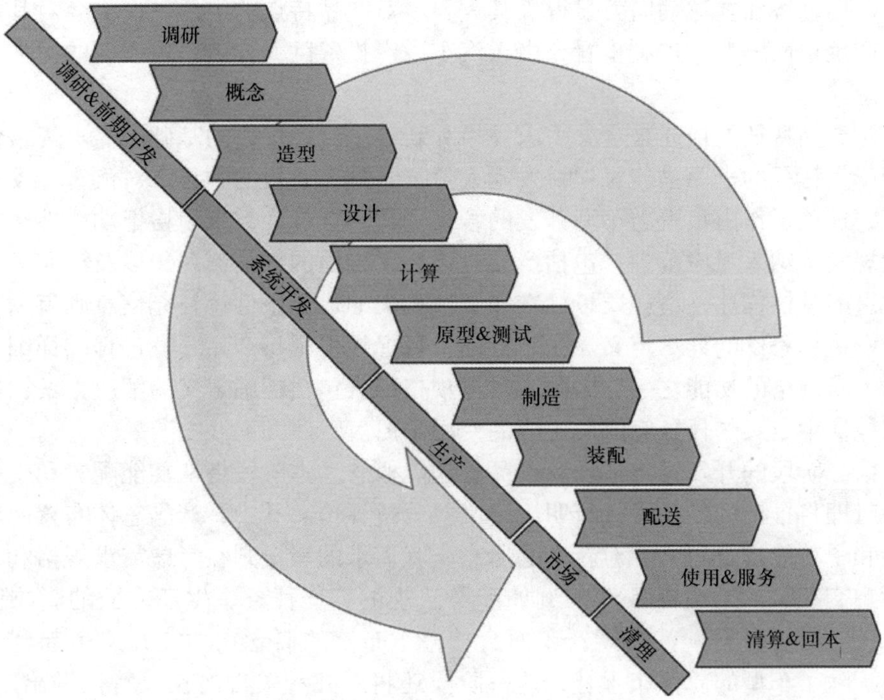

图 2-1　典型产品生命周期的各阶段

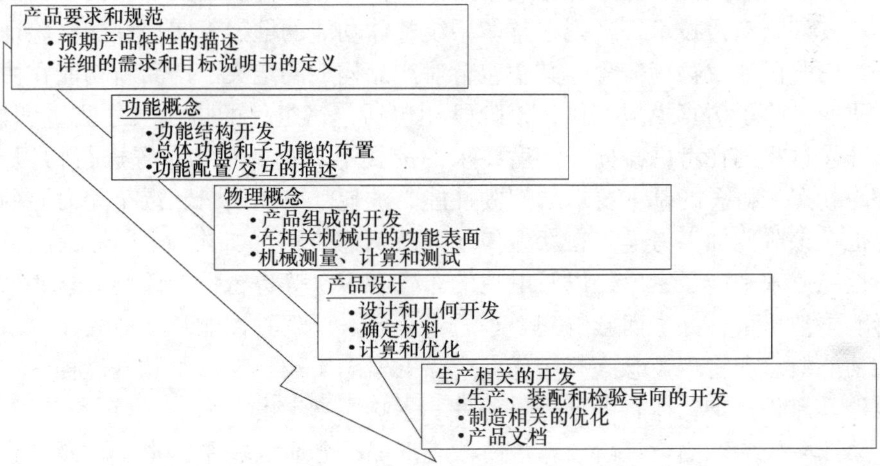

图 2-2　根据［1］得到的机械产品的开发过程

车技术和车型。通常，一款车型的生命周期为 6 ~ 10 年，虽然也有个别车型能够存活 20 年之久。加上开发阶段的 2 ~ 4 年，推出的新款车（包含新技术）必须可在今后 10 年内保持较强的市场竞争力。鉴于此，在产品开发的最初阶段充分考察市场趋势和立法动向就显得极其重要。对产品特点的定位失误将会对其经济效益产生负面影响。进一步看，由于汽车生产投资巨大，汽车生产商的损失会不堪设想。

对产品特征的描述是定义需求规格和新模型目标规格的基础。需求规格包括对新产品特征的全面描述，项目发起人负责其具体条目的制订。对汽车开发项目而言，这项工作由负责新车型开发的管理委员会负责。需求规格把功能性和非功能性规格都纳入考虑范围，包括产品设计要求方面的详细信息，以及产品运行预期效果的具体描述；诸如质量标准和制造相关的边界条件等补充信息则有助于产品开发边界条件的详尽定义。另一方面，目标规格则将产品开发过程的详细方法视为需求规格的功能之一。因此，目标规格列表包括精确定义的解决方案，以及需求规格中定义的任务完成后生成的使用手册。

第二阶段的开发过程涉及新产品的功能概念。本阶段将从功能配置和交互的角度对即将推出的新技术进行明确定义并分析评价。其中，产品总体布置就对其功能和子功能进行定义。对新产品所有交互需求的考量则在考虑需求规格和其他能影响交互需求的边界条件（例如涉及法规的工作任务、生产方面的影响因素等）的基础上进行。就一辆新车而言，整车布置的概念在功能开发中起到重要作用。除了车型的总体布置外，这一阶段还将对几种关键的技术特征做出定义。而对这些技术特征的定义需要考虑众多影响因素，例如驾驶性能、车辆的安全性、舒适度、耐久性、法律和环境的要求。汽车零部件的新技术，例如安全装置和环境友好型动力技术等，则在整车系统整体功能的框架下实现并测试验证。

第三阶段涉及物理概念，其中包含对产品构成的定义。产品新功能在协同机制下研发。除了仿真模拟工作，该阶段还包括车辆组件的机械尺寸测量和计算。汽车开发过程则在考虑碰撞和刚度要求的前提下对车身结构布置进行物理定义。此外，新车型概念的基本要求如驾驶性能、油耗、车辆质量和汽车动力性的评估值等也在该阶段加以考虑。在新型传动系统概念方面（如电动汽车），该阶段还将对性能需求和能量密度，以及电池的布置和容量等进行估计评测。这些因素均会影响电池质量，并进而影响到整车质量、质心、驾驶性能及其他性能。以上介绍的功能概念和物理概念一起构成新产品的概念阶段。在汽车开发过程中，概念阶段涉及流程复杂，还将各种边界条件和影响因素考虑在内。

第四阶段为产品设计阶段，该阶段与产品概念阶段关系紧密。按照概念阶段的要求，所有组件的开发必须考虑产品的组装和组件之间的交互作用。在概念阶段形成的思路基础上，该阶段将对产品组件进行详细的建模并优化、确定材料，制订生产计划的边界条件。

产品开发流程的最后一个阶段涉及产品关联设施的开发。该阶段和设计过程关系紧密，因为制造业的边界条件也影响着组件的设计。因此，生产、装配、以检验为导向的开发、与制造有关的优化（包括供应商整合）等环节与几何创建及计算过程互相影响。以前的开发过程中上述部门分别工作，如今各部门之间的信息传递便捷紧密，产品开发也更加高效。根据 VDI 2221 的定义，产品开发的最后一步生成产品文档，其中包括产品的所有相关信息，以及制造数据（如图样和装配指南）等。

VDI 2221 提出的机械产品开发流程没有考虑开发工具和方法。原则上，不管人力资源、机器和方法的部署如何，该标准对所有机械产品的开发都有效。产品开发的标准化流程仅仅是一个框架。在汽车行业，尤其在概念开发阶段，重要的额外规格、新模型开发、概念设计的方法和工具等也很有必要。20 世纪 80 年代末以后，汽车行业的产品开发过程在很大程度上依托于计算方法和计算策略完成。以后的发展趋势非常明显，就是朝着能完整生产新车的集成虚拟开发方向发展。受航空工业发展初期的启发，汽车工业也在大力推进软件工具和方法的开发，以此推进虚拟生产时代新产品、新技术和制造过程的提升。在开发时间有限，开发成本压缩的前提下，虚拟仿真工程方法在产品设计、仿真、计算、组织、生产、销售和其他重要的任务中的优势日益突出，在技术优化和生产中的作用日益重要。

如图 2-3 所示，在 1900 年前后的设计办公室里，铅笔、尺子、纸是主要的开发工具。如今，开发工作室已经换成了各种计算工具。但不管怎样，在新产品的创造中人依然是最重要的因素。

图 2-3　设计办公室概况[2]

2.2　虚拟产品开发

虚拟产品开发泛指所有由 IT 技术支持、基于产品模型的新产品设计制造的全过程。虚拟产品模型用于虚拟环境下产品的优化和测试，一方面可以减少开发时间和成本，同时还能提高产品质量。根据应用的开发类别，虚拟模型大致可以分为以下几类：市场相关和商业案例相关的数据（经济模型），工作流程导向的信息（过程模型），技术特性和说明书（功能模型），几何信息（设计模型）等。不同学科的需求和特点不同，采用的虚拟模型也就不同，结果也会不同。一般来说，虚拟产品开发可以分为以下几类[3]：

CAD：计算机辅助设计

CAS：计算机辅助造型

CAE：计算机辅助工程

DMU：数字化样机

CAM：计算机辅助制造

CAQ：计算机辅助质量控制

CAT：计算机辅助测试

根据拟开发产品的类型，上述大类中还增加一些具体的学科，如计算机辅助软件工程（CASE）就是采用 IT 支持的功能部件进行 IT 类或机械类产品的开发。

开发伙伴的密切合作。汽车产业中的虚拟产品开发要用到各类产品模型，这些产品模型通过全球数据管理系统进行整合管理。产品开发过程和生命周期不同阶段的要求不同，其数据管理的组织结构也不同。数据管理相关的过程和功能分别用不同的术语进行描述（见 2.2.3 小节对汽车工程产品数据管理的概述）。

图 2-4（见彩插）展示了 CAD、CAE 以及数据管理系统的发展历史，其中重点介绍了它们在汽车开发中的应用。最初的计算支持的产品开发功能出现在 20 世纪 60 年代，主要是数学运算程序的应用。20 世纪 70 年代末，第一个商用计算机辅助绘图程序出现。这些程序使用一些简单的功能生成技术产品的二维图样。最初的应用程序使用直线和圆定义草图，后来的软件又添加了一些其他功能，如预先定义的几何图形或定义好的坐标轴、图案或维度。通过这种方式 2D 产品描述以及与生产相关的车间用产品图样就可以生成了。到了 20 世纪 80 年代，软件供应商开始为个人计算机和工作站提供商用计算程序。此时，集成仿真方法得以广泛应用。除了汽车制造商外，汽车零部件供应商也利用产品相关的仿真技术的发展优势，用于产品的细节分析。基于几何和基于仿真的产品数据也分别在不同的领域中得以使用，而这些应用则要求在起始阶段实施以几何和物理为基础的数据管理策略。

从二维图样到三维模型的转变开始于 20 世纪 80 年代初，但真正在商业上获得成功的三维 CAD 程序是在大约 5 年后才首次推出。三维 CAD 设计方式从根本上改变了人们熟知的设计方法。尤其重要的是，三维 CAD 中引入的三维曲面和实体模型让产品设计方法从静态的、几个视图或部分视图结合的二维图样发展到

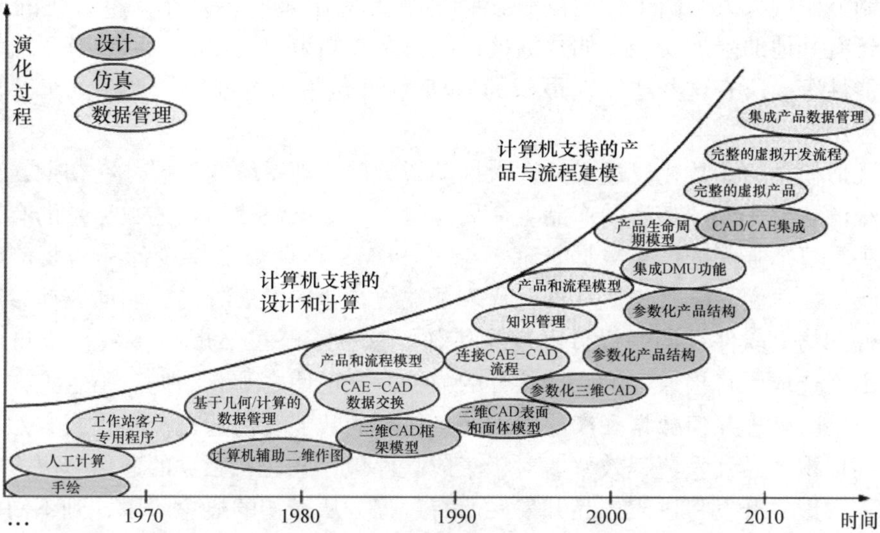

图 2-4　CAD、CAE 以及数据管理系统的发展历史（以［4－6］为基础）

动态的、三维虚拟几何产品模型，实现了质的改变。除了对产品几何形状的详细逼真描述外，新的模型还包含了大量的额外信息和特征，如将三维设计与生产相关的信息和装配信息整合到模型中。同时，压铸工艺和锻造过程中的要求也可以在三维几何模型中得以实现。例如，压铸零件的设计就充分考虑了模具和铸造过程的所有要求。CAD 程序为三维几何模型提供了基于所选草图方向的脱模斜度和圆角。在设计过程中，设计工程师从铸造模型制造商那里了解到足够的信息和要求，并在设计过程中充分考虑。这样，模具就可以直接从 3D CAD 模型中导出。类似程序还被用于锻造部件的定义或者数控生产机器的编程。

设计与仿真之间的直接数据交换开始于 20 世纪 90 年代，是通过标准化的中性数据交换格式实现的。这类数据交换使得人们能够运用设计软件包中的几何数据来定义仿真过程中的产品几何。这些几何可用于建立有限元模拟网格，描绘多维仿真，或其他计算类型的尺寸和惯性特性。同时，初始建模策略也支持将 CAD 数据、材料特性、载荷、约束和其他边界条件纳入一体化仿真过程。另外，三维 CAD 也大大刺激了产品知识工程方法的发展。人们把成功项目的信息放入 CAD 模型，保存在模板或简化的数据库中，这就为后续项目的开发提供了参考和基础数据。这样，之前项目积累下来的虚拟产品模型知识和经验就可以直接转移到新任务中了。

几何数据的参数化标志着三维 CAD 过程进入了快速发展的阶段。参数关联的三维 CAD 软件把几何的管理与其控制的参数分开。几何创造过程通过参数与几何之间合理且精确的联系构造出全参数化几何模型。而基于参数的几何模型特征控制方法则大大开阔了特定问题设计思想的应用领域。另外，参数化的 CAD 程序还有其他的附加功能，如数据接口、目录和知识库的整合，以及基于宏程序的可能性等。所有这些功能在最新的 CAD 软件包中不可或缺，且在汽车开发中得以应用。

几何模型的参数化反过来又大大推动了数据管理系统的发展。在初期，产品和流程的建模，以及随后的产品生命周期建模，对于快速增长的数据量的有效管理至关重要。强大的产品数据管理系统（ PDMS ）也要支持设计和仿真流程的高度集成。显而易见，集成软件包代表了软件行业的发展方向，它能够使参数设计软件和仿真软件在同一设计环境中工作。这种策略虽然减少了数据接口的损失，因而造成了直接兼容的应用软件的减少。这也使之为人诟病。不管怎样，未来能够同时处理几何数据和产品附加特色信息的智能几何数据交换格式必然会显著提高虚拟产品开发流程效率。对于集成软件包，或在有独立的通信解决方案的情况下，虚拟开发将进入产品开发的所有过程，从最初的概念阶段，到不同的开发阶段（包括制造和生产）、配套销售和售后服务阶段，直至最后的产品报废过程。

2.2.1 产品模型

虚拟产品开发流程基于产品数据模型进行，这些数据模型中包含了特定产品的特征信息。不同的应用程序调用不同的产品模型。一般而言，描述产品的方法主要可以分为以下几类[3]：

- 几何建模
- 特征建模
- 参数建模
- 基于知识的建模
- 结构描述法
- 产品技术文件

在汽车开发中，产品设计工程在 CAD 中进行。现代 CAD 系统功能丰富，三维产品设计、二维绘图以及零配件设计和组装等均可实现。除了几何造型外，现代 CAD 系统也能定义其他产品特征，如材料规格、与过程相关的数据（如生产过程数据）和产品结构等。几何造型是汽车开发中的一项重要任务。因此，最先进的汽车开发流程大都是基于三维 CAD/DMU 主模型的几何数据进行的。在产品定义过程领域，这种基于几何的模型代表了当前发展的水平，并且该模型与同步实施过程相互作用。这种相互作用既包括旨在提供 CAE 的几何数据导出，也包括旨在改进的数据输入，二者均通过同步进行的（ CAD - external）操作进行传送。

三维 CAD 的应用是产品几何三维描述的基础。现代 CAD 系统使参数化几何控制成为可能，而参数化控制则推动了综合策略的多方面应用。通过将单个组件（零件）汇总到装配结构中，几何得以建立。带有基于真实结构的主、次产品的一个装配系统的结构使得虚拟几何模型逼近真实物理产品的结构。构造工具包括材料清单、产品配置、装配仿真等。

相关文献表明，虚拟产品生成的过程可分为两个主要部分（图 2-5）[7]。其中，虚拟产品开发包括产品几何造型和产品特性实现的所有必要工作。虚拟车间则可实现所有与制造相关的程序开发及其模拟过程。在该阶段，人们在虚拟环境中模拟生产操作并对其进行优化。另外，生产开发还考虑了供应商、物流和控制机制，以及金融等方面的问题。优化的虚拟产品生成流程基于集成的虚拟产品模型完成，其中包括对产品的全部说明。

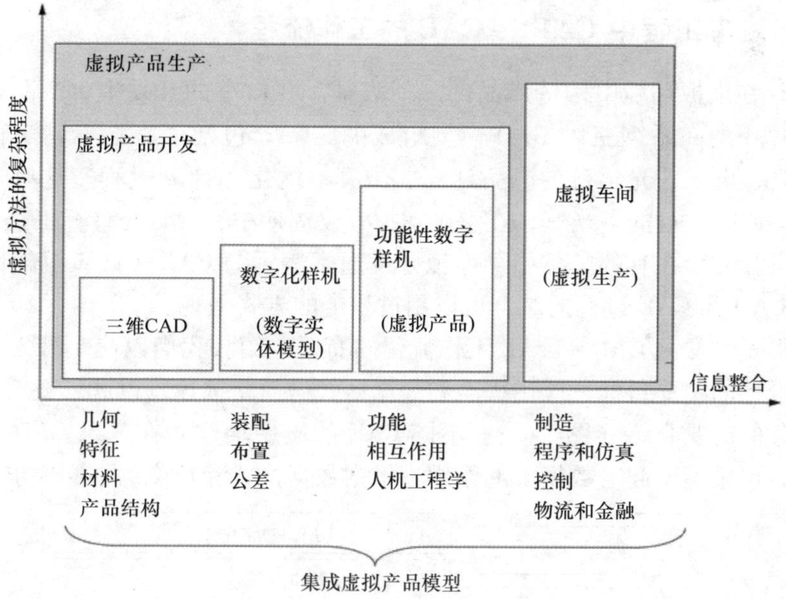

图 2-5　虚拟产品开发的概念

虚拟产品开发本身可以分成三个主要阶段。第一阶段为三维 CAD 的设计，其任务是基于产品独有特征的几何体创建。这些产品特征包括产品的技术功能和产品相关的细节，如脱模斜度和圆角。设计过程中完成对材料和产品结构的定义。第二阶段为产品组件的数字实体建模，完成与装配和布置有关的任务。DMU 同时包括产品结构以及个体零部件或组件简化的几何模型。DMU 程序用于干涉计算和组装程序，并且用于检查产品结构中的几何交互，如间隙或可访问性。在第三阶段中，功能 DMU（也称为 VMU——虚拟实体模型）将考虑产品功能性整合，其中包括了无故障运行所必需的所有特性和功能。这些所谓的虚拟原型会把功能和物理特性全部考虑进去，并启用功能仿真或计算功能（运动学、质量、重心）。

在汽车开发中，将三维 CAD 数据置于虚拟产品生成的核心地位依赖于建立集成开发过程的有效方法。车辆的概念、造型、部件和布置等三维 CAD 模型是开发项目过程中所有数据状态的显示单元，并为所有其他相关过程提供所需信息。所有基于几何的信息均存储在 CAD 模型中。这样就可以利用一个主模型控制产品更新信息的发布和项目进度了。三维 CAD 的主模型由一个数据管理系统支撑，其中包含了产品结构，以及其他的附加信息。当然，所需的特定数据和信息还须由各有关部门分别生成。例如，碰撞的特定边界信息（例如力、负载、材料特性）和基于几何的信息就需由碰撞模拟过程定义生成。

2.2.2 汽车工程中 CAD －CAE 的工作流程

CAD 在虚拟环境中构造产品的几何表征。在汽车的开发中，产品是由三维 CAD 程序中的一系列三维 CAD 模型组成的。CAE 包括了来自不同学科（如机械、电气、电子、光学）的产品计算、仿真、优化和计划过程，这些过程是与几何建模同时进行的。当然，在整个虚拟开发周期中，设计与计算工程流程总是要同时进行的。在有的文献中，虚拟开发通常表示为 CAX（计算机辅助技术）。不同的 CAD 和 CAE 过程的结合可以用过程链的方式呈现。

以下是对常见 CAD－ CAE 工作流程的简要介绍。我们以汽车开发流程为基础，对设计的主要目标、应用程序和数据格式做简略描述，以此形成对虚拟开发相关任务的简要介绍（图 2-6）。不同 CAE 的应用均建立在三维 CAD 主模型的基础上，该主模型起着数据源的作用。根据数据格式和精度的不同要求，程序对

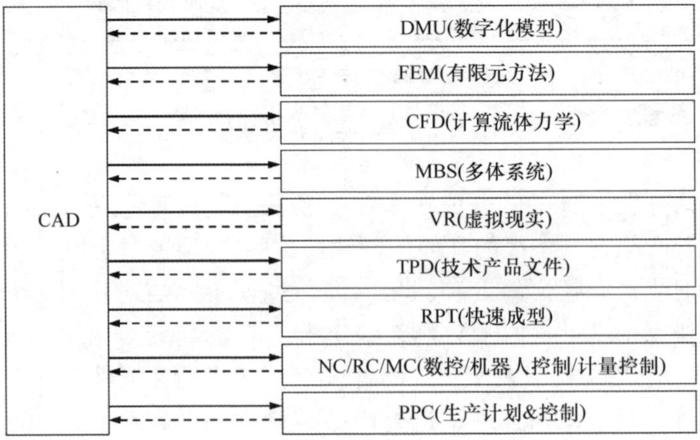

图 2-6 在汽车应用中的 CAD－CAE 工作流程示例[8]

几何产品信息做相应的转换并传送到CAE环境中。图中黑色箭头表示CAD系统与相应CAE过程的直接数据连接。仿真结果评估与验证后的信息回馈（虚线箭头）也是高效开发周期中的重要任务。

数字化模型（DMU）

数字化模型是数字仿制品，包括简化了的产品几何表征。DMU中包含产品的几何形状（体积/表面模型）和产品结构的信息。DMU过程在布置研究、碰撞检测、安装、装配仿真及其他以三维CAD为基础的分析过程中均可应用。从虚拟产品模型（主模型）转换而来的（简化）的三维CAD数据是DMU流程的基础。其数据的转化使用原生CAD数据或者使用中性数据格式均可实现［例如STEP（产品数据交换标准）[9]、IGES（初始图形交换规格）[10]、JT（木星拼接格式）、VDA（德国汽车工业协会）[11]格式］。由于一定程度上的几何简化，DMU模型的精度比相应的三维CAD主模型要低一些（DMU使用镶嵌化几何）。因此，在DMU过程中不太可能对几何数据进行直接修改。在产品开发过程中，DMU可以通过不同方式为并行工程方法提供支持，如对整个产品开发过程中大型数据结构进行处理、对复杂装配的几何问题实行本地化处理并及时清除，以及实施以目标为导向并基于装配的优化等。由于将功能研究集成到了DMU过程中，DMU方法可以在开发周期的早期阶段冻结产品的几何模型。

在汽车开发中，DMU的研究涵盖了装配体的创建（包括组件及设备）以及分析和模拟过程（如装配步骤、运动和空间的调查、碰撞检测、安装模拟）。DMU通常与模拟程序相连接，如用于优化可移动功能的运动学仿真流程（如开门机制，车轮悬架，发动机可动部件）。图2-7（见彩插）展示了DMU的工作流程，并以概念车DMU为例进行了说明。该图展示了初始样式信息、模型平台上的沿用件（动力传动系统组件，底盘和悬架系统），车轮和行李箱所占的空间，以及简化了的人体模型和座椅的几何形状等。在这个例子中，DMU流程支持新型汽车模型的早期布置，并且能够协调好组件及人机工程学的几何要求与车辆造型方案之间的关系。

有限元方法（FEM）

有限元方法用于计算应力、变形、热负荷、结构动力学或NVH（噪声、振动和平顺性）等。有限元法将连续体分离成有限个简单的区域或体积（即单元）。这些有限元再通过新定义的节点相互连接（数学离散化的思路）。有限元计算过程基于近似的几何形状，它源于一个三维CAD模型。根据几何的类型和模拟的目标，该方法采用不同的逼近类型。计算方法是，建立一个假想的连续体，再把该连续体分为简单小块或子体（网格），然后在定义的节点处依次连接。该方法通过基于元素类型的位移，可以将无穷小质点的变形大致描述为节点变形的函数。这就将分布变量分离为空间和时间变量。有限元法适合静力学和力

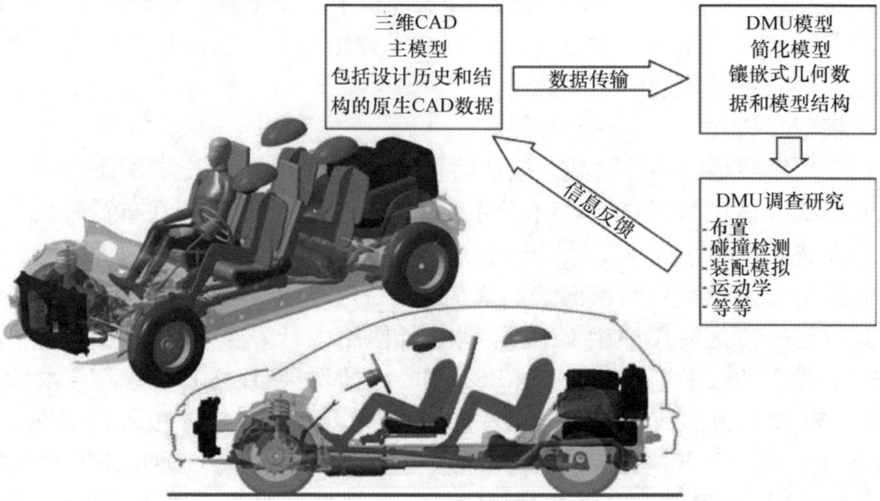

图 2-7　基于概念车辆包装研究的 DMU 工作流程[8]

学领域内复杂但同质的几何结构的建模，也可用于较高频率范围内的动力学运动的研究[5,12]。几何数据从三维 CAD 转移到 FE 程序是通过离散的过程进行的。载荷边界条件（如力、力矩）、约束（如轴承、固定部分）、材料特性、温度等因素都可以在 FE 程序中直接定义。图 2-8（见彩插）以发动机开发过程为例展示了有限元方法过程中的通用数据流。

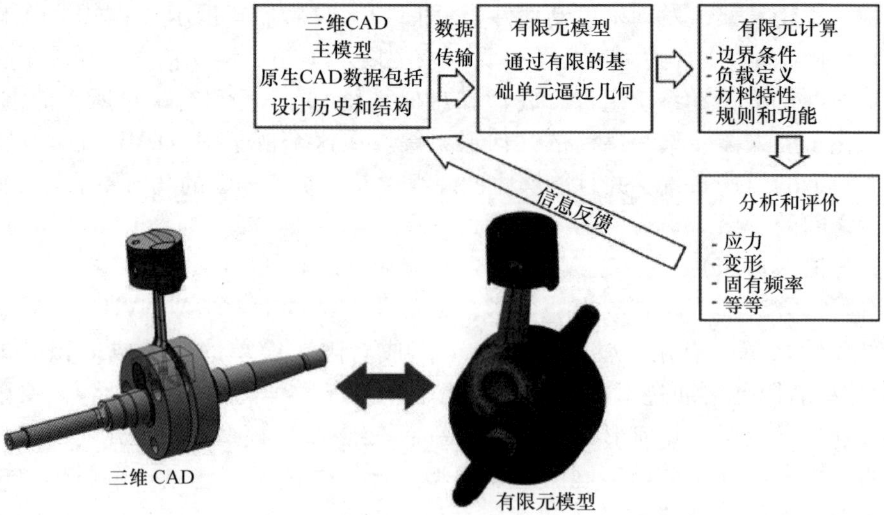

图 2-8　有限元过程中的数据流和单缸发动机曲轴的有限元模拟示例

计算流体动力学（CFD）

计算流体动力学模拟可以计算和优化气体及液体的流动过程。类似于有限元计算处理，CFD 模型也是基于近似的几何形状，称为 CFD 网格。该模型处理流动问题时一般会引入有空间依赖性和时间依赖性的分布变量（偏微分方程）的无穷维微分方程组。该方程组在解决实际问题时必须离散化，并通过合适的方法简化。而合适的方法的选择取决于实际效率和任务，以及对结果的预期精确度。离散化（网格）可运用于不同复杂级别中，这取决于实际的任务和任务要求的精度。一维流动计算可以展示沿流线的流动特性（例如，在管内）。三维流动计算则调用空间网格程序，适用于复杂的几何形状，如车身流动（外部空气动力学）、发动机舱的内部流动（内部空气动力学）和内燃机气道等。三维 CAD 模型到 CFD 程序的数据传输是以中性标准数据格式进行的（如 STEP、IGES），并且用于计算的边界条件是直接在 CFD 程序中定义的。图 2-9（见彩插）展示了 CFD 模拟的工作流程和单缸摩托车发动机喷雾和空燃比仿真的结果。

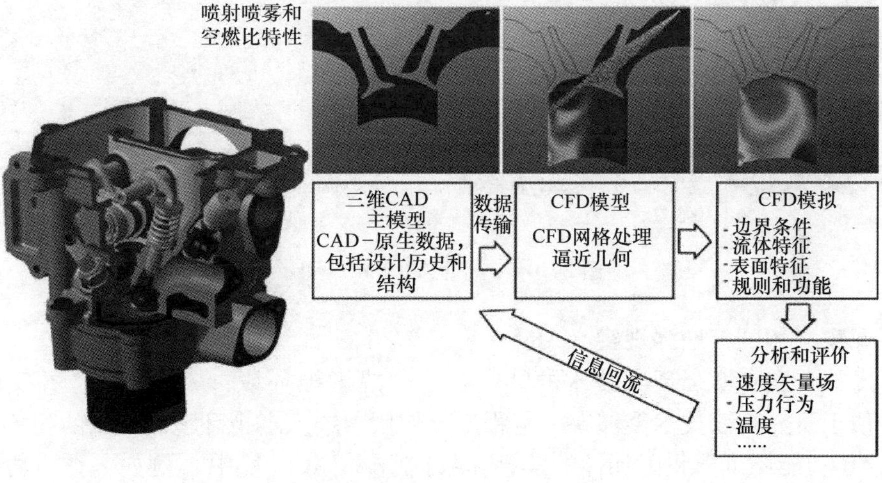

图 2-9 气缸盖装配件和摩托车发动机的 CFD 模拟

多体仿真（MBS）

多体仿真用于动力学和运动学的计算以及装配体（可动）的优化。在 CAD 产品结构中，多体模型是以一般几何定义为基础构造的。这些产品结构由刚体或质点组成，彼此之间以及它们与环境之间均通过接头（运动学约束）和/或特定的方法连接。这些结构非常适用于对复杂、不同质结构的建模，如整车，并且特别适用于低频范围内的运动。边界条件（例如力、力矩、质量、转动惯量、运动自由度）的定义直接在 MBS 程序中完成。MBS 程序将局部分布参数分离成离散参数（如质量、惯性、刚度、阻尼），从而出现产品模型的物理离散化。除了对运动学系统的严格考虑，该程序还可以根据需要导入来自于有限元模型的弹性子单元，并将它们集成在一起（刚性弹性 MBS）。另外，先进的 MBS 程序还会考虑非机械耦合（液压、气动和电气状态变量），并对主动控制单元进行建模。图 2-10（见彩插）展示了 MBS 一般的工作流程。除了 CAD 模型，该图还包含了导出的 MBS 模型和汽车悬架的 MBS 的部分计算结果。

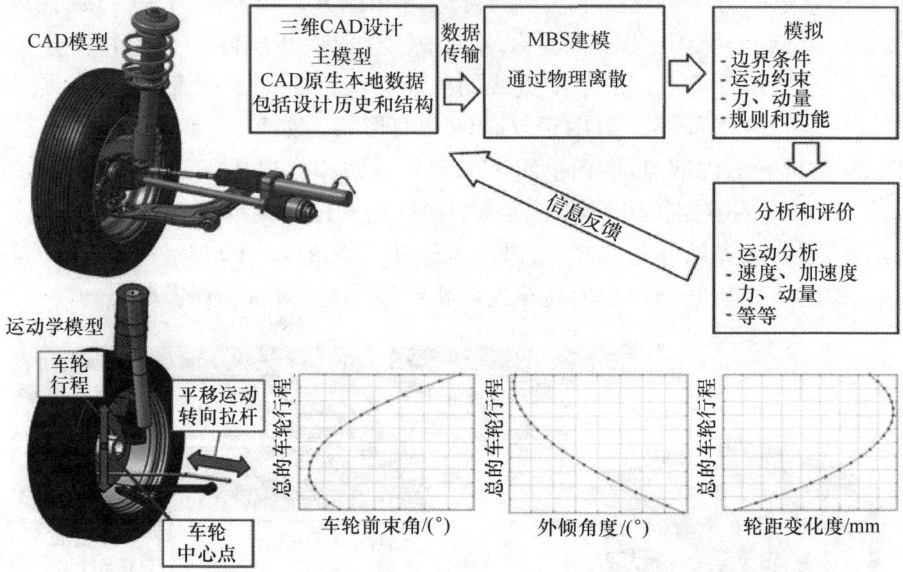

图 2-10　汽车悬架的 MBS 图示

虚拟现实（VR）/增强现实（AR）

虚拟现实和增强现实技术的特点在于生成虚拟环境，表征产品，并实时仿真，便于研究。该技术能够在一定程度上将用户纳入虚拟环境和产品的相关操作中。AR 功能还可以将附加性的信息和数据引入 VR 环境中［例如，查找功能或访问（虚拟）控制单元］。它提供的几何或功能的实时交互还支持程序的评估，如使用中的测试和产品评估。其中，对象操控功能让虚拟产品与现实生活非常接近，给人很强的真实感。除了与开发相关的任务，VR 和 AR 技术还用于人员培训、产品保养、营销和教育。对于这类应用（VRML，虚拟现实建模语言），人们设计了专门的数据格式用以 3D 模型的显示，并与基于用户的交互功能整合在一起。VRML 数据从三维 CAD 主模型中生成，其中的产品几何信息均已简化，不包含产品历史或结构数据。图 2-11（见彩插）举例说明了虚拟现实在汽车开发中的应用。在左图中可以看到外表面的真实呈现如何支撑造型评估过程，右图是车门模块的外观模型。

图 2-11　VR 设备和电子屏幕显示

产品技术文件（TPD）

产品技术文件系统支持直接从三维 CAD 模型中导出技术图样、材料清单、零件清单、前景等文档。为了保证 TPD 的正常运行，CAD 主模型须包含所需要的所有相关信息（如产品结构、几何参数、公差、材料特征、产品相关的数据等）。TPD 的格式包括基于文本的格式（PDF，便携式文档格式）、2D 矢量和像素图形（DXF，图形交换格式；TIFF，标签图像文件格式；GIF，图形交换格式）、超媒体格式（HTML，超文本标记语言；XML，可扩展标记语言）或基于软件的 3D 文档格式（3D PDF；WRL，网络规则语言）[14,15]。TPD 过程总是与标准化规章及准则（如 ISO，国际标准化组织；DIN，德国标准化学会）以及产品开发公司定义的标准紧密联系的。图 2-12（见彩插）为 TPD 的实例，包含了零件清单，图样和机动车曲轴展开图。

图 2-12　TPD 实例

快速成型技术（RPT）

快速成型的作用是在产品开发阶段从虚拟几何数据中生成实物模型。该技术在产品开发的早期就可以应用，为产品实景研究、试验台优化或客户讨论提供了很好的平台。RPT 可用于概念模型、设计及人体工程学研究，也可用于功能测试和优化。快速成型的模型来源于装配几何体，而装配几何体则来源于三维 CAD 的主模型。RPT 的常用文件格式是 STL（结构三角语言）。RPT 几何通过三角化的表面计算而来，其中不包含设计历史和产品结构方面的信息。RPT 生产技术主要包括激光烧结、立体平版印刷、3D 打印等。图 2-13 分别展示了汽车气缸盖的三维 CAD 模型、快速成型零件和物理组件。

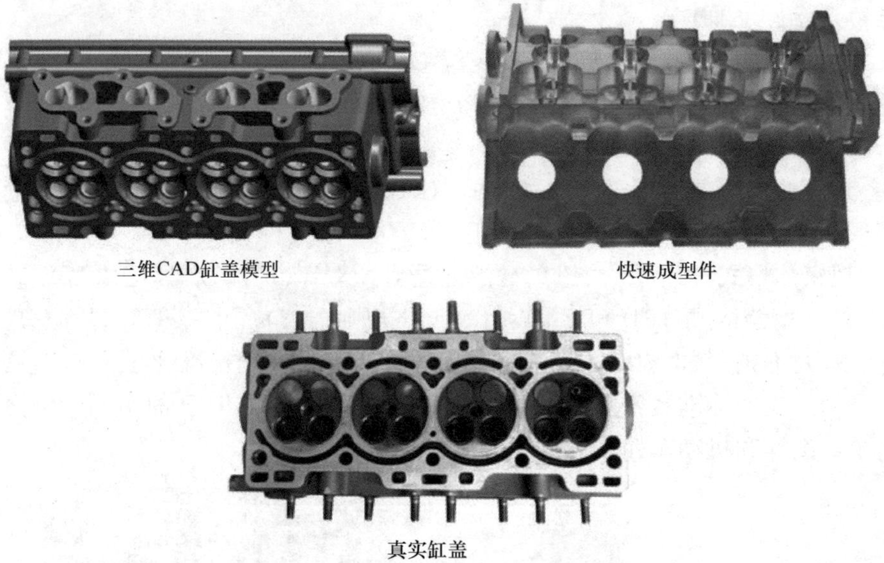

图 2-13　快速成型在缸盖开发中的应用

数字控制/机器人控制/测量控制（NC/RC/MC）

计算机辅助数控、机器人控制和测量控制涵盖与制造相关的全部流程的工程任务。这些任务在计算机辅助制造（CAM）过程中进行，其核心是 IT 支持的制造资源控制和监控。在数字控制/机器人控制/测量控制流程中，产品的几何数据从三维 CAD 主模型中流出，转换为制造环境（语言）所需的特定格式。除了几何信息外，主模型还包括了所有与生产相关的数据（如公差、表面处理、材料特性）。数字控制的数据模型则包含了与应用工具、模型夹具、切割速度等因素有关的特定机床信息。机器控制数据则是制造过程中处理与装配有关的产品信息的前提。测量控制数据的作用是为制造过程中的分析以及公差或磨损参数的推导提供规定性的测量程序。图 2-14（见彩插）展示了虚拟环境中数控加工和机器人控制仿真的实例。

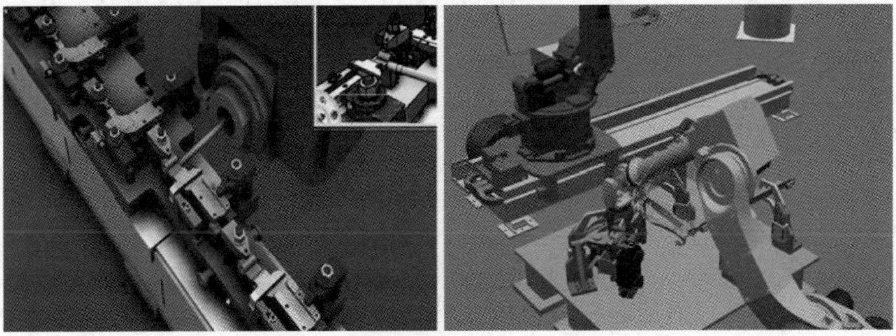

图 2-14　数字控制和机器人控制模拟实例

生产计划和控制（PPC）

生产计划和控制是指对与制造有关的数据及程序的管理和组织。只有已发布的产品数据才能转移到生产计划流程中。PPC 数据在 BOM（材料清单）结构中组织，其基础是三维 CAD 几何、二维绘图以及与制造相关的其他信息。影响 PPC 的两个重要因素是工作进度和制造资源。首先，PPC 的基本经济功能和运行机制包括客户订单管理、项目计算、需求规划、材料物流、生产能力计算和订单发布组织等。其次，PPC 涉及的是与生产控制有关的任务，如生产管理和控制、操作数据记录、控制过程（时间、数量和成本）以及货运管理。

PPC 负责制造的经济和运营任务，而 CAD / CAM 操作主要实现技术功能。CAD / CAM 的工作范围也可分为两类。第一类包括计划流程，如产品概念开发、设计与仿真、工艺材料物流及生产设备和资源的规划。第二类包括制造的控制和质量管理相关流程。这包括数控机床的控制、运输控制、仓储管理、装配控制、维护管理和质量管理。

2.2.3　产品数据管理

产品生命周期管理（ PLM ）是指产品生命周期内所有必要的组织工作，包括产品相关数据的识别、供应和档案存储。它存在于整个产品生命周期，对产品开发及改良过程中的所有数据流、过程和文件进行管理，从而为虚拟产品的高效创造提供必要的前提，应对复杂的产品结构或产品变异产生的大量产品参数和信息。产品数据管理（ PDM ）在整个产品的开发过程中的作用是组织数据和信息流、防止数据冗余。它是多公司及全球合作生产背景下复杂产品结构生成过程中的重要部分。

产品数据可以分成不同的类别：

- 与技术要求有关的产品定义数据，包括产品规格方面的所有数据。就汽车开发而言，该类数据包括行驶性能、车重、油耗、尺寸、定向车辆配置等。

- 与技术产品文件相关的所有用于产品描述的数据。这些数据可以在相应的文件列表中找到（例如 BOM）。
- 几何数据，包括 CAD 模型文件、造型数据、几何数据的交换格式、基于 CAD 的产品结构和其他基于设计的数据。
- 有关开发过程本身的信息，包括工作流程的数据、资源管理、工程组织数据等。
- 产品配置数据，包括可能存在数据变动的有关信息，随客户的订单变化对汽车配置的调整，包括发动机和变速器的类型、安全特性、颜色和所有可能的配件。
- 元数据，用于描述与产品相关的其他附加信息，如生产相关的信息或用于计算及组织的数据。

产品数据的管理理所当然包括对不同类型文档的维护。除了产品数据的主要实例外，这些文档可以按性能标准分类，以突出不同数据的质量及其在项目进度中的使用年限、完备情况和现状。进一步的分类则可根据数据格式、数据使用及其有效性进行。

最近几年，由于虚拟方法在产品设计、仿真和数据管理中的广泛应用，IT 支持的现代化技术已经遍布几乎所有的机械工业领域。人们不断开发新方法和新策略，以求在最大程度上发挥虚拟产品开发流程的潜力，这也同时促进了新程序、方法和工具在工业、教育和研究等领域的应用。虚拟产品开发以 IT 支持的设计、计算和文件为特征，而具体的 CAx 方法则可以跨越不同学科来建立相关任务，处理产品模型和流程模型。在汽车行业，虚拟产品开发过程已经深入不同的领域和学科。根据具体任务的需要，这些开发过程被用于处理造型、整车布置、部件设计、装配、不同类型的仿真、产品开发等不同的任务，其目标是通过有效的数据传输和管理将多个独立过程整合到虚拟开发过程的整体系统中。

虚拟产品和流程模型的结合为设计、仿真和制造提供了新的途径，同时也对用于数据传输和组织的新 IT 方法的开发提出了挑战。复杂的开发流程离不开 IT 的支持，从而促使 PDM 系统和其他基于网络的信息技术的产生。此外，集成的数据组织还使得整个开发过程中的文档得到简化。有效的文档概念则可以促进流程和数据的标准化，并通过提供世界各地均可获得的产品信息实现基于网络的发展。最后，现有的 PDM 网络也可以充分利用，从成功项目的案例中获得信息，创建信息数据库。这些数据库则用于知识和产品数据的再整合，然后应用到新项目创建的程序链中，也可以作为相关经验反复用于各种研究和产品优化。

新的发展力求挖掘出虚拟产品开发的全部潜力，在此过程中需要有一个强有力的管理系统来管理整个程序结构。早期的开发过程主要关注产品的数字模型，无法有效地管理数据和信息流。随着虚拟产品导向性的日趋明显，我们对集成式互联开发的需求也在增加。与过去相比，这些过程和方法变得愈加重要，这一方面促使运行流程和工作组织要相应地发生改变，同时也对相关人员提出了挑战。对产品数据管理的详细分析见 6.4.1 小节。

2.2.4　CAD－CAE 数据交换

相同软件环境中的产品数据交换主要通过原生数据格式进行。原生数据在程序内部生成相关产品信息的过程中生成，包括产品数据、产品开发历史以及方法和组织数据等。因此，原生数据包含的不仅是纯粹的特定学科信息（例如，三维 CAD 中的产品几何）。不同格式的数据交换（例如把从 3D CAD 程序中产生的几何信息传送到有限元模拟软件中）采用中性数据格式进行。

产品数据在不同应用软件之间的交换采用中性数据交换格式进行。在产品设计和仿真相关的流程中，中性数据格式为不同 CAD 软件包之间或 CAD 和 CAE 应用软件之间的数据交换提供产品的几何数据以及一些额外的产品信息。中性数据格式可在几何精确系统中分类，该系统把 CAD 原生产品信息转化为模型几何的数学描述，如 IGES、STEP 或 VDA 格式等。除了单纯的几何描述，增强的中性数据格式还可包含其他信息，比如产品结构信息或组件、模块、子模块等详细信息。

第二类中性数据格式提供将产品几何转化为包含拼接几何的模型的方案。这类数据格式不那么精确，但包含的数据量也明显较少。带有拼接几何性质的中性数据格式包括 STL、VRML 和 WRL 等。此外，基于 XML（可扩展标记语言）的几何描述也适用于拼接算法。这些近似的产品数据常用于以 DMU 为基础的研究或可视化任务。

JT 格式是一种特殊的中性数据格式。其数据交换语言基于 BREP（边界表征）的算法提供数学几何描述，利用多组点、线、面重建模型几何。同时，JT 格式还利用拼接组合算法来创建近似几何。此外，产品的元数据也可以采用该格式传递。

中性数据格式的应用需要有专门的转化器将 CAD 原生几何信息转换为相应格式。在数据导入时，中性数据必须转换或整合成相应软件特有的格式，这也意味着目标程序必须能够读取特定类型的中性数据格式。

中性数据语言与原生数据格式不同，它不包含与设计过程相关的详细信息，如设计历史、产品参数、实现算法或宏命令、功能等。中性数据格式一般只转化几何轮廓数据，只有在特殊情况下才会包含一些附加信息。这就限制了中性数据格式只能应用在基于几何的过程中，使其很难应用于更高级别的自动化或设计集成。鉴于此，其替代方法和策略在近几年逐渐出现。方法之一是通过 PDM 系统来管理数据交换。在该方法中，PDM 系统管理整个产品数据，包括几何数据、产品结构及附加数据，如材料、公差，以及与生产相关的信息。数据交换中

（如汽车厂家和供应商之间）所需的数据均由PDM系统提供。这种方法需要将所有的开发伙伴纳入到一个全面的PDM系统中，并且还需要对所应用的数据模型进行清晰定义。

目前的趋势是朝着集成PDM系统的方向发展，采用集成CAD/CAE软件包。根据工作流程的需要，该策略提供全方位的数据交换。集中式PDM系统能够提供CAD原生数据，以及中性几何数据和计算、模拟、测试流程方面的相关数据。该系统将依据开发流程的类型提供并传送其所需的特定数据。该系统将CAD和PDM紧密结合，这样任何开发流程就都可以通过PDM系统直接访问那些在设计过程中被定义的、与特定设计环境相关的原生数据了（如产品参数或特定的约束或链路）。通过这种方式，即使合作伙伴遍布全球，协同设计方法也可以（通过互联网或局域网的通信技术）获得直接数据支持而无须受到中性数据格式的限制。

作为应用软件而言，包含直接集成工具的集成PDM系统的缺陷在于结构僵硬、数据管理呆板。而将外部软件（来自其他软件供应商的软件）集成到产品开发过程中的方法则需要使用中性数据格式。此外，数据交换性能取决于数据链接的性能，那么在复杂产品的大数据量的条件下就可能会出现问题。协同开发方法不受PDM相关策略的影响，该方法在开发的整个流程中均应用在线数据交换方式，直接存取产品数据。此外，未来的数据交换格式将促进面向对象的方法在仿真过程中的应用，以及复杂虚拟产品结构中关联参考技术的建立。

2.2.5 产品协同开发的概念

工业开发流程中引入协同开发策略已经有多年的历史。IT系统逐步强大，虚拟工程及数据管理性能日趋完善，可支持的数据交换量大大增长，这都为协同开发策略的实施铺平了道路。正如我们在汽车开发中看到的那样，现代开发策略只有在现代网络化开发流程中才会成为可能。相比于传统的序列型开发方法，现代化的集成、交叉式开发策略在提升开发效率和数据质量方面都具有很大的潜力，但这些策略实施的前提是对已有结构和程序进行有效的再配置。保证策略成功实施的两个重大因素是：在产品形成的早期执行基于知识的工作流程；集成不同的开发学科，综合考虑与产品相关的参数。该方法对计划和准备阶段的要求较高，在该阶段需要全面考虑与组织结构有关的各项具体要求。

将协同开发理念集成到产品开发过程中也面临着挑战，如如何应用复杂的通信和数据流结构，知识管理策略如何实施等。除了在项目早期阶段合理调配资源外，应用于产品开发的协同开发方法还需考虑开发过程中未公开的数据和程序，将其作为开发的基础。有效的评价和评估方法很有必要，它们可以避免在产品定义的敏感阶段做出错误的决定。接下来，我们将简要介绍三种产品协同开发的概念。这三种概念已经在当前的研究和开发领域得以应用。

并行设计

并行设计是一种合作式产品开发方法，它的基本思路是将复杂任务分解成一系列的子任务。专业人员以共时方式同时执行这些子任务。所有的工程流程相互连接，整个开发流程由数据管理系统支撑进行。在并行设计中，保持子任务之间的有效数据和信息流通至关重要。所有参与人员（专家）都需了解过程顺序、过程内容以及数据交换程序。

独立开发步骤的同步性可以借助 DMU 实现，DMU 可以在几何任务中完成产品的装配和核对。例如，气缸盖顶部的设计可以分成几个平行设计任务，铸件、气门组件、其他内部件及气缸盖（图 4-9）均独立设计。并行设计需要考虑的一个重要因素是设计接口的定义，如法兰、适配器几何尺寸、骨架模型的实现等。

同步工程

同步工程不仅仅应用于设计过程，而是涵盖产品开发的整个阶段。同步工程并非指各开发阶段之间的连续，而是不同阶段开发任务的并行工作。例如产品组件的详细设计完成之前就启动工具设计，概念设计表面模型完成之前工程师就已开始实体模型的详细设计等。虽然同步工程未必能节省项目所需的人力资源，但它可以大幅度减少研发时间，从而缩短产品进入市场的时间（图 2-15）。尤其是在概念发展阶段，所有部门参与同步工程非常重要。在汽车工程中，概念阶段必须考虑不同的需求，包括法规要求、碰撞和安全性、功能状况、布置、生产相关的边界条件等。同步工程能够在早期阶段就获得后期阶段使用的大量信息，这无疑会促进高效的、面向目标的产品研发。

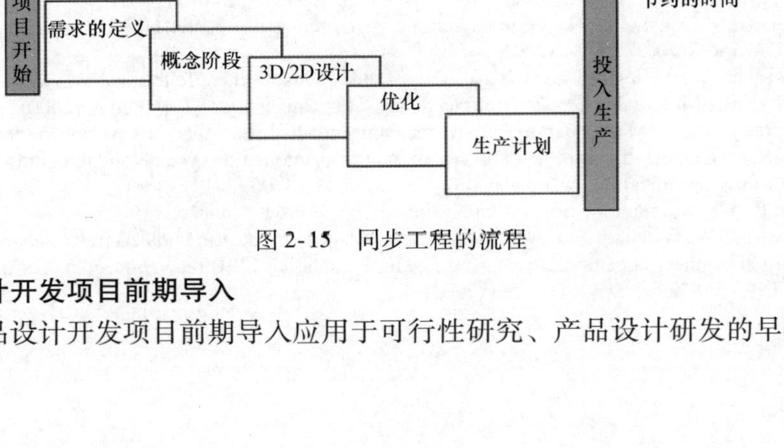

图 2-15　同步工程的流程

产品设计开发项目前期导入

产品设计开发项目前期导入应用于可行性研究、产品设计研发的早期阶段。

其目的是在概念阶段尽早定义产品规格（尽可能多的产品特征和工程任务）。前期导入的关键在于总结以前工程中的知识并应用。为了在早期阶段确定开发方案，前期导入要求开发资源要向概念阶段倾斜。该方法推动了融合设计和仿真步骤的基于知识的工程方法的广泛应用。通过该方法，我们可以在产品特性自由度比较高的早期阶段就尽可能精确地确定产品特性、消除产品的功能性问题等，从而缩短开发时间。该方式实施的前提是能够获得产品研发流程前期阶段的知识和信息，而这些知识和信息则可以通过产品相关信息的供给、早期阶段的专业知识、仿真方法的应用、以往产品寿命周期的知识（知识数据库、相关课程内容）中获得。充分利用这些信息，就可以降低后续研发步骤失败的可能性。

参考文献

1. Verein Deutscher Ingenieure: Methodik zum Entwickeln und Konstruieren technischer Systeme und Produkte. VDI-Richtlinie (1993)
2. Eigner, M.: Virtuelle Produktentwicklung I. Lecture script at the Lehrstuhl für Virtuelle Produktentwicklung, Technische Universität Kaiserslautern (2008)
3. Dubbel, H., Grote, K.H., Feldhusen, J.: Dubbel-Taschenbuch für den Maschinenbau, 22nd edn. Springer, Berlin (2007)
4. Ern, M.: Methodik zur Einsatz- und Ausbauplanung von CAE- Methoden für Entwicklungsprojekte in der Automobilindustrie. Ph.D. thesis, Universität Stuttgart, Stuttgart (2004)
5. Meywerk, M.: CAE-Methoden in der Fahrzeugtechnik. Springer, Berlin (2007)
6. Weissberg, D.E.: The Engineering Design Revolution: The People, Companies and Computer Systems That Changed Forever the Practice of Engineering. Cyon Research Corporation (2008)
7. Grabowski, H., Anderl, R., Polly, A.: Integriertes Produktmodell. Beuth, Berlin (1993)
8. Hirz, M.: Product data management in automotive engineering. Lecture script at Graz University of Technology (2008)
9. International Organization for Standardization: Industrial automation systems and integration, product data representation and exchange, (STEP-Standard for the Exchange of Product model data). ISO 10303–11 (2004)
10. U.S. Product Data Association: Initial Graphics Exchange Specification IGES 5.3 (2012)
11. Verband der Automobilindustrie: VDA-FS guideline for CAD data exchange. http://www.vda.de (1993). Accessed 20 April 2012
12. Hirz, M.: CAx in automotive and engine technology. Lecture script at Graz University of Technology (2011)
13. AUDI AG, Ingolstadt, Germany
14. Eigner, M., Stelzer, R.: Product Lifecycle Management. Springer, Berlin (2009)
15. Schäfer, D., Roller, D.: XML: Grundlagen und Anwendung des neuen Internet Standards. CAD-CAM Rep. **20**(2), 28–33 (2001)
16. Schumacher, J.: Auslegung und Konstruktion thermodynamischer Teile eines 4-Ventil/4-Zylinder CBR-Motorenkonzeptes. Diploma thesis, Graz University of Technology (2000)
17. Dassault Systems: CATIA V6. http://www.3ds.com/products/catia. Accessed 10 Nov 2009
18. International Organization for Standardization: Industrial automation systems and integration-JT file format specification for 3D visualization. ISO/DIS 14306 (2012)
19. Meyer, B.: Objektorientierte Softwareprogrammierung. Hanser, München (1990)
20. Dankwort, C.W., Ovtcharova, J., Weidlich, R.: A concept of engineering objects for collaborative virtual engineering: automotive case study. In: Fraunhofer, I.R.P. (ed.) Proceedings of the ProSTEP iViP Science Days, Dresden (2003)

第3章 几何学基础

如果一个物体的某个属性与拓展空间或者形状相关，那么这一属性被称为几何属性。很明显，汽车就具有很多几何属性。这种处理几何特征的学科被称作计算机辅助设计（下文简称为CAD）。

在过去几十年里，CAD技术发展迅速而且变化多样。CAD惊人发展的一个原因是它以几何创建的肥沃土壤为基础。CAD已成为研究和开发的一个必要工具。因为其巨大的经济作用，CAD在样条曲线理论、逼近理论、几何计算、几何处理、离散微分几何和计算机图形学等研究中已经成为一个主要的驱动力。CAD使用电脑来处理设计进程和设计文件。目前计算机的使用无处不在，以至于计算机辅助这个字眼可以直接被省略掉。

本章旨在对CAD进行介绍。当然，致力于研讨硬件问题或者某个具体软件的细节意义甚微，因为在本书出版之时，这些信息早就已经过时了。

CAD可以用来设计平面中的曲线和形状或者三维空间中的曲线、曲面和立方体。本章介绍的许多应用案例主要涉及三维问题，其他的可以被看做二维或者假三维。CAD的一个重要分支就是物体形状的几何模型设计，也称为计算机辅助几何设计（CAGD）。在本章中许多主题都属于这一领域。

从三维空间的基本属性开始（3.1节），本章介绍了建模和制图的一个核心工具——多项式的数学属性以及平面和三维空间曲线的一般属性（3.2节和3.3节）。下一节的主题是自由曲线，可以看做多项式和曲线的结合（3.4节）。其中单变量插值和逼近与前面的内容密切相关。从工程师的角度来看，它们具有相当大的意义（3.5节和3.6节）。曲面（3.7节）是CAD的一个关键问题，因此曲面概念对本章后面部分至关重要。张量积曲面（3.8节）也是CAD的一个重要组成部分，本节阐述了不同类型的张量积曲面以及它们的共同特点。有关二元插值（3.9节）与二元逼近（3.10节）的部分进一步介绍了曲面生成方法。三角片值得读者格外关注，因为它们需要特别的技术（3.11节）。最后，关于实体表述，本章也列出了一节（3.12节），其中的定义和方法和对曲面的定义与方法很相似。我们最后还讨论了一个工程任务，旨在展现工作中的一些几何特性和技术特性（3.13节）。

虽然我们从头开始介绍了这些基本工具，但是我们必须假设读者熟悉基本数学概念。本章旨在为那些想深入了解应用软件、了解软件是如何以及为何这样工作的工程师服务。我们的目的并不仅仅是给出一些表述和定义。但由于篇幅限制，我们无法对每一个结果进行证明，所以我们尽可能置于所在背景中，至少在某种程度上去解释各个步骤和定义。因此，本章关于几何原理的阐述有望成为关键术语和几何方面的非常实用的参考来源。

在汽车开发或者更普遍的机械工程设计中，每出现一个新任务或者问题，或许会有好几个解决方法。因为人们只能确认他们熟悉的事物，所以一个工程师是否能看出问题里的几何属性、找到解决问题的方案，其几何知识背景至关重要。

3.1 三维空间、变换和运动

我们有充足的理由从三维空间$\mathbb{E}_3$处开始探讨，因为大多数的几何因素都将位于此空间内。然而，一些特定的问题本质上可能是二维的，即它们发生在一个平面上。

位于平面ε内的平面笛卡尔坐标系，由原点O和两个穿过原点O的垂直坐标轴x、y组成。平面ε内的任意一点P由实数x、y唯一确定（图3-1），这两个实数被称为P的笛卡尔坐标。或者，我们还可以在平面内用原点O和穿过原点O的x轴定义一个极坐标系。这种情况下任意点P可以用两个实数r、u来表示，即点P到O的距离r和OP与x轴的夹角u。笛卡尔坐标系和极坐标系通过下面的公式转化

$$x = r\cos u, y = r\sin u \tag{3.1}$$

空间笛卡尔坐标系由O（原点）和三条两两正交并且导向线通过原点O的坐标轴x，y，z定义而成（图3-2）。跨越两条坐标轴的平面称为坐标面，由此可得xy坐标面、yz坐标面和zx坐标面。

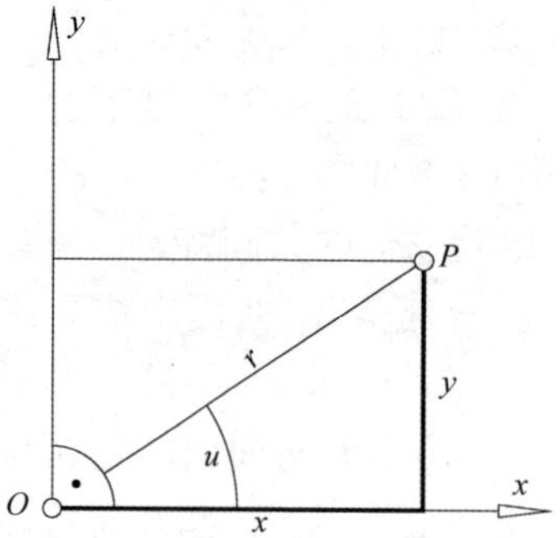

图3-1　平面笛卡尔坐标系

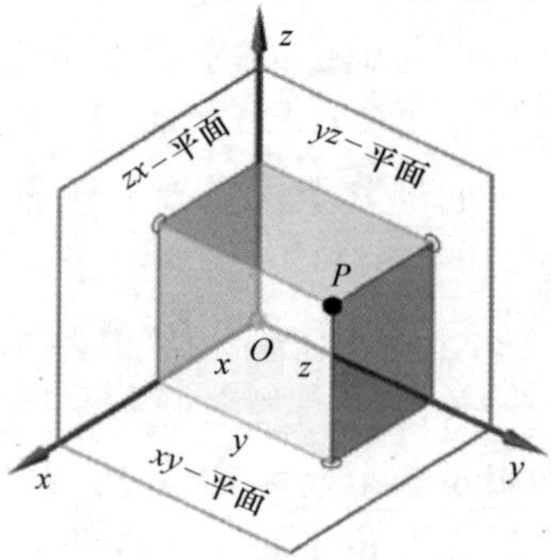

图3-2　空间笛卡尔坐标系

在笛卡尔坐标系中，三维空间中每个点 P 由三个实数 x，y，z 构成，即构成了 P 点的笛卡尔坐标（图 3-2）。这些实数限定了位置向量。

$$\mathbf{p}=\begin{bmatrix} x \\ y \\ z \end{bmatrix}$$

我们据此确定了点 P 和它的位置向量 $\mathbf{p}$，即我们通常说的点 $\mathbf{p}$。

对于某些特定的目的来说，可能使用其他类型的空间坐标系统更加有利，比如柱面空间坐标系和球面空间坐标系。

柱面空间坐标系上的点 P 通过其 xy 面上俯视图的极坐标 r，u 及笛卡尔坐标 z 来确定，即 $P...r, u, z$。

球面空间坐标系，从另一个角度来讲，源于地球上的地理坐标。它由原点 O 和两个平面组成，即赤道平面和零经度平面（本初子午线）。点 P 由两个角 u 和 v 还有它本身到原点 O 的距离 r 来表示（例 3.13 和图 3-77）。笛卡尔坐标和球面坐标的转化关系如下：

$$x = r\cos u\cos v, y = r\sin u\cos v, z = r\sin v \tag{3.2}$$

现在我们讨论一下映射，映射也称为在三维空间点集的空间转换。对于每个点 $\mathbf{p}$，这样的映射指定一个图像点 $\mathbf{p}*$（参考文献［1］）。

定义 3.1　仿射变换[㊀]：α：$\mathbf{p}\rightarrow\mathbf{p}*$ 空间变化的形式为

$$\mathbf{p}^* = \mathbf{A}\cdot\mathbf{p}+\mathbf{d} \tag{3.3}$$

式中，$\mathbf{d}:=\begin{bmatrix} a_{10} \\ a_{20} \\ a_{30} \end{bmatrix}$，$\mathbf{A}:=\begin{bmatrix} a_{11} & a_{12} & a_{13} \\ a_{21} & a_{22} & a_{23} \\ a_{31} & a_{32} & a_{33} \end{bmatrix}$。如果 $\mathbf{A}$ 是正则的，如 $\det\mathbf{A}\neq 0$，则称 α 为仿射变换。同样，我们所说的限定在一个平面内的平面仿射变换也是如此。

仿射变换的核心内容之一是它总是在共线点与共线点之间进行变换，这也就意味着直线保持不变。由于矩阵 $\mathbf{A}$ 具有正则性，所以仿射变换总是一一对应的。

定义 3.2　等距映射。仿射变换（3.3），也称为等距映射。

$$\mathbf{A}\cdot\mathbf{A}^{\mathrm{T}} = \mathbf{I}_3 = \begin{bmatrix} 1 & 0 & 0 \\ 0 & 1 & 0 \\ 0 & 0 & 1 \end{bmatrix} \tag{3.4}$$

符合式（3.4）的矩阵 $\mathbf{A}$ 称为正交矩阵。等距变换具有两点距离保持不变的几何性质，即距离$(\mathbf{p},\mathbf{q})$ = 距离$(\mathbf{p}^*,\mathbf{q}^*)$。

等距映射的实例包括平面反射、平移、旋转和螺旋位移。实际上，很容易验

㊀　CAD 中仿射变换的应用也可参见 4.2.4 小节。

证，等距映射中不仅长度保持不变，角度和面积也保持不变。

等距映射在机械工程领域发挥着重要作用。用 CAD 设计零件时经常需要用到等距映射的概念。从另一个方面来说，许多机械零部件如气缸、旋转对称或螺旋组件，都是通过适当的全等变换方法制造。例如，可以在车床上通过连续旋转来制造旋转体。

3.1.1　平面反射

作为等距的一个简单例证（3.3），我们首先研究一下平面上的反射（平面镜，图 3-3）。

定义 3.3　在平面上的反射。设一个平面 σ，在平面 σ 上的反射通过以下方式将点 $\mathbf{p}$ 转化为 $\mathbf{p}^*$：

- 通过点 $\mathbf{p}$ 构建垂直于 σ 面的线 n，使其与面 σ 在 $\mathbf{n}$ 点相交。
- 在线 n 上找一点 $\mathbf{p}^*$，使距离$(\mathbf{n},\mathbf{p}^*)$=距离$(\mathbf{p},\mathbf{n})$，则 $\mathbf{p}^*$ 和 $\mathbf{p}$ 相对于点 $\mathbf{n}$ 对称。

计算坐标平面上点的镜像特别容易。点 $\mathbf{p}(x, y, z)$ 在坐标平面 xz 内的镜像为 $\mathbf{p}^*(x, -y, z)$。

当然，我们可以在平面 σ 内，反射对象 $\mathscr{O}$ 的所有点以得到它的镜像 $\mathscr{O}^*$。如果 $\mathscr{O}=\mathscr{O}^*$ 则 $\mathscr{O}$ 关于 $\mathscr{O}^*$ 面对称。图 3-4 即为例证。

可以通过一个光滑的反射面 σ 来实现反射，并假设在面 σ 上的反射光线是从镜像体发出的。

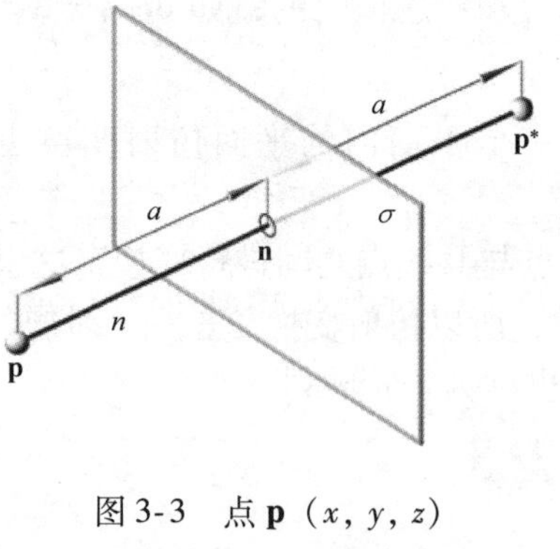

图 3-3　点 $\mathbf{p}$（x, y, z）在平面 σ 上的反射

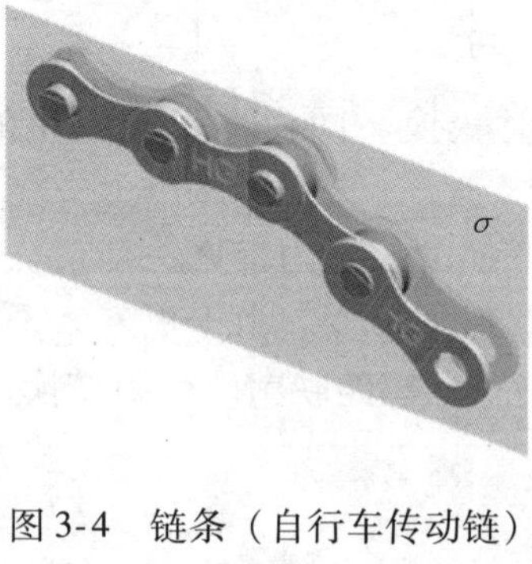

图 3-4　链条（自行车传动链）相对于平面 σ 对称

3.1.2　平移和旋转

与自身构成的反射可以将任意点转换到其自身上：$\mathbf{p}^*=\mathbf{p}$。因此，该反射组会产生相同的转换。

在两个不同的平行平面组成的一组反射（图3-5）是各点在正交于两平面的方向矢量 **v** 方向上的一个平移。各点沿此方向移动了两个平行平面之间两倍的距离。

由此产生的点 $\mathbf{p}^*$ 可以通过平移矢量 **v** 和 **p** 相加得到：

$$\mathbf{p}^* = \mathbf{p} + \mathbf{v}$$

如果两个面 σ_1 和 σ_2 相交于直线 a，即 $a = \sigma_1 \cap \sigma_2$，则这两组反射绕 a 轴旋转。每一个点以角度 u 旋转，角度 u 为平面 σ_1 和平面 σ_2 夹角的两倍。平面 σ_1 和平面 σ_2 如图3-6所示。

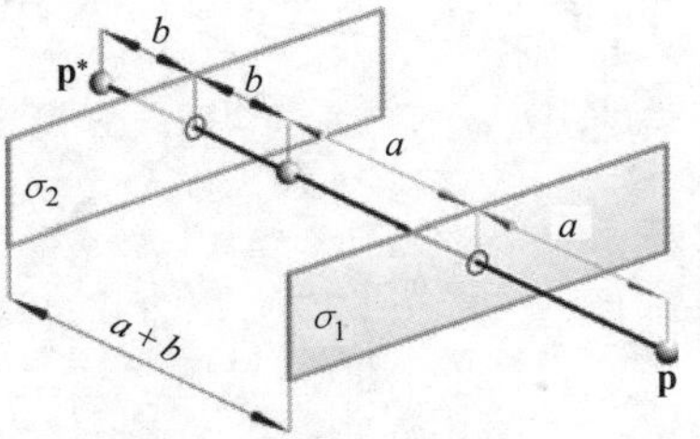

图3-5 平行平面 σ_1 和 σ_2 上的两组反射产生平移

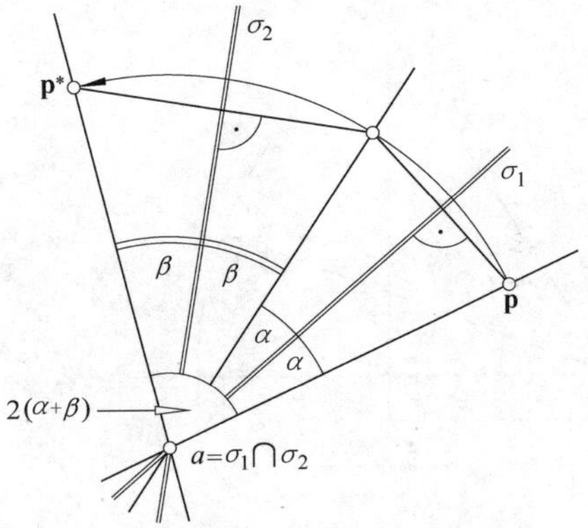

图3-6 平面 σ_1 和 σ_2 上的两组反射绕平面 σ_1 和 σ_2 相交的 a 轴产生旋转

有一种特殊的情况是平面 σ_1 和 σ_2 发生正交时，旋转角度 u 为：$u = \pi = 180°$。此时，反射围绕直线 α 半旋转180°，也被称为轴反射或线反射。

为了准确地描述旋转，我们把坐标系的 z 轴放进旋转轴 a（图3-7），使

$$\mathbf{p} = \begin{bmatrix} x \\ y \\ z \end{bmatrix} = \begin{bmatrix} r\cos\alpha \\ r\sin\alpha \\ z \end{bmatrix} \tag{3.5}$$

式中，r、α、z 是柱面坐标系中 **p** 点的坐标。当 **p** 绕 z 轴旋转 u 度，得到 $\mathbf{p}^*$，其在柱面坐标系中的坐标为 r，$u + a$，z。回到笛卡尔坐标系，根据式（3.1）得到

$$\mathbf{p}^* = \begin{bmatrix} x^* \\ y^* \\ z^* \end{bmatrix} = \begin{bmatrix} r\cos(u+\alpha) \\ r\sin(u+\alpha) \\ z \end{bmatrix}$$

由正弦函数和余弦函数的加法定理很容易得到如下关系：

$$\begin{bmatrix} x^* \\ y^* \\ z^* \end{bmatrix} = \begin{bmatrix} \cos u \cdot x - \sin u \cdot y \\ \sin u \cdot x + \cos u \cdot y \\ z \end{bmatrix}$$

用矩阵表示可得：

$$\begin{bmatrix} x^* \\ y^* \\ z^* \end{bmatrix} = \begin{bmatrix} \cos u & -\sin u & 0 \\ \sin u & \cos u & 0 \\ 0 & 0 & 1 \end{bmatrix} \times \begin{bmatrix} x \\ y \\ z \end{bmatrix} \tag{3.6}$$

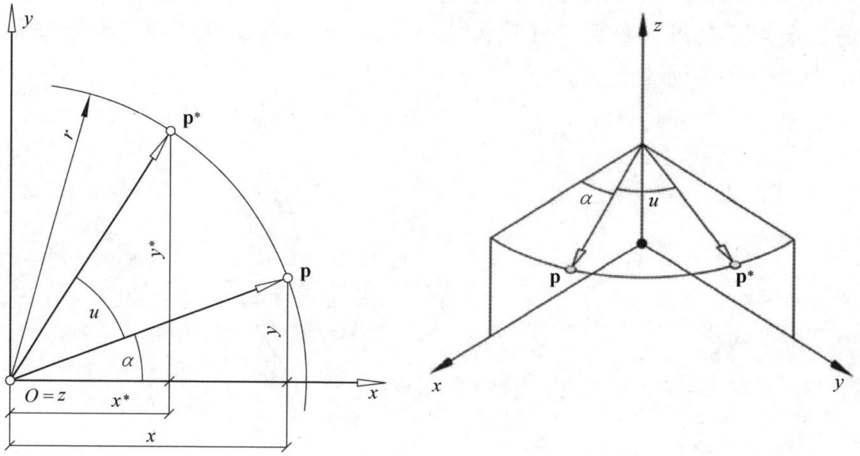

图 3-7　左面为对旋转点 **p** 的分析描述：**p** 沿 z 轴以角度 u 产生点 $\mathbf{p}^*$，即点 **p** 沿 z 轴的俯视图。右图为全视图

3.1.3　定位

三维空间中有两种笛卡尔坐标系统：左手和右手坐标系统。在左手坐标系统中，x 轴、y 轴、z 轴的方向分别为人左手的拇指、食指、中指方向（图 3-8）。同理，在右手坐标系统中，各轴方向则与右手相关（图 3-9）。

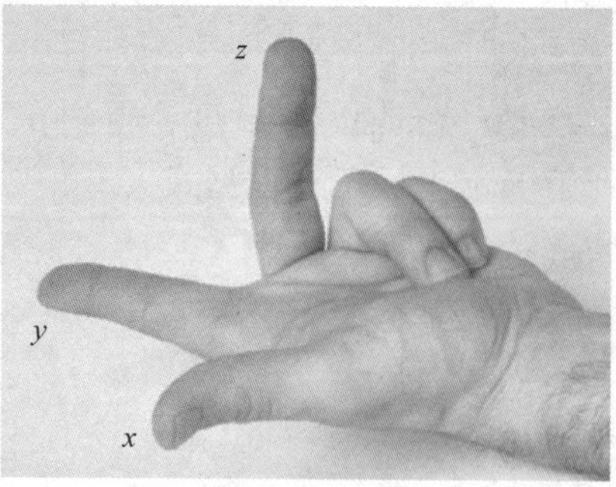

图 3-8　左手坐标系统中，左手的拇指指向为 x 轴，食指指向为 y 轴，中指指向为 z 轴

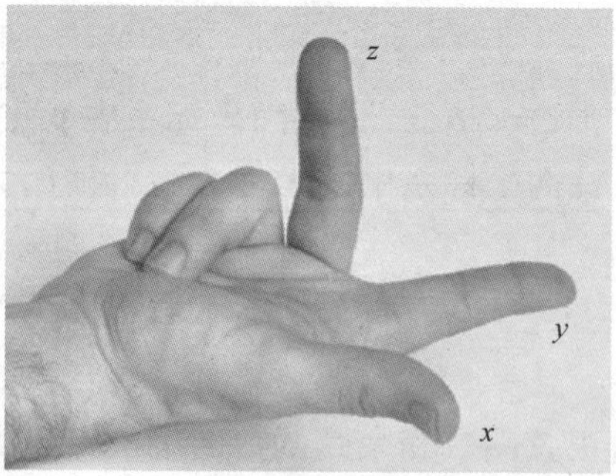

图 3-9　右手坐标系统的设定同左手坐标系统，且右手坐标系统的使用较为常见

双右手系统（双左手系统）具有相同的定位，但是与单右手和单左手系统定位不同。CAD 程序以右手坐标系统为标准。因此，本书也采用右手坐标系统。

平面反射会把右手坐标系统转变为左手坐标系统，反之亦然。如果经偶数（奇数）次平面反射得到一个等距变换，那么该等距变换将保留（反向）坐标系的定位，我们称之为偶等距（奇等距）。基于上述有关等距的论述，可知：如果平面反射为奇等距，那么其平移和旋转之后亦为等距。

为此，构建了两两正交的三个反射平面来进一步论证。为了不失普遍性，选择坐标系统的 xy 平面、yz 平面、zx 平面作为反射面。点 $\mathbf{p}(x, y, z)$ 最终转换为点 $\mathbf{p}^*(-x, -y, -z)$。这是在原点 $\mathbf{o}(0,0,0)$ 处的点反射。总的说来，三个平面两两正交，其交点为 $\mathbf{s}$，在交点 $\mathbf{s}$ 处的三个平面反射组为点反射。三维空间中的点反射为奇等距。

值得注意的是，一条线的反射和将这条线旋转 $u=\pi=180°$ 是一样的，因此该反射是偶等距，但关于面或点的反射是奇等距。

3.1.4 滑移

我们现在研究一下绕轴 a 的旋转（旋转角度为 u）与平行于轴 a 的平移（平移向量为 $\mathbf{v}$）二者的组合（图 3-10）。根据 3.1.2 小节，这也可以看做是平面内的四次反射组合，前两次包含轴 a（绕 a 旋转），后两次垂直于轴 a（沿 a 平移）。这样形成的偶等距称为以 a 为轴的螺旋位移。其中，旋转角度 $u>0$，旋量参数为

$$p := \pm\frac{\|\mathbf{v}\|}{u}$$

这里我们假设 u 是正数，p 的符号仍然可以被选择。螺旋位移由平面内四次反射组成，因此为偶等距。如果我们选择右手坐标系统，将旋转轴 a 作为 z 轴，可以得到表达式如下：

$$\begin{bmatrix} x^* \\ y^* \\ z^* \end{bmatrix} = \begin{bmatrix} \cos u & -\sin u & 0 \\ \sin u & \cos u & 0 \\ 0 & 0 & 1 \end{bmatrix} \times \begin{bmatrix} x \\ y \\ z \end{bmatrix} + \begin{bmatrix} 0 \\ 0 \\ p\times u \end{bmatrix} \tag{3.7}$$

这里 $\mathbf{p}(x, y, z)$ 和 $\mathbf{p}^*(x^*, y^*, z^*)$ 分别表示一个点和该点的变换点，且 $\mathbf{v}=[0, 0, p\cdot u]^{\mathrm{T}}$。

如果 xy 坐标平面上一个螺线的旋转从 $\mathbf{v}$ 的反方向看为逆时针，则被称为右手螺旋。如果其旋转方向为顺时针，则被称为左手螺旋。式（3.7）中，右手螺旋的特征是 $p>0$，左手螺旋的特征是 $p<0$。图 3-11 为一个普通的右手螺旋的钢螺栓。

注释 3.1 这足以证明三维空间中偶等距可以是螺旋、旋转或者平移。这一重要发现通常被称为沙勒定理[2]。

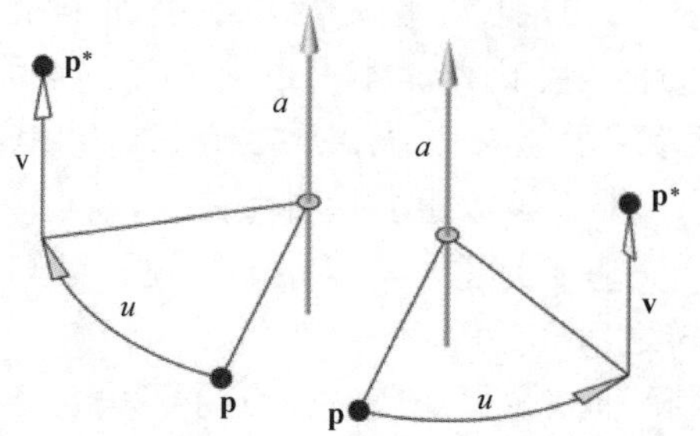

图 3-10　螺旋位移包括旋转（轴 a，角 u）和沿着 a 轴的平移（平移向量 $\mathbf{v}$）。左图为左手螺旋位移，右图为右手螺旋位移

图 3-11　钢螺栓的螺纹应用于螺旋运动

3.1.5　欧式运动

一系列连续的偶等距被称为欧式运动（简称为：运动，图 3-12），由实数 $u\in[u_0,u_1]$的参数化得以实现，这个运动参数也被解释为时间参数。

图 3-12　这种连续的欧式运动使给定的坐标系和立方体沿着三维空间轨道光滑移动

例如，机器人末端执行器的运动就是一个空间运动的例子。至于另外一个例子，我们可以想象一下汽车车窗玻璃通过一些升降机构从闭合位置运动到车门的过程。由于车窗是曲线形状，因此，对于工程师来说，找到一个合适的空间运动极具挑战（对比 3.13 节）。

可以通过下面的公式分析欧式运动。

$$\mathbf{p}^* = \mathbf{A}(u)\cdot\mathbf{p} + \mathbf{d}(u) \tag{3.8}$$

其中，u 是运动参数，且由

$$\mathbf{p}:=\begin{bmatrix}x\\y\\z\end{bmatrix},\mathbf{p}^*=\begin{bmatrix}x^*\\y^*\\z^*\end{bmatrix}$$

表示一个点和它的映像。三维向量 $\mathbf{d}=\mathbf{d}(u)$ 是运动的平移部分，$\mathbf{A}=\mathbf{A}(u)$ 是一个完全正交的 3×3 矩阵（旋转矩阵），即

$$\mathbf{A}\cdot\mathbf{A}^{\mathrm{T}}=\mathbf{I}_3=\begin{bmatrix}1&0&0\\0&1&0\\0&0&1\end{bmatrix};\det\mathbf{A}=1$$

注：点 $\mathbf{p}^*$ 取决于参数 u；故

$$\mathbf{p}^*=\mathbf{p}^*(u)=\begin{bmatrix}x^*(u)\\y^*(u)\\z^*(u)\end{bmatrix}$$

这个参数 u 表示描述了 $\mathbf{p}$ 点的轨迹（路径、轨道）。我们现在讨论几个欧式运动的简单例子。

例 3.1 可以根据给定的常数向量 $\mathbf{v}\neq[0,0,0,]^{\mathrm{T}}$ 来定义沿着给定方向 $\mathbf{v}$ 的连续平移。它的解析描述如下：

$$\mathbf{p}^*=\mathbf{p}+u\cdot\mathbf{v}$$

任何点 $\mathbf{p}$ 的轨迹都显然是沿 $\mathbf{v}$ 方向的一条直线。在这种情况下，运动的平移部分是 $\mathbf{d}(u)=u\cdot\mathbf{v}$，并且旋转矩阵为单位矩阵：$\mathbf{A}=\mathbf{I}_3$。

例 3.2 围绕轴 a 连续旋转的所有点 $\mathbf{p}=[x,y,z]^{\mathrm{T}}$ 构成一个围绕轴 a 的圆。为了使其参数化，我们以角度 u 作为运动参数，并且以 z 轴作为 a 轴，则 $\mathbf{p}$ 的轨迹，$\mathbf{p}^*(u)=[x^*(u),y^*(u),z^*(u)]^{\mathrm{T}}$ 可以解读为

$$\begin{bmatrix}x^*\\y^*\\z^*\end{bmatrix}=\begin{bmatrix}\cos u&-\sin u&0\\\sin u&\cos u&0\\0&0&1\end{bmatrix}\times\begin{bmatrix}x\\y\\z\end{bmatrix}=\begin{bmatrix}\cos u\cdot x-\sin u\cdot y\\\sin u\cdot x+\cos u\cdot y\\z\end{bmatrix}\tag{3.9}$$

例 3.3 螺旋运动由其轴 a 和旋量参数 p 所定义，点 $\mathbf{p}=[x,y,z]^{\mathrm{T}}$ 在其螺旋线轨迹（螺旋）$\mathbf{p}^*(u)=[x^*(u),y^*(u),z^*(u)]^{\mathrm{T}}$ 上移动。同上，我们以旋转角度 u 为参数，并且以 z 轴作为 a 轴：

$$\begin{bmatrix}x^*\\y^*\\z^*\end{bmatrix}=\begin{bmatrix}\cos u&-\sin u&0\\\sin u&\cos u&0\\0&0&1\end{bmatrix}\times\begin{bmatrix}x\\y\\z\end{bmatrix}+\begin{bmatrix}0\\0\\pu\end{bmatrix}=\begin{bmatrix}\cos u\cdot x-\sin u\cdot y\\\sin u\cdot x+\cos u\cdot y\\z+pu\end{bmatrix}\tag{3.10}$$

螺旋参数 p 是平移分量 pu 和旋转角度 u 两者之间的固定比。当 $u=2\pi$ 时，平移分量通常称为螺旋运动的螺距 h：

$$h=2\pi p$$

可以这样说，平移、旋转和螺旋运动在机械工程的发展史上发挥了举足轻重的作用。在这里，我们只给出两个基础发明：车轮（旋转）和螺纹（螺旋运动）。

3.1.6 线的一些基本原理

线是几何学中比较有趣的一个方面。由于其基本原理并不在几何学的基础知识范畴内，我们将在本节探讨一些细节问题。

普吕克坐标

由点 **a** 和单位方向向量 **d** 来确定三维空间导向线 g（图 3-13）。直线 g 也可以由以下两个向量来表示：

$$\mathbf{g}:=\mathbf{d}=\begin{bmatrix} g_1 \\ g_2 \\ g_3 \end{bmatrix},\overline{\mathbf{g}}:=\mathbf{a}\times\mathbf{d}=\begin{bmatrix} \overline{g}_1 \\ \overline{g}_2 \\ \overline{g}_3 \end{bmatrix} \tag{3.11}$$

称为 g 的归一化普吕克向量。归一化是指向量 **g** 为单位向量。将 **g** 和 $\overline{\mathbf{g}}$ 这两个向量结合成一个 6 - 向量：

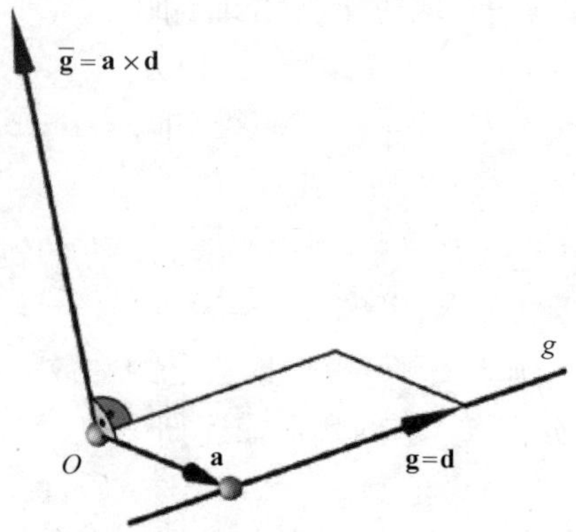

图 3-13 归一化普吕克向量 **g** 和直线 g 的普吕克向量 $\overline{\mathbf{g}}$，它们由 g 线上的点 **a** 和归一化方向向量 **d** 来确定。前面 **g** 为它本身，即 **g** = **d**，后面等于向量 **a** 和 **d** 的乘积，即 $\overline{\mathbf{g}}=\mathbf{a}\times\mathbf{d}$。

$$\begin{bmatrix} \mathbf{g} \\ \overline{\mathbf{g}} \end{bmatrix}=\begin{bmatrix} g_1 \\ g_2 \\ g_3 \\ \overline{g}_1 \\ \overline{g}_2 \\ \overline{g}_3 \end{bmatrix}$$

则可得六维空间$\mathbb{R}^6$上的点 $\boldsymbol{G}$。

这六个值 g_1，g_2，g_3，$\overline{g}_1$，$\overline{g}_2$，$\overline{g}_3$ 被称为导向线 g 的归一化线性坐标或者归一化普吕克坐标。通过这个过程，三维空间中每个导向线 g 都可以映射到六维空间$\mathbb{R}^6$内的点 $\boldsymbol{G}$ 上：

$$g \rightarrow G$$

接下来我们将通过 $\mathscr{G}$ 得到这个映射，并通过 $\mathscr{G}(g)$ 得到线 g 的图像。

根据定义，普吕克向量 **g** 和 $\overline{\mathbf{g}}$ 是相互垂直的，从而满足条件[⊖]：

$$\langle\mathbf{g},\overline{\mathbf{g}}\rangle=g_1\cdot\overline{g}_1+g_2\cdot\overline{g}_2+g_3\cdot\overline{g}_3=0 \tag{3.12}$$

此外，因为 **g** = **d** 是归一化向量，我们还可以得到

⊖ 本书以（**a**，**b**）来表示向量 **a** 和向量 **b** 的点积。

$$\|\mathbf{g}\|^2 = g_1^2 + g_2^2 + g_3^2 = 1 \tag{3.13}$$

式（3.12）、式（3.13）确定了在六维空间$\mathbb{R}^6$中的两个二次曲面。因此，可以通过$\mathscr{G}$将三维空间中每个导向线 g 映射到点 $G=\mathscr{G}(g)$ 上，点 G 存在于六维空间中两个超曲面的交线上。反之，六维空间上两个超曲面（3.12）和（3.13）交线上的每一点 G 都精确对应三维空间中导向线 g 的映射图像 $\mathscr{G}$。

注释 3.2　利用五维空间图像投影在三维空间中构建点模型的经典方法可以追溯到格拉斯曼和克莱因[㊀]。该方法称为普吕克映射，其相关细节也有据可循。与之相比，我们更倾向于把三维空间中的导向线在六维空间的点模型看做是这个经典普吕克映射的变形。通过这个方法，我们可以阐释射影空间和齐次坐标的概念。

螺旋运动的线的几何视图

在这一部分我们使用了术语连续螺旋运动（参见例 3.3），连续螺旋运动也可以被看做连续旋转（不存在平移部分，参见例 3.2）和连续平移（不存在旋转部分，参见例 3.1）的一种特殊情况。

假设存在连续的螺旋运动 $\boldsymbol{M}$，则点 $\mathbf{p}$ 的轨迹可以是一条螺旋线（螺旋结构）$\mathbf{p}^*(u)$，一个圆（旋转的特殊情况）或者一条直线（平移的特殊情况）。曲线$\mathbf{p}^*(u)$上的每一个点都有一个 g 的参数设置值：在正交于 $\mathbf{p}^*(u)$切线的平面内作穿过 $\mathbf{p}^*(u)$上的各点的直线（图 3-14）。这些线的集合被称为线性直线组合或者被简称为线性组合。关于几何的下列论述值得一提：

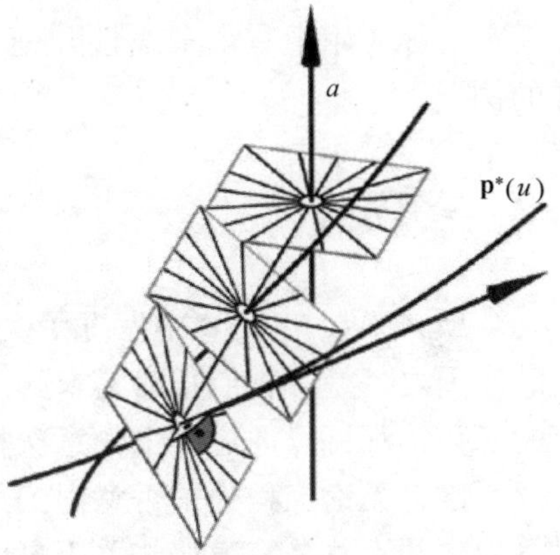

图 3-14　由给定的螺旋运动的螺旋法线（a 轴和旋量参数 p）所建立的线性组合。图中所示的是两个螺旋线和轴 a、每条线上的一个点以及该点的切向法线

- 在六维向量空间$\mathbb{R}^6$中，所有线性组合的$\mathscr{G}$图像上的点 $G=\mathscr{G}(g)$，位于同一个通过六维空间$\mathbb{R}^6$原点 O 的五维超平面 H 上。
- 反之，六维向量空间$\mathbb{R}^6$里每一个包含原点的超曲面 H 代表一个明确的线性组合，也就是独特的螺旋（或旋转或平移）运动 M。
- 一般来说，任何给定的螺旋（或旋转或平移）运动的五条法线 g_1，g_2，g_3，g_4，g_5都可以确定其对应的六维空间$\mathbb{R}^6$的超曲面 H。

㊀ Hermann Günther Grassmann（1809 – 1877）是德国著名的数学家、语言学家，是矢量与张量微积分学的奠基人。Felix Christian Klein（1849 – 1925）是德国当时最具盛名、成果丰硕的数学家之一，在几何学领域颇有建树。

- 设 H 为六维向量空间$\mathbb{R}^6$中通过其原点的超曲面，且设

$$\langle \mathbf{v},\mathbf{g}\rangle + \langle \mathbf{w},\bar{\mathbf{g}}\rangle = 0 \tag{3.14}$$

在这个方程里，向量 $\mathbf{v}$ 为 $\mathbf{v}=[v_1,v_2,v_3]^{\mathrm{T}}$，向量 $\mathbf{w}$ 为 $\mathbf{w}=[w_1,w_2,w_3]^{\mathrm{T}}$，二者均为常系数向量。相应的螺旋运动 M 就是由下面的方法确定的：

$$p = \frac{\langle \mathbf{w},\mathbf{v}\rangle}{\|\mathbf{w}\|^2} \tag{3.15}$$

是螺旋参数，

$$\mathbf{d} = \mathbf{w} \tag{3.16}$$

是螺旋轴 a 的一个方向向量，并且

$$\mathbf{a} = \frac{\mathbf{w}\times\mathbf{v}}{\|\mathbf{w}\|^2} \tag{3.17}$$

是点 A 的位置向量，$A\in a$，且是最接近三维向量空间的原点。

注释 3.3 当 $\mathbf{w}\neq[0,0,0]^{\mathrm{T}}$时，式（3.15）~式（3.17）成立。连续平移的特征是 $\mathbf{w}=[0,0,0]^{\mathrm{T}}$，而连续旋转的特征是 $<\mathbf{w},\mathbf{v}>=0$，$\mathbf{w}\neq[0,0,0]^{\mathrm{T}}$。

在实际应用中有很多线性几何和螺旋运动的经典结合。3.13 节就有一个这样的例子。

3.2 多项式

多项式函数在 CAD 中发挥了关键作用，当然，在其他的计算应用中也是如此。原因之一是，它们很容易求解。另一个原因是，在实际应用中出现的几乎所有的函数，都可以通过一个任意次精度的多项式逼近。

所以，无论工程师是否意识到这个问题，多项式的确无处不在、不可或缺。尽管用户并不总是知道那些关于自由曲线、曲面或立方体的多项式背景，但是关于多项式及其性质的知识仍很有价值。

定义 3.4 单变量的多项式。设 n 为一个非负整数，设 α_0，…，α_n 为实数（实数集$\mathbb{C}$ 中的元素）或复数（复数集$\mathbb{R}$ 中的元素）。然后表示如下

$$p(x) = \sum_{i=0}^{n} a_i \cdot x^i \tag{3.18}$$

式（3.18）称为单变量多项式，或者更具体地说，以 x 为变量，以实数或复数a_i 为系数的多项式。

所有以 x 为变量的多项式的集合通常用$\mathbb{K}[x]$ 表示，其中$\mathbb{K}$ 为实数或者复数，即$\mathbb{K}=\mathbb{R}$ 或者$\mathbb{K}=\mathbb{C}$。我们也称$\mathbb{K}[x]$是$\mathbb{K}$ 领域内关于 x 的多项式集合。

定义 3.5 多项式的阶。如果 $p(x)=\sum\limits_{i=0}^{n} a_i\cdot x^i$ 是一个多项式，而且 $a_n\neq 0$，

则数字 n 是 $p(x)$ 的阶数，表示为

$$\deg p(x)=n$$

因此，多项式的阶数是式（3.18）中出现的最大指数。如果 $a_0=\cdots=a_n=0$，则该多项式为零阶，且 $\deg p(x)=-\infty$。

一个0，1，2，3，4…阶的多项式也分别被称为常数多项式、线性多项式、二次多项式、三次多项式、四次多项式……图3-15给出了一些0，1，2，4阶多项式函数的例子（见定义3.13）。

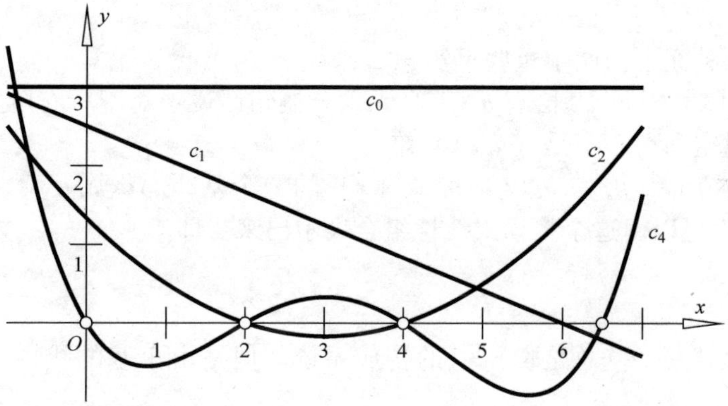

图3-15　0阶常数多项式 $p_0(x)=3$，该多项式确定了一个常数函数 c_0。多项式：$p_1(x)=-\frac{5}{12}x+\frac{5}{2}$ 为（1阶）线性多项式。可以得到线性方程 c_1。多项式：$p_2(x)=\frac{1}{6}x^2-x+\frac{4}{3}$ 为2阶多项式，由此可得一个二次函数 c_2。多项式 $p_4(x)=\frac{1}{32}x^4-\frac{25}{64}x^3+\frac{47}{32}x^2-\frac{13}{8}x$ 为4阶多项式，由此可得一个四次函数 c_4

下面来讨论一下 $\mathbb{K}$ 域下的所有多项式的集合 $\mathbb{K}[x]$ 和它的一些子集。集合 $\mathbb{K}[x]$ 为向量空间的结构[⊖]：$\mathbb{K}$ 里的两个多项式可以相加，一个多项式可以和另一个元素相乘（用标量乘法）。这两种情况下的结果还是 $\mathbb{K}[x]$ 里的一个元素。在这个方面，多项式和向量一样，这就是为什么向量空间理论（例如线性无关、生成系统和因式）在多项式上也适用。

定义3.6　线性无关的多项式。如果多项式集合 $\{p_1(x),\cdots,p_k(x)\}$ 中的任何一个元素都不能由剩余元素的线性组合表示，那么称这个多项式集合线性无关。反之则称为线性相关。

我们用 $\mathbb{K}_n[x]$ 表示 $\mathbb{K}$ 领域内所有阶数 $\leqslant n$ 的多项式集合。那么可以很容易验证，$\mathbb{K}[x]$ 的子集也是一个向量空间：$\mathbb{K}_n[x]$ 是 $\mathbb{K}[x]$ 的一个子空间。

⊖　向量空间这一概念参见参考文献［4］。

定义 3.7　子空间的基。若$\mathbb{K}_n[x]$中的每一个元素$q(x)$都可以由$p_1(x),\cdots,p_k(x)$线性元素组合表示出来，那么$\mathbb{K}_n[x]$中的这组多项式集合$\{p_1(x),\cdots,p_k(x)\}$称为构成系统。即

$$q(x) = \sum_{i=0}^{k} \lambda_i \cdot p_i(x)$$

这里$\lambda_i \in \mathbb{K}$。称$\mathbb{K}_n[x]$的一个线性无关生成系统为$\mathbb{K}_n[x]$ 的一个基。

所谓的单项基$\{1, x, x^2, \cdots, x^n\}$就是有关$\mathbb{K}_n[x]$的基的一个典型例子。也有关于$\mathbb{K}_n[x]$的基的其他例子是，如伯恩斯坦基（3.4.1 小节）和拉格朗日基(3.5 节)。

我们要补充下面两个重要事实：

• $\mathbb{K}_n[x]$的每个基恰有 $n+1$ 个元素。换句话说：对于所有阶数$\leqslant n$ 的多项式，其向量空间$\mathbb{K}_n[x]$是（$n+1$）维。

• 如果$\{p_1(x),\cdots,p_k(x)\}$是$\mathbb{K}_n[x]$ 的一个基，那么属于$\mathbb{K}_n[x]$的每个多项式$q(x)$都可以由这个多项式线性组合表示出来。即

$$q(x) = \sum_{i=0}^{n} \lambda_i \cdot p_i(x) \tag{3.19}$$

很明显，一个基总是$\mathbb{K}_n[x]$的构成系统。但是由于基的线性无关，我们附加了一个特殊的表示：$q(x) = \sum_{i=0}^{n} \lambda_i \cdot p_i(x) = q(x) = \sum_{i=0}^{n} \mu_i \cdot p_i(x)$，则必然可得：对于 $i=0$，…，n，都有$\mu_i = \lambda_i$。

我们可以用通常的方式把两个多项式相乘。更详细一点地说，乘积$p(x)\cdot q(x)$中，$p(x)$是 m 阶的多项式，$q(x)$是 n 阶多项式，如果$r(x) = p(x)\cdot q(x)$的话，那么$r(x)$是$m+n$ 阶。这种情况下，多项式$p(x)$和$q(x)$是$r(x)$的因式。

注意，任何 0 阶的多项式都是$\mathbb{K}\setminus\{0\}$的元素，并且是任何多项式的因式。阶数>0 的因式称作真因式。

定义 3.8　两个多项式的最大公因式。设$p(x)$、$q(x)$是属于$\mathbb{K}[x]$的非零多项式。如果另一个多项式 $d(x)$ 是 $p(x)$，$q(x)$ 的最大公因式，则要满足条件：

1）$d(x)$是$p(x)$、$q(x)$的因式。

2）$p(x)$，$q(x)$的任何一个公因式也是$d(x)$的因式。

显然，两个多项式的最大公因式是被特别定义的常数非零因子。我们用 $gcd(p(x),q(x))$来表示$p(x)$和$q(x)$的最大公因式。

定义 3.9　多项式的零点。设$\mathbb{K}[x]$中$p(x) = \sum_{i=0}^{n} a_i \cdot x^i$为一个非零多项式。若$x_0$属于$\mathbb{K}$且满足

$$p(x) = \sum_{i=0}^{n} a_i x_0^i = 0$$

则称 x_0 为 $p(x)$ 的零点或根。

多项式的许多属性在很大程度上取决于其系数$\mathbb{K}$ 的范围。下面的定理就是一个很好的例子。

定理 3.1　代数的基本定理。$\mathbb{C}[x]$中的阶数 $n>0$ 的多项式 $p(x)$，可以被写成 n 个一阶因式（被称为线性因式）的乘积，即

$$p(x)=a\cdot(x-x_1)\cdot(x-x_2)\cdots(x-x_n) \tag{3.20}$$

式中，x_i是$\mathbb{C}$ 的元素。

当然，这些数 x_1，…，x_n都是 $p(x)$的根，毫无疑问，它的根 x_i也可能会发生重合。

从代数基本定理中得出的一个结论是：在$\mathbb{C}$ 中，每个阶数 $n>0$ 的非零多项式至少有一个零点，最多有 n 个零点。

因为$\mathbb{R}\subset\mathbb{C}$，任何属于实数域$\mathbb{R}$ 中的多项式，同样也可以被看做属于复数域$\mathbb{C}$ 的多项式的一种特殊情况。所以定理 3.1 适用于任何 n 阶多项式 $p(x)\in\mathbb{R}[x]$。然而，因为式（3.20）中的一些值 x_1，…，x_n可能是非真复数。我们只能得出简单结论：如果 $p(x)\in\mathbb{R}[x]$，$x_i\in\mathbb{R}$，则不会超过 n 个根。

现在我们来讨论一下多个变量的多项式。

定义 3.10　多元多项式。在公式 $p(x,y)=\sum_{i,j}a_{ij}x^iy^j$ 中，如果只有有限多个加数，则该公式称为以 x、y 为变量的二元多项式。同样的，以 x、y、z 为变量的三元多项式可以表示成 $p(x,y,z)=\sum_{i,j,k}a_{ijk}x^iy^jz^k$。我们以同样的方式可以增加变量数，称所有有限加数的和的形式

$$p(x,y,\cdots)=\sum_{i,j,\cdots}a_{ij\cdots}x^iy^j\cdots$$

为以 x、y、…为变量的多元多项式。

多项式的阶（见单变量多项式定义 3.5）和多项式的最大公因式（*gcd*）的概念也可以扩展到多元多项式。

定义 3.11　多元多项式的阶。在多元多项式 $p(x,y,\cdots)=\sum_{i,j,\cdots}a_{ij\cdots}x^iy^j\cdots$ 中，定义所有元素$a_{ij\cdots}x^iy^j\cdots$的最大指数总和 $i+j+\cdots\cdots$为这个多项式 $p(x$、y、$\cdots)$的阶。

在此列出一个四阶三元多项式为其例证：$p(x,y,z)=1+2x-yz^2+y^3+4x^2yz$。

所有以 u、v 为变量的多项式的组合都应该表示成$\mathbb{K}[u,v]$的形式。在此简要讨论一下阶数≤n 时，以 u、v 为变量的所有二元多项式的子集。这些子集构成了$\mathbb{K}[u,v]$的一个子空间$\mathbb{K}_n[u,v]$。这个多项式空间的维数易于计算，因为单项因式显而易见：

- 0 阶因式元素是常数 1 的倍数。
- 1 阶因式元素是 u 和 v。
- 2 阶因式元素是 u^2、uv 和 v^2。
- 3 阶因式元素是 u^3，u^2v 和 v^2u，v^3。

我们可以很快地计算出直至 n 阶因式的元素数量。因为 $\mathbb{K}_n[u,v]$ 中的这些多项式组可以很容易被看成一个线性无关生成系统，所以，我们最终可以得出：

注释 3.4 阶数 $\leqslant n$ 的二元多项式的空间维数，有两个变量 u，v 且阶数 $\leqslant n$ 的多项式 $\mathbb{K}_n[u,v]$，其空间维数是 $(n+1)\cdot(n+2)/2$。

若多元多项式 $p(x,y,\cdots)$ 的一个因式是多项式 $d(x,y,\cdots)$，则对某个多项式 $e(x,y,\cdots)$ 有

$$p(x,y,\cdots)=d(x,y,\cdots)e(x,y,\cdots)$$

定义 3.12 两个多元多项式的最大公因式。给出 $\mathbb{K}[x,y,\cdots]$ 中两个非零的多元多项式 $p(x,y,\cdots)$ 和 $q(x,y,\cdots)$，多项式 $d(x,y,\cdots)$ 是多项式 $p(x,y,\cdots)$ 和 $q(x,y,\cdots)$ 的最大公因式，若：

1）$d(x,y,\cdots)$ 是 $p(x,y,\cdots)$ 和式 $d(x,y,\cdots)$ 的因式。

2）$p(x,y,\cdots)$ 和 $q(x,y,\cdots)$ 的任何一个公因式也是式 $d(x,y,\cdots)$ 的因式。

定义 3.13 多项式函数和有理数函数。设在 $\mathbb{R}[x]$ 中，$p(x)=\sum_{i=0}^{n} a_i x^i$。函数

$$f:x\to f(x)=p(x)=\sum_{i=0}^{n} a_i x^i$$

称为（单变量）多项式函数。它将每个 $t\in\mathbb{R}$ 的元素映射到 $\sum_{i=0}^{n} a_i t^i\in\mathbb{R}$ 的元素上。

使 $R[x]$ 中的 $p(x)$ 和 $q(x)$ 的最大公因式为 1。则函数

$$f:x\to f(x)=\frac{p(x)}{q(x)}$$

称为（单变量）有理数函数。当然，有理数函数需满足 $q(x)\neq 0$。

多元多项式函数和多元有理数函数也可由此方法来定义。多项式是分析自由曲线（3.4 节）、张量积曲面（3.8 节）、张量积体（3.12 节）的关键工具。对于插值（3.5 节和 3.9 节）和逼近（3.6 节和 3.10 节）来说，它们也至关重要。

3.3 曲线

在三维空间中（或在平面上）一个连续的单参数点集一般被称为曲线，我

们可以想象一条弯曲的（无限薄的）金属丝。在机械工程中，曲线经常出现在机械的零部件上或者其表面的弯曲边缘。

3.3.1　曲线的参数表示

曲线 c 是三维空间中（或者平面上）的单参数点集。因此，它可以被这样描述：

$$\mathbf{p}(t)=\begin{bmatrix}x(t)\\y(t)\\z(t)\end{bmatrix},t\in[t_0,t_1]. \tag{3.21}$$

式中，$x(t)$，$y(t)$，$z(t)$是参数 t 的函数。这意味着在区间$[t_0,t_1]\in\mathbb{R}$上的每个点 t，我们都可以找到其对应的点 $\mathbf{p}(t)$，这些点就构成了曲线 c 的轨迹（图3-16）。这个区间$[t_0,t_1]$也被称为$\mathbf{p}(t)$的参数域。式（3.21）也指曲线 c 的参数表示或者参数化。

例 3.4　一条直线 l 可以通过下面的式子来参数化

$$\mathbf{p}(t)=(1-t)\cdot\mathbf{a}+t\cdot\mathbf{b},t\in\mathbb{R} \tag{3.22}$$

这里 $\mathbf{a}$、$\mathbf{b}$ 是 l 上两个不同的点（图3-17）。式（3.22）中参数值 $t=0$ 和 $t=1$ 时，可得出点 $\mathbf{a}$ 和 $\mathbf{b}$。如果用 $u:=1-t$ 和 $v:=t$ 来替换（3.11 节），则可将式（3.22）改写为

$$\tilde{\mathbf{p}}(u,v)=u\cdot\mathbf{a}+v\cdot\mathbf{b},u+v=1 \tag{3.23}$$

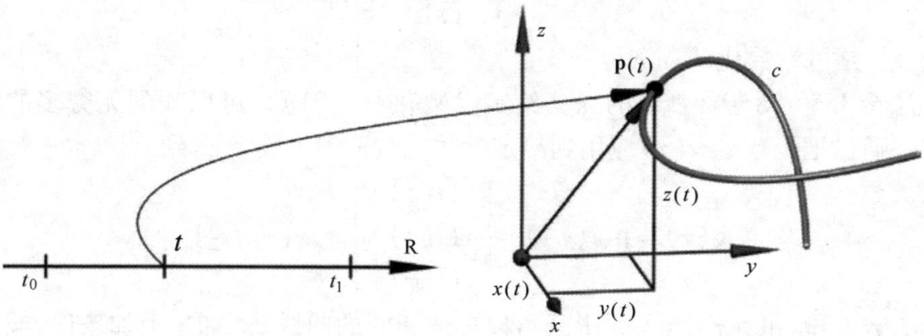

图3-16　参数域［t_0，t_1］上的每一个点映射出一个点 $\mathbf{p}(t)$，所有的点 $\mathbf{p}(t)$构成曲线 c

例 3.5　螺旋线或螺旋 c 是一个螺旋运动下的点 $\mathbf{p}$ 的轨迹（如图3-18 所示；或者例3.3）。以 z 轴作为螺旋轴，且 $\mathbf{p}(r,0,0)$的轨迹是 c，轨迹 c 可以参数化：

$$\begin{bmatrix}x\\y\\z\end{bmatrix}=\begin{bmatrix}r\cos t\\r\sin t\\pt\end{bmatrix} \tag{3.24}$$

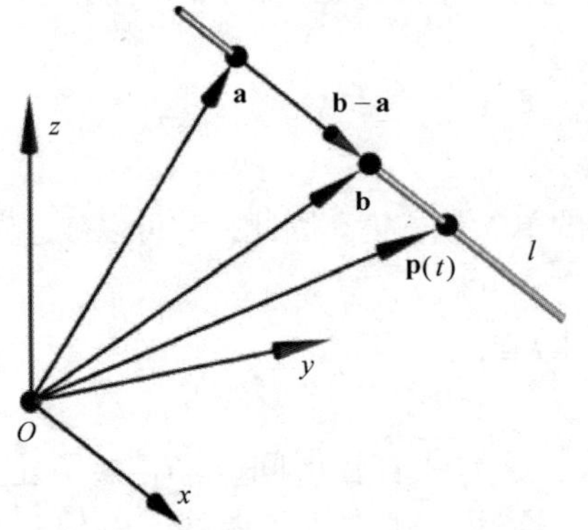

图 3-17 穿过 **a**、**b** 两点直线 l 的参数化表示 $\mathbf{p}(t)$

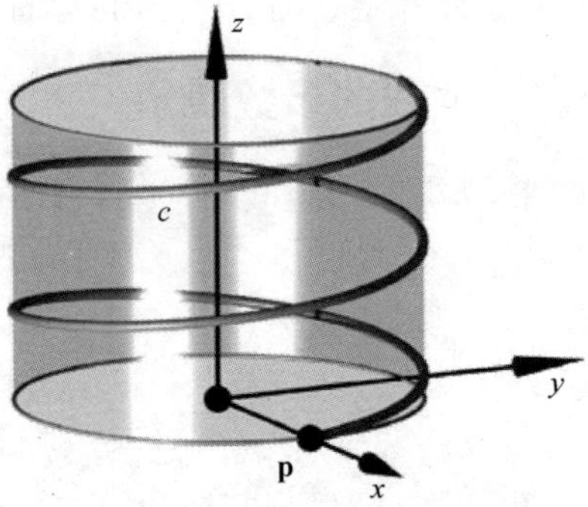

图 3-18 点 **p** 是连续螺旋运动上的一点，它的轨迹 c 位于关于螺旋轴（z 轴）对称的圆柱壁面上

定义 3.14 曲线的容许参数化。设 c 是能够参数化的曲线（3.21）。如果 $x(t)$，$y(t)$，$z(t)$是可微函数㊀，并且对于所有 $t\in[t_0, t_1]$。

$$\dot{\mathbf{p}}(t)=\begin{bmatrix}\dot{x}(t)\\ \dot{y}(t)\\ \dot{z}(t)\end{bmatrix}\neq\begin{bmatrix}0\\0\\0\end{bmatrix} \tag{3.25}$$

则曲线 c 是可参数化的。

注释 3.5 对于曲线 c 的任一给定参数化（3.21），可以找到无穷多的其他表述：通过把函数 $t=t(\tau)$应用到给定参数化（3.21）上，得到

$$\mathbf{q}(\tau)=\mathbf{p}(t(\tau))=\begin{bmatrix}x(t(\tau))\\ y(t(\tau))\\ z(t(\tau))\end{bmatrix},\tau\in[\tau_1,\tau_2] \tag{3.26}$$

对于 $t(\tau_0)=t_0$和 $t(\tau_1)=t_1$，上式可以描述相同的曲线 c。如果附加条件 $t=t(\tau)$为可微函数，且对于所有 $\tau\in[\tau_1,\tau_2]$

$$\frac{\mathrm{d}t}{\mathrm{d}\tau}\neq 0,\tau\in[\tau 1,\tau 2]$$

则称 $t=t(\tau)$为容许参数变换，根据导数的链式法则，我们就很清楚：如果给出的 c 的参数化（3.21）和参数变化都是容许的，那么新的参数化（3.26）也正确。

㊀ 与 t 相关的向量函数 $\mathbf{p}(t)$的 j 阶导数写为$\frac{\mathrm{d}^j\mathbf{p}}{(\mathrm{d}t)^j}$。若变量明确，则可将其缩写为 $\mathbf{p}^{(j)}$ 或者 $\dot{\mathbf{p}}$，$\ddot{\mathbf{p}}$，$\dddot{\mathbf{p}}$，…

3.3.2 平面曲线

我们可以认为平面曲线是 $z(t)$ 恒等于 0 时的一种特殊情况。当然，这种情况下，在参数表示里 z 可以全部省略，平面曲线 c 可以通过一个参数表示来描述

$$\mathbf{p}(t) = \begin{bmatrix} x(t) \\ y(t) \end{bmatrix}, t \in [t_0, t_1] \tag{3.27}$$

有时候也可以用方程表示

$$F(x,y) = 0 \tag{3.28}$$

这种平面曲线的描述方式有它的优点（见 3.3.8 小节）：当且仅当式（3.28）成立时，点 $\mathbf{p}(x,y)$ 在 c 上。

例 3.6　描述平面曲线形式的一个方程

$$ax + by + c = 0 \tag{3.29}$$

这里 $(a,b) \neq (0,0)$ 代表 xy 面中的一条直线 g。这个系数 a 和 b 确定一个垂直于 g 的方向向量 $\mathbf{n} = [a, b]^{\mathrm{T}}$。同样，一条直线也可以用式（3.22）这种形式的参数表示来描述。

例 3.7　在 xy 面中以 $C(m, n)$ 为原点，以 r 为半径的圆的方程

$$(x-m)^2 + (y-n)^2 - r^2 = 0 \tag{3.30}$$

同一个圆也可用参数化来表示

$$\begin{bmatrix} x \\ y \end{bmatrix} = \begin{bmatrix} m + r\cos t \\ n + r\sin t \end{bmatrix} \tag{3.31}$$

3.3.3 导数和切线

本节以及下面的三小节将简单介绍曲线的微分几何。至于更多的详细内容，请选择一本相关的优秀专著来阅读（参见，例如参考文献［5］）。

现假设用来表示曲线的函数是可微的，导数是连续的。

定义 3.15　可微性的类。设 k 是一个非负的整数，设 c 是一个经参数化 $\mathbf{p} = \mathbf{p}(t)$ 的曲线，如果 k 阶导数存在㊀，

$$\mathbf{p}^{(k)}(t) := \frac{\mathrm{d}\mathbf{p}}{\mathrm{d}t}(t)$$

并且如果这个函数是一个连续向量函数，则参数 $\mathbf{p} = \mathbf{p}(t)$ 为 C^k 类。C^k 也称为类可微类，c 被称为 C^k 曲线。

㊀ 当然，这表明所有小于 k 阶的导数也是存在的。

如果向量函数 $\mathbf{p}(t)$ 的 k 阶导数存在，且 $k \in \mathbb{N}$，则 $\mathbf{p}(t)$ 函数是 C^{∞} 阶或光滑的。

定义 3.16　曲线的切线。如果 c 是一个可参数化的曲线式（3.21），当一条直线和 $\mathbf{p}(t)$ 导数方向相同且穿过 $\mathbf{p}(t)$，这条直线称为 c 在 $\mathbf{p}(t)$ 位置的切线。

现在来研究一下有一个交点的两条曲线。C^k 连续的概念描述两个参数化相互切合的程度。

定义 3.17　两条曲线的 C^k 连续。设 c_1 和 c_2 是经参数化 $\mathbf{p}_1 = \mathbf{p}_1(t)$ 和 $\mathbf{p}_2 = \mathbf{p}_2(t)$ 的两条曲线，两曲线均为 C^k 阶，$k \geqslant 0$. 如果对于所有 $i = 0, \cdots, k$

$$\mathbf{p}_1^{(i)}(t_0) = \mathbf{p}_2^{(i)}(t_0)$$

则这两个参数化在 t_0 处 C^k 连续。

注意这一点，连接处 C^k 连续是两个参数化曲线的局部性质。这表明直到 K 阶导数向量在交点 $\mathbf{p}_1(t_0) = \mathbf{p}_2(t_0)$ 处，两条曲线都相互切合。

我们用相同的方式定义 C^k 函数 $y = f_1(x)$ 和 $y = f_2(x)$ 在 $x = x_0$ 时连接处的 C^k 连续性。

现在说明解释一下 $k = 0$、1、2 时曲线连接处 C^k 连续的几何意义（比较图 3-19、图 3-20和图 3-21）：

- 如果两条曲线在一个点有 C^0 连续，我们可以说 c_1 和 c_2 在 t_0 有一个共同点：$\mathbf{p}_1(t_0) = \mathbf{p}_2(t_0)$。
- 此外，连接处 C^1 连续的曲线在各连接点有相同的切向量。注意，相反地，这两个曲线可能在同一点具有一条相同的切线，尽管它们在这一点的一阶导数向量（切线向量）并不完全相同，它们可能只是方向相同。
- 此外，当曲线连接处有 C^2 连续，两条曲线在特定的参数值处有相同的 0 阶、1 阶和 2 阶导数向量。因此，它们也有相同点，在各点有同样的切线和同样的曲率㊀。

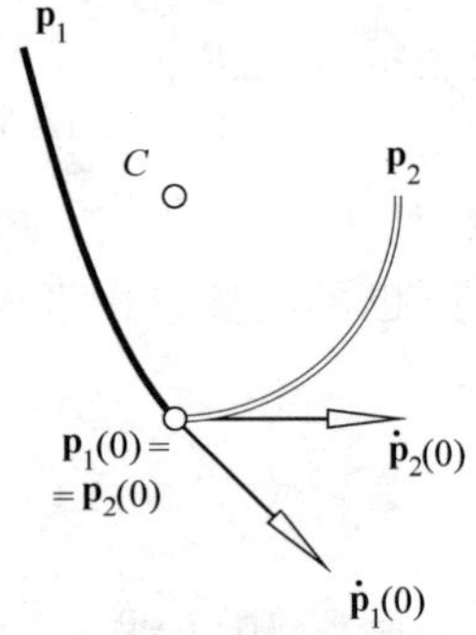

图 3-19　两条曲线连续地交于 C^0 点。抛物线弧 $\mathbf{p}_1(t) = \left[t, -t + \frac{3}{2}t^2\right]^{\mathrm{T}}$ 和圆弧 $\mathbf{p}_2(t) = [\sin t, 1 - \cos t]^{\mathrm{T}}$ 在 $t = 0$ 时 C^0 连续相交，两条曲线无间隙连接，但在突变弯曲处交点的切线不同

最后两个例子表明，从几何的角度来看，曲线连接处 C^k 连续的概念也可以由另一个相对简单的定义取代，称之为几何 C^k 连续：

㊀ 曲率这一概念参见 3.3.5 小节。

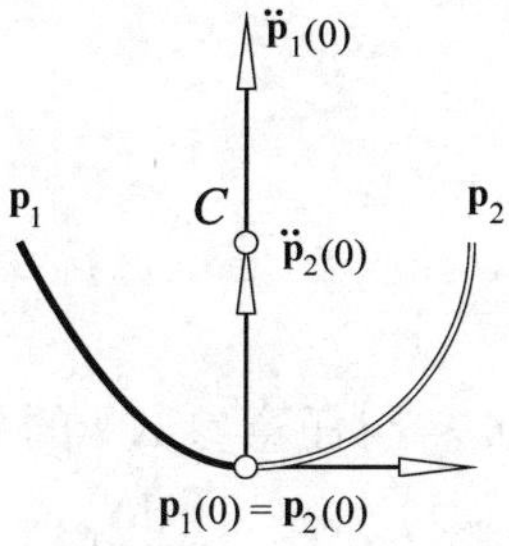

图3-20　两曲线连续相交于 C^1 点。抛物线 $\mathbf{p}_1(t)=[t,t^2]^{\mathrm{T}}$ 和圆弧 $\mathbf{p}_2(t)$（见图3-19），两曲线的参数化表示的一阶导数向量相同：$\dot{\mathbf{p}}_1(0)=\dot{\mathbf{p}}_2(0)$，交点的切线相同，交点处的曲率不同

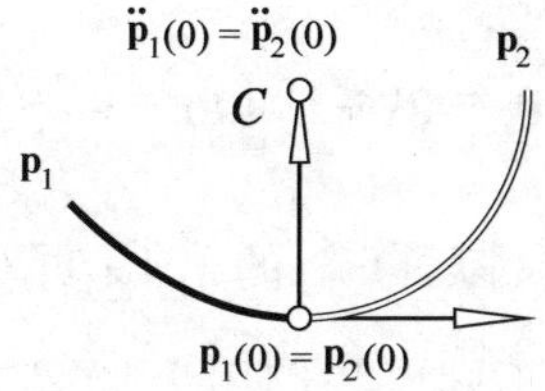

图3-21　两曲线连续相交于 C^2 点。抛物线弧 $\mathbf{p}_1(t)=\left[t,\frac{t^2}{2}\right]^{\mathrm{T}}$ 和圆弧 $\mathbf{p}_2(t)$（见图3-19）两曲线的参数化表示的一阶和二阶导数向量相同：$\dot{\mathbf{p}}_1(0)=\dot{\mathbf{p}}_2(0)$，$\ddot{\mathbf{p}}_1(0)=\ddot{\mathbf{p}}_2(0)$，因此在交点处有相同的曲率

定义3.18　两条曲线的 GC^k 连续性。设两个给定参数 $\mathbf{q}_1=\mathbf{q}_1(\sigma)$ 和 $\mathbf{q}_2=\mathbf{q}_2(\tau)$ 的曲线 c_1 和 c_2，并且设它们有一个公共点，如 $\mathbf{q}_1(\sigma_0)=\mathbf{q}_2(\tau_0)=:\mathbf{a}$。如果存在优化的参数，则 c_1 和 c_2 在点 $\mathbf{a}$ 处有 GC^k 连续性

$$\mathbf{p}_1(t)=\mathbf{q}_1(\sigma(t))$$
$$\mathbf{p}_2(t)=\mathbf{q}_2(\tau(t))$$

根据定义3.17，c_1 和 c_2 的新的参数化表示 $\mathbf{p}_1(t)$、$\mathbf{p}_2(t)$ 在 t_0 处 C^k 连续（t_0 是参数值，$\mathbf{p}_1(t_0)=\mathbf{p}_2(t_0)=\mathbf{a}$）。

注意这一点，曲线连接处 GC^k 连续和曲线连接处 C^k 连续在显示上无法加以区分。但是如果两条曲线的参数化表示仅有 GC^k 连续，那么当其用于数控加工时，与真正的 C^k 参数化之间的差异会变得很明显。比如，在过渡点处加工速度会突然变化。

3.3.4　弧长参数

定义3.19　弧长参数。设 c 是一个容许参数化的曲线（3.21），然后对曲线 c 引入一个新的参数 $s=s(t)$，通过下面来定义：

$$\frac{\mathrm{d}s}{\mathrm{d}t}=\|\dot{\mathbf{p}}(t)\|=\sqrt{\dot{x}^2(t)+\dot{y}^2(t)+\dot{z}^2(t)} \tag{3.32}$$

这个参数 s 称为弧长。

据此，可将 s 恰如其分地命名为弧长参数。

定理3.2　弧长属性。设 c 是一个弧长参数为 s 的曲线。

$$\mathbf{p}(s)=\begin{bmatrix}x(s)\\y(s)\\z(s)\end{bmatrix},s\in[s_0,s_1]$$

此外，设 $\mathbf{p}_0=\mathbf{p}(s_0)$ 和 $\mathbf{p}_1=\mathbf{p}(s_1)$ 是 c 上的点，那么 $|s_1-s_0|$ 是 c 上 $\mathbf{p}_0$ 到 $\mathbf{p}_1$ 之间的弧长。

参考文献［5］的第 19 页对此定理进行了论证。与任意参数 t 的导数（由点表示）不同，我们用上撇号来标记弧长 s 的导数：$\mathbf{p}'(s)=\frac{\mathrm{d}\mathbf{p}}{\mathrm{d}s}(s),\mathbf{p}''(s)=\frac{d^2\mathbf{p}}{(\mathrm{d}s)^2}(s),\cdots$

弧长参数的另一个重要属性如下：

定理 3.3　导数向量 $\mathbf{p}'(s)$。设 c 是弧长参数为 s 的曲线：

$$\mathbf{p}(s)=\begin{bmatrix}x(s)\\y(s)\\z(s)\end{bmatrix},s\in[s_0,s_1]$$

那么可得

$$\|\mathbf{p}'(s)\|=\|\frac{\mathrm{d}\mathbf{p}}{\mathrm{d}s}(s)\|\equiv 1 \tag{3.33}$$

这个定理遵循式（3.32）和微分链式法则。该定理指出，在任意点 $\mathbf{p}(s)$ 处，弧长参数为 s 的曲线 c 的切向量（一阶导数向量）是一个单位向量。如果把 s 理解为一个时间参数，那么 $\mathbf{p}(s)$ 的导数就是速度，即：曲线 c 是以恒定的速度 1 运动。

从 $\|\mathbf{p}'\|^2=\langle\mathbf{p}'\cdot\mathbf{p}'\rangle\equiv 1$ 可以得到

$$\langle\mathbf{p}',\mathbf{p}''\rangle\equiv 0 \tag{3.34}$$

这表明第一阶和第二阶导数向量是正交的。

3.3.5　曲率和挠度

在这节，我们将拓展任意给定空间曲线的两个重要函数——曲率和挠度这两个概念。根据定义 3.15，这些函数要求曲线至少为 C^3 类。

定义 3.20　曲线的曲率和挠度。设 c 是可参数化的空间曲线（3.21），则得 $\dot{\mathbf{p}}(t)\neq[0,0,0]^{\mathrm{T}}$。

1. 如果 $\mathbf{p}(t)$ 为 C^2 类，那么曲线 c 的曲率 $\kappa(t)$ 可由下式定义

$$\kappa(t)=\frac{\|\dot{\mathbf{p}}\times\ddot{\mathbf{p}}\|}{\|\dot{\mathbf{p}}\|^3} \tag{3.35}$$

2. 如果 $\mathbf{p}(t)$ 为 C^3 类，则曲线 c 的挠度 $\tau(t)$ 为

$$\tau(t)=\frac{\det[\dot{\mathbf{p}},\ddot{\mathbf{p}},\dddot{\mathbf{p}}]}{\|\dot{\mathbf{p}}\times\ddot{\mathbf{p}}\|^{2}} \tag{3.36}$$

对于平面曲线

$$\mathbf{p}(t)=\begin{bmatrix}x(t)\\y(t)\end{bmatrix}$$

曲率的定义已被稍作修改：

$$\kappa(t)=\frac{\det(\dot{\mathbf{p}}\cdot\ddot{\mathbf{p}})}{\|\dot{\mathbf{p}}\|^{2}}=\frac{\dot{x}\ddot{y}-\dot{y}\ddot{x}}{(\dot{x}^{2}+\dot{y}^{2})^{\frac{3}{2}}} \tag{3.37}$$

注释3.6　在此列出曲率和挠度的一些特性：

a）曲线的曲率和挠度相对于参数化和坐标系的改变保持不变。换句话说，曲率和挠度二者都有重要的几何意义，这一点将在下面的部分探讨。

b）在一个平面上的空间曲线是平面曲线，其特征是$\tau(t)\equiv 0$。

c）从式（3.35）或式（3.37）可以推断出，曲率的概念实际上是针对C^2类曲线定义的。

d）在平面情况下，曲率κ甚至有一个具有几何意义的标志㊀。如果我们把平面曲线视为一辆汽车在平面上的行驶轨道，那么在任何时刻κ都可以被理解为目前转向盘的位置。κ的标志即可区分向左转、向右转，在这种特殊情况下，空间曲线c通过它的弧长$\mathbf{p}=\mathbf{p}(s)$来参数化，曲率κ和挠度τ的公式则更为简化：

$$\kappa=\|\mathbf{p}''\| \tag{3.38}$$

$$\tau=\frac{\det[\mathbf{p}',\mathbf{p}'',\mathbf{p}''']}{\|\mathbf{p}''\|^{2}} \tag{3.39}$$

3.3.6　密切圆和密切平面

设g是曲线c上点$\mathbf{p}(u_0)$的切线，并且设$\mathbf{p}(u_1)$是c上另一个点。一般来说，存在一个特别的圆l^*通过$\mathbf{p}(u_1)$，与g在$\mathbf{p}(u_0)$处相切。从u_1到u_0的极限过程是将点$\mathbf{p}(u_1)$沿着曲线c移动到点$\mathbf{p}(u_0)$。同时，圆l^*调整且最终成为圆l，则称圆l为曲线c在点$\mathbf{p}(u_0)$处的密切圆（图3-22和参考文献［5］的第55页）。这证明了圆l的半径ρ是上述曲率（3.35）的倒数：

$$\rho=\frac{1}{\kappa} \tag{3.40}$$

因此，ρ也称为曲线c在$\mathbf{p}(u_0)$处的曲率半径，包含密切圆的平面σ通常称为c在$\mathbf{p}(t_0)$点的密切平面。它跨越了$\mathbf{p}(t)$的第一和第二导数向量。

㊀　详情请见参考文献［5］第26页。

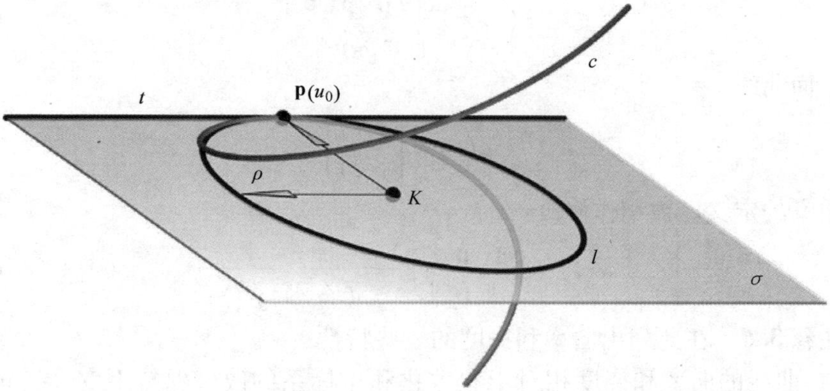

图 3-22 曲线 $c\cdots\mathbf{p}(u)$ 在 $u=u_0$ 估值产生了点 $\mathbf{p}(u_0)$，该点它决定了切线 t 和密切平面 σ。密切圆在密切平面 σ 内，半径为 $\rho=\frac{1}{\kappa}$

$\kappa=0$ 时的点称为拐点，它们的特征为其第一和第二导数向量为线性相关。此时不存在密切平面和密切圆。相反地，切线承担了密切圆的角色。

基本上，一点上的曲率表示在该点上曲线远离切线的程度。如果在整个区间上曲率为零，那么这个曲线的各个部分为直线段。

曲线在一个点处的挠度表明了该曲线在这一点远离密切平面 σ 的程度。平面曲线 c 的显著特征为 τ 恒等于 0。该平面包含曲线 c，和在每一点处的密切平面相同。

设 c_1 和 c_2 是两条在连接点 u_0 为 C^2 连续的曲线（见定义 3.17）。这时 c_1 和 c_2 在点 $\mathbf{p}(u_0)$ 有相同的曲率、相同的密切平面和相同的密切圆。显然，式 (3.35) 中的导数向量也相同。如果 c_1 和 c_2 在 $\mathbf{p}(u_0)$ 点甚至 C^3 连续，则这两个曲线在这一点有相同挠度（见式 (3.36)）。

3.3.7 Frenet 标架

设 $\mathbf{p}=\mathbf{p}(s)$，$s\in[s_0,s_1]$ 是一个严格按照它的弧长 s 参数化的曲线，那么根据式 (3.33) 和式 (3.34) 可得：

$$\|\mathbf{p}'\|\equiv 1 \tag{3.41}$$

$$\langle\mathbf{p}',\mathbf{p}''\rangle\equiv 0 \tag{3.42}$$

另外，根据式 (3.38) 可得：

$$\|\mathbf{p}''\|=\kappa \tag{3.43}$$

式中，κ 是曲线 c 的曲率。设在给定区间 $[s_0,s_1]$ 内 $\kappa\neq 0$，即在曲线 c 的给定部分没有拐点，则式 (3.42) 表明以下两个单位向量垂直：

$$\mathbf{t} := \mathbf{p}' \tag{3.44}$$

$$\mathbf{h} := \frac{\mathbf{p}''}{\kappa} \tag{3.45}$$

为了使这两个向量成为正交矢量基，加入了第三个向量：

$$\mathbf{b} := \mathbf{t} \times \mathbf{h} \tag{3.46}$$

定义 3.21　曲线的 Frenet 标架[㊀]。设 c 是关于弧长 s 的参数化曲线 $\mathbf{p} = \mathbf{p}(s)$，$s \in [s_0, s_1]$，并且设在区间 $[s_0, s_1]$ 内 $\|\mathbf{p}''\| = \kappa \neq 0$。那么根据式（3.44）~式（3.46），正交向量基 $\{\mathbf{t}, \mathbf{h}, \mathbf{b}\}$ 称为曲线 c 的 Frenet 标架。向量 $\mathbf{t}$，$\mathbf{h}$，$\mathbf{b}$ 分别为曲线 c 上各点 $\mathbf{p}(s)$ 的切向量、主法线向量和副法线向量。

请注意，切向量 $\mathbf{t}$ 和主法线向量 $\mathbf{h}$ 跨越了 c 的密切平面 σ（见 3.3.6 小节）。图 3-23（见彩插）展现了空间曲线 c 以及其 Frenet 标架 s 的六个不同值。

满足 $\|\mathbf{p}''\| = \kappa \neq 0$ 时，曲线上任意一点都有 Frenet 标架。它的意义在于可以在 Frenet 基础上计算向量 $\mathbf{t}$，$\mathbf{h}$，$\mathbf{b}$ 的导数。因此，我们得到了所谓的 Frenet-Serret 公式。

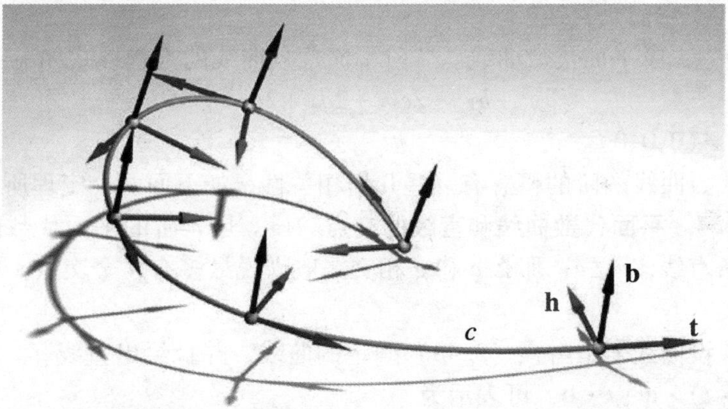

图 3-23　对于不同弧长参数值 s 的曲线 c 和其 Frenet 标架 $\{\mathbf{t}, \mathbf{h}, \mathbf{b}\}$。切向量 $\mathbf{t}$，主法线向量 $\mathbf{h}$，次法线向量 $\mathbf{b}$ 分别用红色、绿色、蓝色表示

$$\begin{cases} \mathbf{t}' = \kappa \mathbf{h} \\ \mathbf{h}' = -\kappa \mathbf{t} + \tau \mathbf{b} \\ \mathbf{b}' = -\tau \mathbf{h} \end{cases} \tag{3.47}$$

这些公式里的系数分别是曲线 c 的曲率 κ，挠度 τ（见 3.3.5 小节）。基于式（3.43）和向量 $\mathbf{t}$，$\mathbf{h}$，$\mathbf{b}$ 正交性的相关证明已在此省略（见参考文献［5］的第 58 页）。

㊀ 法国数学家 Jean Frédéric Frenet（1816—1900）发表了上述公式。Joseph Alfred Serret（1819—1885）也有同样的发现。

3.3.8 平面代数曲线

本小节将讨论已给出方程式的平面曲线中的一个特殊类别，见式（3.28）。

定义 3.22 平面代数曲线。如果平面曲线 c 可以用一个多项式方程来描述，那么曲线 c 称为平面代数曲线

$$F(x,y) = \sum_{finite} a_{ij}x^i y^j = 0 \tag{3.48}$$

这里至少有一个系数 a_{ij} 是非零的，整数

$$n := \max\{i+j \mid a_{ij} \neq 0\} \tag{3.49}$$

即这个多项式 $\sum_{finite} a_{ij}x^i y^j$ 的阶，被称为代数曲线 c 的阶。

非代数曲线则不能以任何方程比如式（3.48）来描述的一类曲线。它们也被称为超曲线。

例 3.8 直线是一阶平面代数曲线。一阶平面代数曲线的方程形式如下：

$$ax + by + c = 0$$

且 $(a,b) \neq 0$。它们是直线。

例 3.9 二阶平面代数曲线。二阶平面代数曲线的方程形式如下：

$$ax^2 + by^2 + 2cxy + 2dx + 2ey + f = 0 \tag{3.50}$$

且 $(a,b,c) \neq (0,0,0)$。

平面代数曲线的阶的概念有一些几何相关性，如下面两个定理所示。

定理 3.4 平面代数曲线和直线的交点。设 c 是 n 阶的平面代数曲线，并且设 g 是一条直线，$g \not\subset c$；那么 c 和 g 相交一般来说最多有 n 个交点。

证明 设曲线 c 是由式（3.48）确定的曲线，并且给出直线 g，它的参数是 $\mathbf{p}(t) = (1-t) \cdot \mathbf{a} + t \cdot \mathbf{b}$，可表示为

$$\begin{bmatrix} x \\ y \end{bmatrix} = (1-t) \cdot \begin{bmatrix} x_A \\ y_A \end{bmatrix} + t \cdot \begin{bmatrix} x_B \\ y_B \end{bmatrix} \tag{3.51}$$

将式（3.51）代入式（3.48）得

$$\sum a_{ij}[(1-t) \cdot x_A + t \cdot x_B]^i [(1-t) \cdot y_A + t \cdot y_B]^j = 0$$

方程式的左边是一个以 t 为变量的 n 阶多项式，因此它最多有 n 个零点（定理3.1：代数基本定理）。任一零点都是一个复数或者实数，将其代入式(3.51)，则每个实数零点可产生曲线 c 和直线 g 的一个公共点。

定理 3.5 贝祖定理㊀。设 c_1 和 c_2 分别是 n_1 和 n_2 阶的平面代数曲线。再设

㊀ 该定理以法国数学家 Étienne Bézout（1730—1783）命名。É. Bézout 于 1779 年在 Théorie générale des équations algébriques 一书中首次提出该定理。

c_1 和 c_2 没有任何共同的部分（c_1 和 c_2 公共代数曲线部分）。那么 c_1 和 c_2 相交最多有 $n_1 - n_2$ 个共同点（图3-24）。

这个定理的证明也是以代数基本定理为基础，在任何一本有关代数几何基础的书中均可发现（参见参考文献［6］的第59页）。

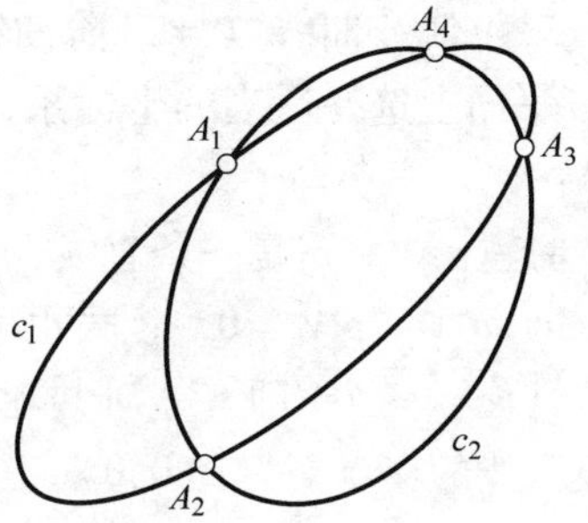

图3-24　贝祖定理为一个简单例子：c_1 和 c_2 为两个规则的二阶曲线（锥线论）且这两个曲线不同，则不可能有超过4个交点

3.3.9　有理曲线

这里讨论一下可以通过部分多项式参数化的曲线。

定义3.23　有理曲线。曲线 c 如果可以通过有理参数化表示，则称为空间有理曲线

$$\mathbf{p}(t) = \begin{bmatrix} \dfrac{q_1(t)}{q_0(t)} \\ \dfrac{q_2(t)}{q_0(t)} \\ \dfrac{q_3(t)}{q_0(t)} \end{bmatrix} \tag{3.52}$$

这里的 $q_i(t)$ 是带有以下性质的多项式[㊀]：

$$\gcd\{q_1(t), q_2(t)\} = \gcd\{q_2(t), q_0(t)\} = \gcd\{q_3(t), q_0(t)\} = 1$$

为了获得平面有理曲线，需使式（3.52）中的 $q_3(t) \equiv 0$。

如果特殊情况下，$q_0(t) \equiv 1$ 时，分母可被省略，我们称 c 为多项式曲线。

整数 $n := \max\{\deg q_0(t), \deg q_1(t), \deg q_2(t), \deg q_3(t)\}$ 为有理曲线 c 的阶数。

可以得出以下结论，任何 n 阶平面有理曲线都是一个阶数 $\leqslant n$ 的代数曲线。但是，这个结论反过来并不成立：一个平面代数曲线不必为有理曲线。

由于有理曲线、特别是多项式曲线的表示方式较为简单，所以在CAD中被广泛应用。贝塞尔曲线（3.4.1小节）、B样条曲线（3.4.2小节）和非均匀有理B样条曲线（3.4.3小节）都是典型的例子，这些曲线包括有理部分或者甚至包括多项式部分。

3.3.10　二阶曲线

二阶曲线包含一些著名而且被频繁使用的平面曲线。

㊀　gcd表示多项式的最大公因式；见定义3.8。

二阶代数曲线（=二阶曲线）的方程形式为式（3.50）且$(a,b,c)\neq(0,0,0)$。平面上选择适当的坐标系，则该方程可以变成下面的几种形式之一$(a,b,p\in\mathbb{R}^+)$：

a）$x^2=0$。这是一条直线，有时也表示为双向直线。

b）$a^2x^2+b^2y^2=0$。该式也可写成：$(ax+iby)\cdot(ax-iby)=0$，这里的i为复数单位（$i^2=-1$）。即有一对共轭复数线。这条曲线只有一个实数点，该实数点是两条复数线的交点，为$\mathbf{o}(0,0)$。

c）$a^2x^2-b^2y^2=0$。因为$a^2x^2-b^2y^2=(ax+by)\cdot(ax-by)$，所以曲线$c$是一对实直线。

d）$x^2+a^2=0$。该式与$(x+ia)\cdot(x-ia)=0$等价，有一对平行的共轭复数线，该曲线除了无穷远处的点不包含任何实数点。

e）$x^2-a^2=0$。对方程的左边因式进行分解：$x^2-a^2=(x+a)\cdot(x-a)$。这表明曲线c包含两条平行的实直线。

f）$\frac{x^2}{a^2}+\frac{y^2}{b^2}=-1$。该曲线不包含任何实数点，被称为空二次曲线；

g）$\frac{x^2}{a^2}+\frac{y^2}{b^2}=1$。在这种情况下，曲线$c$是一个椭圆，它的轴就是坐标轴，并且长度分别是$2a$和$2b$（图3-25左图）。

h）$\frac{x^2}{a^2}-\frac{y^2}{b^2}=1$。该双曲线的轴为坐标轴，两顶点间的距离为$2a$，并且其渐近线$\alpha$由$\tan\frac{a}{2}=\frac{b}{a}$确定（图3-25，中图）。

i）$y^2=2px$。该抛物线顶点在原点，以x轴为对称轴，其焦点是$\boldsymbol{F}\left(\frac{p}{2},0\right)$（图3-25，右图）。

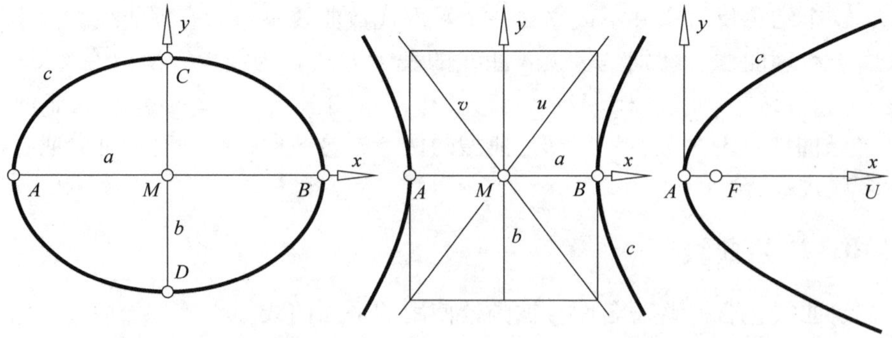

图3-25　圆锥截面。左图为椭圆，A，B，C，D为顶点，a，b的值如式（3.53）所示；中图为双曲线，A，B为顶点，u，v为渐近线，a和b的值如式（3.54）所示；右图为抛物线，A为顶点，焦点为F，抛物线轴为x轴，无穷远点为U

确实，a）~e）这几种形式都包含直线，因此它们的图像浮动不是很大，称为奇异二阶曲线。f）~i）这几种类型为常规二阶曲线。g）、h）和i）这三种类型（椭圆、双曲线和抛物线）为圆锥曲线或部分圆锥曲线。

对于椭圆g)，我们有以下的标准参数化：

$$\mathbf{p}(t)=\begin{bmatrix} a\text{cos}t \\ b\text{sin}t \end{bmatrix}, t\in[0,2\pi] \tag{3.53}$$

对于双曲线h)，则有

$$\mathbf{p}(t)=\begin{bmatrix} \pm a\text{cosh}t \\ b\text{sinh}t \end{bmatrix}, t\in\mathbb{R} \tag{3.54}$$

对于抛物线i)，则有

$$\mathbf{p}(t)=\begin{bmatrix} \frac{1}{2p}t^2 \\ t \end{bmatrix}, t\in\mathbb{R} \tag{3.55}$$

图3-25举例说明了这三种二次曲线。作为标准参数化，式（3.53）、式（3.54）和式（3.55）的坐标系专门适用于曲线以获得特别简单的形式。在这些范式里，曲线的对称轴就是坐标系的坐标轴。

显然，对于椭圆和双曲线来说，标准参数化式（3.53）和式（3.54）并不合理。但是，也有一些合理的参数化存在。因此，圆锥曲线也属于有理曲线。我们将在命题3.9里使用到这一性质。

抛物线也是一个多项式曲线。此外，我们可以得出以下的结论：

定理3.6　抛物线的参数化。设a_0，a_1，a_2，b_0，b_1，b_2是连续的实数，则

$$若\ a_1b_2-a_2b_1\neq 0 \tag{3.56}$$

$$\mathbf{p}(t)=\begin{bmatrix} a_0+a_1t+a_2t^2 \\ b_0+b_1t+b_2t^2 \end{bmatrix}, t\in\mathbb{R}$$

是抛物线的参数化。

可以通过适当的坐标变换方法对此加以证明。

3.4　自由曲线

在CAD环境下工作需要大量的、简单的工具去控制相当复杂的几何对象。用户可以通过交互式操作，较为简便地改变其几何形状。

在单参数对象的条件下，所谓的自由曲线已经成为标准。下面的章节将对一些最重要的类型进行定义和详细地讨论：如贝塞尔曲线、B样条曲线、拉格朗日插值和埃尔米特插值。我们认为自由曲线存在拓展类型：如μ样条曲线、β样条曲线、Wilson－Fowler样条曲线、张力样条曲线、指数样条曲线和非线性样条曲

线。仔细看看这些有趣的曲线，会发现它们超出了介绍的范围。这些可以在参考文献［7］里找到。

我们首先提出自由曲线的一般概念。

定义 3.24 自由曲线。设在三维空间（或者在一个平面里）给定 $n+1$ 个点 $\mathbf{a}_0,\cdots,\mathbf{a}_n$ 并且设 $F_i(t),i=0,\cdots,n$ 为参数 t 的函数族。

参数表示的曲线

$$\mathbf{p}(t) = \sum_{i=0}^{n} F_i(t) \cdot \mathbf{a}_i, t \in [a,b] \tag{3.57}$$

称为对于给定控制多边形 $\mathbf{a}_0,\cdots,\mathbf{a}_n$ 且属于函数族 $\{F_i(t)\}$ 的自由曲线；$[a,b]$ 是相应的参数区间。

注释 3.7 自由曲线的定义需要选择一个函数族 $\{F_i(t)\}$。只有当曲线被控制多边形 $\mathbf{a}_0,\cdots,\mathbf{a}_n$ 最终定义且对于曲线的描述并不取决于坐标系的选择时，整个概念才有意义。当且仅当

$$\sum_{i=0}^{n} F_i(t) \equiv 1 \tag{3.58}$$

成立时，很容易证明自由曲线并不取决于坐标系的选择。在这种情况下称函数族 $\{F_i(t)\}$ 是递归的。

如果满足式（3.58），那么控制点和由此产生的自由曲线之间存在紧密的几何关系。这种关系在很大程度上取决于函数 $F_i(t)$ 的选择。在下面的章节中，我们将研究几种最常见的类型。

3.4.1 贝塞尔曲线

在过去几十年里，贝塞尔曲线已经成为各种自由形式样条技术的鼻祖。无论在 CAD 系统中应用哪种类型的自由形式技术，贝赛尔曲线的基本属性都是这些技术的关键。当基础 $\{F_i(t)\}$ 函数族被规定为伯恩斯坦多项式族时，贝赛尔曲线即为自由曲线。

定义 3.25 伯恩斯坦多项式。对于一个给定的正整数 n，n 阶伯恩斯坦多项式 $B_i^n(t)$ 定义为

$$B_{i,n}(t) = \binom{n}{i} \cdot (1-t)^{n-i} = \frac{n!}{i! \cdot (n-i)!} \cdot t^i \cdot (1-t)^{n-i}, i=0,\cdots,n \tag{3.59}$$

这一多项式族在本章和后续章节都起着重要的作用。

命题 3.1 伯恩斯坦多项式的性质。伯恩斯坦多项式 $B_i^n(t)$ 是 n 阶多项式（见定义 3.5）。其他的重要属性包括：

1. 伯恩斯坦多项式的有界区间为［0，1］：

$$0 \leqslant B_{i,n} \leqslant 1, \quad t \in [0,1]$$

2. 通过二项式定理可得

$$1 = (1 - t + t)^n = \sum_{i=0}^{n} \binom{n}{i} \cdot t^i \cdot (1 - t)^{n-i}$$

这表明

$$\sum_{i=0}^{n} B_{i,n}(t) \equiv 1 \tag{3.60}$$

伯恩斯坦多项式是递归的［参见式（3.58）］。

3. 所有 n 阶伯恩斯坦多项式$\{B_{0,n}(t),\cdots,B_{n,n}(t)\}$的组合是阶数≤$n$ 的所有多项式在向量空间 $\mathbb{R}_n[t]$的一个基（伯恩斯坦基）。

4. 对于 $i=1$，…，$n-1$，可得到递推公式

$$B_{i,n}(t) = (1-t) \cdot B_{i,n-1}(t) + t \cdot B_{i-1,n-1}(t) \tag{3.61}$$

另外，作为补充：

$$B_{0,n}(t) = (1-t) \cdot B_{0,n-1}(t)$$
$$B_{n,n}(t) = t \cdot B_{n-1,n-1}(t) \tag{3.62}$$

5. 对于每个 $i=0$，…，n 可得

$$B_{n-i,n}(1-t) = B_{i,n}(t) \tag{3.63}$$

伯恩斯坦多项式是对称的（见图3-26 和图3-27）

6. 对于多项式函数 $B_{i,n}(t)$在 $t=0$ 和 $t=1$ 的 k 阶导数 $B_{i,n}^{(k)}(t)$，可得

$$B_{i,n}^{(k)}(0) = 0, i = k+1, \cdots, n \tag{3.64}$$

$$B_{i,n}^{(k)}(1) = 0, i = 0, \cdots, n-k-1 \tag{3.65}$$

这些说法的证明非常简单（参考文献［7］的第118 页和参考文献［8］的第38 页）。

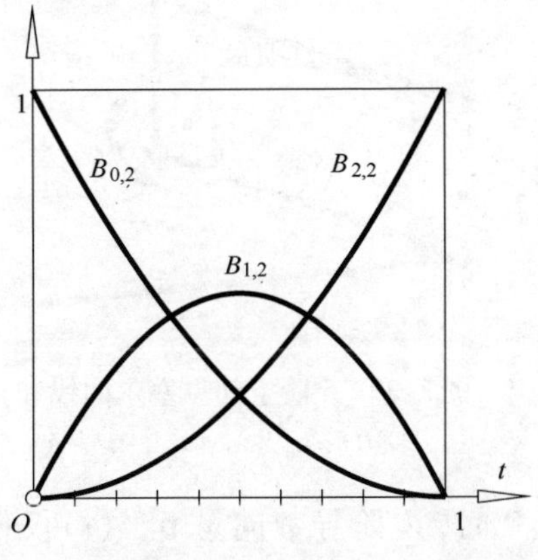

图3-26 单位区间［0，1］上的2 阶伯恩斯坦基函数，请注意，根据式（3.60），对于每个 t 值，其伯恩斯坦基函数的值相加之和都为1

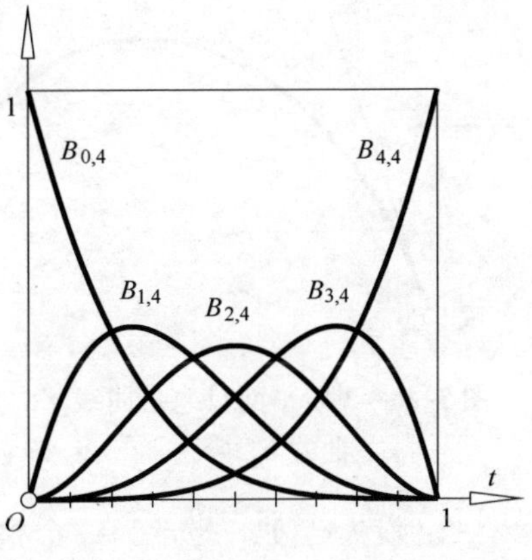

图3-27 在区间［0，1］上4 阶伯恩斯坦基函数

要想证明这些说法非常简单（见参考文献［7］的第118页和参考文献［8］的第38页）。早在1912年（见参考文献［9］）伯恩斯坦（1880－1968）就介绍了伯恩斯坦多项式。他用这个多项式族证明了所谓的维尔斯特拉斯逼近定理，即：在一个闭区间内，每一个实连续函数都可以用多项式函数一致逼近。

当$\{F_i(t)\}$函数族被规定为伯恩斯坦多项式族$B_{i,n}(t)$时，贝赛尔曲线就成了自由曲线（见定义3.24）。

定义3.26　贝塞尔曲线。在三维空间或者平面里给定$n+1$个点$\mathbf{a}_0$，…，$\mathbf{a}_n$。由

$$\mathbf{p}(t) = \sum_{i=0}^{n} B_{i,n}(t) \cdot \mathbf{a}_i, t \in [0,1] \tag{3.66}$$

定义的曲线c，对于给定的控制多边形$\mathbf{a}_0$，…，$\mathbf{a}_n$，叫做n阶贝塞尔曲线。

基本上，n阶贝塞尔曲线就是n阶多项式曲线。另一方面，任何一个n阶多项式曲线都可通过一个合适的控制多边形表示成n阶贝塞尔曲线。这些都是基于一个事实——伯恩斯坦多项式集$\{B_{0,n}(t),\cdots B_{n,n}(t)\}$是$\mathbb{R}_n[t]$的一个基（命题3.1，3）。

命题3.2　贝塞尔曲线的属性。设定一条由控制多边形$\mathbf{a}_0$，…，$\mathbf{a}_n$定义的n阶贝塞尔曲线。则可得：

1. $\mathbf{p}(0)=\mathbf{a}_0, \mathbf{p}(1)=\mathbf{a}_n$。贝塞尔曲线和其控制多边形有相同的始点$\mathbf{a}_0$和相同的终点$\mathbf{a}_n$（见图3-28和图3-29）。

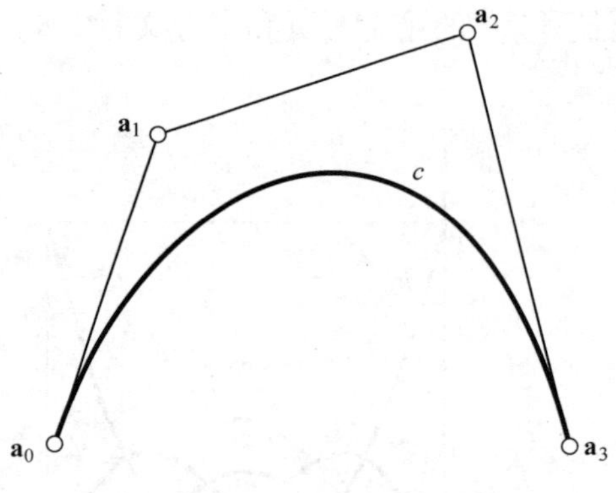

图3-28　3阶平面贝塞尔曲线c由控制多边形曲线$\mathbf{a}_0$，$\mathbf{a}_1$，$\mathbf{a}_2$，$\mathbf{a}_3$确定

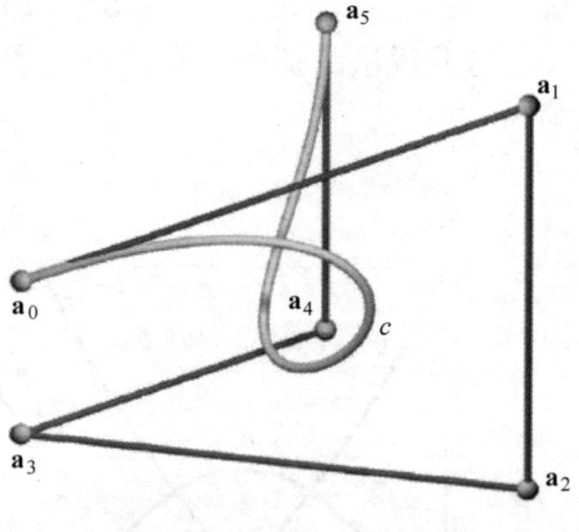

图3-29　5阶空间贝塞尔曲线和其控制多边形$\mathbf{a}_0$，$\mathbf{a}_1$，$\mathbf{a}_2$，$\mathbf{a}_3$，$\mathbf{a}_4$，$\mathbf{a}_5$

2. 设$k \in \{1,\cdots,n\}$为一个整数。在$t=0$时，k阶导数向量$\mathbf{p}^{(k)}(t)$仅仅取决于点$\mathbf{a}_0,\cdots,\mathbf{a}_k, k \in \{1,\cdots,n\}$。更为具体地，则有：

$$\mathbf{p}^{(k)}(0) = n \cdot (n-1) \cdot \cdots \cdot (n-k+1) \sum_{i=0}^{k} (-1)^i \cdot \binom{k}{i} \cdot \mathbf{a}_{k-i} \tag{3.67}$$

类似的：$t=1$ 时的 k 阶导数向量 $\mathbf{p}^{(k)}(t)$ 仅取决于点 $\mathbf{a}_n,\cdots,\mathbf{a}_{n-k}, k\in\{1,\cdots,n\}$：

$$\mathbf{p}^{(k)}(1)=n\cdot(n-1)\cdot\cdots\cdot(n-k+1)\sum_{i=0}^{k}(-1)^i\cdot\binom{k}{i}\cdot\mathbf{a}_{n-i} \quad (3.68)$$

3. 关于仿射变换（见注释 3.7），曲线与其控制多边形 $\mathbf{a}_0$，…，$\mathbf{a}_n$ 始终连接，特别是对于等距多边形。

4. 利用伯恩斯坦多项式的对称性式（3.63），得到了由反向控制多边形定义的贝塞尔曲线，它和原始曲线 c 相同。反向多边形只是颠倒了曲线 c 的方向。整个曲线 c 仍相同：

$$\sum_{i=0}^{n}B_{i,n}(t)\cdot\mathbf{a}_i=\sum_{i=0}^{n}B_{n-i,n}(1-t)\cdot\mathbf{a}_i=\sum_{i=0}^{n}B_{i,n}(1-t)\cdot\mathbf{a}_{n-i}$$

5. 该曲线完全包含在其控制多边形的凸包中（凸包性质见图 3-30）。它的性质也适用于空间贝塞尔曲线，一般来说这种曲线的控制多边形的凸包为多面体。

6. 设 c 为平面贝塞尔曲线，其控制多边形为 p。将直线 g 与 c 和 p 相交。和 c 相交点的数量小于或等于和 p 相交点的数量（图 3-31）。这个有趣的特性通常称为变差缩减性。它也适用于空间贝塞尔曲线，要格外注意这些曲线与平面 τ 的交点数量。

命题 3.2 包含许多基本问题：式（3.67）中，$k=1$ 时，得 $\dot{\mathbf{p}}(0)=n\cdot(\mathbf{a}_1-\mathbf{a}_0)$。这意味着控制多边形的第一条边 $\mathbf{a}_0\mathbf{a}_1$ 与贝塞尔曲线 c 在起点 $\mathbf{a}_0$ 处相切。同样的，最后一条边 $\mathbf{a}_{n-1}\mathbf{a}_n$ 与曲线 c 相切于终点 $\mathbf{a}_n$（见图 3-28 和图 3-29）。

从 n 阶伯恩斯坦多项式是递归的这一事实可得属性性质 3. 。如果 α 是一个仿射变换（参见定义 3.1），则可得

$$\alpha(\mathbf{p}(t))=\alpha\left(\sum_{i=0}^{n}B_{i,n}(t)\cdot\mathbf{a}_i\right)=\sum_{i=0}^{n}B_{i,n}(t)\cdot\alpha(\mathbf{a}_i) \quad (3.69)$$

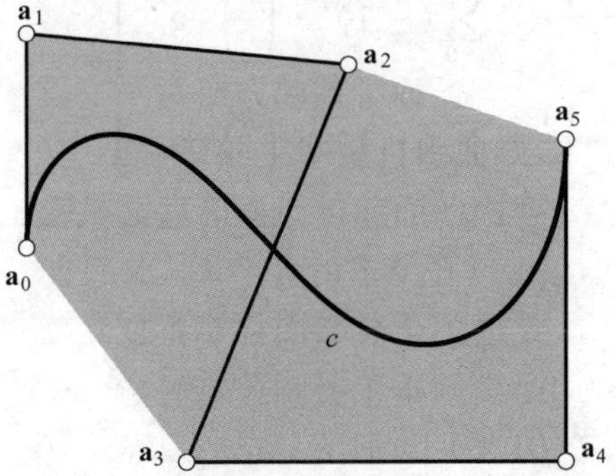

图 3-30　凸包性质：贝塞尔平面曲线 c 包含在控制点为 $\mathbf{a}_0$，$\mathbf{a}_1$，$\mathbf{a}_2$，$\mathbf{a}_3$，$\mathbf{a}_4$，$\mathbf{a}_5$（灰色区）的凸包中

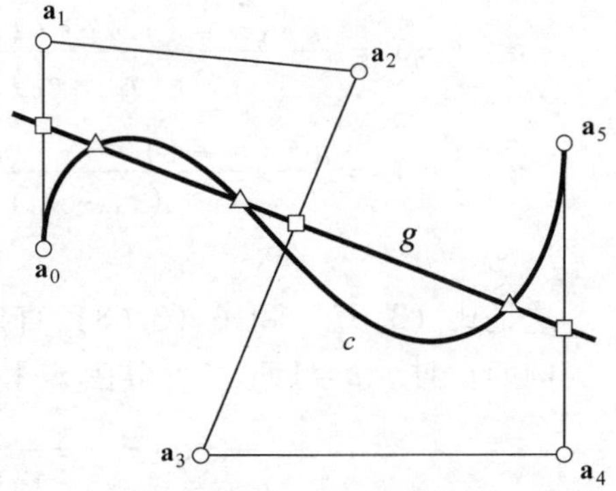

图 3-31　具有变差缩减性的直线 g 与平面贝塞尔曲线 c 相交于 r 点，与其控制多边形相交于 s 点。贝塞尔曲线的变差缩减性表示：对于每一条直线 g，$r\leq s$。这里我们有 $r=s=3$

使 α 成为控制多边形，然后构造相应的贝塞尔曲线［式(3.69）的右边］，这和我们一开始在贝塞尔曲线 $\mathbf{p}(t)$ 中应用 α 是一样的［式（3.69）的左边］。

相关证明见参考文献［7］的第 115－128 页或参考文献［8］的第 30－32 页和第 40－46 页。

任意有效区间上的贝塞尔曲线

显然，伯恩斯坦多项式完全适用于单位区间［0，1］（命题 3.1 中的 1. 和 6. ）。然而，有时必须通过线性代换

$$t=\frac{\tau-\tau_0}{\tau_1-\tau_0} \tag{3.70}$$

将它们转换到任意区间$[\tau_0,\tau_1]$。

我们得出：

定义 3.27　伯恩斯坦多项式的一般形式。对任何正整数 n，广义伯恩斯坦多项式是

$$B_{i,n}^{[\tau_0,\tau_1]}(\tau)=\frac{1}{(\tau_1-\tau_0)^n}\binom{n}{i}\cdot(\tau-\tau_0)^i\cdot(\tau_1-\tau)^{n-i};i=0,\cdots,n \tag{3.71}$$

以式（3.70）替代贝塞尔曲线 c 的参数化表示式（3.66），可得曲线 c 的新参数化：

$$\mathbf{q}(\tau)=\sum_{i=0}^{n}B_{i,n}^{[\tau_0,\tau_1]}(\tau)\cdot\mathbf{a}_i,\tau\in[\tau_0,\tau_1] \tag{3.72}$$

因为只是应用了线性参数变换式（3.70），所以 k 阶导数向量只是乘以了一个常数因子，即$\frac{1}{(\tau_1-\tau_0)^k}$，这是经过微分的结果。尤其是对于新参数 τ 的 k 阶导数向量来说，在起点和终点为

$$\left.\begin{aligned}\mathbf{q}^{(k)}(\tau_0)&=\frac{n\cdot(n-1)\cdot\cdots\cdot(n-k+1)}{(\tau_1-\tau_0)^k}\cdot\sum_{i=0}^{k}(-1)^i\cdot\binom{k}{i}\cdot\mathbf{a}_{k-i}\\\mathbf{q}^{(k)}(\tau_1)&=\frac{n\cdot(n-1)\cdot\cdots\cdot(n-k+1)}{(\tau_1-\tau_0)^k}\cdot\sum_{i=0}^{k}(-1)^i\cdot\binom{k}{i}\cdot\mathbf{a}_{n-i}\end{aligned}\right\} \tag{3.73}$$

这是式（3.67）和式（3.68）直接推导的结果。

例如，对于 $k=1$ 时，可得在 τ_0 和 τ_1 获得切向量：

$$\left.\begin{aligned}\dot{\mathbf{q}}(\tau_0)&=\frac{n}{\tau_1-\tau_0}\cdot(\mathbf{a}_1-\mathbf{a}_0)\\\dot{\mathbf{q}}(\tau_1)&=\frac{n}{\tau_1-\tau_0}\cdot(\mathbf{a}_n-\mathbf{a}_{n-1})\end{aligned}\right\} \tag{3.74}$$

De Casteljau 算法

要计算在贝塞尔曲线 c 上对于给定的参数值 $t\in[0,1]$的点 $\mathbf{p}(t)$，我们肯定

可以使用定义 3.26 里提出的式（3.66）。但是，一些用户和软件工程师更喜欢下面简单的几何算法［见图 3-32 和方案式（3.75）］，原因如下：

算法 3.1 贝塞尔曲线的 De Casteljau 算法。对于一个给定的控制多边形 $\mathbf{a}_0, \cdots, \mathbf{a}_n$，贝塞尔曲线 c 上的点 $\mathbf{p}(t)$ 可用以下方式构造［见式（3.75）］：

1. 对于所有 $i=0,\cdots,n-1$，重命名 $\mathbf{c}_{i,0}:=\mathbf{a}_i$。从多边形 $\mathbf{c}_{0,0},\cdots,\mathbf{c}_{n,0}$ 开始，计算每一部分 $\mathbf{c}_{i,0}\mathbf{c}_{i+1,0}$ 上的点[⊖]

$$\mathbf{c}_{i,1}=(1-t)\cdot\mathbf{c}_{i,0}+t\cdot\mathbf{c}_{i+1,0}$$

此时可得一个新的多边形 $\mathbf{c}_{0,1}, \cdots, \mathbf{c}_{n-1,1}$，它比之前的多边形少了一个点。

2. 接下来在新多边形 $\mathbf{c}_{0,1}, \cdots, \mathbf{c}_{n-1,1}$ 等上应用相同的方法。

3. 每一轮迭代过程都使多边形里点的数量减少了 1 个。

4. n 步之后达到一个单点 $\mathbf{c}_{0,n}$。

$\mathbf{c}_{0,n}$ 就是贝塞尔曲线 c 所需要的点 $\mathbf{p}(t)$。

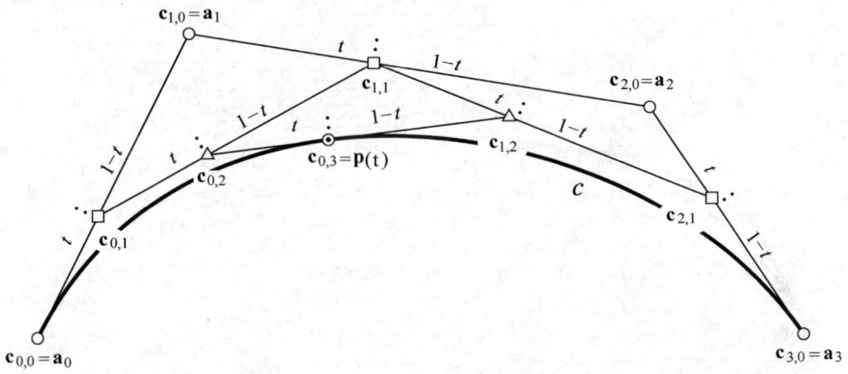

图 3-32 对于给定的某个参数值 $t\in[0,1]$，3 阶贝塞尔曲线的 De Casteljau 算法——这里 $t=0.4$。这个算法最终得出点 $\mathbf{c}_{0,3}=\mathbf{p}(t)$

可以很容易地通过递推公式（3.61）证明该构造（见参考文献［8］的第 167 页）。以下的方案式（3.75）简要概述了这个过程：

$$\begin{array}{llllll}
\mathbf{c}_{0,0}=\mathbf{a}_0 & \mathbf{c}_{0,1} & * & * & *\ \mathbf{c}_{0,n-1} & \mathbf{c}_{0,n}=\mathbf{p}(t)\\
\mathbf{c}_{1,0}=\mathbf{a}_1 & \mathbf{c}_{1,1} & * & * & *\ \mathbf{c}_{1,n-1} & \\
\quad * & \quad * & * & * & * & \\
\quad * & \quad * & * & * & & \\
\quad * & \quad * & * & & & \\
\quad * & \mathbf{c}_{n-1,1} & & & & \\
\mathbf{c}_{n,0}=\mathbf{a}_n & & & & &
\end{array} \tag{3.75}$$

⊖ 把每一部分以规定比例 $t:(1-t)$ 进行细分以构建点 $\mathbf{c}_{i,1}$。

图 3-32 以图形的方式显示了 $n=3$ 的 De Casteljau 算法。基本上，De Casteljau 算法是一系列细分的直线段。因此，它由向量的重复线性组合构成。在刚开始时，使用该算法可以避免计算伯恩斯坦多项式。

De Casteljau 算法再次证明了命题 3.1 中的 3.，已经得出的结论贝塞尔曲线通过仿射变换连接其控制多边形；按给定比例划分的直线段是一个仿射结构。此外，通过算法很容易地验证贝塞尔曲线的凸包属性（命题 3.2 中的 5.）——因为对于 $t\in[0,1]$，产生的每个点 $\mathbf{c}_{i,j}$ 位于线段 $[\mathbf{c}_{i,j},\mathbf{c}_{i+1,j-1}]$ 内部；因此，贝塞尔曲线上没有任何一点能够超出控制多边形的凸包。

贝塞尔曲线的延伸

应用参数值 $t=t_0$ 的 De Casteljau 方案式（3.75）不仅可以如上所述，得到在贝塞尔曲线 c 上的点 $\mathbf{c}_{0,n}=\mathbf{p}(t_0)$。事实上，它还可以得到更多的这样的点（图 3-33）。

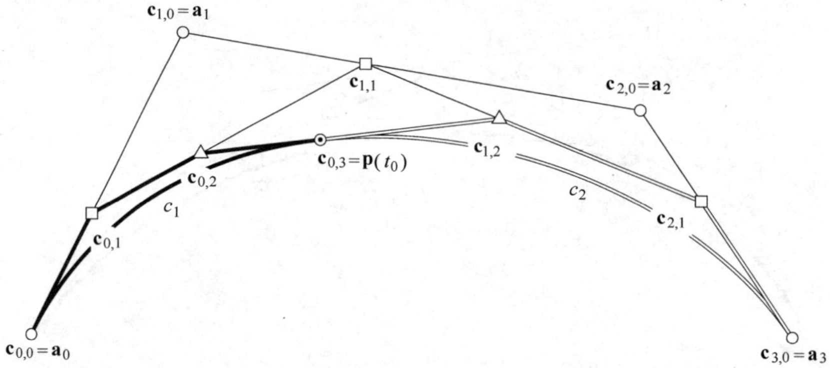

图 3-33　对于参数值 $t_0=0.4$ 的 3 阶贝塞尔曲线，在 De Casteljau 算法所得的点 $\mathbf{p}(t_0)$ 处分割贝塞尔曲线。该算法把控制多边形分成两部分，其中曲线 c 被点 $\mathbf{c}_{0,3}=\mathbf{p}(t_0)$ 分开

构造 3.1　将贝塞尔曲线分成两段。在方案式（3.75）第一行中的点 $\mathbf{c}_{0,0}$，$\mathbf{c}_{0,1}$，…，$\mathbf{c}_{0,n}$ 中，$\mathbf{c}_{0,n}$ 代表贝塞尔曲线 c_1 的控制多边形，它与属于参数区间 $[0,t_0]$ 的 c 上的一部分相同。另一方面，在这个方案中对角线上的点 $\mathbf{c}_{0,n}$，$\mathbf{c}_{1,n-1},\cdots,\mathbf{c}_{n-1,1},\mathbf{c}_{n,0}$ 是另一条贝塞尔曲线 c_2 的控制点。顺便说一下，c_2 是 c 的剩余部分，且属于参数区间 $[t_0,1]$。

贝塞尔曲线通常对应于区间 [0, 1]。因为它是一个多项式曲线，所以也可以将参数区间延伸到任何属于 $\mathbb{R}$ 甚至 $\mathbb{R}$ 本身的区间。

因此，如果省略限制条件 $t_0\in[0,1]$，上述所有结论仍是有效的。如果 $t_0>1$，我们则可得到超过参数区间的 c 的延长上的点 $\mathbf{p}(t_0)$（图 3-34）。

当 $t_0>1$ 时，两个新出现的部分 c_1 和 c_2 分别在 $[0,t_0]$ 和 $[t_0,1]$ 上参数化。第

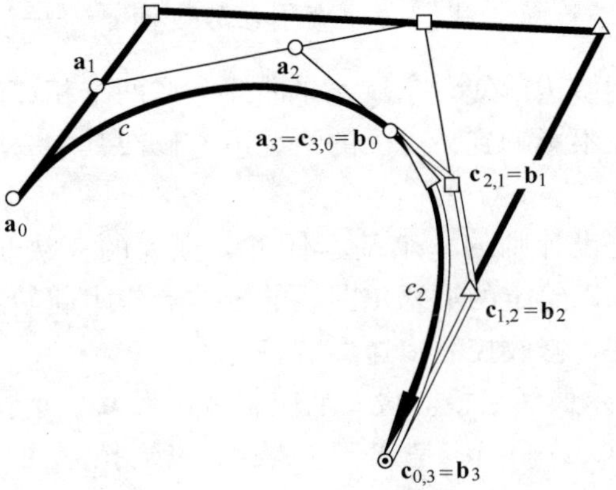

图3-34 3阶贝塞尔曲线的延伸。应用于 $t_0=1.65>1$ 的分割算法确定了 c（黑）的超过其终点 $\mathbf{a}_3$ 的延长线 c_2（白）。c_2 的控制多边形 $\mathbf{c}_{0,3}$，$\mathbf{c}_{1,2}$，$\mathbf{c}_{2,1}$，$\mathbf{c}_{3,0}$必须要颠倒为：$\mathbf{b}_0$，$\mathbf{b}_1$，$\mathbf{b}_2$，$\mathbf{b}_3$。应相应调整 c_2 的参数化。最后两条曲线 c 和 c_2 在 $\mathbf{a}_n=\mathbf{b}_0$ 处 C^∞ 连续相连

一部分 c_1 的范围是从起点 $\mathbf{a}_0$ 绕着整条 c 曲线到点 $\mathbf{c}_{0,n}=\mathbf{p}(t_0)$。从分割过程获得的第二部分 c_2 从 $\mathbf{c}_{0,n}=\mathbf{p}(t_0)$开始，沿着所有的路径回到终点（图3-34）。事实上，它是 c_1 的一部分。

至此，我们已经获得了原始贝塞尔曲线 c 的延伸曲线 c_2，由一个单独的控制多边形 $\mathbf{c}_{0,n}$，$\mathbf{c}_{1,n-1}$，…，$\mathbf{c}_{n-1,1}$，$\mathbf{c}_{n,0}$定义。这两条曲线 c 和 c_2 在连接点 $\mathbf{a}_n$ 相连。他们是 GC^∞（见定义3.18），这意味着在一些适当的参数变换后，所得的新的参数化甚至也是 C^∞ 连续的。对 c_2 相应地重新参数化，并不是一个大的问题。为此，有必要采取以下两个步骤：

1. 我们颠倒了 c_2 控制点的顺序（见命题3.2中的4.），得到 $\mathbf{b}_0:=\mathbf{c}_{n,0},\mathbf{b}_1:=\mathbf{c}_{n-1,1},\cdots,\mathbf{b}_{n-1}:=\mathbf{c}_{1,n-1},\mathbf{b}_n:=\mathbf{c}_{0,n}$。这种控制多边形再次得出贝塞尔曲线 c_2，但该曲线从 $\mathbf{c}_{n,0}=\mathbf{a}_n\cdots t=0$ 开始，到 $\mathbf{c}_{0,n}\cdots t=1$ 结束。

2. 我们现在通过式（3.70）重新参数化这条曲线，设 $\tau_0=1$ 和 $\tau_1=t_0$，即 $t=\dfrac{\tau-1}{t_0-1}$。

这个新的参数化表示在区间$[1,t_0]$中与$\mathbf{p}(t)$是相同的。我们可以总结为：

构造3.2 贝塞尔曲线的延伸。我们应用参数 $t_0>1$ 的De Casteljau算法。方案式（3.75）的对角线上的点 $\mathbf{c}_{0,n},\mathbf{c}_{1,n-1},\cdots,\mathbf{c}_{n-1,1},\mathbf{c}_{n,0}$是贝塞尔曲线 c_2 的控制点，它是 c 上参数值超过 $t=1$ 部分的延伸。c_2 属于参数区间$[t_0,1]$。反向控制多边形，则可得正确的定位 $\mathbf{c}_{n,0}=\mathbf{b}_0$，$\mathbf{c}_{n-1,1}=\mathbf{b}_1$，…，$\mathbf{c}_{1,n-1}=\mathbf{b}_{n-1}$，$\mathbf{c}_{0,n}=\mathbf{b}_n$。为

了在参数化方面有 C^{∞} 连续，我们必须应用参数变换 $t=\dfrac{\tau-1}{t_0-1}$。

两个不同的控制多边形使一条贝塞尔曲线分成两个相邻的部分，这一情况使我们能够很容易地在不影响到另一个的情况下，修改其中一段。

构造贝塞尔曲线

构造曲线是所有设计师的一个基本任务。强大的算法必须也有一定的创造性。如上所述，可以以给定的贝塞尔曲线的延伸点作为起始点，根据在两部分连接点处所需的平滑度，修改控制多边形的特殊点。

构造 3.3　贝塞尔曲线建模。设 c 是控制多边形 $\mathbf{a}_0$，$\mathbf{a}_1$，…，$\mathbf{a}_n$ 的贝塞尔曲线（图 3-35）。设 $\mathbf{b}_0$，…，$\mathbf{b}_n$ 是属于参数 t_0 的延拓 c_2 的控制多边形（构造 3.2）。我们用一些（特意选择的）新的点 $\mathbf{b}^*_{k+1}$，…，$\mathbf{b}^*_n$ 代替 c_2 的控制点 $\mathbf{b}_{k+1}$，…，$\mathbf{b}_n$，并且保持前 $k+1$ 个控制点 $\mathbf{b}_0$，…，$\mathbf{b}_k$ 不变。

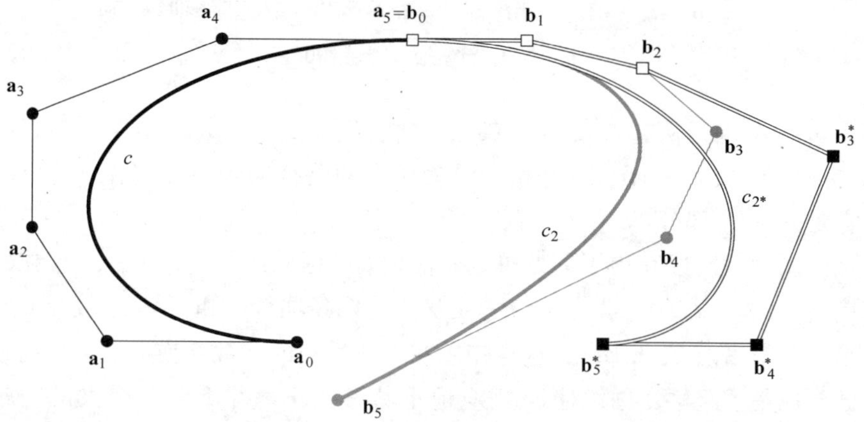

图 3-35　我们从 5 阶贝塞尔曲线 c 开始并将 De Casteljau 延伸算法（构造 3.2）应用到控制多边形 $\mathbf{a}_0$，$\mathbf{a}_1$，$\mathbf{a}_2$，$\mathbf{a}_3$，$\mathbf{a}_4$，$\mathbf{a}_5$ 上。我们获得与曲线 c 和 C^{∞} 连续相连的延续部分 c_2 的一个控制多边形 $\mathbf{a}_5=\mathbf{b}_0$，$\mathbf{b}_1$，$\mathbf{b}_2$，$\mathbf{b}_3$，$\mathbf{b}_4$，$\mathbf{b}_5$。$c_2$ 的修正相当于用一些修正（选择的）点 $\mathbf{b}^*_3$，$\mathbf{b}^*_4$，$\mathbf{b}^*_5$ 来代替点 $\mathbf{b}_3$，$\mathbf{b}_4$，$\mathbf{b}_5$。修改后的曲线 c^*_2 仍然可以以 c_2 连续的方式延伸 c，因为最开始的三点 $\mathbf{a}_5=\mathbf{b}_0$，$\mathbf{b}_1$，$\mathbf{b}_2$ 保持不变

那么由控制多边形 $\mathbf{b}_0$，…，$\mathbf{b}_k$，$\mathbf{b}^*_{k+1}$，…，$\mathbf{b}^*_n$ 定义的贝塞尔曲线 c^*_2 在连接点上以 C^k 连续的方式延伸了原曲线 c。

在连接点 C^k 连续性的原因（在命题 3.2 中的 2.）：和 c_2 在 c 和 c^*_2 的转变点处的情况一样，新的曲线 c^*_2 仍然能得到相同的 k 阶导数向量。

选择用于延伸的参数 t_0 至关重要，因为它确定了 c^*_2 的控制多边形的前 $k+1$ 个点。这个参数 t_0 通常称为设计参数。

正如我们已经用某个设计参数 $t_0>1$ 创造了超过终点 $\mathbf{a}_n$ 的延伸，我们还可以用同样的方式，在过终点 $\mathbf{a}_0$ 的另一个方向生成延伸。为此我们要选择一个设计参数 $t_0<0$。

曲线设计中一个标准情况是在两条给定的贝塞尔曲线间创建一个光滑的连接（图 3-36）。

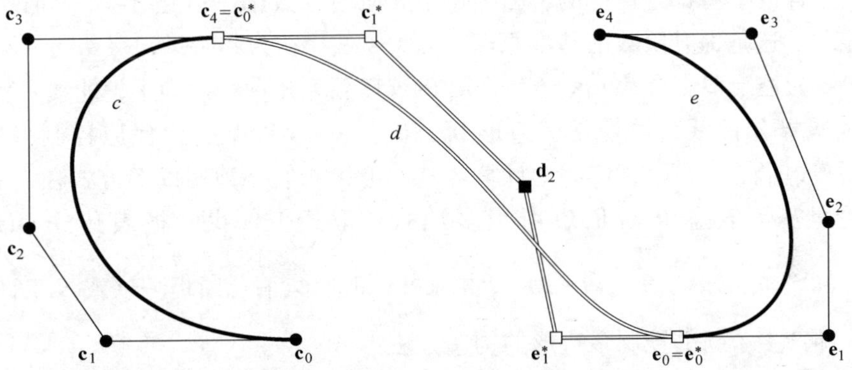

图 3-36　两条给定的 4 阶贝塞尔曲线 c 和 e（黑）的 C^1 连接。连接曲线 d 也是 4 阶。在 d 两端符合 C^1 连续的条件。虽然我们有 $n=4$ 和 $k=1$，但只剩一点 $\mathbf{d}_2$ 供可用户选择

构造 3.4　连接两条贝塞尔曲线。我们从两条阶数都为 n 的贝塞尔曲线开始。让 $k\leqslant\frac{n-1}{2}$，且 k 为非负数。为了通过 C^k 连续的过渡曲线连接 c 和 e，必须采用以下步骤：

- 通过构造 3.3，用设计参数 $t_0>1$ 构造 c 的延伸 c^*。产生的控制多边形为 $\mathbf{c}_0^*$，…，$\mathbf{c}_n^*$。
- 类似地，用设计参数 $s_0<0$ 构造一个 e 的延伸 e^*；e^* 的控制多边形为 $\mathbf{e}_0^*$，…，$\mathbf{e}_n^*$。
- 生成以下一系列新的点：$\mathbf{c}_0^*$，…，$\mathbf{c}_k^*$，$\mathbf{d}_{k+1}$，…，$\mathbf{d}_{n-k-1}$，$\mathbf{e}_k^*$，…，$\mathbf{e}_0^*$。这系列中的 $\mathbf{d}_{k+1}$，…，$\mathbf{d}_{n-k-1}$ 点可以由用户自主选择。

控制多边形的贝塞尔曲线 d 在 c 和 e 之间提供了一个过渡，其两端均为 C^k 连续。

很明显，我们必须遵循 $k\geqslant\frac{n-1}{2}$。点 $\mathbf{d}_{k+1}$，…，$\mathbf{d}_{n-k-1}$ 中留给用户选择的数量是 $n-2k-1$。比如，对于 $n=4$ 和 $k=1$（在 C^1 两端连续相连）我们有 $n-2k-1=1$，所以，只剩下一个点可以操作。

控制点的数量 $n+1$ 显然决定了贝塞尔曲线 c 的多项式阶数 n。更大的 n 值将为建模提供更多的自由和/或在连接点提供更高的 k 阶连续性。尽管高阶贝塞尔曲线并没有被人们广泛使用，但有时可能对增加 n 的阶数很有用。

提升阶数

在某些情况下，以更高阶的贝塞尔曲线呈现 n 阶贝塞尔曲线是有益的。显而易见，这样的事情都是可能的，因为每个 n 阶多项式都可以在 $n+1$ 阶伯恩斯坦基中显示。这是提升阶数的基本原理。

设 c 为控制多边形 $\mathbf{a}_0$，$\mathbf{a}_1$，…，$\mathbf{a}_n$ 的 n 阶贝塞尔曲线。为了把曲线 c 表示为 $n+1$ 阶贝塞尔曲线，以控制多边形 $\mathbf{b}_0$，$\mathbf{b}_1$，…，$\mathbf{b}_n$，$\mathbf{b}_{n+1}$ 取代原控制多边形。新控制多边形的点可以很容易地计算。基本上，我们必须用以下方式在 $n+1$ 阶伯恩斯坦基上表示 n 阶伯恩斯坦多项式：形式上，我们把表达式 $\mathbf{p}(t)=\sum_{i=0}^{n} B_{i,n}(t)\cdot \mathbf{a}_i$ 与因子 $1=(1-t)+t$ 相乘并同时收集伯恩斯坦多项式 $B_{i,n+1}(t)$ 的和项，即产生了新的控制多边形的构造方法：

$$
\begin{gathered}
\mathbf{b}_0=\mathbf{a}_0 \\
\mathbf{b}_k=\frac{k}{n+1}\cdot \mathbf{a}_{k-1}+\left(1-\frac{k}{n+1}\right)\cdot \mathbf{a}_k, k=1,\cdots,n \\
\mathbf{b}_{n+1}=\mathbf{a}_n
\end{gathered} \tag{3.76}
$$

这个构造由各个分部组成，其中比率 $\left(1-\frac{k}{n+1}\right):\frac{k}{n+1}$ 是可变的，且取决于指数 k。图 3-37 说明了该过程。

构造 3.5　贝塞尔曲线阶数提升。每条 n 阶贝塞尔曲线可以用 $n+1$ 阶贝塞尔曲线来表示。新的控制多边形的对应点可以根据式 (3.76) 由原始控制多边形构造。

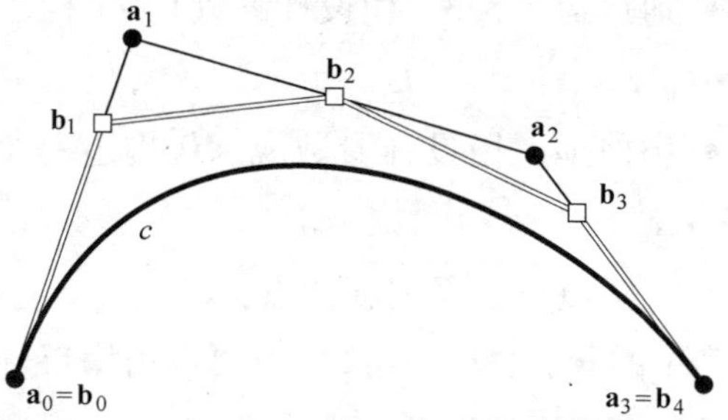

图 3-37　贝塞尔曲线 $c(n=3)$。用升阶算法式 (3.76) 运算控制多边形 $\mathbf{a}_0$，$\mathbf{a}_1$，$\mathbf{a}_2$，$\mathbf{a}_3$。新的控制多边形 $\mathbf{b}_0$，$\mathbf{b}_1$，$\mathbf{b}_2$，$\mathbf{b}_3$，$\mathbf{b}_4$ 确定了相同的贝塞尔曲线 c——现为 4 阶。在这种情况下，控制多边形以 3:1，2:2 和 1:3 的比例被分段

以贝塞尔曲线的建模为例 (构造 3.3)。为了获得对于贝塞尔曲线 c 的延伸 c_2 的 C^k 连续，我们必须保证前 $k+1$ 个点 $\mathbf{b}_0$，…，$\mathbf{b}_k$ 不受影响。另一些控制点可以用于建模。如果剩余的点太少，提升阶数很可能是一个很好的策略，因为它可以为设计师提供更多的设

计手段。

3.4.2　B 样条曲线

延伸一条贝塞尔曲线并根据 3.4.1 小节来建模，由此可以构造一条由任意数量的 n 阶多项式段数组成的曲线，该曲线在过渡点具有 C^k 连续性。这种拼接曲线的理念引出了样条曲线的概念。

CAD 中经常使用样条一词，它代表一个曲线元素。过去，样条曲线通过光滑的木梁（纵梁）而实现并用于船体的建造。使纵梁穿过预先确定的横截面（框架）上给定的点。这些点把纵梁分成几部分。在我们深入研究特定类型的样条曲线之前，我们要先探讨一个更为普通的概念。

定义 3.28　样条函数和样条曲线。样条曲线的数学定义如下：

1. 在序列 $t_0 < t_1 < \cdots < t_m$ 中的实数称为节点。有序集$(t_0, t_1, \cdots, t_m)$称为节点向量。

2. 给定一个节点向量$(t_0, t_1, \cdots, t_m)$。函数 $F(t), t \in [t_0, t_m]$ 由 $k-1$ 阶多项式段 $f_j(t), t \in [t_j, t_j+1]$ 组成，如果该函数在节点处（$k-2$）次可微，则称为样条函数。这意味着连续多项式 $f_j(t), f_{j+}1(t)$ 一直到 t_{j+1} 的 $k-2$ 阶都有相同的导数。如果这些点的可微性的阶数不足 $k-2$，则称之为子样条曲线函数。

3. 对于给定的节点向量$(t_0, t_1, \cdots, t_m)$，所有 $k-1$ 次样条函数集都可以用 $\mathscr{S}_{k-1}(t_0, t_1, \cdots, t_m)$ 表示。

4. 如果函数 $F_i(t)$ 是样条函数（子样条函数），且有共同节点向量$(t_0, t_1, \cdots, t_m)$，那么称这条自由曲线 $\mathbf{p}(t) = \sum_{i=0}^{m} F_i(t) \cdot \mathbf{a}_i$ 为样条曲线（子样条曲线）。

5. 属于节点的 $\mathbf{p}(t_i)$ 点也被称为样条曲线节点。

在参考文献［8］的第 158 页）处，可以找到以下结论的相关证明。

注释 3.8　所有的样条函数 $\mathscr{S}_{k-1}(t_0, t_1, \cdots, t_m)$ 都是维度的向量空间

$$d = \dim \mathscr{S}_{k-}1(t_0, t_1, \cdots, t_m) = m + k - 1 \tag{3.77}$$

注释 3.9　可以通过允许多重节点来泛化上述样条函数的定义（参见定义 3.32）。这意味着可以假设 $t_0 < t_1 < \cdots < t_m$ 被 $t_0 \leqslant t_1 \leqslant \cdots \leqslant t_m$ 取代。新出现的广义样条函数性质略有不同；例如，其可微性在多重节点处减少。此外，还必须对维度式（3.77）进行调整。在某种程度上，构造样条函数可使用多重节点。我们将在 B 样条函数的例子里使用这个概念。

参考文献［10，11］或参考文献［12］中有对样条理论的进一步介绍。在这一段中，我们将特别讨论样条曲线的一个显著的例子：B 样条曲线。应注意，在引入贝塞尔曲线（3.4.1 小节）之前，应该先定义其相应的基函数（伯恩斯坦

多项式)。介绍B样条曲线时，我们同样需要先定义一组特定的合适的函数。

定义3.29　B样条基函数。取 $k<n$，n 为正整数。设$(t_0,t_1,\cdots,t_n,t_{n+1},\cdots,t_{n+k})$为节点向量。则可定义

- 在 $k=1$ 的情况下：

$$N_i,1(t)=\begin{cases}1,t_i\leqslant t\leqslant t_i+1\\ 0,\quad 其他\end{cases}\tag{3.78}$$

- 同时在 $k>1$ 的情况下：

$$N_{i,k}(t)=\frac{t-t_i}{t_{i+k-1}-t_i}\cdot N_{i,k-1}(t)+\frac{t_{i+k}-t}{t_{i+k}-t_{i+1}}\cdot N_{i+1,k-1}(t)\tag{3.79}$$

式中，$i=0$，…，n。函数 $N_{i,k}(t)$被称为B样条基函数。
则可得：

命题3.3　B样条基函数的性质。很容易验证B样条基函数的下列性质：

1. $N_{i,k}(t)>0,t\in(t_i,t_{i+k})$；在其他任意地方，$N_{i,k}(t)=0$（参见图3-38～图3-41）。

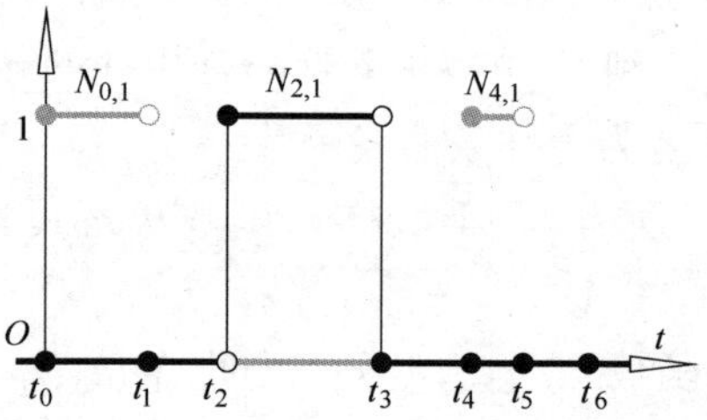

图3-38　$i=0$，2，4时的B样条基函数 $N_{i,1}(t)$。为了使图例清晰，对于 $i=1$ 和 $i=3$ 的基函数没有在图中表示出来。作为示例，基函数 $N_{2,1}(t)$用黑色突出显示

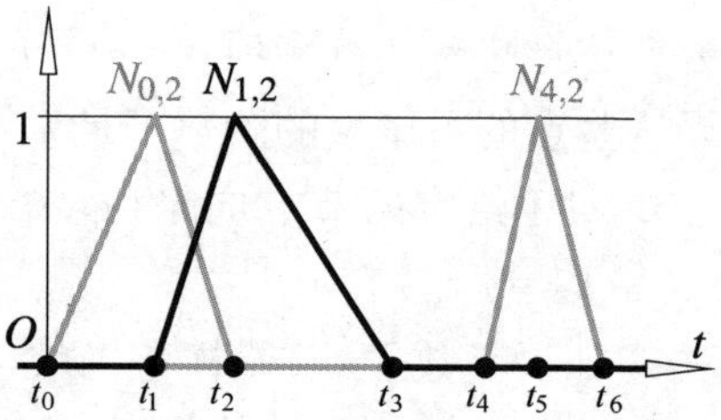

图3-39　$i=0$，1，4时的B样条基函数 $N_{i,2}(t)$。$N_{3,2}(t)$,$N_{4,2}(t)$之间的基函数已经被舍去。基函数 $N_{1,2}(t)$用黑色高亮显示

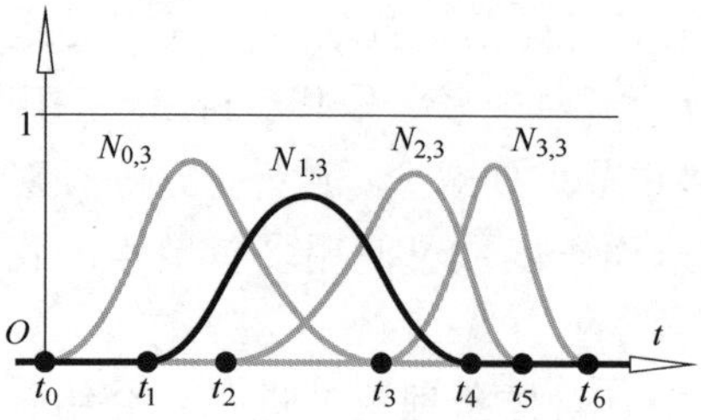

图3-40　$i=0$，1，2，3的B样条基函数 $N_{i,3}(t)$。$N_{1,3}(t)$用黑色高亮显示

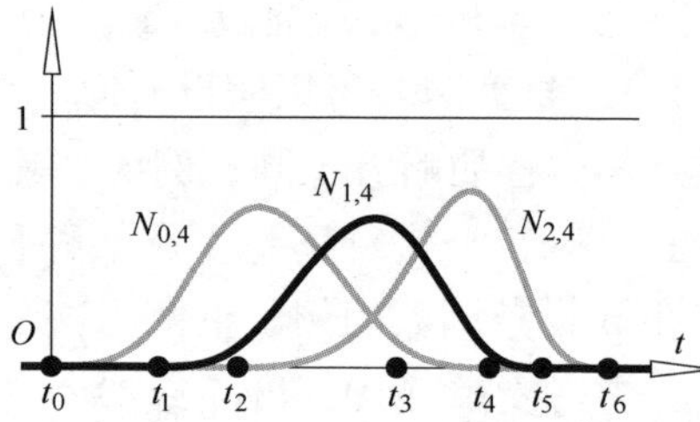

图3-41　$i=0$，1，2的B样条基函数 $N_{i,4}(t)$。$N_{1,4}(t)$用黑色高亮显示

2. $N_{i,k}(t)$由 $k-1$ 次多项式部分构成，每一部分都定义在两连续节点间区间$[t_j,t_{j+1}]$内。

3. 在每个节点 t_i、t_{i+1}，…，t_{i+k}，每个 B 样条基函数 $N_{i,k}(t)$为（$k-2$）次可微。在其他任何地方，该函数都是光滑的。

4. 在区间$[t_l,t_{l+1}]$内，唯一不同于 0 的 B 样条基函数是 $N_{l-k+1,k}(t)$，…，$N_{l,k}(t)$。

5. B 样条基函数是归一的：

$$\sum_{i=0}^{n} N_{i,k}(t) \equiv 1 \tag{3.80}$$

6. B 样条基函数 $N_{0,k}(t)$，…，$N_{n,k}(t)$建立了一个线性的基函数空间 $\mathscr{S}_{k-1}(t_{k-1},\cdots,t_{n+1})$。他们的数量 $n+1$ 与式(3.77)相一致。

定义 3.30　B 样条曲线。给定两个正整数 $k,n,k<n+2$，且如定义 3.28 所示，节点向量为$(t_0<t_1<\cdots<t_n<t_{n+1}<\cdots<t_{n+k})$。在三维空间中(或者在平面上)，可得 $n+1$ 个点 $\mathbf{a}_0,\cdots,\mathbf{a}_n$。这种参数表达式的曲线 c 称为对于给定控制多边形 $\mathbf{a}_0,\cdots,\mathbf{a}_n$ 和节点向量$(t_0,\cdots,t_{n+k})$的 *B* 样条曲线。点 $\mathbf{a}_i$ 称为控制点或德布尔点。

$$\mathbf{p}(t) = \sum_{i=0}^{n} N_{i,k}(t) \cdot \mathbf{a}_i, t \in [t_{k-1}, t_{n+1}] \tag{3.81}$$

根据定义 3.24，要注意 B 样条曲线是自由曲线中的一个例子，该定义中的函数族被定义为 B 样条曲线基函数集。

根据命题 3.3 中的 3.，B 样条基函数的可微性等级是 C^{k-2} 级。因此，也同样适用于 B 样条曲线。根据图 3-38，不必考虑 $k=1$ 时的 B 样条曲线：此时它由控制多边形的离散顶点组成，甚至不能被称为曲线。$k=2$ 时，我们将获得与控制多边形的边完全一样的 B 样条曲线，这条曲线为 C^0 连续（没有缺口），但仍指向顶点。当 $k\geqslant3$ 时，B 样条曲线（参见图 3-42 和图 3-43）是可微的。

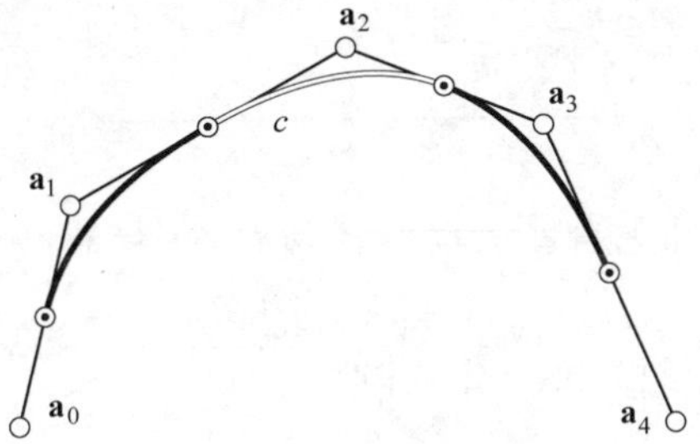

图 3-42　$n=4$，$k=3$ 时的 B 样条曲线。如果节点向量一致（见定义 3.31），节点就是控制多边形边的中点。B 样条曲线的不同部分是控制多边形抛物线圆弧的切线

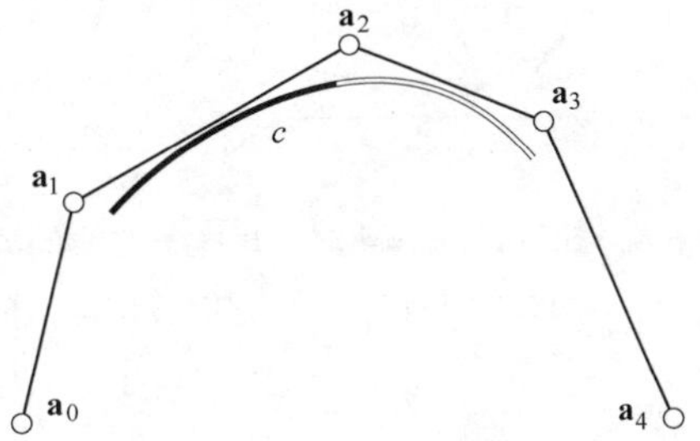

图 3-43　$n=k=4$ 时的 B 样条曲线。相邻段以 C^2 连续相连接。根据定义 3.30，参数区间$[t_{k-1},t_{n+1}]=[t_3,t_5]$只为两部分提供了节点 $\mathbf{p}(t_4)$

基于函数 $N_{i,k}(t)$，现在我们来定义 B 样条曲线㊀。

定义 3.31　均匀和非均匀 B 样条曲线。如果节点区间 $[t_i,t_{i+1}]$ 是等长的，我们称之为均匀节点向量。对应这样一个节点向量的 B 样条曲线称为均匀 B 样条曲线。不均匀分布的节点向量则对应非均匀 B 样条曲线。

命题 3.4　B 样条曲线的特性。

1. 根据命题 3.3,4. ,$t \in [t_l,t_{l+1}]$，可得

$$\mathbf{p}(t) = \sum_{i=0}^{n} N_{i,k}(t) \cdot \mathbf{a}_i, = \sum_{i=l-k+!}^{l} N_{i,k}(t) \cdot \mathbf{a}_i \tag{3.82}$$

在此区间，所有其他的 B 样条基函数都消失了。因此，B 样条曲线在相关区间 $[t_l,t_{l+1}]$ 上的分段只取决于 k 个控制点 $\mathbf{a}_{l-k+1}$，…，$\mathbf{a}_l$。

2. 曲线与它的控制多边形 $\mathbf{a}_0$，…，$\mathbf{a}_n$ 的连接就仿射转换而言是不变的（参见注释 3.7）。

3. AB 样条曲线在每个子区间 $[t_i,t_{i+1}]$ 上都很光滑。它在节点 $\mathbf{p}(t_i)$ 上 C^{k-2} 连续。

我们知道贝塞尔曲线的多项式阶数比控制点的数量少 1。至于 B 样条曲线，我们看到：多项式阶数为 $k-1$，并不取决于控制点的数量 $n+1$。任意增加 n 不影响其多项式的阶数，这是非常有好处的。

命题 3.4 中的 1. 表明，改变控制点 $\mathbf{a}_l$ 只会影响 B 样条曲线关于区间 $[t_l,t_{l+1}]$ 的分段。所有其他分段仍不变（图 3-44）。这通常称为 B 样条曲线的局部控制性。

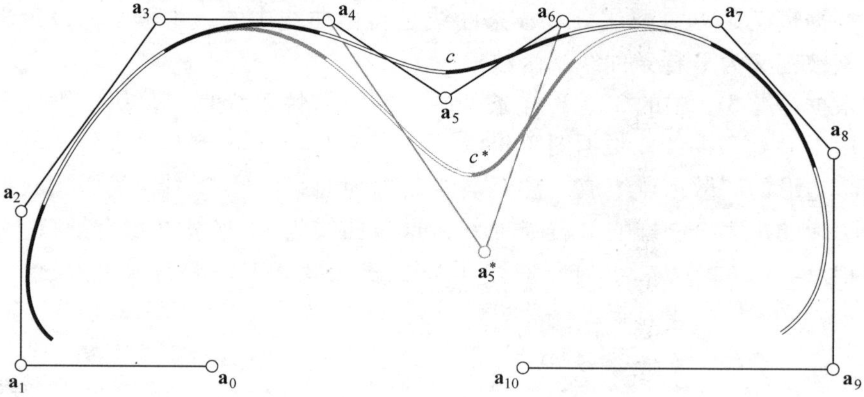

图 3-44　$k=4$ 时，B 样条曲线的局部控制。把控制点 $\mathbf{a}_5$ 变为 $\mathbf{a}_5^*$ 改变了 B 样条曲线的 4 个部分，它们分别与区间 $[t_5,t_6]$,$[t_6,t_7]$,$[t_7,t_8]$,$[t_8,t_9]$ 相关。而与 $[t_3,t_4]$,$[t_4,t_5]$,$[t_9,t_{10}]$,$[t_{10},t_{11}]$ 相关的部分仍未改变

㊀ B 样条的性质在 19 世纪才被发现。第一个开始研究此类样条函数性质的数学家是 J. C. F. Haase（1870，见参考文献［13］）。对于 B 样条曲线的介绍可追溯至罗马尼亚数学家 I. Schoenberg（1903—1990）。B 样条逼近理论及其算法可归功于德裔美国数学家 Carl de Boor（1937 年生于 Stolp，今波兰的 Slupsk）。

Cox - de Boor 算法

对于贝塞尔曲线，我们很容易通过 De Casteljau 算法式（3.75）获得属于参数值 t 的点 $\mathbf{p}(t)$。对于B样条曲线，我们很幸运有同样一个强大的方法，叫做 Cox - de Boor 算法。从控制点集（和节点向量）开始，我们递归地定义了一系列的点（图3-45），直到获得一个真正有用的方案式（3.83）：

算法3.2　Cox - de Boor 算法。给定控制多边形 $\mathbf{a}_0$，…，$\mathbf{a}_n$ 和 B 样条曲线 c 的节点向量$(t_0,\cdots,t_{n+k})$。为了在 c 上获得属于给定参数值 $t\in[t_{k-1},t_{n+1}]$ 的点 $\mathbf{p}(t)$，我们采取以下步骤：

1. 设 l，使 $t_l \leqslant t < t_{l+1}$；在 $t=t_{n+1}$时，使 $l=n$。
2. 使 $\mathbf{d}_{l-k+i,0}:=\mathbf{a}_{l-k+i}$，$i=1$，…，$k$。
3. 对于$j=1$，…，$k-1$ 和 $i=1$，…，$k-j$ 计算点

$$\mathbf{d}_{l-k+i,j}:=(1-\beta(i,j,k,l,t))\cdot\mathbf{d}_{l-k+i,j-1}+\beta(i,j,k,l,t)\cdot\mathbf{d}_{l-k+i+1,j-1}$$

其中，$\beta(i,j,k,l,t)=\dfrac{t-t_{l+i-k+j}}{t_{l+i}-t_{l+i-k+j}}$

4. 所需的点出现在该方案式（3.83）：$\mathbf{p}(t)=\mathbf{d}_{l-k+l,k-l}$的右上角。

$$\begin{array}{lllllll}
\mathbf{d}_{l-k+1,0} & \mathbf{d}_{l-k+1,1} & * & * & * & \mathbf{d}_{l-k+1,k-2} & \mathbf{d}_{l-k+1,k-1}=\mathbf{p}(t)\\
\mathbf{d}_{l-k+2,0} & \mathbf{d}_{l-k+2,1} & * & * & * & \mathbf{d}_{l-k+2,k-2} & \\
* & * & * & * & * & & \\
* & * & * & * & & & \\
* & * & * & & & & \\
* & \mathbf{d}_{l-1,1} & & & & & \\
\mathbf{d}_{l,0} & & & & & &
\end{array} \tag{3.83}$$

这个结构是以B样条基函数的递归定义3.39为基础的。证明见参考文献［8］的第154页。

端点插值

至于贝塞尔曲线，我们熟知的事实就是它们开始于控制多边形的第一个点而且和它的第一条边相切。在终点处也出现了同样的情况。我们称该属性为端点插值性。一般来说，B样条曲线的表现会有所不同（见图3-43或图3-45），但是它们是通用的。如果需要，我们可以简单地调整节点向量，这样产生的B样条曲线也有端点插值性。因此，我们在此引入多重节点的概念。

定义3.32　多重节点。设$(t_0,t_1,\cdots,t_{n+k})$为节点向量，设 l 为整数，$l\in\{0,\cdots,k-1\}$。如果

$$t_{i-1}<t_i=t_{i+1}=\cdots=t_{i+1}<t_{i+l+1}$$

对于某个 $i\in\{0,\cdots,n+k-l\}$，那么 t_i 被称为 $l+1$ 重节点。

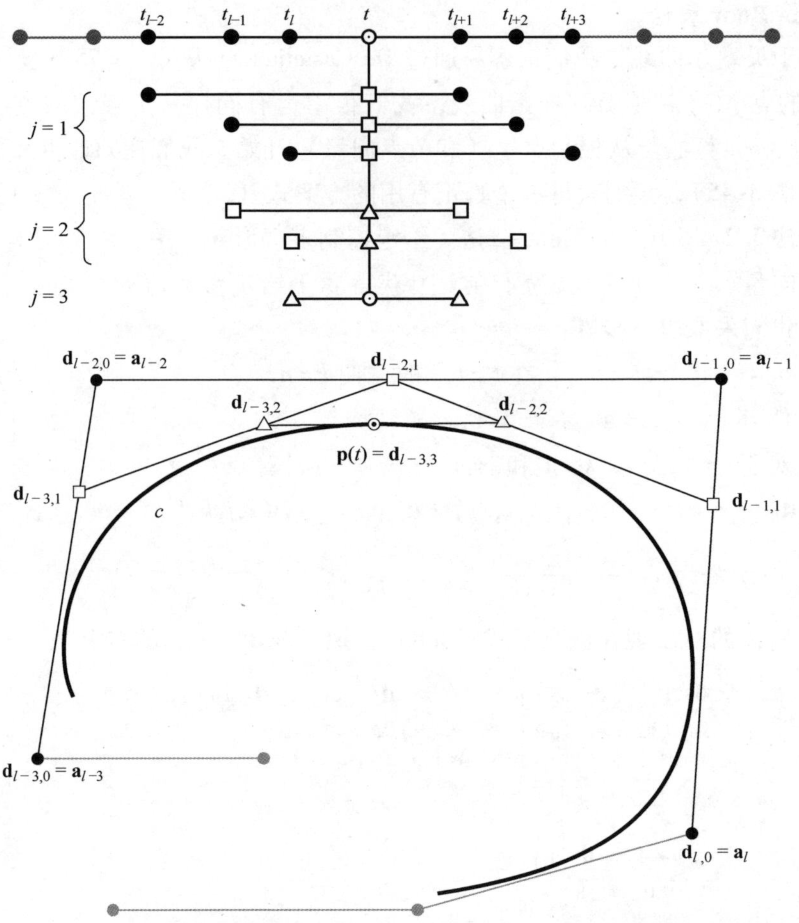

图 3-45　在 $k=4$ 时，对于给定参数值 $t\in(t_{k-1},t_{n+1})$ 的 B 样条曲线 c 的 Cox－de Boor 算法。该算法是基于如同贝塞尔曲线 De Casteljau 算法中的连续细分。不过，Cox－de Boor 算法中的划分比例（如该图顶部所示）每一步都不同。算法的结果在点 $\mathbf{p}(t)\in c$ 上

设$\frac{0}{0}$: =0，根据定义 3.32，当节点向量有多重节点时，B 样条曲线基函数的递归定义仍然有效。

例如，在节点向量$(t_0,t_0,t_1,t_1,t_1,t_2)$中，节点 t_0 和 t_1 分别出现 2 重性和 3 重性。另一个典型的例子是节点向量只由两个不同的节点 t_0，t_1 组成，它们每个都有 k 重性。显而易见，在这种情况下，该节点向量的一条 B 样条曲线 $\mathbf{p}(t)$ 与使用德布尔多边形 $\mathbf{p}(t)$ 作为控制多边形的贝塞尔曲线相同（参见参考文献［7］的第 173 页）。因此可得：

$$(\underbrace{t_0,\cdots,t_0}_{k-fold},\underbrace{t_1,\cdots,t_1}_{k-fold}) \quad (3.84)$$

命题3.5 每条贝塞尔曲线都可以表示为B样条曲线。在某种意义上，B样条曲线可以认为是广义的贝塞尔曲线。此外，我们可得：

命题3.6 端点插值性。设c为一条B样条曲线，控制多边形为$\mathbf{a}_0$，…，$\mathbf{a}_n$，且曲线任意一端的节点向量都有多个k重节点。

$$t_0=t_1=\cdots=t_{k-1},t_k,\cdots,t_n,t_{n+1}=t_{n+2}=\cdots=t_{n+k} \quad (3.85)$$

这样，B样条曲线c就具有了端点插值性（图3-46和图3-47）：

- c从$\mathbf{a}_0$开始，到$\mathbf{a}_n$结束：

$$\mathbf{p}(t_{k-1})=\mathbf{a}_0,\mathbf{p}(t_{n+1})=\mathbf{a}_n \quad (3.86)$$

- 曲线c在起点与控制多边形的第一条边$\mathbf{a}_0\mathbf{a}_1$相切，在终点与最后一条边$\mathbf{a}_{n-1}\mathbf{a}_n$相切。更具体地说，切点处的切向量为：

$$\dot{\mathbf{p}}(t_{k-1})=\frac{k-1}{t_k-t_{k-1}}\cdot(\mathbf{a}_1-\mathbf{a}_0),\dot{\mathbf{p}}(t_n+1)=\frac{k-1}{t_n+1-t_n}\cdot(\mathbf{a}_n-\mathbf{a}_{n-1}) \quad (3.87)$$

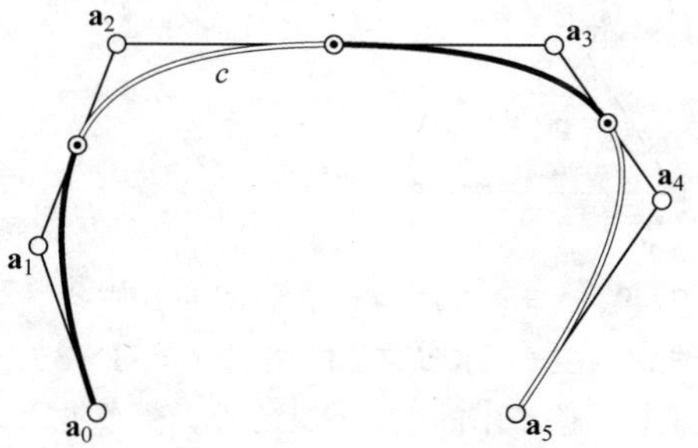

图3-46　$n=5$和$k=3$时，B样条曲线的端点插值

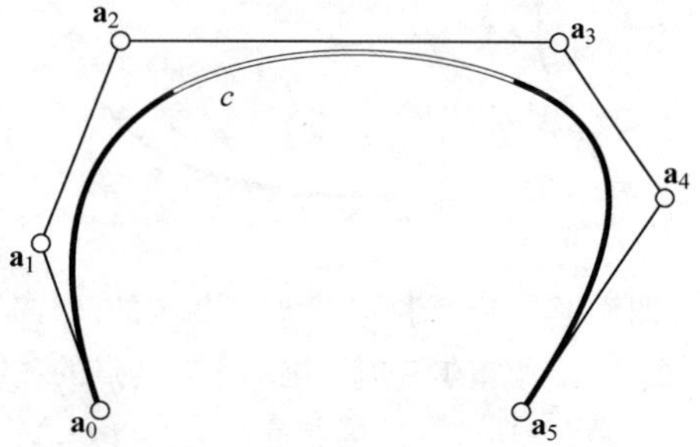

图3-47　$n=5$和$k=4$时，B样条曲线的端点插值

k与节点$t_0=\cdots=t_{k-1}$重合，使得B样条曲线近似于$k-1$阶贝塞尔曲线，它的前两个控制点是$\mathbf{a}_0$和$\mathbf{a}_1$——至少有一阶导数，终点也是如此。

封闭的B样条曲线

一条曲线如果终点和起点重合，通常称为封闭曲线。这样的曲线也称为环。其他的曲线称为开放曲线。

如果需要，可以很容易地改变B样条以得到环。我们不仅可以设法使终点和起点重合，同时，在该点上，我们甚至可以像在任意其他节点$\mathbf{p}(t_l)$上一样，获得C^{k-2}连续的新曲线，。为此，我们必须调整节点向量做如下准备：

命题3.7 封闭的B样条曲线。我们先用德布尔多边形$\mathbf{a}_0$，…，$\mathbf{a}_n$和节点向量$(t_0,\cdots,t_{n+k})$确定B样条曲线。首先，通过设置$\mathbf{a}_{n+i}=\mathbf{a}_{i-1},i=1,\cdots,k-1$来

周期性地延伸控制多边形。此外，又通过增加 $k-1$ 个新节点来延伸节点向量，方法如下：

$$t_{n+k+i}=t_{n+k}-t_{k-1}+t_{k-1+i},i=1,\cdots,k-1 \tag{3.88}$$

这样，由控制多边形 $\mathbf{a}_0$，…，$\mathbf{a}_{n+k-1}$ 和节点向量 $t_0,\cdots,t_{n+2k-1}$ 确定的 B 样条曲线 c 就是一条封闭曲线。完整圆周的参数区间是 $[t_{k-1},t_{n+k}]$。由此可得 $\mathbf{p}(t_{k-1})=\mathbf{p}(t_{n+k})$；且 t_{k-1} 和 t_{n+k} 同时存在 $k-2$ 阶导数。连接点 $\mathbf{p}(t_{k-1})=\mathbf{p}(t_{n+k})$ 的性质就像其他任意节点 $\mathbf{p}(t_i)$ 一样。

工程应用中经常需要使用无缝的封闭曲线，这正是应用 B 样条曲线所能实现的。调整 k 阶大小，能够很容易地在整个环上得到任何想要的平滑度。图 3-48 和图 3-49 展示了两个例子，在节点处为 C^1 连续和 C^2 连续。

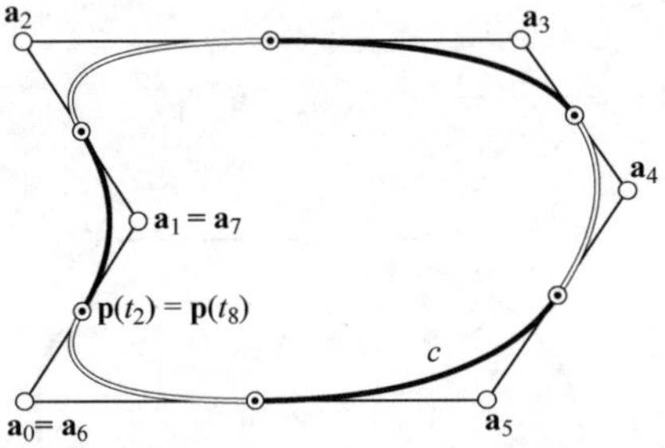

图 3-48　$n=5$ 和 $k=3$ 时，封闭的 B 样条曲线 c。德布尔多边形尾端重复的点的数量是 $k-1=2$。连接点是 $\mathbf{p}(t_2)=\mathbf{p}(t_8)$

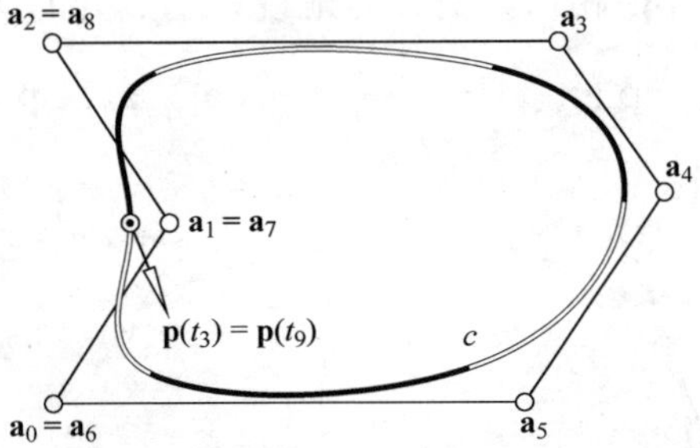

图 3-49　$n=5$ 和 $k=4$ 时，封闭的 B 样条曲线 c。在德布尔多边形的尾端有 $k-1=3$ 个重复的德布尔的点。除此之外，德布尔多边形和左边的例子相同。曲线的连接点是 $\mathbf{p}(t_3)=\mathbf{p}(t_9)$

3.4.3　有理自由曲线与 NURBS

选择一个合适的基函数族 $F_i(t),i=0,\cdots,n$，由任意控制多边形确定一条自由曲线（见定义 3.24）。我们现在描述的是有理自由曲线的更一般的概念。

在此讨论一下 $[x,y]$ 平面上的一个多边形 $\mathbf{a}_0,\cdots,\mathbf{a}_n$：

$$\mathbf{a}_i=\begin{bmatrix}a_{i,1}\\a_{i,2}\end{bmatrix},i=0,\cdots,n$$

为了确定有理自由曲线 $\mathbf{r}(t)$，我们进一步为每个控制点 $\mathbf{a}_i$ 选择一个值 w_i。这些额外的实数称为点 $\mathbf{a}_i$ 的权重。为了构建 $\mathbf{r}(t)$，我们应用以下三个步骤（图 3-50）。

步骤 1：假设平面 π 包含控制多边形 $\mathbf{a}_0$，…，$\mathbf{a}_n$ 并嵌入三维空间 $\mathbb{E}_3$。在 $\mathbb{E}_3$

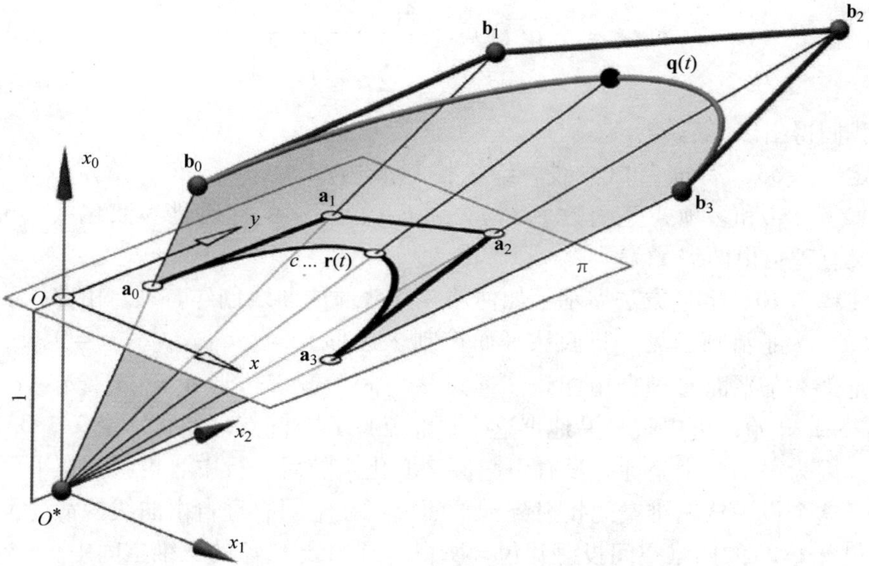

图3-50 平面有理自由曲线 $c\cdots\mathbf{r}(t)$ 可以解释为一个普通的空间自由曲线 $\mathbf{q}(t)$ 的中央投影

里选择一个空间坐标系 Σ（原点 O^*，坐标轴 x_0，x_1，x_2），因此，控制多边形的平面 π 由 $\pi\cdots x_0=1$ 给定。更准确地说，在平面 π 里，坐标为 x，y 的点 $\mathbf{p}$ 相对于平面 Σ 有 $x_0=1$，$x_1=x$，$x_2=y$。

步骤2：视每一点 $\mathbf{a}_i$ 为三维向量 $[1,a_{i,1},a_{i,2}]^{\mathrm{T}}$。它的权重 w_i 应作为从中心 O^* 扩张的比例因子。$\mathbf{a}_i$ 点经过扩张变成 $\mathbf{b}_i=[w_i,w_ia_{i,1},w_ia_{i,2}]$。这个新的点 $\mathbf{b}_i$ 的坐标信息包括 $\mathbf{a}_i$ 的坐标及其权重 w_i。点 $\mathbf{b}_0$，…，$\mathbf{b}_n$ 形成一个新的（空间）多边形，按照定义3.57，它可以用作空间自由曲线基函数 $F_i(t)$ 的控制多边形。此外，我们要求 $F_i(t)$ 是多项式函数或至少包含多项式部分。

$$\mathbf{q}(t)=\sum_{i=0}^{n}F_i(t)\cdot\mathbf{b}_i,t\in[t_0,t_1] \tag{3.89}$$

步骤3：我们现在考虑一个从中心点 O^* 到平面 $\pi\cdots x_0=1$ 的中央投影 δ。一个 $x_0\neq0$ 的三维空间里，点 $\mathbf{q}=[x_0,x_1,x_2]$ 被映射到它的像点 $\mathbf{p}=\left[1,\frac{x_1}{x_0},\frac{x_2}{x_0}\right]$ 上。忽略坐标 $x_0=1$ 并且使 $\delta(\mathbf{q})=\left[\frac{x_1}{x_0},\frac{x_2}{x_0}\right]=:[x:y]^{\mathrm{T}}$。有理自由曲线 $\mathbf{r}(t)$ 定义为普通（多项式）自由曲线在平面 π 上的中心投影：

$$\mathbf{r}(t)=\delta(\mathbf{q}(t))=\frac{\sum_{i=0}^{n}F_i(t)\cdot w_i\cdot\mathbf{a}_i}{\sum_{i=0}^{n}F_i(t)\cdot w_i} \tag{3.90}$$

我们得出以下总结：

定义 3.33　有理自由曲线。给定控制多边形 $\mathbf{a}_0$，…，$\mathbf{a}_n$，给定权重 $w_0\neq 0$，…，$w_n\neq 0$和多项式基函数 $F_0(t),\cdots,F_n(t)$，据此，通过参数化式（3.90）来定义有理自由曲线 $\mathbf{r}(t)$。

注释 3.10　上述方法展示了如何从一条普通的曲线创建有理自由曲线。

（a）为了清晰起见，我们从平面控制多边形 $\mathbf{a}_i=[a_{i,1},a_{i,2}]^{\mathrm{T}},i=0,\cdots,n$ 开始，定义一条平面有理自由曲线。通过从空间控制多边形 $\mathbf{a}_i=[a_{i,1},a_{i,2},a_{i,3}]^{\mathrm{T}}$，$i=0,\cdots,n$ 开始，可以很容易地把这个概念推广到空间有理曲线。定义 3.33 仍然有效，因为添加一个坐标并没有引起显著变化。随后进行中心投影。在平面的情况下，这个投影从三维空间投射到到平面，而在空间有理自由曲线的情况下，投影从包含 $\mathbf{q}(t)$的四维空间投射到包含所得有理曲线 $\mathbf{r}(t)$的三维空间中。

之所以起初把自身局限在平面有理自由曲线，是因为中心投影从三维空间投射到平面上这一解释更容易设想。

（b）除了分母 $\sum_{i=0}^{n}F_i(t)\cdot w_i$ 为 0 以外，对于所有参数 t，有理自由曲线式（3.90）的定义是明确的。

（c）可以另外选择的权重 w_i 提供了更多的优势。以这种方式呈现的曲线的范围，比普通的自由曲线更为宽广。

权重因素如何影响曲线的形状？当然，答案取决于自由曲线的类型（即贝塞尔曲线，B 样条曲线等）。但通常我们仍然可以确认：

命题 3.8　有理自由曲线的性质。根据式（3.90），设 $c\cdots\mathbf{r}(t)$是由控制多边形 $\mathbf{a}_0$，…，$\mathbf{a}_n$，权重 $w_0,\cdots,w_n$ 和多项式基函数 $F_0(t),\cdots,F_n(t)$确定的有理自由曲线。

1. 可以通过不改变控制多边形，仅仅改变权重 w_i 来修改 c 的形状。

2. 设 $w_0,\cdots,w_n$ 为正数，如果权重 w_{i_0}增加到 $w_{i_0}+\Delta$，$\Delta>0$，则 $c\cdots\mathbf{r}(t)$会变成一条新的曲线 $c^*\cdots\mathbf{r}^*(t)$。而且对于任意 t 值，点 $\mathbf{r}(t),\mathbf{r}^*(t)$和 $\mathbf{a}_{i_0}$是共线的（图 3-51）。

如果函数 $F_i(t)$在其有效区间[㊀]内是非负的，我们可以发现对于正的 Δ，点 $\mathbf{r}(t)$会向 a_{i_0}靠近，新的点 $\mathbf{r}^*(t)$比 $\mathbf{r}(t)$更加靠近 $\mathbf{a}_{i_0}$。更详细地说，正如下式：

㊀ 贝塞尔曲线和 B 样条曲线是由具有这个简单性质的基函数所定义，所以有理贝洋曲线或有理 B 样条曲线符合这个规则。

$$\mathbf{r}^*(t) - \mathbf{r}(t) = \frac{F_{I0}(t)\cdot\Delta}{\sum_{i=0}^{n} F_i(t) - F_i0(t)\cdot\Delta}(\mathbf{a}_{i_0} - \mathbf{r}(t)) \qquad (3.91)$$

很容易证明。

在这一点，更需要增加控制点的权重。

3. 所有权重都乘以相同的常数因子 $\alpha\neq 0$ 不会改变得到的有理自由曲线：式（3.90）的分母和分子中公因数可被消除。

4. 如果所有的权重 w_i 是相等的($w_0 = \cdots = w_n = w\neq 0$)，那么有理自由曲线与普通自由曲线 $\mathbf{p}(t) = \sum_{i=0}^{n} F_i(t)\cdot\mathbf{a}_i$ 相同，这是对函数 $F_i(t)$分区（3.58）的一个结果：

$$\mathbf{r}(t) = \frac{\sum_{i=0}^{n} F_i(t)\cdot w\cdot\mathbf{a}_i}{\sum_{i=0}^{n} F_i(t)\cdot w} = \frac{w\cdot\sum_{i=0}^{n} F_i(t)\cdot\mathbf{a}_i}{w\cdot\underbrace{\sum_{i=0}^{n} F_i(t)}_{=1}} = \sum_{i=0}^{n} F_i(t)\cdot\mathbf{a}_i$$

这里，我们研究了一般条件下的有理自由曲线，即我们没有指定多项式的函数族 $F_i(t), i=0,\cdots,n$。若想要一个特定的函数族，可以设定相应的细节来诠释有理自由曲线。

有理贝塞尔曲线

回顾一下 n 阶伯恩斯坦多项式 $B_{i,n}(t)$（见定义3.25）。限定 $F_i(t) = B_{i,n}(t)$，则可得有理贝塞尔曲线的参数化：

$$\mathbf{r}(t) = \frac{\sum_{i=0}^{n} B_{i,n}(t)\cdot w_i\cdot\mathbf{a}_i}{\sum_{i=0}^{n} B_{i,n}(t)\cdot w_i} \qquad (3.92)$$

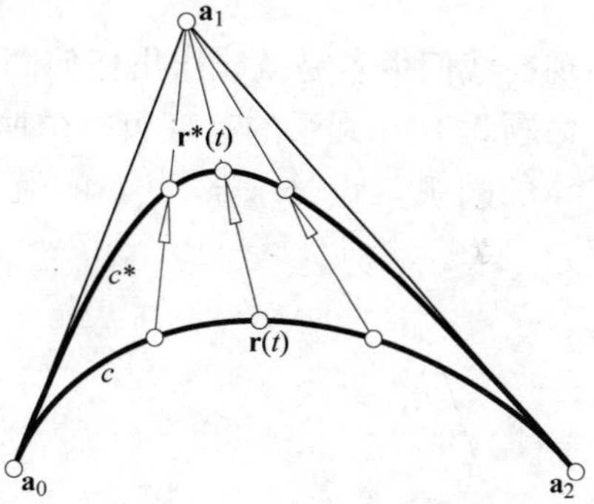

图3-51　2阶有理贝塞尔曲线 c。增加权重 w_1 到 $w_1+\Delta$ 则产生了一条不同的有理贝塞尔曲线 c^*。增加权重 w_1 使曲线上的每一点向控制点 $\mathbf{a}_1$ 移动

普通的（多项式）贝塞尔曲线有很多局限性，$n=2$ 时，这些局限性更为明显。每一个 $n=2$ 阶多项式贝塞尔曲线都是抛物线的一部分（见定理3.6）。

其他类型的常规二阶曲线（双曲线、椭圆，特别是圆）无法以多项式贝塞尔曲线表示。在此使用有理贝塞尔曲线来填补这个空白。可以通过有理函数将圆

弧、椭圆或双曲线进行参数化。

因为每条二阶有理曲线[㊀]代表一条二次平面代数曲线（见 3.3.9 小节），所以只要三个控制点 $\mathbf{a}_0$，$\mathbf{a}_1$，$\mathbf{a}_2$ 不共线，2 阶有理贝塞尔曲线 c 即为抛物线、双曲线或椭圆（包括圆）的圆弧。如果它们共线，则 c 是一条直线段。

二阶有理贝塞尔曲线 c 的一般表达式是

$$\begin{aligned}\mathbf{r}(t) &= \frac{\sum_{i=0}^{2} B_{i,2}(t)\cdot w_i\cdot \mathbf{a}_i}{\sum_{i=0}^{2} B_{i,2}(t)\cdot w_i} \\ &= \frac{(1-t)^2\cdot w_0\cdot \mathbf{a}_0 + 2\cdot(1-t)^2\cdot w_1\cdot \mathbf{a}_1 + t^2\cdot w_2\cdot \mathbf{a}_2}{(1-t)^2\cdot w_0 + 2\cdot t\cdot(1-t)^2\cdot w_1 + t^2\cdot w_2}\end{aligned} \tag{3.93}$$

命题 3.9　圆锥的有理贝塞尔曲线。设 c 为参数化式（3.93）的 2 阶有理贝塞尔曲线，且设 $w_0=w_2=1$（图 3-52）。

$$\text{那么 } c \text{ 为}\begin{cases}\text{椭圆}, 0<w_i<1\\ \text{抛物线}, w_1=1\\ \text{双曲线}, w_1>1\end{cases}$$

现在我们很容易就能给出任何圆弧的（有理）贝塞尔曲线表达式：

命题 3.10　圆弧的有理贝塞尔曲线。设 c 为以 $\mathbf{m}$ 为圆心，r 为半径，端点为 $\mathbf{a}_0$，$\mathbf{a}_2$ 的圆弧。设 $\phi<\pi$ 为 c 的圆心角，$\mathbf{a}_1$ 为点 $\mathbf{a}_0$，$\mathbf{a}_2$ 处切线的交点（图 3-53）。

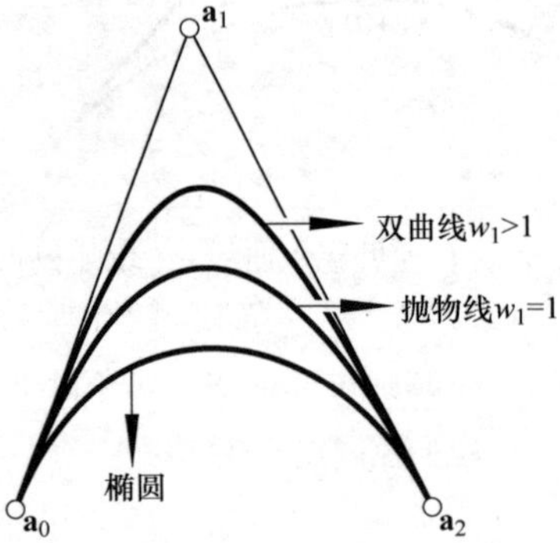

图 3-52　端点权重为 w_1，$w_2=1$ 的 2 阶有理贝塞尔曲线。根据权重 w_1 我们可以创建一个椭圆、抛物线或者双曲线 c

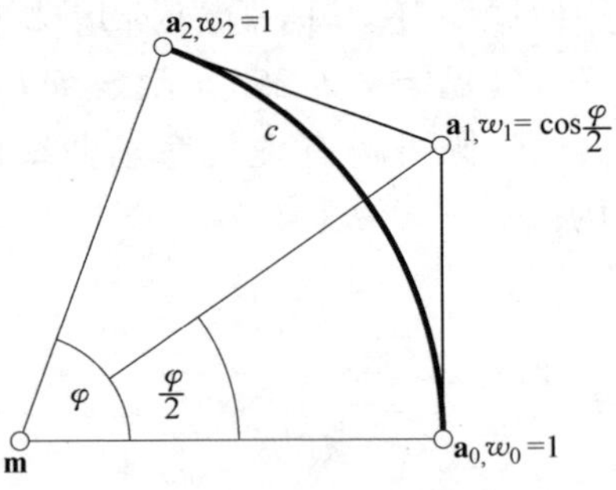

图 3-53　圆弧表示为有理贝塞尔曲线：$w_0=w_2=1$，$w_1=\cos\frac{\varphi}{2}$

㊀ 应注意任何二阶有理曲线必然是平面曲线。

如果我们选择权重 $w_0 = w_2 = 1$ 并设 2 阶有理贝塞尔曲线 $r(t)$ 的 $w_1 = \cos\frac{\varphi}{2}$，则 $\mathbf{r}(t)$ 是给定圆弧 c 的参数表达式。

有理自由曲线（或特别是有理贝塞尔曲线）对于普通自由曲线中心投影的解释让我们确定了增加或减少权重产生的影响。以相同的方式，我们可以解释正负权重的影响。但尽管如此，在此只考虑正权重。

通过（普通）空间贝塞尔曲线 $\mathbf{q}(t)$ 的中心投影，可得一条（平面）有理曲线 $\mathbf{r}(t)$。如果所有的权重 w_i 为正值，那么 $\mathbf{q}(t)$ 控制多边形就完全包含在上半空间 $x_0 > 0$ 中。根据凸包性质（命题3.2，5），该结论也适用于曲线 $\mathbf{q}(t)$ 本身。

把 $\mathbf{q}(t)$ 上的点从原点 O^* 投影到平面 $\boldsymbol{\pi}$：$x_0 = 1$ 上是可行的；式（3.92）中的分母在区间［0，1］上不包含零。

尽管如此，当某些权重 $w_i < 0$，便不能保证这个方法行之有效。对 $\mathbf{q}(t)$ 上某些特定点，式（3.92）中的分母有可能会消失。投影射线平行于图像平面 $x_0 = 1$，因此与所得的有理贝塞尔曲线 $\mathbf{r}(t)$ 相交于该曲线的无穷远点。应充分避免计算中出现的这些个例。

然而，正如以下命题所示，在某些情况下负权重也会很有用。

命题 3.11　互补圆锥弧线。现在讨论一下 2 阶有理贝塞尔曲线 $\mathbf{r}(t)$，其权重是 $w_0 = w_2 = 1$ 且 $w_1 > 0$（图 3-54）。根据命题 3.9，弧 $\mathbf{r}(t)$ 在圆锥曲线 c 上。通过 $w_1^* = -w_1$ 来取代 w_1 的权重，则可得另一条有着相同的端点 $\mathbf{a}_0$，$\mathbf{a}_2$ 的有理贝塞尔曲线弧 $\mathbf{r}^*(t)$（图 3-54）。我们可得：$\mathbf{r}^*(t)$ 和 $\mathbf{r}(t)$ 在相同的圆锥曲线 c 上是互补的弧线。

这尤其适用于命题 3.10 所描述的圆弧。将 $w_1 = -\cos\frac{\varphi}{2}$ 替换为 $w_1 = \cos\frac{\varphi}{2}$，和用 $2\pi - \varphi$ 替换 φ，二者结果相同。

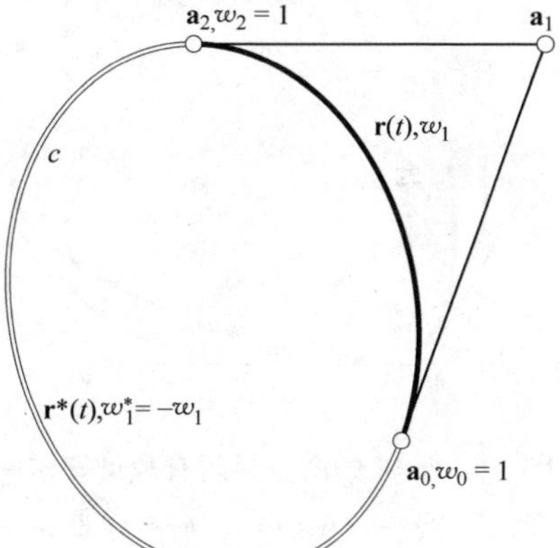

图 3-54　在圆锥曲线 c 上，两个互补的弧 $\mathbf{r}(t)$ 和 $\mathbf{r}^*(t)$ 表示为有理贝塞尔曲线

有理 B 样条曲线，NURBS

正如我们已经看到的，B 样条曲线是工程师的通用工具。我们现在将这个概念延伸到给我们很多额外选择的有理 B 样条曲线。

定义 3.34　有理 B 样条曲线。给定一个（平面或空间的）控制多边形 $\mathbf{a}_0, \cdots, \mathbf{a}_n$，权重因子为 $w_0, \cdots, w_n$。设 $N_{i,k}(t), i = 0, \cdots n$ 为属于节点向量$(t_0, t_1, \cdots t_n, t_{n+1}, \cdots t_{n+k})$的 B 样条基函数。

然后我们称：

$$\mathbf{r}(t)=\frac{\sum_{i=0}^{n} N_{i,k}(t)\cdot w_i\cdot \mathbf{a}_i}{\sum_{i=0}^{n} N_{i,k}(t)\cdot w_i} \tag{3.94}$$

是相应的有理 B 样条曲线。

有理 B 样条曲线的节点向量可以是均匀的或非均匀的（见定义 3.31）。

定义 3.35　NURBS。带有非均匀节点向量的有理 B 样条曲线通常称为 NURBS（非均匀有理 B 样条曲线）

NURBS 提供了大量的参数来控制形状：除了修改德布尔多边形，用户还可以精确地改变权重或节点向量。这种通用性或许就是 NURBS 能够成为 CAD 和绘图的标准工具的原因。图 3-55 和图 3-56 说明了一些适用于封闭 B 样条曲线的修改选项。

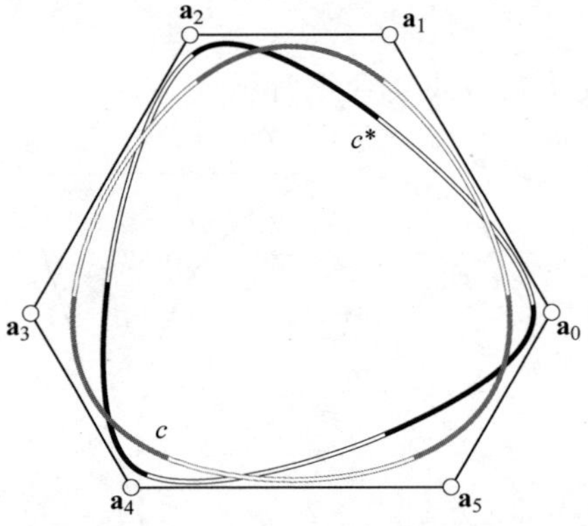

图 3-55　$k=4$ 的两条封闭有理贝塞尔曲线 c 和 c^*。对于 c（灰色），所有权重 $w_i=1$，以 c 是一条普通 B 样条曲线（见命题 3.8，4）。对于 c^*（黑色），权重 w_0，w_2，w_4 增加到了 3

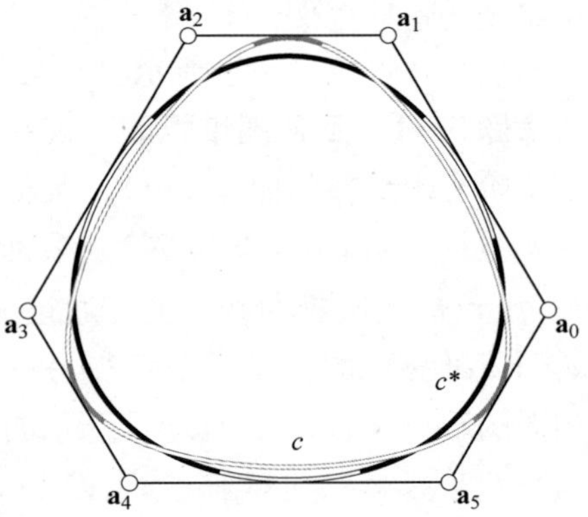

图 3-56　两条 B 样条曲线 c 和 c^*。这里 c（灰色）的权重仍然保持不变，c^*（黑色）的变化取决于节点向量的修改

3.5　单变量插值

插值法解决的问题是，找到一个采用某些规定数据的函数（在给定的预选类外）。如果找到的函数取决于一个变量，那么这个过程被称为单变量插值。下面的插值问题经常在实际应用中发生。

问题3.1　真值的单变量插值。设参数值 $s_0 < \cdots < s_n \in \mathbb{R}$ 在闭区间 $[a,b]$ 内，且 $n+1$ 给定对应值 $c_0,\cdots,c_n \in \mathbb{R}$（图3-57）。另外，设 $\mathscr{F}$ 是区间 $[a,b]$ 上连续函数的一个线性空间[1]。我们进一步要求[2]：定义 $\mathscr{F}=n+1$。

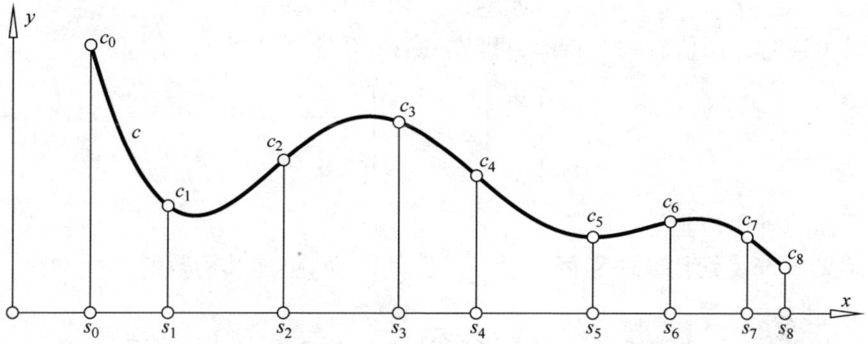

图3-57　规定9个值 c_0，…，c_8，曲线 c 是8阶多项式在空间 $\mathbb{R}_8[t]$ 中关于插值问题3.2的解决措施

找到一个函数 $p(t) \in \mathscr{F}$，如下

$$p(s_j)=c_j, j=0,\cdots,n \tag{3.95}$$

这个问题可以在下面解决。在 $\mathscr{F}$ 里找到一个基 $\{F_0(t),\cdots F_n(t)\}$，然后发现插值函数 $p(t)$ 一定有一个特别的表示形式

$$p(t) = \sum_{i=0}^{n} F_i(t) \cdot a_i \tag{3.96}$$

把这个表达式带入插值条件式（3.95）中，得到 $n+1$ 个线性方程组，且有着 $n+1$ 个未知数 a_i。

$$\sum_{i=0}^{n} F_i(s_j) \cdot a_i = c_j, j = 0,\cdots,n \tag{3.97}$$

式（3.97）很容易被改写为如下的矩阵形式

$$\begin{bmatrix} F_0(s_0) & \cdots & F_n(s_0) \\ \vdots & & \vdots \\ F_0(s_n) & \cdots & F_n(s_n) \end{bmatrix} \cdot \begin{bmatrix} a_0 \\ \vdots \\ a_n \end{bmatrix} = \begin{bmatrix} c_0 \\ \vdots \\ c_n \end{bmatrix} \tag{3.98}$$

[1] 这意味 $\mathscr{F}$ 具有一个向量空间：$F_1(t), F_2(t) \in \mathscr{F}$ 且 $\lambda \in \mathbb{R}$，函数 $F_1(t)+F_2(t)$ 且 $\lambda \cdot F_1(t)$ 也属于 $\mathscr{F}$，就总和与纯量倍数而言，集合 $\mathscr{F}$ 是封闭的。

[2] 这相当于存在一个由 $n+1$ 个元素组成的基 $\{F_0(t),\cdots,F_n(t)\}$。

这一点很明显，当且仅当线性系统的系数矩阵

$$\mathbf{F}:=\begin{bmatrix} F_0(s_0) & \cdots & F_n(s_0) \\ \vdots & & \vdots \\ F_0(s_n) & \cdots & F_n(s_n) \end{bmatrix} \tag{3.99}$$

是可逆时，插值有一个特解，即在 $\det\mathbf{F}\neq 0$ 这种情况下，解是

$$\begin{bmatrix} a_0 \\ \vdots \\ a_n \end{bmatrix}=\mathbf{F}^{-1}\cdot\begin{bmatrix} c_0 \\ \vdots \\ c_n \end{bmatrix} \tag{3.100}$$

下面的概念是非常有用的。

定义 3.36　切比雪夫空间。设 $\mathscr{F}$是区间$[a,b]$上连续函数的线性空间，定义 $\dim\mathscr{F}=n+1$。

1. 如果对于 $\mathscr{F}$上的任意基$\{F_0(t),\cdots,F_n(t)\}$和实数中的任意系列 $s_0<s_1<\cdots<s_n$，在区间$[a,b]$上矩阵 $\mathscr{F}$（式（3.99））是可逆的，则 $\mathscr{F}$被称为切比雪夫空间[⊖]。

2. 任何切比雪夫空间的基称为切比雪夫系。

一些切比雪夫空间的有价值的特征：

定理 3.7　切比雪夫空间的特征。设定义 3.36 的假设都满足。下面每条都是等价的：

1. $\mathscr{F}$是一个切比雪夫空间。

2. $\mathscr{F}$里的每个函数 $p(t)$在区间$[a,b]$上不超过 n 个零点。

3. $\mathscr{F}$里每个插值过程都类似于问题 3.1，只有一个唯一解。

例 3.10　考虑多项式阶数$\leqslant n$（见 3.2 节）的线性空间 $\mathbb{R}_n[t]$。它可以看做是区间$[a,b]$上的连续函数。这是一个 $n+1$ 维的切比雪夫空间。已知的两个不同的基空间：单项式基$\{1,t,t^2,\cdots t^n\}$和伯恩斯坦基$\{B_{0,n}(t),\cdots,B_{n,n}(t)\}$。问题 3.1 在 $\mathbb{R}_n[t]$上有唯一解，任意 $\mathbb{R}_n[t]$上每一种基都提供了一种解法。当然，每一个这样的解法都有相同的解。问题的关键是系数矩阵 $\mathbf{F}$（式（3.99））的逆矩阵提供的解（式（3.100））。

但是矩阵 $\mathbf{F}$ 取决于基的选择，举个例子，单项基提供了一个所谓的范德蒙矩阵

$$\mathbf{F}=\begin{bmatrix} 1 & s_0 & \cdots & s_0^n \\ \vdots & & & \vdots \\ 1 & s_n & \cdots & s_n^n \end{bmatrix} \tag{3.101}$$

⊖ 以俄国数学家帕夫努季·利沃维奇·切比雪夫命名（1821－1894）。有时这些空间也被称为哈尔空间，为纪念匈牙利数学家阿尔弗莱德·哈尔（1885－1933）而得名。

它的决定因素是

$$\det\mathbf{F} = \prod_{0\leqslant i\leqslant j\leqslant n}(s_j - s_i) \neq 0$$

是否存在一个 $\mathbb{R}_n[t]$ 中的基，使 **F** 成为单位矩阵，这是个很本质的问题。这个问题在 3.5.1 小节里会有明确的回答。

例 3.11　通过函数 $B = \{1, \sin t, \cos t, \sin(2t), \cos(2t), \cdots \sin(nt), \cos(nt)\}$ 架构的三角函数空间，在区间 $[0, 2\pi]$ 上是一个 $2n+1$ 维切比雪夫空间，B 是它的基。

$c_i \in \mathbb{R}$ 的插值可以很容易地推广到 k 维空间的数据插值里。以下问题处理了 $k=2$ 和 $k=3$ 的情况。

问题 3.2　点的单变量插值。设 $n+1$ 个点 $\mathbf{c}_0$，…，$\mathbf{c}_n$ 是平面或三维空间中的点，在闭区间 $[a, b]$ 上给定相应的参数值 $s_0 < \cdots < s_n$。此外，像在问题 3.1 中那样，设 $\mathscr{F}$ 为连续函数的一个线性空间。设 $\{F_0(t), \cdots F_n(t)\}$ 为 $\mathscr{F}$ 的一个基。

$$\mathbf{p}(t) = \sum_{i=0}^{n} F_i(t) \cdot \mathbf{a}_i \tag{3.102}$$

插入给定的数据，即

$$\mathbf{p}(s_j) = c_j, j = 0, \cdots, n \tag{3.103}$$

解在下面给出。

命题 3.12　插值问题的解法。如果式（3.99）定义的矩阵 **F** 是可逆的，那么问题 3.2 有唯一解。属于这个解的系数向量 $\mathbf{a}_i$ 是[⊖]

$$\begin{bmatrix} \mathbf{a}_0 \\ \vdots \\ \mathbf{a}_n \end{bmatrix} = \mathbf{F}^{-1} \cdot \begin{bmatrix} \mathbf{c}_0 \\ \vdots \\ \mathbf{c}_0 \end{bmatrix} \tag{3.104}$$

注释 3.11　有时候在数值上计算一个大型矩阵 **F** 的逆矩阵会有些难度。依赖于矩阵各项，大量的输入数据在特殊情况下会导致这个方法不适用。

3.5.1　拉格朗日插值

如果多项式空间 $\mathscr{F} = \mathbb{R}_n[t]$，那么问题 3.2 最传统的解决方法是通过 J. －L. 拉格朗日法[⊜]。

对于一个给定的节点向量 $(s_0, s_1, \cdots s_n)$，我们把 $\mathbb{R}_n[t]$ 上的多项式集合 $\{L_{0,n}(t), \cdots, L_{n,n}(t)\}$ 定义为：

⊖　当然，必须对向量 $\mathbf{a}_i$，$\mathbf{c}_i$ 的每个坐标解释下方程（3.104）。

⊜　约瑟夫·路易斯·拉格朗日（1736－1813）是一位法国数学家，对解析力学和数理物理学也很有贡献。

$$L_{i,n}(t) = \prod_{\substack{k=0 \\ k \neq i}}^{n} \frac{t - s_k}{s_i - s_k}, i = 0, \cdots, n \tag{3.105}$$

它们被称为拉格朗日多项式；它们组成了 $\mathbb{R}_n[t]$ 的基，即所谓的拉格朗日基。另外，

$$L_{i,n}(s_j) = \begin{cases} 0, j \neq i \\ 1, j = i \end{cases} \tag{3.106}$$

这是一个惊人的结果，因为它简单地表明了矩阵 **F**（见式（3.99））是单位矩阵。因此用拉格朗日基可以直接得到问题 3.2 的解：

$$\mathbf{a}_i = \mathbf{c}_i, \quad i = 0, \cdots, n$$

对于拉格朗日基，给定输入数据的多项式插值曲线可以写成

$$\mathbf{p}(t) = \sum_{i=0}^{n} L_{i,n}(t) \cdot \mathbf{c}_i \tag{3.107}$$

当然这个任务的解并不取决于选择的基。但是，基的选择影响计算的成本。在这里，拉格朗日基是最佳的；首先，求矩阵 **F** 的逆矩阵是可以避免的。即使如此，解析曲线不受使用过的基的影响，它通常被称为拉格朗日插值曲线。对于一系列给定的输入点，图 3-58 给出了拉格朗日插值曲线的一个例子。这个任务选择了一个均匀的节点向量。

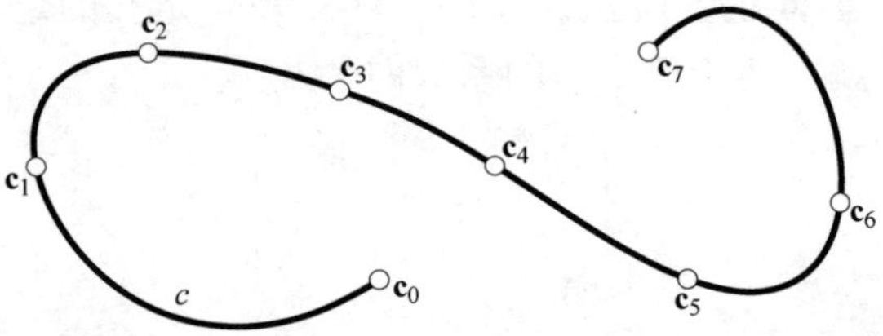

图 3-58　在插值问题 3.2 中，输入点 $\mathbf{c}_0$，…，$\mathbf{c}_7$ 和均匀的节点向量 s_0，…，s_7 的拉格朗日解。由此产生的插值曲线 c 是 C^∞ 内的所有区域

艾特肯算法

贝塞尔曲线可以便捷地由 De Casteljau 算法求解。对于 B 样条曲线，德布尔算法同样适用。现在描述了一个名为艾特肯算法的几何算法㊀，用它来获得拉格朗日插值曲线（图 3-59）。另外它是以重复细分直线段为基础的（参见参考文献［8］的第 67 ~ 70 页）。整个算法能在图 3-59 中看到。

算法 3.3　艾特肯算法。给定 $n+1$ 个点 $\mathbf{a}_0$，…，$\mathbf{a}_n$ 和拉格朗日插值曲线（3.107）的参数值 $s_0 < \cdots < s_n$。为了在曲线上获得属于参数值 $t \in [s_0, s_n]$ 的点 $\mathbf{p}(t)$

㊀ 此种算法归功于亚历山大·艾特肯（1895 – 1967），新西兰数学家。

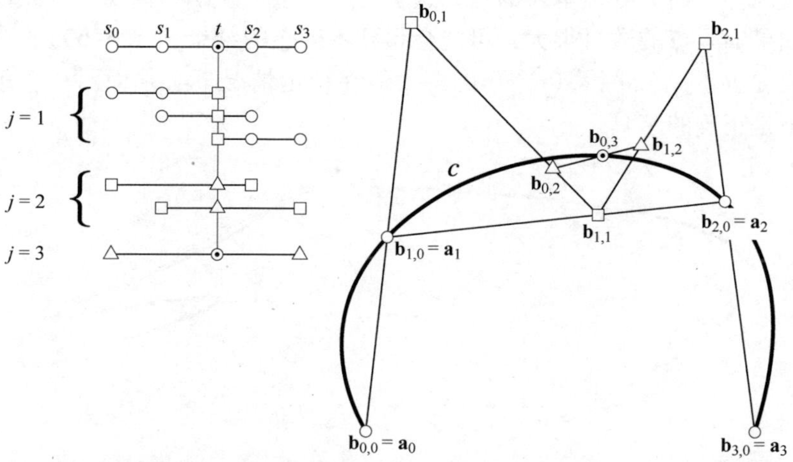

图 3-59 $n=3$ 的艾特肯算法。它由连续的小段组成，从给定点 $\mathbf{a}_0$，$\mathbf{a}_1$，$\mathbf{a}_2$，$\mathbf{a}_3$（右图）开始。如左图所示，细分的比例根据给定的参数值 s_0，s_1，s_2，s_3 来计算。算法的计算结果为 $\mathbf{b}_{0,3}=\mathbf{p}(t)\in c$

采取以下步骤：

1. 重新命名 $\mathbf{b}_{i,0}:=\mathbf{a}_i$，$i=0$，…，$n$。
2. 对于 $l=1$，…，n 和 $i=0$，…，$n-l$ 依次计算点

$$\mathbf{b}_{i,t}(t):=(1-\alpha(t,i,l))\cdot\mathbf{b}_{i,l-1}(t)+\alpha(t,i,l)\cdot\mathbf{b}_{i+1,l-1}(t)$$

利用公式

$$\alpha(i,l,t)=\frac{t-s_i}{s_i+l-s_i}$$

（见方案式（3.108））。

3. 最终所需的点在方案式（3.108）的右上角显示：

$$\mathbf{p}(t)=\mathbf{b}_{0,n}$$

$$\begin{array}{lllllll}
\mathbf{b}_0 & \mathbf{b}_{0,1} & * & * & * & \mathbf{b}_{0,n-1} & \mathbf{b}_{0,n}=\mathbf{p}(t) \\
\mathbf{b}_1 & \mathbf{b}_{1,1} & * & * & * & \mathbf{b}_{1,n-1} & \\
* & * & * & * & * & & \\
* & * & * & * & & & \\
* & * & * & & & & \\
* & \mathbf{b}_{n-1,1} & & & & & \\
\mathbf{b}_n & & & & & &
\end{array} \tag{3.108}$$

这个便捷的几何算法的图形证明可以在参考文献［8］找到。

如果需要，可以很容易地计算拉格朗日插值曲线，它可以在几何上通过艾特肯算法来构造。输入点的数量决定了多项式的阶数：$n+1$ 点意味着一个阶数为 n

的插值曲线。然而，必须承认的是，这里有一个重大缺陷：高阶多项式曲线容易振荡。如果输入点的数目很大，可能会得到不理想的结果（图 3-60）。尽管拉格朗日插值提供了一个平滑（C^∞）的解，但在特定情况下必须面对一个事实——它可能不是正确的工具。

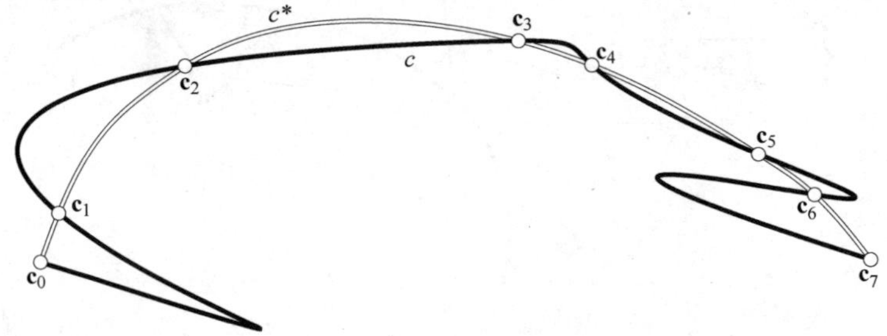

图 3-60　对于给定的一组点 $\mathbf{c}_0$，…，$\mathbf{c}_7$ 和均匀的节点向量 s_0，…s_7 的拉格朗日插值曲线 c。在这种情况下，解析曲线 c 振荡相当大。相比之下，曲线 c^*（双线）表示的是用户期望的结果

以下部分是某种权衡：为了避免振荡倾向，将计算限制在 3 阶多项式曲线上。另一方面，必须在所得到的子样条曲线的交点上实现 C^1 连续。但是，在后面的段落中，将要提高到 C^2 连续，来获得三次样条曲线的解。

3.5.2　三次插值

C^2 连续意味着在节点上除了常见的一阶导数向量还有一个二阶导数向量，这个向量是两个相邻段共用的。按照几何学，C^2 连续意味着分段在它们的节点上有着相同的切线和相同的曲率，所以 C^2 样条的视觉印象确实令人信服。即使在节点上，带有三次段的样条曲线也能保证 C^2 连续（见定义 3.28）。这一节后面，将提供解决插值问题的这种三次样条曲线。

在许多情况下，甚至是一个具有 C^1 连续的三次子样条曲线也能完成以下工作：在两个连续段节点上的导数向量是相同的。A. W. Overhauser㊀ [14] 提出了一个简单的构造三次插值子样条曲线的方法：

Overhauser 子样条的插值

首先介绍两条曲线线性混合的概念。设 $\mathbf{p}_1(t)$ 和 $\mathbf{p}_2(t)$ 是两条曲线在区间 $[s_1, s_2]$ 上的参数表示。$\mathbf{p}_1(t)$ 和 $\mathbf{p}_2(t)$ 的线性混合被定义为曲线

㊀ A. W. Overhauser（艾伯特·欧沃豪斯）是美国物理学家，1925 年出生于美国加利福尼亚州的圣地亚哥。

$$\mathbf{p}(t)=\frac{s_2-t}{s_2-s_1}\mathbf{p}_1(t)+\frac{t-s_1}{s_2-s_1}\mathbf{p}_2(t) \tag{3.109}$$

如果将线性混合式（3.109）应用到曲线 $\mathbf{p}_1(t)$ 和 $\mathbf{p}_2(t)$，另外通常假设 $\mathbf{p}_1(s_1)=\mathbf{p}_2(s_1)$ 且 $\mathbf{p}_1(s_2)=\mathbf{p}_2(s_2)$，由此产生的混合曲线 $\mathbf{p}(t)$ 沿用了在 $\mathbf{p}_1$ 的 $t=s_1$ 点和 $\mathbf{p}_2$ 的 $t=s_2$ 点上的切线向量。对于下面的 Overhauser 子样条曲线的结构，这是最基本的想法（图 3-61 和图 3-62）。

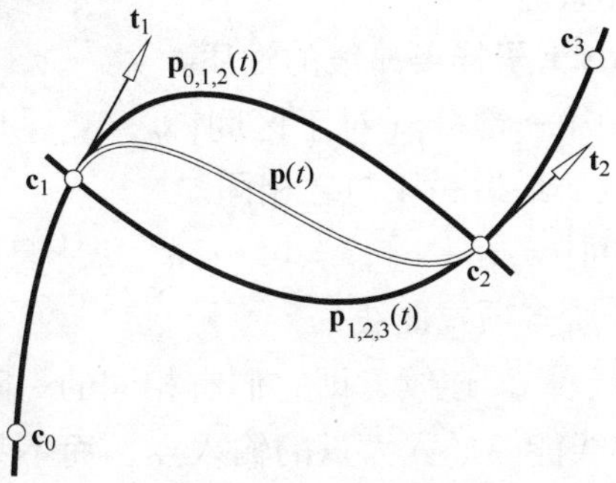

图 3-61　把 $i=1$ 代入式（3.110）。Overhauser 子样条曲线段构造成一个抛物线弧 $\mathbf{p}_{0,1,2}(t)$ 和 $\mathbf{p}_{1,2,3}(t)$ 的线性混合。混合曲线 $\mathbf{p}(t)$ 沿用了 s_1 上的点 $\mathbf{p}_{0,1,2}(t)$ 的切向量和 s_2 上点 $\mathbf{p}_{1,2,3}(t)$ 的切向量。这种方式产生的子样条曲线段在它们的节点上 C^1 连续

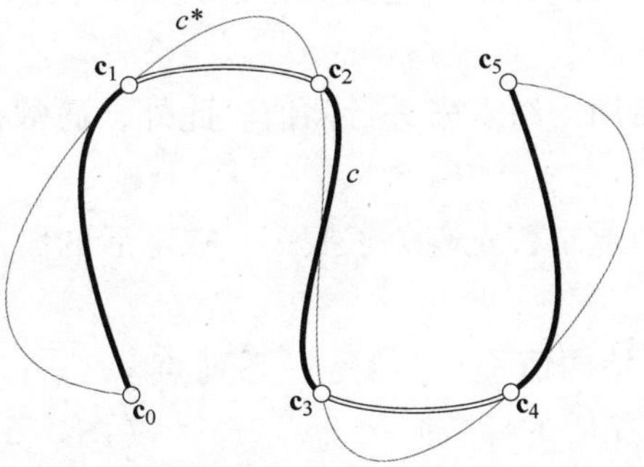

图 3-62　Overhauser 子样条曲线作为插值问题 3.2 的解。不同的部分（黑白交替）是 C^1 连续的。它们是根据解释式（3.110）生成的，如图 3-61 所示。作为比较，灰色细曲线 c^* 是带有均匀节点向量的拉格朗日解

现在介绍一个简单但有效的算法来构造插值曲线，它能够在不产生振荡的情况下处理大量的输入点。

定义 3.37　Overhauser 子样条曲线。设给定 $n+1$ 个点 $c_0,\cdots,c_n$ 和相应的参数值 $s_0,\cdots,s_n$，对于输入数据 c_i,c_{i+1},c_{i+2} 和 s_i,s_{i+1},s_{i+2}，设 $\mathbf{p}_{i,i+1,i+2}(t)$ 表示拉格

朗日插值曲线。然后把曲线 $\mathbf{p}(t)$ 定义为：

$$\mathbf{p}(t)=\begin{cases}\mathbf{p}_{0,1,2}(t), & t\in[s_0,s_1]\\ \dfrac{s_{i+1}-t}{s_{i+1}-s_i}\mathbf{p}_{i-1,i+1}(t)+\dfrac{t-s_i}{s_{i+1}-s_i}\mathbf{p}_{i,i+1,i+2}(t), & t\in[s_i,s_{i+1}],i=1,\cdots,n-2\\ \mathbf{p}_{n-2,n-1,n}(t), & t\in[s_{n-1},s_n]\end{cases}\tag{3.110}$$

它被称为 Overhauser 子样条曲线。

命题 3.13　Overhauser 子样条曲线的性质。

1. Overhauser 曲线的第一部分（对于区间 $[s_0,s_1]$）是一个 2 阶拉格朗日插值曲线，即一条抛物线段。最后一段与之相同。

2. 中间段（对于区间 $[s_i,s_i+1],i=1,\cdots,n-2$）是抛物线段的线性混合，因此它们是三次曲线（3 阶多项式曲线）。

3. 在节点处，相邻线段 C^1 连续，即它们有相同的一阶导数向量。

Overhauser 子样条曲线能够插入大量的输入点，而不易受到不必要振荡的影响。

这个有效算法的唯一缺点是它仅仅保证了 C^1 连续。但是这种限制也可以通过更高阶元素（见参考文献［15］）的非线性混合来克服。

埃尔米特插值

这段描述了另一个解决插值问题的真正的经典解法。它采用与 C^1 子样条曲线相连的三次样条曲线。

埃尔米特插值开始用一组点来进行插值。此外，通常在指定点上使用一组微分向量。

对低阶样条元素的限制首先避免了振荡。在随后的段落中甚至能够修改方案并提供三次段 C^2 样条方案。

问题 3.3　埃尔米特插值㊀。设给定一系列点 $\mathbf{c}_0$，…，$\mathbf{c}_n$，一系列相应的参数值 $s_0<\cdots<s_n$，给定相应的导数向量 $\mathbf{t}_0$，…，$\mathbf{t}_n$（图 3-63）。

找到一个三次段组成的曲线 $\mathbf{p}(t)$，这样对于每一个 $j=0,\cdots,n$：

$$\mathbf{p}(s_j)=\mathbf{c}_j\tag{3.111}$$

$$\dot{\mathbf{p}}(\mathbf{s}_j)=\mathbf{t}_j\tag{3.112}$$

基本上，这个任务分别在每一个区间 $[s_j,s_{j+1}]$ 上进行：三次曲线 $\mathbf{p}_j(t)$ 是由两个指定点 $\mathbf{c}_j,\mathbf{c}_{j+1}$ 和相应的微分向量 $\mathbf{t}_j,\mathbf{t}_{j+1}$ 按照各自的参数 s_j,s_{j+1} 唯一确定的。

㊀ 夏尔·埃尔米特（1822－1901）是法国数学家，尤其对数论和代数学领域作出了杰出贡献。

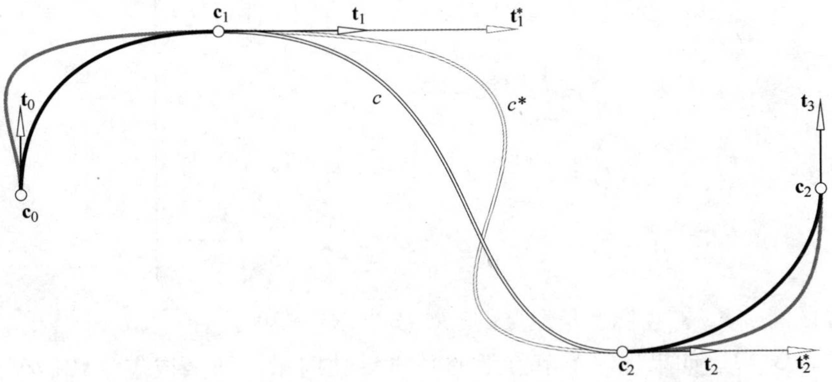

图3-63　埃尔米特插值问题：给定点 $\mathbf{c}_0,\mathbf{c}_1,\mathbf{c}_2,\mathbf{c}_3$，相应的导数向量 $\mathbf{t}_0,\mathbf{t}_1,\mathbf{t}_2,\mathbf{t}_3$ 以及节点向量 s_0,s_1,s_2,s_3。新出现的埃米尔特解曲线 c 的部分段用黑色和白色标记出来。相同的输入，但是导向量 $\mathbf{t}_1^*=2\cdot\mathbf{t}_1$ 和 $\mathbf{t}_2^*=2\cdot\mathbf{t}_2$ 不同，提供解 c^*（灰色）

所需的曲线在区间 $[s_j,s_{j+1}]$ 上表示为一个三阶贝塞尔曲线（与式（3.72）相比）：

$$\mathbf{p}_j(t)=\sum_{i=0}^{3}B_{i,3}^{[s_j,s_{j+1}]}\cdot\mathbf{a}_{j,i} \tag{3.113}$$

贝塞尔曲线改变了控制多边形的第一个和最后一个点，所以从式（3.111）我们得到：

$$\mathbf{a}_{j,0}=\mathbf{c}_j,\mathbf{a}_{j,3}=\mathbf{c}_{j+1} \tag{3.114}$$

根据式（3.74），这段在起点和终点的导向量是：

$$\dot{\mathbf{p}}_j(s_j)=\frac{3}{\Delta_j}\cdot(\mathbf{a}_{j,1}-\mathbf{a}_{j,0})$$

$$\dot{\mathbf{p}}_j(s_{j+1})=\frac{3}{\Delta_j}\cdot(\mathbf{a}_{j,3}-\mathbf{a}_{j,2})$$

式中，$\Delta_j=s_{j+1}-s_j$。

当在 s_j，s_{j+1} 处给定了规定的导数向量 $\mathbf{t}_j$，$\mathbf{t}_{j+1}$ 根据式（3.112）得到：

$$\mathbf{a}_{j,1}=\mathbf{c}_j+\frac{\Delta_j}{3}\cdot\mathbf{t}_j,\mathbf{a}_{j,2}=\mathbf{c}_{j+1}-\frac{\Delta_j}{3}\cdot\mathbf{t}_{j+1} \tag{3.115}$$

将式（3.114）和式（3.115）插入式（3.113）之间完美地表现了三段在区间 $[s_j,s_{j+1}]$ 的特征。根据输入数据，这个公式可以改写为：

$$\mathbf{p}_j(t)=H_{j,0}(t)\cdot\mathbf{c}_j+H_{j,1}(t)\cdot\mathbf{t}_j+H_{j,2}(t)\cdot\mathbf{t}_{j+1}+H_{j,3}(t)\cdot\mathbf{c}_{j+1} \tag{3.116}$$

其中函数

$$\left.\begin{aligned} H_{j,0}(t) &= \frac{1}{\Delta_j^3} \cdot (s_{j+1}-t)^2 \cdot (2t+s_{j+1}-3s_j) \\ H_{j,1}(t) &= \frac{1}{\Delta_j^2} \cdot (t-s_j) \cdot (s_{j+1}-t)^2 \\ H_{j,2}(t) &= -\frac{1}{\Delta_j^2} \cdot (t-s_j)^2 \cdot (s_{j+1}-t) \\ H_{j,3}(t) &= \frac{1}{\Delta_j^3} \cdot (t-s_j)^2 \cdot (-2t+3s_{j+1}-s_j) \end{aligned}\right\} \tag{3.117}$$

在有效区间 $[s_j, s_{j+1}]$ 上是经典的三次埃米尔特多项式。

注释 3.12 如果规定了节点上的高阶导数向量，那么埃尔米特插值问题就能够解决。在这种情况下还可以实现 C^1 连续（见参考文献［8］的第 79 - 80 页，参考文献［7］的第 96 - 98 页）。一个在节点上带有不同数量高阶导数的艾米尔特插值的显示公式可以在参考文献［16］的第 121 页中找到。

在接下来的段落中，每个数据点上预选切向量的选项会被舍去，这是为了在节点获得更好的平滑度。

三次样条曲线插值：埃尔米特法

相对于 C^1 连续，三次插值在节点处传递能力更强。图 3-64 强调了 C^1 连续和 C^2 连续之间的区别。

一般来说，k 和 $k-1$ 阶的连续性片段是适当的样条曲线的标志（见定义 3.28）。$k=3$ 已经可以在大多数应用中传递正确节点的连续样条段的曲率连续（即，C^2 连续性）。现在，用 $k=3$ 的样条曲线（三次样条）解决插值问题。

问题 3.4 三次样条插值。设给定点 $\mathbf{c}_0$，…，$\mathbf{c}_n$（在三维空间或平面中）和相应的参数值 $s_0<,\cdots,s_n$。找到一个带有节点向量$(s_0,\cdots,s_n)$的三次样条曲线 $\mathbf{p}(t), t\in[s_0,s_n]$插入给定的数据，即

$$\mathbf{p}(s_j)=\mathbf{c}_j, j=0,\cdots,n \tag{3.118}$$

下面的策略是基于埃尔米特插值（见上面）：

- 记录在埃尔米特多项式中所需的三次样条插值在第 j 段的表达式

$$\mathbf{p}_j(t)=H_{j,0}(t)\cdot\mathbf{c}_j+H_{j,1}(t)\cdot\mathbf{t}_j+H_{j,2}(t)\cdot\mathbf{t}_{j+1}+H_{j,3}(t)\cdot\mathbf{c}_{j+1}, j=0,\cdots,n-1 \tag{3.119}$$

节点 s_j，s_{j+1}的导向量 $\mathbf{t}_j$，$\mathbf{t}_{j+1}$未知，这些向量仍需要计算。

- 为了得到 C^2 连续，设置条件

$$\ddot{\mathbf{p}}_j(s_{j+1})=\ddot{\mathbf{p}}_{j+1}(s_{j+1}), j=0,\cdots,n-2 \tag{3.120}$$

这是关于 $n+1$ 个未知向量 $\mathbf{t}_0,\cdots,\mathbf{t}_n$ 的 $n-1$ 个方程组。

- 因为未知向量比方程多两个，所以需要另外增加两个条件。在这一点上，

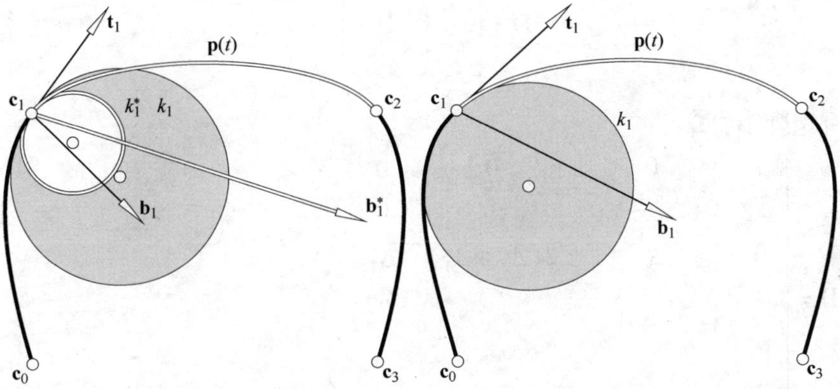

图 3-64 C^1 连续和 C^2 连续截然相反。左图插入的 Overhauser 子样条曲线提供 C^1 连续的样条部分。在图中对节点 $\mathbf{c}_1$ 进行了阐述：通过 $\mathbf{c}_1$ 点连接的两部分有相同的切线向量 $\mathbf{t}_1$，而二阶导数向量 $\mathbf{b}_1$ 和 $\mathbf{b}_1^*$ 是不同的。两个线段的密切圆 k_1 和 k_1^* 也不同；节点的曲率变化比较突然。右图就在本节所解释的埃尔米特方法提供了一个 C^2 连续的插值曲线。即使在节点（在图中说明的 $\mathbf{c}_1$）两段的一阶导数向量一致，且第二个导数向量和密切圆也是如此。在节点上，插值曲线曲率变化依然平稳

有几个可供选择的替代方案。给出继续计算的两个（标准化）选择：

（a）用下面的方法规定两端点 $\mathbf{c}_0$ 和 $\mathbf{c}_n$ 上的导向量 $\mathbf{t}_0$，$\mathbf{t}_n$。

根据式（3.107），前面的三个点 $\mathbf{c}_0$，$\mathbf{c}_1$，$\mathbf{c}_2$ 唯一确定了一条拉格朗日插值曲线，在这种情况下是个抛物线，它在 $\mathbf{c}_0$ 点的切向量可以很容易地通过如下式子计算出来。

$$\mathbf{t}_0 = \gamma_0 \cdot \mathbf{c}_0 + \gamma_1 \cdot \mathbf{c}_1 + \gamma_2 \cdot \mathbf{c}_2 \tag{3.121}$$

其中：

$$\gamma_0 := -\frac{2\Delta_0 + \Delta_1}{\Delta_0(\Delta_0 + \Delta_1)},\ \gamma_1 := \frac{\Delta_0 + \Delta_1}{\Delta_0\Delta_1},\ \gamma_2 := -\frac{\Delta_0}{(\Delta_0 + \Delta_1)\Delta_1}.$$

同样有

$$\mathbf{t}_n = \gamma_{n-2} \cdot \mathbf{c}_{n-2} + \gamma_{n-1} \cdot \mathbf{c}_{n-1} + \gamma_n \cdot \mathbf{c}_n \tag{3.122}$$

对于 $\mathbf{c}_n$ 的切向量，缩写为

$$\gamma_{n-2} := \frac{\Delta_{n-1}}{\Delta_{n-2}(\Delta_{n-2} + \Delta_{n-1})},\gamma_{n-1} := -\frac{\Delta_{n-2} + \Delta_{n-1}}{\Delta_{n-2}\Delta_{n-1}},\gamma_n := -\frac{2\Delta_{n-1} + \Delta_{n-2}}{(\Delta_{n-2} + \Delta_{n-1})\Delta_{n-1}}$$

添加这两个条件，最终线性方程组表示为㊀：

㊀ 对向量 $\mathbf{t}_i$，$\mathbf{c}_i$ 的每个坐标必须解释方程（3.123），因此，它基本上由三个方程构成。

$$\mathbf{D}\cdot\begin{bmatrix}\mathbf{t}_0\\ \vdots\\ \mathbf{t}_n\end{bmatrix}=\widetilde{\mathbf{D}}\cdot\begin{bmatrix}\mathbf{c}_0\\ \vdots\\ \mathbf{c}_n\end{bmatrix} \tag{3.123}$$

有矩阵 $\mathbf{D}$，$\widetilde{\mathbf{D}}$：

$$\mathbf{D}=\begin{bmatrix}1 & 0 & 0 & 0 & \cdots & & 0\\ \Delta_1 & 2(\Delta_0+\Delta_1) & \Delta_0 & 0 & & & \\ 0 & \Delta_2 & 2(\Delta_2+\Delta_1) & \Delta_1 & & & \\ \vdots & & \ddots & \ddots & \ddots & & \vdots\\ & & & & & & 0\\ \vdots & & & & \Delta_{n-1} & 2(\Delta_{n-2}+\Delta_{n-1}) & \Delta_{n-2}\\ 0 & \cdots & & & 0 & 0 & 1\end{bmatrix} \tag{3.124}$$

$$\widetilde{\mathbf{D}}=\begin{bmatrix}\gamma_0 & \gamma_1 & \gamma_2 & 0 & & \cdots & 0\\ -3\dfrac{\Delta_1}{\Delta_0} & 3\left(\dfrac{\Delta_1}{\Delta_0}-\dfrac{\Delta_0}{\Delta_1}\right) & 3\dfrac{\Delta_0}{\Delta_1} & 0 & & & \\ 0 & -3\dfrac{\Delta_2}{\Delta_1} & 3\left(\dfrac{\Delta_2}{\Delta_1}-\dfrac{\Delta_1}{\Delta_2}\right) & 3\dfrac{\Delta_1}{\Delta_2} & & & \\ \vdots & & \ddots & \ddots & \ddots & & \\ & & & & -3\dfrac{\Delta_{n-1}}{\Delta_{n-2}} & 3\left(\dfrac{\Delta_{n-1}}{\Delta_{n-2}}-\dfrac{\Delta_{n-2}}{\Delta_{n-1}}\right) & 3\dfrac{\Delta_{n-2}}{\Delta_{n-1}}\\ \vdots & & & & & & \\ 0 & \cdots & & & \gamma_{n-2} & \gamma_{n-1} & \gamma_n\end{bmatrix} \tag{3.125}$$

（b）提供另一个方案来说明如何通过简单的命令添加两个额外的限制条件

$$\ddot{\mathbf{p}}_0(s_0)=\ddot{\mathbf{p}}_{n-1}(s_0)=0 \tag{3.126}$$

由于这些条件，所得到的插值曲线的拐点在其端点。说明曲线为一柔性梁（3.4.2 小节）。这意味着在有效区间外没有力施加到梁上。在每个端点它表现得像直线那样连续。

如果应用这些条件式（3.126），而不是如前面提到的，那么矩阵 D 的第一行和最后一行要用

$$2\Delta_0,\Delta_0,0,\cdots\cdots,0,$$
$$0,\cdots\cdots,0,\Delta_{n-1},2\Delta_{n-1}$$

所取代。

此外，矩阵$\widetilde{\mathbf{D}}$的第一行和最后一行被

$$-3,3,0,\cdots\cdots,0,$$

$$0,\cdots\cdots,0,-3,3$$

所取代。

• 对角矩阵 **D** 在（a）和（b）这两种情况下是可逆的。这样做的原因是 **D** 在主对角线占主导地位：在每一行对角线上的元素大于此行其他元素。式（3.123）的解法为⊖

$$\begin{bmatrix}\mathbf{t}_0\\ \vdots\\ \mathbf{t}_n\end{bmatrix}=\mathbf{D}^{-1}\cdot\widetilde{\mathbf{D}}\cdot\begin{bmatrix}\mathbf{c}_0\\ \vdots\\ \mathbf{c}_n\end{bmatrix} \tag{3.127}$$

• 找到了所有的切向量 $\mathbf{t}_j$，$j=0$，…，n 之后，可以很容易地完成工作：所需三次样条曲线的第 j 部分 $\mathbf{p}_j(t)$ 是由给定的点 $\mathbf{c}_j$，$\mathbf{c}_{j+1}$ 和计算过的切向量 $\mathbf{t}_j$，$\mathbf{t}_{j+1}$ 确定的。它的确切表达式是式（3.119）。

图 3-65 展示了一个三次埃尔米特样条插值的示例。

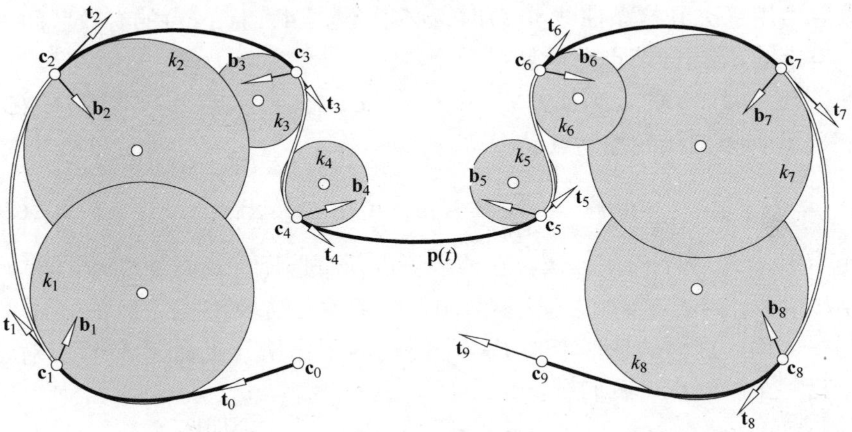

图 3-65　三次埃尔米特样条曲线将 C^2 连续插值曲线传递到给定数据点 $\mathbf{c}_0$，…，$\mathbf{c}_9$。在任何节点的样条段（交替标记黑色和白色）有相同的第一和第二导数向量（即图中的 $\mathbf{t}_i$ 和 $\mathbf{b}_i$）。节点 $\mathbf{c}_i$ 上相邻段的常见密切圆 k_i 也已标出。在端点寻求方法式（3.126）：在任一端（$\mathbf{b}_0$ 和 $\mathbf{b}_9$）的第二导数向量消失

三次样条插值的物理解释

在 3.4.2 小节的开始部分，第一次提到用柔性梁穿过给定的点。

⊖　例如，三对角矩阵的逆矩阵可以通过参考文献［17］建议的方法来计算，但并不推荐此种方法。选择数字上稳固的高斯 - 约当的方法，绕轴族来解决线性方程组（3.123），它是一个标准的数学工具。

3.2 节的插值问题跟这一工作密切相关。如果迫使这样的梁穿过指定点，它将试图假定一个平衡状态。梁 $\mathbf{p}(t)$ 能使线性弯曲的能量最小化。

$$E = c \cdot \int \kappa^2(s)\,\mathrm{d}s = c \cdot \int \| \mathbf{p}'' \|^2 \mathrm{d}s \tag{3.128}$$

式中，c 是一个常数；s 表示 $\mathbf{p}(t)$ 的弧长；撇号表示 s 的微分。（比较式(3.38)）可以规定（不需要详细信息）：

在所有通过给定点 $\mathbf{c}_i$ 的曲线中，三次样条曲线能使弯曲能量 E 最小。这意味着，这条曲线能大致变现得像柔性梁穿过指定点。

三次样条插值：B 样条法

这一段描述另一种解决问题 3.4 的方法。所得到的插值曲线和输入法唯一曲线是相同的，因此，这种得到曲线的方法是独立的。

目前，采用三次 B 样条基函数 $N_{i,4}(t)$（定义 3.29）的方法。与埃米尔特法不同，可直接计算所得到的 B 样条曲线 $\mathbf{p}(t)$ 上的控制点 $\mathbf{a}_i$（不事先计算点 s_i 的切向量）。

一般要求 B 样条曲线 $\mathbf{p}(t)$ 的节点 $t_0,\cdots t_m,\cdots t_{m+k}$（原本作为解）和插值节点 s_j 一致。当用三次 B 样条曲线 $\mathbf{p}(t)$ 时，必须令 $k=4$；且 $\mathbf{p}(t)$ 的有效区间为 $[t_3=s_0, t_{m+1}=s_n]$。适当的节点向量是：

$$t_0, t_1, t_2, t_3 = s_0, \cdots, t_{n+3} = s_n, t_{n+4}, t_{n+5}, t_{n+6} \tag{3.129}$$

计算三次 B 样条曲线的控制点 $\mathbf{a}_i$

$$\mathbf{p}(t) = \sum_{i=0}^{n+2} N_{i,4}(t) \cdot \mathbf{a}_i, t \in [s_0, s_n] \tag{3.130}$$

自由节点 t_0, t_1, t_2 和 $t_{n+4}, t_{n+5}, t_{n+6}$ 在两端可以任意选择，我们令 $t_0 = t_1 = t_2 = t_3 = s_0$ 和 $s_n = t_{n+3} = t_{n+4} = t_{n+5} = t_{n+6}$，这不影响最终的输出结果。

另一方面，这样的选择带来了一个便利的副作用（见命题 3.6）。对于第一个和最后一个控制点，我们有：

$$\left.\begin{aligned} \mathbf{a}_0 &= \mathbf{p}(s_0) = \mathbf{c}_0 \\ \mathbf{a}_{n+2} &= \mathbf{p}(s_n) = \mathbf{c}_n \end{aligned}\right\} \tag{3.131}$$

将点 $\mathbf{c}_j$ 篡改成 s_j 的其余条件是：

$$\mathbf{p}(s_j) = \sum_{i=0}^{n+2} N_{i,4}(s_j = t_{j+3}) \cdot \mathbf{a}_i = \mathbf{c}_j, j = 1, \cdots, n-1 \tag{3.132}$$

根据（命题 3.3 中的 4），在公式（3.132）的每一个和中仅有三个非零项，我们有：

$$N_{j,4}(t_{j+3}) \cdot \mathbf{a}_j + N_{j+1,4}(t_{j+3}) \cdot \mathbf{a}_{j+1} + N_{j+2,4}(t_{j+3}) \cdot \mathbf{a}_{j+2} = \mathbf{c}_j, j = 1, \cdots, n-1 \tag{3.133}$$

非零值 $N_{j,4}(t_{j+3}), N_{j+1,4}(t_{j+3}), N_{j+2,4}(t_{j+3})$ 可以由点 t_i 直接表示

$$\left.\begin{aligned} N_{j,4}(t_j+3) &= \frac{(t_{j+4}-t_{j+3})^2}{(t_{j+4}-t_{j+1})(t_{j+4}-t_{j+2})} \\ N_{j+1,4}(t_{j+3}) &= \frac{(t_{j+3}-t_{j+1})(t_{j+4}-t_{j+3})}{(t_{j+4}-t_{j+1})(t_{j+4}-t_{j+2})}+\frac{(t_{j+5}-t_{j+3})(t_{j+3}-t_{j+2})}{(t_{j+5}-t_{j+2})(t_{j+4}-t_{j+2})} \\ N_{j+2,4}(t_{j+3}) &= \frac{(t_{j+3}-t_{j+2})^2}{(t_{j+5}-t_{j+2})(t_{j+4}-t_{j+2})} \end{aligned}\right\} \quad (3.134)$$

所需的插值曲线 $\mathbf{p}(t)$ 的 $n+3$ 个德布尔点 $\mathbf{a}_i$ 要被计算出来；到目前为止，有 $n+1$ 个条件，即两个约束式（3.131）和 $n-1$ 个条件式（3.133）。很明显，还需要再选择两个附加约束㊀。

一个方法当然是分别选择点 $\mathbf{c}_0$ 和 $\mathbf{c}_n$ 的切向量（任意的）$\mathbf{t}_0$ 和 $\mathbf{t}_n$。这是常用 CAD 程序所推荐的。这些程序要求切向量在任一端点，并且它们能交互式地显示所得插值曲线的预览。

在许多情况下，额外自由选择两个向量不一定是用户期望的。作为一个替代方案，把 $\mathbf{c}_0$，$\mathbf{c}_1$，$\mathbf{c}_2$ 三个点用拉格朗日插值曲线连接：$\mathbf{c}_0$ 处的切向量 $\mathbf{t}_0$ 已经在式（3.121）中计算出来了。同样的，在式（3.122）中获得了拉格朗日插值曲线上点 $\mathbf{c}_{n-2}$，$\mathbf{c}_{n-1}$，$\mathbf{c}_n$ 的切线向量 $\mathbf{t}_n$。对于所需的额外输入，这两个向量是很好的建议，因为它们可完美地融入到输入数据中。

通过最前面（或最后面）的三个给定数据点的拉格朗日插值曲线是抛物线，大部分情况下，这个抛物线在片段的端点处产生了一条合适的切线。尽管有些时候，抛物线段的形状可能会在端点附近产生一些不合适的节。在这种情况下，用一个圆穿过最前面（或最后面）的三个数据点可能是个更好的选择。

在起始端有 k 个一致的节点，根据最前面的两个德波尔点 $\mathbf{a}_0$，$\mathbf{a}_1$，切向量 $\mathbf{t}_0$ 可以写成（见命题 3.6 和式（3.87））：

$$\frac{3}{s_1-s_0}\cdot(\mathbf{a}_1-\mathbf{a}_0)=\mathbf{t}_0 \quad (3.135)$$

同样得到：

$$\frac{3}{s_n-s_{n-1}}\cdot(\mathbf{a}_{n+2}-\mathbf{a}_{n+1})=\mathbf{t}_n \quad (3.136)$$

在尾端处也有 k 个一致的节点。

结合式（3.133）中的 $n-1$ 个条件，式（3.131）中的两个条件以及式（3.135）和式（3.136）中的最后两个条件，得到一个 $n+3$ 个线性方程组成的方程组：

㊀ 记住在类似情况下用埃尔米特法解决相同任务。

$$\mathbf{F}\cdot\begin{bmatrix}\mathbf{a}_0\\ \mathbf{a}_1\\ \vdots\\ \mathbf{a}_{n+1}\\ \mathbf{a}_{n+2}\end{bmatrix}=\begin{bmatrix}\mathbf{t}_0\\ \mathbf{c}_0\\ \vdots\\ \mathbf{c}_n\\ \mathbf{t}_n\end{bmatrix} \tag{3.137}$$

这儿有

$$\mathbf{F}:=\begin{bmatrix}-\frac{3}{s_1-s_0} & \frac{3}{s_1-s_0} & 0 & \cdots & & \cdots & 0\\ 1 & 0 & \cdots & & & \cdots & 0\\ 0 & N_{1,4}(s_1) & N_{2,4}(s_1) & N_{3,4}(s_1) & 0 & \cdots & 0\\ \vdots & & \ddots & \ddots & \ddots & & \vdots\\ 0 & \cdots & 0 & N_{n-1,4}(s_{n-1}) & N_{n,4}(s_{n-1}) & N_{n+1,4}(s_{n-1}) & 0\\ 0 & \cdots & & & \cdots & 0 & 1\\ 0 & \cdots & & \cdots & 0 & -\frac{3}{s_n-s_{n-1}} & \frac{3}{s_n-s_{n-1}}\end{bmatrix} \tag{3.138}$$

当然，根据式（3.134），这个矩阵里 $\boldsymbol{N}_{i,4}(s_j)$ 的值可以立刻算出来。

矩阵 **F** 是对角可逆矩阵[⊖]，对于插值问题的解析曲线，德波尔点表现为

$$\begin{bmatrix}\mathbf{a}_0\\ \mathbf{a}_1\\ \vdots\\ \mathbf{a}_{n+1}\\ \mathbf{a}_{n+2}\end{bmatrix}=\mathbf{F}^{-1}\cdot\begin{bmatrix}\mathbf{t}_0\\ \mathbf{c}_0\\ \vdots\\ \mathbf{c}_n\\ \mathbf{t}_n\end{bmatrix} \tag{3.139}$$

这个解是唯一的且基本上能通过逆矩 $\mathbf{F}^{-1}$ 表示，这让人感到欣慰。对于实际计算，特别是矩阵 **F** 很大的情况下，建议选择另一种方法。在图 3-66 和图 3-67 中举了两个三次 B 样条插值的例子。图 3-66 指的是平面情况，而图 3-67 展示了空间插值问题的解决方案。

3.5.3 参数化

在插值问题 3.2 中，从给定的数据点 $\mathbf{c}_0$，…，$\mathbf{c}_n$ 和一系列给定的参数值 $s_0<\cdots<s_n$ 开始。实际上仅仅只有给定点 $\mathbf{c}_j$，而理论上参数值 s_j 可以被任意选择。

⊖ 事实上，沿着第二行和倒数第二行扩展矩阵，很容易便可检验它的必然性，剩余矩阵是主要的对角优势，因此它的决定因素是非零。

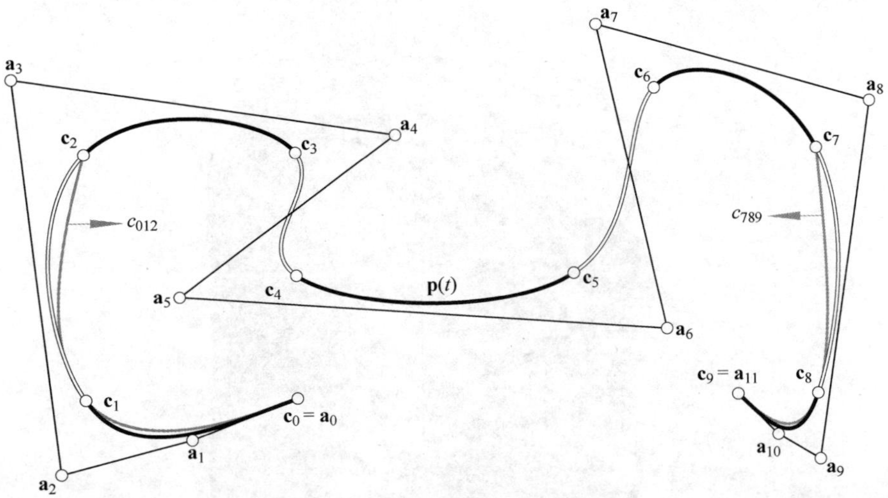

图3-66　对于给定的数据点 $\mathbf{c}_0$，…，$\mathbf{c}_9$，B样条曲线法提供了 C^2 连续的插值曲线。计算德布尔点以 $\mathbf{a}_0$，…，$\mathbf{a}_{11}$ 以获得B样条曲线。此处分别用（3.121）和（3.122）开始和最后的三个点所确定的抛物弧线 c_{012} 和 c_{789}，作为在端点 $\mathbf{c}_0$ 和 $\mathbf{c}_9$ 处的两个自由条件，并用灰色标明。要求插值曲线能在两条抛物线的任一端点处切向量连续

必须谨慎的是，所得的插值曲线很大程度上取决于这个选择。对数值方法深入考虑，也参考参考文献［18］和参考文献［16］。

序列 s_0，…，s_n 的一个简单选择是参数化：$s_j = j$ 叫标准参数化（见下文）。这种选择完全忽略了输入数据点的几何形状㊀。

考虑到插值曲线 $\mathbf{p}(t)$ 的时间参数 t，统一参数化意味着 $\mathbf{p}(t)$ 上两个相距很远的点之间的部分比相邻两点之间的部分覆盖速度更快，这也影响了 $\mathbf{p}(t)$ 的形状。(图3-68)。

为了实现平衡的速度分布，就要考虑到连续点之间允许的距离 $\|\mathbf{c}_{j+1} - \mathbf{c}_j\|$。

定义3.38　参数化的标准类型。节点向量（s_0，…，s_n）被称为：

- 均匀型，如果

$$s_{j+1} = s_j + \delta,\ \delta = 常数,\ j = 0,\ \cdots,\ n-1 \tag{3.140}$$

- 弦型，如果

$$\frac{s_{j+2} - s_{j+1}}{s_{j+1} - s_j} = \frac{\|\mathbf{c}_{j+2} - \mathbf{c}_{j+1}\|}{\|\mathbf{c}_{j+1} - \mathbf{c}_j\|},\ j = 0,\ \cdots,\ n-1 \tag{3.141}$$

㊀ 与第一个插值问题3.1同理。如果将标量值 c_i 解释为实数线上的“点”，那么便可应用相应的参数序列 s_0，…，s_n 的下列适应性。

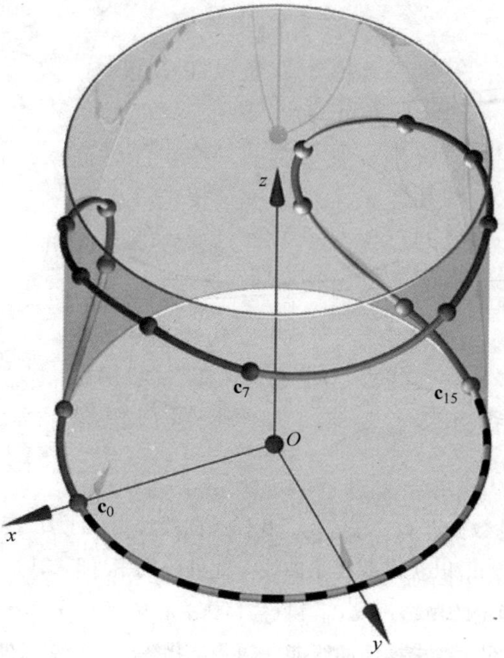

图 3-67　16 个点 $\mathbf{c}_0$，…，$\mathbf{c}_{15}$在右边直圆柱上。它们被如上所述的三次 B 样条插值曲线插值；弦的参数化。任一端点（$\mathbf{c}_0$ 和 $\mathbf{c}_{15}$）处的切线被规定为边界圆切线（斑马条纹），这是为了保证有足够的过渡。严格地说，插值曲线并不包含在圆柱面中，尽管它适应得很好

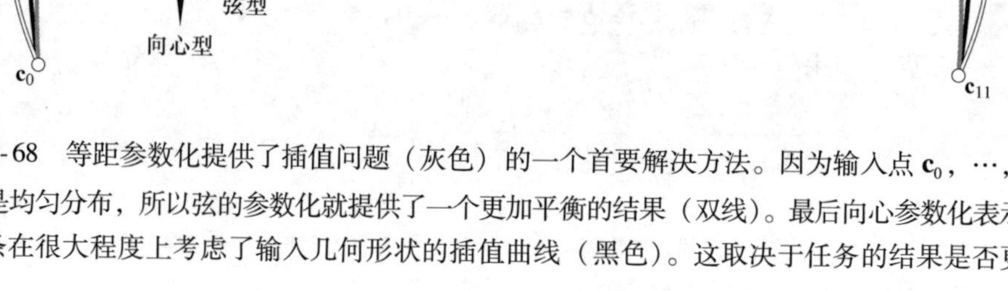

图 3-68　等距参数化提供了插值问题（灰色）的一个首要解决方法。因为输入点 $\mathbf{c}_0$，…，$\mathbf{c}_{11}$ 不是均匀分布，所以弦的参数化就提供了一个更加平衡的结果（双线）。最后向心参数化表示了一条在很大程度上考虑了输入几何形状的插值曲线（黑色）。这取决于任务的结果是否更好

- 向心型，如果

$$\frac{s_{j+2}-s_{j+1}}{s_{j+1}-s_j}=\sqrt{\frac{\|\mathbf{c}_{j+2}-\mathbf{c}_{j+1}\|}{\|\mathbf{c}_{j+1}-\mathbf{c}_j\|}},\ j=0,\ \cdots,\ n-1 \tag{3.142}$$

弦的参数化适应正比于弦长的参数间隔。关于主体的向心力沿着曲线移动，向心参数化源于物理观测。

至于合适的参数化的其他建议，参见参考文献［7］的第201页。

在插值工作中，参数的选择是一个有重要影响的步骤。它最终决定了产生的插值曲线的质量。为了认识参数分布的巨大影响，可通过三次样条曲线插值来解决对12个给定点 $\mathbf{c}_0$，…，$\mathbf{c}_1 1$ 的插值问题。不同形状的解决方案仅仅是源于不同的参数化（图3-68）。

3.6 单变量逼近

逼近是用来解决这样一个问题，即找到一个函数（非给定的函数类，使得其与一组给定的数据的距离函数最小。本质上，这是一个优化问题。与插值的情况相反，不需要完全采用给定的数据。具体内容如下：

问题3.5 真值的单变量逼近。设给定在 $\mathbb{R}$ 上的 $m+1$ 个实数值 c_0，…，c_m 和区间［a，b］的相应参数值 $s_0<\cdots<s_m$。向量（s_0，…，s_n）被称为节点向量。如问题3.1，令 $\mathscr{F}$ 为一个在区间［a，b］连续函数的线性空间。另外令㊀ $m>n=\dim\mathscr{F}-1$。

找到一个函数 $p(t)\in\mathscr{F}$ 使得平方差的总和（误差函数）

$$e=\sum_{j=0}^{m}|p(s_j)-c_j|^2 \tag{3.143}$$

被最小化。

这种优化任务是一个经典高斯最小二乘问题。用下面的方式解决它：

设 $F_0(t)$，…，$F_n(t)$ 为 $\mathscr{F}$ 的基函数。所需的逼近函数 $p(t)$ 可以写成

$$p(t)=\sum_{i=0}^{n}F_i(t)\cdot a_i \tag{3.144}$$

带有系数 a_0，…，$a_n\in\mathbb{R}$。误差平方和 g 按下式加以精确计算：

$$e(a_0,\cdots,a_n)=\sum_{j=0}^{m}|p(s_j)-c_j|^2=\sum_{j=0}^{m}\left|\left(\sum_{j=0}^{m}F_i(s_j)\cdot a_i\right)-c_j\right|^2 \tag{3.145}$$

它是带有未知常系数 a_0，…，a_n 的二次函数。这个函数 e 取得最小值的必要条件是

㊀ 通常，逼近处理的是大数据集合：$m>n$；$m\leqslant n$ 的情况提供了转变成插值任务的机会（见3.5节）。

所有偏导数$\frac{\partial e}{\partial a_j}$为零，

$$\frac{\partial e}{\partial a_j}=0, i=0,\cdots,n$$

对应 $n+1$ 个系数 a_i，有 $n+1$ 个线性方程式，用矩阵表示这些条件为：

$$\mathbf{M}\cdot\begin{bmatrix}a_0\\ \vdots\\ a_n\end{bmatrix}=\begin{bmatrix}\sum_{j=0}^{m}F_0(s_j)\cdot c_j\\ \vdots\\ \sum_{j=0}^{m}F_n(s_j)\cdot c_j\end{bmatrix} \tag{3.146}$$

$\mathbf{M}$ 是$(n+1)\times(n+1)$阶对称正定矩阵。

$$\mathbf{M}=\begin{bmatrix}\sum_{j=0}^{m}F_0^2(s_j) & \sum_{j=0}^{m}F_0(s_j)\cdot F_1(s_j) & \cdots & \sum_{j=0}^{m}F_0(s_j)\cdot F_n(s_j)\\ \sum_{j=0}^{m}F_0(s_j)\cdot F_1(s_j) & \sum_{j=0}^{m}F_1^2(s_j) & \cdots & \sum_{j=0}^{m}F_1(s_j)\cdot F_n(s_j)\\ \vdots & \vdots & \ddots & \vdots\\ \sum_{j=0}^{m}F_0(s_j)\cdot F_n(s_j) & \sum_{j=0}^{m}F_1(s_j)\cdot F_n(s_j) & \cdots & \sum_{j=0}^{m}F_n^2(s_j)\end{bmatrix} \tag{3.147}$$

$\mathbf{M}$ 也可以写

$$\mathbf{M}=\mathbf{F}^{\mathrm{T}}\cdot\mathbf{F}$$

其中

$$\mathbf{F}:=\begin{bmatrix}F_0(s_0) & \cdots & F_n(s_0)\\ \vdots & & \vdots\\ F_0(s_m) & \cdots & F_n(s_m)\end{bmatrix} \tag{3.148}$$

与式（3.99）相比发现，矩阵 $\mathbf{F}$ 对应着一个插值问题。然而，在逼近情况下 $\mathbf{F}$ 不是一个方阵。行数 $m+1$ 大于列数 $n+1$。

矩阵 $\mathbf{M}$ 是个所谓的分配给矩阵 $\mathbf{F}$ 的格拉姆矩阵，有以下属性：$\mathbf{M}$ 是半正定矩阵[⊖]，因此有非负行列式。而且，$\det\mathbf{M}>0$ 当且仅当 $\mathbf{F}$ 的秩是 $n+1$：F 的 $n+1$ 个列向量是线性无关的。可以总结为：

命题 3.14　逼近任务的可解性。如果 $\mathscr{F}$是一个切比雪夫空间，逼近问题 3.5 有唯一解 $p(t)=\sum_{i=0}^{n}F_i(t)\cdot a_i$，其中$\{F_0(t),\cdots,F_n(t)\}$是 $\mathscr{F}$的任意基。参数 a_i 可以通过下面计算得到：

⊖ 假设对于所有的 $x_0,\cdots,x_n\in\mathbb{R}$，$[x_0,\cdots,x_n]\cdot\mathbf{M}\cdot\begin{bmatrix}x_0\\ \vdots\\ x_n\end{bmatrix}\geqslant 0$，那么，$(n+1)\times(n+1)$维的矩阵 $\mathbf{M}$ 被称为半正定。

$$\begin{bmatrix} a_0 \\ \vdots \\ a_n \end{bmatrix} = \mathbf{M}^{-1} \begin{bmatrix} \sum_{j=0}^{m} F_0(s_j) \cdot c_j \\ \vdots \\ \sum_{j=0}^{m} F_n(s_j) \cdot c_j \end{bmatrix} \tag{3.149}$$

逼近任务是否有唯一的解仅仅取决于空间函数 $\mathscr{F}$ 和给定的节点向量（s_0，…，s_m）。然而，它不取决于逼近值 c_0，…，c_m。

阶数小于等于 n 的多项式的线性空间 $\mathbb{R}_n[t]$（见 3.2 节）在任意区间 $[a, b]$ 上是一个切比雪夫空间。因此逼近问题 3.5 在 $\mathbb{R}_n[t]$ 中总有唯一解。图 3-69 显示了在线性空间 $\mathbb{R}_3[t]$，$\mathbb{R}_4[t]$，$\mathbb{R}_5[t]$ 的一种特定输入的解法。

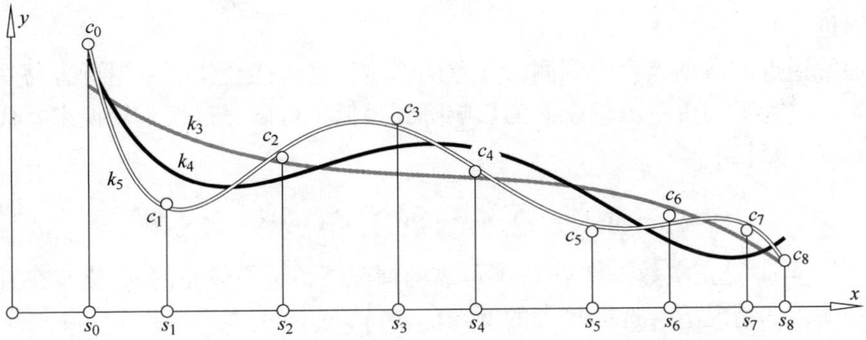

图 3-69 问题 3.5 有三个不同的解决方法。9 个值 c_0，…，c_8 是近似值。输入数据与图 3-57 中的相同。逼近问题在多项式的不同空间中得到了解决。这就是为什么会出现不同的解决方案。灰色曲线 k_3：在空间 $\mathbb{R}_3[x]$ 的解。黑色曲线 k_4：在空间 $\mathbb{R}_4[x]$ 的解。双线 k_5：在空间 $\mathbb{R}_5[x]$ 的解

同样，对于（$2n+1$）维空间的三角函数被在区间 $[0, 2\pi]$ 的函数 1，$\sin t$，$\cos t$ $\sin(2t)$，$\cos(2t)$，…，$\sin(nt)$，$\cos(nt)$ 所跨越。

在这一点上，很容易用逼近的点（向量）取代真值来改述问题 3.5。然后改为：

问题 3.6 点的单变量逼近。在给定二维或三维空间内 $m+1$ 个点 $\mathbf{c}_0$，…，$\mathbf{c}_m$ 和封闭区间 $[a, b]$ 内相应的参数值 $s_0 < \cdots < s_m$。此外，在问题 3.5 中设 $\mathscr{F}$ 为 $[a, b]$ 区间上的连续函数的线性空间。设 $\{F_0(t), \cdots F_n(t)\}$ 为 $\mathscr{F}$ 的一个基函数，另外使 $m > n = \dim\mathscr{F} - 1$，找到一个曲线 $\mathbf{p}(t)$

$$\mathbf{p}(t) = \sum_{t=0}^{n} F_i(t) \cdot \mathbf{a}_i \tag{3.150}$$

使得误差的平方和（误差函数）最小。

$$e(\mathbf{a}_0, \cdots, \mathbf{a}_n) = \sum_{j=0}^{m} \| \mathbf{p}(s_j) - \mathbf{c}_j \|^2 = \sum_{j=0}^{m} \| (\sum_{i=0}^{m} F_i(s_j) \cdot \mathbf{a}_i) - \mathbf{c}_j \|^2 \tag{3.151}$$

下面的命题涉及问题3.6的可解性问题，也阐述了解决方法[㊀]。

命题3.15　点的近似值。如果$\mathscr{F}$是切比雪夫空间，那问题3.6有一个确定的解。求得的曲线系数向量是

$$\begin{bmatrix}\mathbf{a}_0\\ \vdots\\ \mathbf{a}_n\end{bmatrix}=\mathbf{M}^{-1}\begin{bmatrix}\sum_{j=0}^{m}F_0(s_j)\cdot\mathbf{c}_j\\ \vdots\\ \sum_{j=0}^{m}F_n(s_j)\cdot\mathbf{c}_j\end{bmatrix}\tag{3.152}$$

M是式（3.147）定义的矩阵[㊁]。

3.6.1　提高逼近的质量

稳健逼近

通常逼近的数据点会受到测量误差的影响，这可能会使整个逼近容易受到巧合的影响。为了把单一测量误差的影响降到最低，可以通过权重转换来替代误差总和式（3.151）：

$$e(\mathbf{a}_0,\cdots,\mathbf{a}_n)=\sum_{j=0}^{m}w_j\cdot\|(\sum_{i=0}^{n}F_i(s_j)\cdot\mathbf{a}_i-\mathbf{c}_j\|^2\tag{3.153}$$

式中，权重w_j是正实数。在点$\mathbf{c}_j$不可靠的情况下，选择较小的w_j值，在有一个可靠的输入的情况下，选择较大的$\mathbf{w}_j$值。

为了顾及额外的参数（权重），对逼近问题的解决方法式（3.152）稍微进行了修改：

$$\begin{bmatrix}\mathbf{a}_0\\ \vdots\\ \mathbf{a}_n\end{bmatrix}=\widetilde{\mathbf{M}}^{-1}\begin{bmatrix}\sum_{j=0}^{m}F_0(s_j)\cdot\mathbf{c}_j\\ \vdots\\ \sum_{j=0}^{m}F_n(s_j)\cdot\mathbf{c}_j\end{bmatrix}\tag{3.154}$$

其中

$$\widetilde{\mathbf{M}}:=\begin{bmatrix}\sum_{j=0}^{m}w_j\cdot F_0^2(s_j) & \sum_{j=0}^{m}w_j\cdot F_0(s_j)\cdot F_1(s_j) & \cdots & \sum_{j=0}^{m}w_j\cdot F_0(s_j)\cdot F_n(s_j)\\ \sum_{j=0}^{m}w_j\cdot F_0(s_j)\cdot F_1(s_j) & \sum_{j=0}^{m}w_j\cdot F_1^2(s_j) & \cdots & \sum_{j=0}^{m}w_j\cdot F_1(s_j)\cdot F_n(s_j)\\ \vdots & \vdots & \ddots & \vdots\\ \sum_{j=0}^{m}w_j\cdot F_0(s_j)\cdot F_n(s_j) & \sum_{j=0}^{m}w_j\cdot F_1(s_j)\cdot F_n(s_j) & \cdots & \sum_{j=0}^{m}w_j\cdot F_n^2(s_j)\end{bmatrix}\tag{3.155}$$

㊀ 当然，点的毕竟任务也可在命题3.14的帮助下由“坐标态”解决。对于点的经常产生的任务，命题3.15可当是一个扼要解释。

㊁ 对于向量$\mathbf{a}_i$，$\mathbf{c}_j$的每个成分，这个式子必须分别进行解释。

如果用户意识到可能有测量错误，但还没有可靠的信息，且这种信息的输入数据点 $\mathbf{c}_j$ 没有受到特别关注，那么人们就可以按如下步骤解决问题：

1. 不含具体权重来计算近似（逼近）曲线 $\mathbf{p}(t)$。

2. 测量输入点到生成曲线的距离：如果距离 $\|\mathbf{p}(s_j)-\mathbf{c}_j\|$ 很大，那么很有可能 $\mathbf{c}_j$ 是一个不可靠点，因此它得到一个很小的权重。否则它会在下一循环中得到一个较大的权重 w_j。

3. 使用权重 w_j 计算加权逼近曲线。

4. 整个过程可以重复，如果有必要的话权重可以进一步调整。

这种改进的方法提高了逼近过程的整体稳健性。

参数修正

对于逼近问题，频繁地给定了输入数据 $\mathbf{c}_j$ 但没有规定相应的参数值 s_j。如果是这样，就必须适当地选择它们。

在插值中已经意识到，参数值 s_j 的选择是很重要的。如果连续数据点 $\mathbf{c}_j$ 的距离发生了很大变化，选择等距值 s_j 将没有太大意义。在这种情况下，弦或向心参数分布式（3.141）和式（3.142），是更好的选择。

但即使合理地选择参数值 s_j，还必须注意出现在误差总和的距离 $\|\mathbf{p}(s_j)-\mathbf{c}_j\|$ 不是沿曲线法线测量的。所以点 $\mathbf{p}(s_j)$ 不是逼近曲线 c 上 $\mathbf{c}_j$ 的踏点 $\mathbf{I}_j$。在法线上测量这些误差可能会很好地改善结果。不幸的是，这是非线性问题。但是通过迭代参数值修正 $s_j \to s_j+\sigma_j$ 还可以得到改善，在几个步骤之后得到点 $\mathbf{p}(s_j)$ 逐渐靠近各自的踏点 $\mathbf{I}_j$（相较于参考文献［7］的 208 页）。

为了确定修正的 σ_j 必须减少平方距离函数

$$d_j(t):=\|\mathbf{c}_j-\mathbf{p}(t)\|^2$$

对于每一个 j 有 $t=s_j+\sigma_j$。这意味着必须先找到一个等于零的一次导数，除以 2 以后得到㊀：

$$f_j(t)=\langle \mathbf{c}_j-\mathbf{p}(t),\dot{\mathbf{p}}(t)\rangle$$

通过一个泰勒级数 s_j 扩展 $f_j(t)$ 和抑制高阶关系，获得一个线性逼近的函数：

$$\begin{aligned} f_j(t) &= f_j(s_j+\sigma_j) \sim f_j(s_j)+\dot{f}_j(s_j)\cdot\sigma_j \\ &= \langle \mathbf{c}_j-\mathbf{p}(s_j),\dot{\mathbf{p}}(s_j)\rangle+\left(-\|\dot{\mathbf{p}}(s_j)\|^2+\langle \mathbf{c}_j-\mathbf{p}(s_j),\ddot{\mathbf{p}}(s_j)\rangle\right)\cdot\sigma_j \end{aligned}$$

如第一种方法可得到：

$$\sigma_j \sim \frac{\langle \mathbf{c}_j-\mathbf{p}(s_j),\dot{\mathbf{p}}(s_j)\rangle}{\|\dot{\mathbf{p}}(s_j)\|^2-\langle \mathbf{c}_j-\mathbf{p}(s_j),\ddot{\mathbf{p}}(s_j)\rangle} \tag{3.156}$$

这是一个迭代过程的精髓，可以明显提高逼近曲线的整体质量：

㊀ 此处，对于曲线上的参数，点表示微分。

算法 3.4　逼近曲线参数修正。已知数据点 $\mathbf{c}_j$ 并且适当地选择相应的参数值 s_j，就计算出一条逼近曲线 $\mathbf{p}(t)$。用下面的步骤可提高逼近的质量：

1. 通过新值代替参数值 s_j

$$s_j^* = s_j + \sigma_j$$

其中，σ_j 通过式（3.156）计算得出。

2. 用新的参数值 s_j^* 计算一个新的逼近曲线 $\mathbf{p}^*(t)$。

3. 如果有必要重复步骤 1 和 2。

参数修正的效果显示在图 3-70。

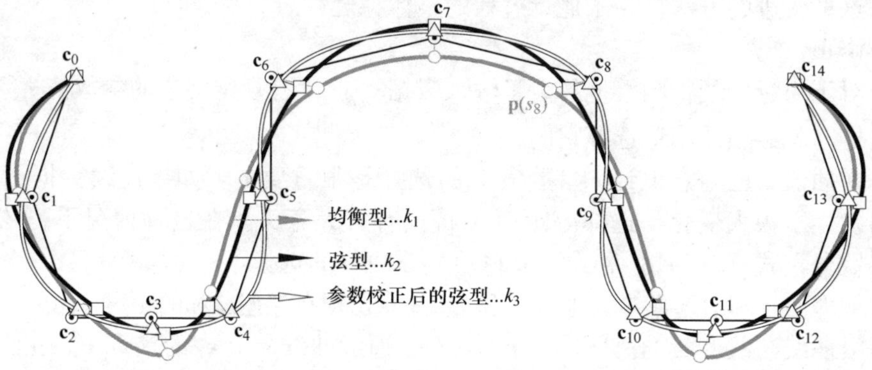

图 3-70　通过三次方（$k=4$）B 样条曲线逼近；目标点 $\mathbf{c}_j$ 为黑色。灰色曲线 k_1 是一个均匀参数化的变量。标记了与参数值 s_j 相关的点 $\mathbf{p}(s_j)$（参数点，灰色）。目标点间的灰色细连接线表示距离，其平方和已优化。黑版 k_2（平方参数点）来源于弦的参数。最后，根据式（3.156），经过 16 轮参数修正，获得双线变量 k_3。很明显，参数点（标记为三角形）是靠近目标踏点的

3.6.2　三次 B 样条曲线的逼近

三次 B 样条曲线是逼近任务的一种常见工具。这是因为它们很容易计算，表现很好，不容易振荡而且足够光滑（C^2 连续性得到保证）。想要用相应参数值 s_0，…，s_m 并通过带有一些节点向量（t_0，t_1，t_2，t_3，t_4，…，t_n，t_{n+1}，t_{n+2}，t_{n+3}，t_{n+4}）的三次 B 样条曲线

$$\mathbf{p}(t) = \sum_{i=0}^{n} N_{i,4}(t) \cdot \mathbf{a}_i, t \in [t_3, t_{n+3}] \tag{3.157}$$

来逼近给定的一系列点 $\mathbf{c}_0$，…，$\mathbf{c}_m$。作为支持三次 B 样条曲线的有效区间是 $[t_3, t_{n+1}]$，有必要将节点向量调整到规定的参数值 s_i 的范围：

$$t_3 \leqslant s_0, \quad s_m \leqslant t_{n+1}$$

在示例中有 $t_3 = s_0$ 和 $s_m = t_{n+1}$。

当然，节点向量的中间值 t_4，…，t_n 会影响曲线形状，一个一致分布的值 t_i 相对于给定参数值 s_j 是值得考虑的：必须避免在区间 $[t_i, t_{i+1}]$ 内值 s_j 的聚集，以免在这种情况下逼近任务无法求解[⊖]。

此处，矩阵 **M**（见式（3.147））如下

$$\mathbf{M}=\begin{bmatrix} \sum_{j=0}^{m} N_{0,3}^2(s_j) & \sum_{j=0}^{m} N_{0,3}(s_j)\cdot N_{1,3}(s_j) & \cdots & \sum_{j=0}^{m} N_{0,3}(s_j)\cdot N_{n,3}(s_j) \\ \sum_{j=0}^{m} N_{0,3}(s_j)\cdot N_{1,3}(s_j) & \sum_{j=0}^{m} N_{1,3}^2(s_j)) & \cdots & \sum_{j=0}^{m} N_{1,3}(s_j)\cdot N_{n,3}(s_j) \\ \vdots & \vdots & \ddots & \vdots \\ \sum_{j=0}^{m} N_{0,3}(s_j)\cdot N_{n,3}(s_j) & \sum_{j=0}^{m} N_{1,3}(s_j)\cdot N_{n,3}(s_j) & \cdots & \sum_{j=0}^{m} N_{n,3}^2(s_j) \end{bmatrix} \tag{3.158}$$

图3-70展示了一个三次B样条曲线在平面上逼近一系列15个目标点的例子。正如前面所解释的那样，不同的变化来自不同的参数化。很容易得出的是，参数化的选择和迭代参数修正过程是提高整体逼近质量的重要步骤。

3.7 曲面

曲面是设定在三维空间的二维点集。曲面在汽车工程学中发挥着重要的作用。它们不仅构成了汽车的外壳，还规定了几乎所有组成部分的形状。本节论述了曲面的基本定义、数学描述和普遍的几何性质。

3.7.1 曲面的参数化表示

三维空间的一点通常是由一个常向量（位置向量）表示的。它们有时候会被简称为零维对象。如果一个位置向量随参数 t 变化，就会得到一条曲线（一维对象，见3.3节）。曲面是可以用两个参数 u，v 的向量函数来表示的一系列三维空间点（图3-71）：

$$\mathbf{q}(u,v)=\begin{bmatrix} x(u,v) \\ y(u,v) \\ z(u,v) \end{bmatrix},(u,v)\in D \tag{3.159}$$

这叫做曲面的参数表示或曲面的参数化。

参数组（u，v）定义在集合 $D\subset\mathbb{R}\times\mathbb{R}$ 内，这个集合通常叫做矩阵参数域且经常是矩形的：$D=[u_0,u_1]\times[v_0,v_1]$。

⊖ 注意：定义在给定节点向量的三次样条曲线的向量空间通常不是切比雪夫空间（比较命题3.14）!

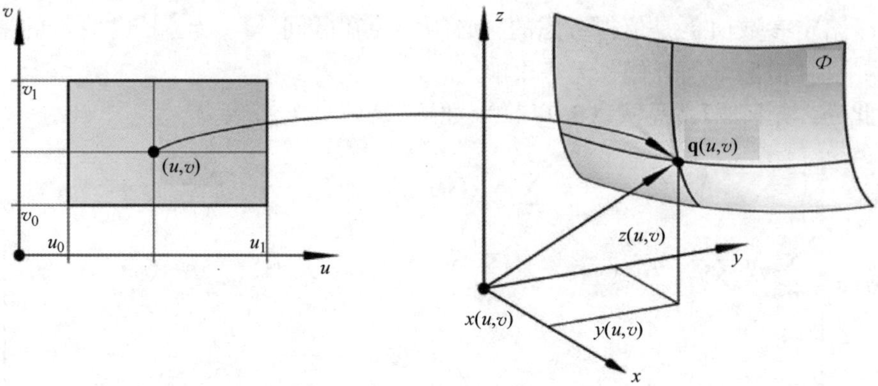

图 3-71　曲面 Φ 的参数化：映射在参数域 $D=[u_0,u_1]\times[v_0,v_1]$ 中的每一个点 $\mathbf{q}(u,v)$ 在 D 中一定有值（u，v）与其对应。点函数 $\mathbf{p}(u,v)$ 定义了三维空间曲面 Φ

例 3.12　平面的参数表示。$\mathbf{a}$，$\mathbf{b}$，$\mathbf{c}$ 三个点在三维空间中不共线，所以

$$\mathbf{q}(u,v)=\begin{bmatrix}x(u,v)\\y(u,v)\\z(u,v)\end{bmatrix}=u\cdot\mathbf{a}+v\cdot\mathbf{b}+(1-u-v)\cdot\mathbf{c},\ (u,v)\in\mathbb{R}\times\mathbb{R} \tag{3.160}$$

$\mathbf{q}(u,v)$是过 $\mathbf{a}$，$\mathbf{b}$，$\mathbf{c}$ 三点的平面 ε 的参数化表示。给定点 $\mathbf{a}$，$\mathbf{b}$，$\mathbf{c}$ 被赋值($u=1$，$v=0$)，($u=0$，$v=1$)和($u=0$，$v=0$)。如果令 $1-u-v=w$（对照定义 3.66），平面 ε 能表示成：

$$\tilde{\mathbf{q}}(u,v,w)=u\cdot\mathbf{a}+v\cdot\mathbf{b}+w\cdot\mathbf{c},u+v+w=1 \tag{3.161}$$

定义 3.39　曲面的容许参数化。如果一个曲面关于变量 u 和 v 的函数是可微向量函数，则称这个曲面容许参数化（式（3.159）），且对于所有的 u，$v\in D$，导向量

$$\mathbf{q}_u(u,v):=\frac{\mathrm{d}\mathbf{q}}{\mathrm{d}u}(u,v),\qquad \mathbf{q}_v(u,v):=\frac{\mathrm{d}\mathbf{q}}{\mathrm{d}v}(u,v)$$

是线性无关的：

$$\mathbf{q}_u\times\mathbf{q}_v\neq 0$$

则称这个曲面容许参数化。

注释 3.13　曲面的参数化不具有唯一性。同一点集也可以有不同的参数化。

$$\left.\begin{aligned}u&=u(\bar{u},\bar{v})\\v&=v(\bar{u},\bar{v})\end{aligned}\right\} \tag{3.162}$$

从一种参数化到另一种之间的变换称为参数变换（对照注释 3.5）

如果函数组（3.162）的一阶偏导数存在且满足条件

$$\det\begin{bmatrix}\dfrac{\partial u}{\partial \bar{u}} & \dfrac{\partial v}{\partial \bar{u}}\\ \dfrac{\partial u}{\partial \bar{v}} & \dfrac{\partial v}{\partial \bar{v}}\end{bmatrix}=\frac{\partial u}{\partial \bar{u}}\cdot\frac{\partial v}{\partial \bar{v}}-\frac{\partial u}{\partial \bar{v}}\cdot\frac{\partial v}{\partial \bar{u}}\neq 0,(u,v)\in D \tag{3.163}$$

则称这个函数叫作容许参数变换。

根据容许参数变换的微分法则的可传递性式（3.162），对同一个曲面，可以用一种容许参数化式（3.159）代替另一种容许参数化。

3.7.2　曲面曲线

如果曲面 Φ 以参数形式给出，那么曲面中的曲线就容易描述：

定义 3.40　曲面曲线。设 Φ 是用参数表示的曲面式（3.159），考虑到两个函数

$$\left.\begin{matrix}u=u(t)\\ v=v(t)\end{matrix}\right\} \tag{3.164}$$

在式中可变参数 t 确定了参数曲线 k 且在参数域 D 中，接着又在曲面 Φ 中提供一条曲线（图 3-72）。

$$\mathbf{p}(t):=\mathbf{q}(u(t),v(t))=\begin{bmatrix}x(u(t),v(t))\\ y(u(t),v(t))\\ z(u(t),v(t))\end{bmatrix} \tag{3.165}$$

我们称它为曲面曲线。

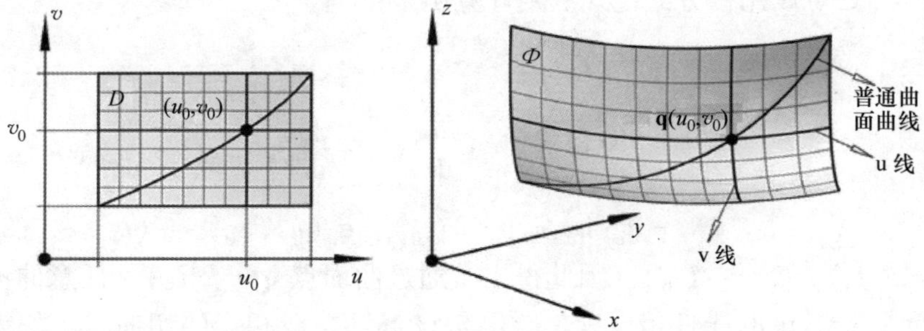

图 3-72　参数域 D 中的任意曲线 $u=u(t)$，$v=v(t)$ 产生一个曲面曲线 **c**
c…$\mathbf{P}(u(t),v(t))$。作为曲面曲线中的特例，
可利用曲面 Φ 的可参数化定义 u 线和 v 线，曲面 Φ 上的每一个点 $\mathbf{q}$（u_0，v_0）
都是 u 线 $u=u_0$ 和 v 线 $v=v_0$ 的交叉点，我们称它为曲面曲线

图 3-72 这样的特例

$$\left.\begin{array}{r} u = t \\ v = v_0 = \mathrm{cos}st \end{array}\right\} \tag{3.166}$$

$v = v_0$为常量，形成一系列的曲面曲线。被称之为 u 线。同理

$$\left.\begin{array}{r} u = u_0 = \mathrm{const} \\ v = t \end{array}\right\} \tag{3.167}$$

形成一系列的曲面曲线，称之为 v 线。u 线和 v 线通常被叫做参数线网。

当然，这两个曲面曲线集取决于曲面 Φ 给定的参数化表示 $\mathbf{q}(u_0, v_0)$。如果通过参数变换重新确定曲面的参数（注释 3.13），通常就能获得不同的 u 线和 v 线的集合。参数线通常用来表示曲面，它们的形状能表示出曲面 Φ 的形状。

3.7.3 导数和切平面

定义 3.41　可微分的类。设 k 是一个非负整数，设 Φ 是用参数 $\mathbf{q} = \mathbf{q}(u, v)$，$(u, v) \in D$ 表示的一个曲面。如果所有的 k 阶偏导数式

$$\frac{\partial^k \mathbf{q}}{(\partial u)^i (\partial v)^j}(u,v), i + j = k \tag{3.168}$$

存在[㊀]且连续，则称参数 $\mathbf{q}(u, v)$ 是 C^k 类的。C^k 也被称为给定参数化可微分的类。

对于每一个整数 $k \in N$，如果二元向量函数 $\mathbf{p}(u, v)$ 的 k 阶偏导数存在，则我们称 $\mathbf{q}(u, v)$ 是 C^∞ 类或者是光滑的。

设 Φ 是 C^1 类参数化方程 $\mathbf{q} = \mathbf{q}(u, v)$ 的一个曲面，设 c 是一个用 $\mathbf{p}(t) = \mathbf{q}(u(t), v(t))$ 参数化的曲面曲线，其中 $u = u(t)$，$v = v(t)$ 为 C^1 类函数。这样，切向量 c 在 $t = t_0$ 处可以用微分的链式法则计算出来：

$$\begin{aligned} \dot{\mathbf{p}}(t_0) &= \frac{\mathrm{d}\mathbf{p}}{\mathrm{d}t}(t_0) \\ &= \frac{\mathrm{d}\mathbf{q}}{\mathrm{d}u}(u_0, v_0) \cdot \frac{\mathrm{d}u}{\mathrm{d}t}(t_0) + \frac{\mathrm{d}\mathbf{q}}{\mathrm{d}v}(u_0, v_0) \cdot \frac{\mathrm{d}v}{\mathrm{d}t}(t_0) \\ &= \mathbf{q}_u(u_0, v_0) \cdot u(t_0) + \mathbf{q}_u(u_0, v_0) \cdot \dot{v}(t_0) \end{aligned} \tag{3.169}$$

且 $u_0 := u(t_0)$，$v_0 := v(t_0)$。因此得出，通过曲面点 $\mathbf{q}(u_0, v_0)$，任意曲面曲线的切向量是 $\mathbf{q}_u$，$\mathbf{q}_v$ 的线性组合，$\mathbf{q}_u$，$\mathbf{q}_v$ 是该点参数线相交的切向量。如果曲面的参数 $\mathbf{q}(u, v)$ 是可容许的（见定义 3.39），则点（u_0，v_0）处的偏导向量 $\mathbf{q}_u$，$\mathbf{q}_v$ 是线性无关的。因此他们通过点 $Q \cdots \mathbf{q}(u_0, v_0)$ 跨越一个平面 τ_Q 且包含所有这样的切向量（图 3-73）。

㊀ 当然，这自然就暗示了小于 k 阶所有导数同样存在。

定义 3.42 点的切平面和法线向量。设 Φ 是一个 C^1 类可参数化为 $\mathbf{q}=\mathbf{q}(u, v)$ 的曲面，设 $Q\cdots\mathbf{q}(u_0, v_0)$ 是平面中的一点，向量 $\mathbf{q}_u(u_0, v_0)$ 通过 Q 跨越平面 τ_Q，$\mathbf{q}_v(u_0, v_0)$ 被称为曲面 Φ 在点 $\mathbf{q}(u_0, v_0)$ 处的切平面，同时点 $Q\cdots\mathbf{q}(u_0, v_0)$ 上的切平面也由法线向量

$$\mathbf{n}(u_0,v_0)=\mathbf{q}_u(u_0,v_0)\times\mathbf{q}_v(u_0,v_0) \tag{3.170}$$

确定。

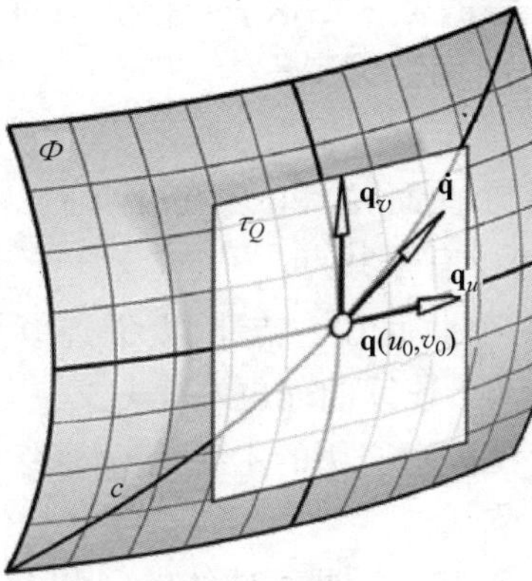

图 3-73 $\mathbf{q}(u_0, v_0)$ 的切平面为 τ_Q，τ_Q 由偏导向量 $\mathbf{q}_u$，$\mathbf{q}_v$ 跨越。它们是通过 $\mathbf{q}(u_0, v_0)$ 的参数线的切向量。对于通过 $\mathbf{q}(u_0, v_0)$ 的任意曲面曲线 c 的切线包含在 τ_Q 中

平面 τ_Q 的等式

$$\tau_Q\cdots\langle\mathbf{n}(u_0,v_0),\mathbf{x}-\mathbf{q}(u_0,v_0)\rangle=0 \tag{3.171}$$

在 CAD 中，使曲面片间平滑过渡是一个主要任务，接下来的定义和解释将说明相关问题的数学背景。

定义 3.43 在一个点处两个曲面的 C^k 连续。设 Φ_1 和 Φ_2 是用 $\mathbf{q}_1=\mathbf{q}_1(u, v)$ 和 $\mathbf{q}_2=\mathbf{q}_2(u, v)$ 参数化表示的曲面，且两个都是 C^k 阶，$k\geqslant 0$。如果

$$\frac{\partial^l\mathbf{q}_1}{(\partial u)^i(\partial v)^j}(u_0, v_0)=\frac{\partial^l\mathbf{q}_2}{(\partial u)^i(\partial v)^j}(u_0, v_0), l=0,\cdots,k, i+j=l$$

则参数在 (u_0, v_0) 按 C^k 连续性相连。

根据注释 3.13，参数变换仅仅是表示方式的不同，而不是曲面本身点集的不同。但是定义 3.43 说明两个曲面的参数化表示是相关的。可以明显看出两个曲面在点的 C^k 连续上的概念能被有些较弱的定义代替，这些弱定义更加接近几何学：

定义 3.44 点的两个曲面的 GC^k 连续。设两个曲面 Φ_1 和 Φ_2 的参数化分别为 $\mathbf{r}_1=\mathbf{r}_1(s, t)$ 和 $\mathbf{r}_2=\mathbf{r}_2(\sigma, \tau)$，且设它们有一个共同点 $\mathbf{r}_1(s_0, t_0)=\mathbf{r}_2(\sigma_0, \tau_0)=:\boldsymbol{a}$。如果存在 Φ_1 和 Φ_2 的参数化

$$\mathbf{q}_1(u,v):=\mathbf{r}_1(s(u, v), t(u, v))$$

和

$$\mathbf{q}_2(u,v):=\mathbf{r}_2(\sigma(u, v), \tau(u, v))$$

这样，按照定义 3.43，新的 Φ_1 和 Φ_2 的参数表示 $\mathbf{q}_1(u, v)$，$\mathbf{q}_2(u, v)$ 在 (u_0, v_0) 具有 C^k 连续，Φ_1 和 Φ_2 被认为在点 $\mathbf{a}$ 具有 GC^k 连续性。

参数化的共同点是 $\mathbf{a}=\mathbf{q}_1(u_0,v_0)=\mathbf{q}_2(u_0,v_0)$。

要注意的是，在这一点上，具有 GC^k 连续的两个曲面不能从视觉上区分于 C^k 连续的曲面。尤其是，具有 C^0，C^1 连续性的曲面频繁出现在以下曲面造型上：

- 两个曲面 Φ_1 和 Φ_2 在一点上以 C^0 连续性相连，那在 u_0, v_0：$\mathbf{q}_1(u_0, v_0) = \mathbf{q}_2(u_0, v_0)$ 处有公共点。

- 两个曲面在一点上以 C^1 连续性相连，则通常在那个点上有共同的切平面，当然 GC^1 连续曲面也一样。

汽车工程中应用的主要是 C^2 连续性，尤其是车身外壳方面（见注释 3.14）和 4.2.6 节。

定义 3.45 沿曲面曲线的 C^k 和 GC^k 连续性。设 Φ_1 和 Φ_2 是两个曲面。

1. 如果 Φ_1 和 Φ_2 的参数在共同曲面曲线 c 的每一点上都以 C^k 连续性相连，则 Φ_1 和 Φ_2 沿着 c 以 C^k 连续性相连。

2. 如果存在两个曲面间的参数变换使得新的参数表示在曲面曲线上的每一个点都具有 C^k 连续性，则 Φ_1 和 Φ_2 沿着 c 以 GC^k 连续性相连。

曲面沿着曲线 c 的 C^k 连续性和 GC^k 连续性的转变见 3.8 节，这主要出现在 CAD 应用中。接下来的注释表明，在这个例子里只需规定交叉方向上的偏导数是相同的。沿着公共曲线 c 的导数在任何情况下都是相同的（这并不重要）。只要沿着交叉方向求导，沿着曲线 c 的混合导数也是相同的。结论如下：

注释 3.14 如果对于所有的 $l=0, \cdots, k$ 和所有的 u，都有

$$\frac{\partial^l \mathbf{q}_1}{(\partial v)^l}(u, v_0) = \frac{\partial^l \mathbf{q}_2}{(\partial v)^l}(u, v_0)$$

那么，有公共 u 线 $c \cdots v = v_0$ 的两个曲面 $\Phi_1 \cdots \mathbf{q}_1(u, v)$ 和 $\Phi_2 \cdots \mathbf{q}_2(u, v)$ 沿着曲线 c 以 C^k 连续相接。

很显然，从两个曲面的共同 v 线可得出类似的结论。

注释 3.15 设 Φ 为一个曲面，它由两个沿着过渡曲线 c 以 C^k 连续连接的曲面 Φ_1 和 Φ_2 构成，那么，投影在曲面 Φ 上的光滑空间曲线只在曲线 c 的过渡点处具有 C^{k-1} 连续。

由此可知，投影曲线的连续性少于曲面过渡的连续性（一阶）。这就是为什么一个曲面的投影曲线在两个曲面间的不连续性比只考虑普通曲面曲线揭示的多很多。

在图 3-74 中展示了一些例子，特别是 $k=0$，1，2 的例子。图 3-74 展示了接下来图 3-74b ~ d 实验模型：斑马条纹状的圆柱曲面 Ψ 环绕一个给定的曲面 Φ，这个曲面 Φ 是我们的样本，它的连续性应该由目视检查来保证。曲面 Φ 主要起反射作用，使得斑马条纹的镜像能够在光滑曲面中被观测到。Φ 由两个光

滑的曲面片 Φ_1 和 Φ_2 组成。要重点观察条纹状投影的图像，特别是在过渡曲线的点上。

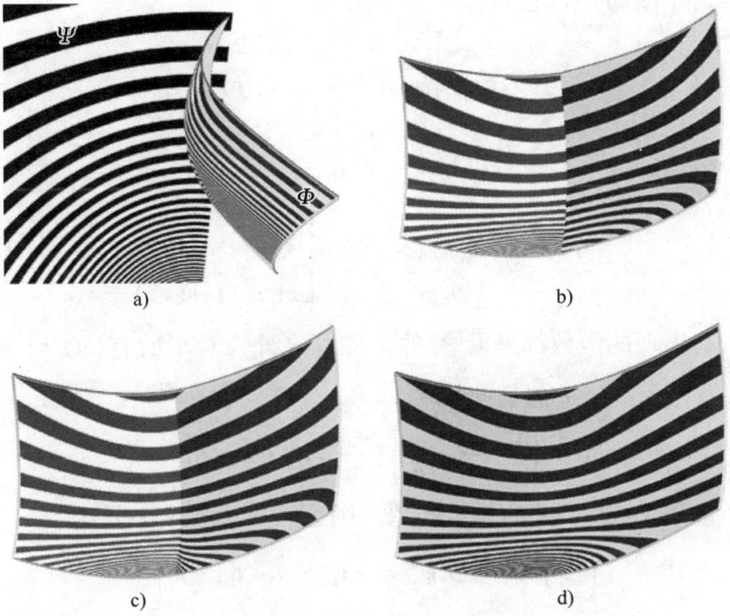

图 3-74　两个以不同阶连续性连接的曲面片。为了观测过渡转换的质量，准备了测试模型（图 3-74a）。在接下来的图 3-74b ~ d 中，展示了给定曲面片上条纹柱面的投影。它们对非连续性总是更加敏感：如果曲面片沿着过渡曲线以 C^k 连续性相连，投影曲线在过渡点仅仅只是 C^{k-1} 连续的

a）斑马条纹柱面 Ψ 的图像被投影到曲面片 Φ 上，该曲面片由两个部分组成，沿过渡曲线以不同阶连续性相接。接下来的图 3-74b ~ d 展示了投影的图像

b）沿着共同曲线的两个曲面以 C^0 连续性连接。投影条纹显示了这条曲线的间隙

c）C^1 连续过渡的两个曲面。在过渡曲线上的任意点，两个曲面的切平面是相同的，投影的条纹图像扭结在各自的过渡点

d）沿着共同的曲线以 C^2 连续过渡的两个曲面。注意条纹的投影图像以 C^1 连续穿过过渡曲线

根据注释 3.15，投影曲线的形态比过渡本身更加敏感。他们比曲面片的剖面有高一阶的敏感性。如果两个曲面片以 C^0 连续性连接，这个投影条纹甚至是不连续的。而且它们显示出了沿过渡曲线的间隙（图 3-74b）。同样能观察到的是，仅 C^1 连续的两个曲面片能引起沿过渡曲线的扭结（图 3-74c）。两个相连曲面片的 C^2 连续性引发了投影曲线的 C^1 连续性。这就是在汽车造型中 C^2 过渡被广泛应用的原因。因此，在汽车车身上的平滑线的投影至少是 C^1 曲线（图 3-74d）。这样，相邻曲面片之间的过渡就很难用肉眼观测到。

3.7.4 曲面的曲率理论

有这样一个曲面 Φ，它的容许参数化为

$$\mathbf{q}(u,v)=\begin{bmatrix} x(u,\ v) \\ y(u,\ v) \\ z(u,\ v) \end{bmatrix},(u,\ v)\in D \tag{3.172}$$

且它的一个表面曲线 c（图 3-72）为

$$\mathbf{p}(t):=q(u(t),v(t))=\begin{bmatrix} x(u(t),v(t)) \\ y(u(t),v(t)) \\ z(u(t),v(t)) \end{bmatrix} \tag{3.173}$$

通常假设所有出现的函数都是 C^2 类的，除此之外，对于所有$(u,\ v)\in D$ 的（$\dot{u}$，$\dot{v}$）$\neq$（0，0）。所以，c 的切向量

$$\dot{\mathbf{p}}=\frac{\mathrm{d}\mathbf{q}}{\mathrm{d}u}\cdot\frac{\mathrm{d}u}{\mathrm{d}t}+\frac{\mathrm{d}\mathbf{q}}{\mathrm{d}v}\cdot\frac{\mathrm{d}v}{\mathrm{d}t}=\mathbf{q}_u\cdot\dot{u}+\mathbf{q}_v\cdot\dot{v} \tag{3.174}$$

不等于零，如果 s 是在 c 上的弧长参数，则有（见 3.3.4 小节）

$$\begin{aligned}\left(\frac{\mathrm{d}s}{\mathrm{d}t}\right)^2 &= \|\dot{\mathbf{p}}\|^2=\|\mathbf{q}_u\cdot\dot{u}+\mathbf{q}_v\cdot\dot{v}\|^2 \\ &= \|\mathbf{q}_u\|^2\cdot\dot{u}^2+2\langle\mathbf{q}_u,\mathbf{q}_v\rangle\cdot\dot{u}\cdot\dot{v}+\|\mathbf{q}_v\|^2\cdot\dot{v}^2\end{aligned}$$

可缩写为

$$E:=\|\mathbf{q}_u\|^2,F:=\langle\mathbf{q}_u,\mathbf{q}_v\rangle,\ G:=\|\mathbf{q}_v\|^2 \tag{3.175}$$

也可以把这个写成

$$\left(\frac{\mathrm{d}s}{\mathrm{d}t}\right)^2=E\cdot\dot{u}^2+2F\cdot\dot{u}\cdot\dot{v}+G\cdot\dot{v}^2 \tag{3.176}$$

如果通过弧长参数 s 和素数表示 s 的导数来重新参数化曲面曲线 c,，则有

$$\mathbf{p}'=\mathbf{t},\mathbf{p}''=\kappa\cdot\mathbf{h} \tag{3.177}$$

式中，**t** 和 **h** 是曲线 c 的单位切向量和主法向量（见 3.3.7 小节）。在各自的点上，向量 **t** 和 **h** 穿过曲线 c 的密切面 σ（见 3.3.6 小节）。通过微分链式法则我们得到

$$\mathbf{p}'=\mathbf{q}_u\cdot u'+\mathbf{q}_v\cdot v' \tag{3.178}$$

$$\mathbf{p}''=\mathbf{q}_{uu}\cdot u'^2+2\mathbf{q}_{uv}\cdot u'\cdot v'+\mathbf{q}_{vv}\cdot v'^2+\mathbf{q}_u\cdot u''+\mathbf{q}_v\cdot v'' \tag{3.179}$$

如果 φ 表示曲面单位法线向量

$$\mathbf{n}:=\frac{\mathbf{q}_u\times\mathbf{q}_v}{\|\mathbf{q}_u\times\mathbf{q}_v\|} \tag{3.180}$$

与曲线 c 上的主法向量 **h** 之间的夹角，则得到

$$\kappa\cdot\cos\varphi=\kappa\cdot\langle\mathbf{n},\mathbf{h}\rangle=\langle\mathbf{n},\ \mathbf{p}''\rangle$$

$$=\langle \mathbf{n},\mathbf{q}_{uu}\rangle\cdot u'^2+2\langle \mathbf{n},\mathbf{q}_{uv}\rangle\cdot u'\cdot v'+\langle \mathbf{n},\mathbf{q}_{vv}\rangle\cdot v'^2 \tag{3.181}$$

这是根据式（3.177）、式（3.179）以及 $\mathbf{n}$ 垂直于向量 $\mathbf{q}_u$，$\mathbf{q}_v$ 这个事实所得。回到 c 上某参数 t，须考虑

$$u'=\dot{u}\cdot\frac{\mathrm{d}t}{\mathrm{d}s},\qquad v'=\dot{v}\cdot\frac{\mathrm{d}t}{\mathrm{d}s}$$

等式（3.181）写作

$$\kappa\cdot\cos\varphi=\frac{\langle \mathbf{n},\mathbf{q}_{uu}\rangle\cdot\dot{u}^2+2\langle \mathbf{n},\mathbf{q}_{uv}\rangle\cdot\dot{u}\cdot\dot{v}+\langle \mathbf{n},\mathbf{q}_{vv}\rangle\cdot\dot{v}^2}{\left(\frac{\mathrm{d}s}{\mathrm{d}t}\right)^2} \tag{3.182}$$

把

$$L:=\langle \mathbf{n},\mathbf{q}_{uu}\rangle,M:=\langle \mathbf{n},\mathbf{q}_{uv}\rangle,N=\langle \mathbf{n},\mathbf{q}_{vv}\rangle \tag{3.183}$$

代入式（3.176），最终得到

$$\kappa\cdot\cos\varphi=\frac{L\cdot\dot{u}^2+2M\cdot\dot{u}\cdot\dot{v}+N\cdot\dot{v}^2}{E\cdot\dot{u}^2+2F\cdot\dot{u}\cdot\dot{v}+G\cdot\dot{v}^2} \tag{3.184}$$

尤其是，如果 $\varphi=0$ 或 $\varphi=\pi$——这意味着曲面曲线 c 的密切平面 σ 包含着曲面法向量——则有

$$\kappa=\left|\frac{L\cdot\dot{u}^2+2M\cdot\dot{u}\cdot\dot{v}+N\cdot\dot{v}^2}{E\cdot\dot{u}^2+2F\cdot\dot{u}\cdot\dot{v}+G\cdot\dot{v}^2}\right| \tag{3.185}$$

现在介绍参数

$$\lambda:=\frac{\mathrm{d}v}{\mathrm{d}u}=\frac{\dot{v}}{\dot{u}} \tag{3.186}$$

它与 $\tan\alpha$ 相等，其中 α 表示在 u，v 参考平面上的 u 轴和方向 $[\dot{u},\ \dot{v}]^{\mathrm{T}}$ 的夹角（图 3-75）：

$$\lambda=\tan\alpha$$

因此式（3.185）写作

$$\kappa=\left|\frac{L+2M\cdot\lambda+N\cdot\lambda^2}{E+2F\cdot\lambda+G\cdot\lambda^2}\right| \tag{3.187}$$

定义 3.46　法曲率。 对于一个参数式（3.172）给定的 C^2 曲面 Φ，在点 $\mathbf{q}(u_0,\ v_0)$ 上沿切线方向 $\lambda=\frac{\mathrm{d}v}{\mathrm{d}u}$（见式（3.186））的法曲率定义为

$$\kappa_n(\lambda)=\frac{L+2M\cdot\lambda+N\cdot\lambda^2}{E+2F\cdot\lambda+G\cdot\lambda^2} \tag{3.188}$$

在（u_0，v_0）上计算。

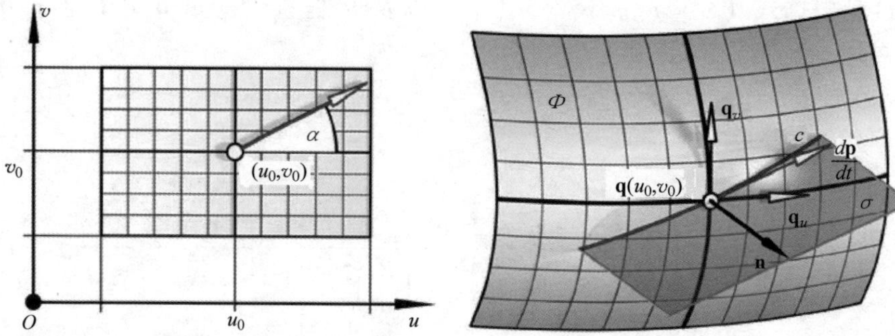

图3-75　曲面 Φ 的法曲率可以通过式（3.188）中 $\lambda=\tan\alpha$ 来计算。在 α 方向上，法曲率与 $c=\Phi\cap\sigma$ 的法线部分的曲率相重合。相交面 σ 被曲面法线向面 $\mathbf{n}$ 和切向量

$$\frac{\mathrm{d}p}{\mathrm{d}t}=\mathbf{q}_u\frac{\mathrm{d}u}{\mathrm{d}t}+\mathbf{q}_v\frac{\mathrm{d}v}{\mathrm{d}t}$$穿过

注意到法曲率 κ_n——取决于符号——和曲面 Φ 法线部分的曲率 k 相等，且平面 σ 穿过曲面切线 g（图3-75）

$$g\cdots\mathbf{g}(w)=\mathbf{q}+w\cdot(\mathbf{q}_u\cdot\dot{u}+\mathbf{q}_v\cdot\dot{v})=\mathbf{q}+w\cdot\dot{\mathbf{p}}$$

对于曲面 Φ 上的任意固定点 $\mathbf{q}(u_0,v_0)$，法曲率 $\kappa_n(\lambda)$是在 λ 上的一个有理二次函数 $\kappa_n(\lambda)$的几个属性：

1. 根据式（3.176），式（3.188）的分母总是正的，这意味着对所有 $\lambda\in\mathbb{R}$，$\kappa_n(\lambda)$的定义式都是成立的。

2. 当且仅当

$$E:F:G=L:M:N \tag{3.189}$$

时，有理二次函数 $\kappa_n(\lambda)$是连续的，具有这种属性的曲面点 $\mathbf{q}(u_0,v_0)$叫做脐点：所有通过这个点的曲面的法线部分都有相同的曲率。显然，球体上的每一点都符合这种情况。如果 Φ 是一个任意曲面，$\mathbf{q}(u_0,v_0)$是 Φ 上的一个脐点，这样，在 $\mathbf{q}(u_0,v_0)$的相邻区域，曲面 Φ 具有类似球体的性质。

3. 对于任意非脐点 $\mathbf{q}(u_0,v_0)$，即 $E:F:G\neq L:M:N$，可以看到（见参考文献[5]的91页）$\kappa_n=\kappa_n(\lambda)$恰有两个不同的极值，即 $\kappa_{n,1}=\kappa_n(\lambda_1)$，$\kappa_{n,2}=\kappa_n(\lambda_2)$，其中，$\lambda_1$和 λ_2可以当做二次多项式的零点来计算。

$$f(\lambda)=\begin{vmatrix}\lambda^2 & -\lambda & 1\\ E & F & G\\ L & M & N\end{vmatrix}=(FN-GM)\cdot\lambda^2+(EN-GL)\cdot\lambda+(EM-FL)$$

极值 $\kappa_{n,1}$和 $\kappa_{n,2}$叫做 $\mathbf{q}(u_0,v_0)$处 Φ 的主曲率。它们满足以下条件：

$$\kappa_{n,1} \cdot \kappa_{n,2} = \frac{LN - M^2}{EG - F^2}$$

$$\kappa_{n,1} + \kappa_{n,2} = \frac{EN - 2FM + GL}{EG - F^2}$$

各个法平面得到的这些极值曲率的方向是相互正交的。

得出以下：

定义 3.47 曲面的高斯曲率和平均曲率。设 Φ 为参数化式（3.172）给定的 C^2 曲面。这样，高斯曲率 K 和平均曲率 H 可定义为

$$K := \kappa_{n,1} \cdot \kappa_{n,2} = \frac{LN - M^2}{EG - F^2} \tag{3.190}$$

$$H := \kappa_{n,1} + \kappa_{n,2} = \frac{EN - 2FM + GL}{2(EG - F^2)} \tag{3.191}$$

根据高斯曲率，曲面点可分为三类：

定义 3.48 椭圆面点、双曲面点和抛物面点。设 Φ 为参数化式（3.172）给定的 C^2 曲面，这样 Φ 上的一个非脐点 $\mathbf{q}(u_0, v_0)$ 为

$$\begin{Bmatrix} \text{椭圆面点}, K>0 \\ \text{双曲面点}, K=0 \\ \text{抛物面点}, K<0 \end{Bmatrix}$$

为了弄清这一类曲线的几何意义，通过给定点 $\mathbf{q}(u_0, v_0)$ 研究曲面 Φ 的法线部分。很明显，那些法线部分曲率 $\mathbf{c}(\lambda)$ 的中心取决于通过 $\mathbf{q}(u_0, v_0)$ 处的 Φ 的曲面法向量 n。点 $\mathbf{q}(u_0, v_0)$ 把法线 n 分为两条射线，即 n^+ 和 n^-。

- 如果 $\mathbf{q}(u_0, v_0)$ 是椭圆面点，主曲率 $\kappa_{n,1}$，$\kappa_{n,2}$ 都不为零并有相同的符号。另外，这表示 $\kappa = \kappa(\lambda)$ 对于所有 $\lambda \in \mathbb{R}$ 都有相同的符号。这意味着所有曲率 $\mathbf{c}(\lambda)$ 的中心只分布在两条射线 n^+ 和 n^- 的其中一条上。局部来看，在点 $\mathbf{q}(u_0, v_0)$ 处的曲面仅位于其切平面的一侧——曲面是局部凸起的。椭球就是一个例子（图 3-79），它的表面只有椭圆面点。

- 如果 $\mathbf{q}(u_0, v_0)$ 是一个双曲面点，主曲率 $\kappa_{n,1}$，$\kappa_{n,2}$ 都不为零且具有不同的符号。这种情况下，表示 $\kappa = (\lambda)$ 恰有两个零点：曲率 $\mathbf{c}(\lambda)$ 的中心都分布在射线 n^+ 和 n^- 上。因此，曲面与它的切平面相交于曲线上的点 $\mathbf{q}(u_0, v_0)$。局部来看，曲面为鞍形。一个典型的例子就是双曲抛物面（图 3-84），它的表面只有双曲点；顺便说下，这就是它名字的由来。

- 如果 $\mathbf{q}(u_0, v_0)$ 是一个抛物面点，两个主曲率 $\kappa_{n,1}$，$\kappa_{n,2}$ 其中一个为零。例如，一个圆柱面（定义 3.52）只有抛物面点。

如果曲面 Φ 上既有椭圆面点又有双曲面点，那么通常每类在 Φ 上定义一个或多个区域。这种情况下，椭圆区域和双曲区域之间的边界曲线由抛物面点构

成。一个典型的例子是环面 Φ（参见例 3.19）的抛物面点在 Φ 上建立了两个圆，并分离了椭圆面点和双曲面点的区域（图 3-76 见彩插）。

高斯曲率 K 和平均曲率 H 的重要性说明如下。

定理 3.8　特殊高斯和平均曲率值下特定曲面的特征。

- 可展开的曲面（见 3.7.10 小节）的特征是 $K\equiv 0$。
- 对于曲面 Φ，如果 $K=H\equiv$ 常数$\neq 0$，那么 Φ 是一个球面；反之亦然。
- 对于曲面 Φ，如果 $K=H\equiv 0$，那么 Φ 是一个平面；反之亦然。
- 最小曲面的特征是 $H\equiv 0$。

最小曲面是一个有趣的几何问题，因为它们将总的曲面面积减少到一定程度：如果将一个线框浸没在肥皂溶液中，肥皂膜可看成一个最小的曲面，它的边界就是线框。

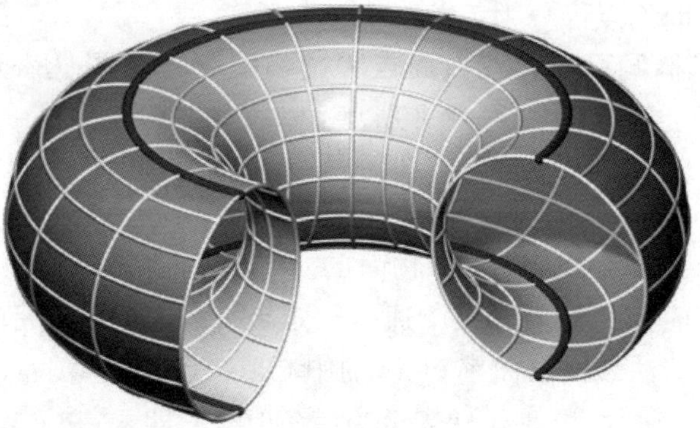

图 3-76　在一个环面上，有一块椭圆面点的区域（蓝色的，高斯曲率 $K>0$），另一块区域是由双曲面点组成的（灰色的，高斯曲率 $K<0$）。这两块区域的边界曲线是两个圆（红色），圆上的点是抛物面点（高斯曲率 $K=0$）

注释 3.16　微分形式

$$\mathrm{I}:=E\cdot \mathrm{d}u^2+2F\cdot \mathrm{d}u\mathrm{d}v+G\cdot \mathrm{d}v^2 \tag{3.192}$$

它是以式（3.176）为基础的，称作曲面 Φ 的第一基本形式。

式（3.183）和式（3.184）可导出更进一步的微分形式。

$$\mathrm{II}:=L\cdot \mathrm{d}u^2+2M\cdot \mathrm{d}u\mathrm{d}v+N\cdot \mathrm{d}v^2 \tag{3.193}$$

这称作曲面 Φ 的第二基本形式。

第一基本形式决定曲面度量。根据式（3.182），两种基本形式都控制着曲面的曲率。

高斯曲率和平均曲率也在各种各样的 CAD 应用中出现（对照 4.2.6 小节）。

3.7.5　曲面方程

通过一个参数表达式来确定曲面不是唯一的选择。三维空间中的曲面 Φ 也可以由一些方程确定：

$$F(x,\ y,\ z)=0 \tag{3.194}$$

如果点 $\mathbf{p}$ 的坐标（x, y, z）满足条件式（3.194），那么它就包含在曲面内。如果其中一个坐标——假设是 z——可以明确地在该方程中表示，则可以把式（3.194）转化为

$$z=f(x,y) \tag{3.195}$$

例 3.13　球面。一个以 $\mathbf{m}$（x_0, y_0, z_0）为球心，r 为半径的球面（图 3-77）可以通过下式实现参数化[㊀]

$$\mathbf{q}(u,v)=\begin{bmatrix}x(u,v)\\y(u,v)\\z(u,v)\end{bmatrix}=\begin{bmatrix}x_0+r\cdot\cos u\cdot\cos v\\y_0+r\sin u\cdot\sin v\\z_0+r\sin v\end{bmatrix} \tag{3.196}$$

$$(u,\ v)\in[0,2\pi)\times\left[-\frac{\pi}{2},\frac{\pi}{2}\right]$$

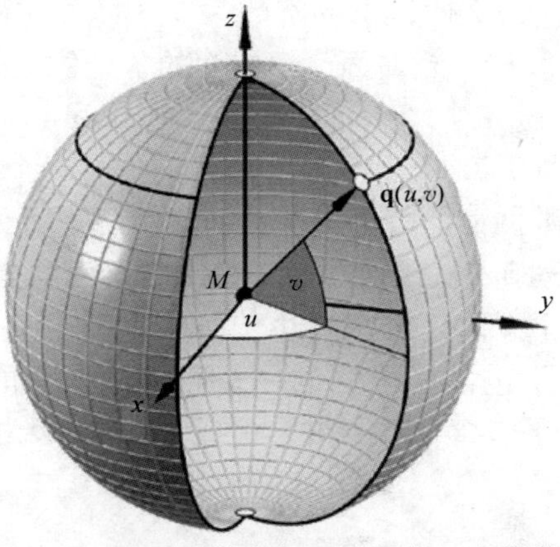

图 3-77　一个球体的标准（坐标）参数化：参数 u 代表经度，v 测量纬度。u 线是纬度圆，v 线是经度圆（经络）。它的参数化式（3.196）和它的代数方程式（3.197）都有各自独特的优点

另一方面，它可以用下面的方程来描述

$$(x-x_0)^2+(y-y_0)^2+(z-z_0)^2-r^2=0 \tag{3.197}$$

验证一个给定的参数 $\mathbf{q}(u,\ v)=[x(u,\ v),\ y(u,\ v),z(u,\ v)]$，$(u,\ v)\in D$ 和方程（3.194）是否表示同一个曲面很简单：只要把 $x=x(u,\ v)$，$y=y(u,\ v)$，$z=z(u,\ v)$代入式（3.194）中，验证是否所有的$(u,\ v)\in D$ 都满足方程。

3.7.6　代数曲面

在通过方程确定的曲面中，有一些特别值得注意：它们的方程式只包含多项表达式。

㊀　当参数 u 与 v 分别代表经度和纬度时，这就是所谓的球的地理参数化。

定义 3.49　代数曲面。一些带有变量 x，y，z 的多项式方程。

1. 如果曲面 Φ 由多项式方程

$$F(x,y,z) = \sum_{finite} a_{ijk} x^i y^j z^k = 0 \tag{3.198}$$

确定，则称之为代数曲面。

2. 当 $\deg F(x, y, z) = n$ 时（见定义 3.11），代数曲面称为 n 阶曲面。

3. 不能由多项式方程表示的曲面叫做超曲面。

例 3.14　平面。任意一阶代数曲面都是一个平面：

$$Ax + By + Cz + D = 0$$

例 3.15　球面。球面是一个 2 阶代数曲面，因为在它的方程（3.196）中，只有 2 阶或 2 阶以下的阶数。

例 3.16　超曲面。超曲面的一个例子是

$$z\cos x + e^y x = 0$$

螺旋面（3.7.12 小节）是超曲面的另一个例子。

代数曲面的阶可以从几何学解释。类似于定理 3.4，我们有：

定理 3.9　代数曲面与直线或平面的交点。

一个 n 阶代数曲面 Φ 有如下性质：

1. 不包含在 Φ 内的一条直线 g 与 Φ 的交点个数不超过 n。

2. 不包含在 Φ 内的一个平面 ε 与 Φ 相交于一个 n 阶平面代数曲线（见定义 3.22）。

3.7.7　有理曲面

类似于有理曲线（3.3.9 小节），有理曲面被定义为：

定义 3.50　有理曲面。如果曲面 Φ 可以由有理参数式

$$\mathbf{q}(u,v) = \begin{bmatrix} \dfrac{q_1(u,v)}{q_0(u,v)} \\ \dfrac{q_2(u,v)}{q_0(u,v)} \\ \dfrac{q_3(u,v)}{q_0(u,v)} \end{bmatrix} \tag{3.199}$$

表达，则称之为有理曲面。

其中，$q_i(u, v)$是二元多项式[⊖]，且 $\gcd\{q_1(u, v), q_0(u, v)\} = \gcd\{q_2(u, v), q_0(u, v)\} = \gcd\{q_3(u, v), q_0(u, v)\} = 1$。

尤其是如果 $q_0(u, v) \equiv 1$，则称 Φ 为多项式曲面。

⊖ gcd 表示多项式的最大公约数；见定义 3.12。

$n:=\max\{\deg q_0(u,v),\deg q_1(u,v),\deg q_2(u,v),\deg q_3(u,v)\}$ 叫做有理曲面 Φ 的阶数。

有理曲面属于代数曲面族：

定理 3.10　任意 n 阶有理曲面是一个阶数 $\leqslant n$ 的代数曲面。

对这一说法的证明是很重要的。其逆命题是不正确的：一个代数曲面不一定是有理的。

多项式曲面是一种特殊的有理曲面。特殊的有理多项式曲面在 CAD 应用中经常被使用。贝塞尔曲面（3.8.1 小节）是多项式曲面的例子。B 样条曲面（3.8.2 小节）是分段多项式。NURBS 曲面（3.8.3 小节）是由分段有理曲面组成的。

3.7.8　二次曲面

二阶的代数曲面被称为二次曲面，它们有二阶多项式方程，一般格式如下：

$$Ax^2+By^2+Cz^2+2Dxy+2Exz+2Fyz+2Gx+2Hy+2Iz+J$$

$$=[1,x,y,z]\cdot\begin{bmatrix}J & G & H & I\\ G & A & D & E\\ H & D & B & F\\ I & E & F & C\end{bmatrix}\cdot\begin{bmatrix}1\\ x\\ y\\ z\end{bmatrix}=0 \tag{3.200}$$

带有实系数 A，…，J，且系数 A，…，F 不全为 0。

二次曲面的分类

它是线性代数中一个标准的练习，表明通过坐标系的适当变换，可获得的方程（3.200）以下常见形式中的一种（$a,b,c,p\in\mathbb{R}^+$）。

（a）$x^2=0$

这是一个双重计算的平面（双曲面（二重面））。

（b）$a^2x^2+b^2y^2=0$

这个方程可以改写 $(ax+iby)\cdot(ax-iby)=0$ 其中 $i^2=-1$，因此它是一个共轭复平面。这些平面的交叉线是实的（在 z 轴），二次曲面上的其他点不是实际存在的。

（c）$a^2x^2-b^2y^2=0$

可以推出 $(ax+by)\cdot(ax-by)=0$，并且曲面由两个相交实平面组成。

（d）$x^2+a^2=0$

得到 $(x+ia)\cdot(x-ia)=0$ 并且得到一对平行的共轭复平面。

（e）$x^2-a^2=0$

推出 $(x+a)(x-a)=0$，并且得到一对平行的实平面。

（f）$\dfrac{x^2}{a^2}+\dfrac{y^2}{b^2}=1$

是一个椭圆柱面（图 3-78 左图）。

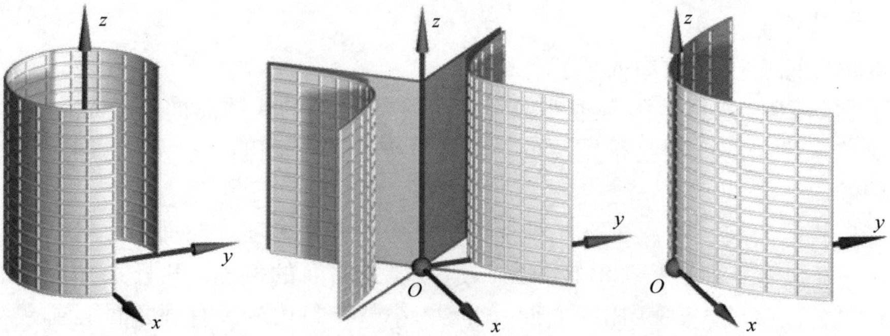

图 3-78　平行直线生成线生成柱面。柱面的平面横截面（用不平行于生成线的平面）表示它们的类别。三种二次柱面根据它们横截面的二次曲线形状区分为椭圆、双曲线和抛物线。左图是一个椭圆柱面，它是右图圆柱面中的特例，它的垂直截面是一个圆；中间是双曲柱面；右边是抛物柱面

（g）$\frac{x^2}{a^2}-\frac{y^2}{b^2}=1$

是以双曲线为导向曲线的柱面（图 3-78 中图）。

（h）$y^2=2px$

是抛物柱面（图 3-78 右图）。

（i）$\frac{x^2}{a^2}+\frac{y^2}{b^2}=-1$

这是一个柱面（虚柱形），根本不存在实点。

（j）$\frac{x^2}{a^2}+\frac{y^2}{b^2}-\frac{z^2}{c^2}=0$

表示一个以原点为顶点的实二次锥面（图 3-79）。

（k）$\frac{x^2}{a^2}+\frac{y^2}{b^2}+\frac{z^2}{c^2}=0$

这是一个以原点为顶点的虚二次锥面，顶点是它唯一真实的点。

（l）$\frac{x^2}{a^2}+\frac{y^2}{b^2}+\frac{z^2}{c^2}=1$

是中心在原点的椭圆面（图3-80）。

（m）$\frac{x^2}{a^2}+\frac{y^2}{b^2}-\frac{z^2}{c^2}=1$

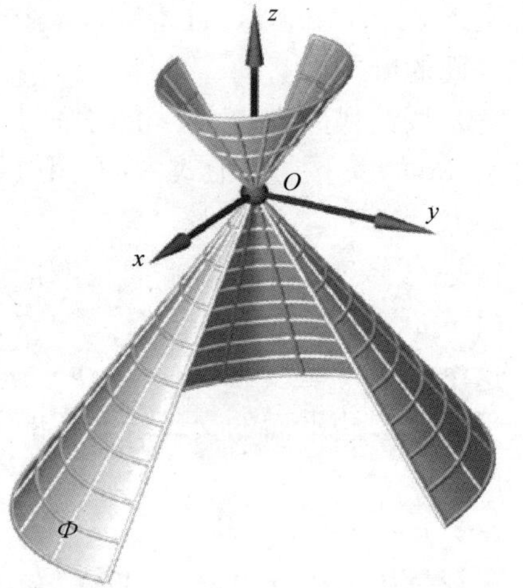

图 3-79　二次圆锥面 Φ(例(k))的奇点（顶点）在原点 O 处，锥面由穿过原点的平直生成线组成。每个平截面 $\varepsilon\cap\Phi=k$，是一条二阶常规曲线，其中 ε 不穿过点 O。该例中所示的参数线是平面截面（椭圆），另一方面，生成线都穿过原点 O

称为单叶双曲面（图 3-81）。

图 3-80　椭圆面 Φ(例(1))是一个二次模型，作为一个很特殊的例子，当 $a=b=c$ 时，也可以得到一个球面，在 $a=b$ 条件下，这个图的例子是一个回转椭球面，回转轴是 z 轴。选择参数化的参数线如图所示：圆在平行平面上，正交于回转轴和椭球的经线

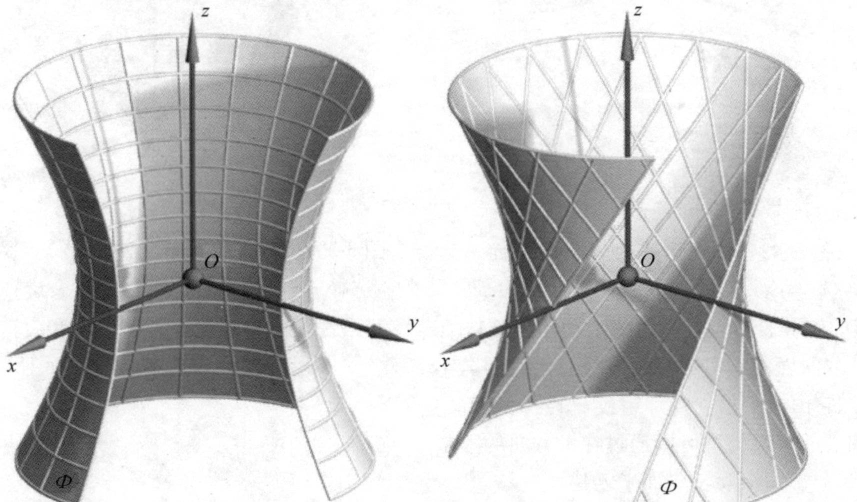

图 3-81　单叶双曲面（例（m））。当 $a=b$ 时，是单叶回转双曲面。除了抛物双曲面（图 3-84）的概念，它只是一个带有两组平直生成线的常规二次曲面。左图展示了由参数线旋转生成曲面，参数线是纬线和经线（双曲线）。右图展示了直接由直生成线参数化产生相同的曲面。u 线是面 Φ 上的一系列直线，v 线是另外一系列。同一系列的两生成线都是螺旋线，不同系列的生成线相交于表面上的点。这种表面的模板是非常简单的（直束），这些表面也用于土木工程，例如电厂的冷却塔

(n) $\frac{x^2}{a^2}+\frac{y^2}{b^2}-\frac{z^2}{c^2}=-1$

可导出双叶双曲面（图 3-82）。

(o) $\frac{x^2}{a^2}+\frac{y^2}{b^2}+\frac{z^2}{c^2}=-1$

是一个虚椭球面，没有实点。

(p) $\frac{x^2}{a^2}+\frac{y^2}{b^2}=z$

称为椭球抛物面（图 3-83）。

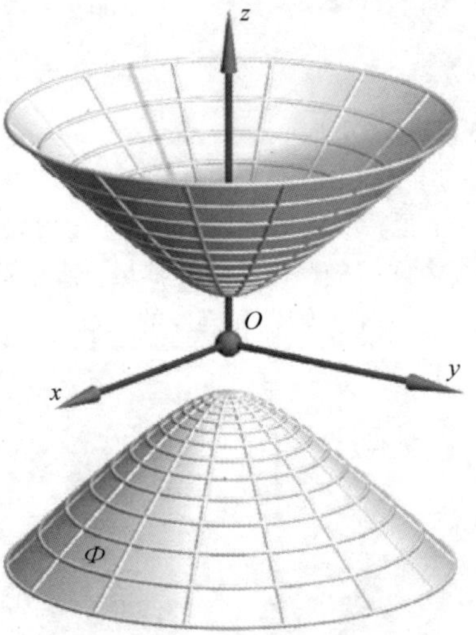

图 3-82　特殊形式的双叶双曲面（例（n））。当 $a=b$ 时，双曲线作为经线的旋转表面，双曲线的主轴作为旋转轴。双叶双曲面没有实平直生成线，由它的名字可知它由两个独立叶片组成。$a\neq b$ 的双叶双曲面的一般类型可以通过在 y 方向的限制从旋转曲面来创建

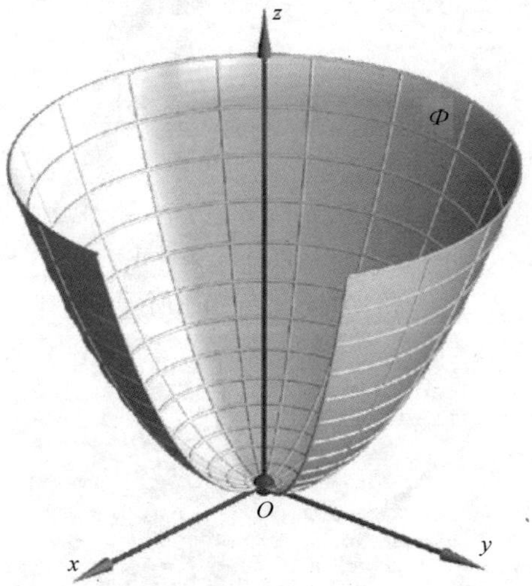

图 3-83　椭圆抛物面（例（p））：这里再次选择 $a=b$ 的特例，来生成一个旋转曲面。经线是抛物线，纬线位于和旋转轴（z 轴）垂直的平行平面上

(q) $\frac{x^2}{a^2}-\frac{y^2}{b^2}=z$

最后得到一个双曲抛物面，它有时被称为马鞍形曲面（图 3-84；对照例 3.23 和图 3-115a）。

(a) ~ (k)类型也被称为奇二次曲面。在奇二次曲面中，(a) ~ (e)称为可化简类型，(l) ~ (q)称为常规二次曲线。一般形式在三维坐标平面内有对称面，

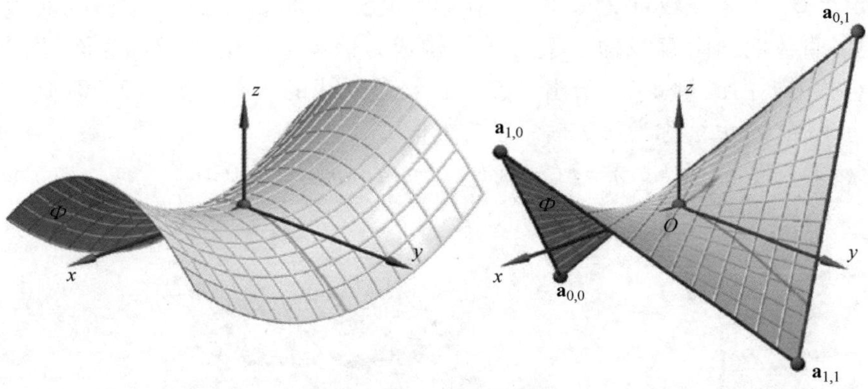

图 3-84　双曲抛物面（例（q））是一个典型的鞍形曲面。除了上图中的单叶双曲面，这是仅有的带两族直线的曲面。在这个图中，Φ 面的轴是 z 轴。相同的双曲抛物面用两种不同的方式参数化，左图的参数线垂直于抛物截面，右图的两族直线生成线是参数线。这种类型的曲面很容易被用于弧顶结构的土木工程中，尤其是一个扭曲四边形需要被覆盖时。两组直线束使建造适当的支架或模板变得更加容易

除了（p）和（q）类型仅关于 xz 和 yz 平面对称。普遍认为，(a)~(e)和虚表面(k)和(o)与实际工程学关系不大，为了体现完整性才把它们列出来。

很容易看出的是（a）、(f)、(g)、(h)、(j)、(l)、(m)、(n)、(p）和（q）类型是有理的（参看 3.7.7 小节），它们也可以由有理化参数来表示。

值得注意的是二次曲面（m）和（q）包含两组相互斜交的直线。因此，它们可以被看做双直纹表面[㊀]。实际上，除了这两类之外，并没有其他双直纹表面。由于静力学和简单支架，它们会引起建筑工程师们特别的兴趣。

特别的是，双曲抛物面（(q）型）可以由以下的简单方法构建：用一族直线填满斜四边形 $\mathbf{a}_{0,0}$，$\mathbf{a}_{0,1}$，$\mathbf{a}_{1,0}$，$\mathbf{a}_{1,1}$（图 3-84 右图），这些直线连接着对边 $\mathbf{a}_{0,0}\mathbf{a}_{0,1}$ 和 $\mathbf{a}_{1,0}\mathbf{a}_{1,1}$ 上的两点，这些点的位置的比例是相同的。当然，也可以由对边 $\mathbf{a}_{0,0}\mathbf{a}_{1,0}$ 和 $\mathbf{a}_{0,1}\mathbf{a}_{1,1}$ 产生另外一族直线。很容易验证这两族直线位于同一表面 Φ 上：它们在一个双曲抛物面 Φ 上有两组生成线。这个有趣的例子也将会在例 3.23 中提到。

3.7.9　直纹曲面

由一系列直线组成的曲面也是很值得一提的，它们不但可以由直支架搭建的模板构成（建筑工程学），还出现在一些机械工程应用中。

㊀　直纹曲线的概念见 3.7.9 小节。

定义 3.51 直纹曲面。有以下参数化形式的表面被称为直纹曲面（图 3-85）。直纹曲面由直线的一个参数集构成，该参数集的直线称为面 Φ 的生成线，它的方向由向量 $\mathbf{e}(u)$ 给出。这些直线是 v 线的参数化式（3.201），u 线 $\mathbf{p}(u) \equiv \mathbf{q}(u,0)$ 也被称为参数表示的方向曲线。

$$\mathbf{q}(u,v)=\mathbf{p}(u)+v\cdot\mathbf{e}(u),\mathbf{e}(u)\neq[0,0,0]^{\mathrm{T}} \tag{3.201}$$

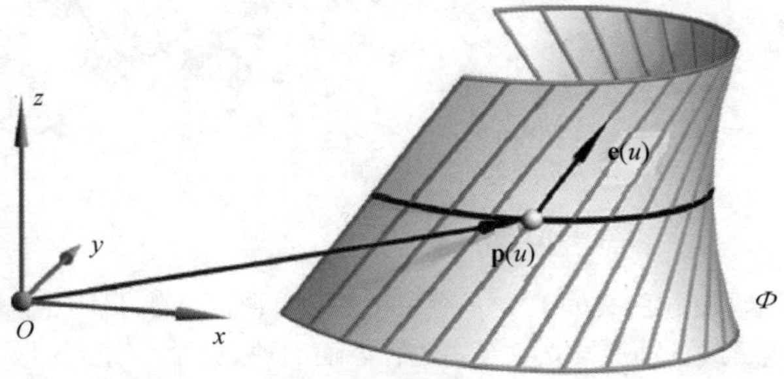

图 3-85 由直线（生成线）组成的直纹曲面。每一条生成线由点 $\mathbf{p}(u)$ 和方向向量 $\mathbf{e}(u)$ 确定

两种非常特别的直纹曲面定义如下：

定义 3.52 柱面和锥面。

(a) 当 $\mathbf{e}(u)\equiv\mathbf{e}$ 是一个常向量时，称直纹曲面式（3.201）为柱形表面或者柱面，它的生成线平行于 $\mathbf{e}$（图 3-86 左图）。一个柱面由 $\mathbf{e}$ 和它的生成曲线确定。

(b) 对于一个直纹曲面 φ，如果它的所有生成线都穿过锥面给定的顶点 $\mathbf{s}$，则称它为以 $\mathbf{s}$ 为顶点的锥面（图 3-86 右图），它由 $\mathbf{s}$ 和方向曲线 $\mathbf{p}(u)$ 确定。因为 $\mathbf{e}(u)=\mathbf{p}(u)-\mathbf{s}$ 是各个生成线的方向向量，锥面可以被参数化为

$$\mathbf{q}(u,v)=\mathbf{s}+v\cdot(\mathbf{p}(u)-\mathbf{s}) \tag{3.202}$$

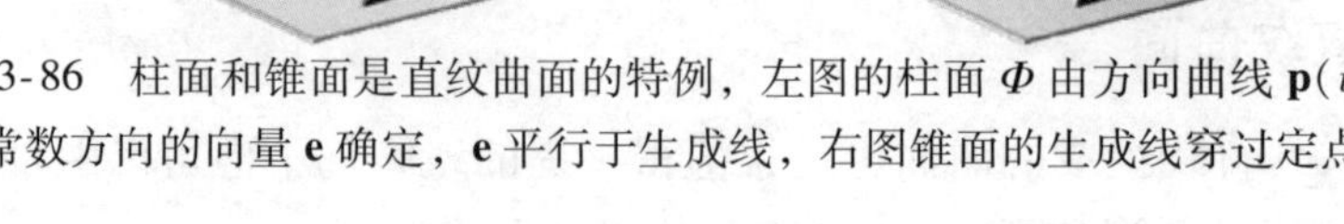

图 3-86 柱面和锥面是直纹曲面的特例，左图的柱面 Φ 由方向曲线 $\mathbf{p}(u)$ 和常数方向的向量 $\mathbf{e}$ 确定，$\mathbf{e}$ 平行于生成线，右图锥面的生成线穿过定点 $\mathbf{s}$

3.7.10 可展曲面

在机械工程学中，一些表面不能通过冲压金属薄板来生产，仅能通过弯折薄

板来加工。

定义 3.53 可展曲面。如果一个曲面不通过拉伸可以转化成平面，则称曲面可展。数学上可以被表述为存在一个等距——即从曲面到平面保持任意曲面弧长不变的映射。

可展开的曲面简称可展面，有一个可展面的经典案例（见参考文献［5］的第115页）。

定理 3.11 可展面的特征。如果一个曲面满足以下两个条件，则称为可展面：

1. Φ 是一个直纹曲面。

2. 对于每一个平直生成线 e，沿着 e 仅有一条平面切线。

特征表述中的第二点并不适用于任意的直纹曲面，哪些直纹曲面满足条件呢？请看接下来的定理：

定理 3.12 可展面的类别。有三种类别的可展曲面：

- 柱面
- 锥面
- 空间曲线的切平面

当然，将上述三类曲面沿直线生成线连接，所得的曲面也是可展面。第一类和第二类可展曲面在定义 3.52 已经提过，第三类是泛型可展曲面。这样的可展曲面由给定的空间曲线 $c\cdots\mathbf{p}=\mathbf{p}(u)$ 的切线组成（图 3-87）。在这种情况下，各个生成线的方向向量 $\mathbf{e}(u)$（定义 3.51）必须由 $\mathbf{e}(u)=\dot{\mathbf{p}}(u)=\frac{\mathrm{d}p}{\mathrm{d}u}$ 规定。

空间曲线 c 的切平面 Φ 可以被表示为

$$\mathbf{q}(u,v)=\mathbf{p}(u)+v\cdot\dot{\mathbf{p}}(u) \tag{3.203}$$

这里空间曲线 $c\cdots\mathbf{p}(u)$ 被称为回归的边界，通过使用式（3.203）很容易验证 c 的密切面（见 3.3.6 小节）是 Φ 的切平面。以下注释很实用（图 3-87）：

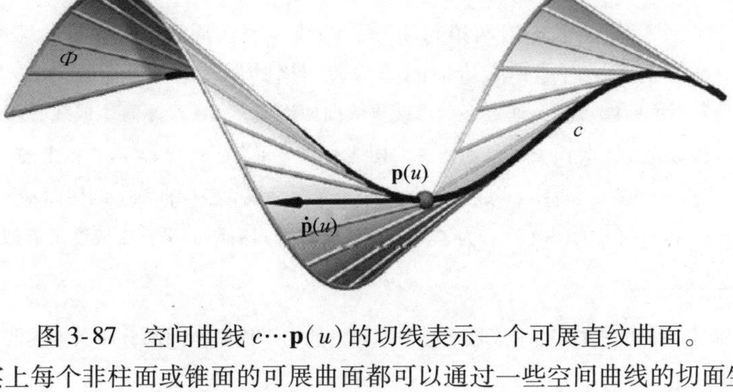

图 3-87 空间曲线 $c\cdots\mathbf{p}(u)$ 的切线表示一个可展直纹曲面。
事实上每个非柱面或锥面的可展曲面都可以通过一些空间曲线的切面生成

注释 3.17　识别可展曲面。可展曲面可以在视觉上区分：

- 一个可展曲面具有对各个投影（中央或者平行）有直线轮廓。
- 对于每个平行（中心）投射，直线轮廓的直纹曲面是可展的（对比图 3-88b、d）

这条规则有一个例外，即当柱面平行于它的生成线或锥面且从顶点通过中心投影时——在这些情况下，柱面和锥面以曲线形式出现！

例 3.17　连接两条平面曲线的可展面。通过一对平面曲线$\mathbf{c}_1 \subset \varepsilon_1, \mathbf{c}_2 \subset \varepsilon_2$（图 3-88a）可构造一个可展曲面：就像发动机中一个气道，两个凸孔之间用管道连接。核心任务是找到直纹曲面 Φ 的生成线，来证明曲面 Φ 是可展的。如果在 $\mathbf{c}_1$上的一个点 $\mathbf{c}_1(u_1)$和 $\mathbf{c}_2$上的一个点 $\mathbf{c}_2(u_2)$的切线是共面的[⊖]，则两点可由 Φ 的一条生成线连接：

$$\det\left[\mathbf{c}_2(u_2)-\mathbf{c}_1(u_1),\frac{\mathrm{d}\,\mathbf{c}_1}{\mathrm{d}\,u_1}(u_1),\frac{\mathrm{d}\,\mathbf{c}_2}{\mathrm{d}\,u_2}(u_2)\right]=0 \qquad (3.204)$$

这样，对于任意给定的参数 u_1，对应的参数 u_2必然是方程（3.204）的零点。

通常结果不会是一个柱面或者锥面，所以根据排除法（定理 3.12），认为它是空间曲线 c 的切平面。

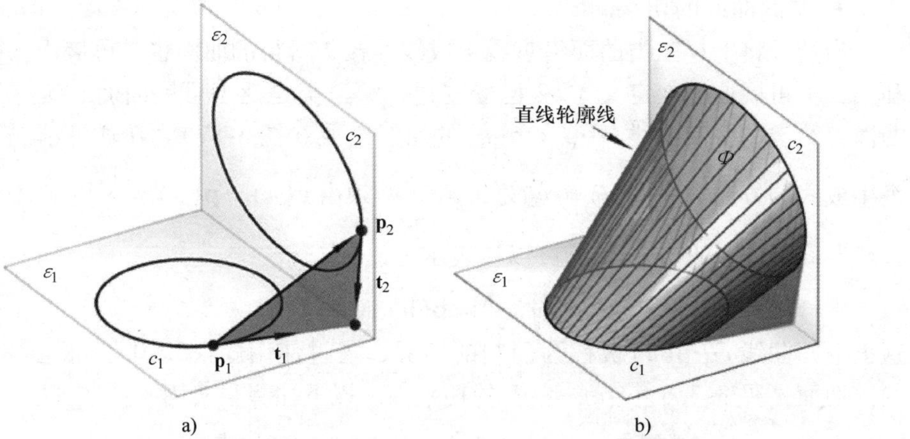

图 3-88　通过一个可展曲面连接两条封闭平面曲线。当仅通过弯曲平面片来生成零件时，这些几何方面的考虑可能是有价值的。构造网格的形状必须从平面片中切割出来

a）两条平面曲线 c_1 和 c_2通过一个可展直纹曲面连接，每一个平直生成线必须通过共面切线 t_1 和 t_2的连接点 $\mathbf{p}_1 \in c_1$ 和 $\mathbf{p}_2 \in c_2$，切线 t_1 和 t_2相交于直线 $s=\varepsilon_1 \cap \varepsilon_2$上的一个公共点

b）一个可展曲面连接 c_1 和 c_2。一般情况下，这个表面会成为空间曲线 c 的切面 Φ，注意 Φ 的轮廓由直线构成（注释 3.17）。为了生成 Φ，可以通过有限的平直生成线来近似得到它

⊖ 可以证明：如果直纹曲面生成器上两个不同点的切平面是相同的，那么生成器上的其他点也有此切面。

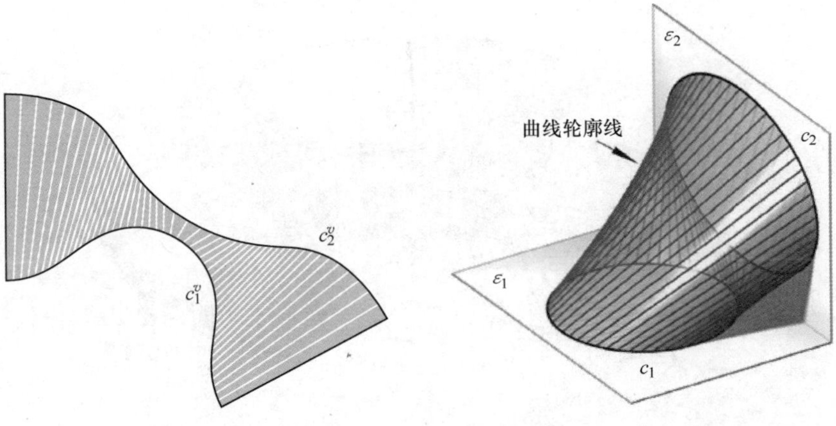

图 3-88　通过一个可展曲面连接两条封闭平面曲线。当仅通过弯曲平面片来生成零件时，这些几何方面的考虑可能是有价值的。构造网格的形状必须从平面片中切割出来（续）

c）由邻近的两条生成线决定的部分是（尽量薄的）斜四边形，通过它的一条对角线分成两个三角形。在平面中加入这些元素可以生成曲面的近似平面网格

d）如果两个平面曲线 c_1 和 c_2 通过直纹曲面的直线任意相连，通常是不可展的。依据注释 3.17 不可展直纹曲面的轮廓不包含直线

注释 3.18　上述例子描述的方法不仅适用于平面曲线，也适用于空间曲线 c_1，c_2。式（3.204）零点的状态仍可加以数值评估，得到对应的参数 (u_1, u_2)，因此这些点可用平直生成线连接。

3.7.11　回转面

曲线 c 做空间运动可产生一个曲面，这样的表面通常称为运动表面。以此方式创建的特定曲面类型取决于它的运动类型和生成线 c。

定义 3.54　回转曲面（图 3-89）。一个关于 z 轴连续回转的案例，应用于曲线

$$c \cdots \mathbf{p}(v) = [x(v), y(v), z(v)]^{\mathrm{T}}$$

由此产生的曲面 Φ 具有（如下）参数化表示

$$\mathbf{q}(u,v) = \begin{bmatrix} \cos u & -\sin u & 0 \\ \sin u & \cos u & 0 \\ 0 & 0 & 1 \end{bmatrix} \cdot \mathbf{p}(v) = \begin{bmatrix} \cos u \cdot x(v) - \sin u \cdot y(v) \\ \sin u \cdot x(v) + \cos u \cdot y(v) \\ z(v) \end{bmatrix} \tag{3.205}$$

称之为基本曲线（轮廓线）c 的回转曲面[⊖]。

⊖ 这是曲面的类型，它可在车床上加工。

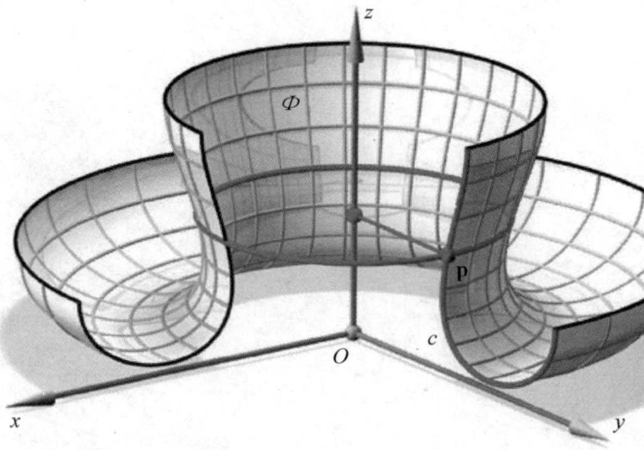

图 3-89　轮廓线 c 绕 z 轴旋转。每个点 $\mathbf{p}\in c$ 沿圆周运动，所有这些平行同一平面的纬度圆垂直于旋转轴

通过回转轴 a（例子中是 z 轴）的每个平面称为平面 Φ 的子午面。子午面与 Φ 的交线称为 Φ 的子午线。所有 Φ 的子午线是一致的曲线。如果用任意的子午线来代替生成曲线，会得到同一个回转曲面 Φ，只是参数化的形式不同。在图3-89中，曲线 c 是一条子午线，这是该类型的进一步参数化线。图中展示了它们中的一部分。

在绕轴 a 旋转时，c 上的每一点 $\mathbf{p}$ 都沿圆形路径移动。各圆都有相同的轴线 a；它们是参数化的 u 线，恒有 $v=v_0$，称之为 Φ 上的纬度圆。当 c 绕着 a 旋转时，v 线上 $u=u_0$ 生成曲线（$c\cdots u_0=0$）及其实例。如果生成的曲线 c 恰好是子午线（例如，在平面 $x=0$ 上），则 v 线与经线重合。

注释 3.19　回转二次型。二次曲线（见 3.7.8 小节）包括几个旋转表面的例子：如果令(f)，(j)，(l)，(m)，(n)，(p)中 $a=b$，可以分别得到一个旋转柱面（右圆柱），一个旋转锥面（右圆锥），一个旋转椭圆面，一个单叶旋转双曲面，一个双叶旋转双曲面和一个旋转抛物面，这些例子中旋转轴是 z 轴。

例 3.18　一条直线产生一个旋转表面。举一个例子，直线 e 绕 z 轴旋转。设 e 参数化如下

$$\mathbf{p}(v)=\begin{bmatrix}\alpha\\ v\cdot\beta\\ v\cdot\gamma\end{bmatrix},\gamma\neq 0$$

代入到式（3.205），得

$$\mathbf{q}(u,v)=\begin{bmatrix}\alpha\cdot\cos u-\beta v\sin u\\ \alpha\sin u+\beta v\cos u\\ \gamma v\end{bmatrix}=\begin{bmatrix}x\\ y\\ z\end{bmatrix}\tag{3.206}$$

消去式（3.206）中的 u 和 v，得到一组方程

$$\frac{x^2+y^2}{\alpha^2}-\frac{\beta^2z^2}{\alpha^2\gamma^2}=1,\alpha,\beta\neq 0 \tag{3.207}$$

$$\frac{x^2+y^2}{\beta^2}-\frac{z^2}{\gamma^2}=0,\alpha=0,\beta\neq 0 \tag{3.208}$$

$$x^2+y^2=\alpha^2,\alpha\neq 0,\beta=0 \tag{3.209}$$

与注释3.19相比较，通过代入 $\left[\begin{array}{c} a=\alpha,\ c=\dfrac{\alpha\gamma}{\beta} \\ a=\alpha,\ c=\gamma \\ a=\alpha \end{array}\right\}$ 很容易得出 $\left\{\begin{array}{c}(207)\\(208)\\(209)\end{array}\right\}$ 表示一个旋转体 $\left\{\begin{array}{c}\text{单片双曲面}\\\text{圆锥面}\\\text{圆柱体}\end{array}\right\}$。曲面式（3.207）的子午线是一个次轴与 z 轴重合的双曲线，称之为单叶双曲面。图3-81展示了这种类型的曲面。在图的右边展示了如何通过一条直线旋转产生曲面。左图展示了相同的曲面也可以由旋转子午线（双曲线）生成。

例3.19　环面（图3-90）。一个同样经典的例子。设曲线 c 为一个在 yz 平面上的圆

$$\mathbf{p}(v)=\begin{bmatrix}0\\ a+b\cdot\cos v\\ b\cdot\sin v\end{bmatrix} \tag{3.210}$$

它的圆心是（0，a，0），半径为 b。以 z 轴为旋转轴旋转，得到一个回转曲面 Φ。

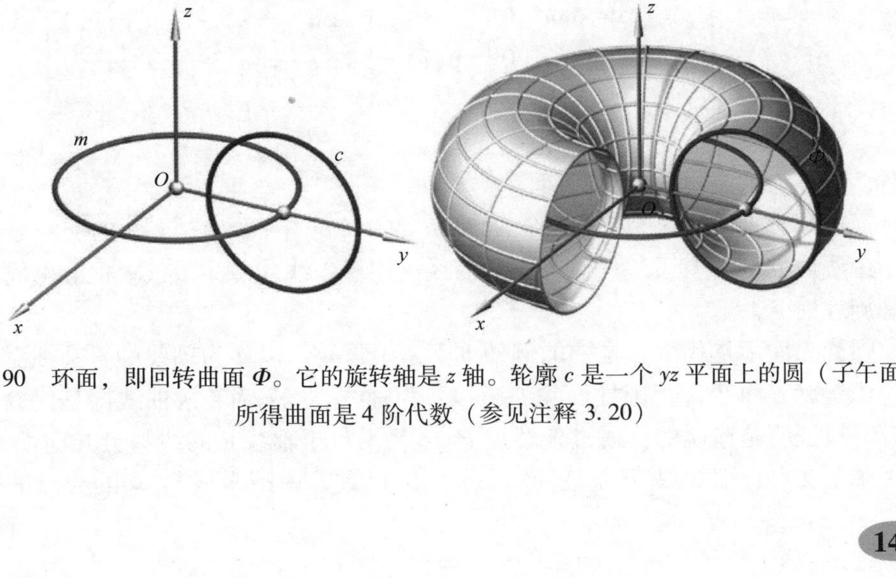

图3-90　环面，即回转曲面 Φ。它的旋转轴是 z 轴。轮廓 c 是一个 yz 平面上的圆（子午面）。所得曲面是4阶代数（参见注释3.20）

把式（3.210）代入式（3.205）得到 Φ 的参数化：

$$\mathbf{q}(u,v)=\begin{bmatrix}x\\y\\z\end{bmatrix}=\begin{bmatrix}-\sin u\cdot(a+b\cdot\cos v)\\\cos u\cdot(a+b\cdot\cos v)\\b\cdot\sin v\end{bmatrix}\tag{3.211}$$

这个曲面叫做环面。消去式（3.211）中的参数 u 和 v，得到方程

$$(x^2+y^2+z^2+a^2-b^2)^2=4\cdot a^2\cdot(x^2+y^2)\tag{3.212}$$

由于这是一个四阶多项式方程，可以看出：环面是一个四阶代数曲面。一个二阶子午面曲线生成了一个四阶旋转曲面。该结果遵循下列通则：

注释 3.20 旋转代数曲面。如果一个 n 阶的平面代数曲线 c 被用作子午曲线，得到的旋转曲面 Φ 有以下特点：

- 如果 c 不关于回转轴对称，则曲面 Φ 为 $2n$ 阶代数曲面。
- 如果 c 关于回转轴对称，则曲面 Φ 为 n 阶代数曲面。

在第二个例子中提到了旋转双曲面、旋转椭圆面和旋转抛物面。第一个例子中，除了环面和其他形状，还有正锥面和直圆柱面。

3.7.12 螺旋面

使给定轮廓线 c 进行一些空间运动，可以得到更多的曲面。关于 z 轴的螺旋运动，节距 $h=2\pi p$，见式（3.10）。

定义 3.55 螺旋表面。曲线 c

$$c\cdots\mathbf{p}(v)=\begin{bmatrix}x(v)\\y(v)\\z(v)\end{bmatrix}$$

进行螺旋运动（3.10）可形成的曲面 Φ，参数化如下

$$\mathbf{q}(u,v)=\begin{bmatrix}\cos u&-\sin u&0\\\sin u&\cos u&0\\0&0&1\end{bmatrix},\ \mathbf{p}(v)=\begin{bmatrix}\cos u\cdot x(v)-\sin u\cdot y(v)\\\sin u\cdot x(v)+\cos u\cdot y(v)\\z(v)+p\cdot u\end{bmatrix}\tag{3.213}$$

Φ 称为以 c 为生成线的螺旋曲面。

通过螺旋轴线的每个平面都被称为 Φ 的一个子午面。它与 Φ 的交线是曲面的子午线。Φ 的所有子午线是一致的曲线。用子午线代替生成线 c 也会生成相同的螺旋表面 Φ。

螺旋表面不是代数，唯一的例外也不是很重要：以 a 为轴线的直圆柱面。假设一个螺旋表面 Φ（直圆柱面除外）以 a 为轴线，以 c 为轮廓曲线即是代数，这很容易被证明是错误的：通过任意点 $P\in c$ 且平行于轴线 a 的线将会与曲面 Φ 产生无限个交点，而如果 Φ 是任意阶（n）的代数，一条直线与 Φ 的交点的数目

将不会超过 n（定理 3.9）。

旋转曲面可以视为一个特殊的螺旋曲面，它的节距已经减小到零。同样，任何圆柱体表面可以被看做一个特殊的螺旋曲面，其旋转分量受到抑制。

定义 3.56　直纹螺旋面、圆形螺旋面。如果螺旋曲面 Φ 的轮廓曲线 c 是一条直线，Φ 则被称为直纹螺旋面。如果轮廓曲线 c 是一个圆，产生的螺旋表面 Φ 称为圆形螺旋面。

图 3-91 展示了一个简单的直纹螺旋面的例子：如果生成线 c 倾斜于螺旋轴 a 且不垂直，这个曲面叫做通用直纹螺旋面。如果轮廓曲线 c 恰好是个螺旋切线（图 3-91 中图），则这个曲面是可展面（对照 3.7.10 小节）。

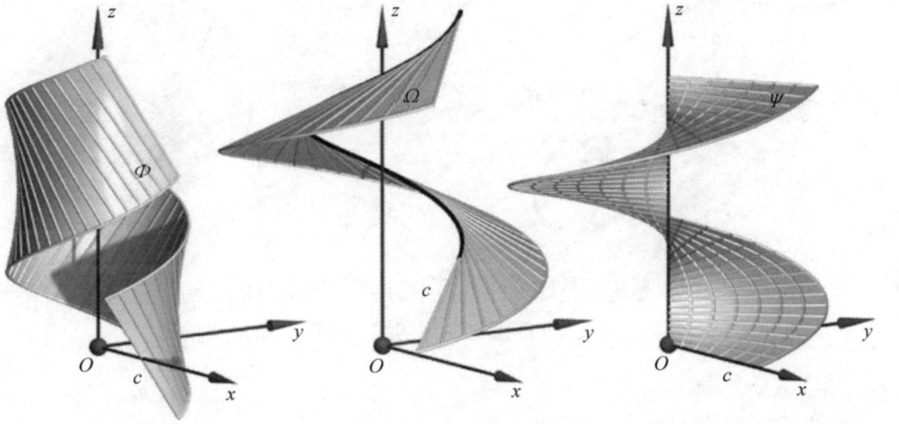

图 3-91　直生成线 c 做螺线运动可以生成直纹螺旋面。左图直纹螺旋面 Φ 是由一条倾斜于螺旋轴（z 轴）的直线生成线 c 生成的。中图直纹螺旋面 Ω 与 Φ（左图）的类型相同。然而，在 Ω 中，生成线 c 恰好是一个轨迹（螺旋运动的螺旋线）的切线。这就是为什么可以通过直线轮廓（参见注释 3.17）来区分所得可展曲面的原因。右图直线生成线 c 与螺旋轴垂直，曲面 ψ 就是正螺旋面

这是一个螺旋线的切线。除了直圆柱面，螺旋切线曲面是唯一可展的螺旋曲面。

可展螺旋面的一个有趣的应用是斜齿轮：这些表面形成这种齿轮的齿面。在任何时刻，两边啮合的齿轮沿着生成线 c 具有线接触。主要优势是它们的噪声小。

图 3-92 展示了一个特殊的圆形螺旋曲面：如果轮廓圆中心的螺旋切线与圆的平面正交，生成的曲面是管状螺旋面。它也可以通过球面 Ω 的螺旋运动生成，从而产生一组球面参数 $\Omega(u)$。这组参数 $\Omega(u)$ 的包络线是管状螺旋面。这种曲面应用在机械装置弹簧上。

螺旋面不仅应用在螺母和螺栓的螺纹上，也在汽车设计中发挥着重要作用

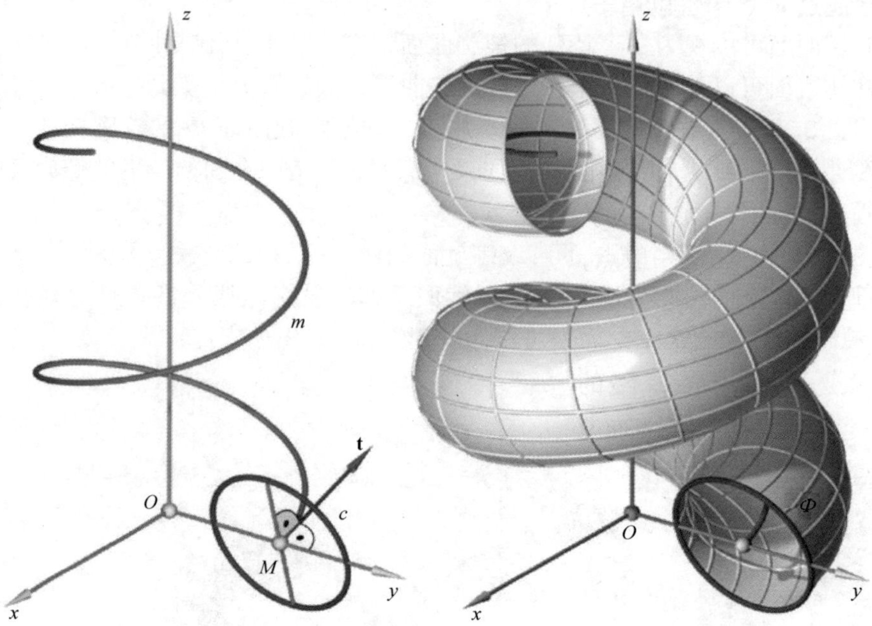

图 3-92　管状螺旋面是圆形螺旋面中的一个特例。圆 c 做螺旋运动。特殊的是，圆心处的螺旋切线 t 与圆平面正交

（参见 3.13 节）。

3.7.13　曲线或曲面在本身的运动

定义一个与空间运动和曲面（或曲线）相关的概念：

定义 3.57　曲面或曲线在本身的运动。如果曲线 c（或曲面 Φ）上的任意点在整个运动过程中始终保持在曲线（曲面）上，则称曲线 c（曲面 Φ）能够在自身运动。例如，以围绕旋转轴的回转曲面 Φ 或者是经螺旋运动形成的螺旋曲面 Φ。总之，曲面保持不变，点在曲面上运动。

下面的定理在数学领域是众所周知的。然而，它在汽车设计中并不是普遍认可的。

定理 3.13。**能在自身内运动的曲线和曲面的分类**。

1. 唯一能在自身内运动的曲线是直线、圆和螺旋线。相应的运动是适当的平移、旋转和螺旋运动。

2. 螺旋面（包括柱面和旋转曲面的特例）是唯一能在自身内运动的曲面。相应的运动是适当的平移、旋转和螺旋运动。

这个基本的几何结果在实际应用中非常有用（见参考文献［3，19－21］）。

至于汽车设计，它可以用于可伸缩表面的建造，如汽车侧窗（见 3.13 节和参考文献［22，23］）。

3.7.14　曲面的交线

一般说来，两曲面 Φ 和 ψ 的交线 $c=\Phi\cap\psi$ 是点的参数集，即一条空间曲线或在某些情况下是一系列的平面曲线，被称之为曲面 Φ 和 ψ 的交线 c。

对于交线 c 上的一般点，可以很容易作出 c 的切线。因为曲线 c 在曲面 Φ 和 ψ 中，它的切线必然在切平面上（图 3-73）。如果点 $\mathbf{p}$ 的两个切平面不一致，则：

命题 3.16　相交曲线的切线。设 $\mathbf{p}\in c$ 为所给面 Φ 和 ψ 相交线上的一点（图 3-93），τ_Φ和τ_ψ为曲面 Φ 和 ψ 在 $\mathbf{p}$ 点处的切平面。这样：

如果$\tau_\Phi\neq\tau_\psi$，曲线 c 上 $\mathbf{p}$ 点处切线 $t_\mathbf{p}$存在，且是两个切平面τ_Φ和τ_ψ在公共点 $\mathbf{p}$ 处的交线

$$t_\mathbf{p}=\tau_\Phi\cap\tau_\psi$$

而且，因为 $\tau_\psi\neq\tau_\Phi$，在 $\mathbf{p}$ 点 Φ 和 ψ 的法向量 $\mathbf{n}_\Phi$和 $\mathbf{n}_\psi$是线性无关的，它们的向量积

$$\mathbf{t_p}=\mathbf{n}_\Phi\times\mathbf{n}_\psi$$

为 $t_\mathbf{p}$的方向向量。

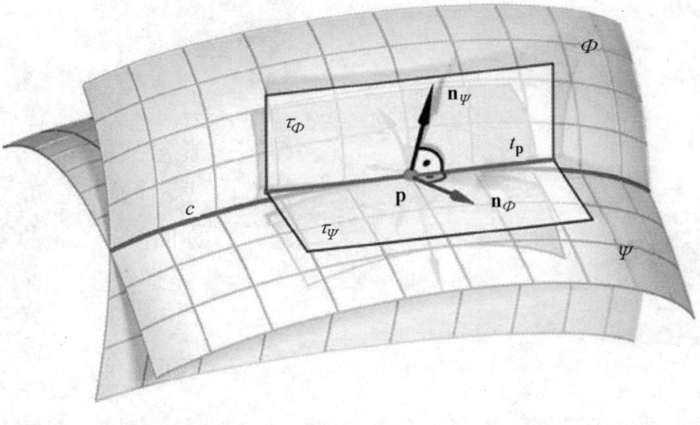

图 3-93　点 $\mathbf{p}$ 在曲面 Φ 和曲面 ψ 的交线 c 上，同时也在曲面 Φ 和曲面 ψ 的切平面 τ_Φ和τ_ψ上。如果这些平面不同，它们有唯一的交线 $t_\mathbf{p}$，而交线与曲线 c 在 P 点处相切

再看一些例子。

例 3.20　两个二次旋转曲面。两个二次旋转曲面 ψ 和 Φ，例如，图 3-94～图 3-97 中所示的两个直圆柱面或者（图 3-98 中）一个直圆柱面和一个正圆锥面。可以想起两个交叉管。当然，这能产生许多可供选择的形状。图 3-94 展示

了交线是一条由整体构成的空间曲线。图 3-95 中的空间曲线 c 由相连的两部分构成。

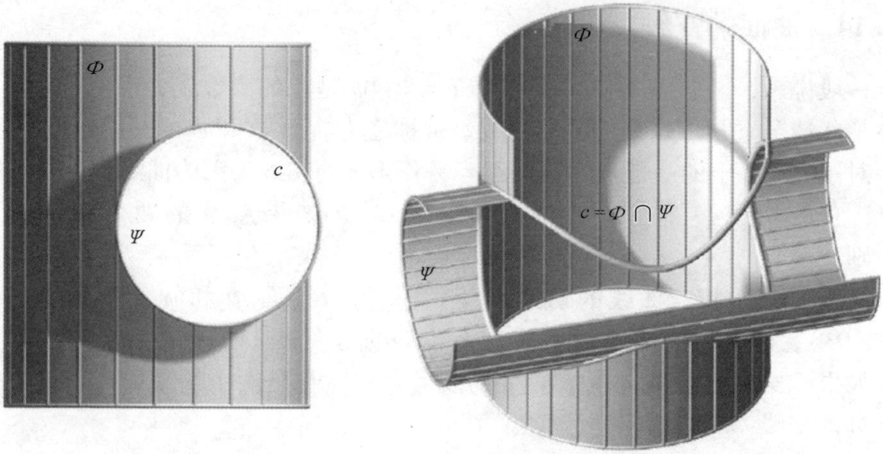

图 3-94　两个直圆柱面 Φ 和 ψ。沿着直生成线展开，交线 $c=\Phi\cap\psi$ 是一条空间曲线。在这种情况下 c 为一个整体

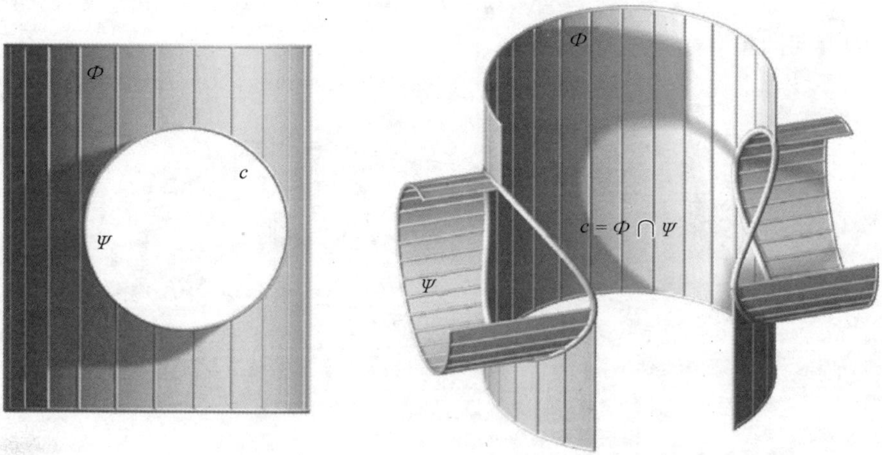

图 3-95　两个直圆柱面 Φ 和 ψ。这时交线 $c=\Phi\cap\psi$ 是由两部分（两者相连）组成的空间曲线

如果两曲面在点 D 相切（图 3-96），一般称这点为交线 c 的二重点。交线的切线不再唯一确定（见命题 3. 16），因为在那一点的两曲面的切平面相同。一般说来，曲线经过点 D 两次。图 3-96 可以视为前面两图图 3-95 和图 3-94 的临界情况。

接下来的例子再次涉及旋转二次交线。然而，这是一个结果包含两条平面线

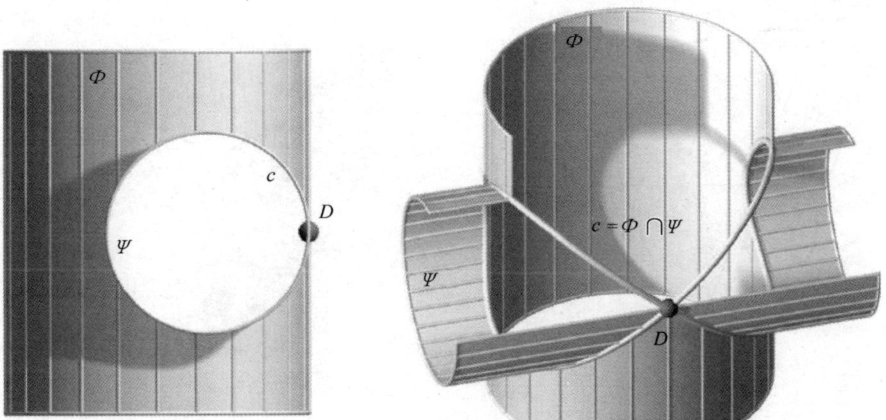

图 3-96 两个直圆柱面 Φ 和 ψ 共用点 D，此点处两表面有相同的切平面。则：Φ 和 ψ 在 D 处相切。这时交线 $c=\Phi\cap\psi$（空间曲线）有二重点 D：曲线 c 穿过 D 两次

的例子。

在实践中，如果交线 c 由平面线组成，管头的连接是很容易处理的（用角磨光机切割或圆锯锯）。怎样实现这样的目标呢？答案需要用到一些代数几何（例如，见参考文献［24］）。结果是（见图 3-97 和图 3-98）：

例 3.21　平面交线的管接头。如果两个旋转二次曲面的旋转轴相交于点 M，

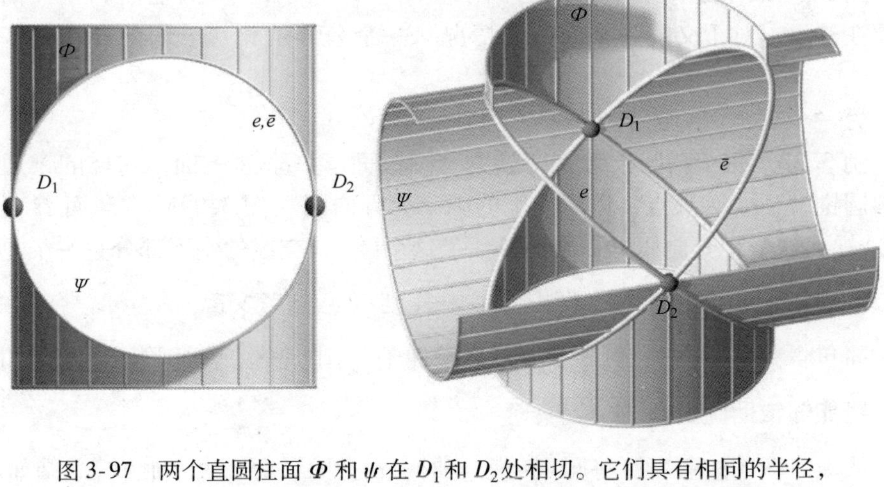

图 3-97 两个直圆柱面 Φ 和 ψ 在 D_1 和 D_2 处相切。它们具有相同的半径，且它们的轴正交。在这种情况下，交线 $c=\Phi\cap\psi$ 分化为两条（平面）曲线。它由两个椭圆组成：$c=\Phi\cap\psi=\{e,\overline{e}\}$

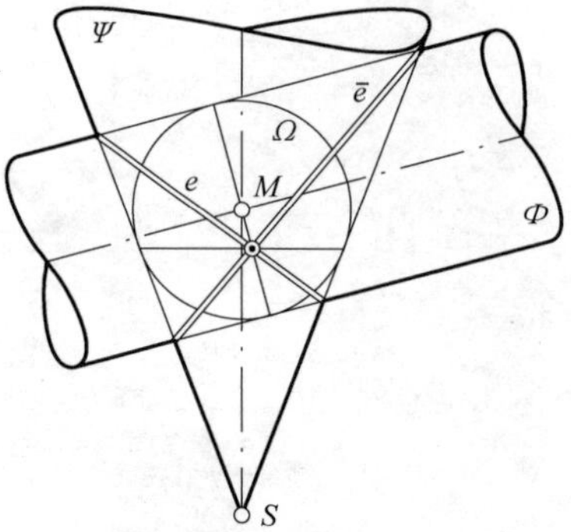

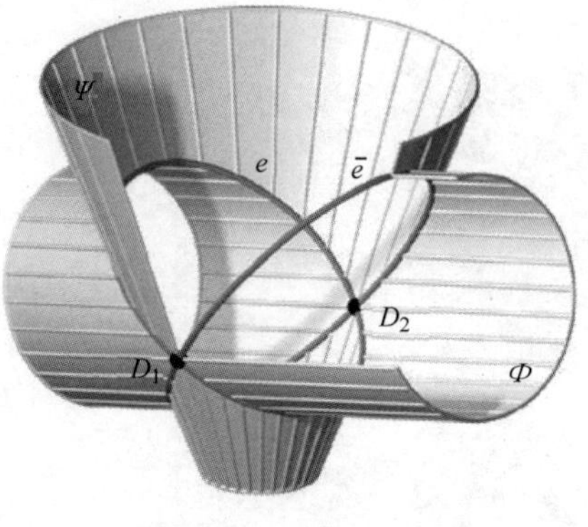

图 3-98 回转圆柱面和圆锥面的管接头。有时，标注管道的尺寸非常重要，这样交叉部分可以被分解为平面部分。要达到这样的标准需存在一个与两个旋转（管道）二次曲面都内切的球面

a）一个直圆柱面 Φ 和一个正锥面 ψ。它们都沿着纬度圆与相同球面 Ω 相切。交线 $c=\Phi\cap\psi$ 有两个二重点 D_1 和 D_2（见右图）。交线可分解成平面曲线（椭圆）

b）如果交线由平面部分组成，那么管接头就很容易加工。球面与两个曲面内切（左图）产生了这种现象

且存在一个以 M 为中心的公共球面，球面与两个曲面内切，那么曲面 Φ 和 ψ 的交线 c 分解并由两个二阶曲线组成（本例中是椭圆）。对于两个直圆柱面，这意味着它们有相交轴和相同的半径。这经常应用于弯管接头、T 形接口和十字接口。图 3-97 展示了两个轴正交的例子。图 3-98 展示了直圆柱面和正锥面的例子。在这里，对于交线为平面曲线情况，一个公共的相切球面的存在是基本的标准。

另一个更实用的例子。

例 3.22 每个斜圆锥带有两族圆。圆锥面 Φ（非正锥面：这样的锥通常是指斜圆锥）以 S 为顶点，以平面上的圆 c 为方向圆（图 3-99a）。球面 Ω 也经过 c。这样，这个相交曲线 $\Phi\cap\psi$ 也包括了这个圆 c；交线的剩下部分是一个更大的圆 $\bar{c}$。相应的证据能够在代数几何书中找到（见参考文献［24］）。有趣的是，圆锥面包含另一个圆 $\bar{c}$，圆 $\bar{c}$ 所在的平面并不与圆 c 所在平面平行。锥面和球面的交线能够帮助确定圆 $\bar{c}$ 的位置。

从顶点 S 的中心膨胀将圆 $\bar{c}$ 转换为曲面 Φ 上的平行圆束（族），总结如下：

命题 3.17 在一个圆锥面上存在两个圆束。在每个非直圆锥面上（由圆 c 和顶点 S 确定），除了包括 c 的圆束外，还存在第二个圆束。穿过 c 的锥面和球面相交处产生除了 c 之外的属于第二个圆束的圆 $\bar{c}$。

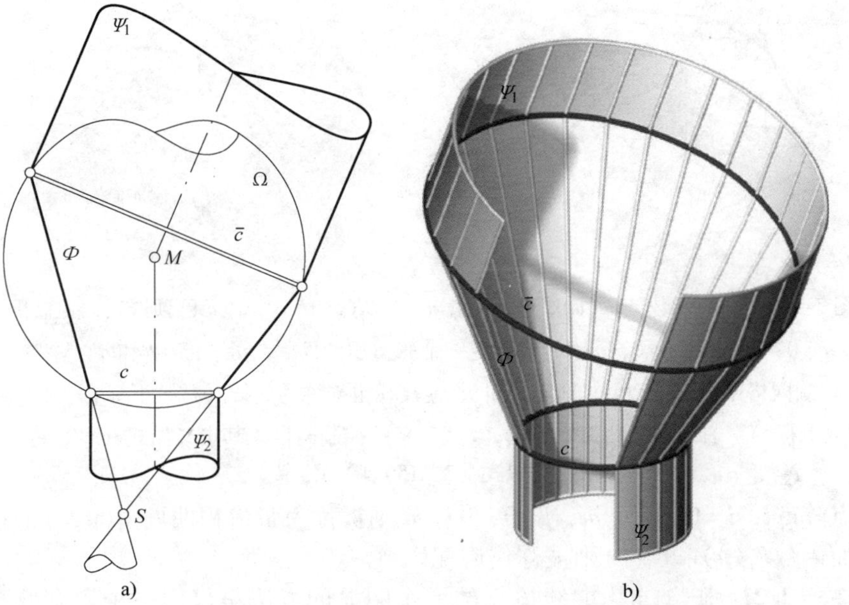

图 3-99　一个锥面 Φ 如果不是正圆锥面，一般说来包括两个圆束

a）一个圆 c 在锥面 Φ 上。穿过 c 的球面 Ω 与圆锥相交于大圆 $\bar{c}$。用这样的方法，圆锥面能用来连接两个不同半径的圆柱面 Φ_1 和 Φ_2

b）在某些前提条件下（左图），两个直圆柱面虽然有不同的半径，但可以用一个圆锥结合，这样两端的相交曲线是一个圆

3.8　张量积曲面

3.4 节对自由曲线进行了定义。该种曲线由控制多边形决定，其形状可通过重新定位控制多边形的顶点进行修改。类似想法也可用于曲面的生成。此种情况下，控制多边形须由控制网格来替代：

定义 3.58　张量积曲面。

给定三维空间中 $(m+1)\times(n+1)$ 点集 $\mathbf{a}_{i,j}$，其中 $i=0$，…，m，$j=0$，…，n（图 3-100），参数 u 和 v 的方程分别为，F_i（u），$i=0$，…，m 和 G_j（v），$j=0$，…，n，那么，一个曲面表示为如下形式，则称其为张量积曲面或张量积曲面片。

$$\mathbf{q}(u,v) = \sum_{i=0}^{m}\sum_{j=0}^{n} F_i(u)\cdot G_j(v)\cdot \mathbf{a}_{i,j}, u\in[u_0,u_1], v\in[v_0,v_1] \tag{3.214}$$

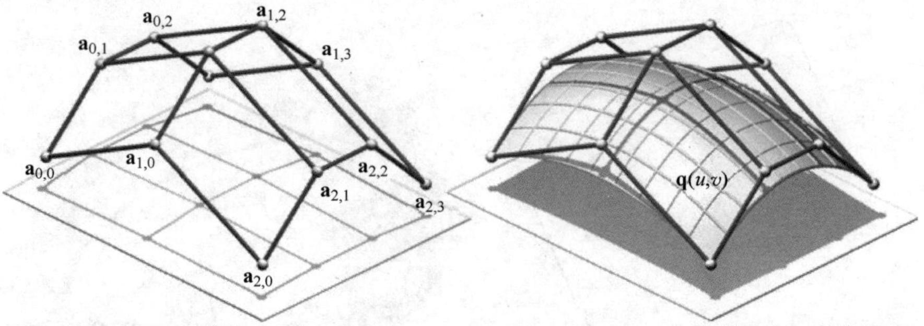

图3-100　一旦函数族$F_i(u)$, $i=0,\cdots,m$ 和 $G_j(v)$, $j=0,\cdots,n$已预选定，控制网格$\mathbf{a}_{i,j}$，$i=0$，…，m，$j=0$，…，n将确定一个张量积曲面。此处，$m=2$ 和 $n=3$。左图中，控制网格用作三维空间的矩阵点$\mathbf{a}_{i,j}$，连接线也被称为u线（常数下标j）和v线（常数下标i）。右图中，曲面$q(u,v)$及其确定的控制网格，其定义如式（3.214）所示，或类似式（3.215）中的定义。

点阵$\mathbf{a}_{i,j}$，$i=0$，…，m，$j=0$，…，n则被称为张量积曲面$\mathbf{q}(u,v)$的控制网格，而函数$F_i(u)$和$G_j(v)$则被称作调配函数。

注释3.21　归纳自由曲线概念的一个明显的方法是仅用一个含有双下标和双变量的调配函数族$H_{i,j}(u,v), i=0,\cdots,m, j=0,\cdots,n$，将自由曲面表达为

$$\mathbf{q}(u,v) = \sum_{i=0}^{m}\sum_{j=0}^{n} H_{i,j}(u,v)\cdot\mathbf{a}_{i,j}$$

显然，此种方法可能更为常规。然而，却仍使用单变量函数$F_i(u)\cdot G_j(v)$和的积来阐述自由曲线的概念，其主要原因就是，通过使用上述表达式，就能从中传递更多的方法和概念。

注释3.22　张量积曲面是一种特殊类型的自由曲面，而自由曲面本身是一个较为笼统的分类x，它包括细分曲面、三角面片（参见3.11节）、Coons曲面（参见3.9.1小节）等。

表示张量积曲面的一个较常见的形式如下：

$$\mathbf{q}(u,v) = [F_0(u),\cdots,F_m(u)]\cdot\begin{bmatrix}\mathbf{a}_{0,0} & \cdots & \mathbf{a}_{0,n}\\ \vdots & & \vdots\\ \mathbf{a}_{m,0} & \cdots & \mathbf{a}_{m,n}\end{bmatrix}\begin{bmatrix}G_0(v)\\ \vdots\\ G_n(v)\end{bmatrix} \tag{3.215}$$

例如，在张量积曲面$\mathbf{q}(u,v)$上，u线$v=v_0=$常数，可以根据定义3.24得到的自由曲线：

$$\mathbf{q}(u,v_0) = \sum_{i=0}^{m}\sum_{j=0}^{n} F_i(u)\cdot G_j(v)\cdot\mathbf{a}_{i,j} = \sum_{i=0}^{m} F_i(u)\cdot\underbrace{\left(\sum_{j=0}^{n} G_j(v)\cdot\mathbf{a}_{i,j}\right)}_{=:\mathbf{c}_i}$$

$$= \sum_{i=0}^{m} F_i(u)\cdot\mathbf{c}_i \tag{3.216}$$

点集$\mathbf{c}_i$组成了u线上的一个控制多边形，对于v线，结果同样如此。

张量积曲面仅由给定的控制网格和方程组$F_i(u)$及$G_j(v)$确定。此外，若方程组$F_i(u)$及$G_j(v)$均满足下面条件，那么，张量积曲面就不再依赖于坐标系的选择：

$$\sum_{i=0}^{m} F_i(u) \equiv \sum_{j=0}^{n} G_j(v) \equiv 1 \tag{3.217}$$

3.8.1 贝塞尔曲面

下面将通过选择特定的调配函数族$F_i(u)$和$G_j(v)$来详细描述张量积曲面。其中，伯恩斯坦多项式（参见定义3.25）将被用来描述贝塞尔曲面这一最著名的张量积曲面。

定义3.59 贝塞尔曲面。

阶数为（m，n）的贝塞尔曲面是关于控制网格$\mathbf{a}_{i,j}$，$i=0$，$\cdots,m$，$j=0$，$\cdots$，n的张量积曲面，其中函数族$F_i(u)$和$G_j(v)$分别由阶数为m和n的伯恩斯坦多项式$B_{i,m}(u)$和$B_{j,n}(v)$组成：

$$\mathbf{q}(u,v) = \sum_{i=0}^{m}\sum_{j=0}^{n} B_{i,m}(u)\cdot B_{j,n}(v)\cdot \mathbf{a}_{i,j}, u\in[0,1], v\in[0,1] \tag{3.218}$$

命题3.18 贝塞尔曲面的性质。

贝塞尔曲面通过控制网格来定义。下列各项表明了控制网格和曲面之间的密切联系（图3-101，见彩插）：

1. 贝塞尔曲面的任何u线（v线）都是贝塞尔曲线（参见定义3.26），其控制多边形可通过式（3.216）计算。

2. 贝塞尔曲面片式（3.218）的四条边界曲线是贝塞尔曲线，这种说法是上述情况的一个特例。然而，它们的控制多边形只是控制网格的四个边界线。例如，边界曲线$\mathbf{p}(u):=\mathbf{q}(u,0)$的控制多边形为$\mathbf{a}_{0,0}$，$\cdots$，$\mathbf{a}_{m,0}$。

3. 贝塞尔曲面及其控制网格具有相同的角点：

$$\mathbf{q}(0,0)=\mathbf{a}_{0,0}, \mathbf{q}(0,1)=\mathbf{a}_{0,n}, \mathbf{q}(1,0)=\mathbf{a}_{m,0}, \mathbf{q}(1,1)=\mathbf{a}_{m,n}$$

4. 从上述第2点以及贝塞尔曲线的基本性质中可清楚地看出，点集$\mathbf{a}_{0,0}$，$\mathbf{a}_{0,1}$，$\mathbf{a}_{1,0}$横穿过角点$\mathbf{q}(0,0)=\mathbf{a}_{0,0}$处贝塞尔曲面的切向面$\tau_{0,0}$。其他三个角点的情况也是如此。显然，贝塞尔曲面片角点的切向面被穿过此角点两条控制网格线横穿而过。

5. 指定阶数的伯恩斯坦多项式系数加和为1式（3.217）。由此可得出结论：

对于仿射变换，曲面和控制网 $\mathbf{a}_{i,j}$ 之间的联系是不变的。

6. 根据伯恩斯坦多项式的对称性（参见 3.6.3 小节），可得出如下结论：由反向控制网格定义的贝塞尔曲面和原始的贝塞尔曲面一样。⊖反向网格仅翻转各自参数的方向，而贝塞尔曲面作为一个整体却保持不变。

7. 曲面完全包含在控制网的凸包中（凸包属性）。

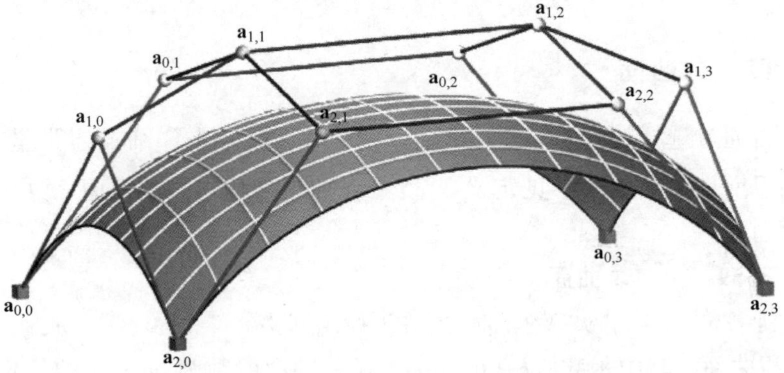

图 3-101 （2，3）控制网格构成了一个贝塞尔曲面。曲面边缘和控制网格边缘重合；在各角点的切向面，相应的线（橙色）也横穿而过。参数线是贝塞尔曲线本身，四个边界曲线的控制多边形构成网格的边界线

任意矩形域上的贝塞尔曲面

有时，需将贝塞尔曲面的参数表达用到任意矩形域内。前面章节已介绍了任意区间上的伯恩斯坦多项式（参见式（3.77）），它们能直接表达贝塞尔曲面参数：

$$\mathbf{q}(u, v) = \sum_{i=0}^{m}\sum_{j=0}^{n} B_{i,m}^{[u_0,u_1]}(u) \cdot B_{j,n}^{[v_0,v_1]} \cdot \mathbf{a}_{i,j}, u \in [u_0,u_1], v \in [v_0,v_1] \tag{3.219}$$

贝塞尔曲面的 de Casteljau 算法（de Casteljau Algorithm）

当然，对于一个给定的参数对（u_0，v_0），通过式（3.218）或者式（3.219），贝塞尔曲面 $\mathbf{q}(u_0,v_0)$ 上的角点 $\mathbf{q}(u_0,v_0)$。同样，可把下述几何算法（参见图 3-102）当作建构角点 $\mathbf{q}(u_0, v_0)$ 的有效替代法。在很大程度上，该几何算法以贝塞尔曲线的 de Casteljau 算法 3.1 为基础。

算法 3.5 贝塞尔曲面的 de Casteljau 算法。

⊖ 此处，反向控制网格是指将其中的一个下标比如 i 转换成（$m-i$），其他下标则保持不变。若将另一个下标 j 变换成（$n-j$），其结果则不同于前一种情况。如果将两个下标搭配起来进行变换，则将产生四种不同的结果。

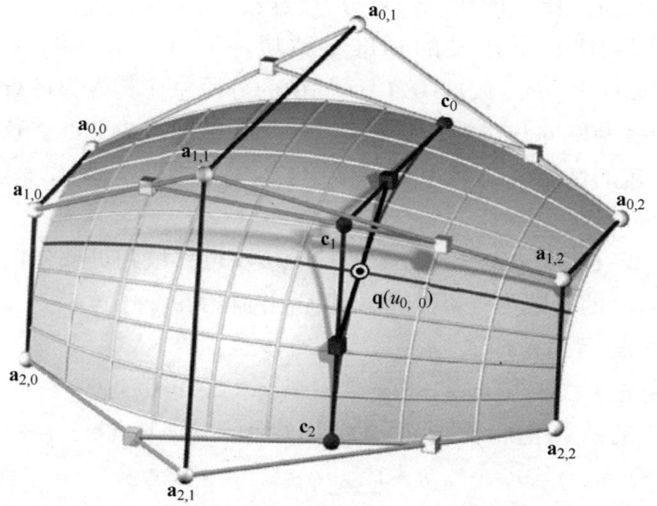

图3-102　是阶数为（m，n）=（2，2）到其对应参数$(u_0,v_0)\in(0.66,0.55)$上贝塞尔曲面的 de Casteljau 计算。对控制网格的边缘进行反复细分，结果便产生点$\mathbf{q}(u_0,v_0)$

若贝塞尔曲面的控制网格$\mathbf{a}_{i,j}$，$i=0$，…，m，$j=0$，…，n 和参数对（u_0，v_0）给定的话，那么，控制网格将由 $m+1$ 根 v 线组成，v 线的函数则为$\mathbf{a}_{i,0}$，…，$\mathbf{a}_{i,n}$。

1. 可运用贝塞尔曲面的 de Casteljau 算法（算法 3.1）来计算每根 v 线的参数值v_0。这样，对于每个下标 $i=0$，…，m，都能得到一个点$\mathbf{c}_i$。

2. 反之，这些点$\mathbf{c}_0$，…，$\mathbf{c}_m$构成了另一进阶的贝塞尔曲线的控制多边形。该贝塞尔曲线是给定的贝塞尔面片的参数线 $v=v_0$。

3. 再次用贝塞尔曲面的 de Casteljau 算法，计算关于控制多边形$\mathbf{c}_0$，…，$\mathbf{c}_m$的参数值u_0，最后得到一个理想的曲面点 $\mathbf{q}(u_0,v_0)$。

当然，也可从计算 u 线开始，倒过来使用这种算法，但最终结果 $\mathbf{q}(u_0,v_0)$ 却保持不变，其证明公式如下（式（3.216））：

$$\begin{aligned}\mathbf{q}(u_0,v_0) &= \sum_{i=0}^{m}\sum_{j=0}^{n} B_{i,m}(u_0)\cdot B_{j,n}(v_0)\cdot \mathbf{a}_{i,j}\\ &= \sum_{i=0}^{m} B_{i,m}(u_0)\cdot \underbrace{\left(\sum_{j=0}^{n} B_{j,n}(v_0)\cdot \mathbf{a}_{i,j}\right)}_{=:\mathbf{c}_i} = \sum_{i=0}^{m} B_{i,m}(u_0)\cdot \mathbf{c}_i\end{aligned} \tag{3.220}$$

总的说来，尽管曲面的 de Casteljau 算法会造成一个附加循环（相较于贝塞尔曲线），其本质就是重复细分直线段。这意味着贝塞尔曲面通过仿射连接而与控制网格相连：按照给定的比例来划分直线段，其本身就是一个仿射结构。

参考式（3.218）所定义的标准参数域［0，1］×［0，1］，在整个 de Casteljau 计算过程中，u_0，$v_0 \in [0,1]$区间内的分段总在其内部进行。因此，所有对应点均在控制网格的凸包内，所产生的贝塞尔曲面也是如此。这就直接证明了贝塞尔曲面凸包的性质（命题3.18 中的7）。

升阶

贝塞尔曲线（参见式（3.76））的升阶步骤可移植到贝塞尔曲面。假设贝塞尔曲面片$\mathbf{q}(u,v)$的阶数为（m，n），其控制网格为$\mathbf{a}_{i,j}$，$i=0$，…，m，$j=0$，…，n，如将阶数n提高到$n+1$，则须采取如下步骤：

- 升阶每根v线，共$m+1$根$\mathbf{a}_{i,0}$，…，$\mathbf{a}_{i,n}$，$i=0$，…，m。
- 新产生的系数增加原先贝塞尔曲面片$\mathbf{q}(u,v)$的（m，$n+1$）阶控制网格$\mathbf{b}_{i,j}$，$i=0$，…，m，$j=0$，…，$n+1$ 。

图3-103 是阶数为（2，3）的贝塞尔曲面片（控制网格$\mathbf{a}_{i,j}$）的图例。升阶之后，原先的曲面片被表述为阶数为（2，4）的贝塞尔曲面片，其控制网格则是$\mathbf{b}_{i,j}$。

当然，升阶同样可以用于u线，将阶数（m，n）增至（$m+1$，n）。重复任何一种升阶，均能带来丰富的选择。尽管该步骤未改变贝塞尔曲面片的形状，它仍为进一步的改进和建模提供更多优势。

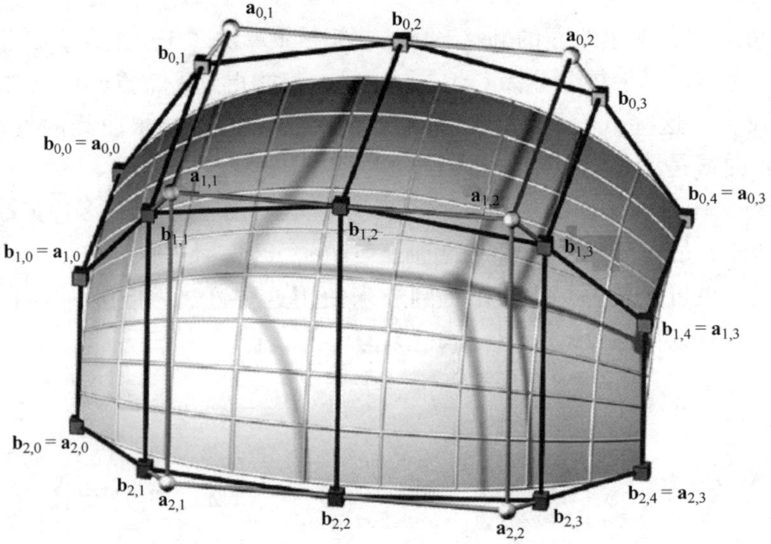

图3-103　从阶数为（2，3）的贝塞尔曲面片开始（浅灰色控制网格），随着v线方向阶数的升高，新的控制网格（黑色的线和立方体）便出现，这就正式确定了阶数（2，4）上的贝塞尔曲面片。然而，该曲面片与初始的贝塞尔曲面片一样

贝塞尔曲面的建模

现将建构穿过其中一条边界线的贝塞尔曲面片的连续性。

构造3.6　穿过边界曲线的贝塞尔曲面片的延伸（图3-104）。假设Φ为贝塞尔曲面片，其控制网格为$\mathbf{a}_{i,j}$，$i=0$，…，m，$j=0$，…，n。可以通过下述方法，延伸该曲面片，使其穿过边界曲线$c\cdots v=1$：

- 选择控制延伸范围的设置参数，并使该参数$v_0>1$。
- 对于每个下标i，其中$i=0$，…，m。在控制网格中的第i个v线$\mathbf{a}_{i,0}$，…，$\mathbf{a}_{i,n}$应用连续性算法（构造3.2）。
- 对于每个下标i，其中$i=0$，…，m，计算延伸i线后得到的控制多边形。

所有这些延伸的多边形构成特定贝塞尔曲面片$\overline{\Phi}$的新控制网格$\mathbf{b}_{i,j}$，$i=0$，…，m，$j=0$，…，n。该曲面片$\overline{\Phi}$是曲面Φ穿过边界曲线c的延伸。

图3-104是$m=2$，$n=3$条件下曲面延伸的例子。必须注意，多项式曲面（例如，贝塞尔曲面）的基本参数域为$\mathbb{R}\times\mathbb{R}$，它的范围远远超过了原始曲面片$\Phi$所设定的参数域$[0,1]\times[0,1]$。因此，可将延伸曲面片$\overline{\Phi}$仅当作同一多项式曲面的组成部分，只是其参数域仅为$[0,1]\times[1,v]$。$\Phi$及其延伸曲面$\overline{\Phi}$之间的光滑度是$GC^\infty$。

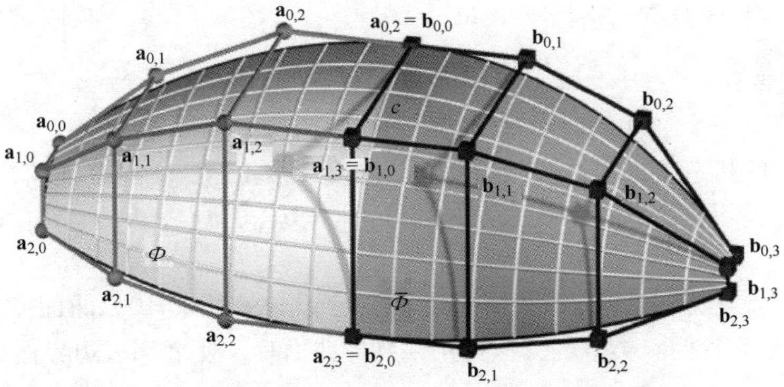

图3-104　是在设计参数为$v_0=1.95$下阶数为（2，3）的贝塞尔曲面片Φ（浅色）和它在v方向的连续性$\overline{\Phi}$（深色）。曲面$\overline{\Phi}$对于曲面Φ的C^∞连续

注释3.23　必须注意延伸曲面片的GC^k以及C^k连续性。

与通过de Casteljau算法来延伸贝塞尔曲线的情况一样（注释3.23），运用线性参数变换$v=\dfrac{\tau-1}{v_0-1}$后，新曲面片$\overline{\Phi}$对Φ的延伸仅体现在C^∞连续性上。根据系数v_0-1，沿着共同边界线，曲面$\overline{\Phi}$关于参数 v 的所有偏导数与曲面 Φ 的不同，这就是为何只讨论GC^∞ 连续性的原因了。同理，如果不重新参数化，在曲面片 Φ 以及按照构造 3.7 所生成的改进型延伸曲面片$\overline{\Phi}^*$之间，仅存在GC^k类型的连续性，而不是C^k连续性。下面几段表明，必须在延伸曲面之后再实施一个简单的步骤。

对于延伸曲面片$\overline{\Phi}$建立独立的控制网格，是随后建模过程的关键。修改控制网格的节点只对延伸曲面片$\overline{\Phi}$造成影响，而原始曲面片 Φ 却保持不变。

贝塞尔曲线的建模步骤同样可应用于贝塞尔曲面的建模（参见命题 3.3）。

构造 3.7　贝塞尔曲面延伸的建模。假设 Φ 为贝塞尔曲面，其控制网格为 $\mathbf{a}_{i,j}$，$i=0$，…，m，$j=0$，…，n，设计参数为$v_0>1$。按照下列步骤，对延伸曲面片$\overline{\Phi}$建模：

- 构建设计参数v_0的延伸曲面$\overline{\Phi}$（构造 3.6）。
- 在曲面$\overline{\Phi}$上所有 v 线$\mathbf{b}_{i,0}$，…，$\mathbf{b}_{i,n}$中，挑选[㊀]合适的新点$\mathbf{b}^*_{i,k+1}$，…，$\mathbf{b}^*_{i,n}$，替代最后 $n-k$ 个控制点，但最初的 $k+1$ 个控制点$\mathbf{b}_{i,0}$，…，$\mathbf{b}_{i,n}$却保持不变。
- 修改后的控制网格为$\begin{bmatrix} \mathbf{b}_{0,0} & \cdots & \mathbf{b}_{0,k} & \mathbf{b}^*_{0,k+1} & \cdots & \mathbf{b}^*_{0,n} \\ \vdots & & \vdots & \vdots & & \vdots \\ \mathbf{b}_{m,0} & \cdots & \mathbf{b}_{m,k} & \mathbf{b}^*_{m,k+1} & \cdots & \mathbf{b}^*_{m,n} \end{bmatrix}$

这将定义一个贝塞尔曲面，但它仍以C^k平滑度延伸原始曲面。

图 3-105 构造了如何修正延伸曲面。曲面片修正后，仍然C^2连续，而最初的三条线却保持不变。这三条线则从过渡线$\mathbf{a}_{0,3}=\mathbf{b}_{0,0}$，$\mathbf{a}_{1,3}=\mathbf{b}_{1,0}$，$\mathbf{a}_{2,3}=\mathbf{b}_{2,0}$开始算起。

显然，上述方法适用于下面的情况：对于设计参数$v_0<0$，曲面 Φ 可以沿着边界曲线 $v=0$ 延伸。类似的方法可用来延伸曲面片，使之穿过边界曲线 $u=1$ 或 $u=0$。

接下来的构造将填补两个给定的贝塞尔曲面片之间的间隙，它们的阶数都是 (m, n)。为此，必须采用前面提到的两种延伸类型。从某种意义上来说，这类似于构造 3.4 上给出的两个贝塞尔曲线之间过渡曲线。

构造 3.8　填补两个贝塞尔曲面片之间的间隙。

㊀ 选择该种控制点则是设计师的工作。在此过程中，必须特别注意几何形状的精确度。

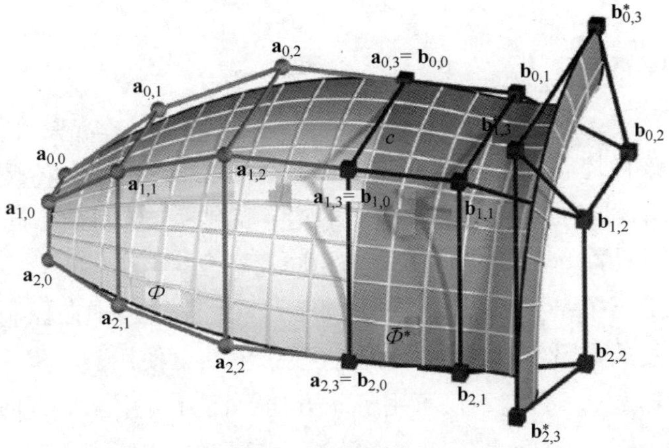

图3-105　说明了如何根据构造3.7，修正延伸曲面$\overline{\Phi}$（参见图3-104）。由于$\overline{\Phi}$曲面的前三条线均保持不变，修正后的曲面片$\overline{\Phi}^*$（深色）仍保持C^2的连续性，并沿着共同边界曲线，向曲面Φ（浅色）延伸

假设Φ_1和Φ_2为两个贝塞尔曲面片，其阶数均为（m，n），另设k是一个非负整数且$k \leqslant \frac{n-1}{2}$。若要建构贝塞尔曲面片，以填补$\Phi_1$和$\Phi_2$之间在$C^k$两端均连续的间隙，则须采用如下步骤：

- 沿着$v=1$方向，且设计参数为$v_0>1$，构建Φ_1的延伸曲面$\overline{\Phi}_1$。那么

$$\begin{bmatrix} \mathbf{b}_{0,0} & \cdots & \mathbf{b}_{0,n} \\ \vdots & & \vdots \\ \mathbf{b}_{m,0} & \cdots & \mathbf{b}_{m,n} \end{bmatrix} \tag{3.221}$$

为$\overline{\Phi}_1$的控制网格。

- 同样，在参数$v_0<0$的情况下，沿着$v=0$方向，建构Φ_2的延伸曲面$\overline{\Phi}_2$。那么

$$\begin{bmatrix} \mathbf{c}_{0,0} & \cdots & \mathbf{c}_{0,n} \\ \vdots & & \vdots \\ \mathbf{c}_{m,0} & \cdots & \mathbf{c}_{m,n} \end{bmatrix} \tag{3.222}$$

为$\overline{\Phi}_2$的控制网格。

- 建构新控制网格则须按如下步骤：

$$\begin{bmatrix} \mathbf{b}_{0,0} & \cdots & \mathbf{b}_{0,k} & \mathbf{d}_{0,0} & \cdots & \mathbf{d}_{0,n-2k-1} & \mathbf{c}_{0,k} & \cdots & \mathbf{c}_{0,0} \\ \vdots & & \vdots & & \vdots & \vdots & & \vdots & \vdots \\ \mathbf{b}_{m,0} & \cdots & \mathbf{b}_{m,k} & \mathbf{d}_{m,0} & \cdots & \mathbf{d}_{m,n-2k-1} & \mathbf{c}_{m,k} & \cdots & \mathbf{c}_{m,0} \end{bmatrix} \tag{3.223}$$

控制点$\mathbf{b}_{i,j}$和$\mathbf{c}_{i,j}$分别取自式（3.221）和式（3.222），点$\mathbf{d}_{i,j}$则需精心选择。

Ω是带有该种控制网格的贝塞尔曲面片，它将曲面Φ_1、Φ_2接合起来，且C^k连续。曲面Φ_1的过渡曲线$v=1$与 曲面的边界曲线$v=0$完全相同。同样，Φ_2的过渡曲线$v=0$与 的边界曲线$v=1$完全相同。

图3-106给出了一些例子。不同的$n-2k-1$值给出了在控制网格中的间隙填充曲面片上线的数量。这些曲面片在建模中依然可使用。

现在回到构造3.6，它不仅可用于u方向，而且可用于v方向。然而，对于给定曲面片Φ而言，这两个延伸面无法填充矩形域。若要填充矩形域，则须借用额外构造工具。同理，须采用基于de Casteljau算法的工具：

构造3.9　用贝塞尔曲面片CK连续填充矩形域（图3-107，见彩插）。假设Φ为控制网格$\mathbf{a}_{i,j}$，$i=0$，…，m，$j=0$，…，n的贝塞尔曲面片，其阶数为（m，n）。另设两个设计参数为u_0，$v_0>1$，且$k\geqslant 0$是期望的连续性阶数。

- 沿u方向，延伸给定的曲面Φ到曲面Φ_1，并越过$u=1$（设计参数u_0）；同样，沿v方向，延伸给定的曲面Φ到曲面Φ_2，并越过$v=1$（设计参数v_0）。整个过程通过两次运用构造3.6完成。

- 接下来，修正Φ_1和Φ_2这两个延伸曲面，使C^k平滑度对Φ保持不变（参见构造3.7），并将修正后的曲面片分别称为Φ_1^*和Φ_2^*。

- 根据设计参数v_0，在v方向上延伸Φ_1^*曲面片；另外，根据设计参数u_0，在u方向上延伸Φ_2^*曲面片。这样，就产生两个控制网格。以此为基础，就能构造出所需要的曲面片Ω^*的控制网格。

- 从产生的各个控制网格中，使$k+1$根线与各自的过渡线相邻。可以发现，线的重叠区域中的点完全相同。

- 合理选定控制网格边远角落的点（$m-k$）×（$n-k$），为进一步建模留下空间。

属于构造出的控制网格的贝塞尔曲面Ω^*在相邻曲面片Φ_1^*和Φ_2^*以C^k连续延伸出来。

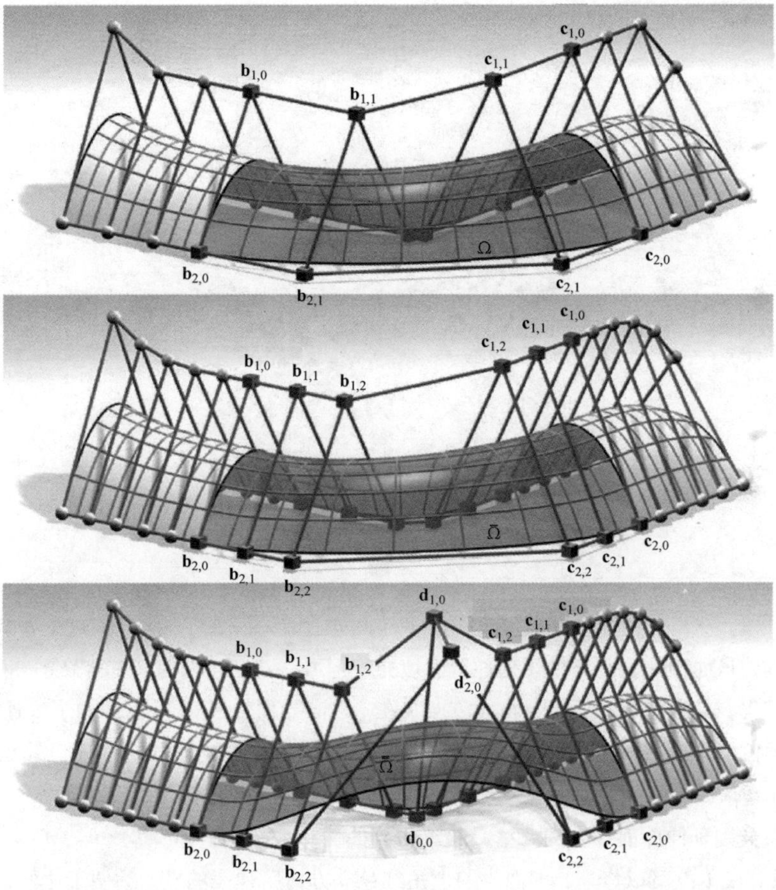

图3-106　给定Φ_1和Φ_2（浅色）这两个（2，3）阶贝塞尔曲面片，借助另一曲面片，将两者连接起来。这样，曲面Φ_1和Φ_2之间的间隙得以封闭。在顶部，如构造3.6所述，曲面片Φ_1和Φ_2都向间隙延伸。以这两个延伸曲面为基础，就构成填补间隙的曲面。每个延伸曲面都将构成一条边界曲线和另一条线。来自每个延伸曲面的两根线将构成（2，3）控制网格（深色立方体）的四条线。在任一侧，填补间隙的曲面仅以C^1连续性延伸Φ_1和Φ_2。当$n=3$、$k=1$且$n-2k-1=0$时，中间就不再有任何可修正的点$\mathbf{d}_{i,j}$（参见式（3.223））。在中部，为了使填补间隙的曲面片达到C^2连续过渡，两个给定的（2，3）控制网格需要在v方向上重复升阶。这样，就正式生成两个（2，5）阶贝塞尔曲面片Φ_1和Φ_2。如果设定$k=2$，每个延伸曲面就生成三条能够用来建构（2，5）控制网格的线，该控制网格隶属填补间隙的曲面片$\bar{\Omega}$。假设$n=5$，$k=2$，那么，填补间隙的新曲面片$\bar{\Omega}$在两端都是C^2连续的。方程式$n-2k-1=0$则可用来计算能进一步修正线的数量。在底部，通过在v方向再次升阶Φ_1和Φ_2，就能保持C^2连续性，并修正填补间隙的曲面片$\bar{\bar{\Omega}}$。如上所述（参见式（3.223）），延伸曲面构成一个（2，6）阶曲面片$\bar{\bar{\Omega}}$。该曲面片提供一条可供用户修改的线（控制点$\mathbf{d}_{0,0}$，$\mathbf{d}_{1,0}$，$\mathbf{d}_{2,0}$），而不破坏两端的C^2连续性

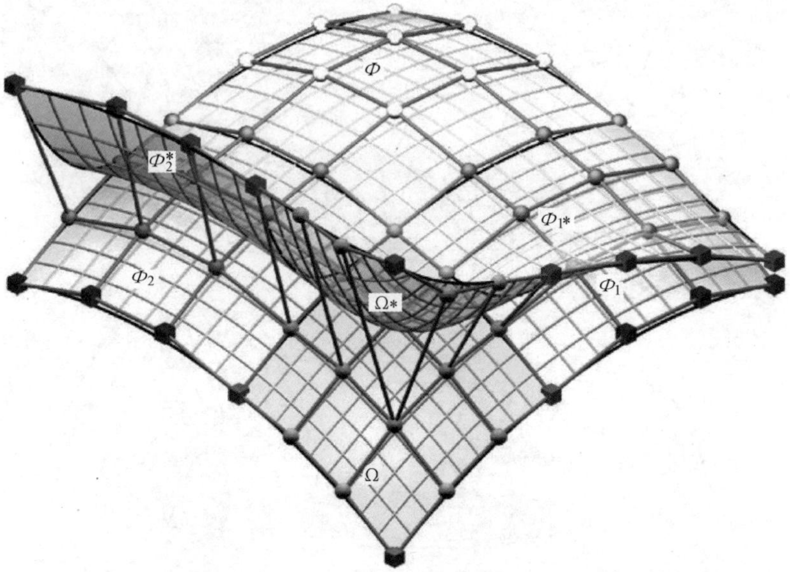

图 3-107　给定（m，n）阶贝塞尔曲面片 Φ（此处，$m=n=3$），在 u，v 两个方向以C^2连续（$k=2$）延伸该曲面片，直至整体延伸再次填充矩形域。新产生的曲面有待修正，以保持C^2连续性。首先，如构造 3.6 所示，在 u 方向和在 v 方向分别生成Φ_1和Φ_2这两个C^2连续的延伸曲面（蓝色面片）。深蓝色立方体为仍可以修正的控制点，红色立方体表示已修正过的控制点。按此种方式修正的延伸曲面片分别被命名为Φ_1^*和Φ_2^*。最后，根据构造 3.9，须在 v 方向和在 u 方向分别延伸曲面片Φ_1^*和Φ_2^*。最终得到曲面片Ω^*。当（$m-k$）×（$n-k$）=1 时，此例中只有一个点可以修正，即图中前上角红色立方体所代表的点。为便于比较，该图还显示了未经修正的曲面片Φ_1、Φ_2以及由这两个曲面片所生成的曲面片 Ω（黄色）

3.8.2　B 样条曲面

在探讨完贝塞尔曲面后，现在深入讨论另一种类型的张量积曲面。若将调配函数$F_i(u)$，$i=0$，…，m 和$G_j(v)$，$j=0$，…，n（定义 3.58）作为 B 样条基础函数（参见定义 3.29），结果将得到 B 样条曲面，它被广泛应用于 CAD（参见参考文献［10］第 486 页或参考文献［7］第 275 页）。

定义 3.60　样条曲面和子样条曲面。

如果函数$F_i(u)$和$G_j(v)$均是样条函数（子样条函数），那么张量积表面 $\mathbf{q}(u,v)=\sum_{i=0}^{m}\sum_{j=0}^{n}F_i(u)\cdot G_j(v)\cdot\mathbf{a}_{i,j}$ 则被称作样条曲面[㊀]。

㊀　样条函数以及子样条函数的定义请参见定义 3.28。

定义 3.61　B 样条曲面。

假设 k,l,m,n 为整数，且 $2 \leqslant k \leqslant m+1, 2 \leqslant l \leqslant n+1$，假设 $(u_0, u_1, \cdots, u_{m+1}, \cdots, u_{m+k})$，$(v_0, v_1, \cdots, v_{m+1}, \cdots, v_{m+l})$ 为两个节点向量。另设 $\mathbf{a}_{i,j}, i=0,\cdots,m, j=0,\cdots, n$ 为三维空间中的点阵。那么，如下参数表达的曲面称为 B 样条曲面

$$\mathbf{q}(u,v) = \sum_{i=0}^{m} \sum_{j=0}^{n} \boldsymbol{N}_{i,k}(u) \cdot N_{i,l}(v) \cdot \mathbf{a}_{i,j},$$

$$(u,v) \in [u_{k-1}, u_{m+1}] \times [v_{l-1}, v_{n+1}] \tag{3.224}$$

它与给定的节点向量（参见图 3-108）和控制网格 $\mathbf{a}_{i,j}$，$i=0$，$\cdots$，m，$j=0$，$\cdots$，n 有关。后面也被称为 de Boor 网格 $\mathbf{q}(u, v)$。

如果所有的节点向量均匀（参见定义 3.31），那么，B 样条曲面也同样均匀。

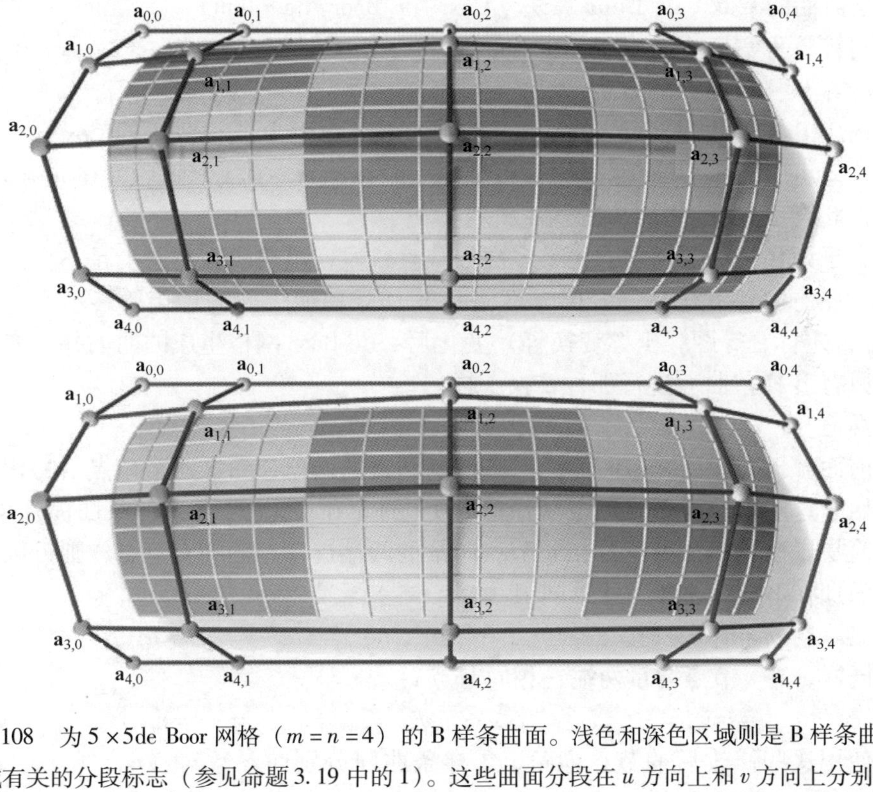

图 3-108　为 5×5de Boor 网格（$m=n=4$）的 B 样条曲面。浅色和深色区域则是 B 样条曲面与参数域有关的分段标志（参见命题 3.19 中的 1）。这些曲面分段在 u 方向上和 v 方向上分别以 C^{k-2} 连续性和 C^{l-2} 连续性相连接。在顶部，$k=l=3$。由于 $k-1=l-2=1$，所有曲面分段之间都是 C^1 连续性。在底部，de Boor 网格和上述的 de Boor 网格一样，但是，$k=4$，$l=3$。随着曲面分段数量的减少，u 方向的连续性阶数却增加到 $k-2=2$

命题 3.19　B 样条曲面的属性。

参照定义3.61，探讨B样条曲面的属性。

1. B样条曲面在域上的分段$[u_r, u_{r+1}] \times [v_s, v_{s+1}]$仅随下述控制点而定：$\mathbf{a}_{i,j}$，$i=r-k+1$，…，$r$，$j=s-l+1$，…，$s$。

2. 在仿射变换方面，B样条曲面及其deBoor网格$\mathbf{a}_{i,j}$总是连接在一起。

3. 在每一个域$(u_i, u_{i+1}) \times (v_j, v_{j+1})$上，B样条曲面是光滑的（如$C^\infty$连续）。当$r=\min(k, l)$时，即便是沿着这些区域之间的边界曲线，B样条曲面也是C^{r-2}连续。

4. 在目前广泛使用的$k=l$的情况下，可以规定：B样条曲面全部具有C^{k-2}连续。

和B样条曲线一样，任意增大m或n，并不影响B样条曲面多项式的阶数。这不仅是相较于贝塞尔曲面的一个很大的不同之处，也是一个极大的优势。

B样条曲面的Cox-de Boor算法（Cox-de Boor Algorithm）

与计算贝塞尔曲面的de Casteljau算法（算法3.5）相对应，Cox-de Boor算法是计算B样条曲面的方法。

构建B样条曲面上点$\mathbf{q}(u_0, v_0)$时，可在v方向上，将曲线的Cox-de Boor算法3.2运用于de Boor网格的每根单线上，共计$m+1$次；随后，在u方向上，再次将此算法运用于所生成的多边形上。

由于该算法按照预定的比率多次细分直线段，该建模在仿射上是不变的。这表明，在仿射变换方面，de Boor网格和B样条曲面之间的连接始终不变。经历（比如，定标，等距，坐标变换等）变化后，de Boor网格生成的曲面并不变，就像对原有B样条曲面进行那种转换一样。

角点插值

前面曾提到，贝塞尔曲面插入其控制网格的四角，而这四个角点上的切向面却由始于这些点的网格段确定（命题3.18的3和4）。对于B样条曲面片来说，这种简易属性并不常见。若在u节点向量的两端选择相同的k节点，则可以将该属性强加在B样条曲面片上，即：

$$u_0=u_1=\cdots=u_{k-1}, u_k, \cdots, u_m, u_{m+1}=u_{m+2}=\cdots=u_{m+k}, \qquad (3.225)$$

同样，在v节点向量两端，相同节点l：

$$v_0=v_1=\cdots=v_{l-1}, v_l, \cdots, v_n, v_{n+1}=v_{n+2}=\cdots=v_{n+l} \qquad (3.226)$$

使用这些修改后的节点向量，B样条曲面分别向参数对（u_0，v_0），（u_0，v_{n+1}），（u_{m+1}，v_0），（u_{m+1}，v_{n+1}），插入角点$\mathbf{a}_{0,0}$，$\mathbf{a}_{0,n}$，$\mathbf{a}_{m,0}$，$\mathbf{a}_{m,n}$。此外，源自各个角点的两个de Boor网格片段横穿过该点上曲面的切向面（图3-109，见彩插）。

封闭的B样条曲面

采用类似于B样条曲线（参见命题3.7）的生成方法，可通过周期性地延伸

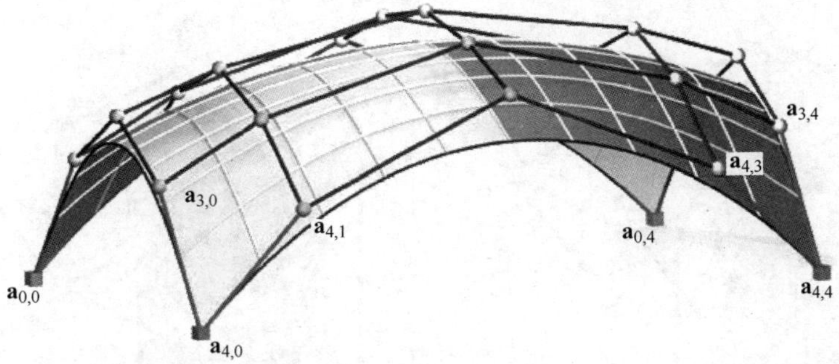

图 3-109　节点向量必须调整［参见式（3.225）和式（3.226）］，以实现角点插值特性。在此例中，$m=n=4$，$k=l=4$。角点$\mathbf{a}_{0,0}$，$\mathbf{a}_{0,4}$，$\mathbf{a}_{4,0}$，$\mathbf{a}_{4,4}$（橙色立方体）上的切向面被各自的 de Boor 网格的边缘（橙色）分割

de Boor 网格和节点向量，生成封闭的 B 样条曲面。

必须注意的是，B 样条曲面既可以在一个方向（u 方向上或者在 v 方向上）上封闭或在两个方向上都封闭（图 3-110）。

首先，B 样条曲面由 de Boor 网格$\begin{bmatrix} \mathbf{a}_{0,0} & \cdots & \mathbf{a}_{0,n} \\ \vdots & & \vdots \\ \mathbf{a}_{m,0} & \cdots & \mathbf{a}_{m,n} \end{bmatrix}$

和两个节点向量（u_0，…，u_{m+k}），（v_0，…，v_{n+l}）确定。为了使曲面屏在 u 方向封闭，则须在网格的$\mathbf{a}_{i,j}$列方向上周期性地延伸网格。如下所示：

$$\begin{bmatrix} \mathbf{a}_{0,0} & \cdots & \mathbf{a}_{0,n} \\ \vdots & & \vdots \\ \mathbf{a}_{m,0} & \cdots & \mathbf{a}_{m,n} \\ \mathbf{a}_{0,0} & \cdots & \mathbf{a}_{0,n} \\ \vdots & & \vdots \\ \mathbf{a}_{k-2,0} & \cdots & \mathbf{a}_{k-2,n} \end{bmatrix} \tag{3.227}$$

此外，通过增加 $k-1$ 个新节点，延伸 u 节点向量：

$$u_{m+k+r} = u_{m+k} - u_{k-1} + u_{k-1+r}, r = 1, \cdots, k-1$$

那么，在 u 方向上，de Boor 网格式（3.227）的 B 样条曲面片，以及节点向量（u_0，…，u_{m+2k-1}）和（v_0，…，v_{n+l}）都是封闭的。

显然，同样步骤可用来在 v 方向上封闭 B 样条曲面片。

在封闭 u 方向上的曲面片后，在 v 方向上进行封闭步骤，将获得一个双闭合曲面（图 3-110），其拓扑结构类似环面的拓扑结构（参见例 3.19）。该双闭合曲面的 de Boor 网格为：

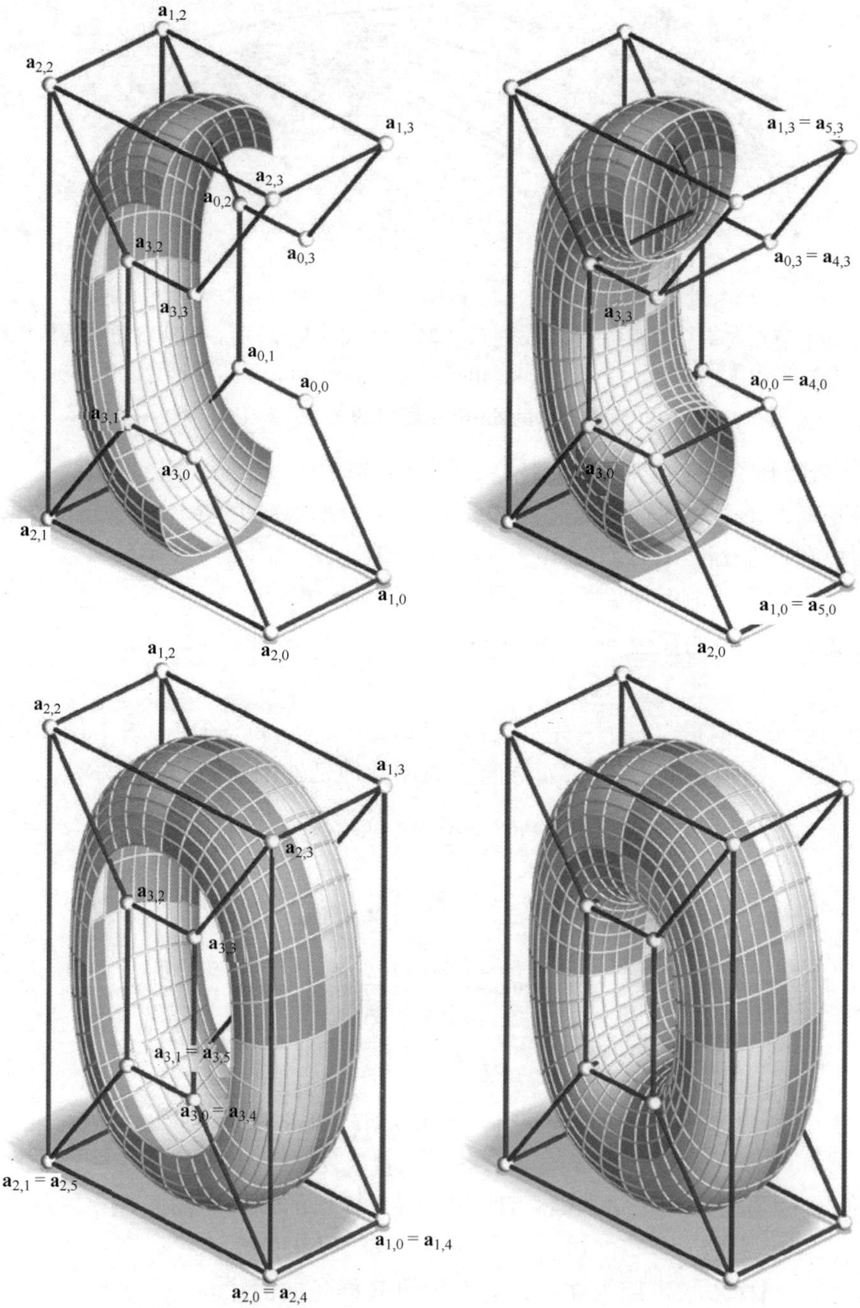

图 3-110　B 样条曲面可在任何方向封闭。左上角，当 $m=n=k=l=3$ 时，B 样条曲线不是封闭的。右上角，在 u 方向封闭曲面片。左下角，在 v 方向封闭曲面片。右下角，在 u 方向封闭曲面屏，随后，在 v 方向生成一个双闭合曲面片

$$\begin{bmatrix} \mathbf{a}_{0,0} & \cdots & \mathbf{a}_{0,n} & \mathbf{a}_{0,0} & \cdots & \mathbf{a}_{0,l-2} \\ \vdots & & \vdots & \vdots & & \vdots \\ \mathbf{a}_{m,0} & \cdots & \mathbf{a}_{m,n} & \mathbf{a}_{m,0} & \cdots & \mathbf{a}_{m,l-2} \\ \mathbf{a}_{0,0} & \cdots & \mathbf{a}_{0,n} & \mathbf{a}_{0,0} & \cdots & \mathbf{a}_{0,l-2} \\ \vdots & & \vdots & \vdots & & \vdots \\ \mathbf{a}_{k-2,0} & \cdots & \mathbf{a}_{k-2,n} & \mathbf{a}_{k-2,0} & \cdots & \mathbf{a}_{k-2,l-2} \end{bmatrix} \tag{3.228}$$

其 v 节点向量为（v_0，…，v_{n+2l-1}）。在此处，附加节点 v_{n+l+1}，…，v_{n+2l-1} 则必须通过 $v_{n+l+s}=v_{n+l}-v_{l-1}+v_{l-1+s}$，$s=1$，…，$l-1$ 来计算。

局部控制

命题 3.19 表明，改变任何指定的控制点，比如 $\mathbf{a}_{r,s}$，仅影响与参数域 $[u_r, u_{r+k}]\times[v_s, v_{s+l}]$ 有关的 B 样条曲面片，此区域外的 B 样条曲面则不受影响。通常，将此称为 B 样条曲面的局部控制特性。图 3-111（见彩插）则描述了这种修正的效果。

显然，局部控制是 B 样条曲面的一个重要且受欢迎的特性。

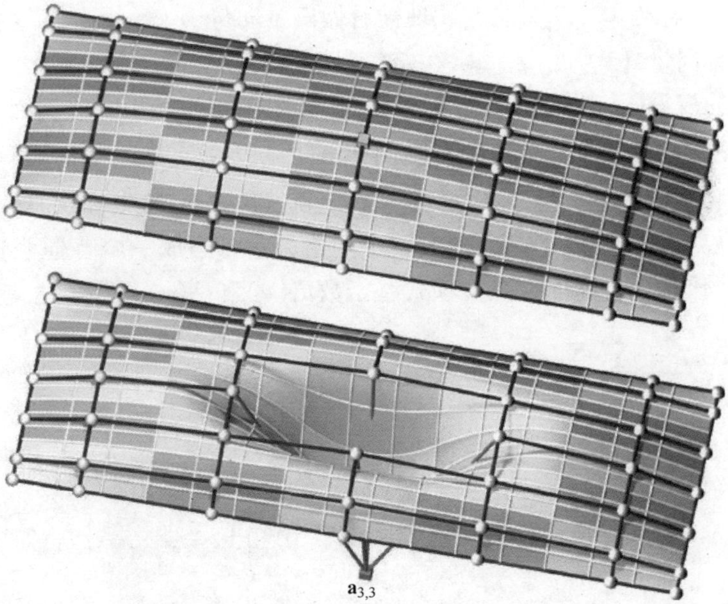

图 3-111　为 B 样条曲面的局部控制特性。此处，$m=n=6$，$k=l=3$。B 样条片段用浅蓝色和蓝色标记。它们之间的过渡区全都是 C^1 连续。顶部为原始曲面片 Φ。在底部，Φ 的控制点 $\mathbf{a}_{3,3}$ 已被修正（橙色立方体）。受修正影响的为黄色片段，其他部分保持不变。在整个曲面上，曲面片间的过渡仍然是 C^1 连续

3.8.3 有理张量积曲面和 NURBS 曲面（非均匀有理 B 样条曲面）

分别选择关于参数 u 和 v 的两个合适的基函数族 $F_i(u)$，$i=0$，…，m 和 $G_j(v)$，$j=0$，…，n。这样，任何一个控制网格都将确定一个适当的张量积曲面（参见定义 3.58）。

下面，将探讨三维空间中由 $(m+1)\times(n+1)$ 个点构成的控制网格：

$$\mathbf{a}_{i,j}=\begin{bmatrix}a_{i,j,1}\\a_{i,j,2}\\a_{i,j,3}\end{bmatrix},i=0,\cdots,m,j=0,\cdots,n$$

对于每个控制点 $\mathbf{a}_{i,j}$，选择另一数值 $w_{i,j}$，此即点 $\mathbf{a}_{i,j}$ 的权重。根据指定的控制网格的 $\mathbf{a}_{i,j}$ 和权重 $w_{i,j}$，并以生成有理自由曲线一样的方式，生成有理张量积曲面（参见 3.4.3 小节）。

在四维空间，采用包含原点 O^* 和坐标 x_0，x_1，x_2，x_3 的坐标系 Σ，并假定包含控制网格 $\mathbf{a}_{i,j}$ 的三维空间以空间 $\pi\cdots x_0=1$ 的形式嵌入其中。更确切地说，在三维空间中，坐标为 x，y，z 的点 $\mathbf{p}$ 现被看做四维向量 $[1,x,y,z]^{\mathrm{T}}$。这样，控制点 $\mathbf{a}_{i,j}$ 可用四维向量 $[1, a_{i,j,1}, a_{i,j,2}, a_{i,j,3}]^{\mathrm{T}}$ 来表达。

点 $\mathbf{a}_{i,j}$ 的权重 $w_{i,j}$ 现在开始发挥作用。它被用作曲面扩张的比例因子，而该扩张则源自坐标中心 O^*。扩张让控制点 $\mathbf{a}_{i,j}=[1,a_{i,j,1},a_{i,j,2},a_{i,j,3}]^{\mathrm{T}}$ 进入新点 $\mathbf{b}_{i,j}:=[w_{i,j}, w_{i,j}a_{i,j,1},w_ia_{i,j,2},w_ia_{i,j,3}]^{\mathrm{T}}$。该新点包含 $\mathbf{a}_{i,j}$ 的坐标及其权重 $w_{i,j}$ 这两个信息。在四维空间中，点 $\mathbf{b}_{i,j}$ 构成一个网格，它可当成一个普通张量积曲面的控制网格。该张量积曲面含有多项式基函数 $F_i(u)$ 和 $G_j(v)$，其表达式为：

$$\mathbf{q}(u,v)=\sum_{i=0}^{m}\sum_{j=0}^{n}F_i(u)\cdot G_j(v)\cdot\mathbf{b}_{i,j},(u,v)\in[u_0,u_1]\times[v_0,v_1] \tag{3.229}$$

现将探讨从中心 O^* 到三维空间 $x_0=1$ 的中心投影 δ。在四维空间中，点 $\mathbf{q}=[x_0,x_1,x_2,x_3]^{\mathrm{T}}$ 且 $x_0\neq0$，它被映射到图像点 $\mathbf{p}=\left[1,\frac{x_1}{x_0},\frac{x_2}{x_0},\frac{x_3}{x_0}\right]^{\mathrm{T}}$。如果忽略坐标 $x_0=1$，并考虑到 $\delta(\mathbf{q})=\left[\frac{x_1}{x_0},\frac{x_2}{x_0},\frac{x_3}{x_0}\right]^{\mathrm{T}}=:[x,y,z]^{\mathrm{T}}$，那么，这种几何图形的解释则可归纳为如下：

定义 3.62 有理张量积曲面。

给定控制网格 $\mathbf{a}_{i,j}$，并给定权重 $w_{i,j}$ 和两个多项式函数族 $F_i(u)$ 和 $G_j(v)$，$i=0$，…，m，$j=0$，…，n，那么，这种情况下有理张量积曲面可表达为：

$$\mathbf{r}(u,v)=\frac{\sum_{i=0}^{m}\sum_{j=0}^{n}F_i(u)\cdot G_j(v)\cdot w_{i,j}\cdot \mathbf{a}_{i,j}}{\sum_{i=0}^{m}\sum_{j=0}^{n}F_i(u)\cdot G_j(v)\cdot w_{i,j}} \tag{3.230}$$

除了分母 $\sum_{i=0}^{m}\sum_{j=0}^{n}F_i(u)\cdot G_j(v)\cdot w_{i,j}$ 为零的情况外，所有参数对（u，v）均定义明确。

注释 3.24 实际上，有理张量积曲面并非张量积曲面（比较式（3.230）和式（3.214））。然而，它们可看成四维空间中张量积曲面的中心投影。因此，它们具有很多与张量积曲面相同的性质。

显然，若使所有权重 $w_{i,j}=1$，便得到定义 3.58 所描述的普通张量积曲面，其中，式（3.230）中的分母等于1。因此，可将有理张量积曲面看做张量积曲面特征的特例。相对于有理张量积曲面，后者也被称为普通或整数张量积曲面。

上述对张量积曲面中心投影的描述清楚地表明，普通张量积曲面的特性能够转移到有理张量积曲面上。此外，用户为每个控制点选择的新参数（权重）还可以发挥更多的影响力。如果决定去研究有理张量积曲面，以这种方式表示的曲面范围，较之于参数发生变化前，显得更加广泛。

图3-112（见彩插）证明了修改有理贝塞尔曲面片权重的影响。左图展示的是一个普通的（整数）贝塞尔曲面片，所有的权重都等于1。在另两个例子中，橙色控制点（以立方体表示）也相应地被修改（参见图片说明）。

对于汽车设计师来说，有理张量积曲面是一个非常便捷的工具。因而，非常有必要了解这些曲面的基本性质。命题 3.8 能回答权重因素如何影响曲面形状这一问题。

命题 3.20 有理张量积曲面的性质。

1. 即使不改变控制网格，也能通过改变权重来修正有理张量积曲面的形状。(图3-112)。

2. 假设 $\mathbf{a}_{i,j}$ 是张量积曲面 $\mathbf{r}(u,v)$ 的控制网格，另假设所有权重因子 $w_{i,j}$ 均为正的。若增加一个权重 w_{i_0,j_0} 到 $w_{i_0,j_0}+\Delta$，则得到另一个张量积曲面 $\mathbf{r}^*(u,v)$。可以看出，对于所有的（u，v），点 $\mathbf{r}(u,v)$、$\mathbf{r}^*(u,v)$ 和 $\mathbf{a}_{i_0,j_0}$ 是共线的。如果函数 $F_i(u)$ 和 $G_j(v)$ 在其定义域里都是非负的，那么，对于正的 Δ，每个点 $\mathbf{r}(u,v)$ 都趋向 $\mathbf{a}_{i_0,j_0}$。由此可得到结论：增加权重 w_{i_0,j_0}，便会使相应控制点 $\mathbf{a}_{i_0,j_0}$ 更加突出。

所有权重乘以相同常数因子 $\alpha\neq0$ 并不改变有理张量积曲面。在式（3.230）中，常数因子 $\alpha\neq0$ 同时出现在分母和分子中，因而可抵消。

如果所有权重 w_{i_0,j_0} 相同，有理张量积曲面与同一控制网格的普通张量积曲面完全相同。

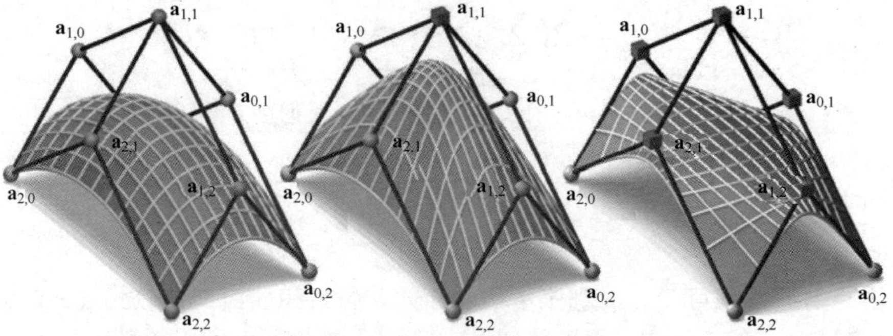

图3-112　为有理（2，2）贝塞尔曲面片。左图中，当 i，$j=0$，1，2 时，$w_{i,j}=1.0$；为了便于比较，该曲面为整数贝塞尔曲面。中间图中，除了$w_{1,1}$变为$w_{1,1}=5.0$外，其余权重均不变；与左图相比，中间图内所有的点均移向$a_{1,1}$各点（橙色立方体）。右图中，标记点权重（橙色立方体）发生了如下变化：$w_{1,1}\to 0.02$，$w_{0,1}=w_{1,0}=w_{2,1}=w_{1,2}\to 3.0$，其形状也相应地被调整

有理贝塞尔曲面

上一部分最后一段简要探讨了有理张量积曲面。下面，将起决定作用的多项式函数族$F_i(u)$和$G_j(v)$指定为 m 阶和 n 阶伯恩斯坦多项式（参见定义 3.59）。假设$F_i(u)=B_{i,m}(u)$，$G_j(v)=B_{j,n}(v)$，则生成下述有理贝塞尔曲面：

$$\mathbf{r}(u,v)=\frac{\sum_{i=0}^{m}\sum_{j=0}^{n}B_{i,m}(u)\cdot B_{j,n}(v)\cdot w_{i,j}\cdot \mathbf{a}_{i,j}}{\sum_{i=0}^{m}\sum_{j=0}^{n}B_{i,m}(u)\cdot B_{j,n}(v)\cdot w_{i,j}} \tag{3.231}$$

与普通（整数）贝塞尔曲面相比，有理贝塞尔曲面覆盖范围更广泛。举个例子，甚至可以把曲面描绘成一个在参数化过程中有环形参数线的贝塞尔曲面片。图3-113（见彩插）显示了作为有理贝塞尔曲面而生成的旋转有理曲面（比较并参见3.7.11 小节）。其子午线是有理贝塞尔曲线，用橙色标志。曲面突出显示部分（右侧蓝色段）已通过命题 3.10 创建。圆弧的角度 $\varphi=\frac{\pi}{2}$（四分之一圆）。两个边界 u 线的权重$w_{0,0}$，$w_{1,0}$，$w_{2,0}$，$w_{3,0}$和$w_{0,2}$，$w_{1,2}$，$w_{2,2}$，$w_{3,2}$已被设为 1，而中间 u 线的权重$w_{0,1}$，$w_{1,1}$，$w_{2,1}$，$w_{3,1}$被设为 $\cos\frac{\pi}{2}=\frac{\sqrt{2}}{2}$。命题 3.10 随即表明，曲面片顶端和底端的边界曲线就成圆弧状。可以清楚地看出，同样情况也发生在曲面所有的 v 线上。此外，该曲面是旋转曲面的一部分，它由四片该类型的有理贝塞尔曲面组成。同样的方法也适用于任意角度 φ。

运动曲面是作为有理贝塞尔曲面片来建构的。有关建构运动曲面[1]的进一步方法可在参考文献［25］和［26］中找到。

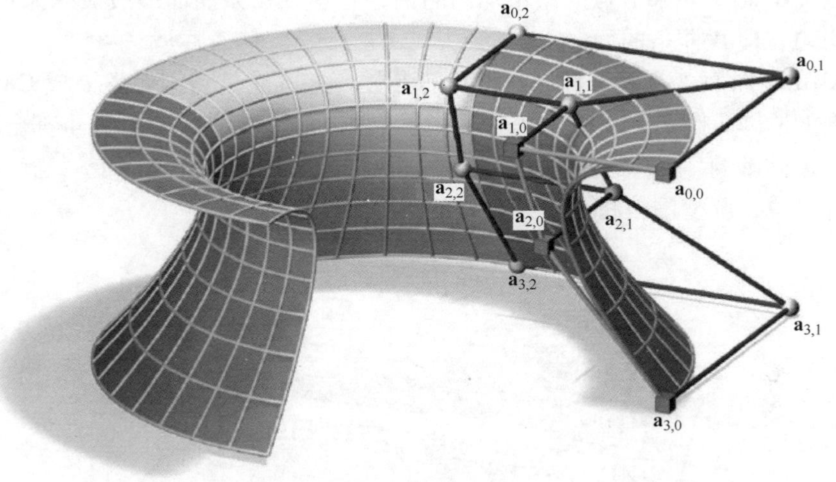

图 3-113　是表述为有理贝塞尔曲面的旋转有理曲面。另外，也对其 1/4 部分的控制网格进行了图解说明

有理 B 样条曲面和 NURBS 曲面

一旦由普通张量积曲面来建构有理张量积曲面的基本方法确定下来，将该方法应用到 B 样条曲面就变得相对简单。

定义 3.63　给定控制网格 $\mathbf{a}_{i,j}$ 及其权重因素 $w_{i,j}$，$i=0$，…，m，$j=0$，…，n。另假设 $N_{i,k}(u)$ 和 $N_{j,l}(v)$ 分别是节点向量（u_0，…，u_{m+k}）和（v_0，…，v_{n+l}）的 B 样条基函数。那么，对应的有理 B 样条曲面可通过下述方程式来定义：

$$\mathbf{q}(u,v) = \frac{\sum_{i=0}^{m}\sum_{j=0}^{n} N_{i,k}(u)\cdot N_{j,l}(v)\cdot w_{i,j}\cdot \mathbf{a}_{i,j}}{\sum_{i=0}^{m}\sum_{j=0}^{n} N_{i,k}(u)\cdot N_{j,l}(v)\cdot w_{i,j}} \tag{3.232}$$

在四维空间中，将有理 B 样条曲面理解为普通 B 样条曲面的中心投影，从而得到有理 B 样条曲面的基本属性。由普通 B 样条曲面转换到有理 B 样条曲面很容易。有理 B 样条曲面完全包含普通 B 样条曲面：如果始终保持权重 $w_{i,j}=1$，结果就能生成普通 B 样条曲面片（参见命题 3.20）。因此，后者是有理 B 样条曲面片的一个特例。

[1] 运动曲面产生于曲线的欧几里得运动。

B 样条曲面的节点向量可以是均匀的或者非均匀的（参见定义 3.31）。有理 B 样条曲面也同样如此。

定义 3.64 如果节点向量不均匀的话，有理 B 样条曲面一般被称为 NURBS，即非均匀有理 B 样条曲面。

NUBBS 曲面含有大量控制其形状的参数。这可能是它们已发展成 CAD 和制图标准的原因。图 3-114 显示了一些修正选项。调整节点向量和权重都会对结果产生深远的影响。必须注意的是，图 3-114 中的控制网格保持不变。当然，对于设计师来说，调整网格将会带来额外的机会。

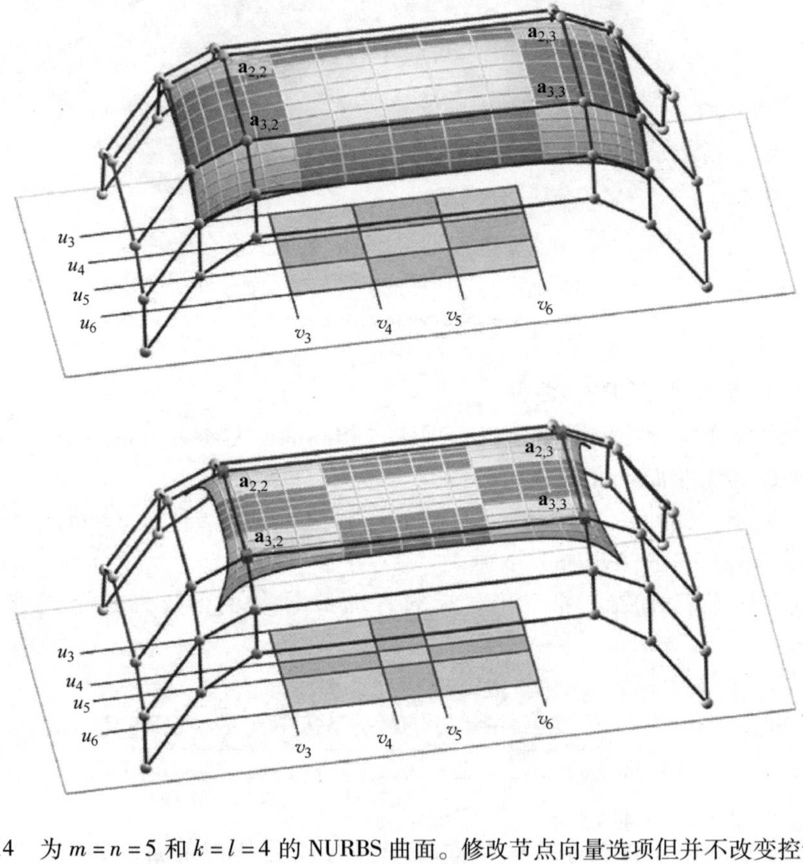

图 3-114 为 $m=n=5$ 和 $k=l=4$ 的 NURBS 曲面。修改节点向量选项但并不改变控制网格。在顶部，所有权重都是 1，并以 $u_i=i$ 和 $v_j=j$ 均匀参数化。在中间，四个权重显著增加：$w_{2,2}=w_{2,3}=w_{3,2}=w_{3,3}=16.0$。参考矩形参数域，节点向量被修改为 $\boldsymbol{u}=\boldsymbol{v}=(0.0, 1.0, 2.0, 3.0, 4.0, 4.5, 5.5, 6.5, 7.5, 8.5)$。在底部，标记点的权重减少：$w_{2,2}=w_{2,3}=w_{3,2}=w_{3,3}=0.25$。节点向量被设置成 $\boldsymbol{u}=\boldsymbol{v}=(0.0, 1.0, 2.0, 3.0, 4.0, 6.5, 7.5, 8.5, 9.5, 10.5)$

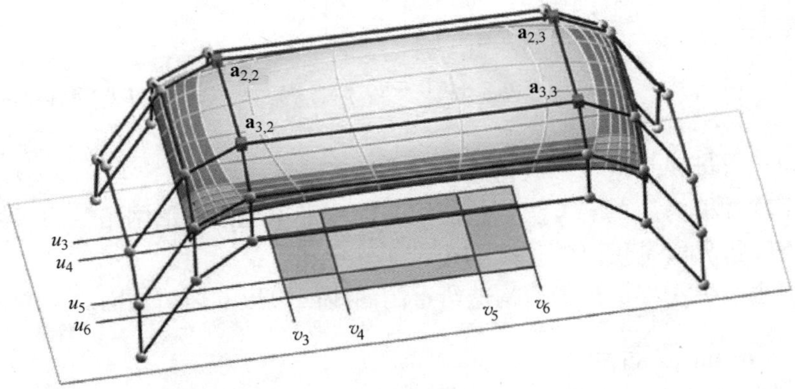

图 3-114 为 $m=n=5$ 和 $k=l=4$ 的 NURBS 曲面。修改节点向量选项但并不改变控制网格。在顶部，所有权重都是 1，并以 $u_i=i$ 和 $v_j=j$ 均匀参数化。在中间，四个权重显著增加：$w_{2,2}=w_{2,3}=w_{3,2}=w_{3,3}=16.0$。参考矩形参数域，节点向量被修改为 $\boldsymbol{u}=\boldsymbol{v}=(0.0, 1.0, 2.0, 3.0, 4.0, 4.5, 5.5, 6.5, 7.5, 8.5)$。在底部，标记点的权重减少：$w_{2,2}=w_{2,3}=w_{3,2}=w_{3,3}=0.25$。节点向量被设置成 $\boldsymbol{u}=\boldsymbol{v}=(0.0, 1.0, 2.0, 3.0, 4.0, 6.5, 7.5, 8.5, 9.5, 10.5)$（续）

3.9 二元插值

3.5 节主要探讨了单变量插值。根据此方法，可以得到 C^0、C^1 或 C^2 连续性。在特定情况下，通过给定的数据点，甚至可生成光滑曲线。二元插值通过给定的数据点形成一个曲面。

首先，给出一个张量积曲面的例子（参见 3.8 节）。同时，它也是二元插值的例子。该张量积曲面可被解释为给定的斜矩形的插值曲面。

例 3.23 作为张量积曲面的双曲抛物面。如前所述，双曲抛物面（参见图 3-84 右图）由两组直线组构成。它可当成（1，1）阶的张量积曲面简易生成，而该张量积曲面则由调配函数㊀ $F_0(u)=1-u$，$F_1(u)=u$，$G_0(v)=1-v$，$G_1(v)=v$ 和挠四边形的四个顶点（$\mathbf{a}_{0,0}$，$\mathbf{a}_{0,1}$，$\mathbf{a}_{1,0}$，$\mathbf{a}_{1,1}$）组成的控制格共同构成。此种情况下，双曲抛物面的表达形式（式（3.215））

㊀ 调配函数为 1 阶伯恩斯坦多项式，张量积曲面则是（1，1）阶贝塞尔曲面。

$$\mathbf{q}(u,v)=[1-u,u]\cdot\begin{bmatrix}\mathbf{a}_{0,0} & \mathbf{a}_{0,1}\\ \mathbf{a}_{1,0} & \mathbf{a}_{1,1}\end{bmatrix}\cdot\begin{bmatrix}1-v\\ v\end{bmatrix}$$
$$=(1-u)\cdot(1-v)\cdot\mathbf{a}_{0,0}+(1-u)\cdot v\cdot\mathbf{a}_{0,1}+u\cdot(1-v)\cdot\mathbf{a}_{1,0}+u\cdot v\cdot\mathbf{a}_{1,1} \tag{3.233}$$

这两组直母线是这种参数化过程的参数线。

运用这种极为简单的方法，就能用曲面片来填充四边形网格。两相邻曲面片之间的直线边界段是仅以C^0连续的边。

下一小节中，将探讨如何构造给定的曲线四边形的插值曲面。

3.9.1 Coons 曲面片

矩形域$(u,v)\in[0,1]\cdot[0,1]$的曲面片$\mathbf{q}(u,v)$有4条边界线。

$$\mathbf{d}_0(u):=\mathbf{q}(u,0)$$
$$\mathbf{d}_1(u):=\mathbf{q}(u,1)$$
$$\mathbf{e}_0(v):=\mathbf{q}(0,v)$$
$$\mathbf{e}_1(v):=\mathbf{q}(1,v)$$

这些曲线段在它们的终点相遇：

$$\left.\begin{aligned}\mathbf{a}_{0,0}&=\mathbf{d}_0(0)=\mathbf{e}_0(0)\\ \mathbf{a}_{0,1}&=\mathbf{d}_1(0)=\mathbf{e}_0(1)\\ \mathbf{a}_{1,0}&=\mathbf{d}_0(1)=\mathbf{e}_1(0)\\ \mathbf{a}_{1,1}&=\mathbf{d}_1(1)=\mathbf{e}_1(1)\end{aligned}\right\} \tag{3.234}$$

相反，如果这样的曲线四边形已给定，那么，通过这些边界曲线来创建一些合适的曲面片问题就被 Steven Anson Coons㊀简单且完美地解决了[27]。他的解决方案就是广为人知的 Coons 曲面片（图 3-115）。

定义 3.65　Coons 曲面片。

假设按照式（3.324）说明的曲线四边形已给定，其边缘曲线为$\mathbf{d}_0(u)$，$\mathbf{d}_1(u)$，$\mathbf{e}_0(v)$，$\mathbf{e}_1(v)$，其角点为$\mathbf{a}_{i,j}$。另外，假设$\mathbf{q}(u,v)$表示了式（3.233）所定义的穿过角点$\mathbf{a}_{i,j}$的双曲线抛物面的参数化过程。那么，曲面片

$$\mathbf{c}(u,v):=(1-v)\cdot\mathbf{d}_0(u)+v\cdot\mathbf{d}_1(u)+(1-u)\mathbf{e}_0(v)+u\cdot\mathbf{e}_1(v)-\mathbf{q}(u,v) \tag{3.235}$$

被称为给定的曲线四边形的 Coons 曲面片。

实际上，该曲面片式（3.235）的边界曲线按照给定的曲线四边形得出。Coons 的想法就是从两个直纹曲面开始，即

㊀ Steven Anson Coons（1912－1979），是麻省理工学院早期计算机图形学领域的一位先驱。

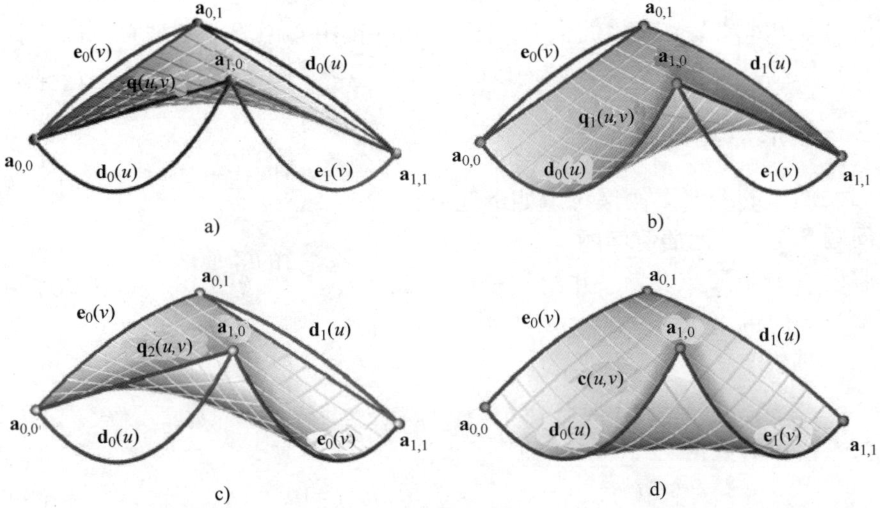

图 3-115 给定的曲线四边形的 Coons 曲面片 $\mathbf{c}(u, v)$（图 d）由双曲抛物面 $\mathbf{q}(u, v)$（图 a）、直纹曲面 $\mathbf{q}_1(u, v)$（图 b）和直纹曲面 $\mathbf{q}_2(u, v)$（图 c）组成

a）创建给定的曲线边 $\mathbf{d}_0(u)$，$\mathbf{e}_1(v)$，$\mathbf{d}_1(u)$，$\mathbf{e}_0(v)$的四边形$\mathbf{a}_{0,0}$，$\mathbf{a}_{1,0}$，$\mathbf{a}_{1,1}$，$\mathbf{a}_{0,1}$的合适的曲面片。此项任务的第一步就是构造双曲抛物面 $\mathbf{q}(u, v)$，穿过给定的四边形的角点，但不包含给定的曲线边

b）在接下来的步骤，创建直纹曲面 $\mathbf{q}_1(u, v)$（见式（3.236）），它连接两个相对的曲线边$\mathbf{d}_0(v)$和$\mathbf{d}_1(v)$

c）建构 Coons 曲面的下一个步骤就是构造式（3.237）中描述的直纹曲面 $\mathbf{q}_2(u, v)$，它连接两个相对的曲线边$\mathbf{e}_0(v)$和$\mathbf{e}_1(v)$

d）最后，根据式（3.235），联合这三个步骤，创建 Coons 曲面片 $\mathbf{c}(u, v)$。如预期的一样，它穿过所有给定的曲线边

$$\mathbf{q}_1(u,v) := (1-v)\cdot\mathbf{d}_0(u) + v\cdot\mathbf{d}_1(u) \tag{3.236}$$

和

$$\mathbf{q}_2(u, v) := (1-u)\cdot\mathbf{e}_0(v) + u\cdot\mathbf{e}_1(v) \tag{3.237}$$

每个直纹曲面都与给定曲面四边形的两条对立的曲线相连，它们构成了参数化过程中式（3.235）最初的两个和项。当然，必须从中扣除式（3.233）所示的双曲抛物面 $\mathbf{q}(u, v)$。这三部分完美地构成了该任务的解决方案。

尽管 Coons 曲面片在 CAD 发展早期就被引入，但长期以来它一直被当做 CAD 的精华部分被使用和称赞（参见填充曲面）。有时，这类插值被称为超限插值，因为，不仅有许多单点待插值，而且带有许多点的曲线四边形也需要插值。

如果将 Coons 曲面片与给定的相邻曲面片以C^1连续性条件连接起来，就必须用适当的三次方函数来取代线性调配函数（参考文献［7］的第377页）。这样，即便是被相邻曲面片包围起来的四边形间隙，也能够用C^1连续性将它填补起来。应用实例可参见4.2节。在该例子中，图4-20的正中心说明了不带有连续约束（C^0连续性）但却具有相切约束（四周以C^1连续性连接，图4-20右图）的情况。

3.9.2 矩形点集的插值

二元插值的经典案例探讨了如下任务。

问题3.7 二元插值问题。

假设一个矩形点集㊀，并给定三维空间中$\mathbf{c}_{i,j}$，$i=0$，…，m，$j=0$，…，n和两个节点向量（s_0，…，s_m）和（t_0，…，t_n）。

找到曲面

$$\mathbf{q}(u,v), u\in[s_0,s_m],\ v\in[t_0,t_n] \tag{3.238}$$

插入给定的数据

$$\mathbf{q}(s_i,t_j)=\mathbf{c}_{i,j}, i=0,\cdots,m, j=0,\cdots,n \tag{3.239}$$

显然，可以对寻找插入矩形集真值$\mathbf{q}(s_i,t_j)=\mathbf{c}_{i,j}$的实值二元函数$\mathbf{q}(u,v)$这一任务进行修改。为了适应这一特殊情况，下面的章节将阐述点集（向量）的二元插值。

问题3.7的公式相当普遍。现在，通过将问题限制在张量积曲面内，来修改任务。

问题3.8 张量积曲面的二元插值。

假设三维空间中的矩形点集$\mathbf{c}_{i,j}$，$i=0$，…，m，$j=0$，…，n以及两个节点向量（s_0，…，s_m）和（t_0，…，t_n）已给定。另外，假设$F_i(u)$和$G_j(v)$为两族线性独立函数㊁，这样每族方程组分构成函数空间$\mathscr{F}$和$\mathscr{G}$的基础。

找到张量积曲面

$$\mathbf{q}(u,v)=[F_0(u),\cdots,\mathbf{F}_m(u)]\cdot\underbrace{\begin{bmatrix}\mathbf{a}_{0,0} & \cdots & \mathbf{a}_{0,n}\\ \vdots & & \vdots\\ \mathbf{a}_{m,0} & \cdots & \mathbf{a}_{m,n}\end{bmatrix}}_{:=\mathbf{A}}\cdot\begin{bmatrix}G_0(v)\\ \vdots\\ G_n(v)\end{bmatrix} \tag{3.240}$$

使之满足条件式（3.239）。

特定的假设式（3.240）使得有可能找到简单的解。矩阵A中的未知系数向量$\mathbf{a}_{i,j}$仍有待计算。条件式（3.239）现在如下㊂：

$$\mathbf{F}\cdot\mathbf{A}\cdot\mathbf{G}=\mathbf{C} \tag{3.241}$$

㊀ 矩形这一术语是指矩阵点$\mathbf{c}_{i,j}$，$i=0$，…，m，$j=0$，…，n。

㊁ 读者可能会认为函数$F_i(u)$和$G_j(v)$分别是m和n阶的伯恩斯坦多项式。

㊂ 当然，该等式必须分别按照向量$\mathbf{a}_{i,j}$和$\mathbf{c}_{i,j}$的构成要素来进行理解。

其中 **F** 为$(m+1)\times(m+1)$矩阵：

$$\mathbf{F}:=\begin{bmatrix} F_0(s_0) & \cdots & F_m(s_0) \\ \vdots & & \vdots \\ F_0(s_m) & \cdots & F_m(s_m) \end{bmatrix} \tag{3.242}$$

G 是$(n+1)\times(n+1)$的矩阵：

$$\mathbf{G}:=\begin{bmatrix} G_0(t_0) & \cdots & G_0(t_n) \\ \vdots & & \vdots \\ G_n(t_0) & \cdots & G_n(t_n) \end{bmatrix} \tag{3.243}$$

矩阵 **C** 含待插值的点 $\mathbf{c}_{i,j}$：

$$\mathbf{C}:=\begin{bmatrix} c_{0,0} & \cdots & c_{0,n} \\ \vdots & & \vdots \\ c_{m,0} & \cdots & c_{m,n} \end{bmatrix} \tag{3.244}$$

如果 **F** 和 **G** 是可逆矩阵[㊀]，未知的系数向量只能通过下述方程式来确定：

$$\mathbf{A}=\mathbf{F}^{-1}\cdot\mathbf{C}\cdot\mathbf{G}^{-1} \tag{3.245}$$

由此，可归纳出如下定理：

定理 3.14 二元插值问题的唯一可解性。

如果式（3.242）和式（3.243）是可逆矩阵，二元插值问题 3.8 有唯一的解。在这种情况下，解为张量积曲面式（3.240），在该曲面上，矩阵 **A** 参照式（3.245）而定。

3.9.3 二元拉格朗日插值

在问题 3.8 中分别提出了阶数$\leqslant m$ 的空间多项式 $\mathscr{F}=\mathbb{R}_m[t]$和阶数$\leqslant n$ 的空间多项式 $\mathscr{G}=\mathbb{R}_n[t]$。

当然，尽管已意识到上述问题的解并不依赖于所采用的基数，但仍然有必要详细说明 $\mathscr{F}$ 和 $\mathscr{G}$ 的基数。经典拉格朗日方法使用了拉格朗日基数：

$$F_i(u)=L_{i,m}(u)=\prod_{\substack{l=0\\ l\neq i}}^{m}\frac{u-s_l}{s_i-s_l},i=0,\cdots,m$$

$$G_i(u)=L_{j,n}(v)=\prod_{\substack{k=0\\ k\neq i}}^{n}\frac{v-t_k}{t_i-t_k},j=0,\cdots,n$$

分别属于节点向量（s_0，…，s_n）和（t_0，…，t_n）。和单变量情况下一样（参见 3.5.1 小节），**F** 和 **G** 都是单位矩阵的优势。从式（3.245），可得到结论 $\mathbf{A}=\mathbf{C}$。因此，二元拉格朗日插值曲面的参数形式如下：

㊀ 这就是当 $\mathscr{F}$ 和 $\mathscr{G}$ 都是切比雪夫空间（Chebyshev spaces）时的情况。

$$\mathbf{q}(u,v)=\sum_{i=0}^{m}\sum_{j=0}^{n}L_{i,m}(u)\cdot L_{j,n}(v)\cdot \mathbf{c}_{i,j}, u\in[s_0,s_m], v\in[t_0,t_m] \tag{3.246}$$

选择任意的基函数 $\mathscr{F}$ 和 $\mathscr{G}$，都将得到相同解的不同方法。显然，选择拉格朗日基函数，会缩短整个过程。图 3-116 是二元插值问题的拉格朗日解。

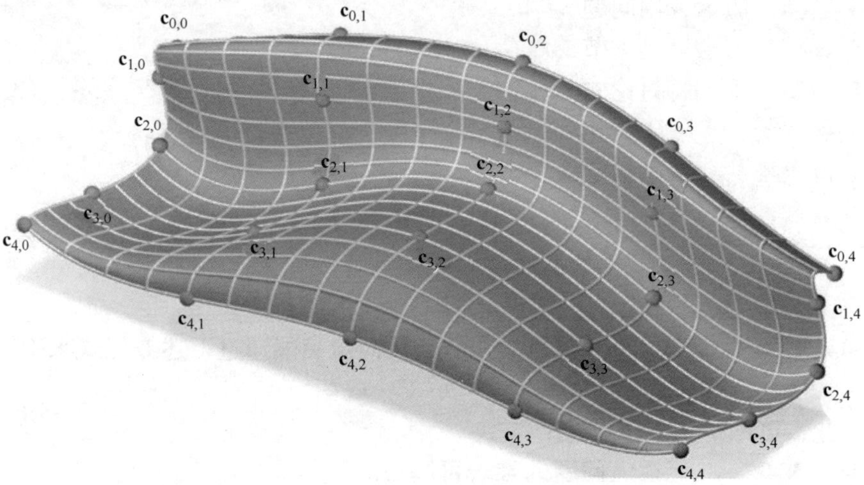

图 3-116　下面将对数据点 $\mathbf{c}_{i,j}$，i，$j=0$，…，4 进行插值。$m=n=4$ 的二元拉格朗日插值产生一个合适的多项式曲面，将之与图 3-118 的 B 样条解进行比较意义重大。两幅图都以相同的输入数据开始。拉格朗日的解容易出现波动，但 B 样条的解却抑制了该现象（图 3-118）

二元拉格朗日插值的 Aitken 算法

一元拉格朗日插值的 Aitken 算法可以很容易地适应二元变量的情况。该方法与贝塞尔曲面的 de Casteljau 算法相似（算法 3.5）。

算法 3.6　Aitken 算法；二元变量情况。

假设 **C**（方程（3.244））是进行插值的矩形点集，另假设（s_0，…，s_m）和（t_0，…，t_n）是给定的节点向量。在拉格朗日插值表面式（3.246），计算点 $\mathbf{q}$（u，v），必须遵循以下步骤：

1. 根据节点向量（s_0，…，s_m）和值 u，将单变量的 Aitken 算法（算法 3.3）应用于矩阵 **C** 的每一列，于是得到每一列的点 $\mathbf{d}_i$。

2. 随后，根据节点向量（t_0，…，t_n）和值 v，将 Aitken 方法运用于多边形（$\mathbf{d}_0$，…，$\mathbf{d}_m$），最后得到理想曲面点 $\mathbf{q}$（u，v）。

当然，点 $\mathbf{q}$（u，v）也可以从另外一条途径，即从 v 线开始构造得到。

在大量输入点 $\mathbf{c}_{i,j}$ 的情况下，形成的拉格朗日插值曲面可能会出现振荡，在某些情况下，这可能使得整个方法都无效。然而，对于较少的数据集来说，它是一个完美的工具。从好的方面来说，解析曲面（solution surface）全部是 C^∞ 连续的。

3.9.4　二元 Hermite 插值

对于较大的矩形数据集的插值，可将输入数据分割成若干独立的四边形，然后对于各个四边形，用问题 3.8 的插值方法逐个求解。单个的求解必须满足沿着接缝 C^1 连续，而这恰是本节的目标。

第一步，我们将讨论一个四边形，并用四个角的导数向量来描述。

问题 3.9　二元 Hermite 插值。

假设下面的输入已给定（图 3-117）：

- 四角点 $\mathbf{c}_{0,0}$，$\mathbf{c}_{0,1}$，$\mathbf{c}_{1,0}$，$\mathbf{c}_{1,1}$。
- 相应的偏导数向量 $\mathbf{u}_{i,j}$，$\mathbf{v}_{i,j}$，i，$j=0$，1。
- 额外的向量 $\mathbf{t}_{i,j}$，i，$j=0$，1（下面将称作扭曲向量）。
- 参数域 $[s_0,s_1]\times[t_0,t_1]$。

寻找用双三次张量积表示的曲面式（3.247）：

$$\mathbf{q}=\mathbf{q}(u,v),(u,v)\in[s_0,s_1]\times[t_0,t_1] \tag{3.247}$$

$$\begin{aligned}\mathbf{q}(s_i,t_j)&=\mathbf{c}_{i,j},\\ \frac{\partial\mathbf{q}}{\partial u}(s_i,t_j)&=\mathbf{u}_{i,j},\\ \frac{\partial\mathbf{q}}{\partial v}(s_i,t_j)&=\mathbf{v}_{i,j},\\ \frac{\partial^2\mathbf{q}}{\partial u\partial v}(s_i,t_j)&=\mathbf{t}_{i,j}\end{aligned} \tag{3.248}$$

其中 i，$j=0$，1。

用来解 $\mathbf{q}(u,v)$ 的 Hermite 基函数（与式（3.117）相比）可以根据输入数据写成如下形式：

$$\mathbf{q}(u,v)=[H_0^*(u),H_1^*(u),H_2^*(u),H_3^*(u)]\cdot\mathbf{H}\cdot\begin{bmatrix}H_0^\circ(v)\\H_1^\circ(v)\\H_2^\circ(v)\\H_3^\circ(v)\end{bmatrix} \tag{3.249}$$

$$(u,v)\in[s_0,s_1]\times[t_0,t_1]$$

其中 $\mathbf{H}$ 是 4×4 矩阵：

$$\mathbf{H}=\begin{bmatrix}\mathbf{c}_{0,0}&\mathbf{v}_{0,0}&\mathbf{v}_{0,1}&\mathbf{c}_{0,1}\\\mathbf{u}_{0,0}&\mathbf{t}_{0,0}&\mathbf{t}_{0,1}&\mathbf{u}_{0,1}\\\mathbf{u}_{1,0}&\mathbf{t}_{1,0}&\mathbf{t}_{1,1}&\mathbf{u}_{1,1}\\\mathbf{c}_{1,0}&\mathbf{v}_{1,0}&\mathbf{v}_{1,1}&\mathbf{c}_{1,1}\end{bmatrix} \tag{3.250}$$

函数组

$$\left.\begin{aligned}H_0^*(u)&=\frac{1}{(s_1-s_0)^3}\cdot(s_1-u)^2\cdot(2u+s_1-3s_0),\\H_1^*(u)&=\frac{1}{(s_1-s_0)^2}\cdot(u-s_0)\cdot(s_1-u)^2,\\H_2^*(u)&=\frac{1}{(s_1-s_0)^3}\cdot(u-s_0)^2\cdot(s_1-u),\\H_3^*(u)&=\frac{1}{(s_1-s_0)^3}\cdot(u-s_0)^2\cdot(-2u+3s_1-s_0)\end{aligned}\right\}\tag{3.251}$$

是区间$[s_0,s_1]$的三次 Hermite 多项式，

$$\left.\begin{aligned}H_0^\circ(v)&=\frac{1}{(t_1-t_0)^3}\cdot(t_1-v)^2\cdot(2v+t_1-3t_0),\\H_1^\circ(v)&=\frac{1}{(t_1-t_0)^2}\cdot(v-t_0)\cdot(t_1-v)^2,\\H_2^*(v)&=\frac{1}{(t_1-t_0)^3}\cdot(v-t_0)^2\cdot(t_1-v),\\H_3^*(v)&=\frac{1}{(t_1-t_0)^3}\cdot(v-t_0)^2\cdot(-2v+3t_1-t_0)\end{aligned}\right\}\tag{3.252}$$

是区间［t_0，t_1］的三次 Hermite 多项式。

解式（3.249）被称为问题3.9中给定输入数据的插值曲面片。图3-117展示了这种曲面片，其指定切线和扭曲向量则位于其角点。如果打算将这种曲面片粘合在一起，下面的注释则具有一定的指导意义。

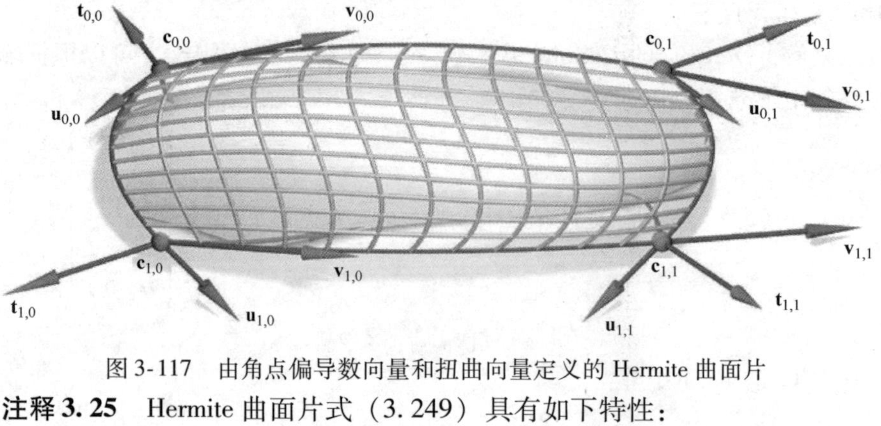

图3-117　由角点偏导数向量和扭曲向量定义的 Hermite 曲面片

注释3.25　Hermite 曲面片式（3.249）具有如下特性：

1. 边界线 $u=s_0$ 是矩阵式（3.250）第一行的输入数据 $\mathbf{c}_{0,0}$，$\mathbf{v}_{0,0}$，$\mathbf{v}_{0,1}$，$\mathbf{c}_{0,1}$ 的 Hermite 曲线（比较式（3.116））：

$$\mathbf{q}(s_0,v)=H_0^\circ(v)\cdot\mathbf{c}_{0,0}+H_1^\circ(v)\cdot\mathbf{v}_{0,0}+H_2^\circ(v)\cdot\mathbf{v}_{0,1}+H_3^\circ(v)\cdot\mathbf{c}_{0,1}$$

2. 同样，沿着相同边界曲线的交叉导数向量是由矩阵式（3.254）第二行的

输入数据 $\mathbf{u}_{0,0}$，$\mathbf{t}_{0,0}$，$\mathbf{t}_{0,1}$，$\mathbf{u}_{0,1}$决定的：

$$\frac{\partial \mathbf{q}(u,v)}{\partial u}(s_0,v)=H_0^{\circ}(v)\cdot\mathbf{u}_{0,0}+H_1^{\circ}(v)\cdot\mathbf{t}_{0,0}+H_2^{*}(v)\cdot\mathbf{t}_{0,1}+H_3^{*}(v)\cdot\mathbf{u}_{0,1}$$

显然，Hermite 曲面片的其他三个边界线的表达式可分别给出。

现在，可开始建构整个矩形数据集C^1连续的插值曲面。

问题 3.10　矩形点网格的二元 Hermite 插值。

假设以下输入数据已给定：

- 在三维空间中 $(m+1)\times(n+1)$个点 $\mathbf{c}_{i,j}$，$i=0$，…，m，$j=0$，…，n。
- 相应的偏导数向量 $\mathbf{u}_{i,j}$，$\mathbf{v}_{i,j}$。
- 相应的扭曲向量 $\mathbf{t}_{i,j}$。
- 两个节点序列 $(s_0, \cdots, s_m)$ 和 $(t_0, \cdots, t_n)$。

找到如下曲面

$$\mathbf{q}(u,v),u\in[s_0,s_m],v\in[t_0,t_n] \tag{3.253}$$

它由双三次张量积曲面 $\mathbf{q}_{i,j}(u,v)$ 组成，且满足以下条件：

$$\mathbf{q}(s_i,t_j)=\mathbf{c}_{i,j},$$
$$\frac{\partial \mathbf{q}}{\partial u}(s_i,t_j)=\mathbf{u}_{i,j},$$
$$\frac{\partial \mathbf{q}}{\partial v}(s_i,t_j)=\mathbf{v}_{i,j},$$
$$\frac{\partial^2 \mathbf{q}}{\partial u\partial v}(s_i,t_j)=\mathbf{t}_{i,j}$$

其中 $i=0$，…，m，$j=0$，…，n。

由于能够为每个参数化矩形$[s_i, s_{i+1}]\times[t_j, t_{j+1}]$构造出一个 Hermite 曲面片式（3.249），因而问题的求解很简单。所要做的，就是用s_i，s_{i+1}，t_j，t_{j+1}来取代s_0，s_1，t_0，t_1，而矩阵 $\mathbf{H}$ 则变为：

$$\mathbf{H}=\begin{bmatrix}\mathbf{c}_{i,j} & \mathbf{v}_{i,j} & \mathbf{v}_{i,j+1} & \mathbf{c}_{i,j+1}\\ \mathbf{u}_{i,j} & \mathbf{t}_{i,j} & \mathbf{t}_{i,j+1} & \mathbf{u}_{i,j+1}\\ \mathbf{u}_{i+1,j} & \mathbf{t}_{i+1,j} & \mathbf{t}_{i+1,j+1} & \mathbf{u}_{i+1,j+1}\\ \mathbf{c}_{i+1,j} & \mathbf{v}_{i+1,j} & \mathbf{v}_{i+1,j+1} & \mathbf{c}_{i+1,j+1}\end{bmatrix} \tag{3.254}$$

此时，关键问题是：以这种方式创建的相邻曲面片沿着公共边界线是否满足C^1连续？

由于相邻曲面片的矩阵式（3.254）在共同边界的两行或列上是一致的，此问题的答案是肯定的。注释 3.25 确保了边界曲线上所有交叉导数都是相同的。这足以保证两个曲面片在共同边界上以 C^1 连续性相连接。注释 3.14 已对此进行了解释。

Hermite 插值法的一大优势是它不会产生线性方程组，因而不会使得问题在大数据集的情况下对数值计算形成挑战。

除了需要待插值的定点 $\mathbf{c}_{i,j}$外，Hermite 插值法还需要导数向量 $\mathbf{u}_{i,j}$，$\mathbf{v}_{i,j}$和扭曲向量 $\mathbf{t}_{i,j}$。这些向量的选择给用户提供了更多便利。但另一方面，我们很难合理地选择那些向量。例如，为了估计导数向量 $\mathbf{u}_{i,j}$，必须计算节点序列s_0，…，s_m上插值点集 $\mathbf{c}_{0,j}$，…，$\mathbf{c}_{m,j}$的曲线 $\mathbf{p}_j(u)$，然后使

$$\boldsymbol{u}_{i,j} := \frac{\mathrm{d}\mathbf{p}_j}{\mathrm{d}u}(s_i)$$

通过运用类似的构造方法就可得到向量 $\mathbf{v}_{i,j}$。

关于扭曲向量 $\mathbf{t}_{i,j}$的选择建议可在参考文献［8］的 276 页找到。为简单起见，扭曲向量通常都设为 0。该方法最初由弗格森（J. Ferguson）[28] 提出（弗格森方法）。

3.9.5 二元三次 B 样条插值

B 样条插值法在前面单变量例子已探讨过。在接下来的段落中，此方法将被用于二元变量的例子中。

现在，回到问题 3.8，并将函数族 $F_i(u)$和 $G_j(v)$分别规定为三次 B 样条基函数 $N_{i,4}(u)$和 $N_{j,4}(v)$（参照定义 3.29）。

算法 3.7 构建插值三次 B 样条曲面。

令矩阵点集

$$\mathbf{C} := \begin{bmatrix} \mathbf{c}_{0,0} & \cdots & \mathbf{c}_{0,n} \\ \vdots & & \vdots \\ \mathbf{c}_{m,0} & \cdots & \mathbf{c}_{m,n} \end{bmatrix}$$

另给定两个节点向量（s_0，…，s_m）和（t_0，…，t_n）作为输入参数。

1. 根据 3.5.2 小节中介绍的方法，对于 $\mathbf{C}$ 矩阵每一列，构建一个插值三次 B 样条曲线。

$$\mathbf{p}_j(u) = \sum_{i=0}^{m+2} N_{i,4}(u) \cdot \mathbf{b}_{i,j}$$

必须注意的是，应当在两端末尾各增加一额外的正切向量，比如 $\mathbf{u}_{0,j}$和 $\mathbf{u}_{m,j}$。它们起到了正切向量 $\mathbf{t}_0$ 和 $\mathbf{t}_n$的作用［参见式（3.135）和式（3.136）］。另外，必须给三次 B 样条函数 $N_{i,4}(u)$取一个合适的节点向量（u_0，…，u_{m+6}），它起到了单变量例子中所定义的节点向量（t_0，…，t_{n+6}）的作用［参见式（3.129）］。B 样条曲线 $\mathbf{p}_j(u)$中的 de Boor 节点 $\mathbf{b}_{i,j}$可通过以下公式计算获得：

$$\begin{bmatrix} \mathbf{b}_{0,j} \\ \mathbf{b}_{1,j} \\ \vdots \\ \mathbf{b}_{m+1,j} \\ \mathbf{b}_{m+2,j} \end{bmatrix} = \mathbf{F}^{-1} \cdot \begin{bmatrix} \mathbf{u}_{0,j} \\ \mathbf{c}_{0,j} \\ \vdots \\ \mathbf{u}_{m,j} \\ \mathbf{c}_{m,j} \end{bmatrix}$$

式中，**F** 是式（3.138）给出的矩阵，尽管 $n \to m$。

2. 接下来，相同步骤将运用于新矩阵的各行

$$\mathbf{B}:=\begin{bmatrix} \mathbf{b}_{0,0} & \cdots & \mathbf{b}_{0,n} \\ \vdots & & \vdots \\ \mathbf{b}_{m+2,0} & \cdots & \mathbf{b}_{m+2,n} \end{bmatrix}$$

此外，还须为三次 B 样条函数 $N_{j,4}(v)$ 选取一个合适的节点向量（v_0，…，v_{n+6}）。如第一步那样，每行两端末尾各添加一个正切向量，以此来计算 de Boor 网格最终的节点

$$\mathbf{D}:=\begin{bmatrix} \mathbf{d}_{0,0} & \cdots & \mathbf{d}_{0,n+2} \\ \vdots & & \vdots \\ \mathbf{d}_{m+2,0} & \cdots & \mathbf{d}_{m+2,n+2} \end{bmatrix} \tag{3.255}$$

3. 三次 B 样条曲面

$$\mathbf{q}(u,v) = \sum_{i=0}^{m+2} \sum_{j=0}^{n+2} N_{i,4}(u) \cdot N_{j,4}(v) \cdot \mathbf{d}_{i,j}$$

属于 de Boor 网格式（3.255）以及节点向量（u_0，…，u_{m+6}）和（t_0，…，t_{n+6}）。该样条曲面能解决插值问题。

图 3-118（见彩插）给出了用这种方法创建三次 B 样条插值曲面的一个例子。

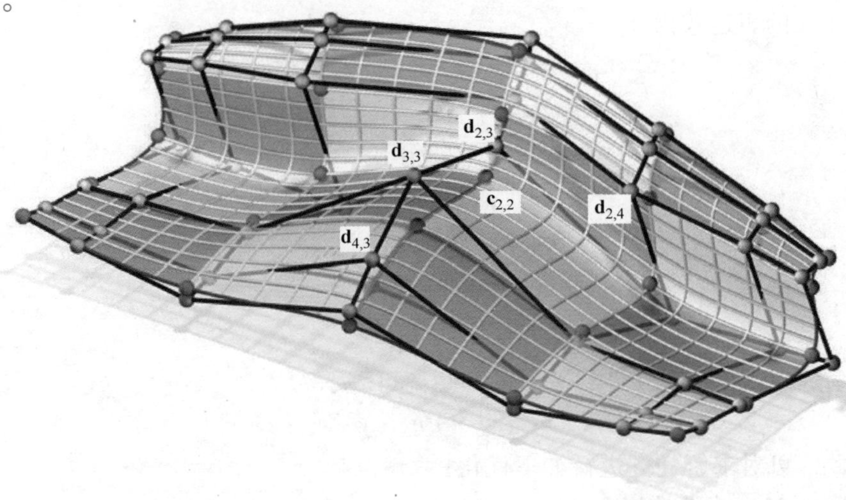

图 3-118　通过有 5×5 输入数据点 $\mathbf{c}_{i,j}$ 的三次 B 样条曲面进行二元插值。通过算法 3.7，可以计算合适的 B 样条插值曲面片的 de Boor 节点 $\mathbf{d}_{i,j}$，i，$j=0$，…，6。这组数据点 $\mathbf{c}_{i,j}$，i，$j=0$，…，4（橙色）是待插值的节点，它们与图 3-116 中的插值点完全一样。对比图 3-116 中的拉格朗日法，可看出，B 样条方法给出了更具有适应性的插值曲面，它也不易产生振荡

B 样条方法的最大优势，在于它能够适应更大的输入点集合，但不产生明显的振荡。

3.10 二元逼近

本节讨论的问题是找到一个曲面 S，其能够与给定的点集[⊖] $\mathbf{c}_\alpha$，$\alpha=0$，…，μ 相似。最简单的例子就是曲面 S 是一个平面（回归平面）。此项任务也可被称为主成分分析，其缩写就是 PCA（参见参考文献［1］的第 398～408 页）。该特例将为随后更具挑战性的工作打下基础，以寻找适合给定点的张量积曲面。

3.10.1 离散点集的拟合平面

寻找三维空间中点集的拟合平面 ε 是经典问题之一。其中，点集的表达式记为：

$$\mathbf{c}_\alpha=\begin{bmatrix}c_{\alpha,1}\\c_{\alpha,2}\\c_{\alpha,3}\end{bmatrix},\ \alpha=0,\ \cdots,\ \mu$$

下面给出的解是满足通用的，因为它并不局限于 3 个坐标方向中的任一个。

平面 ε 的表达式为

$$n_1\cdot x+n_2\cdot y+n_3\cdot z+n_0=0$$

其中

$$\mathbf{n}:=\begin{bmatrix}n_1\\n_2\\n_3\end{bmatrix}$$

表示 ε 的归一化法线向量，且

$$n_1^2+n_2^2+n_3^2=1 \tag{3.256}$$

然后，点 $X(x,\ y,\ z)$ 到平面 ε 的距离可表示为

$$\mathrm{dist}(X,\varepsilon)=|n_1\cdot x+n_2\cdot y+n_3\cdot z+n_0|$$

因此，可对求解任务进行如下优化：

问题 3.11 平面的拟合。

给定一组点 $\mathbf{c}_\alpha$，$\alpha=0$，…，μ。找到一个平面

$$n_1\cdot x+n_2\cdot y+n_3\cdot z+n_0=0$$

使得 n_0，n_1，n_2，n_3 能最大程度的降低误差函数（=平方距离和）

⊖ 如果给定的点和曲面点之间的距离最小化，那么就可以说该曲面与给定的点拟合。

$$e(n_0, n_1, n_2, n_3) := \sum_{\alpha=0}^{\mu} (n_1 \cdot c_{\alpha,1} + n_2 \cdot c_{\alpha,2} + n_3 \cdot c_{\alpha,3} + n_0)^2 \quad (3.257)$$

且满足约束条件式（3.256）。

如果引入$(\mu+1)\times 4$ 设计矩阵

$$\mathbf{C} := \begin{bmatrix} c_{0,1} & c_{0,2} & c_{0,3} & 1 \\ \vdots & & & \vdots \\ c_{\mu,1} & c_{\mu,2} & c_{\mu,3} & 1 \end{bmatrix}$$

便可以将式(3.257)修改成如下：

$$e(n_0, n_1, n_2, n_3) := \mathbf{u}^{\mathrm{T}} \cdot \mathbf{S} \cdot \mathbf{u} \quad (3.258)$$

其中

$$\mathbf{S} := \mathbf{C}^{\mathrm{T}} \cdot \mathbf{C} = \begin{bmatrix} \sum_{\alpha=0}^{\mu} c_{\alpha,1}^2 & \sum_{\alpha=0}^{\mu} c_{\alpha,1} \cdot c_{\alpha,2} & \sum_{\alpha=0}^{\mu} c_{\alpha,1} \cdot c_{\alpha,3} & \sum_{\alpha=0}^{\mu} c_{\alpha,1} \\ \sum_{\alpha=0}^{\mu} c_{\alpha,1} \cdot c_{\alpha,2} & \sum_{\alpha=0}^{\mu} c_{\alpha,2}^2 & \sum_{\alpha=0}^{\mu} c_{\alpha,2} \cdot c_{\alpha,3} & \sum_{\alpha=0}^{\mu} c_{\alpha,2} \\ \sum_{\alpha=0}^{\mu} c_{\alpha,1} \cdot c_{\alpha,3} & \sum_{\alpha=0}^{\mu} c_{\alpha,2} \cdot c_{\alpha,3} & \sum_{\alpha=0}^{\mu} c_{\alpha,3}^2 & \sum_{\alpha=0}^{\mu} c_{\alpha,3} \\ \sum_{\alpha=0}^{\mu} c_{\alpha,1} & \sum_{\alpha=0}^{\mu} c_{\alpha,2} & \sum_{\alpha=0}^{\mu} c_{\alpha,3} & \mu+1 \end{bmatrix} \quad (3.259)$$

是对称的半正定散射矩阵。

$$\mathbf{u} := \begin{bmatrix} n_1 \\ n_2 \\ n_3 \\ n_0 \end{bmatrix}$$

约束式（3.256）的矢量表示形式

$$\mathbf{u}^{\mathrm{T}} \cdot \mathbf{E} \cdot \mathbf{u} = 1 \quad (3.260)$$

其中

$$\mathbf{E} := \begin{bmatrix} 1 & 0 & 0 & 0 \\ 0 & 1 & 0 & 0 \\ 0 & 0 & 1 & 0 \\ 0 & 0 & 0 & 1 \end{bmatrix} \quad (3.261)$$

为了完成平面拟合任务 3.11，引入拉格朗日乘数 λ（参见参考文献［1］的第 415 页）来连接误差函数式（3.258）和约束式（3.260）：

$$\tilde{e}(n_0,n_1,n_2,n_3):=\mathbf{u}^{\mathrm{T}}\cdot\mathbf{S}\cdot\mathbf{u}-\lambda\cdot\mathbf{u}^{\mathrm{T}}\cdot\mathbf{E}\cdot\mathbf{u}$$

问题3.11的每个解 $\mathbf{u}=[n_1,\ n_2,\ n_3,\ n_0]^{\mathrm{T}}$必须满足4个方程

$$\frac{\partial\tilde{e}}{\partial n_1}=\frac{\partial\tilde{e}}{\partial n_2}=\frac{\partial\tilde{e}}{\partial n_3}=\frac{\partial\tilde{e}}{\partial n_0}=0$$

它们在 n_0，n_1，n_2，n_3 中呈线性排列。这个方程系统同样可写成：

$$(\mathbf{S}-\lambda\mathbf{E})\cdot\mathbf{u}=\mathbf{0}=[0,0,0,0]^{\mathrm{T}} \tag{3.262}$$

此时，将得到一个广义特征值问题㊀。关于矩阵 **E**，矩阵 **S** 的特征多项式为：

$$p(\lambda)=\det\ (\mathbf{S}-\lambda\mathbf{E})$$

该特征多项式为三阶。因此，它的零点可能多达三个。无论是用数字，还是用G. 卡尔达诺（G. Cardano）提出的三次多项式㊁零点的计算公式，它的根很容易确定。下面，记录了一些众所周知的问题：

- 关于矩阵 **S**，矩阵 **E** 的特征值，亦即特征多项式 $p\ (\lambda)$ 的零点都是非负实数（这是因为 **S** 和 **E** 都是对称半正定矩阵）。
- 只有输入点 $\mathbf{c}_\alpha$是共面的，**S** 才是奇异矩阵。这种情况的特点是存在零特征值$\lambda_0=0$。
- 如果不是所有的输入点都共面，那么问题3.11的解 $\mathbf{u}=[n_1,\ n_2,\ n_3,\ n_0]^{\mathrm{T}}$ 属于最小特征值 $\lambda_0(=p(\lambda)$的最小零点)。一般来说，λ_0 的特征空间是一维，这意味着这一点云的解平面$n_1\cdot x+n_2\cdot y+n_3\cdot z+n_0=0$ 是唯一的。

这样，就得到下面结论：

算法3.8　平面的拟合算法。

给定三维空间中的点集：

$$\mathbf{c}_\alpha,\ \alpha=0,\ \cdots,\ \mu$$

平面

$$\varepsilon\cdots n_1\cdot x+n_2\cdot y+n_3\cdot z+n_0=0 \tag{3.263}$$

使得平方距离和，

$$\sum_{\alpha=0}^{\mu}\mathrm{dist}^2(\mathbf{c}_\alpha,\varepsilon)$$

最小化。为了计算该平面，必须确定特征向量 $\mathbf{u}=[n_1,\ n_2,\ n_3,\ n_0]^{\mathrm{T}}$。该特征向量从属于广义特征值问题式（3.262）的最小（正）特征值。特征向量 **u** 的

㊀ 相对于任意矩阵，**E** 为单位矩阵的情况下就会形成一个普通特征值问题。此时，该特征值问题被称为广义特征值。

㊁ 卡尔达诺（Gerolamo Cardano，1501－1576）意大利文艺复兴时期的数学家。卡尔达诺的三次多项式零点的计算公式在各个数学公式手册中均能找到。

坐标n_1，n_2，n_3，n_0 是理想拟合平面（回归平面）的线性方程式（3.263）的系数。

图 3-119 给定三维空间中有 64 个点的点云。平面拟合算法 3.8 将确定一个平面 ε，它使得给定点的平方距离和最小。输入点 $\mathbf{c}_\alpha$用红色突出显示，所得到的平面 ε 上的垂点（pedal points）$\mathbf{I}_\alpha$标记为蓝色圆盘。黑线表示距离。该算法也可用于将参数分配给给定的点云中的点（点云参数分布，参见 3.10.2 小节）。

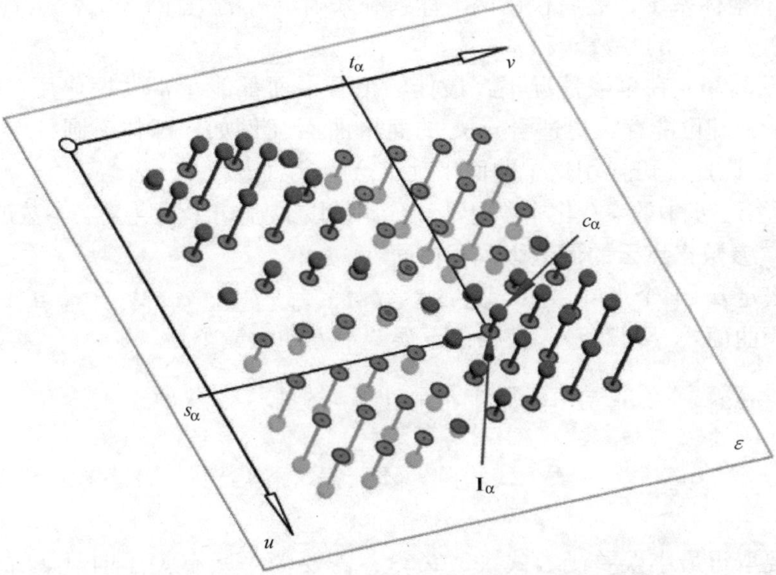

图 3-119　为给定的 64 个点的点云平面拟合计算结果

3.10.2　散布数据点的张量积曲面拟合

给定一个点云

$$\mathbf{c}_\alpha,\ \alpha=0,\ \cdots,\ \mu$$

和两组基函数

$$\left.\begin{array}{l} F_i(u),\ i=0,\ \cdots,\ m \\ G_j(v),\ j=0,\ \cdots,\ n \end{array}\right\} \tag{3.264}$$

构造张量积曲面

$$\mathbf{q}(u,v)=\sum_{i=0}^{m}\sum_{j=0}^{n}F_i(u)\cdot G_j(v)\cdot \mathbf{a}_{i,j} \tag{3.265}$$

来拟合给定的散布数据点。该任务可用如下三个步骤来解决：

a）首先，大致估算给定点 $\mathbf{c}_\alpha$，$\alpha=0$，…，μ 参数的合理分布（$u=s_\alpha$，$v=t_\alpha$）。

b）随后，通过求解高斯最小二乘问题，确定解析曲面式（3.265）的未知向量系数 $\mathbf{a}_{i,j}$。

c）最后，通过迭代计算进行参数修正迭代，以提高结果的精度。

(a) **点云的参数分布**

参考3.10.1小节的方法，计算出给定点云的回归平面ε，以便给每个定点$\mathbf{c}_\alpha$找到合适的参数对（$u=s_\alpha$，$v=t_\alpha$）。设$\mathbf{I}_\alpha$是平面ε上点$\mathbf{c}_\alpha$的正交投影（图3-119）。如果点$\mathbf{c}_\alpha$偏离ε的程度不大，且映射$\mathbf{c}_\alpha \to \mathbf{I}_\alpha$是双射，那么，用点$\mathbf{I}_\alpha$来寻找合适的参数化则显得有意义：在平面$\varepsilon$上选择一个任意的（但不一定是正交）$u$，$v$坐标系统，然后根据该坐标系统来确定$\mathbf{I}_\alpha$的坐标$u=s_\alpha$，$v=t_\alpha$，并将它们当做输入点$\mathbf{c}_\alpha$的参数$u$和$v$。

注释3.26 在多数情况下，最佳的拟合平面都能正常发挥作用。然而在某些情况下，却可能存在更适合点$\mathbf{c}_\alpha$的简单曲面（例如，球体、圆柱体、二次曲面……）。因此，可换用这个曲面来确定点的参数化。

尽管第三步中的参数化非常重要，仍须使用参数修正程序来对各参数进行修正。

(b) **参数化点云的逼近张量积曲面**

现设定$\mu+1$个点$\mathbf{c}_\alpha$及其合适的参数对（s_α，t_α），$\alpha=0$，…，μ。现确定一个张量积曲面式（3.265），使得以下误差平方和为最小：

$$\begin{aligned} e(\mathbf{a}_{0,0},\cdots,\mathbf{a}_{m,n}) &= \sum_{\alpha=0}^{\mu} \| \mathbf{q}(s_\alpha,t_\alpha) - \mathbf{c}_\alpha \|^2 \\ &= \sum\nolimits_{\alpha=0}^{\mu} \| (\sum\nolimits_{i=0}^{m} \sum\nolimits_{j=0}^{n} F_i(s_\alpha) \cdot G_j(t_\alpha) \cdot \mathbf{a}_{i,j}) - \mathbf{c}_\alpha \|^2 \end{aligned} \tag{3.266}$$

若要取得最小误差函数式（3.266），需要消去所有关于向量$\mathbf{a}_{i,j}$的偏导数。简化起见，下面将引入了$(\mu+1)\times(m+1)(n+1)$的乘积矩阵：

$$\mathbf{P} := \begin{bmatrix} F_0(s_0)\cdot G_0(t_0) & \cdots & F_0(s_0)\cdot G_n(t_0) & \cdots & F_m(s_0)\cdot G_0(t_0) & \cdots & F_m(s_0)\cdot G_n(t_0) \\ \vdots & & & & & & \vdots \\ F_0(s_\mu)\cdot G_0(t_\mu) & \cdots & F_0(s_\mu)\cdot G_n(t_\mu) & \cdots & F_m(s_\mu)\cdot G_0(t_\mu) & \cdots & F_m(s_\mu)\cdot G_n(t_\mu) \end{bmatrix} \tag{3.267}$$

并分别整理列阵长度$(m+1)\cdot(n+1)$和$\mu+1$中未知点$\mathbf{a}_{i,j}$和输入点$\mathbf{c}_\alpha$：

$$\mathbf{a} := \begin{bmatrix} \mathbf{a}_{0,0} \\ \vdots \\ \mathbf{a}_{0,n} \\ \vdots \\ \vdots \\ \mathbf{a}_{m,0} \\ \vdots \\ \mathbf{a}_{m,n} \end{bmatrix}, \mathbf{c} := \begin{bmatrix} \mathbf{c}_0 \\ \vdots \\ \mathbf{c}_\mu \end{bmatrix} \tag{3.268}$$

这样，误差函数式（3.266）对于未知向量$\mathbf{a}_{i,j}$的分量的所有偏导数，其消

去方法可以写为:

$$\mathbf{P}^{\mathrm{T}}\cdot\mathbf{P}\cdot\mathbf{a}=\mathbf{P}^{\mathrm{T}}\cdot\mathbf{c} \tag{3.269}$$

在这个方程式左边,如果$[(m+1)\cdot(n+1)]\times[(m+1)\cdot(n+1)]$二次矩阵 $\mathbf{P}^{\mathrm{T}}\cdot\mathbf{P}$ 可逆,那么逼近问题(approximation task)就有唯一的解

$$\mathbf{a}=(\mathbf{P}^{\mathrm{T}}\cdot\mathbf{P})^{-1}\cdot\mathbf{P}^{\mathrm{T}}\cdot\mathbf{c} \tag{3.270}$$

必须指出的是,公式(3.269)和式(3.270)是用简明符号来表达的,因而必须分开来说明各自向量的分量 $\mathbf{a}_{i,j}$和 $\mathbf{c}_\alpha$!

算法3.9 张量乘积曲面拟合参数化散布数据点。

设定三维空间中有 $\mu+1$ 个点的 $\mathbf{c}_\alpha$,$\alpha=0$,…,μ,其对应参数对为(s_α,t_α),$\alpha=0$,…,μ。另设定两组基函数设$F_i(u)$,$i=0$,…,m 和 $G_j(v)$,$j=0$,…,n,它们将定义某一种类的张量积曲面。

按照式(3.267)和式(3.268),确定矩阵 $\mathbf{P}$ 以及组数 $\mathbf{a}$ 和 $\mathbf{c}$。此后,只要矩阵 $\mathbf{P}^{\mathrm{T}}\cdot\mathbf{P}$ 可逆,控制网格 $\{\mathbf{a}_{i,j}\}$ 所属的张量积曲面

$$\mathbf{q}(u,v)=\sum_{i=0}^{m}\sum_{j=0}^{n}F_i(u)\cdot G_j(v)\cdot\mathbf{a}_{i,j}$$

就可以通过式(3.270)来计算。该类张量积曲面能使式(3.266)中误差平方和降至最低程度。

图3-120(见彩插)显示了有64个点的点云和按算法3.9计算的逼近曲面。在这种情况下,基本函数是伯恩斯坦多项式;因此,形成的逼近曲面是一个贝塞尔曲面。在此例中,拟合贝塞尔曲面片的阶数 $m=n=2$ 定得较低,其目的就是为了使输入点和逼近曲面之间的距离便于观察。

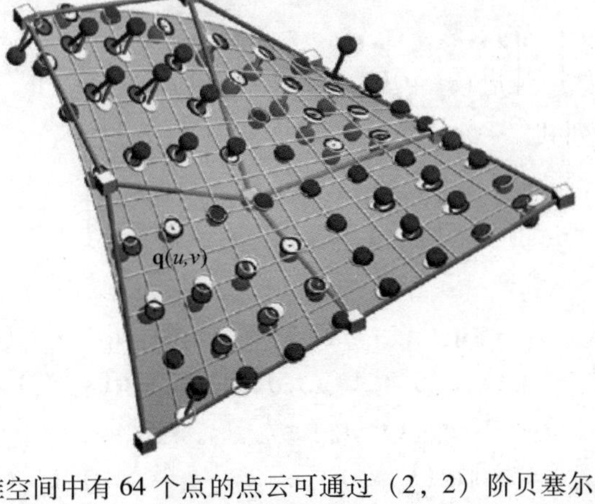

图3-120 三维空间中有64个点的点云可通过(2,2)阶贝塞尔曲面进行逼近。输入点用红色突出显示。算法3.9中最小化的函数是输入点(红色)和参数对(s_α,t_α)拟合平面上的点之间距离的平方和;后者标记为白色圆盘。需要注意的是,这些点一般不是逼近曲面上的垂足点(标记为蓝色圆盘)

（c）参数修正

现在，给定点云中每个点 $\mathbf{c}_\alpha$ 的合适参数对（s_α，t_α）都已确定（参见步骤(a)）。这种参数估算相当粗糙且偶然性较大。如果将这些参数对作为算法 3.9 的输入数据，在所获得的张量积曲面的法向上误差距离 $\|\mathbf{q}(s_\alpha, t_\alpha)-\mathbf{c}_\alpha\|$。张量积曲面可写成：

$$\mathbf{q}(u,v) = \sum_{i=0}^{m}\sum_{j=0}^{n} F_i(u)\cdot G_j(v)\cdot \boldsymbol{a}_{i,j}$$

这可能会影响所得到的结果。

为了改进总的结果，在随后步骤[1]中用以下方式来对参数进行调整。这一点非常有用。

与单变量下的情况一样，该想法就是用新的参数对 $s_\alpha^* = s_\alpha + \sigma_\alpha$，$t_\alpha^* = t_\alpha + \tau_\alpha$ 来替换 s_α，t_α。这样，点 $\mathbf{q}$（s_α，t_α）就能与各自的垂足点 $\mathbf{I}_\alpha$ 靠得足够近。对于每个 $\alpha=0,\cdots,\mu$ 计算 σ_α，τ_α 的值，则必须使距离平方函数最小：

$$d_\alpha(u,v) := \|\mathbf{c}_\alpha - \mathbf{q}(u,v)\|^2$$

其中 $u = s_\alpha + \sigma_\alpha$，$v = t_\alpha + \tau_\alpha$。

函数 $d_\alpha(u, v)$ 对于 u 和 v 的第一阶偏导数必须在最小值时消失。也就是说[2]

$$f_\alpha(u,v) := d_{\alpha,u}(u,v) = \langle \mathbf{c}_\alpha - \mathbf{q}(u,v), \mathbf{q}_u(u,v)\rangle = 0$$
$$g_\alpha(u,v) := d_{\alpha,v}(u,v) = \langle \mathbf{c}_\alpha - \mathbf{q}(u,v), \mathbf{q}_v(u,v)\rangle = 0$$

在（s_α，t_α）处，用泰勒级数展开函数 f_α（u，v）和 g_α（u，v）。然后，省略高阶项，再采用一阶泰勒级数方法：

$$\begin{bmatrix} f_\alpha(u,v) \\ g_\alpha(u,v)\end{bmatrix} = \begin{bmatrix} f_\alpha(s_\alpha+\sigma_\alpha, t_\alpha+\tau_\alpha) \\ g_\alpha(s_\alpha+\sigma_\alpha, t_\alpha+\tau_\alpha)\end{bmatrix} \sim \begin{bmatrix} f_\alpha(s_\alpha,t_\alpha) \\ g_\alpha(s_\alpha,t_\alpha)\end{bmatrix} + \mathbf{J}\cdot\begin{bmatrix}\sigma_\alpha \\ \tau_\alpha\end{bmatrix} \quad (3.271)$$

其中 $\mathbf{J}$ 是雅可比行列式

$$\mathbf{J} := \begin{bmatrix} f_{\alpha,u}(s_\alpha,t_\alpha) & f_{\alpha,v}(s_\alpha,t_\alpha) \\ g_{\alpha,u}(s_\alpha,t_\alpha) & g_{\alpha,v}(s_\alpha,t_\alpha)\end{bmatrix}$$

$\mathbf{J}$ 的完整项是

$$f_{\alpha,u}(s_\alpha,t_\alpha) = -\|\mathbf{q}_u(s_\alpha,t_\alpha)\|^2 + \langle \mathbf{c}_\alpha - \mathbf{q}(s_\alpha,t_\alpha), \mathbf{q}_{u,u}(s_\alpha,t_\alpha)\rangle$$
$$f_{\alpha,v}(s_\alpha,t_\alpha) = -\langle \mathbf{q}_u(s_\alpha,t_\alpha), \mathbf{q}_v(s_\alpha,t_\alpha)\rangle + \langle \mathbf{c}_\alpha - \mathbf{q}(s_\alpha,t_\alpha), \mathbf{q}_{u,v}(s_\alpha,t_\alpha)\rangle$$
$$g_{\alpha,u}(s_\alpha,t_\alpha) = f_{\alpha,v}(s_\alpha,t_\alpha)$$
$$g_{\alpha,v}(s_\alpha,t_\alpha) = -\|\mathbf{q}_v(s_\alpha,t_\alpha)\|^2 + \langle \mathbf{c}_\alpha - \mathbf{q}(s_\alpha,t_\alpha), \mathbf{q}_{v,v}(s_\alpha,t_\alpha)\rangle$$

根据式（3.271），σ_α 和 τ_α 的预期值如下式计算：

---

[1] 此处，将调整在单变量情况中已使用过的参数修正法。

[2] 对于 u，v 而言，参数调整前后情况各不相同。

$$\begin{bmatrix}\sigma_\alpha\\ \tau_\alpha\end{bmatrix} = -\mathbf{J}^{-1}\cdot\begin{bmatrix}f_\alpha(s_\alpha,t_\alpha)\\ g_\alpha(s_\alpha,t_\alpha)\end{bmatrix} \tag{3.272}$$

结果计算得到的σ_α和τ_α就是各参数的修正值。这正是迭代计算的关键：

算法 3.10　逼近曲面的参数修正。

为给定数据点$\mathbf{c}_\alpha$以及各数据点恰当选择的参数对s_α，t_α，计算逼近曲面$\mathbf{q}(u, v)$（算法 3.9）。为了提高$\mathbf{q}(u, v)$的质量，可采取以下步骤：

1. 用新的参数对替代原参数对s_α，t_α

$$s_\alpha^*:\ = s_\alpha + \sigma_\alpha$$
$$t_\alpha^*:\ = t_\alpha + \tau_\alpha$$

此处，通过式（3.272）计算σ_α，τ_α。

2. 根据算法 3.9，计算参数对s_α，t_α新的逼近曲面$\mathbf{q}^*(u, v)$。

3. 如有需要，重复步骤 1、2。

图 3-121（见彩插）构造出了与图 3-120 中相同的输入值和阶数（2，2）的逼近曲面。经过六轮的参数修正，计算结果得到明显改善。在每一轮的参数修正后，都对逼近曲面进行一次完整的重新计算。

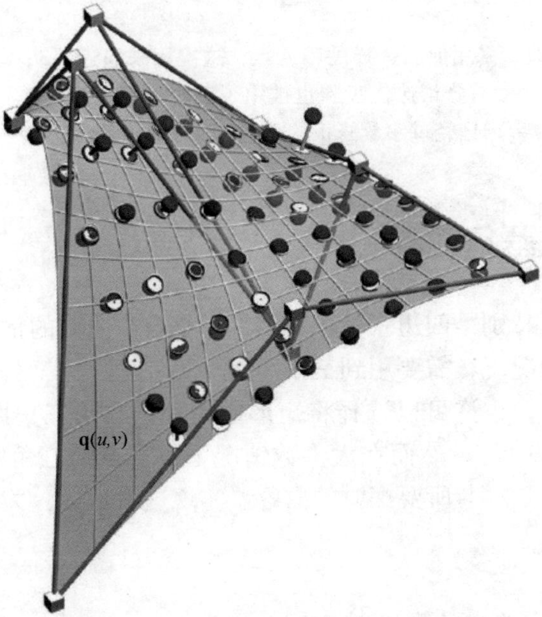

图 3-121　使用了一组与图 3-120 相同的输入点，再次通过（2，2）阶贝塞尔曲面逼近。此处，根据算法 3.10，采用了六轮参数修正。作为迭代参数修正的结果，白色圆盘和蓝色圆盘在整个曲面上几乎完全相同

图 3-122 中的输入数据与图 3-121 一样，但拟合贝塞尔曲面片的阶数已提高

到 $m = n = 3$。这进一步改善了结果的质量，当然，没有忽略对参数的修正。

每一轮的参数修正对逼近曲面的形状和最终结果的总体质量都具有显著的影响。

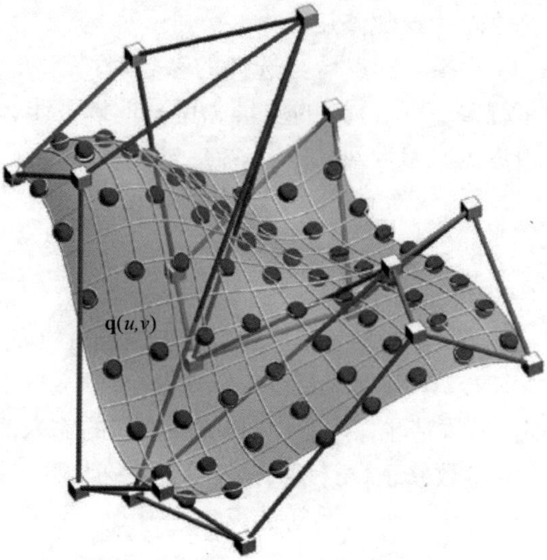

图 3-122　采用前面一样的输入点，这次用来逼近（3，3）阶贝塞尔曲面。另外，参数修正迭代步骤也被用了 4 次（算法 3.10）。具有足够高的阶数（m，n）且经过参数修正的二元逼近非常有说服力

3.11　三角贝塞尔曲面

四边曲面片，特别是四边张量积曲面片，是自由曲面的常见类型。然而，在某些特定的几何情况下，需要用到三角曲面片。

在特殊情况下，也许可以选择将矩形曲面片调整为三角曲面片（参见参考文献［7］的第 289 页）。然而在大多数情况下，真正的三角曲面片工具将是更好的方法，而它正是本节所要探讨的内容。实现这一目标，关键一步就是确定重心坐标。

重心坐标

由 $\mathbf{u}$，$\mathbf{v}$ 这两点确定的直线 l 可通过 $\mathbf{p}(u, v) = u \cdot \mathbf{u} + v \cdot \mathbf{v}$ 对其进行参数化，且 $u + v = 1$（参见例 3.4）。同样，由非共线的三个点 $\mathbf{u}$，$\mathbf{v}$，$\mathbf{w}$ 组成平面 ε，其形状的参数表达为 $\mathbf{q}(u, v, w) = u \cdot \mathbf{u} + v \cdot \mathbf{v} + w \cdot \mathbf{w}$，其中 $u + v + w = 1$（参见例 3.12）。

定义 3.66　重心坐标。

设 **u**，**v**，**w** 是三角形的三顶点，点 **p** 是 **u**，**v**，**w** 确定的平面 ε 上的一点，可以记为：

$$\mathbf{p}=u\cdot\mathbf{u}+v\cdot\mathbf{v}+w\cdot\mathbf{w} \tag{3.273}$$

且

$$u+v+w=1 \tag{3.274}$$

那么，(u, v, w) 则被称为点 **p** 对于点 **u**，**v**，**w** 的重心坐标。三角形 **u**，**v**，**w** 被称为坐标三角形或平面 ε 上的重心坐标系。点 **p** 被称为点 **u**，**v**，**w** 的仿射组合。

下面是重心坐标系统的一些基本特性（图 3-123）：

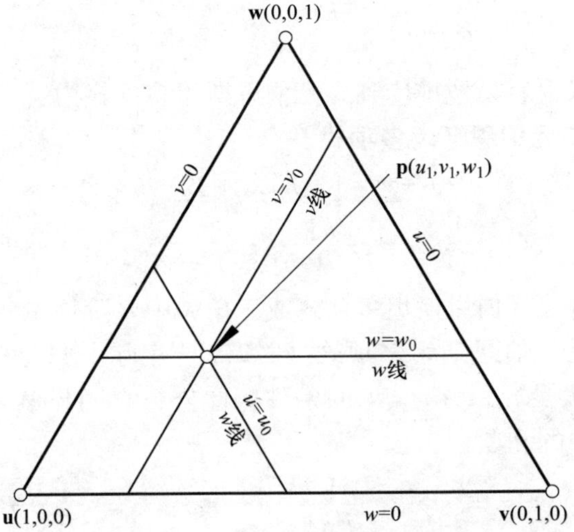

图 3-123　平面点的重心坐标。在平面上的三角形 **u**，**v**，**w** 确定了重心坐标系。每个点被分配一个三坐标 (u, v, w)，且 $u+v+w=1$。u 参数线由条件 $u=u_0$ 确定。其他两个参数线由 $v=v_0$ 和 $w=w_0$ 产生。所有三根参数线相交于点 $\mathbf{p}(u_0, v_0, w_0)$

1. 坐标三角形的顶点 **u**，**v**，**w** 的重心坐标分别为 $(1, 0, 0)$，$(0, 1, 0)$，$(0, 0, 1)$。

2. 在 $u=u_0=$ 常数的情况下，将生成一条直线，它与被称为 u 参数线或 u 线的边 **vw** 平行。必须记住，尽管在规范条件下 $u_0+v+w=1$，但沿着 u 线，参数 v 和 w 会变化。

3. u 线的一个特例就是直线 $u=u_0=0$，它是坐标三角形的边 **vw**。

4. v 线和 w 线可以用同样的方式来进行定义。

5. 通过每个点 $\mathbf{p}(u_0, v_0, w_0)$，则有一条 u 线 $u=u_0$，一条 v 线 $v=v_0$，一条 w 线 $w=w_0$。

6. 当 $0<u, v, w<1$ 时，坐标 u，v，w 代表了坐标三角形内的点。

7. 注释3.7描述了分项加和为1的概念和结果。在重心坐标的情况下，式（3.274）指出，式（3.273）中的坐标（u, v, w）各分量相加为1。因此，点 $\mathbf{p}=u\cdot\mathbf{u}+v\cdot\mathbf{v}+w\cdot\mathbf{w}$ 与坐标三角形仿射连接。

二元伯恩斯坦多项式

回顾一下，（单变量）伯恩斯坦多项式$B_{i,n}(t)$也可以作为二项式 $1=(t+(1-t))^n$ 的展开式系数：

$$1=(t+(1-t))^n=\sum_{i=0}^{n}\binom{n}{i}\cdot t^i\cdot(1-t)^{n-i}=\sum_{i=0}^{n}B_{i,n}(t)$$

用 $u=t$ 和 $v=1-t$ 替换，就可将$B_{i,n}(t)$改写为

$$B_{i,n}(t)=\frac{n!}{i!\ j!}\cdot u^i\cdot v^j,i+j=n$$

该种情况可以很容易地推广到二元伯恩斯坦多项式中：

定义3.67　二元伯恩斯坦多项式。

设 u, v, $w\in\mathbb{R}$，且 $u+v+w=1$，那么函数

$$B_{i,j,k;n}(u,v,w):=\frac{n!}{i!\ j!\ k!}\cdot u^i\cdot v^j\cdot w^k,i+j+k=n \tag{3.275}$$

则被称为 n 阶二元伯恩斯坦多项式或三角域中 n 阶伯恩斯坦多项式。

必须注意的是，伯恩斯坦多项式（3.275）实际上只是二元函数，因为 u, v, w 这三个参数满足 $u+v+w=1$ 的条件。此外，它们显然是三项式 $1=(u+v+w)^n$的展开式中的和项。

$$1=(u+v+w)^n=\sum_{\substack{i,j,k=0\\ i+j+k=n}}^{n}\frac{n!}{i!j!k!}\cdot u^i\cdot v^j\cdot w^k=\sum_{\substack{i,j,k=0\\ i+j+k=n}}^{n}B_{i,j,k;n}(u,v,w) \tag{3.276}$$

因此，它们是一个单位分解。

由于注释3.4，小于等于 n 阶的二元多项式空间 $\mathbb{K}_n[u, v]$ 的维数是$(n+1)\cdot(n+2)/2$。于是，有如下结论：

命题3.21　二元伯恩斯坦多项式的基本属性。

n 阶二元伯恩斯坦多项式集合 $\{B_{i,j,k;n}(u, v, 1-u-v)\mid i+j+k=n, 0\leqslant i, j, k\leqslant n\}$ 是所有的阶数小于等于 n 的二元多项式向量空间 $\mathbb{K}_n[u, v]$ 的基。

这一命题表明阶数小于等于 n 的每个二元多项式 $f(u, v)$ 可唯一表示为 n 阶二元伯恩斯坦多项式线性组合，即

$$f(u,v)=\sum_{\substack{i,j,k=0\\ i+j+k=n}}^{n}a_{i,j,k}\cdot B_{i,j,k;n}(u,v,1-u-v)$$

其中，唯一确定的系数 a_{ijk}。下面，将跳过命题3.21的详细证明，将其一分为二

加以证明：首先，必须证明二元伯恩斯坦多项式$B_{i,j,k;n}$（u，v，$1-u-v$）线性无关。其次，这些多项式的$(n+1)\cdot(n+2)/2$与$\mathbb{K}_n[u, v]$的维数相同。

重心坐标以及二元伯恩斯坦多项式的概念是三角贝塞尔曲面片相关定义中的重要组成部分。

三角贝塞尔曲面片

定义 3.68　三角网格。

n阶的三角网格，或简而言之，三角网格（图3-124，见彩插）是由$(n+1)\cdot(n+2)/2$个点$\mathbf{a}_{i,j,k}$，$i+j+k=n$以及下列三组折线（线程）构成：

$$\mathbf{a}_{i_0,0,n-i_0},\mathbf{a}_{i_0,1,n-i_0-1},\cdots,\mathbf{a}_{i_0,n-i_0,0},i_0=\text{常数},i_0=0,\cdots,n-1$$

$$\mathbf{a}_{0,j_0,n-j_0},\mathbf{a}_{1,j_0,n-j_0-1},\cdots,\mathbf{a}_{n-j_0,j_0,0},j_0=\text{常数},j_0=0,\cdots,n-1$$

$$\mathbf{a}_{0,n-k_0,k_0},\mathbf{a}_{1,n-k_0-1,k_0},\cdots,\mathbf{a}_{n-k_0,0,k_0},k_0=\text{常数},k_0=0,\cdots,n-1$$

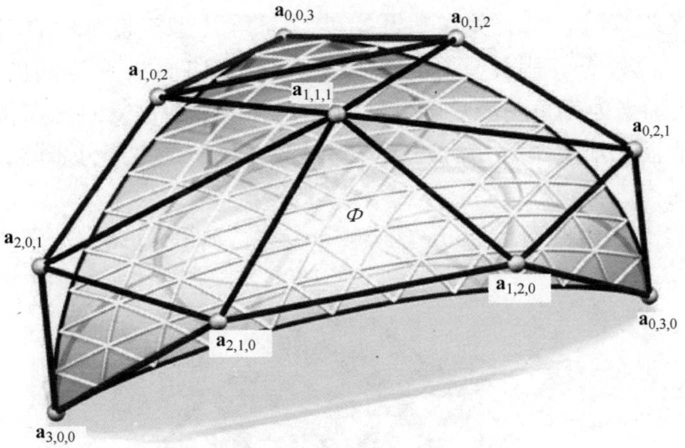

图3-124　为三阶三角贝塞尔曲面片Φ及其控制网格$\{\mathbf{a}_{i,j,k}\}$。相交在三角形曲面片角点的两条线（红线）穿过角点的切向面。此图还显示了包括曲面片的边界曲线在内的几个参数线。参数线形成一个三重编织结构

定义 3.69　三角贝塞尔曲面片。

给定三角网格$\{\mathbf{a}_{i,j,k}\}$，i，j，$k=0$，…，n；$i+j+k=n$。对应的三角贝塞尔曲面或n阶三角贝塞尔曲面片（图3-124，见彩插）是由下述参数所确定的曲面：

$$\mathbf{q}(u,v) = \sum_{\substack{i,j,k=0\\i+j+k=n}}^{n} B_{i,j,k;n}(u,v,w)\cdot\mathbf{a}_{i,j,k} \tag{3.277}$$

其中（u，v，w）$\in[0, 1]\times[0, 1]\times[0, 1]$且$u+v+w=1$。给定的三角网格$\{\mathbf{a}_{i,j,j}\}$被称为曲面片的控制网格。

三角贝塞尔曲面片的特性类似张量积曲面，下面列举的为几个最重要的特性

（图 3-124）：

1. 三角形贝塞尔曲面片及其控制网格具有相同的角点：

$$\mathbf{q}(1,0)=\mathbf{a}_{n,0,0},\mathbf{q}(0,1)=\mathbf{a}_{0,n,0},\mathbf{q}(0,0)=\mathbf{a}_{0,0,n}$$

2. 在三角贝塞尔曲面片的角点处 $\mathbf{q}(1,0)=\mathbf{a}_{n,0,0}$，切向面$\tau_{1,0}$通过点 $\mathbf{a}_{n,0,0}$，$\mathbf{a}_{n-1,1,0}$，$\mathbf{a}_{n-1,0,1}$。同样情况也发生在其他两个角 $\mathbf{q}(0,1)=\mathbf{a}_{0,n,0}$，$\mathbf{q}(0,0)=\mathbf{a}_{0,0,n}$ 之上：贝塞尔曲面片角点上的切向面被通过该角点的控制网格上的两根线穿过。

3. 由于给定阶的二元伯恩斯坦多项式是一个式（3.276）单位分解。因而有如下结论：相对于仿射变换，三角贝塞尔曲面片总是与控制网格 $\mathbf{a}_{i,j,k}$ 连接在一起。

4. 三角形贝塞尔曲面片完全包含在其控制网格的凸包中（凸包的特性）。

三角曲面片的 de Casteljau 算法

根据式（3.275），可避免在一开始就对三角贝塞尔曲面片的二元伯恩斯坦多项式进行求值计算。用计算标准贝塞尔张量积曲面大致相同的方式，将 de Casteljau 算法确立为三角曲面片的计算方法，并以不断重复的三点仿射组合为基础。此例子能极好地说明，如何调整贝塞尔曲面片的绝大部分步骤，来适应三角曲面片的情况。

算法 3.11 三角曲面片的 de Casteljau 算法（图 3-125，见彩插）。

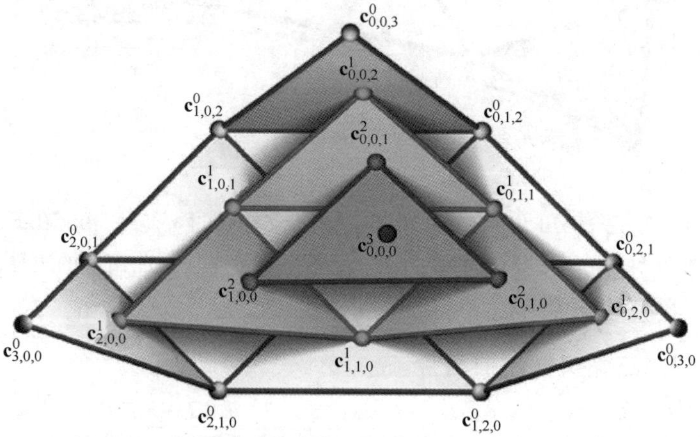

图 3-125 为运用于给定的三阶贝塞尔曲面和三元参数（$u_0=0.25$，$v_0=0.35$，$w_0=1-u_0-v_0=0.4$）的 de Casteljau 方案。原控制网格（灰色，上标 0）由$n^2=9$ 个三角形构成，即（$n+1$）$\cdot n/2=6$ 个直立三角形和 $n\cdot$（$n-1$）$/2=3$ 个倒立三角形组成。根据式（3.278），网格内的每个直立三角形的角点都仿射连接到一个新的点，$r=1$。这样，就到达下一代网格（橙色，上标 1）。用同样的方法处理网格内的每个直立三角形，直至下一代网格的一个点上（蓝色网格，上标 2），如此等等。最后，得到一个网格，它由一个单一点（此处，$\mathbf{c}^3_{0,0,0}=\mathbf{q}(u_0,v_0)$）构成。这就是三角贝塞尔曲面所需的点，并与给定的三元参数（u_0，v_0，v_0）相关。甚至可以指出，只有倒数第二个三角形（蓝色三角形）才标志着所考虑的点的切向面

给定 n 阶三角贝塞尔曲面片的控制网格 $\{\mathbf{a}_{i,j,k}\}$ 以及三元参数（u_0，v_0，$w_0=1-u_0-v_0$）。为了计算对应的三角贝塞尔曲面片式（3.277）上的点 $\mathbf{q}(u_0, v_0)$，必须采取以下步骤：

1. 使 $\mathbf{c}_{i,j,k}^0 := \mathbf{a}_{i,j,k}$，并递归计算点

$$\mathbf{c}_{i,j,k}^r := u_0 \cdot \mathbf{c}_{i+1,j,k}^{r-1} + v_0 \cdot \mathbf{c}_{i,j+1,k}^{r-1} + w_0 \cdot \mathbf{c}_{i,j,k+1}^{r-1} \tag{3.278}$$

式中，$r=1$，…，n，且 i，j，$k=0$，…，n；$i+j+k=n-r$。

2. 点 $\mathbf{c}_{0,0,0}^n$ 是所需的点

$$\mathbf{q}(u_0, v_0) = \mathbf{c}_{0,0,0}^n$$

（矩形）张量积曲面片的下一步骤（参见 3.8 节）如：

- 贝塞尔曲面片的延伸（参见构造 3.6）
- 贝塞尔曲面片的延伸造型（参见构造 3.7）
- 升阶。

可通过简单的调整来使之适应三角贝塞尔曲面片。更多细节，请参考（参考文献［7］的第 293 页）。

3.12　张量积体

3.4 节和 3.8 节一直探讨了自由曲线及其对应的二元曲面和张量积曲面的建构。基本上所有方法和算法都可扩展到多变量对象。在工程应用中，最常见的是三元变量的情况，它主要探讨张量积体[⊖]。

定义 3.70　张量积体。

设定三维空间中 $(l+1)\times(m+1)\times(n+1)$ 个点 $\{\mathbf{a}_{i,j,k}\}$，$i=0$，…，l，$j=0$，…，m，$k=0$，…，n。这种点列阵被称作控制网格。随后，分别使用 u，v，w 这三个参数所对应的三组函数 $F_i(u)$，$i=0$，…，l，$G_j(v)$，$j=0$，…，m 和 $H_k(w)$，$k=0$，…，n。该三元向量函数

$$\mathbf{q}(u,v,w) = \sum_{i=0}^{l}\sum_{j=0}^{m}\sum_{k=0}^{n} F_i(u) \cdot G_j(v) \cdot H_k(w) \cdot \mathbf{a}_{i,j,k} \tag{3.279}$$

$$u \in [u_0, u_1], v \in [v_0, v_1], w \in [w_0, w_1]$$

表示了给定的控制网格 $\mathbf{a}_{i,j,k}$ 的张量积体，其中 $F_i(u)$、$G_j(v)$ 和 $H_k(w)$ 为基函数族。

张量积体仅由控制网格和三个函数族 $F_i(u)$、$G_j(v)$ 和 $H_k(w)$ 确定。如果三个函数族 $F_i(u)$、$G_j(v)$ 和 $H_k(w)$ 中的每个函数都达到以下的单位分解条件，那么，张量积体就不受选定的坐标系影响：

⊖　实体建模参见 4.3 节。

$$\sum_{i=0}^{l} F_i(u) \equiv \sum_{j=0}^{m} G_j(v) \equiv \sum_{k=0}^{n} H_k(w) \equiv 1 \quad (3.280)$$

此处，将不逐一列举各种可能类型或选项的张量积体，将集中探讨贝塞尔体：

定义 3.71　贝塞尔体。

一个(l, m, n)阶的贝塞尔体实际上就是一个张量体式（3.279），而函数$F_i(u)$、$G_j(v)$和$H_k(w)$则是参数u，v，w上阶数分别为l，m，n的伯恩斯坦多项式。数学表达式可写成：

$$\mathbf{q}(u,v,w) = \sum_{i=0}^{l} \sum_{j=0}^{m} \sum_{k=0}^{n} B_{i,l}(u) \cdot B_{j,m}(v) \cdot B_{k,n}(w) \cdot \mathbf{a}_{i,j,k} \quad (3.281)$$
$$(u,v,w) \in [0,1] \times [0,1] \times [0,1]$$

当然，贝塞尔体本身的展示比较困难。因此，必须借助本体中包含的特定曲面和曲线加以显示。

定义 3.72　贝塞尔体的参数曲面和参数线。

根据定义 3.71，设定一个贝塞尔体。

1. 下述条件

$$u \equiv u_0 = 常数 \quad (3.282)$$

定义的贝塞尔曲面被称为贝塞尔体的$a(v, w)$参数曲面。同样，在$v \equiv v_0$和$w \equiv w_0$的条件下，将分别产生(u, w)参数面和(u, v)参数面。

2. 由下述条件

$$u \equiv u_0,\ v \equiv v_0 \quad (3.283)$$

生成的贝塞尔曲线被称为贝塞尔体的w参数线（或w参数曲线）。同样，条件$w \equiv w_0$和$u \equiv u_0$以及$u \equiv u_0$和$v \equiv v_0$分别将产生v参数线和w参数线。

曲面通常用参数线来显示。同理，张量积体也可以通过它们的一些参数曲面和参数线来显示（图 3-126，见彩插）。

定义 3.73

如果所有的直到r阶的偏导数在点$\mathbf{p}(u_0, v_0, w_0) = \mathbf{q}(u_0, v_0, w_0)$上都一致的话，那么贝塞尔体$\mathbf{p}(u, v, w) = \mathbf{q}(u, v, w)$在该点上$C^r$连续。

两个贝塞尔体$\mathbf{p}(u, v, w) = \mathbf{q}(u, v, w)$沿着某参数曲线或参数曲面（或在任何参数域上）$C^r$连续，如果所有的直到$r$阶的偏导数对于各个参数值$(u, v, w)$在该参数域里都一致。

贝塞尔曲面的许多概念和算法（参见 3.8.1 小节）都能迅速推广到贝塞尔体上。比如：

1. 贝塞尔曲面的 de Casteljau 算法（参见算法 3.5）能立刻适用于贝塞尔体。
2. 张量积体可在其三个参数中的任何一个上延伸。
3. 贝塞尔体通过 de Casteljau 算法延伸，将生成连续体的控制网格。
4. 在边界点$u_0 = 0$上，直到r阶的偏导数仅取决于包含在前$r+1$层$\{\mathbf{a}_{i,j,k}\}$，

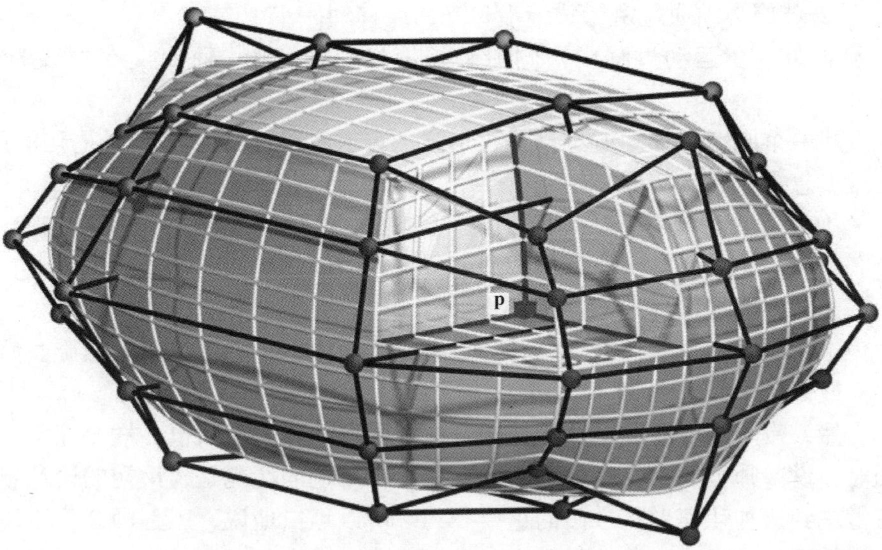

图 3-126　$(k, m, n) = (2, 3, 4)$ 阶的贝塞尔体和其控制网格。与几条参数线（白色）一样，边界曲面 $u=1$（橙色）、$v=1$（蓝色）和 $w=1$（灰色）均可见。三元参数 $(u_0, v_0, w_0) = (0.6, 0.7, 0.5)$ 的点 $\mathbf{p}=\mathbf{q}(u_0, v_0, w_0)$ 用红色标记。(v, w) 参数曲面 $u=u_0$ 以及其他两个通过 $\mathbf{p}$ 点的参数曲面也显示在图中

$i \leqslant r$ 内的网格点。

5. 在设计参数 $u_0>1$ 时，仅考虑贝塞尔体及其在 u 方向上延伸。通过 de Casteljau 算法得到的连续性网格 $\{\mathbf{b}_{i,j,k}\}$ 将定义一个贝塞尔体，它将以注释 3.23 所描述的方式，以 C^{∞} 连续性延伸原始体。通过替代一些控制点来调整网格 $\{\mathbf{b}_{i,j,k}\}$，只要连续网格的 $r+1$ 层 $\{\mathbf{b}_{i,j,k}\}$，$i=0, \cdots, r$ 保持不变，仍将产生沿着边界曲面（过渡曲面）的 C^r 连续性。

这种关于贝塞尔体及其延伸和修正的简短记录，意味着基本方法可从二元变量情况轻易地转到三元变量情况。对于多元方法的更多细节，请参考参考文献 [7] 的第 462 ~ 504 页以及其中的参考文献。

3.13　案例：侧窗运动学

本节将讨论一个工程任务，旨在展示这个工作中有关几何和技术等方面的内容因素。更多详细信息请参见参考文献 [22]。

3.7.13 小节定义 3.57 一直探讨了曲面和曲线。它们本身可移动，而这也恰是汽车侧窗表面的关键，其理由如下：

• 窗玻璃必须通过密封狭缝沿日光曲线移动。

• 此外，在运动过程中，侧窗必须消失在门体中，而此处的情况却相当复杂。

上述两个原因要求侧窗本身具有很强的可移动性。但还有一个迫切的原因，它更难以忽视：

• 如果侧窗运动在某一时刻停止，窗口或它的一部分在这一瞬间依然可见，但仍必须依赖于之前关闭位置时的曲面。该曲面的任何偏差都能从车体光亮外壳的反射光线中清楚地察觉。

为了使曲面本身能移动，它必须是个螺旋面或者特殊情况下的螺旋曲面，即圆柱面或回转曲面（参见 3.7.13 小节）。

当然，汽车外壳主要受造型控制。汽车侧窗的几何形状也一样。在创建侧窗曲面时，设计师可能没有意识到它的移动性。可能的情况是，最初的设计想法并没有考虑到这种几何形状方面的重要制约。所以坦白地说，工程师几乎不可能完成侧窗的升降装置这一设计任务。

图 3-127 显示了汽车侧窗的形状，它的三条边界曲线分别为：B 柱边界曲线 b，顶部曲线 c 和日光曲线 d。

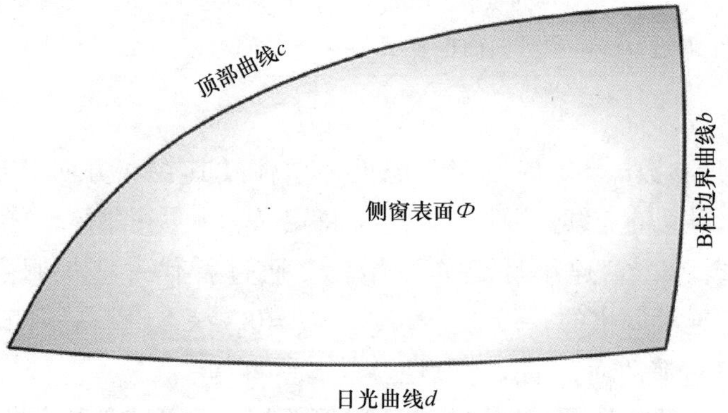

图 3-127　汽车侧窗的边界曲线：顶部曲线 c、B 柱的边界曲线 b 和日光曲线 d

3.13.1　向着到给定表面合适的螺旋运动

假设曲面 Φ 代表设计师设计的窗玻璃。尽管 Φ 很有可能不是螺旋曲面，仍然可使用 3.1.6 小节中几何线造型工具去计算一个合适的螺旋运动 M 来拟合 Φ。

选择 Φ 的一些法线 g_i，计算它们在六维空间（6 – space）$\mathbb{R}^6$ 中（参见图 3-128，见彩插）到达点集 $G_i \cdots g_{i,1}$，$g_{i,2}$，$g_{i,3}$，$\bar{g}_{i,1}$，$\bar{g}_{i,3}$，$\bar{g}_{i,3}$ 的普吕克向量（Plücker Vector）$\mathbf{g}_i = [g_{i,1}, g_{i,2}, g_{i,3}]^T$，$\bar{\mathbf{g}}_i = [\bar{g}_{i,1}, \bar{g}_{i,3}, \bar{g}_{i,3}]^T$，参见公式（3.11）。

在 Φ 是螺旋曲面的情况下，可以知道点G_i位于穿过 $\mathbb{R}^6$空间原点 O 的超平面 H 内。这是因为到螺旋曲面 Φ 的法线g_i也属于对应螺旋运动的线性复合。

如果 Φ 实际上不是一个螺旋曲面，仍然可计算出到 Φ 的法线 $\{g_i\}$ 的点集 $\{G_i\}$。在这种情况下，它们将不再被包含在穿过 $\mathbb{R}^6$空间原点 O 的超平面 H 内。相反，可确定通过原点 O 的拟合超平面 H。现在，任务已进入高维空间内的平面拟合阶段。3.10.1 小节的方法可以很容易地加以调整来适应这种情况。早在参考文献［19］中，这些方法就已经有所提及。

如果已经计算出穿过 $\mathbb{R}^6$空间原点 O 的拟合超平面

$$H\cdots\ \langle \mathbf{v},\ \mathbf{g}\rangle\ +\ \langle \mathbf{w},\ \bar{\mathbf{g}}\rangle\ =0$$

就可以根据式（3.15）~式（3.17）轻易地找到对应的螺旋运动 M。

注释 3.27　调整已构建的运动 M，使之适合给定的窗口曲面 Φ。在这个例子中，还必须要求 B 柱边界曲线 b 是运动 M 的一个轨迹点。进一步约束可以顺利实施，而不产生任何问题（详情见参考文献［22］）。

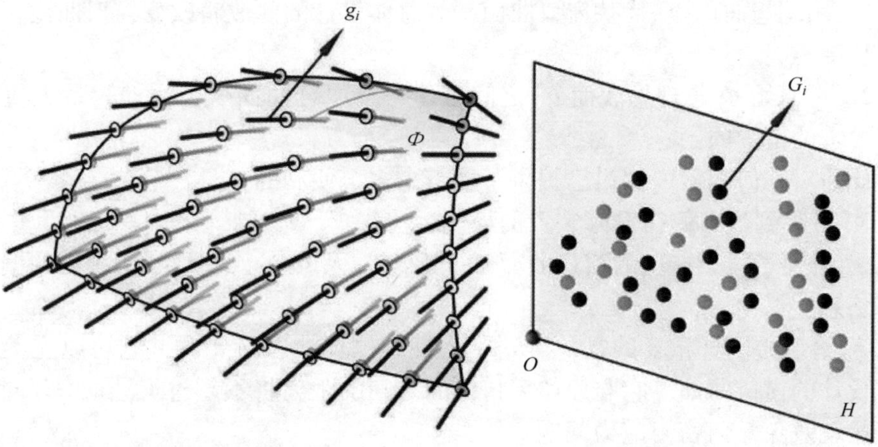

图 3-128　找到适合给定窗口曲面 Φ 的空间运动 M。优化作业的输入由多个曲面法线g_i（左图，红色）组成。尽管在高维空间中（右图，象征），优化归结为散布数据点G_i的平面拟合问题

3.13.2　构造理想的侧窗曲面

如果最初以螺旋面 Φ 开始，前文建构的螺旋运动 M 将很好地移动曲面 Φ 本身。

然而，现在必须容忍造型师的窗口曲面 Φ，其本身一般是不动的。前面已对螺旋运动 M 作了计算，使它尽可能适合 Φ。

必须认识到，如果调整造型曲面 Φ 来适应运动 M，密封条沿线就不可避免地产生一些偏移。只要它们不超过一定的限度，就不会有问题。

为了方便评定这些偏移，可将 Φ 与一些合适的螺旋曲面 Φ^* 进行比较。这些螺旋曲面 Φ^*

- 如果调整来适应运动 M，不会对密封造成任何应力。
- 位置非常接近 Φ。

为此，选择让顶部曲线[㊀] c，并使之适应螺旋运动 M。当然，结果会得到一个螺旋面 Φ^*，它被称之为理想的窗口曲面。如果将运动 M 应用至 Φ^*，将不会面临任何偏移，因为 Φ^* 自身一直在被移动。

因此造型曲面 Φ 与理想曲面 Φ^* 之间的距离可用于测试 Φ 的偏移。Φ 和 Φ^* 之间最大距离 ε 代表了对橡胶密封圈的最大应力。这样，就可以很容易地计算出许用压力。如果应力 ε 远低于给定的限制（由密封制造商规定的），可以结合运动 M 和给定的窗口曲面 Φ，继续构造窗口的升降装置。

然而，如果最大应力 ε 超出限制，工程师和设计师将有两种选择：

1. 用理想曲面 Φ^* 代替窗口曲面 Φ。总体设计的修改将改变窗口曲面，但其修改程度不能超过 ε。

2. 在原始 Φ 与理想表面 Φ^* 之间创建一个混合曲面 Φ^{**}，使得最大应力保持在要求的范围内。

此前对几何因素的探讨已提供了能带来多个便利的工具。

- 可找到汽车侧窗升降装置的最优运动。
- 得到了关于造型的窗口曲面 Φ 的质量以及 Φ 的几何形状中固有的偏移等可靠信息。
- 最后，同样重要的是，得到一个理想侧窗，在必要时，它可以完美取代原先设计的窗口曲面。它与原始窗口曲面之间的距离将不超过上述的 ε，同时在一开始就避免任何密封应力问题。

参考文献

1. Gallier, J.: Geometric Methods and Applications. 2nd edn. Springer , New York (2011)
2. Chasles, M.: Note sur les propriétés générales du système de deux corps semblables entr'eux et placés d'une manière quelconque dans l'espace; et sur le déplacement fini ou infiniment petit d'un corps solide libre. Bull. des Sci. Mathematiques Astronomiques Physiques et Chim. **14**, 321–326 (1830)
3. Pottmann, H., Wallner, J.: Computational Line Geometry. Springer, Berlin (2000)
4. Blyth, T.S., Robertson, E.F.: Basic Linear Algebra. 2nd edn. Springer, Berlin (2002)

㊀ 必须注意的是，车顶轮廓线实际上是窗口曲面顶部方向的边界曲线以及车身 A 柱方向的边界曲线。

5. Stoker, J.J.: Differential Geometry. Wiley, New York (1969)
6. Walker, R.J.: Algebraic Curves. Springer, New York (1978)
7. Hoschek, J., Lasser, D.: Fundamentals of Computer Aided Geometric Design. Wellesley, Massachusetts (1993)
8. Farin, G.: Curves and Surfaces for Computer Aided Geometric Design. 2nd edn. Academic Press, Boston (1990)
9. Bernstein, S.: Démonstration du théorème de Weierstrass fondée sur le calcul des probabilités. Commun. Math. Soc. Kharkov (2) **13**, 1–2 (1912)
10. Schuhmaker, L.L.: Spline Functions: Basic Theory. Wiley, New York (1981)
11. De Boor, C.: A Practical Guide to Splines. vol. 27, rev. edn. Applied Mathematical Sciences, Springer (2001)
12. Nürnberger, G.: Approximation by Spline Functions. Springer, Berlin (1989)
13. Haase, J.C.F.: Zur Theorie der ebenen Curven n-ter Ordnung mit $(n-1)(n-2)/2$ Doppel- und Rückkehrpunkten. Math. Ann. **2**, 515–548 (1870)
14. Overhauser, A.: Analytic Definition of Curves and Surfaces by Parabolic Blending. Technical report, Ford Motor Company (1968)
15. Röschel, O.: An interpolation subspline scheme related to B-spline techniques. In: B. Werner (ed.) Computer Graphics International '97, pp. 131–136. IEEE Computer Society Press, Los Alamitos (1997)
16. Beresin, I.S., Shidkow, N.P.: Numerische Methoden 1, Hochschulbücher für Mathematik, vol. 70. VEB Deutscher Verlag der Wissenschaften, Berlin (1970)
17. Usmani, R.A.: Inversion of Jacobi's tridiagonal matrix. Comput. Math. Appl. **27**, 59–66 (1994)
18. Ascher, U.M., Greif, C.: A first course in numerical methods, Computational Science and Engineering. In: Society for Industrial and Applied Mathematics (SIAM), vol. 7. Philadelphia, USA (2011)
19. Pottmann, H., Hofer, M., Odehnal, B., Wallner, J.: Line geometry for 3D shape understanding and reconstruction. In: Pajdla, T., Matas, J. (eds.) Computer Vision—ECCV 2004, Part I. Lecture Notes in Computer Science, vol 3021, pp. 297–309. Springer (2004)
20. Odehnal, B., Stachel, H.: The upper talocalcanean join. Technical Report 127, Vienna University of Technology (2004). http://www.geometrie.tuwien.ac.at/odehnal/knochen.pdf
21. Pottmann, H., Randrup, T.: Rotational and helical surface approximation for reverse engineering. Computing **60**, 307–322 (1998)
22. Gfrerrer, A., Lang, J., Harrich, A., Hirz, M., Mayr, J.: Car side window kinematics. Comput. Aided Des. **43**, 410–416 (2011)
23. Harrich, A., Mayr, J., Hirz, M., Rossbacher, P., Lang, J., Gfrerrer, A., Haselwanter, A.: CAD-based synthesis of a window lifter mechanism. In: SAE World Congress, Detroit (2010) doi:10.4271/2010-01-0009
24. Shafarevich, I.: Algebraic Geometry I, II. Springer, New York (1977, 1994)
25. Röschel, O.: Rationale Bézier Schiebflächen. CAD Computergraphik und Konstruktion **13**, 29–33 (1989)
26. Röschel, O.: Kinematic Rational Bézier Patches I, II. Rad YAZU **10**(95–108), 131–138 (1991)
27. Coons, S.: Surfaces for computer aided design. Technical Report VA 22161, MIT, available as AD 663 504 from the National Technical Information Service, Springfield (2001)
28. Ferguson, J.: Multivariable curve interpolation. JACM **2**(2), 221–228 (1964)

第 4 章 CAD 建模技术

机械工程的计算机辅助设计涵盖了虚拟环境里 IT 支持下的产品几何及其相关结构的创建工作。在汽车行业中，三维产品建模出现于 20 世纪 80 年代，三维 CAD 软件的引入为其提供了大力支持。CAD 的创建过程注重产品的几何和拓扑表示，同时包含所有必需的几何建模操作和结构相关的组织程序。产品模型的几何表示可能需要在一个虚拟环境（CAD 工作空间）中，建立复杂的曲线、曲面和实体图形，由此几何定义、逼近法、插值法和变换法等不同技术得到应用。除创建几何模型，CAD 还为随后进行的工程任务和模型准备（如网格划分操作）打下基础。

在机械工程中，几何建模方式多种多样（例如作为白车身设计的曲面造型或铸件开发的实体造型）。几何信息、产品结构和附加数据（如尺寸、公差、材料、质量和转动惯量、生产相关的信息）的集成显著拓宽了其应用领域。同时，CAD 模型业已成为所有学科的虚拟产品和生产开发的必备工具。在计算机辅助设计中，产品的几何形状由几个基础元素（即直线、曲线、不同类型的曲面和体积元素）组成。根据产品的类型和虚拟产品模型所要求的特性，用特定的方法和策略组合这些元素，这就是所谓的设计规则。通常，复杂的 CAD 模型包含了众多组件和模块，并将它们放在一起，成为一个装配体。

计算机辅助造型（CAS）是一门为创建相关几何造型的相关学科。与 CAD 过程中以技术为导向的产品建模不同，车辆外部和内部的光滑曲面造型设计，对曲线和曲面本身的质量提出较高要求。质量标准包括曲线和曲面片的阶数和连续性、曲面定义的复杂性以及曲面和多重曲面的曲率。曲面造型往往是基于支撑性的要素或测量数据的，如草图、点云、曲线或网格，这为定义三维弯曲几何元素提供了基础。CAS 既不考虑产品结构，也不考虑生产的相关信息，提供纯粹的几何创建功能。图 4-1 展示了造型数据和设计数据的结合，造型确定车辆的轮廓外形数据，而设计数据展现车体制造的技术组成。图 4-2 列举了汽车外曲面的分割。在本例中，使用了几种不同的造型相关曲面片。

分阶段开发导致造型曲面具有不同的质量水平。这些曲面数据的质量水平分为 A 级、B 级、C 级。造型开发之初，概念设计用低精度的，即所谓的 C 级曲面

图 4-1　汽车车身的 CAD 模型

图 4-2　带有分割曲面片的汽车外表面

来表示。这类曲面用于概念造型，以及早期工程有关的操作和可行性研究的初始评估。此外，C 级曲面还用于隐蔽区域和组件。B 级曲面用于那些相对不重要的隐藏部件和曲面。B 级曲面的应用实例包括车身内部设计、发动机舱和底架。在一般情况下，C 级曲面的特征是相对不连续的延伸，而 B 级曲面显示为一个切向连续（参见 3.7.3 小节）。最后，A 级曲面应用于所有看得见的相关组件，如可见的外部和内部曲面。A 级曲面满足高光滑性的要求，其特点是不同曲面片之间平滑过渡，以保持曲率变化平缓。CAS 为随后的工艺过程设定曲面和边界条件，如车辆的布局和元件的开发。造型软件和工程软件之间的数据传输，主要通过中性数据接口，如 IGES、STEP 和 JT 来进行。

准备和维护用于后续计算和仿真过程的几何数据是两项重要任务，其高度依赖于 CAD。在通常的开发过程中，从 CAD 模型中获得的几何数据是适用于模拟仿真的特定几何模型的基础。这可能涉及通过三角划分（面或体积网格）生成近似几何模型或简化几何仿真模型的获得（如梁模型）。在这两种方法中，特定过程的几何模型来源于现有的 CAD 模型。一些仿真软件支持用于特定仿真应用（例如车体结构概念创建）的几何模型开发。在这种情况下，CAD 方法结合 CAE 相关的功能，能在随后的有限元模拟中有效地生成简化的产品模型（例如参考文献 [1]）。图 4-3 展示了一种用于以有限元为基础的碰撞模拟汽车车身的表面网格。

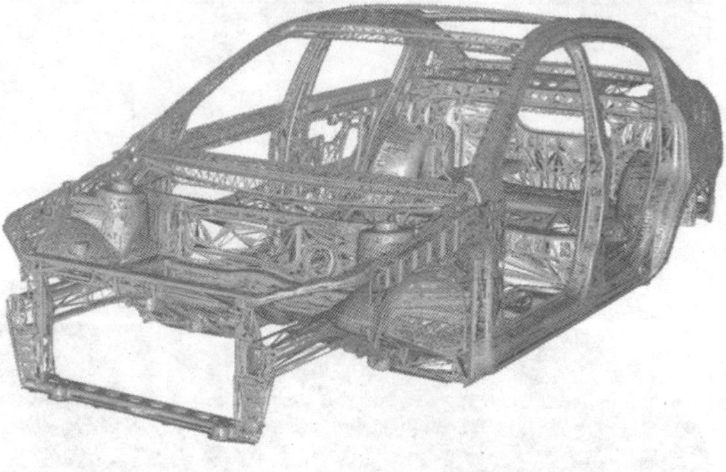

图 4-3　汽车车身表面网格

CAD 系统使用计算图形算法，能够在虚拟环境中产生接近现实的对象。虚拟产品表达的主要特点始于 20 世纪 80 年代，为计算机辅助应用于研发的飞速发展提供了基础。目前，市场上有多种用于生成虚拟产品的软件解决方案，但这些解决方案通常使用相似性算法来表示几何图形。造型软件能够根据特定的应用类型，为产品造型创建光滑曲面。另一方面，设计软件提供以工程为中心的产品开发流程功能，计算软件可以为后续仿真过程提供计算模型。在如今的汽车行业中，三维 CAD 软件市场上有三个主要供应商[2-4]，但计算机辅助几何表达的标准算法有着广泛的应用领域。

在 CAD 软件中，几何元素的表示按不同方式加以分类。一种简单分类考虑的是元素的空间维度，零维元素仅仅表示一个空间位置的点，一维元素表示的是直线和曲线，二维元素包括各种面。早期的 CAD 系统定义了一个第三坐标的函数，进而用 2.5 维元素来确定二维部分的特征。由此，三维图从多个层建立得到。最后，三维模型覆盖所有三维组件，实现产品模型的空间可视化。数学描述可使用超过三维的向量或矩阵进行不同的计算，但在一般情况下，产品设计过程中所用的模型主要在二维或三维（2D 或 3D）空间中表示。

另一种几何元素分类方法是基于这些元素的类型，基本类型如下：

- 线框模型包括用来定义二维和三维物体的点和曲线。二维线框模型用于生成二维图样、简单的组件模型或者用于数控轨迹控制算法。在设计过程中，线框模型为曲面或体积特征的生成提供基础。线框元素能够定义位置、尺寸和某些类型的组件扩展，但它们缺乏材料填充和内/外部导向信息。

- 曲面模型描述在三维空间中的平面和弧形面。除了标准的曲面类型，贝塞尔曲线、B 样条曲线和 NURBS 曲面（非均匀有理 B 样条）模型，都是用特殊的数学关系式定义的特例。三维 CAD 曲面建模的典型应用，包括在汽车和航空航天工程上的外形设计，复杂几何形状表达上的广泛应用，甚至包括建筑或医疗方面的任务。曲面模型包含产品在壳体形状方面的几何信息，但不包括实体成分信息。

- 体（实体）模型能够在虚拟环境中表示一个完整的微缩几何产品。除了壳体形状，实体模型能够定义封闭条件、内部/外部信息和几何一致性规范。其定义材料属性的能力支持一些物理仿真（重量、惯性）的实现。在接下来的步骤中，三维 CAD 模型为进一步技术仿真和计算奠定基础。

- 混合模型包括所有类型的几何表示，而这些几何表示以合理顺序来确定一个虚拟产品。在现代三维 CAD 软件包中，线框和曲面模型的连接以及后续实体模型的衍生是当前最先进的技术，并已在汽车工业中得以应用。

汽车行业中复杂机械产品的设计需要集成 CAD 软件包的应用。这些软件包为数字几何的创建提供更多且复杂得多的功能。CAD 模型可以包含额外的信息和连接组件、部件和模块功能。汽车 CAD 过程基于 DMU 中众多组件、单元和组织的装配。因此，认识到 CAD 不仅能在零件级别上定义单个组件的几何形状，还能在装配级别上完成组件的定位和其他功能，这点很重要。装配结构中参数、约束和关系的实现，在协同系统内能够实现以系统化、结构化控制定位为目标的组件彼此之间的连接。成功的 CAD 建模归功于设计方法和应用策略。几何元素和参数之间相互连接的实现需要一个集成的建模过程。这一过程提高了原先非参数化几何创建的能力。特别是，具有大量各种组件和模块的复杂产品结构的开发，需要设计过程相关准则的实施，其中包括对几何定义策略和结构化组件的详细说明。

非参数化的 CAD

在早期三维 CAD 阶段，非参数化的设计方法通过使用以几何为中心的功能使在虚拟环境中进行产品表达成为可能。几何对象的创建严格遵循几何创建的要求，并且可以直接访问特定的功能。然而，随着复杂性的增加，几何模型的定义变得越来越繁琐和困难。由于非参数化设计方法只注重几何创建，面向零件设计过程要在自主操作中完成。协调这些操作要花费很多精力，这阻碍了复杂产品结构的创建。由于装配不包括组件或模块之间的相互作用，要求实现广泛的控制和监测程序，产品模型的修改往往是复杂和麻烦的。事实上，由于几何元素是用低层次的逻辑依赖和关联关系来定义的，单个几何修改可能导致整个模型结构的不稳定。这反过来又要求对整个几何模型进行复杂的修改。图 4-4 展示了创建一个典型的非参数化的圆柱面 Z 的步骤。个别元素会被单独定义（例如基点 P_1 可能由坐标定义）。空间中的平面 ε_1 可以用方程或通过其他要素（例如直线、平面、曲线等）来定义。最后，第一基圆 C_1 依据 P_1、ε_1 和半径来建立，即半径可以通过适当的值或另一个点的选择来定义。由此产生的圆柱面 Z 是由基圆 C_1、平行于平面 ε_1 的第二个圆 C_2 和第二个点 P_2 共同创建的。

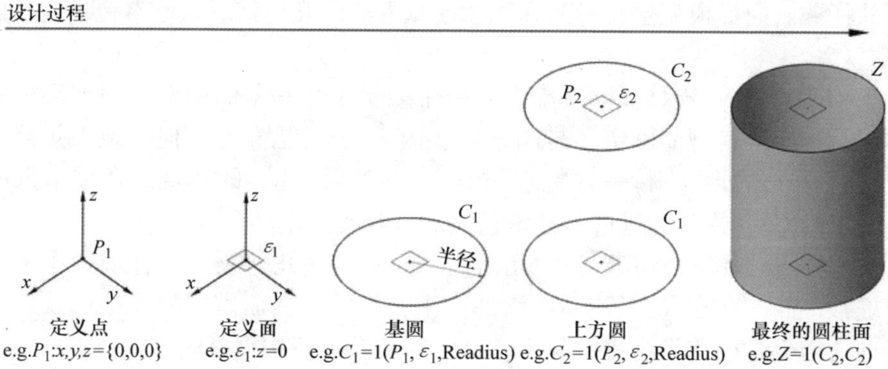

图 4-4　圆柱面 Z 的典型非参数化创建

相对简单的模型结构和非参数化 CAD 的精益应用使该技术较为有利于初始草图和草稿设计。直接建模可以有效创建几何模型，且独立于任何相邻部件和边界条件。然而，这种方法的缺点是可使用的先进设计方法数量有限，且随着产品模型复杂度的提高，所需工作量也在增大。特别是，对于汽车工程上高度一体化的多个组件，使用非参数 CAD 是有限制的。由于独立的组件和模块数量的显著增加，管理和维护复杂产品模型方面的缺点就暴露出来。在 21 世纪初，全世界几乎所有的汽车制造商和供应商都引入了参数化 CAD 技术。

参数关联 CAD

三维 CAD 中的参数化模型技术用几何约束与尺寸数据连接几何物体。CAD 模型的几何元素和相应参数的分离是参数化设计的一个重要特点。几何变化是通过改变一个新的计算循环内相应尺寸约束的输入数据来完成的。直接输入数据或依靠方程组都能够影响参数值。在后一种情况中，参数值能够替代方程参数。为了确保能够进行重新计算，首先应该检查模型的一致性，以确定它是否适合于几何调整。关联模型的几何自由度只能通过直接输入的技术参数部分确定，剩余的要求要通过几何元素间的关系来确定。

关联设计的操作包括几何对象之间的直接关系和依赖性。几何关系是创建过程的一部分，并建立起父子关系。例如，在一个给定曲面（父）和它的偏置曲面（子）之间建立直接的关系；父元素的任何改变都会导致在更新时几何形状的变化。现代 CAD 系统还提供创建多模型连接的能力，使其能在装配结构中的零件间（原独立）定义关联功能。通过使用综合功能，这一特性支持实现更进一步的几何关系连接。

此外，参数化关联设计结合了参数化设计的优势和关联功能。几何参数控制和相互关联几何元素的实现，增强了三维 CAD 产品的数学和逻辑表达能力。参数化关联设计方法另一个更为重要的特征是，几何函数和它们的控制参数之间的明确分配。此外，参数和几何元素之间的逻辑关系，形成父子关系，从而引出综合的参数模型结构。在复杂产品模型情况下，几何修改需要对整个模型结构重新计算，从而导致所涉及组件的逻辑修改。当然，这些不同集成关系形成的复杂模型结构，必须予以仔细创建和维护。

图 4-5 示例了一个简单几何图形的参数化创建。柱面 Z 的几何参数通过输入长度 L_Z 和半径 R_Z 确定。柱面几何形状本身的定位与线 g 有关，即线 g 取决于点 P_1。由于逻辑相关性，由此产生的几何元素允许基本组件的修改（父子关系）。在本示例中，主元素 P_1 的修改将导致 Z 位置的修改，而 g 方向的改变将导致 Z 方向的改变。虽然这种策略支持有效的后续变化，但是在复杂父子关系情况下，这种交互作用必须得到仔细监测和维护，以避免逻辑矛盾和更新问题的产生。

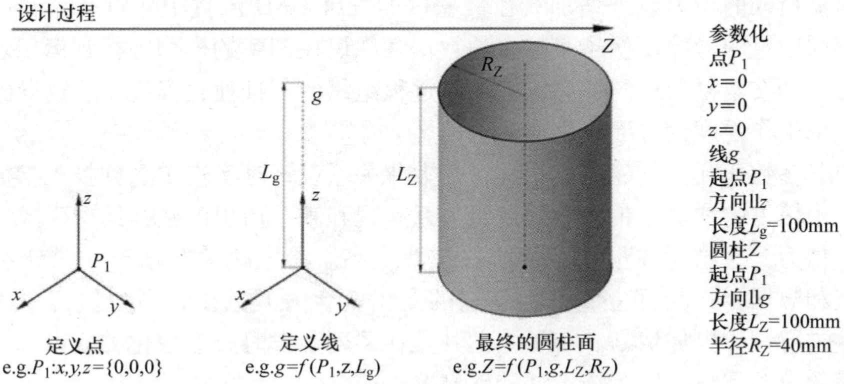

图 4-5　圆柱面 Z 的典型参数化创建

参数关联法有几大关键优势。首先，在整个设计数据结构中清晰定义几何形状、参数和参考元素，这对于后续或并行流程中自动化功能的实现至关重要，如组件的重量计算、生产相关调查或者数据质量检查功能。第二，不断兼容的模型数据结构为整合工程供应商和组件供应商相互关联的工作方法奠定基础。第三，在装配过程中，CAD 零件上一个预定义的数据设置，能够使强化的设计方法得到应用。最后，通过使用集中控制几何、适配器几何（或适配器模型）的定义在几个组件中支持参数化几何管理。这种控制几何包含了几何结构创建的关键信息，而这些几何结构随后被转换为相应的模型。举一个例子，法兰的几何尺寸是由适配器控制的，但是它反过来确定法兰两侧模型的几何形状。模型的修改会引起其相邻部分对应的几何形状发生自动调整。在复杂装配中，参数化框架模型可以作为模块和组件定位的参考元件。

参数化关联设计可以应用于零件和装配级。零件级包括在单个组件环境下关系、依赖性和数学功能的实现。这些组件在参数和几何元素的再生历史指令中产生，它们呈现在特定的列表或表格（结构树）中。在装配件中创造的复杂产品，支持模块和子模块的分类和构建。

装配级上的参数化关联结构应用在虚拟环境下能够促进高度灵活但复杂的产品表示。组件之间多方面的相互作用，必须通过一个数据管理系统（产品数据管理系统）来组织，其目的在于能够高效地处理数据。综合考虑产品结构相关的影响，支持组件和模块的连续交叉连接。通过采用关联设计方法，用多个外部活动将设计过程连接起来，如产品的计算和仿真、组织序列和生产工程。这样的话，所应用的 CAD 方法对于整个产品开发过程会产生相当大的影响。

CAD 参数化关联构成一个理想化、高度集成的虚拟开发基础，将在整个产品生命周期里进行完整的虚拟（数字）产品描述（包括过程集成、生产制造计划以及后续的操作）。在这种情况下，随着参数化水平的提高，数据管理和流程组织所需投入的精力显著增加。在最先进的三维 CAD 流程中，对产品和过程相关的不同信息的考虑，使越来越多的数据和知识在创建的模型中得到运用。随着设计方法和技术复杂性的提高，数据和过程组织的复杂性也提高了，这导致在设计过程中工作强度的分配发生变化。

与非参数化几何创建方法不同，参数化关联设计的实现关系到投入参数化模型编程中精力的增加。带参数的逻辑关系实现和基于历史的数据结构生成需要额外投入精力，这导致在早期开发阶段花费更高。参数化关联模型（带所有实现的功能和数据）一旦建立，几何创建的支出就会大幅减少，因为执行修改操作比直接进行设计更加清晰和容易。尤其是在系列开发时，参数化关联设计方法具有显著的效益优势，因为该方法能够借鉴先前开发阶段生成的知识。

为了充分利用参数关联设计的效益，必须执行知识集成和自动化方面的补充规定。基于知识的设计过程包括使用预定义的参数化几何结构和模型（如模板），可以在不同的应用程序中重复使用。之前项目中获得的设计知识以这种方式保存下来，然后在新的开发周期里得到使用。此外，几何驱动参数之间数学关系的建立，支持快速有效的几何创建周期。在汽车开发中，在所谓的“启动模式”中规定的设计序列，包括一些历史指令的详细预测，以及参考元素和在三维 CAD 模型结构中标记的不同几何元素关系。

4.1 三维 CAD 模型的结构

三维 CAD 模型按照几何元素的逻辑指令进行配置。在最先进的设计软件里，参数化关联的几何模型的历史结构呈现在创建树中，其中包括所有几何元素和参数化关系的详细描述。在现代开发流程中，三维 CAD 几何图形的生成是基于参数化关联结构的，而虚拟模型是根据所谓的启动模式中的预定义命令建立的。这些启动模式包括与组件设计过程相关的各种定义，还包括与设计检查功能相关的附加功能、与决策单元（DMU）相关的信息或计算。在汽车开发过程中，不同种类的零件需要不同的设计相关的边界条件。因此，启动模式的设置根据每种要创建的组件要求而变化。

4.1.1 基于曲面的模型结构

基于曲面的模型，出现在车身开发中，需要钣金设计过程的预定义。根据所选用的 CAD 软件，基于曲面的零件启动模式是由参考几何尺寸、辅助几何尺寸、执行曲面、绿色面和最终几何面组成的。图 4-6 是一个曲面模型的示例，这个模型带有几何定义所必需的不同元素。启动模式预定义每个元素的几何创建过程顺序以支持修改、检查操作或升级过程。来自同一类别的组件启动模式（如钣金部件、塑料件、铸件），保证模型结构在整个开发项目中的一致性。

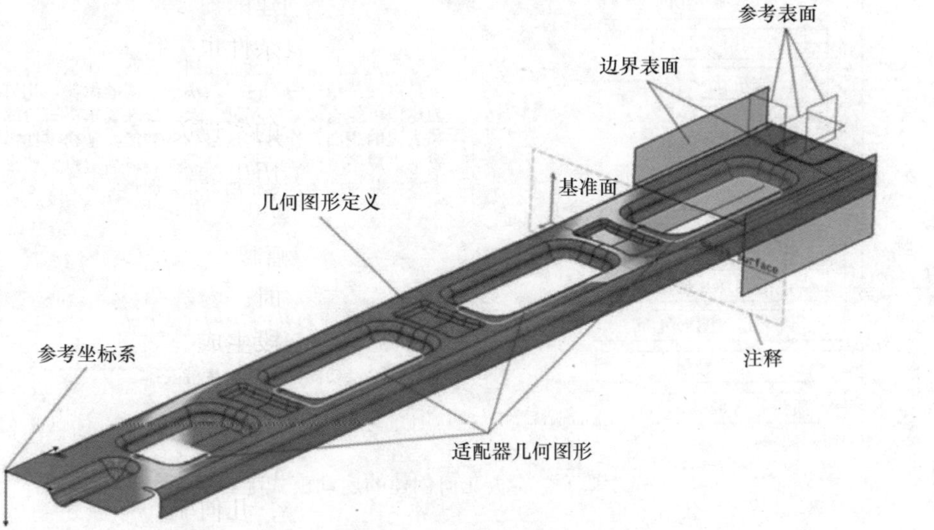

图 4-6 带有几何定义所必需的不同元素的曲面模型

图 4-7 展示了用于钣金设计流程的通用模型结构，是经过对汽车行业白车身启动模式配置的详细研究后创建的。通用启动模式展示了将参数模型结构分割成不同的模块部分，包括各种特定类型的组件和在模型生成中所需要的函数和关系。因为不同的制造商在组件设计上使用不同的方法和策略，所以不同汽车制造商的启动模式也不同。但是，图 4-7 所示的主要功能在所有的启动模式中都可以找到。

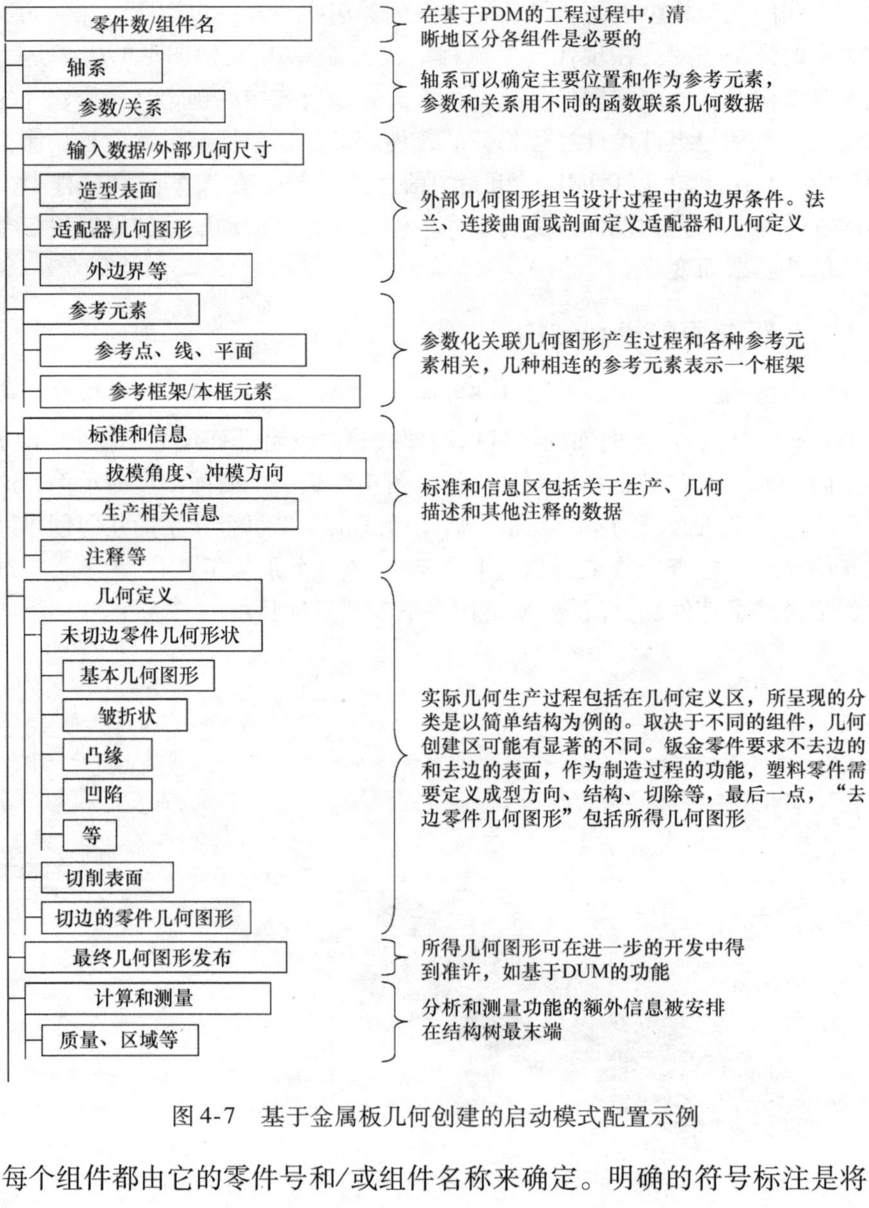

图 4-7　基于金属板几何创建的启动模式配置示例

每个组件都由它的零件号和/或组件名称来确定。明确的符号标注是将 CAD

模型整合到产品数据管理系统的基础。该系统在开发过程中控制着数据流。在整个产品结构中，参考元素用于为几何关系做导引。在创建树中，不同类型的参考元素存储在规定的文件夹中。

在设计过程中，用轴系定义主要位置。在汽车工程中，设计过程中汽车的主轴系通常放置在平均面上前轴的中心处。这与仿真过程不同，仿真过程将主轴系定位在汽车的重心上。基于特定的组件和模块设计要求，伴生的轴系用来确定位置和方向。除了轴系，点、线和面也经常作为参考元素。在二维草图上，将不同的几何元素和三维线框配置结合起来能够定义框架模型，这种模型为几何相关的参考提供集成功能。外部几何元素则作为设计过程的输入数据和边界条件。通过这种方式，把造型数据、适配器几何图形和其他外部几何相关的方面导入到模型环境中并存储在创建树的预定义文件夹中。

设计相关的标准和信息使生产相关方面得以实现，如脱模和调整方向、信息标注以及用于编写机械加工程序的规范。这些信息作为几何元素或以信息和参数的形式呈现。文件夹参数/关系包括用户定义的参数和公式，控制着各种集成功能，如嵌入式计算算法、几何控制和数据交换过程。结合宏程序，一些自动化过程可以在 CAD 模型中实现。

几何创建过程本身是在几何定义区域内完成的，这个区域根据模型创建的需求分为不同的文件夹。在许多情况下，几何创建的操作序列是没有规定的，因此这为合适的几何形状生成提供必要的操作自由。在这一领域，工程师根据自己的知识和经验来创建模型。最后，由此产生的几何图形会标记为最终组件，需要对它进行检查以用于接下来的工序。经批准的几何图形会存储在结构树的特定区域中，例如在文件夹“最终曲面公布”中。辅助计算和测量操作放在创建树的最后一个文件夹中。

4.1.2　基于实体模型的结构

不同于钣金零件，铸造金属部件主要是在实体结构中设计的。实体结构则借助基于体的功能定义几何图形。主体设计是在基于实体特征和所谓的布尔运算的帮助下生成的。在需要的情况下，曲面可以集成为边界条件、参考元素或者拆分的组件。

例如，图 4-8 展示了铸造金属部件的一般结构。图中所示的摩托车气缸盖是由铝合金制成的，铸造过程使用钢模具和砂芯。在气缸盖案例中，制造过程显著影响几何创建结构。启动模式的基本结构对应于以钣金件为基础的几何形状创建的基本结构。轴系、边界条件、标注和参考元素都按照相同的顺序安排，但几何创建本身遵循基于实体的操作规则。通过这种方式，实体中节点的几何定义作为几个机构的逻辑连接。每个主体可以包含大量的实体功能并能描述一个单独的模

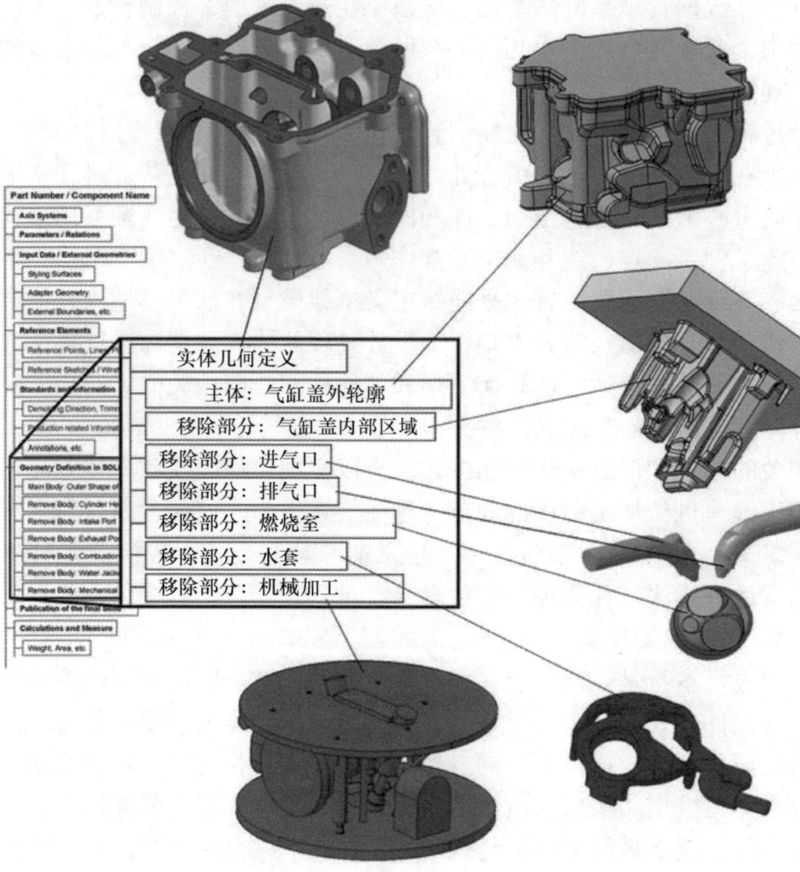

图 4-8　三维 CAD 气缸盖模型结构

块。最终的几何形状使这些机构按一个连贯的顺序进行逻辑互动。

图 4-8 所示的气缸盖模型由 7 个独立元件（实体）组成，其中每个元件包含所有与其几何和生产过程相关的必要信息。气缸盖主体外轮廓包含用于模具制造过程的几何数据，包括分型面、拔模角度和圆角。在这种方式中，通过从气缸盖模型分离气缸盖主体外轮廓，制造商能够直接利用三维 CAD 模型生产模具。第二个气缸盖主体——内部区域也包括生产相关的信息且被定义为负体积。

运用布尔运算将第二个主体从第一个主体中取出后，气缸盖上部区域的几何形状就创建好了。在生产过程中，进气口和排气口使用砂芯工艺制造，固定在钢模具上。在虚拟几何创建过程中，相应的主体包含核心部件生产和定位所需的所有信息。最终的主体描述气缸盖机械加工的过程。该组件是数控机床编程的基础，还可以包括三维公差相关的数据。

4.1.3　CAD 模型在产品开发中的作用

CAD 模型在现代产品开发过程中发挥着重要作用。因为在 CAD 环境下，产品表示通过几何模型来完成，所以不同的产品相关信息在参数化关联设计过程中得到开发、存储和维护。设计模型本身由按照逻辑顺序排列的若干子模块组成，这些子模块可以作为同步联合的 CAE 过程的基础，包括特定的计算和仿真过程。模块和子模块的装配产生特定组件的 CAD 模型，可以作为同步或之后不同操作的信息源（如产品开发的相关流程或基于 DMU 的调查）。

虚拟产品模型的参数关联结构为高度灵活的开发过程提供基础。参数化设计模块可以相互连接或者与外部几何模块相联系，从而在优化循环中支持自动更新功能。图 4-9 以气缸盖开发为例，展示了虚拟工程的交互过程。参数化关联设计过程分为几个部分，同时连接相应的 CAE 过程。智能化结构的 CAD 模型在各个模块间实现相对简单的信息交换。通过这种方式，特定区域的仿真结果（如有限元优化、CFD 计算）可以不断产生。

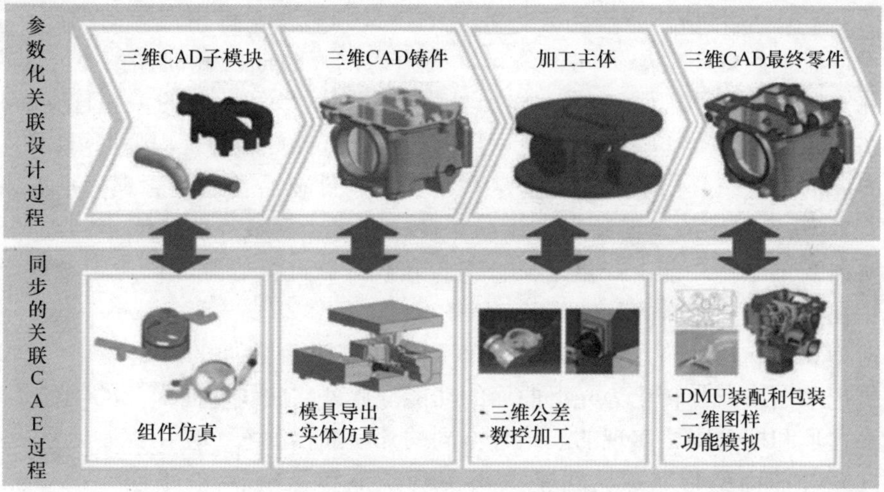

图 4-9　气缸盖开发过程的参数化关联设计和同步联合 CAE 操作

在图示的气缸盖中，进气口和排气口的几何形状以及水套的几何形状，首先创建为一个粗略估计的三维 CAD 模型图。在早期设计阶段中，这些初始几何模型是个过渡模型，也充当大规模流体动力学模拟计算的输入数据。将 CFD 模拟的结果转移到设计过程中，这就导致初始几何图形的修改。在设计过程中，模型形状的修改还需考虑几个额外特征（如空间要求或生产相关活动）。

模块和子模块的逻辑排列生成最终的 CAD 模型，代表组件的虚拟几何模型。在本例中，设计过程生成缸盖模型的铸件。这一铸件为铸造模具和砂芯的设计提供基础。除了气缸盖的几何信息，模具和砂芯的设计还需考虑几个生产相关的活动，如生产设备及其他铸造技术的相关性能要求。同时进行的凝固仿真可支持气缸盖几何形状的详细设计（尤其是涉及液态铝流动的相关区域）和模具的实际设计。

对于铸造零件，机械加工操作（如钻孔和铣削）设计为一个独立的模块。这种所谓的加工主体包括所有机械加工过程的曲面和不同的制造相关信息（如机械加工类型、切削速度和进给速率、公差）。此外，包含在加工主体中的几何信息可支持生产机器的编程。最后，完成的 CAD 零件用于装配和后续 DMU 过程、图样导出，以及运动学或功能模拟过程。参数化关联设计的周期性互动和同步联合 CAE 过程形成虚拟优化阶段，而几何生成部分和仿真步骤则通过使用 CAD 产品模型联系起来。

4.2　线框和曲面设计

商业 CAD 软件应用程序为几何元素的定义和修改提供用户导向功能，有助于使设计流程变得高效。不同于第 3 章中引入的点、曲线和曲面的基本数学描述，在 CAD 软件环境下，功能和操作处理是面向对象和问题的，并且支持用户友好访问几何元素。这些方法实现了高效的设计流程，因为工程师们可以专注于产品导向的开发，几何图形的数学定义则交由软件在后台进行管理。一般来说，现代 CAD 软件提供用于定义几何基本元素（如点、直线、曲线或不同类型的曲面和实体）的一些功能。一旦定义，这些元素可以进行修改或以逻辑顺序组合，形成正在开发产品所需的几何形状。

造型和设计软件的几何图形定义不同。由于造型曲面的特定需求，CAS 软件提供把草图或点云转化为光滑曲面的功能。此外，曲线和曲面片的创建是通过控制多边形和控制网格实现的。结合不同的几何加权因素，使用控制元素使直接访问曲线和曲面的形状成为可能（参见 3.4 节和 3.8 节）。不同于 CAS 的是，CAD 要求以技术为中心的几何定义，以及产品模型有逻辑地合理创建。这就是为什么 CAD 软件制造商越来越多地把参数化关联功能与特征造型相结合的原因。这些实用程序为面向对象的设计过程提供基础，推动着产品自身开发的前进，而数学几何定义则由后台的软件嵌入式自动化程序实现。下面各小节的内容是对三维 CAD 应用程序中最先进功能和方法的概述。这一概述是独立于软件供应商的。

4.2.1　参考元素

参考元素是尺寸标注或特定边界元素定义的基础。通过支持几何创建和转换特征使设计过程高效化。一般来说，坐标系统可以作为参考元素，这和在工作空

间中的特殊位置和定位有关。在现代 CAD 系统中，带有一个初始点 P 和 x、y、z 三个轴的坐标系还确定了三个平面 ε_{xy}、ε_{yz}、ε_{xz}，这些有着不同的用途。除了坐标系统，单个平面经常作为参考元素（如定义距离或方向）。平面可以通过两条线或一条平面曲线，以及空间曲线的法平面，从另一个面或平坦曲面上偏移一定量来确定。此外，平面可以通过它的方程 $Ax+By+Cz+D=0$ 确定（参见例 3.14），即 $\boldsymbol{n}=[A,B,C]^{\mathrm{T}}$ 是平面的法向量，$\dfrac{|D|}{\sqrt{A^2+B^2+C^2}}$ 是平面到坐标系原点的距离。

一般来说，所有几何元素都可以作为参考元素。除了上面提到的两种类型，点、线和规则曲面因其定义简单、稳定性高也可使用。一般不使用复杂的几何图形作为参考元素，因为它们往往导致 CAD 模型的几何或结构修正产生不稳定性。

4.2.2　线框设计

线框元素包括定义在二维或三维工作空间中的点、直线和曲线。二维定义的情况下，在一个平面或者组件的草图上，这些元素可以作为独立元素创建。在所有情况下，线框元素可以有非参数或参数关联的特性。

在 CAD 中，点经常作为起始元素。在参数化设计过程中，点可以用不同的方式创建。除了输入点的坐标，也可以在曲线上创建点，还可以创建两条曲线或者面和曲线的交点。现有空间中的点向曲线或曲面的投影也可用于定义点元素。因为一个点代表空间中的一个零维坐标，点元素可以作为参考元素，作为创建曲线或直线的基础或作为参数尺寸的起点。此外，在虚拟产品模型中，点可以作为测量程序的元素。图 4-10 展示了在 CAD 中创建点的一些实例。

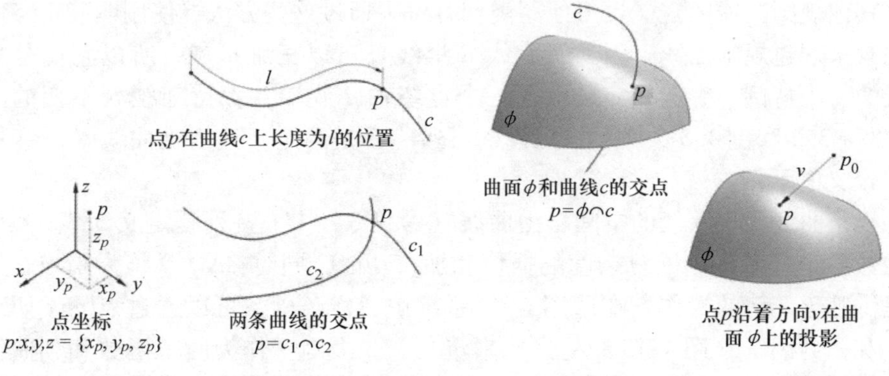

图 4-10　CAD 中点定义的示例

直线通常作为设计曲面和实体的参考元素或支持元素。在参数化 CAD 中，直线是基于父元素（如点、顶点、曲线或曲面）创建的。直线最简单的定义是把两点作为起点和终点。另一种可能的定义是由起点、方向和长度组成的，其中方向向量可以由不同的元素（如线、边、平面或曲面的法向量）定义。还有一种可能是由旋转曲面获得的轴线。一般来说，CAD 系统能够从现有元素（如立方体或块体）的边界元素中提取直线。图 4-11 包含了在 CAD 中创建直线的一些实例。

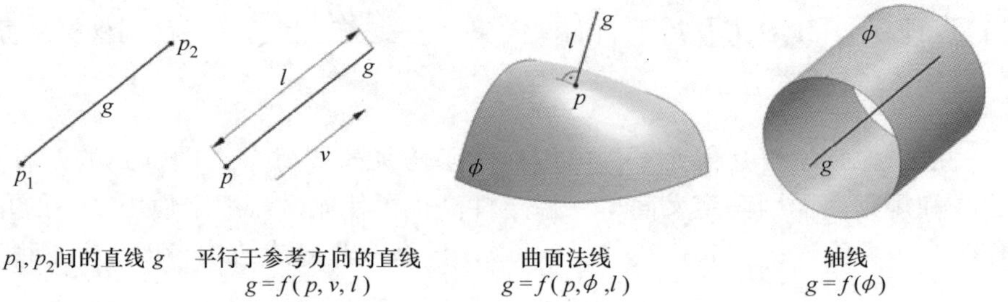

图 4-11　CAD 中 x 线定义的示例

曲线作为创建简单和复杂曲面和实体模型的基础，并作为各种额外操作（例如作为运动学仿真的转化路径）的参考元素，是 CAD 过程中重要的几何元素。曲线可以在平面或曲面上定义为二维元素或定义在三维工作空间中。

规则曲线是指可以由数学方程定义的曲线（如圆、圆锥曲线、螺线或螺旋线；参见 3.4 节）。CAD 软件为创建规则曲线的不同类型操作提供可能性（例如使用几何元素作为父元素和边界条件）。举一个例子，圆 c 可以通过选择一个支撑平面 ε、点 p_1 作为圆心和点 $p_1 \in \varepsilon$ 作为半径来定义。另一种可能是考虑用一个中心点 p_1 和切向曲线 c_T来定义。其他常用定义圆的方法，一般都类似于这些例子，其他规则曲线的定义也可使用类似方法。通过这些方法，使用明确定义的几何元素来创建规则曲线。因为螺旋线（螺线）可以三维扩展，所以它们是规则曲线的一个特例。螺旋线 c 显示了一个点绕轴 g 旋转并保持间距 h 不变的路径（参见例 3.3 和例 3.5）。除了螺旋线，图 4-12 是两条所选规则曲线（圆和抛物线）定义的示例。

样条曲线代表一般的空间自由曲线（参见 3.4 节，特别是定义 3.28）。CAD 中的数学定义考虑不同复杂度的插值和加权功能，同时 CAD 系统为用户友好创建提供基于几何的操作。在通用 CAD 系统中，样条函数可以通过点 p_i、切线方向 g_i和张力因子（图 4-13，左图）来定义。张力因子作为曲率函数和到曲线上特定点的距离函数，是影响曲线形成的因素。在 CAD 过程中，样条函数往往由相交或投影操作形成。图 4-13 展示了创建自由曲线的一系列操作。两个曲面 ϕ_1、ϕ_2 相交产生曲线 c，在 CAD 环境中，曲线 c 通过一些样条曲线来表示。沿着方向矢量 v，曲线 c_0 投影到曲面 ϕ 上，这样也能产生曲线 c。最后一个例子展

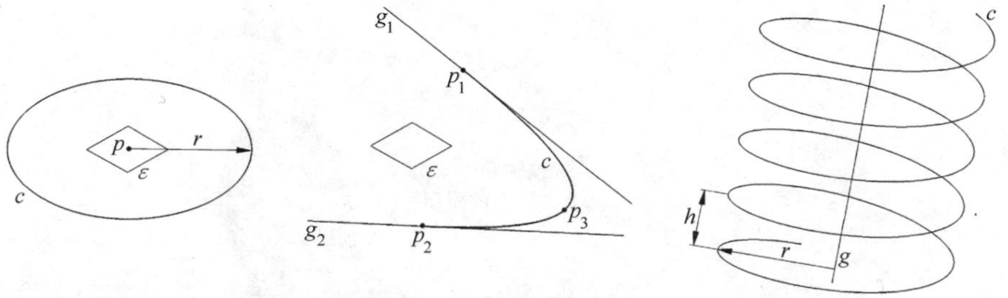

圆 $c \in \varepsilon$
$c=f(p, r)$

三个点两条切线定义的抛物线 c

螺旋线 $c=f(g,r,h)$

图 4-12　规则曲线的示例

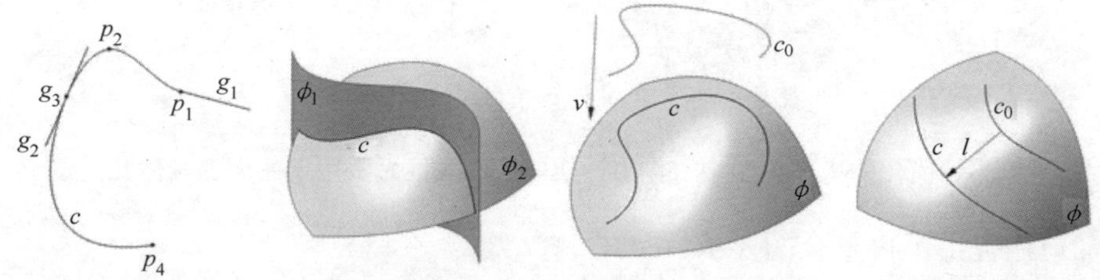

通过点 p_i、切线或张力约束定义的样条曲线

两曲面的交线 $c=\phi_1 \frown \phi_2$

曲线 c 沿着 v 方向在曲面 ϕ 上的投影

曲线 c_0 在曲面 ϕ 上平移距离 l

图 4-13　自由曲线在 CAD 中的定义示例

示曲面 ϕ 上的曲线 c_0 转化为 l，产生曲线 c。通过这些操作，所得的曲线都与它的父元素有关。

在参数化关联设计过程中，线框元素通常作为创建复杂曲面或立体模型的基础。线框几何图形的简易结构有利于它在基本元素、控制几何和部件尺寸标注方面的应用。此外，线框几何通常用于装配结构中组件和模块的参数化定位。这样，组件就被定位在一个所谓的骨架模型中。在三维空间中，骨架模型为每个组件提供位置信息和装配关系。如果骨架模型具有参数化结构，也可以用来控制运动和尺寸变化。图 4-14 展示的例子，是用线框、曲面和实体几何组装的简化假人模型。假人模型由线框模型的几个组合部分组成，其中线框用作定位的骨架。

4.2.3　曲面设计

在 20 世纪 80 年代，曲面建模是 CAD 软件供应商的一个主要开发目标。从那时起，多功能化的实现已经显著拓宽了曲面设计的应用，推动样式复杂的产品模型的虚拟创建。20 世纪 90 年代早期，随着实体造型的引入，曲面设计在机械工程中的应用越来越少。而在一些商业领域，特别是航空行业，仍然在使用基于曲面的几何造型。21 世纪以来，参数化关联设计方法和基于曲面的产品建模的结合开始强力复兴。现代产品设计的样式和形状的高要求对曲面造型在开发过程

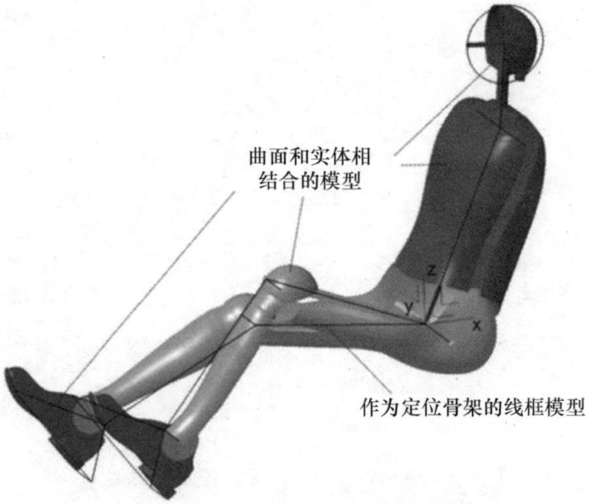

图 4-14　简化的人体模型中，作为骨架模型的线框元素用于曲面和实体几何定位

中的应用提出了再整合的要求。

特别是在汽车行业，曲面建模的应用并不局限于钣金设计，还涉及几乎所有可见组件的设计和开发。因此，外部组件和车内曲面（如座椅、仪表板、控制板等)，以及完整的车身结构，都可以采用曲面建模设计。除了这些应用，曲面建模与涉及流体动力学的组件和模块的开发紧密相关。应用实例包括内燃机进排气系统、气道、冷却系统、制动冷却和汽车空调部件。下面的内容概述了曲面建模在现代 CAD 系统的主要功能，并使用应用实例来展示一些基于曲面的重要设计方法。

规则曲面可以定义为曲面运动形成的曲面，这类曲面没有曲面插值或加权功能。这种基本类型的曲面包括拉伸曲面（也称为柱面；见定义 3. 52)、旋转曲面(见 3. 7. 11 小节)、平移曲面、螺旋曲面（见 3. 7. 12 小节）和管面。拉伸曲面是基于轮廓曲线 c_P，沿方向向量 v 移动距离 l 形成的。在一般情况下，基础曲线 c_P 在平面上（如草图上）被定义为一条二维曲线，但这不是限制条件。旋转曲面是依据曲线 c、旋转轴 g 和旋转角 α（图 4-15）定义的。

多段曲面基于一组曲线，这些曲线定义所创建曲面的部分段。尽管在三维工作空间中这些部分可以以任何方式加以定位，但应该通过更好的设置来定位，这样可以清晰地创建确切和无扭曲部分的多段曲面。分段之间是由曲面连接的，通过应用几个额外的功能来调整曲面延伸。一种可能是在每段上定义一组连接点，这些点替代了曲面片段的定义，可以对每段的平整性进行计算。曲面的分段通过耦合功能实现，连接着各部分的对应点。图 4-16 是一个多段曲面的示例，它基于 c_1 和 c_2 两个分段。可调曲面 ϕ_U 是一个扭曲、不平滑的曲面，不适用于所需应用。可调曲面 ϕ_R 展示了一个没有锐边的光滑曲面。这种特性通过耦合预定义每部分的对应点来实现，显著提高了曲面质量。

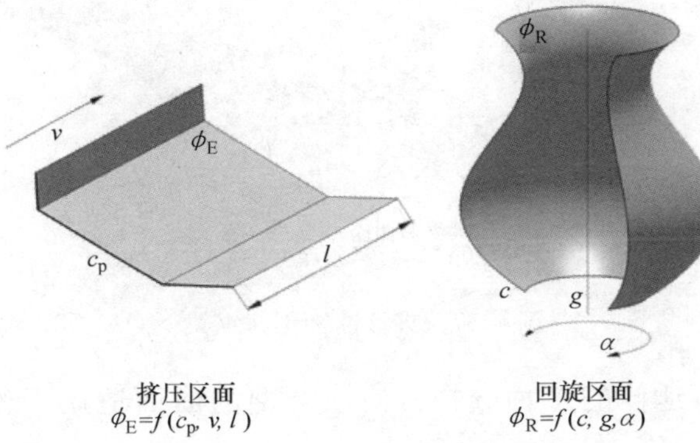

图 4-15　挤压曲面和旋转曲面

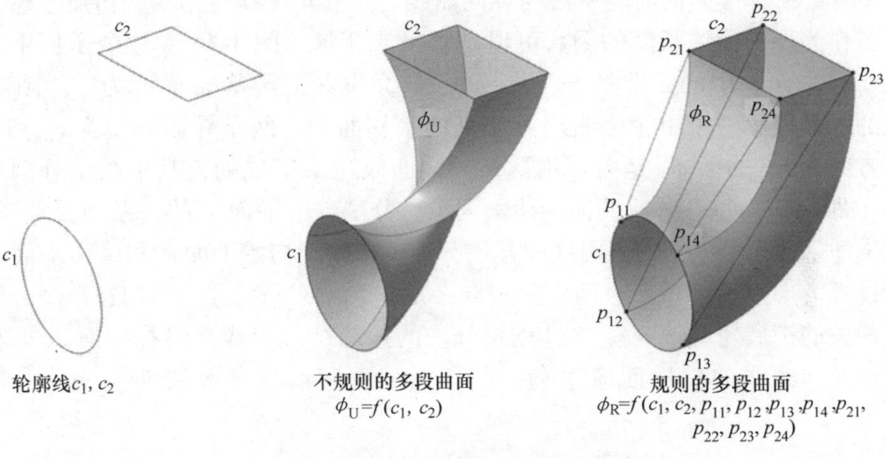

图 4-16　耦合函数表示的多段曲面

除了使用耦合点调整多段曲面，还能利用额外功能进行广泛的修改。例如，导向曲线作为造型元素，可以通过曲面本身定位直接定义自身轮廓。图 4-17 是一个应用多段曲面的示例，它基于两个以上分段。纵梁部分由一个曲面组成，将纵梁截面转化为梁长度的函数。c_1、c_2、c_3、c_4 和 c_5 段放置在平行的平面 ε_1、ε_2、ε_3、ε_4 和 ε_5 上。在本例中，额外的导向曲线 g_1、g_2 和 g_3 支持对所得曲面的计算，从而获得平滑过渡。重要的计算功能包括能够定义曲面片的切线和曲率延续、插值和外推运算，以及把脊柱曲线定义为其他造型元素的能力。

多段曲面的功能可以应用在开放或封闭轮廓中。通过这种方式，它们可用于钣金组件的设计以及可变截面管材的创建中。在不同的质量标准下，用于改变和

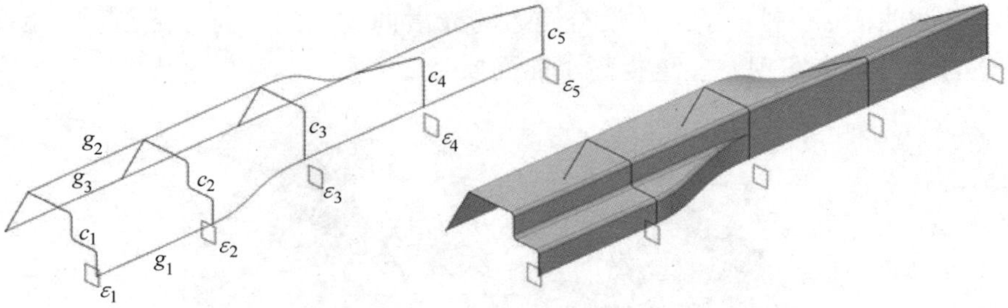

多段曲面
$\phi=f(c_1,\ldots,c_i,\ldots,g_1,g_j)$

图 4-17　多段曲面创建纵梁

调整曲面的伸展和延伸的多种选择，使该类型的曲面适用于创建复杂的几何图形。

平移曲面涉及多种曲面，可以用不同的方式定义。一种可能是沿着导向曲线 c_P来移动轮廓线 c_G，同时轮廓线与导向曲线之间的角度保持不变。扫描轮廓的旋转位置作为导向曲线长度的函数可以是常量或变量。图 4-18 左边的示例中，轮廓线 c_P是平面 ε_c中的二维曲线，设它的旋转角度相对于基准面 ε_R为零。图 4-18 右边的示例展示一个由轮廓曲线 c_P定义的平移曲面，两条导向曲线为 c_{G1}和 c_{G2}，计算方向为 v。曲面 ϕ_T 是由 c_P沿两条导向曲线位移形成的，其中两个分割点 p_i 和 p_j 的距离作为每一分段曲面的比例因子。分割点由平面 ε_c的一系列交点形成，平面 ε_c垂直于计算方向 v。用这种方式，每一个处于初始平面 ε_c和终止平面 ε 之间的计算方向上的增量产生两个分割点（从 p_1，p_2到 p_i，p_j），它们在每个分段都定义相关的扩展轮廓线 c_{Pi}。一些增量分段的扫描结合形成最终扫掠面 ϕ_T。基于轮廓和导向曲线的扫掠面应用利用复杂插值程序实现各种曲面模型的参数化定义。

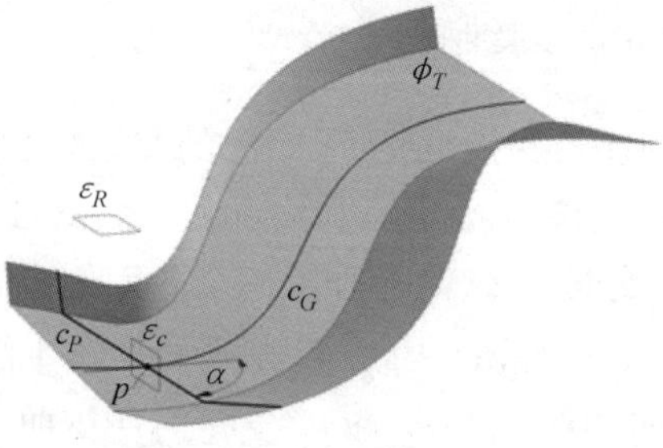

带有一条导向曲面的扫掠面
$\phi_T=f(c_P,c_G,\varepsilon_R,\varepsilon_c,\alpha)$

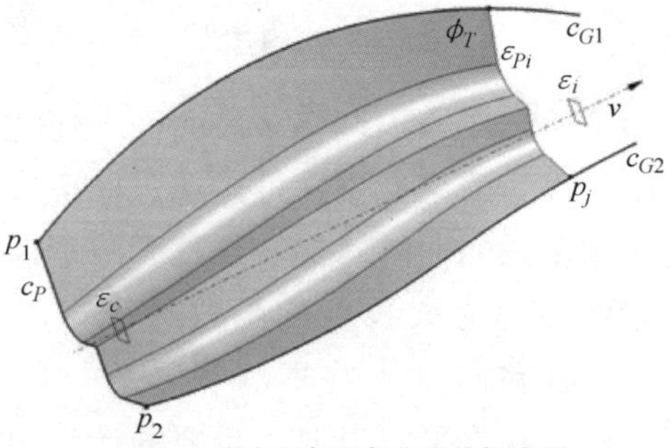

带有两条导向曲线的扫掠面
$\phi_T=f(c_P,c_{G1},c_{G2},v)$

图 4-18　具有导向曲线的平移曲面

图 4-19 包含了两个扫掠面示例，它们使用其他的选项来创建这样的曲面。在左边的示例中，平移曲面由轮廓曲线 c_P、导向曲线 c_G和包含 c_G的参考曲面 ϕ_R来定义。在这种情况下，轮廓曲线与基准面之间的角 α 保持不变，所以产生的曲面 ϕ_T 相对于基准面的定位保持不变。另一个常见的选项未在图上表示出来，它就是可变剖面角 α 的使用，这个选项使曲面 ϕ_T相对于基准面 ϕ_R发生弯曲。图 4-19 右图是应用切面创建扫掠面的示例。在这个例子中，曲面 ϕ_T是由导向曲线 c、常数圆半径 R 和相对于基准面 ϕ_R的相切约束共同定义的。还有其他几个使用几何边界条件定义扫掠面的方法，比如使用两个切面、可变轮廓半径或调用特殊函数定义轮廓曲线（如圆锥部分）的方法。这些方法有两个共同点：轮廓线在一个规定方向上（可能是变量）的滑动；应用一条或多条导向曲线以及一个或多个相切曲面。

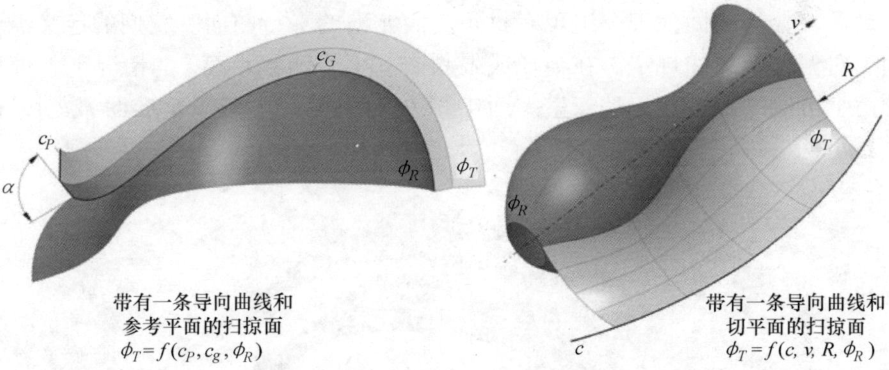

图 4-19　带有基准面的扫掠面实例

因为创建多段曲面和扫掠面的特征为复杂曲面模型的创建提供广泛的功能性，这些类型的几何元素在汽车设计过程中发挥着重要作用。复杂曲面定义功能的有效应用为高效设计过程提供基础。同时还需要受过良好教育的设计工程师，去掌握先进的 CAD 软件提供的大量功能。

填充曲面是一种基于一组边界元素的特殊类型曲面。一般来说，填充曲面以完整的结构填补一组线框元素。填充曲面的数学背景（参见 3.9.1 小节）包含复杂的插值功能，能自动应用于 CAD 环境中。不复杂的用户操作模拟了一个简单运算，但在某些情况下，填充曲面具有特别的用途。由于三维工作空间中的线框元素有广泛的级数和尖角，填充曲面的延伸部分可能具有不均匀性。为了避免这种情况，我们必须仔细定义线框元素。现代 CAD 系统通过附加功能来控制填充曲面的形状（如通过应用与相邻曲面片相关的相切约束）。图 4-20 是应用两个不同类型填充曲面的示例。ϕ_{F1} 表示的是不考虑相切约束的、限制曲线为 c_1、

c_2、c_3、c_4 的填充操作结果。ϕ_{F2}表示的是相切约束与相邻曲面 ϕ_1、ϕ_2、ϕ_3 和ϕ_4相关时的结果。

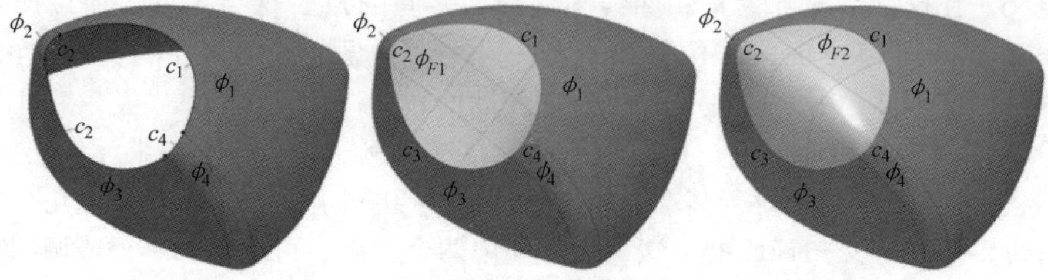

约束曲线c_1，c_2，c_3，c_4
边界曲面ϕ_1，ϕ_2，ϕ_3，ϕ_4

不考虑延续约束的填充曲面
$\phi_{F1}=f(c_1，\cdots，c_i)$

切线约束的填充曲面
$\phi_{F2}=f(c_1，\cdots，c_i，\phi_1\cdots，\phi_j)$

图 4-20　填充曲面例子

最后，偏移曲面代表一组现有封闭曲面元素的平行曲面。它们的定义需要父曲面和对偏移距离的规定。在半径或限制曲率小于偏移距离 l 的情况下，偏移曲面的衍生可能导致锐边 g 的产生。图 4-21 是这种情况下基于基准面 ϕ_R创建偏移曲面 ϕ_O的示例。

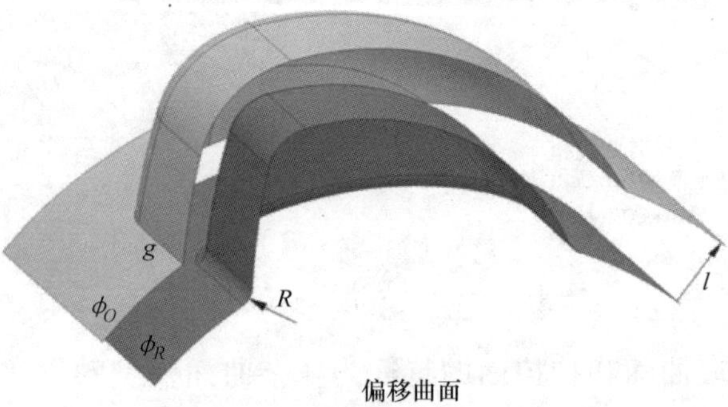

偏移曲面
$\Phi_O=f(\Phi_R,l)$

图 4-21　偏移曲面的创建示例

4.2.4　线框和曲面设计中的操作

线框和曲面元素可以通过不同类型的操作来控制，通过考虑和/或修改两个或两个以上的几何组件来实现建模。这些功能基于单个元素的相互作用，从而构成配置。在参数化设计中，产生的几何形状与父元素有关，这与通过特定的函数在后台执行相应的数学运算相一致。下面介绍并简要解释线框和曲面设计中所选的主要操作。除了这里描述的功能，现代 CAD 系统还提供其他功能，这往往是由下面的主要操作组成的。除了几何操作功能，这些扩展功能可以对公差、连续和其他方面进行一些调整和配置。

在线框和曲面设计中，一个重要操作是允许多个几何元素合并（如将曲面片组合成一个累积的曲面模型）。这种所谓的连接功能可以应用在曲面及直线或曲线上，但需要所涉及元素的清晰定义。在操作中，一些特定的操作错误会引起几何问题。错误来源包括单个元素之间存在间隙或重叠区域，以及计算公差和相切或曲率连续的偏差。图 4-22 展示的是曲面ϕ_1，…，ϕ_6 的连接操作结果。

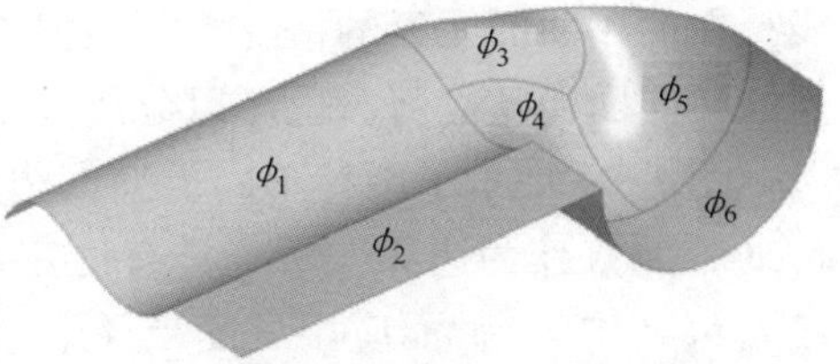

图 4-22　曲面片连接

另一组操作解决的是分离和修剪功能。分离操作使用分离几何（如平面、线、曲线、曲面）来切割线框元素。由此产生的元素显示一个修改的几何延伸，这里涉及的几何元素的相交曲线代表分割组件。如果相交曲线短于所需分离的曲面，现代 CAD 系统提供的外推功能很容易对此进行处理。在使用线框元素分离的情况下，必须确保直线或曲线完全贴合在处理好的曲面上。图 4-23 中间的一幅展示了两个曲面ϕ_1 和ϕ_2 分离操作的结果。

与分离操作相反，修剪操作在修改待处理曲面的同时，把它们连接到一起。修剪操作为所得曲面的方向、曲面的延伸和修剪曲线的外推提供不同设置。与分离操作相似，所涉及曲面的相交曲线表示的是修剪曲线。在对几何线框进行分离或修剪操作的情况下，相交产生一个点。图 4-23 中右图展示了对两个曲面ϕ_1 和ϕ_2 进行修剪操作的一种可能结果。在这种情况下，ϕ_2 的左边部分和ϕ_1 的下面部分相连接。

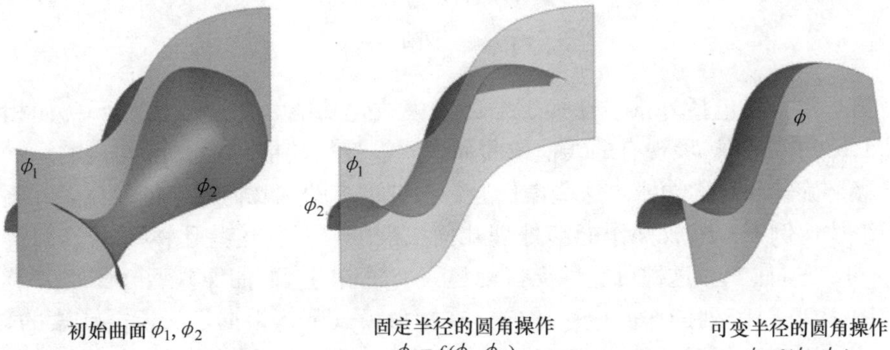

图 4-23　分割和修剪操作

倒圆和倒角的应用涉及使用特定的特征，这些特征使处理这些复杂的数学运算变得简单。一般而言，在边上或在线框和曲面元素之间，倒圆角操作使具有恒定或可变半径的角点得以应用。在使用线框元素的情况中，该操作产生一条曲线；在使用曲面元素的情况下，该操作产生额外的曲面。这些圆角曲面可以被相邻的父曲面自动修剪，也可以分离开做进一步的操作。

图 4-24 展示了两种不同类型倒圆角的应用实例。它们把两个初始曲面ϕ_1 和ϕ_2（平面）作为边界元素。具有恒定半径 R 的圆角曲面可以构造一个简单的圆柱面ϕ_F（中间），而应用可变半径 R_{var}的圆角曲面可以构造更复杂的曲面。作为两个初始曲面ϕ_1 和ϕ_2 相交曲线长度的函数，R_{var}的延伸特征直接定义了所产生的曲面形状。在标准的应用中，产生的圆角曲面对于相邻的曲面有切向连续性（GC^1连续性，参见 3.7.3 小节）。高级功能可以定义更复杂的延伸过程，也可以实现把曲线改进为截面轮廓，而不仅仅是圆的半径。这些所谓造型圆角提高了一个曲面到另一个曲面的曲率延伸平滑性（GC^2连续），可用于汽车车身设计或其他视觉相关组件的创建。

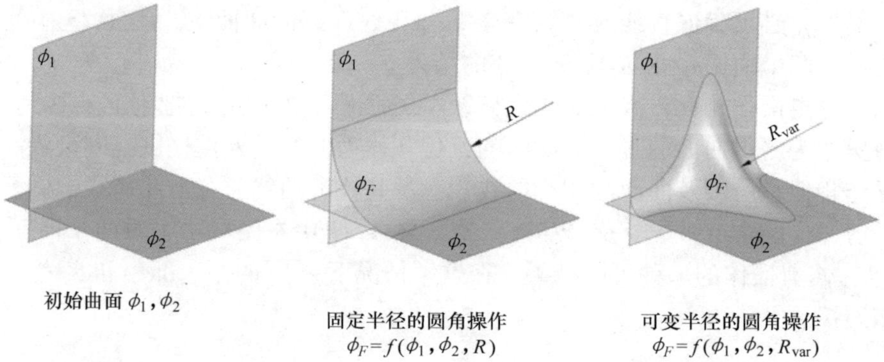

图 4-24　倒圆角操作

另一组操作包括外推、变换、缩放和模式化功能。在连续状态下（如相切或弯曲），外推能够扩展现有的线框或曲面元素。变换功能涵盖几何元素的运动，包括平移、旋转和对称功能。这些操作通常根据现有的父几何体来创建克隆元素。在考虑缩放比例下，缩放操作能够处理几何扩展的修正，这些比例可以分别定义在 x，y 和 z 方向上[⊖]。这种可能性支持创建一个简单的弯曲曲面模型（图 4-25）。

图 4-26 是阵列操作的应用示例。在矩形模式下，根据定义所需元素的数量，初始几何图形ϕ_C被传递和复制到 v 向和 w 向。圆形图案涉及初始几何的旋转变换，这种变换以旋转轴 g 为参考。阵列操作可以结合不同的后续操作，比如用曲面ϕ_E进行修剪。

⊖ 这些操作是仿射变换（定义 3.1）。

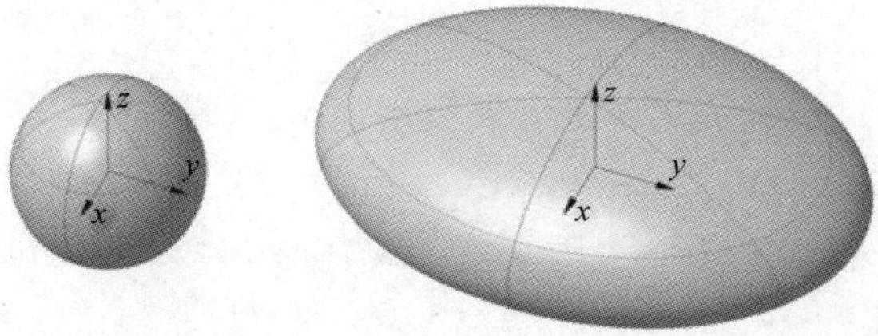

图 4-25　在 x，y，z 方向上不同比例的缩放操作应用示例

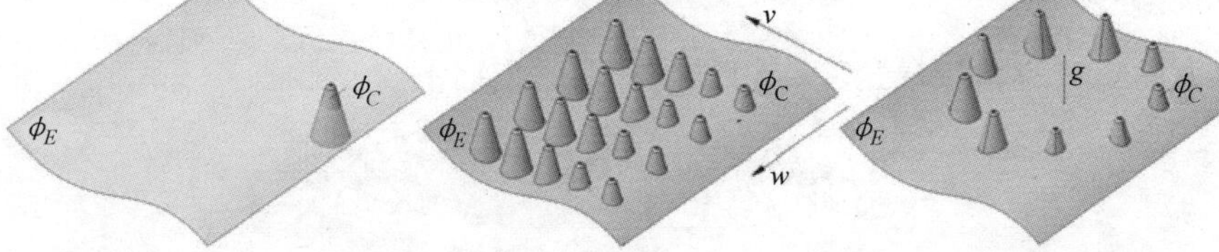

图 4-26　模式化操作

除了用于几何创建的基本功能，为了支持生产相关的产品建模，现代 CAD 系统还提供了更进一步的操作。这些特征往往结合几个基本功能，以便在线框和曲面造型中实现问题导向和用户友好操作的构想。图 4-27 是展开钣金件的自动化开发的示例。一般来说，现有的曲面模型为创建展开模型提供基础，而展开模型可以直接应用于生产工艺流程。展开曲面模型无故障开发的一个先决条件是可折叠父曲面的准备。众所周知，并不是所有类型的曲面都可以转变成展开的平面曲面模型（见 3.7.10 小节）。现代 CAD 系统可使用逼近技术对三维曲面或自由曲面进行处理，先进行三维曲面块的分割，随后将其转化为二维展开模式。这些逼近会导致失真，因此必须对每个应用实例进行仔细的监测和评价。

另一个重要功能是处理拔模角度的应用问题。拔模角度与生产用途的特定方向相关。在拉深件的制造过程中，某些类型的铸件和锻件必须使用斜面。这是制模工艺的要求，并取决于几个生产相关因素，如生产类型、组件材料、模具材料、模具寿命。典型地，塑料件的拔模角度为 0°~2°、铝压铸件 1.5°~3°、锻钢件 3°~5°、深拉的钢板 1°~5°。拔模角度越大，模具的耐用性和曲面质量就越好，但拔模角度的增加会导致模型本身的几何形状变动。因此，拔模角度的应用总是产品的几何形状和生产工艺的不同需求之间折中的结果。现代 CAD 系统为拔模曲面的应用提供几种不同的功能，但一般来说，这类组件的正确设计需要对制造过程有透彻的了解。图 4-28 是深拉钣金件零件和简化模具组件的示例。

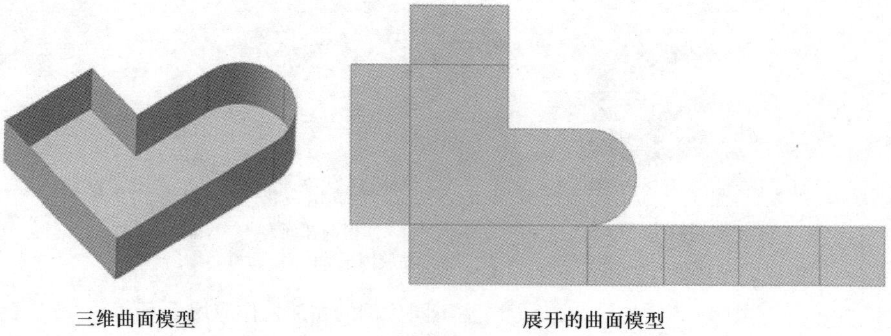

图 4-27　钣金件展开的示例

与模具方向相对应，拔模角度应用于受影响的表面上。

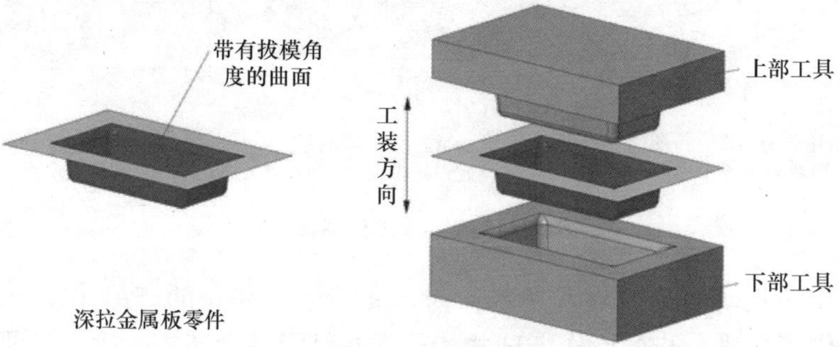

图 4-28　拔模的应用示例

4.2.5　线框建模和曲面设计

根据所应用的 CAD 软件包，参数化关联线框和曲面设计的工作流程会有所不同，但一般的建模过程遵循创建几何模型的类似步骤。在下列分步叙述中，将结合两个例子对线框和曲面的几何建模设计过程进行概述，这一概述是独立于软件的。这些示例展示了建模的主要步骤并简要介绍汽车工程中曲面模型的构建。这些例子都与钣金组件相关。塑料零件或铝铸件的设计可能差别很大，因为建模策略在根本上是不同的，其中包括实体造型。在曲面设计中，体积和实体模型集成的不同可能性将在 4.5 节中进行讨论。

此外，这里介绍的参数化关联的曲面设计方法并非等同于 CAS 技术。CAD 包含了产品模型的技术导向工程，CAS 侧重于创建造型表面用于产品轮廓和外形的定义。一般来说，整个过程可以区分为产品外观的开发（CAS）和产品所有内部组件的开发（CAD）。当然，这两个学科相互影响非常明显。显然，我们可以找到很多的多功能、多流程的例子。不过，总体而言，CAS 是使用非参数化几何构造来创建光滑自由曲面的。

图4-29展示了参数化关联设计金属盖的典型过程。步骤1，把基础轮廓定义在一个二维线框模型 c_1 上。这个线框模型由直线和圆组成，并且可以使用三维工作空间的元素或在给定平面 ε_1 中使用基于草图的函数来定义。在这两种情况下，相应的尺寸参数 R_1、R_2 和 L_1 控制了 c_1 的几何延伸。在步骤2中，基础轮廓用来定义底面和圆周面。底面ϕ_B是 ε_1 上的一个平面，但它受 c_1 限制。将钣金零件加工过程考虑在内，圆周曲面ϕ_C由延伸线 L_2 和拔模角α_D定义。可以通过不同的操作定义ϕ_C，这取决于所使用的CAD软件。一些软件可以在基础曲面上创建拔模曲面。在当前的情况下，往往采用拉伸函数来创建圆周曲面，而在下一步骤中，在拉伸曲面上应用所需拔模角度形成最后的拔模曲面。曲面平移操作有一种可选的方法，就是沿着基础曲线 c_1 扫描轮廓，在这种情况下，轮廓线是由一条与底面 ε_1 成$90° + \alpha_D$的直线表示。

步骤3展示了应用圆角曲面并随后进行修剪操作的结果，其半径恒为 R_3。在步骤4中，定义了分离曲面ϕ_S中的轮廓曲线 c_2。该定义遵循 c_1 描述的策略并在平面 ε_2 内执行。c_2 的尺寸由参数 L_3，…，L_8描述，这条轮廓线作为拉伸操作的基础线，如步骤5所示，定义了分离曲面ϕ_S。最后的步骤6包括分离操作，目的是创建最终曲面ϕ_F。在后续步骤中，曲面模型需要进行加厚操作，在考虑所需壁厚的情况下，加厚操作将曲面模型转换成实体模型。在4.5节中我们将详细讨论这一操作。

下面的示例介绍创建更复杂金属面板的一般设计步骤。该面板是发动机载梁的一部分，主要用于小型车。图4-30展示了设计的主要步骤，但没有详细描述参数化或曲面创建的每个操作。步骤1探讨参考元素的定义，该定义具有面板一般扩展的特点，并作为不同操作的基础。这些参考元素由一个轴系和平面组成。根据特定的任务和应用的建模策略，可以使用额外的元素（如点、直线、曲线）。步骤2展示了相关模型的基准曲面，这些模型在步骤3中被修剪。沿 z 轴方向，需要将与预定义模具方向相关的拔模角度考虑在内。一般来说，基准曲面的设计面积略大于最终的几何形状，以支持一些几何操作，如分离或修剪功能。修剪过的基准曲面为随后进行的几个操作提供原型，最终形成曲面模型。根据面板的对称性，只需设计一半模型，然后在最后一步中通过镜像得到另一半。

在步骤4中，需要在考虑生产过程所需拔模角度后再创建深拉盘。每个元素是由几个曲面片组成的，使用相同的功能（如拉伸、旋转和扫掠操作）来创建。在当前的示例中，一些托盘具有相同的几何形状，所以这些可以单独设计并使用转换功能进行复制。在步骤5中，应用修剪操作将深拉盘整合到曲面模型上。步骤6包括额外修剪曲面的定义，呈现了面板上的几个细节特征。这些修剪曲面的创建需要考虑所需的拔模角度，并使用相应的参考元素来定位。接下来，使用修剪操作将它们整合到面板模型上。

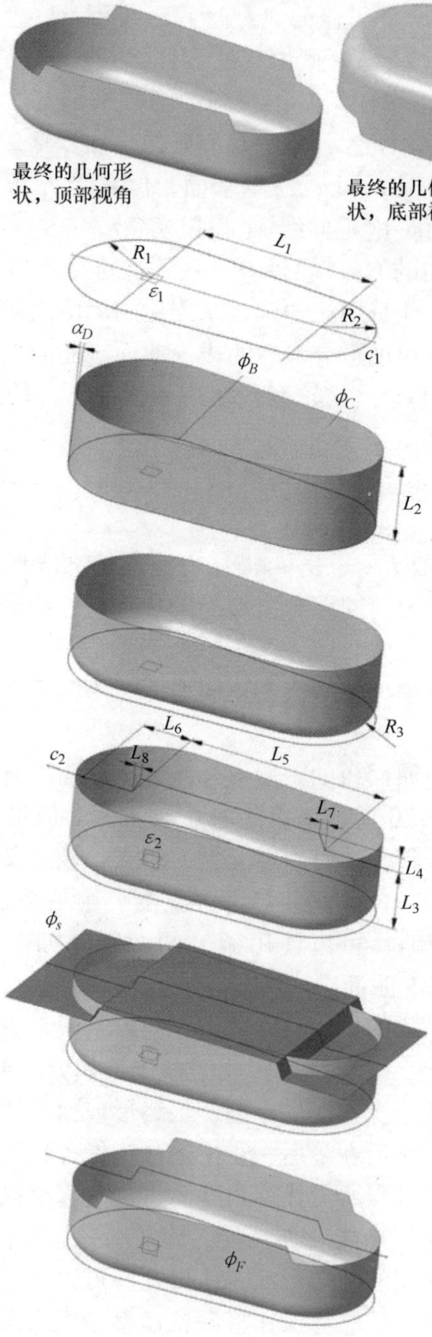

图 4-29　金属板盖设计步骤示例

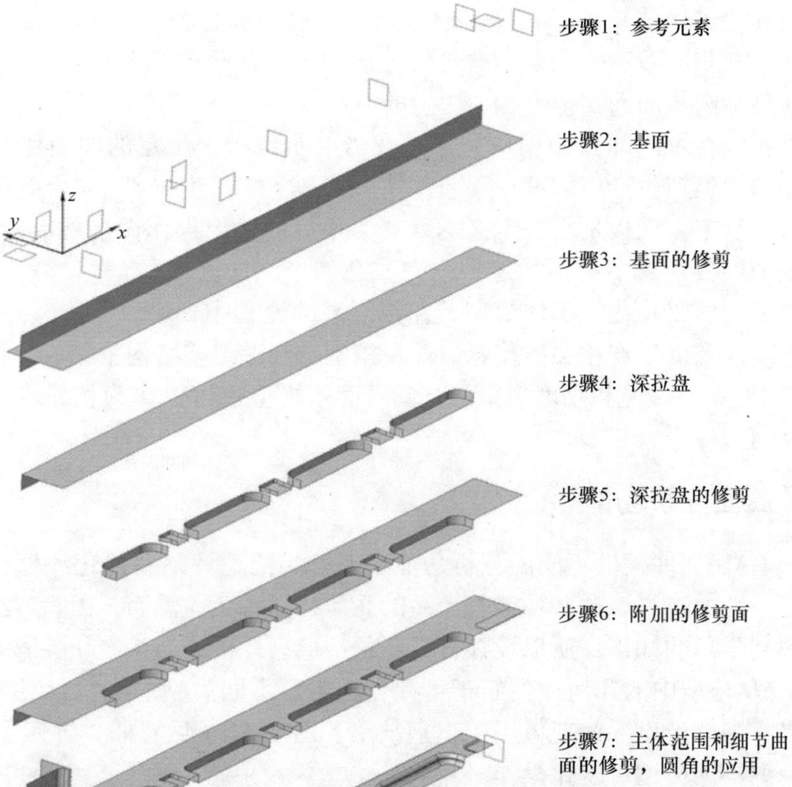

图 4-30　金属面板的一般设计步骤

到这时，面板的主要几何特征已经实现。以下步骤处理最终的详细操作。步骤7包括几个操作的结果。首先，通过分离和修剪操作整合所有相关的造型曲面。其次，在相应参考平面上，通过修剪操作固定面板的主要实际尺寸。最后，步骤7还包括圆角曲面在模型相应边上的应用。

下一步骤涉及内部孔的切口操作。在当前示例中，特定的曲面作为切削元素。这些曲面模拟生产中的冲压工艺并使用分割功能（步骤8）整合到面板模型上。在第9步中，面板是完整定义的，并为最后的镜像操作做准备。步骤10显示了生成的面板，其中包括描述一个完整几何产品所必需的信息。通过施加壁厚，曲面模型可以转化为实体模型。在接下来的流程中，可以应用额外的信息，如材料性质和辅助生产相关的信息。面板模型本身在组装结构中完成，且充当基于DMU的调查、碰撞和刚度模拟的基础。面板模型也可以作为相邻组件和模块设计的几何边界。

4.2.6 曲面分析功能

现代CAD软件提供不同的分析功能，能够广泛地评估和优化线框、曲面和实体模型。总的来说，这些功能与产品的几何特征有关。然而，因为产品几何形状包含不同学科的知识，所以设计分析还包括造型评价和与生产相关等方面。

在CAD环境中的几何评估始于可视化技术。不同类型的可视化展现不同类型的产品，因此产生一些变体用于识别缺陷。图4-31（见彩插）显示了在CAD中的一系列不同类型可视化操作。

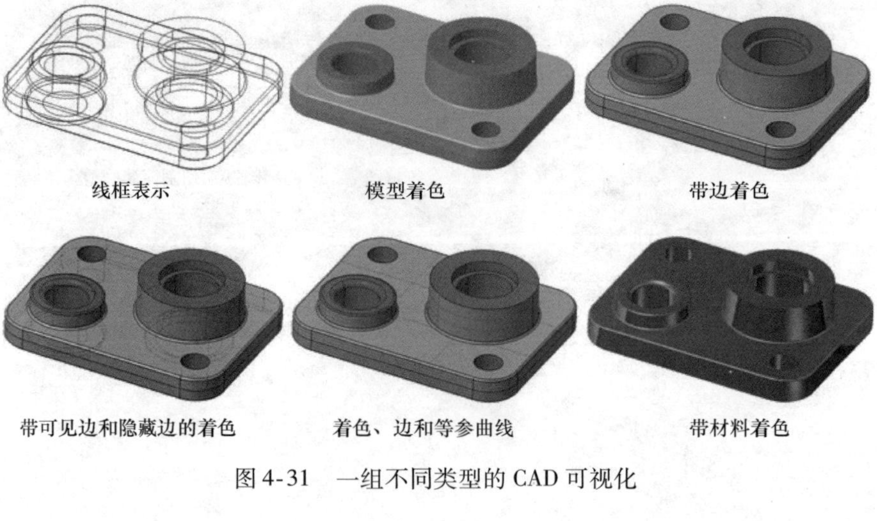

图4-31　一组不同类型的CAD可视化

以下是对曲面连续性的讨论。同样引用定义3.44。在机械设计中，曲面和线框的分析往往侧重于装配的质量和连续性。因此，检查曲线元素或曲面贴片之间的距离是为了避免出现不必要的漏洞、缺口、重叠的线框或曲面区域。连续性特征表现为一种特殊情况。中间有条边的封闭曲面片满足连续的最低标准，所谓的 GC^0 连续仅保证连接曲面元素相交于一条边。二次 GC^1 通常由基于技术的设计过程所应用的相切连续来表示。

现代 CAD 系统的所有标准操作以 GC^1 连续来运行，如圆角曲面或曲面片外推法的应用。曲率连续的 GC^2 描述了更高阶的线框或曲面连续。曲率连续的曲面用在造型曲面或在可见组件的曲面中。由于视觉质量较高，即使在光的反射下，GC^2 曲面依然显示出光滑的特性。除了视觉目的，曲率的连续性应用在与流体动力学相关的组件设计中，需要流动部分的平滑变化。最后，GC^3 的连续性代表汽车工程中框架或曲面应用的最高光滑度。GC^3 的特点是曲率沿过渡曲线平滑变化。在汽车车身设计中，GC^3 标准的曲面用于视觉质量要求特别高的部位。

曲率连续性分析有不同的函数。一种是能够详细观察曲线行为或曲面内部曲线的波丘派恩（porcupine）曲率分析，采用沿曲线长度的彩色线条或一个尖峰表示。在图 4-32 中，左边照片是连接管截面曲线的波丘派恩曲率分析示例，连接管已被创建为多截面表面。尖峰的长度代表曲率行为的一个值。评估曲面延续质量的另一个选择是基于曲面曲率分析的应用，如曲面片的高斯（Gaussian）曲率分布（定义 3.47）。在考虑曲率方向的情况下，这种所谓的曲面曲率分析用不同颜色显示不同曲率的部位（图 4-32）。类似于这些示例功能，还有一些对表面分析的附加功能，如支持通过显示最小或最大半径的曲面评价、变形区域等。

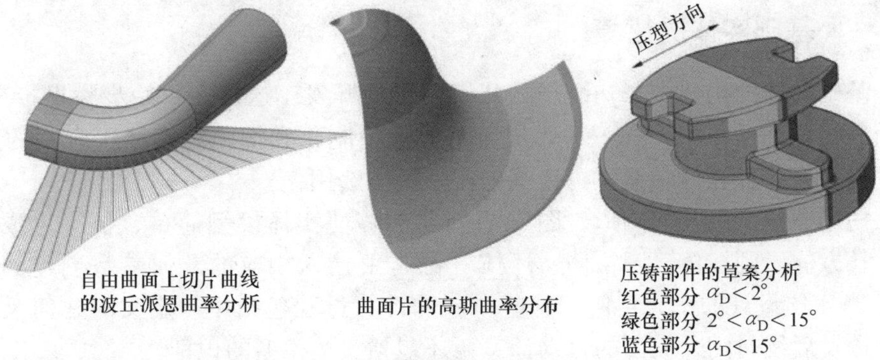

图 4-32　表面分析函数示例

4.3　实体设计

实体建模可把产品虚拟数据生成为 CAD 环境中的缩微三维模型。不像基于一系列曲线或曲面的线框或曲面模型，实体模型由封闭的体积表示（参见 3.12 节）。由此对产品规格的详细描述超出了外部形状的纯几何特性。例如，材料特性的定义使重量的计算成为可能，体积几何可以为网格操作、为数控生产机器的刀具轨道计算的直接推导输入数据。此外，设计过程为模型结构考虑制造相关的要求，如细分铸造或锻造过程的模型组件。相比于线框和曲面的生成，实体模型的定义需要更复杂的计算过程。单纯定义模型的外部形状是不够的，外壳表面必须满足闭合条件。此外，要避免几何形状的不一致，如重叠的表面或多重解。

为了支持实体建模过程，现代 CAD 系统提供各种功能，默认包括用于定义实体的各种复杂数学算法。实体模型能从几何模型中直接计算体积属性。体积属性是指体积、质量（作为密度的函数）、重心、惯性矩和惯性积。用三重积分函数 $F(x, y, z)$ 的一般函数 Ψ 计算的体积属性可以定义为

$$\Psi = \iiint F(x,y,z)\,\mathrm{d}V \tag{4.1}$$

比如，它可用于封闭体积的密度分布计算。

20 世纪 80 年代以来，不同的实体建模方法和程序开始引入，文献中亦有讨论，而三维 CAD 设计软件快速增长的能力和迅速扩展的功能，带来软件功能的超乎逻辑的发展。根据汽车工程工作领域的具体要求，实体表面建模结合线框图和表面设计，从而实现彻底的虚拟产品化。最先进的设计软件是线框、曲面和实体建模等技术相融合，支持集成设计方法。下面各小节是对现代 3D CAD 软件包实体设计主要功能的简要概述。

4.3.1 基础实体的建模

基础实体的构建带来初级产品几何图形的开发，这是在初始步骤里定义的。在随后的详细操作中，这一基础几何图形被精制化和细化。根据所应用的 CAD 软件包，有各种软件功能供构造基础实体模型选用。

使用预定义的几何图形，图元的创建能够使实体模型简单、快速生成。例如，长方体、圆柱体、圆锥体、环体等都是由输入相应的几何参数创建的。图 4-33 是实体设计的图元示例。这些对象的计算过程包括用户定义的几何尺寸输入，以及后续封闭外表面的自动计算，还包括实体模型的识别。

有一种方法是通过使用二维草图对简单几何体加以定义。在这种方法中，草图描绘的几何图形用于定义三维几何图形。通过用户友好的操作，基础草图的定义方法为几何图形的创建提供更多可能性。除了对原始几何图形生成的简单概述，草图也可以用来创建复杂图形，可以作为后续平移或旋转实体定义的输入数据。图 4-34（见彩插）是一个使用平移功能创造基于草图实体的示例。对象测量定义在一个草图中（黑色尺寸）以及平移功能中（绿色尺寸），从 2D 绘图形成一个三维实体。

通过多个 2D 草图的组合，可以很容易处理更复杂外壳的基础实体创建。图

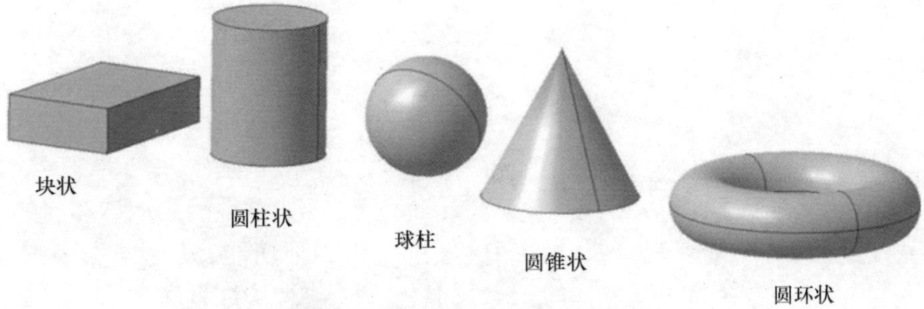

图 4-33　实体设计图元示例

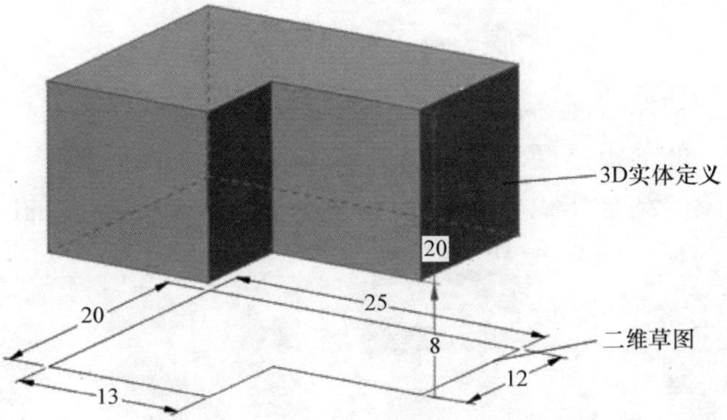

图 4-34　基于草图的实体定义

4-35 是一个分段式实体定义的示例。图中封闭的体积被多个截面的蒙皮表面定义。每个截面包括定义在平面草图内或线框中的几何信息，轨迹以中心线的形式给出计算方向。使用耦合点连接截面来创造蒙皮表面，可单独定位以影响车体表面的形状和平滑度。在考虑两端横断面表面的情况下需要一个封闭条件。根据应用的三维 CAD 软件的不同，有不同的基于草图的功能可用于基础实体建模的方法，但它们都采用相同的平移、旋转、扫描或蒙皮操作。类似功能可用在表面设计上。通过定义能体现功能的轮廓几何图形（这里不考虑实体创建的要求），所谓的多截面曲面在一个类似的过程中得以创建。在这种方式中，不需要封闭条件，且表面可被创建为独立元件并用于后续操作。

4.3.2　布尔运算

布尔运算使合并独立的几何对象成为可能。在实体建模情况下，布尔运算可以进行体积模型的并运算、差运算和交集运算。伴随初始实体外壳的几何扩展，并运算把两种现有的实体合并成一个最终实体。产生的实体对象具有封闭特点，意味着可以作为实体图元进一步进行操作处理。差运算从剩余模型中移除相减模

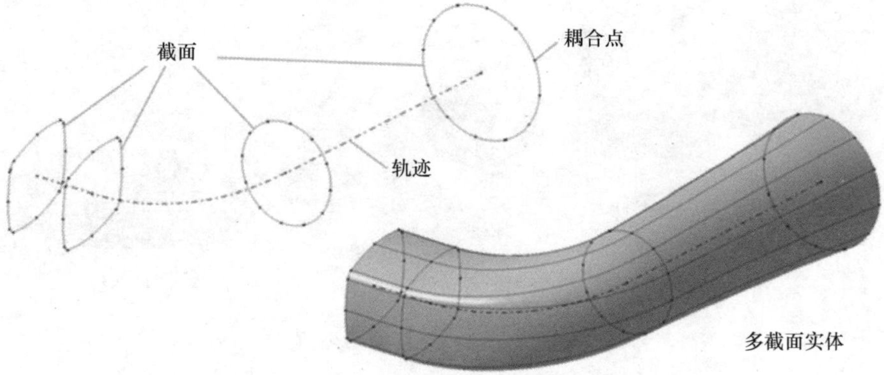

图 4-35 多截面实体

型的体积。相比于初始图元，得到的实体具有减小了的几何扩展。对于一个差运算来说，顺利执行的前提是两个处理过的实体模型形成几何交叉。最后，交叉操作计算各作用对象的结合体积。图 4-36 是实体设计中布尔运算的应用示例。

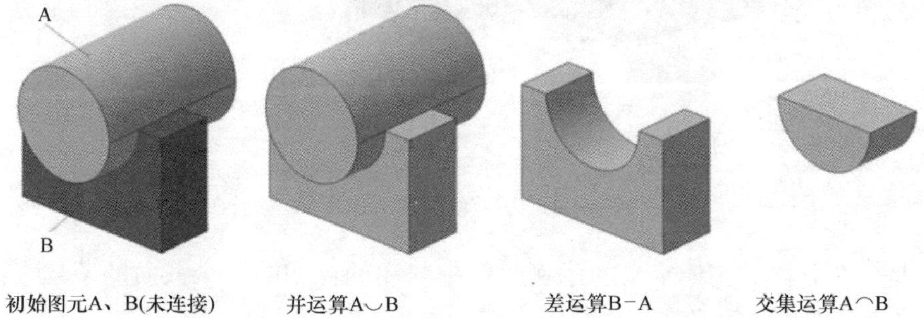

图 4-36 布尔运算的图元建模

用图元布尔运算可进行复杂的几何结构创建。除了纯粹的几何特性，布尔运算还可用于创建特定的模型结构，通常需要考虑生产相关的因素。

例如，模具铸造或锻造零件的设计过程必须考虑影响模具设计的因素，包括拔模角度、倒圆和模具组件的配置。因此，产品设计（产品或组件）在模具铸造生产过程中必须考虑几个生产相关的活动，尤其是分割的模具表面。

图 4-37（见彩插）是由压铸工艺及后续机械加工操作产生的活塞模型示例。由于其几何形状相对简单，所示的活塞可以用二分模具加滑块技术或通过砂芯工艺铸造。模具的一个组件规定外部（圆柱）形状，另一个组件形成内部形状。在图 4-37 中，活塞的内部形状设计是一个切割实体，即几何图形表示负的体积。活塞设计的内部形状完全作为一个独立组件，包括所有必要的几何细节，如拔模角度和圆角。此实体从原实体对象中减去，并定义了圆柱形轮廓。执行布尔运算后，最终活塞模型显示机械部件特性。为了所给实例的完整性，必须提到的是，

在活塞的工业工程中，草绘实体也能创建为一个压铸模具。

图 4-37　布尔运算活塞生产相关模型的应用

现有的设计方法可以从模具产品中直接推导模型。切割实体可以从设计软件中提取并提供给后续模具和机器的设计过程。这样，设计过程中不仅考虑产品几何形状的创建，还涉及对整个产品生成周期产生深远影响的那些重要方面。除了几何形状和功能的标准要求，如今设计工程师必须考虑各种相关产品的信息。所提出的设计方法要考虑拔模角度、圆角和后续机械加工工艺的材料添加。在本例中，机械方面的处理表现为在最后一步中减去一个额外实体。

4.3.3 编辑和详图功能

上述功能在原则上主要服务于一般几何图形的创建和生产相关的设计策略的应用。为了启用详细的几何定义，现代 CAD 系统提供一些附加功能。一些主要的编辑和详细操作功能处理和生产相关的细节方面的应用，如拔模角度、倒圆和圆角化，以及螺纹的定义。这些操作总是与现有的几何形状相关，并根据特定的输入数据修改它们。虽然不同的软件包提供不同的用户处理程序，但其功能都基本相同。

图 4-38 是应用到实体模型的一系列详细功能的示例。第一步，拔模曲面通过定义一个拔模角度附加于基础曲面。拔模操作把斜表面应用于现有几何图形上，去进行脱模铸造、锻造或深拉生产流程（同样参见图 4-28）。增加拔模曲面总是修改模型的外轮廓。根据拔模角度和模型尺寸，必须考虑和评估几何形状的变化。下一步包括指定边缘的倒圆和圆角应用。倒圆功能用光滑曲面取代锋利的边缘。在机械产品设计过程中，曲面有切线延续性，具有恒定或可变半径。在造型曲面中，倒圆曲面有时需要强化形状去实现有较好的轮廓形状，如曲率连续的曲面（例如贝塞尔曲线；参考 3.8.1 小节）。图 4-38 的第三个例子显示了倒角的应用，并应用于预定义的边缘。在机械加工过程中，倒角用来避免锋利的边缘。同时，有各种附加的编辑和细化功能可用，比如定义螺纹和丝锥、阵列处理，以及组件的缩放、平移或旋转。

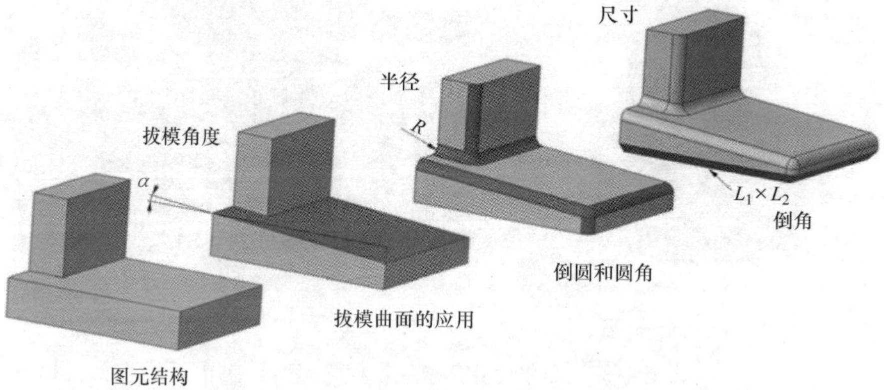

图 4-38 编辑和细化功能的选择

4.3.4 基于特征的几何建模

基于特征建模的三维计算机辅助设计，使用预先定义的功能组合创建几何组件。特征创建为作为模型构建的图元，它们与参考系统或现有的实体几何相关。

在这种方式中，基于特征的建模采用关联设计方法创建洞、孔、筋、槽等，其中引用行为和几何特性可由相关规则和属性控制。在基于特征的建模中，几何组件的创建由相互关联的功能序列实现，包括特征类型的定义、参考元素的选择、输入所需的尺寸和所需几何模型的构成（曲面和实体）。与分步设计方法不同，特性设计法把几何对象的定义放在过程中进行。除了几何特征外，特征还包括组织、制造或分配过程中的附加信息以及支持后续工程过程的数据和信息推导。一般来说，现代 CAD 系统提供两类功能。第一类是软件包提供的标准功能，允许用户友好创建不同的几何元素（如图元、洞、沟槽、孔）。第二类是用户自定义的功能，是为支持特定产品设计流程的问题导向操作。这些用户定义功能通常包括设计方法和产品相关的信息。

图 4-39 是基于特征建模的实例。在创建孔、槽时，二维草图中定义的几何特征可使用线框元素和附加尺寸。根据特征的类型，这些轮廓将用于随后的操作中，如实现孔的转变或槽的旋转。图中右下角的示例演示了孔的应用，该孔位于初始实体模型表面。钻孔的位置与模型的现有边缘相关，它的尺寸（长度和直径）则在特征创建过程中确定。在 CAD 程序中，钻孔几何元素标记为一个钻孔，从而使数据直接传输到后续数控生产计划流程中。基于特征的建模不限于实体设计。最先进的 CAD 系统还提供各种方法，来产生基于表面特征的建模，以支持集成开发过程。

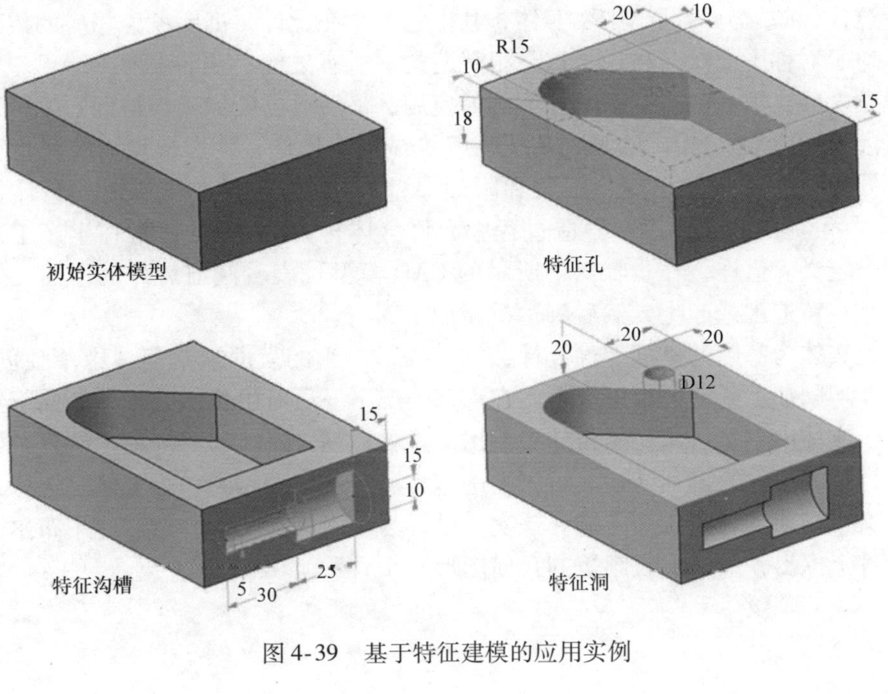

图 4-39　基于特征建模的应用实例

在实体设计中，功能的智能结合支持复杂产品模型的有效定义，其中并非只包含单纯的几何信息。特别是在设计过程中，铸造和锻造实体组件的创建需要考虑生产相关的活动。在机械产品，特别是汽车开发中，这种类型的部件起着重要的作用，包括钣金件和塑料部件。金属铸件或锻件用于传动系统（如缸盖、缸体、变速器等），还作为悬架系统的主要部件和汽车其他负载相关的元素。塑料部件通常用于汽车内饰或作为前后端模块部件。

在机械产品设计中，融合生产相关的铸造和锻造工艺的要求会直接影响模型的几何形状，甚至整个设计过程。因为现代开发过程中的模具直接来源于产品模型，必须在产品设计时考虑模具设计所需的各种信息。在这样的背景下，拔模角度和圆角在相应表面和边缘的应用中起着重要作用。在模具设计过程中，这些拔模角度和圆角直接集成到相应的工具中（图 4-9）。

图 4-40（见彩插）是阀盖设计步骤的一个代表性例子。这个阀盖是由铝制成的，由压铸和随后的机械加工制造形成。设计过程先从初始实体定义开始，初始实体代表了原始几何体。为实现对称，在设计步骤中应用半侧模型，并在其后步骤中生成镜像。在本示例中，原始几何体是由一个旋转实体来描述的，并作为模型的原始形状。步骤 2 包括上部区域的生成。通过施加孔操作，在上部原始实体中移除材料。下一步通过添加和混合两个拉伸实体，再施加在侧块。在步骤四中，将拔模角度应用于选定的曲面。本例中的模具由两部分组成，并用于压铸过程。这样，阀盖分为两个主要实体，其中每一个在设计时都要考虑相应的拔模方向。对于对称平面阀盖来说，这是很普遍的。所有拔模角度的表面为绿色。应用拔模角度后，第五步包括圆角和倒圆的应用。最后通过镜像操作得到原始铸造模型（步骤 6）。必须指出的是，为了后续机械加工操作，铸造模型需要考虑生产的不同环节（如拔模角度、圆角和附加厚壁）。铸造过程本身所需的具体措施（例如导管注入的液体铝和铸造过程中允许气体排出的孔），通常在生产工艺流程中被定义。这样，在步骤六中所示的 CAD 模型代表着阀盖铸件的原始几何图形，它从铸造工艺产生，然后到达机械加工部门。

以实体为基础的机械部件设计，加工操作产生的表面从几何体中单独创建，即从非切削加工制造过程中产生。在许多情况下，所有由机械处理的曲面都集成到一个实体中，然后从初始铸件中抠出。这种造型策略能够清晰地得到复杂模型的设计相关组件的排列结构。步骤七是包含所有几何元素的一个实体，这些元素是定义机械加工表面所必需的。该实体设计为全面的封闭体，然后使用布尔运算从铸件上抠出，最终形成阀盖的几何图形。

图 4-40　阀盖的示范性设计步骤

4.4　线框、曲面和基于实体的功能相结合

复杂几何图形和出现在汽车开发中的组件装配设计需要将线框图、曲面和实体几何图形集成到建模过程中，使得根据其特定的属性使用每种类型成为可能。因此，线框元素作为参考元素（点、线、面或曲线）在工作空间中精确定义位置或作为模块及组件装配的骨架模型。在机械设计中，表面元素有各种用途。钣金零件和汽车车身组件具有壁薄的特点，主要设计为曲面结构。在曲面设计中，其形状及其高质量需要软件有灵活的几何生成功能。一旦创建好了曲面模型，通过添加一个壁厚就可以转化为实体模型，这样的三维模型适用于后续的分析，比如精确的 DMU 研究，供重量计算和后续 CAE 模拟所需的材料属性的应用等。

由于高分辨率的平滑自由曲面创建具有较高自由度，造型软件通常使用其曲面造型功能。在工艺过程中，造型曲面以中性数据格式传递并集成到组件设计中。例如，曲面模型可以作为实体几何图形修改中的分割和修剪对象。在最先进的 CAD 汽车开发系统中，实体模型表示的是虚拟环境中产品表征的基础。近年来，实体模型取代了以前首选的曲面模型在所有应用程序中的地位。实体模型逼近真实的产品表示具备能使 DMU 过程直接集成到三维 CAD 软件环境中的优点。图 4-41 是曲面几何实体模型分割操作的示例。当功能实现后，曲面可以隐藏，实体模型可以进行进一步操作。

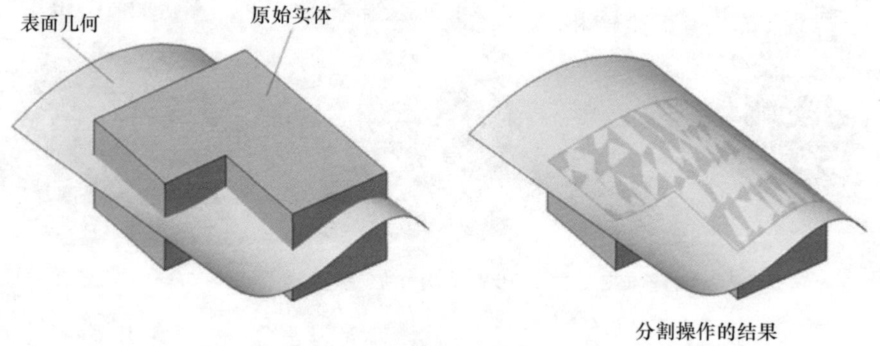

图 4-41　实体模型分割操作示例

增厚操作使一个重要的曲面模型集成到实体设计中。应用这种类型的操作，可以把曲面模型（如钣金模型）转换成为实体模型，能够定义壁厚和处理其他相关信息（如材料）以及计算质量和重心。图 4-42 是增厚操作在曲面模型（左）上的典型应用。最后的实体（右）考虑了曲面模型的几何形状，并已添加了壁厚。壁厚采用恒定距离偏移操作，初始曲面和偏移曲面之间的空间已经被填满，并转化成一个实体。增厚操作的应用对基础面模型的质量有很高要求。无报错的转换要求没有间断或锐边的光滑表面。此外，初始曲面的半径值必须低于预期实体模型的壁厚，以避免出现几何错误。

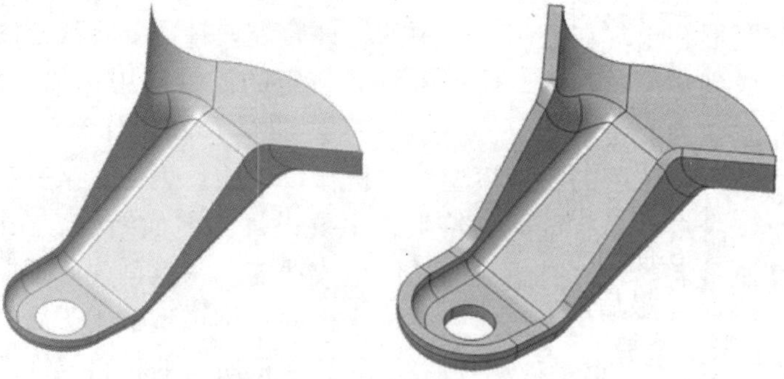

图 4-42　钣金模型的示例性增厚操作

在钣金设计中，与生产方面相关的考虑，要求应用特定的方法。钣金件采用深拉操作生产，即原始金属板变成所要求的形状（图 4-28）。成形工艺之后，多余的材料由冲压机器切掉。由于 CAD 系统的增厚操作与偏移曲面相关，其由正交变换创建，把三维形状的边缘区域创建为非制造相关的解决方案。图 4-43 是一个不考虑制造相关的边缘钣金设计示例。封闭的钣金曲面在三维弯曲边缘为单向延伸，这里不考虑切削过程的冲压方向（见图 4-43 中的局部视图箭头）。如果 CAD 过程必须考虑生产相关的活动，那么对钣金件的设计过程必须包括一些附加步骤。

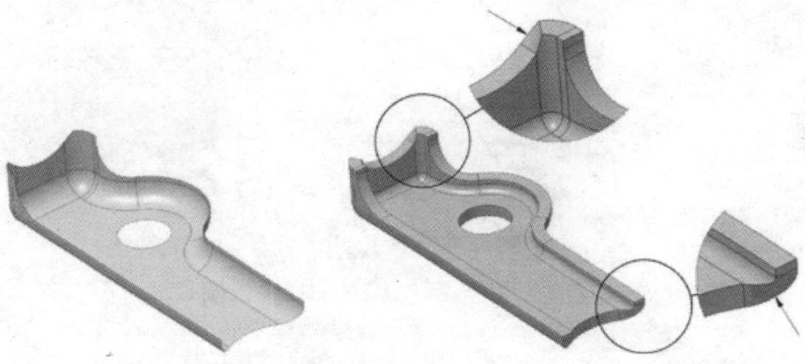

图 4-43　不考虑制造相关边缘设计的钣金设计

不同于传统的设计流程，有关生产影响的考虑需要构建一个完全不同的模型。在标准钣金设计中，除了壁厚，完整的曲面模型还包括最终几何形状的所有几何信息。壁厚在最后的步骤中使用增厚操作，从而将曲面模型转换成实体模型。冲压方向的考虑需要对最后的几何形状进行分步设计。图 4-44 中的例子是考虑制造相关边缘设计的钣金设计方法。在这种情况下，初始曲面模型定义未修剪的几何图形（步骤 1）。接着应用合适的壁厚将曲面模型转变为实体模型（步骤 2），然后使用单独的曲面依次分割实体模型，进而表示应用工具的几何形状。此外，预定义冲压方向为初始实体几何的分割操作定义了切割方向。在本例中，步骤 3 和步骤 4 的分割操作分别将右侧区域移除并使用圆柱面打出钣金件的孔。第五步，代表冲压方向 2 的平移曲面支持的分割操作，通过移除相应的材料，形成上部区域。步骤 6 使用考虑冲压方向 3（用一个圆柱体表示）的分割操作，产生最终的几何形状。最后的模型修正冲压边缘。箭头显示模型的敏感区域，并与图 4-43 比较显示出差异。

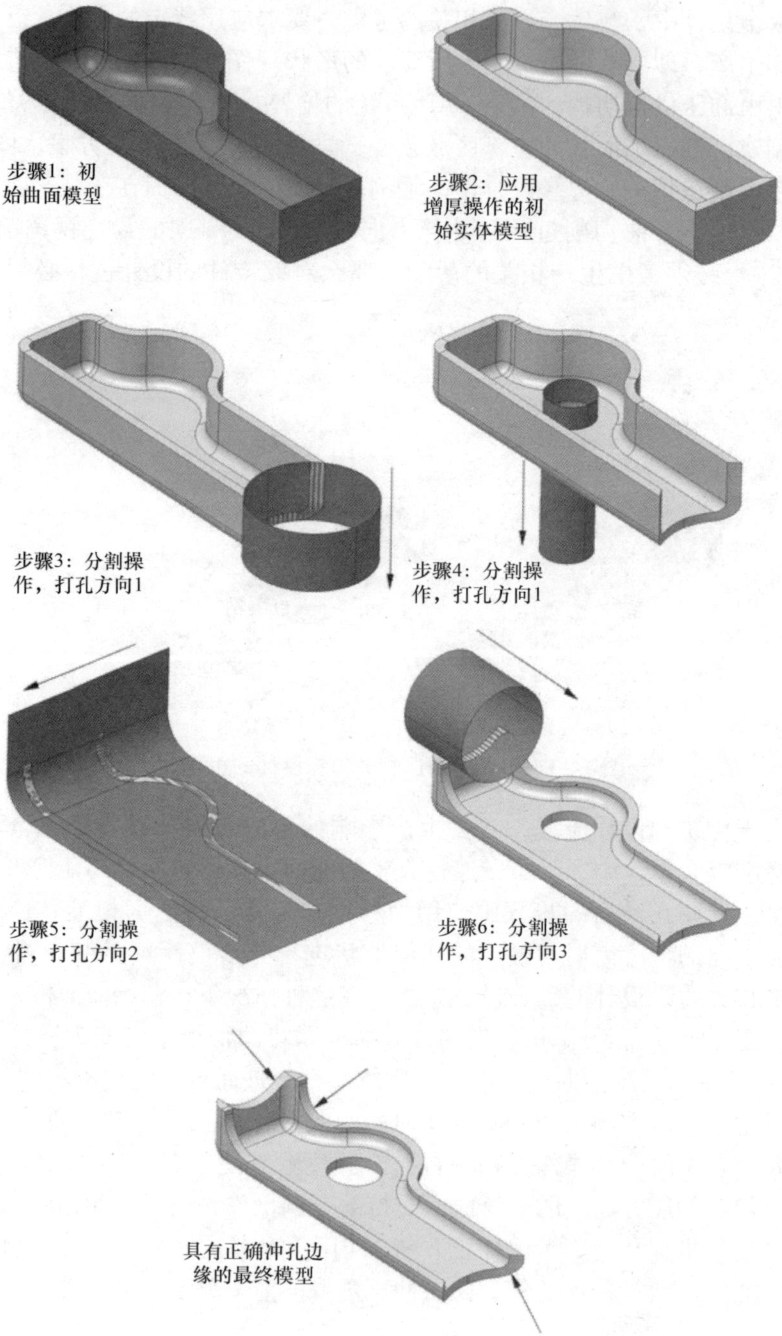

图 4-44　考虑到制造相关的边缘设计的钣金设计

4.5　装配设计

复杂的机械产品由多个模块和组件组成，在所谓的产品结构里，模块和组件被安排在逻辑序列中。这些结构定义了不同主、子模块的顺序，管理着组件之间的关联关系。除了几何设计相关特征，产品结构为组织列表和表格的生成［如物料清单（BOM）］提供信息。现代CAD系统包含了特定的与装配相关的工作模块，用于产品结构的创建和组织。于是，在三维CAD中，模块和组件在装配设计环境中进行管理。产品结构的创建包含单个组件之间的连接与组件之间相互关系之间的联系。在汽车工程中，面向装配设计的策略基于产品结构，划分为若干个子系统，支持组件位置和交叉的简单测试。

在一般情况下，装配设计包括以下任务：

- 3D CAD中模块和组件的安排
- 为模块和组件的组织定义产品结构
- 工作空间和相互关系中模块和组件的定位
- 模块和组件之间关系和模型的定义，包括几何相关性（所谓的多模型连接）的创建和逻辑互联的实现
- 元件综合参数结构的实现和组织
- 为后续数字模拟过程提供几何和结构信息
- 为基于装配的仿真过程提供几何数据（例如多体仿真、MBS）
- 与产品数据管理（PDM）系统的相互作用

数字样机研发以三维CAD产品结构为基础，意味着把所有组件放置在一个工作空间中。三维CAD装配模型为后续DMU模型的导出提供全部的几何信息，把所涉及的模块和组件，包括产品结构表示为一个简化的图形。例如，车辆DMU的次装配可以表示包括所有活动部件和固定部件的车身。这里描述的汽车车体自身可以进一步拆分为各种模块（例如侧板模块、车顶模块、门以及其他产品和部件）。把复杂结构拆解为包含诸多组件的次装配为同步设计流程奠定了基础，在设计过程中综合考虑各种功能和空间要求。

4.5.1　产品结构的组织

产品结构的组织由几个层次组成，其中包括自主或联合组件和模块之间的特定组合。这些层次是在考虑CAD模型合理组成后所确定的。在大多数情况下，技术背景决定装配结构。影响组件和模块分布的因素有主、子模块的分类，生产过程中的装配顺序以及其他生产相关的活动（如供应商交付产品的整合）。图4-45是包括几个层次的典型产品结构。主要产品由安排在主层次1以内的组件和

模块组成。组件是不再进一步分解的单一零部件。在 3D CAD 中，这些组件主要代表不可分割的元素，如铸造零件、机械元件或标准部件。在许多情况下，组件的装配发生在一个模块中，或在简单产品中发生在一个主产品结构中。复杂机械产品由很多元素组成，即模块和子模块，包括组件的单独配置和子模块的合理配置。

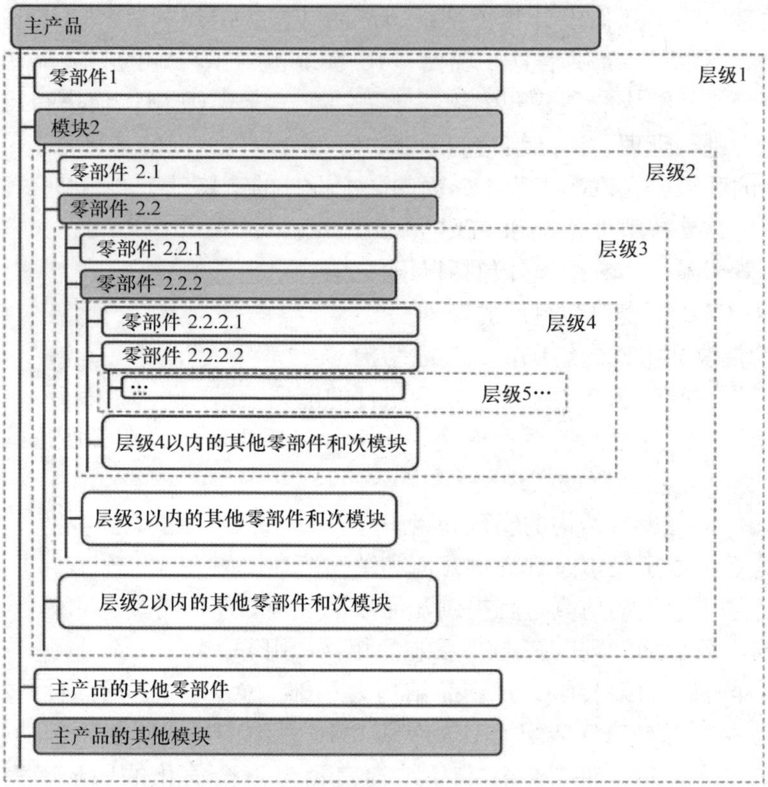

图 4-45　包含多个层次等级的典型产品结构

在本示例中，模块 2 包括组件 2. 1、子模块 2. 2，以及其他 2 级以内的组件和子模块。相应地，子模块 2. 2 由组件 2. 2. 1、子模块 2. 2. 2 和其他 3 级以内的组件和子模块组成。这种方法可以依次展开，最后非常复杂的产品也可以以合逻辑、明确排列的顺序来装配。重要的是，每个层次的产品结构都是完整定义的，包括所有组件和模块之间几何定位约束的创建，以及元素间连接和逻辑关系的定义。类似于汽车行业中复杂的硬件模型，产品结构必须以定义完整的系统为目标，表示为多个个体元素的一个有特殊意义的分配。虽然产品结构在制造过程中常常表示装配序列，但是有几个例外，如汽车线束，该结构在主要车辆产品结构的单独子模型中创建。相比这个单独的结构，硬件线束元件根据相关模块中有用的配置组装起来，并且与车辆装配线上的总线相连接。

除了产品构建的理论背景，下面的示例描述汽车工程中总成设计的实际应用。图 4-46 是一个汽车前轴的总成。汽车前轴由一个麦弗逊悬架、一个下悬架臂、一个轮毂、一个轮辋和轮胎，以及制动系统、转向系统和驱动轴组成。总而言之，这个典型的前轴总成由 6 个模块组成。图 4-46 是前轴总成和 6 个主要模块的扩展视图。模块 1 表示车轮装置，包括车轮、轮辋、阀门、平衡重和车轮螺栓。如同在其他模块中，这些组件利用几何约束彼此定位。模块 2 包括由供应商提供的完整悬架。模块 3 由转向系统的组件组成，包括操纵机构、连杆和转向节。模块 4 表示完整的传动轴，包括轴、轴承和密封。模块 5 表示下悬架臂，包括所有固定和可移动的部分。最后，模块 6 表示制动系统，包括轮毂和车轮托架。模块 7（没有在图 4-46 中显示）包括所有的螺钉和组装 6 个主要模块的标准部件。这些模块安排在产品结构的主层次中（图 4-48）。

图 4-46　前轴总成

为了说明一个主要模块的组成，将其分解为子模块，图 4-47 显示模块 6 的总成，即包括轮毂和车轮托架的制动系统。模块 6 包括制动系统部件（如制动盘、制动护板和制动卡钳装置）和轮毂（如轴承和锁紧环及车轮托架）。表示细分子模块的制动卡钳装置本身，也由几个部分组成，根据相应标题——制动卡钳装置——将它们列入图 4-48 中。最后，包括一套组装所需螺钉的模块 6，在产品结构中表示为制动系统螺钉。组件和子组件的几何定位是利用不同类型的约束条件来完成的，这将在 4.5.2 小节中进行说明。

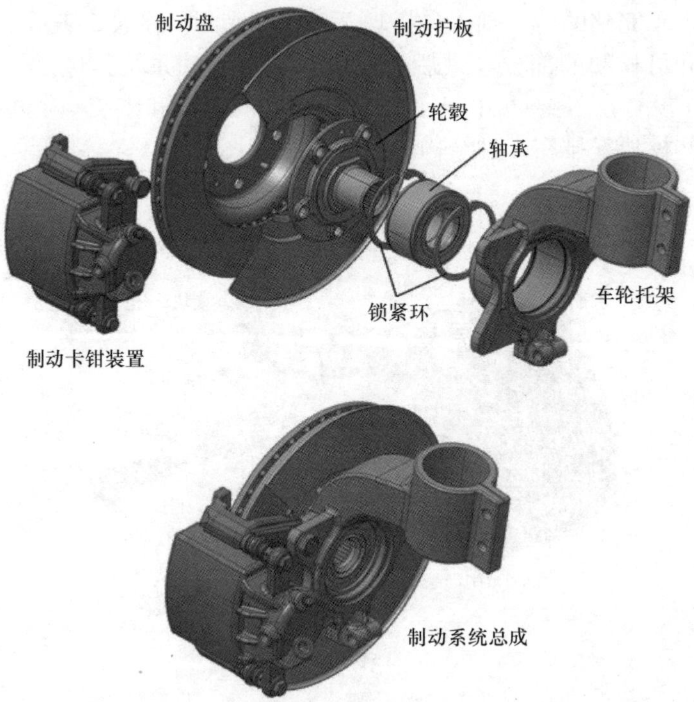

图 4-47　模块 6 的总成，即包括轮毂和车轮托架的制动系统

图 4-48 是经典的汽车前轴总成产品结构。为了更好地理解其结构，白框代表构件，灰框表示模块。前轴总成表示主级别，分为 7 个子模块。除模块 7 外（螺钉），所有的子模块都包括几个组件和细分模块，依次按照逻辑顺序安排。模块 6——制动系统和轮毂配置——是一个详细说明的示例。模块 6 由 7 个组件（制动盘、制动护板、轮毂、轴承、锁环 1、锁环 2 和车轮托架）和两个模块（制动卡钳装置和制动系统螺钉）组成。子模块——制动卡钳装置——也由 15 个部件组成，全部显示在图 4-48 中。最后，子模块——制动系统——包括所有的螺钉，以及模块 6 总成的标准件。

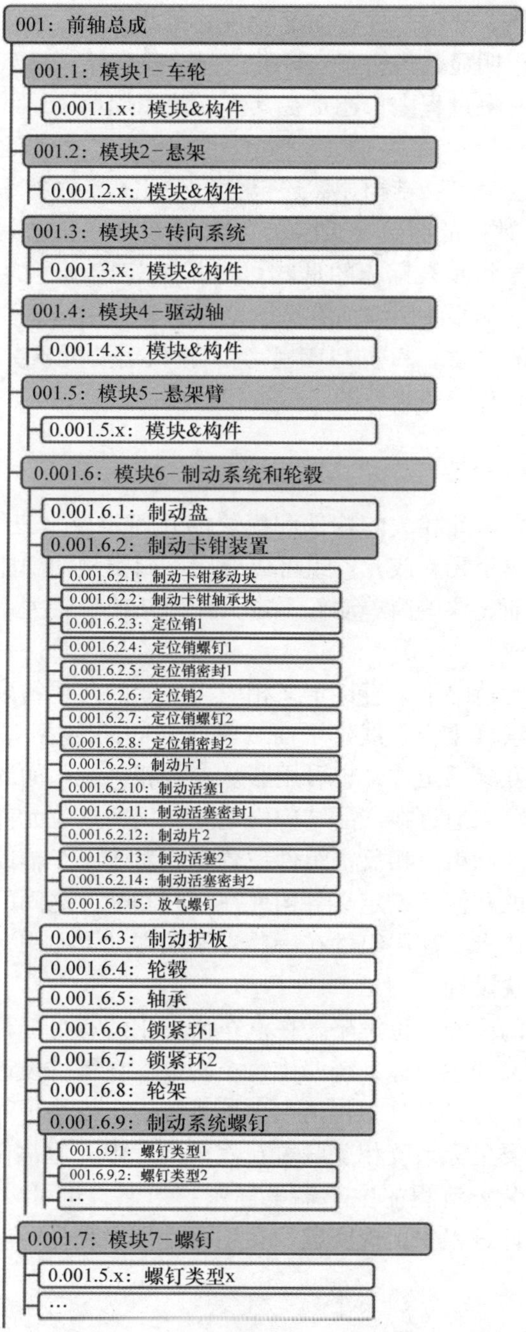

图 4-48　车前轴总成的产品结构

在完整的汽车产品结构中，上面讨论的前轴总成可能代表了悬架系统模块的一个子模块。悬架系统模块又可以是总成结构的主要模块。所谓的汽车主结构包括的主要模块有车体、外部元件、内部元件、推进系统、储能系统、悬架系统、电子器件和其他。很明显，像轿车这样的产品，整体结构达到了非常复杂的程度时，无论是在新车开发过程中，还是在其售后使用周期中，我们都必须进行细心管理。

除了不同模块的命名，结构显然还包含每个元素专用的编号。这对产品结构的管理、相应 CAD 数据的明确定义以及 PDM 系统中完整总成的明确定义是非常重要的。当然，编号和元素标题的形式可以根据特定项目的不同要求、软件环境、制造商规定或其他影响因素而有所改变，但整体结构需要包括一个明确定义的名称和所有元素的数量。一些 PDM 系统工作仅需要元素数量，但相应的名称存储在数据库中用来支持使用者的定位查找。

4.5.2 构件定位方法

在工作空间中，彼此相关的构件和模块的几何定位是三维 CAD 的一项重要任务。一般来说，单个元素或元素组可以应用不同类型的功能完成在空间内的平行和旋转移动。然而，这些简单动作不定义任何几何位置关系。几何约束定位可以以不同的方式完成。

在小规模的装配情况下，直接定义相应构件间的几何约束是有用的。典型的约束定义是几何元素（如点、线、平面或曲面）间的距离、重合或角度。因此，产品的构件可以相互参照定位，也可用服从参数相关规律的约束来定位。

更复杂的组装可以通过在产品结构内建立专用的定位元件完成。所谓的骨架法不使用构件之间的约束。相反，组件位置是相对于一个辅助结构即骨架定义来的。因此骨架模型的几何元素定义各构件在空间和彼此之间的定位。骨架的参考元素通常是线、面或点。高层组件在一些骨架的帮助下使用多个子产品进行几何结合，从而生成模块设计。

除了上面提到的两种定位策略，在汽车研发中还有另一种不同的方法。这一策略包括根据预定义的主坐标系统安排每个构件。在零件设计过程中使用启动模式，从而对位置进行定义，其中包括主坐标系统。子模块可以放置在创建的子坐标系统中，即与主要坐标系统相关联。在汽车研发中，通常在前轴附近的对称面处放置用于设计和装配流程的主车辆坐标系。当然，也可以结合不同的定位方法。为了避免在设计过程中出现问题，在项目计划中预先明确确定构件位置的策略是非常必要的。

使用约束定位

定位几何约束包括不同类型的功能。第一组是所谓的重合条件，定义两个几何元素的全等对齐。这可能与两个圆的同心或两个旋转曲面的同轴度有关（如钻孔的装配螺栓）。此外，重合条件恰好覆盖了同一个地方两个几何元素的位置

（例如两点或两平面之间彼此对齐）。对于两坐标系重合约束的应用包括原点的布置和坐标系定向的关联。

第二组称为偏移条件，能够用两个几何元素之间的距离对其进行定位。在考虑方向向量的情况下，这些条件应用于点、平面和平面曲面上，定义距离方向。第三组，在角条件下，包括在平面或线之间创建角度。这两种情况下，元素之间的方向角必须明确定义。在两条线的情况下，必须确保相应的线相交于一点。软件使用偏移条件定义平行元素。

为了在三维 CAD 工作空间内定位构件和模块，必须清晰定义参考元素。在空间中定位可以通过设定至少一个固定件来完成，这就表示了后续进行的几何装配过程基础。这个固定件在空间中应该明确定位且不需要再次定位，避免在以后的步骤中出现组件和子组件的定位问题。现代 CAD 系统为几何固定件的定义和刚性结构组合的创建提供了特定的功能。

图 4-49 是用于曲柄连杆机构模型装配定位约束的典型应用。左边显示单个部件，而右侧显示装配后的曲柄连杆机构模型。在这个例子中，机架是固定参考元素。其他所有构件均使用基于装配逻辑顺序的重合约束和偏移约束来布置。按图所示结构布置元件，曲轴仍然有旋转的可能性。因此，曲柄连杆机构是可以让活塞沿着气缸轴线做平移运动的。

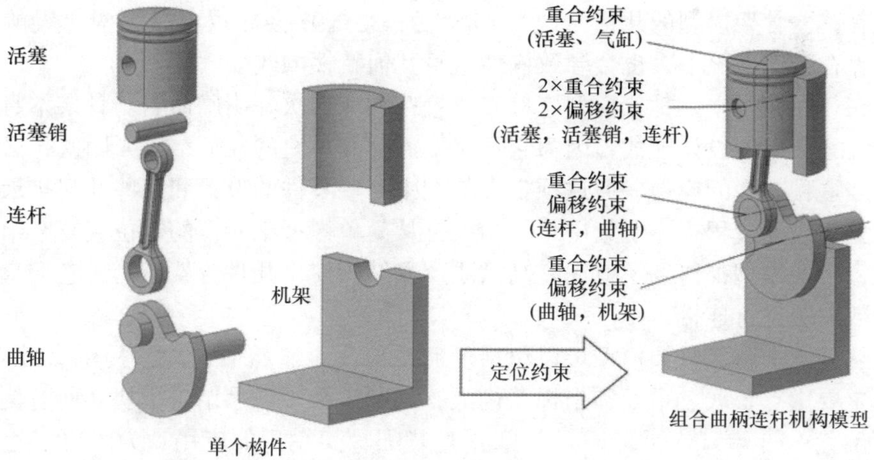

图 4-49　用于曲柄连杆机构模型装配定位约束的典型应用

图 4-50 是用于曲轴和轴承座装配的同轴度约束及偏移约束的详细视图。第一步，用重合约束（同轴度）使曲轴的轴与轴承座的轴 b 同轴。第二步，定义曲柄端面的轴向位置，它使用偏移约束的方法，定义在平面 ε_1（曲轴）和 ε_2（机架）两平面之间的距离。该定位方法不限制曲轴沿其轴线 a 旋转，所以在后

续步骤中可以使用这个自由度仿真曲柄传动机构。

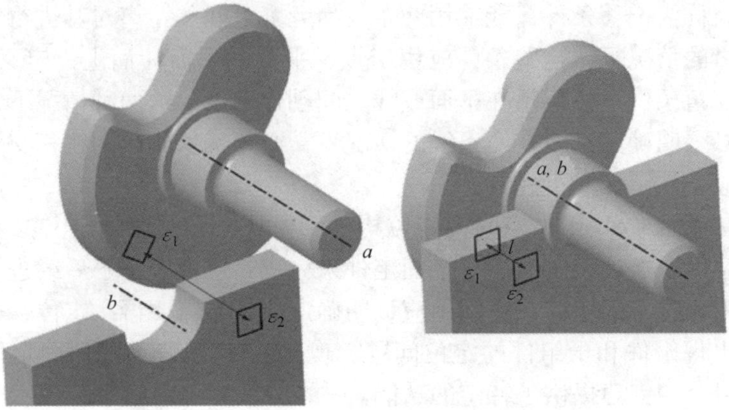

图 4-50　用于曲轴传动机构模型装配定位约束的典型应用

使用骨架模型定位

骨架模型是产品结构中的单独一部分，能够有效地定位和控制其他构件和模块。定位过程通过施加约束完成，然而此约束不是在相应的组件和模块之间定义的，而是将每个元素与骨架模型连接起来。用这种方法，所有定位约束都与骨架模型有关。骨架模型的几何修改（如长度和距离）会导致产品结构位置的几何修改。在特殊情况下，也会导致构件本身几何特性的改变。

在产品结构中，骨架模型应首先放置在相应层次并明确命名。骨架本身并不是传统意义上的设计模式，因为它不包括零件或模块的几何结构。因此，必须单独管理这种类型的模型。通过预定义装配中一些零件的位置和某些几何扩展，骨架模型为设计过程提供了集中化的功能。从简单模型中元素的定位到复杂组件的管理，骨架模型都得到了应用。高品质产品结构使用几种骨架模型，它们直接通过参数关联进行连接。

从理论上讲，骨架模型可以包括任何几何元素。然而，为了提供有效安装，它们主要由点、线、平面和坐标系构成，共同定义了产品结构模块和所有构件的几何位置。图 4-51（见彩插）是摩托车装配骨架模型的应用。为了更好地可视化，骨架模型的几何元素显示为红色。在这个例子中，骨架模型只包括线条和平面。这些线条和平面定义了安装在主体——摩托车车架上的所有构件位置。除了定位功能，车架本身结合参数关联设计方法与骨架模型相联系。因此该车架的主要定位（如转向角度、摆臂的安装位置或悬架位置）可以通过调整骨架模型来修改。

图 4-51　摩托车装配的骨架模型元素

采用主坐标系定位

在汽车整车开发中，采用主坐标系来定位构件和模块的方式已经有许多年的历史。通过加载相应的元素到产品结构中，该方法支持高效创建复杂组件。定位过程自动完成，因为所有与主坐标系统有关的组件和模块都设计在恰当的位置。在此方法中，所有元素都自动处于 3D 工作空间中的正确位置且彼此相关。该方法的优点是显而易见的：因为每一个元素都放置在一个主坐标系中，不需要进行单独的定位。产品结构中构件和模块的管理是精简的，因为元素之间没有额外的关系或连接。一般来说，会生成一个非常稳定和安全的数据结构，可以相对容易地由 PDM 系统管理。缺点是在以后的设计变更或几何调整中处理起来非常复杂。在这种情况下，产品结构的每个元素必须移至新的位置，这需要大量的工作。此外，该方法禁止构件间有任何逻辑或几何方面的关联，这也是目前最先进的模型参数关联设计过程。在此方式下，由于产品结构数据连接的限制，现代 CAD 系统的全部潜力还未能完全加以开发。

一般来说，用户可以定义车辆的主坐标系位置。但在大多数情况下，主坐标系定位在前轴的中部。因为使用右手坐标系，x 方向指向背面，y 方向指向（行驶方向的）右面，z 方向指向车顶。这个所谓的设计坐标系与标准汽车坐标系在其位置和定向方面有所不同，标准坐标系放置在整车的重心（根据 ISO 70000[5]

或 SAE J670e[6])。由于具有整车相关模拟和计算程序的优势，一些 CAE 过程使用的是汽车标准坐标系。对于设计和常规标准坐标系，这就使得在主坐标系之间转换坐标变得十分必要。

在产品结构中，主坐标系统代表设计过程的起点和构件定位的基准定向。每个放置在主产品结构中的构件和模块把自己的主坐标系作为参考元素。设计过程本身就是利用不同的额外坐标系和线框元素完成的，但这里都是指主轴系统。在装配过程中，所有元素的主坐标系相互对齐以到达正确的位置。

图 4-52 是典型的重型货车模型的整车装配。在前轴中间，整车模型有其主坐标系 x_0，y_0，z_0。所有主要模块的位置都跟这个坐标系有关。在这个例子中，有自己参考坐标系 $\bar{\bar{x}}$，$\bar{y}$，$\bar{z}$ 的后轴装配是根据主坐标系 x_0，y_0，z_0 定位的。

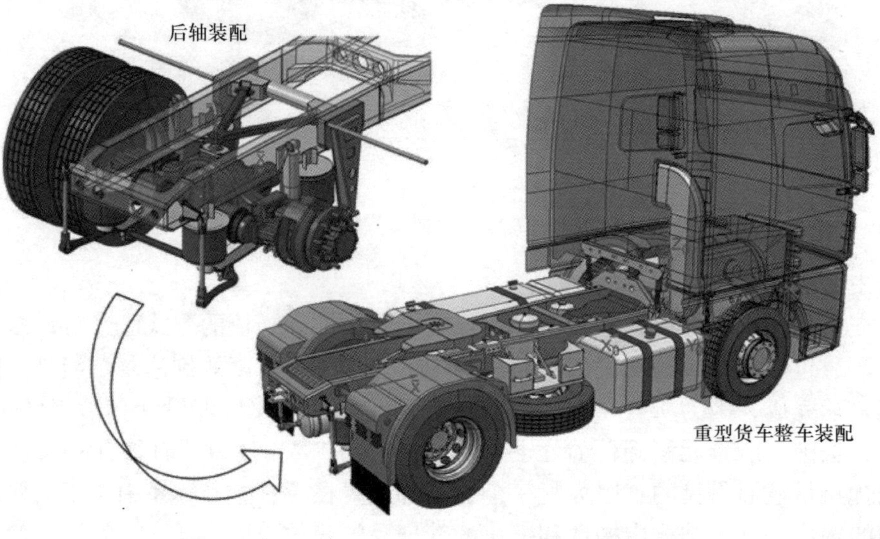

图 4-52　包括后轴装配的典型重型货车模型的整车装配[7]

三种定位方法的优缺点

三种定位方法各有其优缺点。因此，汽车开发过程要结合三种方法实现最优装配。元素数量有限的小组件通常使用定位约束来装配。因为它定义了明确的节点，所以当考虑运动学功能时也应用此方法。然而，在拥有大量元素的大型产品结构情况下，使用约束定位的效率受到限制：连接所有元素的工作呈现几何扩展；元素和约束管理变得困难。另一方面，把骨架模型引入到复杂产品结构中，既保障了众多元素的定位，又保障了复杂产品的结构化。由于各元素的位置和顺序跟相应的骨架模型有关（使用约束），所以高层组件的组织应遵循所应用骨架模型的规则。在设计过程的开始阶段，复杂组件的细致结构化并分割为合理的子模块，为骨架方法的有效应用奠定基础。

最后，与主坐标系统相关的定位具有精简数据结构的优势，这是由产品结构本身所控制的。因为没有几何约束或复杂骨架模型结构，该方法能够很容易实现几乎任何复杂度要求的产品结构装配。然而，受限制的是，每一个元素必须设计在正确的位置。在汽车工程中，主坐标系应用于整车装配情况下构件和模块的定位，其中包括大量的主要模块。主要模块代表封闭单元，它定义了车身、发动机、变速器、悬架等。反过来，这些主要模块又是由一些子模块和组件组成的，它们使用不同的策略来定位（如几何约束在骨架模型应用方面的使用）。

4.5.3 在装配设计中基于几何的连接

在装配设计中，基于几何的连接能够在不同零件之间直接控制几何结构。在设计过程中，几何跨越连接可以以不同的方式进行。由于几何特征复杂的互连性，为了避免潜在的问题，仔细规划和管理连接是至关重要的。现代 CAD 系统支持使用一些函数来创建连接。一般来说，它们可以分为直接几何的推导、几何引用的创建以及适配模型的实施。所有这些功能都是基于相关几何的参数关联关系。这样，初始元素的任何修改也会引起衍生出的几何做出相应的变动。这些所谓的主从关系增加了设计过程的复杂性，但它们为复杂产品模型的有效创建提供了巨大的可能性。

举一个例子，比如一个内燃机的气缸和活塞，包含两个独立的部分，其中每一个都是用直径来描述其特征的。在活塞中，活塞外径定义了活塞尺寸；在气缸中，内径定义了发动机的缸径。对于无故障运行，活塞应恰好贴合缸孔，这意味着两个直径应该有相同的值。在参数关联的设计过程中，活塞的外径可以通过几何连接的气缸内径而获得。在设计过程中如果气缸内径改变，活塞外径将反映出这一改变并自动做出适应调整。

这个简单的例子凸显出在复杂产品设计中几何连接的复杂性。因为产品模型中包含了大量的可以连接的几何特征，使得参数关联的 CAD 模型的复杂性迅速增加，从而导致在修改时其稳定性下降。为了避免复杂性问题，主从关系的实现应该仔细规划，同时组件之间的几何关联应保持在合理的水平。连接的数量越少，模型复杂性就越低，这通常会导致模型具有更高的稳定性。然而，这种技术对设计过程的改进提供了更大更多的可能性，并因此在未来复杂机械产品的设计中显得越来越重要。

基于几何的互连能够连接不同零件，这样对一个零件的修改将会自动导致对另一个或一些零件做修改。此外，这些功能用于确定相关部件之间的相对位置，同时在三维工作空间内进行几何推导。当应用几何互连时，重要的是要考虑所涉及部分（零件）的综合相关性。如果几何元素的导出和捆绑定位策略的创建

（约束或骨架模型）应用于相同的构件，问题将会出现。

除了几何从属的参数关联推导，现代 CAD 系统还发展了无关联几何。无关联几何代表了没有被参数化定义且与其他任何几何对象无关的元素。这些元素作为参考元素使用或用于表示在参数化关联模型结构下的独立几何结构。在一般情况下，几何元素的所有类型（即线框、曲面和实体模型）可定义为非参数化的，但现代设计方法中这种类型几何结构的有限可能性也限制了其在 CAD 中的应用。在汽车工程中，一些指南规定了在基于几何的连接或不同零件间几何推导情况下无参数化的几何应用，以此来减少模型复杂性和避免在复杂产品结构中出现不必要的相关联。在这种情况下，所有的外部几何引用是没有参数关联连接的。来自外部源的几何形状被快速冻结，且不能进行参数化修改。这些几何元素导入到相关部分的设计环境中，然后用于进一步的设计步骤。如果这些冻结的几何图形被修改，它们必须再次从供应部件中输入。

图 4-53 是采用直接几何推导方法将外部几何结合到零件设计上的示例。部件 1 是一个简化的内燃机气缸，部件 2 是相应的活塞模型。以控制活塞直径为目标，从部件 1 提取出气缸曲面并导入部件 2。在部件 2 的环境下，用导出的气缸曲面作为参考将活塞设计出来。如果修改了气缸直径，活塞模型中相关的参考曲面也会调整，同时相关的活塞设计也是要修改的。应用的设计方法必须与参考曲面相关，只有用这种方法，修改的几何模型才能保持稳定。应该确保这种行为有确定的适应性范围。在本示例中，活塞模型可以修改的气缸直径范围为 40 ~ 80mm。超过或少于这个范围，会因为几何误差，使活塞的参数关联结构产生更新错误。为了避免在修改周期或优化循环中出现潜在的问题，在规划参数关联模型设计过程中，应包括变化范围。

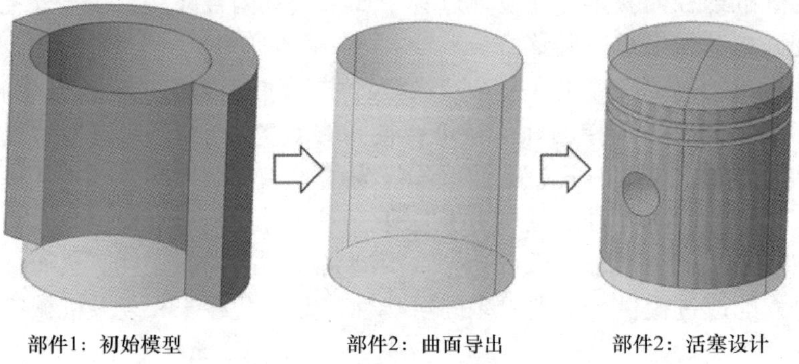

图 4-53　截面几何推导

图 4-54 是在内燃机装配中使用导入几何参考进行设计的实例。示例的发动机配置为铝制缸体、镁制底座的直列 6 缸发动机。整体锻造的钢制曲轴承载着 6

组连杆和活塞。在曲轴的后端，安装了一个飞轮。在曲轴模型的设计过程中，采用了几种气缸体模型上的几何参考来处理曲轴和连杆的轴承曲面定位。通过把特定几何的参考元素从一个模型转移到另一个模型来实现定位。在本示例中，将发动机中心线和几个参考平面导入到曲轴模型作为设计过程的基准。通过这种方式，曲轴中重要构件的位置可以通过曲轴模型直接控制。参考要素从部分到全面的导入在某种程度上类似于骨架模型的应用。类似骨架模型的是，线框元素（点、线、平面等）用来控制几何结构。然而，与将骨架模型运用到装配不同的是，关联参考几何结构的应用一直局限于有关组件。然而，产品结构中不需要单独模型。

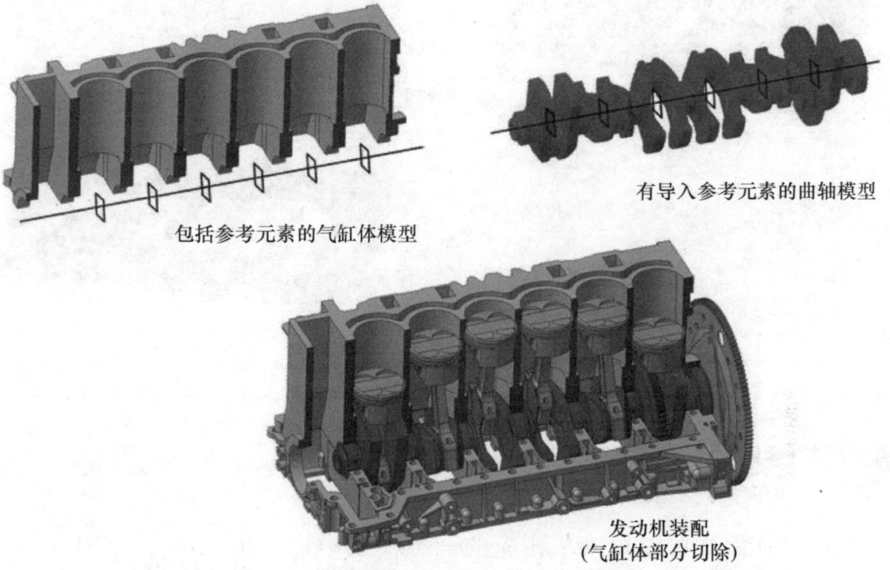

图 4-54　直列 6 缸发动机装配

类似于骨架模型，在装配结构中适配器模型是独立的组件，且能够有效控制一些零件的几何信息。然而，不同于骨架模型的是，适配器模型没有定义组件的位置，而是直接访问组件的几何特征。以这种方式，在装配的分级子结构中，适配器模型作为组件的几何控制单元。适配器模型可以包含不同类型的几何形状（即线框、曲面和实体元素）并可以作为有效的几何构件参与装配。

适配器模型从子协调结构中汇总几何数据，并通过公布预定义的几何元素为后续过程提供这些信息。总的来说，它们是用来控制有关零件中的几何要素的，但也可以参与构件的定位和设计过程的结构化。

图 4-55 是发动机零部件设计过程中一个适配器模型的应用示例。在本例中，适配器模型包括曲轴轴承装置的密封法兰的几何信息。此几何信息提供给轴承装

置的两个有关组件——气缸体模型和底座模型。在装配时，将气缸的下法兰用螺栓连接到底座的法兰上。适配器模型是定位在这两个组件之间的，并且定义了法兰的几何拓展。由于两个相关法兰与适配器模型有参数化的连接，气缸体和底座的法兰几何形状应彼此完美地结合。修改适配器模型中的法兰几何形状会导致相应组件的调整。

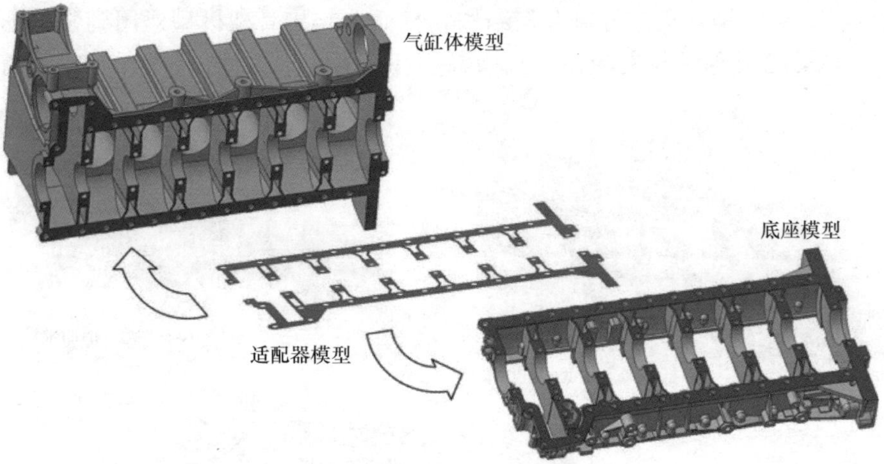

图 4-55　发动机设计中适配器模型的典型应用

4.6　二维图的导出

现代 CAD 流程可以直接从相应的三维模型中推导出二维图（2D）。二维图样作为生产文件，应用在不同产品特性的开发和评估中，当然也应用在生产车间的施工图中。从三维 CAD 数据中导出草图是通过创建视图和截面来完成的。此外，特殊功能能够为额外的辅助性几何图样创建二维几何结构，但这些工具并不是设计用来手动创建二维图样的。

一旦创建了视图或剖面，它们便可以用于标注尺寸、公差标注、附加信息的应用和文本框等。现代 CAD 系统为有效创建平面图样提供了一些工具，包括框架、标题栏、物料清单（BOM）和其他所有标准化的二维文档元素。除了有效支持图样创建，不同的操作使标准化产品特征的自动化应用成为可能，如尺寸的应用和调整，标准的定义和重量、体积及其他相关信息的计算。除了本地数据格式，中性数据格式的不同类型用于图样数据的交换，包括图样文件互换格式（DXF）、二维初始图形交换规范（IGES－2D）、附言（PS）、便携式文档格式（PDF）等。

近年来，这种趋势向三维公差和标注的方向发展，它们把完整的产品相关信息吸收进相应的三维 CAD 模型中以避免出现额外的二维图样。尽管这一趋势在未来几年会继续，但完整的三维产品描述的应用程序将限制在产品的特定领域中，允许进行统一的数字产品和生产描述。在手动工作步骤部分介入工程过程的这种情况下，二维图的导出将继续是一项有吸引力的技术。

图 4-56 是从三维活塞模型中导出二维视图和截面的示例。图样包括了一些用于制造的尺寸和注释。用于生产的完整图样会包括一些附加信息（如材料、特定的曲面处理信息、零件号）。这些数据显示在附加的标题栏和/或物料清单中。

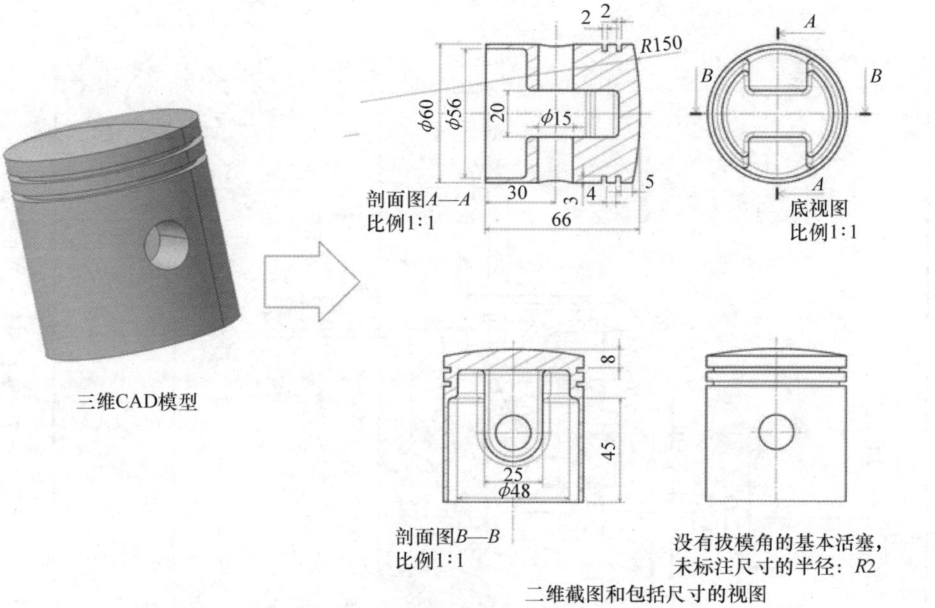

图 4-56　从三维模型中导出二维视图

图 4-57 是包括不同类型信息（如尺寸、公差、曲面处理）的二维图样的实际例子。这个图样是摩托车气缸盖图样中的一个，已经开发完成且准备用于成批生产，显示了与制造相关的二维尺寸的复杂性。

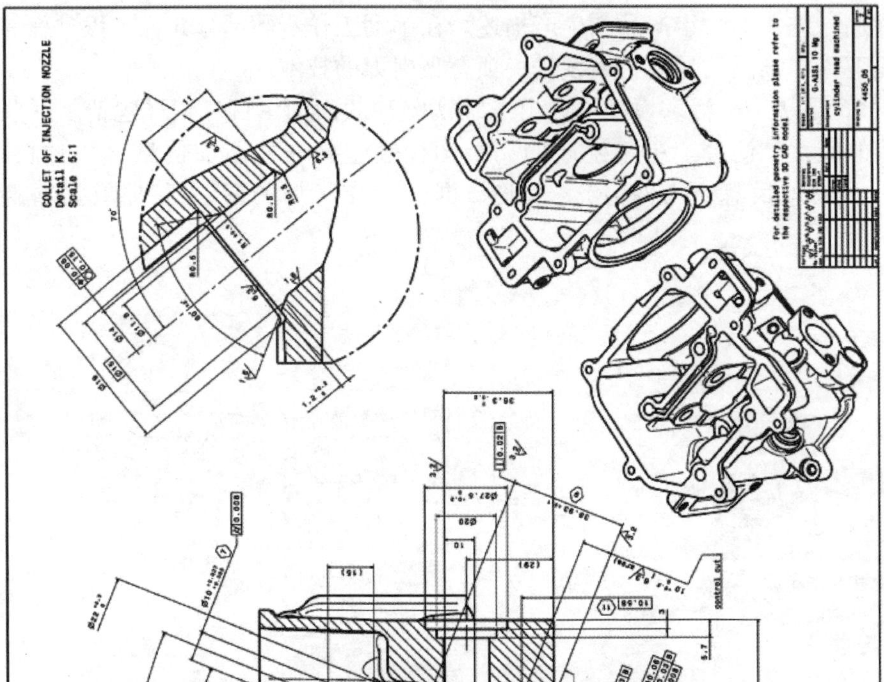

图 4-57 摩托车气缸盖的详细图样

参 考 文 献

1. SFE - SOLUTIONS FOR EXCELLENCE, Gesellschaft für Strukturanalyse in Forschung und Entwicklung mbH/SFE CONCEPT: date of access: 2010–07-01. http://www.sfe-berlin.de
2. Dassault Systems: CATIA V6. Date of access: 2009–11-10. http://www.3ds.com/products/catia
3. Parametric Technology Corporation: date of access: 2010–04-29. http://www.ptc.com/products/proengineer
4. Siemens PLM Software: date of access: 2010–04-29. http://www.plm.automation.siemens.com/
5. International Organization for Standardization: Road vehicles, vehicle dynamics and road-holding ability, vocabulary. ISO 70000 (1994)
6. Society of Automotive Engineers: SAE Recommended Practice: Vehicle Dynamics Simulation Terminology. SAE J670e (1952)
7. Stadler, S.: Aerodynamische Optimierung von Fernverkehr Sattelzügen. Diploma Thesis, Graz University of Technology, Austria (2010)
8. Korman, M., Hirz, M., Kirchberger, R.: Low Emission High Performance 4 Stroke Scooter Engine - PartII. In: Research Report at the Institute for Internal Combustion Engines and Thermodynamics at Graz University of Technology, Graz (2006)

第5章　基于知识的设计

作为知识管理体系的一部分，基于知识的工程注重方法和工具的技术导向，以此为产品开发提供支持。基于知识的设计的重心在于产品的设计及其相关的应用程序流程。从本质上讲，基于知识的设计通过重复使用预定义的方法、算法或结果来支持设计流程。并且，基于知识的设计通常会集成到设计过程中的特定任务或工作流程中。另外，与知识相关的设计方法和工具通常包含开发公司特有的信息和知识，所以保密至关重要。本章将重点讨论如何将基于知识的方法和工具集成到产品设计过程中，而知识、知识的管理以及相应的策略及系统则在第6～9章中详细介绍和讨论。

将具体的基于知识的工程解决方案应用于现有项目环境中的顺序是输入、（部分）自动化开发过程和输出。在很多情况下，输出通常能够为其方法或工具应用范围的扩展提供新的信息。在设计过程中，先前产生的知识（经验）的再应用以及自动化程序的应用将会大大提升产品开发效率，显著降低开发投入。

基于知识的设计方法和工具包含固定或可变的几何数据，并将计算和仿真程序仿真流程嵌入集成到设计过程的集成中，或者是以问题为导向的集成至设计环境的软件解决方案的应用。有时还会在设计环境中调用一系列的问题导向的软件解决方案。基于知识的设计能够将现有的、成熟的解决方案适用于特定的任务，这是其优点，但是其缺点也必须承认。例如，其应用首先需要创建模板模型、算法或程序序列，另外还需要持续维护并不断更新程序才能使其跟上目前最新的发展水平。另外，在一些情况下，使用先前创建的解决方案来生成新的知识模型可能会抑制其潜在的创造性。特别是重复利用现有的几何模型会在多个方面影响设计，而且可能阻碍新的优秀方案的开发。不过，从长远来看，基于知识的设计在产品开发效能方面的潜力肯定是远远超过其弊端的。

基于知识的工程应用既可以用作独立的软件解决方案，也可以集成到相关的设计或模拟软件中。该领域现今的发展趋势是直接把解决方案集成到CAD软件中。这些解决方案可以利用设计环境的现有功能，也可以包括一些专门创建或程序化的个性功能。除了几何建模任务外，基于知识的应用程序还可以提供新的功能，将以前通过独立的计算或模拟软件才能实现的功能集成起来。例如，集成计算算法就可在考虑负载条件和材料特性的情况下预先计算机械部件的尺寸。再如，运动机构可以集成到设计模型中，从而为可移动机械部件的布局以及运动特性和空间要求的计算提供便利。

基于知识的设计功能强大、应用广泛，因此其在相关文献中的定义也不尽相同。一方面，在设计过程中，基于知识的设计始于几何对象的参数化。另一方面，在设计环境中，基于知识的设计需要建立广泛的、问题导向的仿真算法，表现出向复杂软件应用转变的趋势。

这样一来，不同类型的基于知识的设计方法和工具就为特定的任务的处理提供了条件。图 5-1 展示了不同类型的基于知识的设计应用。按照创建和维护所需投入的精力以及复杂程度的不同，这些应用可分为不同的类别。刚性几何模型一般包括多种类型的二维或三维非参数几何模型。这些模型在数据库中可以重复使用。

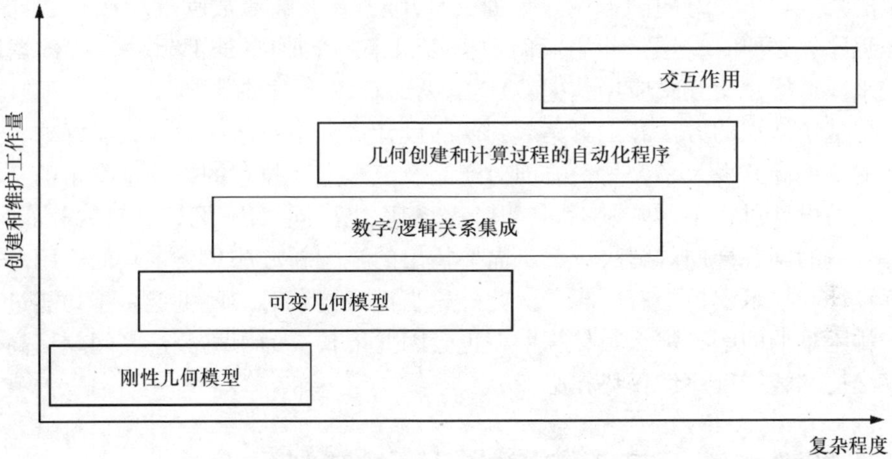

图 5-1　不同类型的基于知识的设计应用

刚性模型一般是以前开发项目的组件或标准化组件。这类模型在原生或中性数据格式中均可获得。由于刚性模型是沿用件或简单的标准组件，所以其创建和维护工作简单，仅限于组织任务和数据提供。可变几何模型，也称模板模型，包含了为实现各种几何特征的几何驱动参数的预定义配置。

除了针对产品的形状及功能开发的几何相关设计工作外，可变模板的创建更为复杂。另外，可变几何模型包括对几何定义参数的参数控制，该功能开放给用户编辑。模型结构中还需考虑预期的变化范围，以此确保可变几何模型的稳定性。以上这些在一定程度上会增加模型创建和维护的工作量。

通过使用公式、法则、反馈或检查操作，数学或逻辑关系就可以整合到可变几何模型中，这样，可变几何模型在辅助几何体创建方面的潜力就更加明显。参数的逻辑关系和数学组合定义了设计模型的维度，还通过输入参数扩大了对几何的控制。除了几何特征，设计过程中还可以完成其他参数（材料、重量计算等）的自动计算。几何创建或程序计算的自动化程序则可通过集成脚本来实现（如 Visual Basic 的应用程序（VBA）脚本）。这些集成脚本是根据逻辑软件开发的要求进行配置的。

这些程序的实施遵循输入、处理然后输出的顺序。其中输入部分是基于输入参数或几何输入元素的定义进行的，处理部分可以包含自动计算序列或几何元素的自动生成，而输出部分则显示计算结果及创建的几何元素。自动化程序通过模板模型实现，它需要维护和更新。与 CAD 模型中的自动化程序不同，交互式应用在其应用的设计软件中得以程序化，因此它由实际加载的几何模型单独提供。

交互式应用为特定的任务提供以问题为导向的软件解决方案。这些软件解决方案的特点在于友好的图形用户界面（GUI）、专业的参数管理和综合的计算或模拟程序。必要时，还会使用双向数据接口来将 CAD－外部软件包或数据库集成进来。这样，交互式应用就把 CAE 集成到 CAD 程序中了。

把基于知识的方法和工具集成到产品设计过程中对产品设计大有好处，这一方面能够提高开发效率，另一方面对产品及流程方面技艺的提升也有帮助。在基于知识的设计过程中，阶段不同，其复杂程度也不同，因此我们应根据实际情况选择合适的问题导向的解决方案。需要指出的是，新方法和新工具的应用总需要在其设计和技术支持上有所耗费。此外，当模型复杂时，还可能由于功能过度出现安排困难的问题，那么其计算周期也会因此增长。为了避免这些问题，高效的程序结构和智能程序编程势在必行。

5.1 参数化——基于知识的设计的基础

几何和模型结构中的参数化操作为基于知识的设计方法和工具提供了重要基础。第 4 章对参数化设计方法及应用实例作了详细介绍。总的来说，几何对象的参数化实现了几何与其定义参数的分离。这样一来，除了对几何特征的直接访问外，我们也可用其他参数来计算或建模。设计过程中，我们可以通过特定的功能访问所有参数，操作十分便捷。这样，参数结构可分为不同的部分（如输入参数部分、驱动几何参数部分，以及计算参数部分）。

图 5-2 为利用维度参数控制参数化几何形状的实例。如图所示，参数的修改可以引起相应几何的变化。几何元素的参数化也不仅限于三维模型。依靠 CAD 软件所提供的功能，二维模型（如草图）也可以通过类似的结构实现。复杂的参数模板模型可以将各种各样的高度复杂的几何元素包括在内，其中也包含大量

的参数和关联。为了避免出现复杂且低效的模型结构，这些模板的参数均需认真配置。

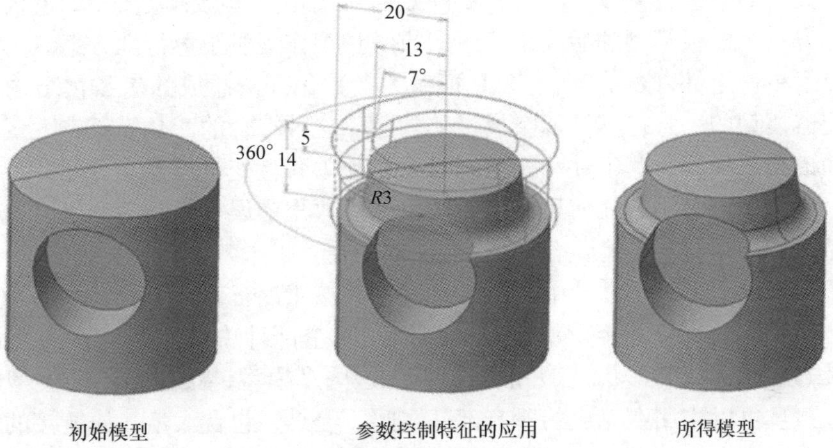

图 5-2　回转槽的参数化设计

对图 5-2 中的例子，图 5-3 提供了一个可行的参数化配置策略。该策略允许

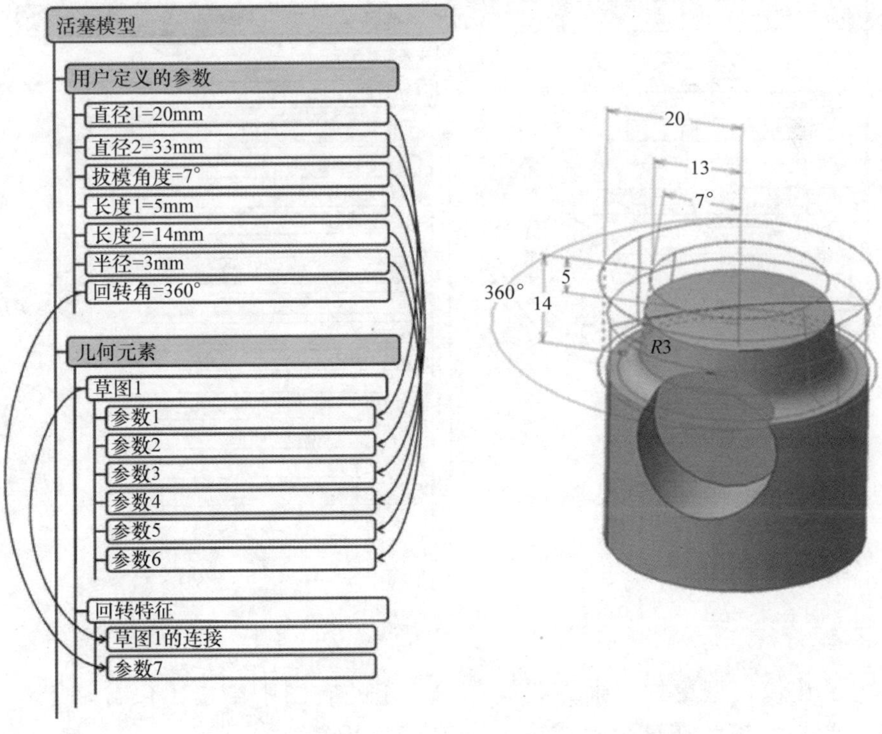

图 5-3　用户定义参数在几何控制方面的应用

用户对一系列的预定义参数赋值，而这些预定义的参数与那些用于定义相应几何元素或功能的标准 CAD 参数相互连接。这样，活塞的模板几何就可以通过改变用户定义的参数进行修改了。这种将高效的人性化操作与清晰安排的模板结构相结合的方法为模板模型的后续重建改造或维护工作提供了可行性方案。

除了单一组件（部分）的 CAD 模型的参数化外，总成的参数化结构与框架及适配器模型的结合还支持复杂模板的构建。这种综合的产品模板由大量独立的组件和模型组成，这些组件和模型逻辑上相互关联且变量可控。另外，为了方便用户，避免循环引用、几何尺寸过度约束和参数化错误等问题的产生，这些复杂的产品模板还需有序安排，合理连接。

图 5-4 展示了组装设计中两种最常用的链接策略。基于几何的关系（左图）是以几何元素的直接链接为基础的（例如在一个部件中使用凸缘作为驱动几何来定义第二个部件的形状）。一般情况下，这些多模型链接包括不同类型的几何链接，并且可以应用在总成的所有部件之间。但是，包含大量几何链接的复杂装配结构，往往会产生混淆，或者超载。一旦出现，其关系就很难理清，该模型也难以继续使用。因此，复杂产品模板模型的参数化需以清晰的结构为基础，另外，其中的模型必须足够稳定和人性化，以便于重复使用。

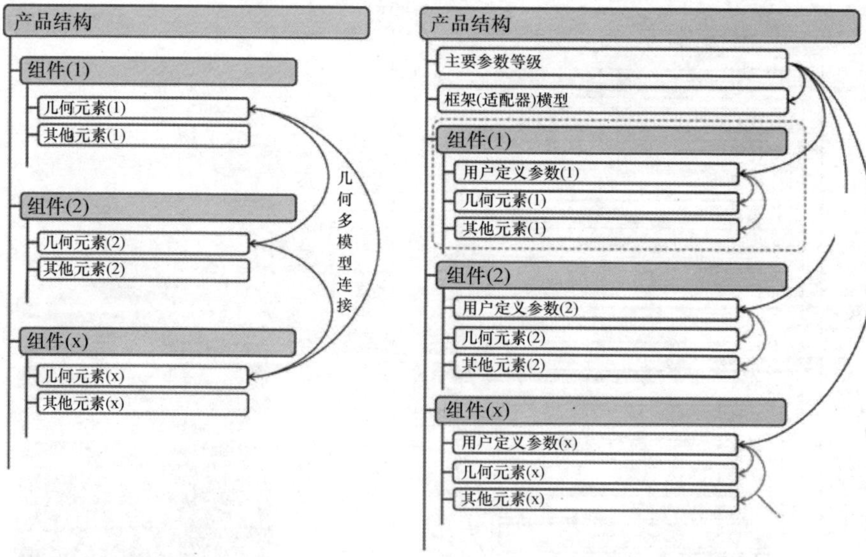

图 5-4　装备设计中的链接策略

为了让该模型更加清晰，我们在图 5-4 的右图中给出了包含基于参数的关系的产品结构。在这个总成中，参数控制机制替代了直接（几何）链接。

主要参数等级包含一系列用户定义的参数，该等级作为输入框使用。这一等级上的参数与模块或组件级上的用户定义参数相对应，且互相关联。如图所示，在模块级中，子组件结构配置相同，其中主参数级的参数由其上一级提供。在组件级中，参数化配置遵循图 5-3 中所示的策略。复杂的产品模板也可包括框架及适配器模型，用来定位元件或定义上一级的几何特征。这些模型的参数化配置遵循主要参数级的策略，以此为每个组件提供特定的用户定义参数。

5.1.1　外部参数控制

为了使工作程序既方便用户又能够高度自动化，现代 CAD 软件增加了内部参数外部控制的功能。通过一个与电子数据表或文本处理器连接的接口，用户就可以从外部控制那些用来驱动 CAD 模型几何的参数。图 5-5 就是一个外部几何控制过程的例子。该例中，CAD 模型中用户定义的一系列参数就是通过含有预定参数结构的数据表进行赋值的。

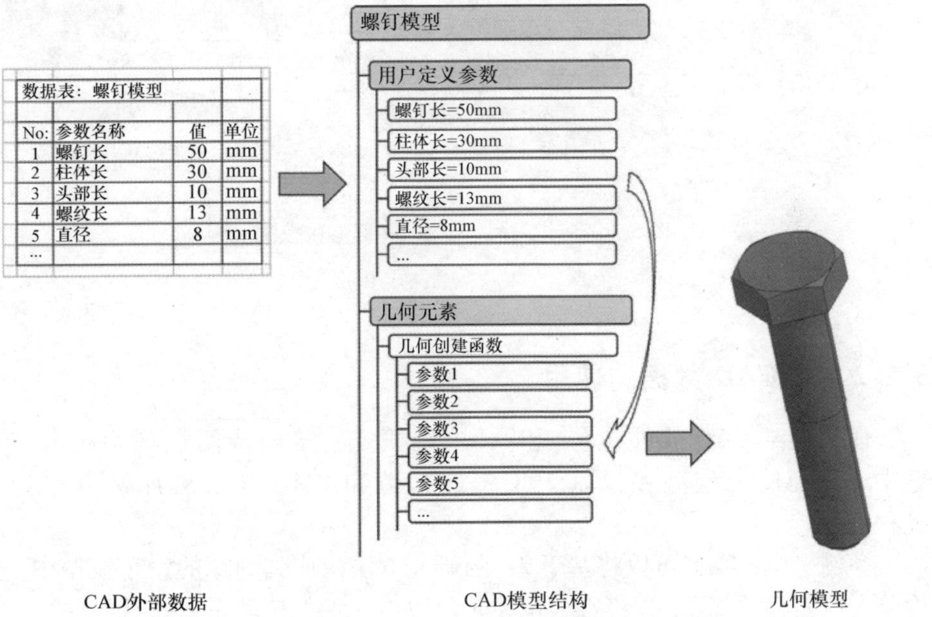

图 5-5　简单几何的外部参数控制

以上特点使用户可以在数据库中完成对设计相关参数的定义。另外，数据库也可集成到三维 CAD 模型中，用来控制几何相关参数的功能，这样就可以通过外部数据采集器中确定的数值来控制 CAD 几何模型几何了。外部数据库独立于 CAD 模型，可以不受约束地将其他应用程序的功能集成其中，为设计服务。现有组件中基于几何的数据存储不一定要与 CAD 系统相连，也可以连接到外部数据采集器上。在设计过程中，可以随时选择所需数据，将其加入三维 CAD 模型（图 5-6）。虚拟模型中不受外部数据链控制的所有几何数据可以在设计过程中随时进行修改。如果商用电子表格软件包里包含了外部数据收集器，那么附加的数学连接关系和功能就完全可以不受 CAD 系统约束，独立运行并为模型中几何参数的控制准备数据流了。

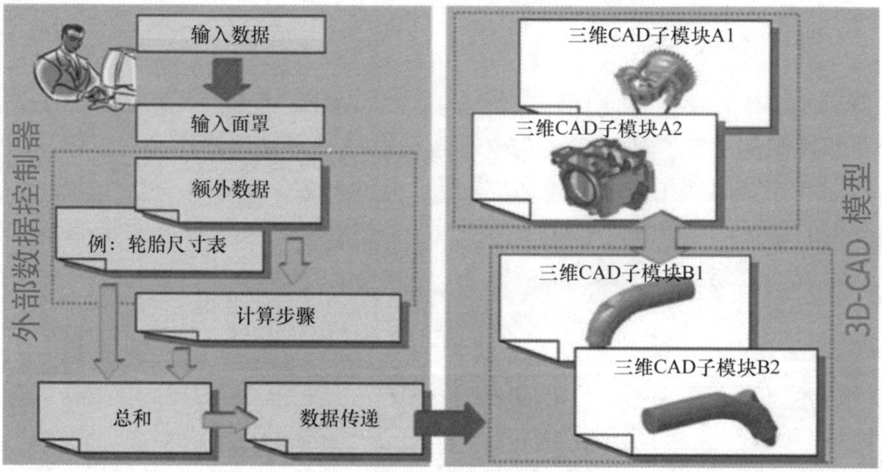

图 5-6　三维 CAD 模型的外部参数控制过程

5.1.2　非 CAD 数据的使用

现代三维 CAD 软件包将图片、二维研究、草图或图样等均纳入三维模型中，从而使工程型建设基于工程的构造和 DMU 开发更加接近造型工艺过程。

举例来说，我们可以将基于 2D 的研究方法集成到虚拟的汽车模型中，用于检验人体工程学观点（乘客）、包装布置边界（例如传动系或底盘部件）或基础的基于法规的影响（例如，安全和碰撞法规）。先进的设计软件包可以提供由二维草图生成三维曲面的功能，这样就可以对汽车的三维 CAD 模型进行直接的研究分析。在提供三维硬件（样式研究、黏土模型或缩放模型）的情况下，扫描或测量数据也可以直接导入到 CAD 软件中，为表面生成过程所用（图 5-7 和图 5-8）。

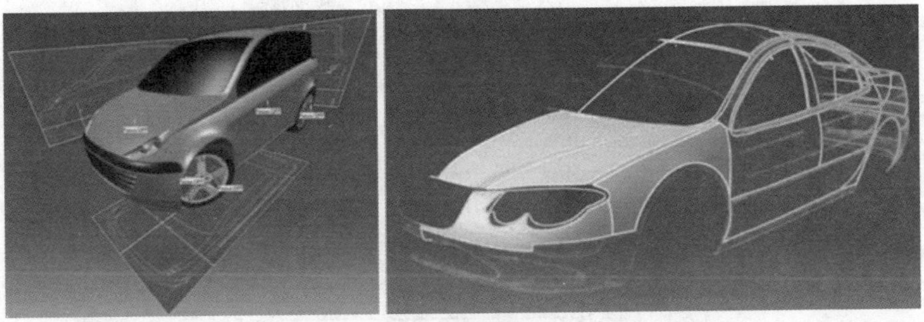

图 5-7　基于草图和基于测量点测量的表面创建实例

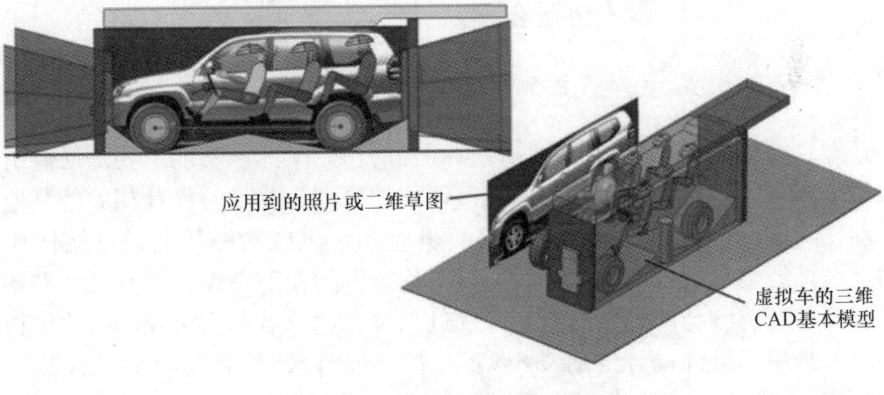

图 5-8　三维模型和图片的组合

5.2　使用模板模型的知识集成

模板模型是一种典型的主模型，它可以集成到开发过程中。因为模板是反复利用的，因此其中会包含特定的过程性知识。通过这种方式，模板模型还可以把之前的开发项目中得到的知识信息传递到当前的产品创造过程中，为其所用。基于模板的开发方法应用于各种领域（如设计、仿真、软件开发）。本书讨论的重点为设计过程。在该过程中，现代 CAD 软件可以利用设计模板实施计算和仿真程序，从而实现了 CAD 和 CAE 的集成。因此，我们可以将模板模型视为预设计的模型结构或几何模型，其用途可以通过附加功能的补充而逐步完善并增强。

图 5-9 对 CAD 模板进行了分类。如图所示，流程模板支持不同类型流程（如生产工程或成本计算）的开发和管理，产品模板着重于产品开发，其中包含支持设计相关任务的各种知识。产品模板可进一步分为结构模板、几何模板和功能模板。

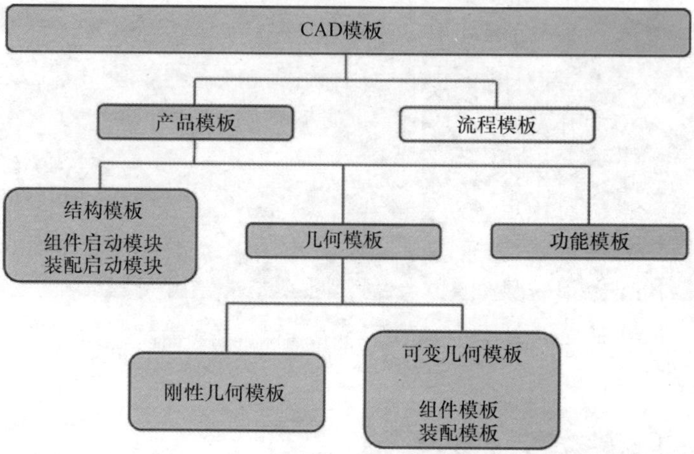

图 5-9　CAD 模板的分类

其中，结构模板用于内部设计模型配置的预定义。该功能主要是通过引入启动模型来实现的，启动模型规定了几何创建的序列，并且与设计相关的其他方面和自动化功能（例如，质量计算、表面积计算）集成为一体。通过结构模板的应用，设计规则和规范在整个开发项目中均能得到充分考虑。尤其是在需要大量的工程师和部门参与的复杂的产品开发过程中，这一点尤为重要。结构模板有两种，分别是用于组件设计的启动模型和用于装配设计的启动模型（详见 4.1 节和 4.5 节）。在整个产品开发过程中，装配启动模型对组、模块和组件等进行预定义从而实现对产品结构的定义，最终生成预定义的产品结构。复杂产品的开发通常涉及多级操作，形成一个多层面的装配结构。例如，一辆汽车的组装启动模型可以分为五大类，即车身、车厢、内饰、电气和传动系统。其中，传动系统可以进一步分成几个模块（如发动机，变速器和轴）。而发动机模块又可分为许多子模块，如缸盖、机体、曲柄连杆、冷却系统等。这样复杂模型就分解成了单独的组件或小模块。高装配模型配置复杂，对其的合理做法是将模型结构与工程数据管理系统（EDM）直接相连，才能为高效的数据管理提供支持。在汽车开发中，装配启动模型大同小异，因为相同级别的汽车类型的结构几近相同。这样，我们就可以将不同的功能模块集成，为不同类汽车的设计过程提供支持（例如自动加载 DMU，自动冲突分析，大规模计算过程或材料清单（BOM）的组织）。

几何模板可分为刚性几何模型和可变几何模型。对于刚性几何模板而言，对其模型的直接访问不能改变其几何。这类模板通常无法通过常规的参数化关联设计方法建立，也不包括用于创建几何的强化功能。一般情况下，刚性模板以原生数据格式存在，这就限制了它只能在特定 CAD 环境中使用；有的也采用中性数据格式使用，这样其应用范围就得以扩展，不受特定软件的限制。这种类型的模板可用于沿用件（COP）的表征。沿用件在之前运用的（汽车）模型中成型，并会集成到新的车辆中（如发动机、悬架部件）使用。除了三维部件，该类模型还利用二维模型来对设计或参考部分进行定义。刚性模板的一个主要优点是它们易于在不同类型的开发周期中再生和重复使用，其数据管理也相对简单，这是因为它们和其他组件、模块或装配之间没有关联。

可变几何模板是对预定义的组件、模块或装配建立的模型，其中包含支持设计过程的功能。几何形状与其深层参数是分离的，因而模型的定义相当灵活，通过改变参数值就可以很容易地进行修改。这些高度可变的模板包括所有的结构信息和几何信息，这些都是通过输入参数来控制的。这些模板的几何创建过程具备通用性，这样在改变长度或距离的情况下模型的稳定性也不会受到影响。值得注意的是，在可变模板模型的生成过程中，其参数值的可能范围以及所创建几何的灵活性均需满足预期应用的要求才行。参数的数学连接以及对输入值范围的合理控制也很重要，它们为许多标准组件的可扩展模板的定义提供支持。模板组件的每一种变化形式均体现了基本模型的某种变化，包括相同的设计方法和规则。通过这种方式，可变模板为专业知识的收集提供支持，并将专业技术整合到设计过程中。

可变模板的应用涵盖了产品设计的多个领域。这类模型既可能简单，也可能复杂。简单的模型如简易几何模型（例如标准件）仅靠要求的尺寸就可进行模型的调整。大众化的应用程序注重行业特定组件的重复生产，这其中也包括关于造型结构和产品特性（如生产相关方面的考虑）知识的多次应用。在可变模型中，几何形状可以通过输入有关维度参数进行调整，即维度参数决定几何模型的维度。这种类型的模板如活塞模型、齿轮和不同类型的轴等。在某些特殊情况下，可变模板模型可用于预定义几何的创建序列。该类模型保存在库中，可在不同类型的应用程序中重复使用。这些所谓的强大副本功能支持标准几何模型的快速高效创建及反复调用，并且还包括可变几何的功能。这类应用在汽车车身设计上有多处体现，如接缝、鸟啄、凸缘几何等。

除了组件，可变模板模型还包括另外的部分。这些部分（可变的）在装配结构中组织。这样，可变模型中几何的特征、定位和结构配置等就都变得更加灵活。对复杂可变组件模板而言，其不同模型结构的控制和连接由框架模型或适配器模型提供支持。如上所述，模板的组装须做到结构清晰且有逻辑性，从而避免由于模板的复杂而引起应用的麻烦。我们可以将参数结构整合到所用的 EDM 系统中，这样就可以直接集成所需的自动化功能了。这样，可变装配模板就可以为产品的概念化开发提供大力支持。综合性的可变产品模型可以包括高层次的细节，从而把以前项目的技术知识融合进最初的概念研究、多样研究以及几何优化周期等方面。

最后，CAD 环境中的功能性模板还包括特定的、问题导向的计算和模拟程序，可用于产品开发的不同领域（例如设计和尺寸标注，生产工程，成本计算）。功能性模板既可以作为特殊的程序独立存在，也可以集成到模拟或设计软件中。以 CAD 外部软件为例，在集成数据接口的帮助下，数据既可以从计算过程传输到设计过程，还可以反向传输。该策略从简单的计算到集成的软件解决方案的各个环节均可应用，这就形成了复杂的产品布局布置。在许多情况下，功能性模板会被集成到开发过程中，用作问题导向的工具。还可以将它们嵌入可变几何模型中，进而集成到 CAD 模型的（现有的）参数结构中去。这样一来，我们就可以利用明确的参数化策略支持设计和计算周期之间的高效数据传输了。可变几何模板和功能模板在同一个数据结构中结合，这就为产品开发高效工具的创建提供了方便。这些工具集成了可编程的功能和算法，因而就成为先进知识的载体，其中也包含公司的专有技术。以下几节将举例介绍汽车开发中集成模板的创建。

5.2.1 基于模板库的设计

作为传统模板方法的升级，基于库的设计方法更有利于知识相关模型的配置。知识相关模型由不同的预选参数模块组成，这些模块可以从三维 CAD 模型数据库中导入。该设计方法支持快速、有效地生成概念几何，并能在生成过程中充分考虑各种因素的影响。除了使用完整的预定模型作为模板以外，强化的应用程序还支持使用预定义的模块生成新几何。这些模块由用户选择，并通过自动化功能来组装。基于库的几何创建方法优点突出，它在提升现代设计流程效率方面潜力巨大。

产品的几何形状可以分成几个模块，分别保存在数据库中。在设计过程中，通过一个预定的序列载入这些模块，并将它们集成到三维 CAD 模型中。用户从库中选择所需的组件之后，运行自动装载和组装程序，几何就可以一步步地建立起来了。图 5-10 给出了使用模块化模板库完成半自动化设计过程的一个例子。在该例中，模板库包含了复杂产品设计需要的多个模块，其中包括不同层次的细节。对生产相关特征的预定义（如模具配置、拔模方向、拔模角度和制圆特性）需要考虑大规模生产过程的要求，从最初的设计阶段就要考虑。每个参数化关联几何模板模块在不同的特性和细节上具有多个选项；其组合方式多样，由此可以生成多种不同的概念几何。

图 5-10 展示了基于库的设计流程的一般策略。库的数据库结构包括框架模块、主几何元素模块、造型部件模块和细节部件模块。几何半自动化创建流程的第一步是使可变框架模块符合几何边界条件的要求。可变骨架则用作定位几何模板后续过程的参考。在接下来的步骤中，用户选择主几何模块，然后按规定的序

列进行操作。所有主模块都包括子元件，这些子元件均以参数化关联模板几何的形式存储在数据库中。几何模板的自动化装配过程还会包括布尔运算或分割及修剪操作，以及圆角和拔模角度的应用等。

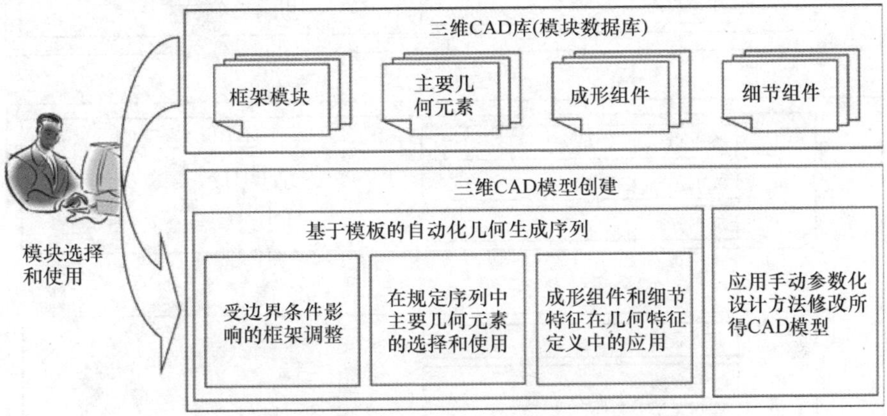

图 5-10　使用模块化模板库进行的半自动化设计过程

上例中介绍的几何生成过程已经在商业三维 CAD 环境中得以实现。通过该过程，用于几何生成和修改的所有标准功能都可以集成到自动化设计过程中，以后进行手动修改都非常方便。骨架模块与边界条件（如周边元件或导入造型面的几何形状）直接关联，从而为调整和优化周期提供了支持。如果这些边界条件在开发过程中发生了变化，现有的参考数据就会随之发生交换，此时几何模型会自动重新连接。我们可以通过上述方式将基于模板的几何模块用于生成参数关联的概念几何，从而为可变三维 CAD 模型的用户友好型定义提供支持。通过使用分层模型结构，我们可以获得不同层面的细节，如用于初始步骤的粗糙几何模板，还有用于创建连接面、冲头、凸缘和饰件的详细模型。

图 5-11 以参数化关联车门开发为例介绍了基于库的设计应用。产品几何形状的分步创建，以及越来越多的数据得以验证，使产品在整个开发过程中逐步成熟。产品本身的成熟度取决于对明确规定的目标的实现程度，根据这一标准我们也可以进行目标实现程度的观察，并生成相应的报告。工作流程中的每个优化步骤均由三维 CAD 模型的耦合反应来实现。这样，随着产品开发涉及的知识领域逐渐扩展，几何创建的细节层次就会逐步清晰，技术概念定义中包含的信息量也会稳步增加。除了虚拟产品开发中纯技术导向的程序外，上述方法的集成架构还支持有关各部分之间的交流以及所需知识的传递。要想实现以上功能，我们需要依靠三维 CAD 几何数据完成产品的用户友好型呈现。另外，通用参数化策略以及基于数据的参数管理也不可或缺。

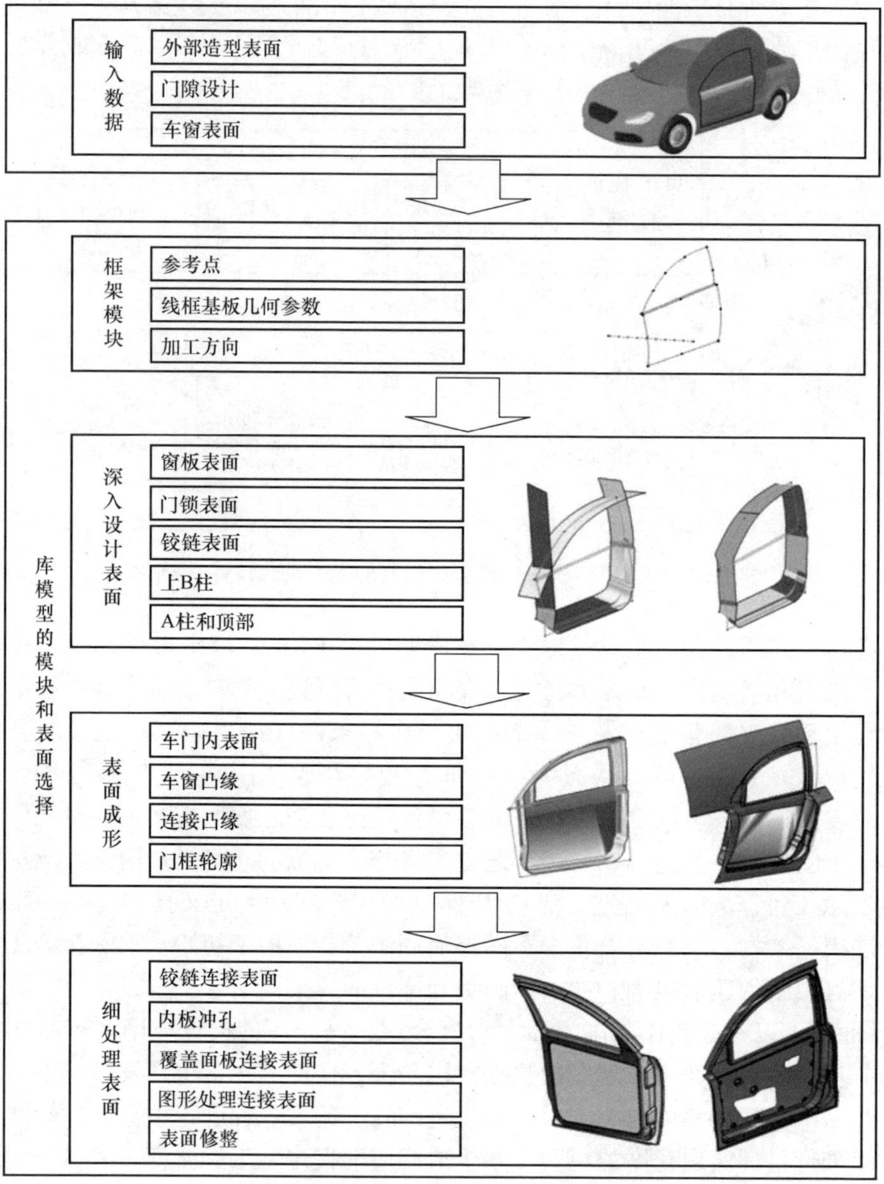

图 5-11　基于库的参数化关联车门设计的模块配置

5.2.2　数学及逻辑关系的实现

参数之间的数学联系也需明确的定义，只有这样几何之间的逻辑依赖才能在模型中实现。通过这种方式，公式、关系、规则和反馈均可集成到三维 CAD 模型环境中，支持自动化的几何定义过程。这样，在各类研究或参数模型再利用时，设计耗费将会大大降低。除了纯粹与几何有关的特性外，这些强化的参数化模型还可以包含其他附加知识，用以表示与设计相关的不同方面之间的相互依赖及逻辑关系。

图 5-12 举例说明了在通用三维 CAD 环境中创建功能导向几何的过程。首先定义参数之间的数学联系，为规则创建提供前提。然后利用创建的规则控制 CAD 系统中的几何功能。在本实例中，方程 $x_2 = A_{\sin}$（KX1）（$[0 \leqslant x_1 \leqslant k\pi]$，$A$ 为实际参数（振幅）)，定义了笛卡儿坐标系中曲线的发展连续性。该曲线将作为主要元素应用于空间中用户定义的曲线上，从而生成相应的三维曲线，用于复杂技术面（如正弦基管）的创建。

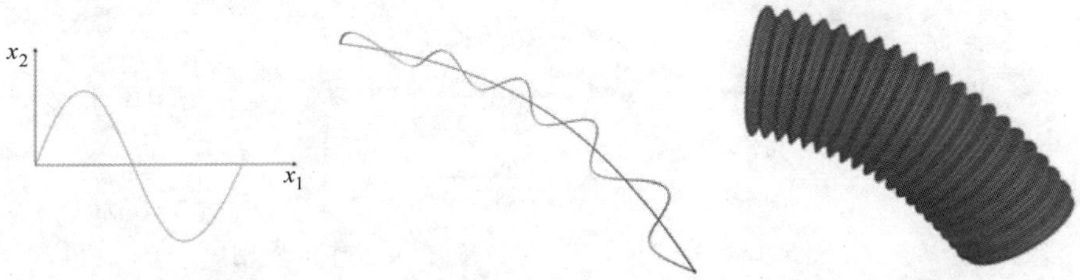

基于采纳数的规则定义　　作为导向元素在中心曲线的应用　　规则几何在技术表面创建中的深层应用

图 5-12　基于功能的几何创建示例

将（内部或外部）问题导向的解决方案程序整合到设计过程中，不仅有助于标准功能的实施，保证数学和逻辑的统一，还能为开发和优化周期中的一系列常用操作提供支持。在内部计算程序里，数学算法被嵌入 CAD 环境中，从而可以直接调用已安装的功能。内部求解算法使用 CAD 系统内的功能来指定用户定义的程序和计算。这些功能既可能是维度值的简单线性计算，也可能是加强型的数学算法。总之，这些都已经嵌入到了宏观控制软件序列中。

外部求解算法使用特定的程序以及模拟操作来执行复杂任务的计算。设计软件和仿真程序之间的双向数据传送提供了计算所需的参数值。为了保证其正常运行，特定参数集需要在 CAD 软件中定义，并被转移到模拟程序中。后续的外部计算程序也包括不同的步骤，如维度特征的复杂计算、优化周期或对存在影响的物理过程的仿真。

图 5-13（见彩插）是外部求解算法在气缸盖开发中应用的实例，其计算目标是优化摩托车发动机进气和排气门的直径，相关的几何参数包括气门直径、气缸直径、燃烧室半径、气门、气缸壁之间以及气门之间的最小距离。另外，基于 CFD 的仿真程序还将考虑进气和排气流动情况的空间效应（dimensional effects），讨论其物理影响。所有与优化有关的参数都从三维 CAD 模型中导入，并进入外部求解算法。外部求解算法则将存在影响的各个方面纳入数学优化周期。计算得

到的参数值则可以用于气缸盖模型几何的更新，以及其后的评估。

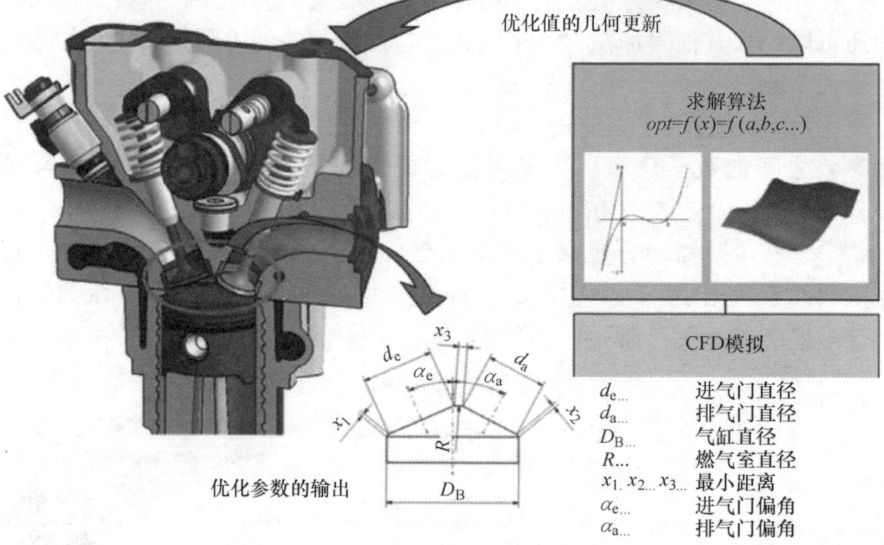

图 5-13　外部求解算法在气缸盖开发中的应用

创建宏命令的能力对自动排序功能和操作非常有帮助。先进的 CAD 软件包大都具有编程语言或编辑器，支持创建有效而功能丰富的程序（如 VBA, VB. Net）。宏命令可以控制虚拟开发过程中的重复性操作。我们可以把这些程序集成到 CAD 软件中，从而进一步集成到虚拟模型中。在开发过程中，装配结构和其他类型的 CAD 文件之间的数据流则为特定问题的解决提供了有效工具。问题导向的数学连接、公式、规则及算法的自动化处理程序也可以集成到相应的产品模型中，为布局和设计阶段提供重要支持。此外，在设计环境中创建图形用户界面和特定宏命令工具栏能使操作更具人性化。

基于宏命令的商业软件可以应用于三维 CAD 产品模型的自动生成中，其总体架构见图 5-14。其中，图形用户界面使数据的输入变得简便易行。在本例中，界面会提示用户在规定的框格中输入相关产品几何的路径，以及各部分的位置及方向等。接下来，程序将加载指定的几何模型并自动执行分割流程所需的操作。最后，将生成的 3D 和 2D 截面片段保存在预设的文件夹中。基于这种自动功能，大量的部件只需相对较少的人力即可创建完成（就像一个自动的快速工作包）。

5.2.3　利用集中式主模型进行的集成虚拟产品开发

要在设计相关的方面和模拟相关的任务之间实现高效耦合，关键在于集中式主模型的使用。主模型中包含了产品的几何，还有一些附加信息。原则上，所有工程学科的总要交汇于待开发的组件。一方面，设计部门开发产品几何形状

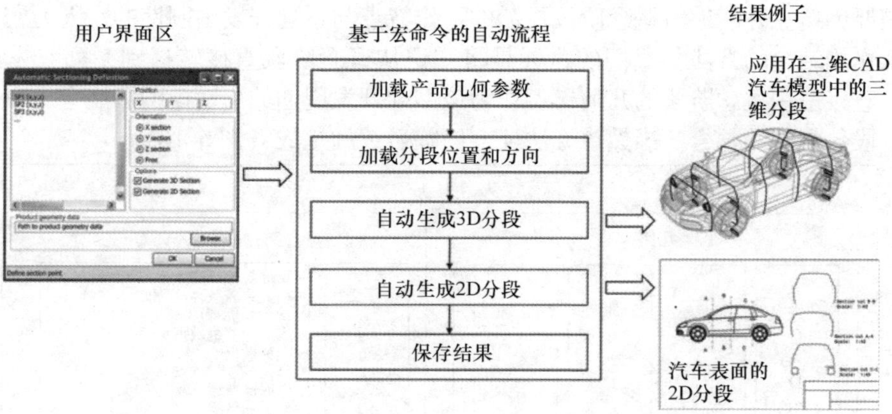

图 5-14 CAD 系统集成的自动分段应用图例

（包括组件结构）时须考虑与设计相关的多个方面。为了保证高效的生产工艺流程，产品开发必须在很多边界条件范围内进行（例如，计算、模拟），同时还要考虑生产要求。另一方面，在生产工程中必须考虑产品的特点，也就是说产品是不同过程的焦点。这样看来，将产品几何模型作为开发的中心应是最佳的解决方案。以此形成的主几何模型可以通过上级产品数据管理结构进行管理。上级产品数据管理结构会将该模型所需的所有数据流考虑在内。

图 5-15 展示了集成式主模型的配置。集成式主模型可以用于复杂机械产品的开发。该模型的几何部分包括产品的所有组件和模块，这些将作为三维 CAD 的组件。产品结构则在装配结构中组织管理。除了定位、包装布置和功能开发（如运动学）任务外，装配过程还包括子模块和组件的分层架构任务。为了存档方便，并为生产工程提供支持，参数化方式生成的二维图也需创建，并有效管理。集中式参数结构的一个重要特征是按预定义的顺序组织几何参数，其中包括在每个组件和装配级中均设置一个统一的参数结构，以及在产品装配主级中设置一个集中参数结构。其中，集中参数结构用来与关联数据库之间进行信息交换。

数据库部分还包含产品结构，以便于对不同类型的产品数据进行周密的组织。这些数据存储在数据库中的不同区域，为不同的开发部门提供所需的信息。除此之外，该数据库还作为中央单元在整个虚拟产品的开发过程中起到存储和跟踪作用。根据开发产品的类型，调用不同的开发部分。图 5-15 选取了整车开发过程中的主要工作任务和数据组，并介绍了其配置方案。

在许多情况下，产品开发是从 CAD 环境中的设计过程开始的。在初始阶段，模型结构必须适应开发状态的要求，且在单独的、规定的架构内呈现。系列生产的产品数据管理（PDM）系统在相对刚性的结构中应用它们的管理策略，满足设计、仿真、生产和管理的需求，而 PDM 的概念配置和预开发阶段都需满足高度灵活的流程和初始工程的要求。对于创造新开发流程和策略的工程师来说，他们面临的挑战是要创造一种能够将概念阶段灵活的工作特点与系列开发中刚性的、人力密集型的工作相结合的方法。我们的目标是将知识从概念阶段直接转移到系列开发过程中。直接采用概念阶段的几何模型作为该系列开发周期的启动模型可能会导致这两个阶段数据流的整合。当然该方法还会面临后续的挑战（图 5-16）。

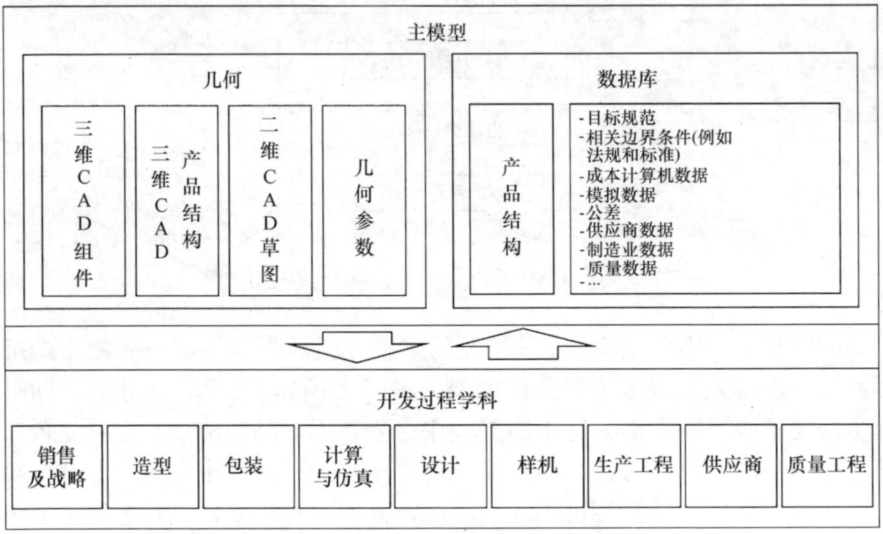

图 5-15　样品集成主模型配置图

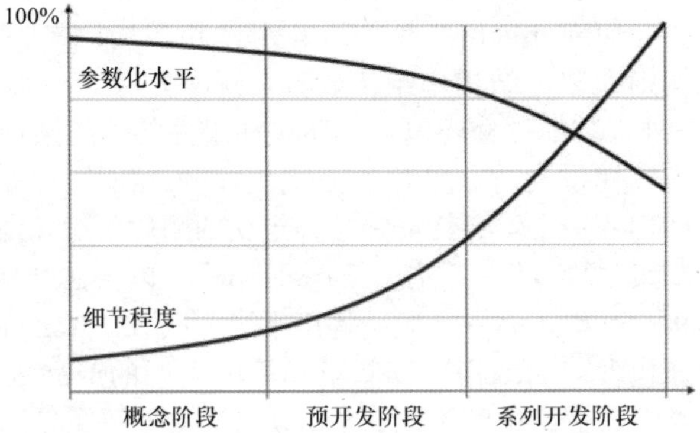

图 5-16　开发阶段中参数水平和细节程度的关系图

要想在预开发阶段和系列开发阶段使用相同的参数化关联几何模型结构的话，该模型结构就要足够灵活，以上两个流程阶段的要求均要满足。目前的做法是，使用不同的启动模式满足不同的需求。与几何体创建相关的不同需求主要表现在概念阶段的高度灵活性以及系列开发过程的高度细节化两个方面。一般情况下，最初开发阶段的参数化程度非常高，而到了系列开发阶段就会显著降低。另一方面，早期阶段组件几何的细化水平相对较低，但在最终几何创建阶段的与生产相关的开发过程中，其细化水平则变得非常高。未来设计过程的开发必须通过创建适用于这两个阶段的灵活的几何模型结构来解决这一矛盾。其中有两个问题需要弄明白：如何保证每个流程步骤的参数化程度合理；如何在同一环境中处理不断变化的模型参数，为不同学科和部门之间的数据和知识的高效传递提供保障。在这种情况下，未来几年的研究工作应充分利用逐渐增强的 CAD 软件性能，并与相应的硬件性能相结合，实现三维 CAD 模型在整个开发过程中的高度参数化。

5.3　示例：汽车保险杠系统开发中的集成化设计

在汽车开发过程中，基于先进 CAD 技术的集成化、行业特定型设计方法的发展也面临着挑战，在本例中可见一斑。该例中，主模型包括整车的配置，用作中央开发平台。在该配置中，概念车模型包含了所有与整车相关的边界条件和要求，例如法规规定、需求规格、人体工程学要求、包装布局相关的事宜以及造型数据。该概念车模型由若干参数化 CAD 模板组成，能够为新车型全车布局的全部阶段提供支持。关于集成车辆模型的建立和其可能的应用见 9.3 节。此外，主模型的 DMU 还包含不同的设计相关模块，用于整车模型的开发，其中包括装配组和元数据（如技术要求）。整个主模型结构与一个外部 CAD 数据库相连，负责能够管理产品结构，以及执行和组织同步进行的工作流程等。在改善用户操作方面，基于宏命令的程序和图形用户界面作用也很大。

作为整车开发过程的一部分，保险杠系统开发的工作流程在图 5-17 中有详细描述。首先，前端碰撞结构开发的具体要求和边界条件（如包装布局相关的数据、标准碰撞试验或法规规定的限制、造型要求）从主模型结构转移到目标模块级。然后在集成 CAD 模板模型中使用特定的布局算法在模块级完成对前端碰撞系统的布局。在该模型中，保险杠和变形元件的尺寸使用来源于实证数据的经验值和集成计算程序概念性地来计算。这样，保险杠系统的主要尺寸就被转移到了参数化关联的框架模型中，这些框架模型则将该模块包装布置相关的空间要求呈现出来。这种得到验证的设计空间要求正是各组成部分的后续概念性几何创建过程所必需的。

我们在组件级中使用参数模板为每个组件创建几何，其中应用的参数模板则包含在启动模型配置中。启动模型法的优点在于预定义的组件结构。预定义的组件结构催生了预定义的几何创建方法，并为模板模型和不同种类自动化功能的再利用提供了便利。这样，灵活、迅速地调整和改变几何成为现实。此外，这种预规定的模型结构还通过基于库的几何创建功能完成几何创建。通过这种方式，预定义的几何形状，例如一个碰撞箱，就得以应用并能够根据嵌入式模块骨架的需要进行自动调整。组件在模块级进行装配且与模块骨架模型参数化关联。最后，这种概念保险杠系统的几何就可以应用到在主模型的整车配置中了。

通过上述程序就可以在最初的产品开发阶段快速高效地创建概念组件和模块

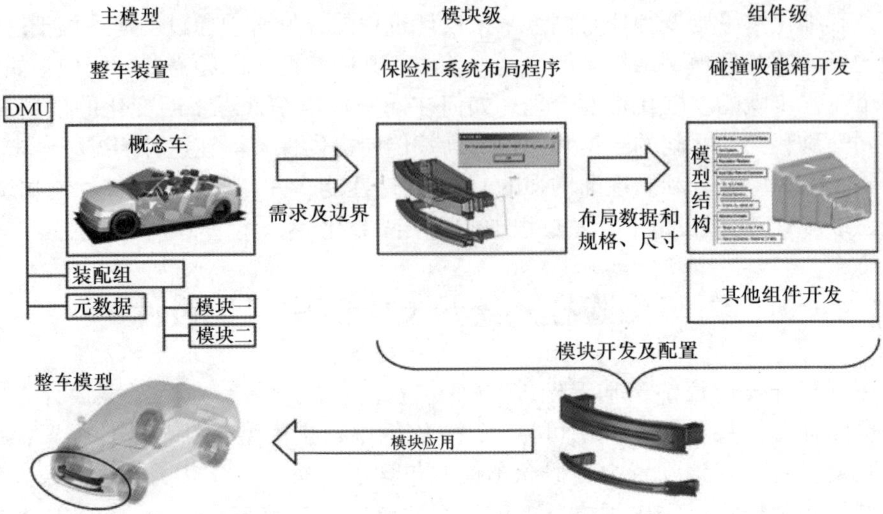

图 5-17　使用集成设计方法开发自动化保险杠系统的工作流程

几何了。早期的概念几何用于初步调查和仿真程序；所以它们要不断完善，或者被成熟度较高的模型所取代。集中式主模型的数据配置更加灵活，其对相关数据的处理也更加高效。这一优点不仅体现在设计过程中，还在许多相关的开发领域发挥着作用。

参 考 文 献

1. Hirz, M.: Advanced Computer Aided Design in Conceptual Automotive Development. Habilitation Thesis at Graz University of Technology, Graz (2011)
2. Lang, M., Göber, T., Hirz, M.: Macro - based CAD- and DMU- Analysis Methods. Lake Chiemsee, Germany (2007)
3. Dassault Systems: CATIA V6. Date of access: 2009–11-10. www.3ds.com/products/catia
4. Göber, T., Hirz, M., Krammer, S.: A Method for Externally Controlled Parameterized Automotive Design at an Initial Development Stage. Lake Chiemsee, Germany (2006)
5. Harrich, A.: CAD basierte Methoden zur Unterstützung der Karosseriekonstruktion in der Konzeptphase. Phd Thesis, Graz University of Technology, Austria (2012)
6. Hirz, M., Harrich, A., Rossbacher, P.: Advanced computer aided design methods for integrated virtual product development processes. Comput. Aided Des. Appl. **8**(6), 901–913 (2011). doi:10.3722/cadaps.2011.901-913
7. Harrich, A., Mayr, J., Hirz, M., Haselwanter, P., Lang, J., Gfrerrer, A., Haselwanter, A.: Unterstützung der Türenkonstruktion in der Konzeptphase durch parametrisch-assoziative Konstruktionsmethoden. In: OEM Forum Fahrzeugklappen und -türen, no. 2064 in VDI Berichte, pp. 21–37. Verein Deutscher Ingenieure (2009)
8. Hirz, M., Harrich, A., Mayr, J., Rossbacher, P., Haselwanter, A.: The potential of parametric design methods in automotive door development. In: Proceedings of the FISITA World Congress. FISITA, Budapest (2010)
9. Hirz, M., Kirchberger, R., Göber, T., Lang, M., Tromayer, J.: Integrierte 3D CAD Konstruktionsstrategien im Motorenentwicklungsprozess. In: Symposium Konstruktionsmethodik Graz. Graz (2006)
10. Anderl, R.: Virtuelle Produktentwicklung. Lecture Script at Technische Universität Darmstadt (2007)

第6章　工程数据管理

本章介绍工程数据管理（EDM）概念，其涉及在汽车产品开发中跨部门、跨学科的数据集成和工作流程。更具体地说，EDM数据的根本原则、基本功能模块和典型的CAD和CAE使用案例都以基于过程导向型的PLM（产品生命周期管理）方法进行说明。

汽车行业的产品开发在EDM领域面临着诸多挑战，包括：

- 过程中汲取的知识和工程数据管理中知识管理的传播不足
- EDM过程和系统（功能策略，路线图）中用来设计和开发的系统化方法
- PLM方法的实施遇到一些困难，尤其是在结构复杂的较大公司
- 数据管理活动缺乏过程导向
- EDM设计中过度倾向于系统和软件

工程数据管理支持促进静态结果和动态方式之间协同作用的产品开发综合观。这有利于对主数据和开发数据的功能化管理，甚至可以支持和改进产品开发过程。结果，EDM的目标不仅是集成技术数据和过程，还将它们与经济参数进行连接和关联，从而它可以确保高效的开发过程，同时支持建立产品开发和投放市场的协定。

其他因素中，EDM包括产品工程中所有产品和过程相关数据的共同而且完整的管理，以及适用于真实商业活动的这一数据的可视化。所有这些特性都是基于产品生命周期和公司（部门）边界之外的工程工作的组织和系统化支持。现代创作系统（CAD、CAM和CAE系统等）和相关的模仿和可视化工具都支持之前提到的IT级别的方法，而EDM系统的解决方案形成了功能和管理的支柱。

EDM的其他重要特性包括虚拟产品的表示、其依赖于时间的（时变）数据和整个开发过程（如数据的成熟度和状态，DMU配置）中关于完备度的配置管理。本节从知识的角度来探讨EDM话题，具体地说，EDM工作流程管理和集成平台，包括相关的跨学科数据管理，经修改后可用于建模。这些组件为产品开发中的集成应用提供了基础，这反过来又导致了产品开发中集成数据管理的设计方法的开发。

除了基本功能方面之外，我们可以从一个过程导向型的和一个特定系统的视角去考察工程数据管理的各个方面。这个特定系统视角主要研究EDM中使用的

功能、方法和系统。在当前工作中，EDM 过程导向型方法一般都服从于 PLM 导向型方法的研究结果。

以下几节提供了 EDM 开发的有关背景和基本概念。此外，还描述了 EDM 数据基础及它在产品开发中的作用，以及 EDM 系统的结构及其最重要功能。最后，产品开发中的一些集成 EDM 应用实例为如何高效使用 EDM 的潜力提供了一些见解。

6.1 工程数据管理（EDM）的概念

EDM 概念用于信息和数据流以及商业数据流和程序的跨部门整合，它贯穿于产品的整个生命周期。在本书中，工程数据这一术语包括产品开发中产生的、用于进一步加工处理而储存的所有数据和文档。数据总是就其各自的产品而储存和处理，所以有时也使用产品数据或产品数据管理（PDM）等术语。元文件和其他不同类型的文档都包括产品和过程数据。EDM 包括编辑和分配产品、处理数据和文档的所有必要功能。关于这一点，EDM 系统的一个主要任务是存储、管理并提供数据和文档。这些数据和文档把产品和过程描述为产品生命周期的子集[1]。

6.1.1 Y－CIM 模型

通过信息技术集成控制业务流程的设想，伴随着计算机集成制造（CIM）技术的开始开发，在 20 世纪 80 年代初第一次提出。当时，主要焦点是企业环境下对逻辑功能和研发活动的综合考虑和控制。技术工艺链主要集中在实际产品的开发和生产过程上。其主要任务是规划和实施产品组合，包括产品的构造和检验。此外，必须建立开发产品的生产环境。特别地，这意味着明确员工的工作时间表和实行控制生产机械的举措。这两项工作都在制造层面完成。员工的工作时间表和控制机械的举措都在制造层面列出。

根据 Scheer[2]，生产中的经济和技术流程链是 Y－CIM 模式的核心（图 6-1）。经济任务是规划和实施生产订单。规划方面，包括了所有订单的时间规划，以及确定生产所需的材料和指定交付时间。生产方面，包括订单的详细规划、订单生产制造的落实和进展状况的反馈。开始时，经济和技术的过程链彼此独立。一般来说，这意味着订单处理方面的经济规划和产品开发方面的技术规划之间可能会被认为是没有联系的。

基于经济和技术流程链之间的关系（图 6-1），两条链在图形表示上都可以被看做是在制造级上结合。假定客观逻辑和时间流将会形成一个 Y 形。该图表明了在规划级各自独立的链在生产级上相互融合在了一起。

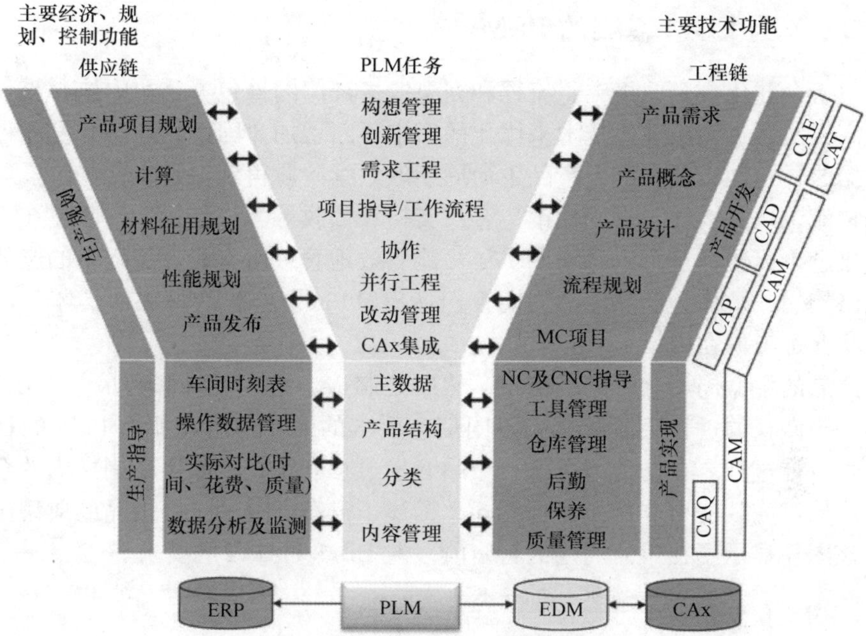

图 6-1　工商业中的 Y - CIM 模型

生产规划和调度的差别

Y - CIM 模型的左侧展示了工业企业中的经济逻辑流程链。根据销售预测和订单推断来建立生产和调度计划。从长期的大纲规划出发，时间范围逐步缩小，同时规划渐渐变得详细。工业规划的最终任务是发布订单，这是生产与制造的首个接触点。Y - CIM 模型的右侧主要涉及建设支持、客户要求探求和产品验证方法等事项。在这种情况下，市场营销的主要任务是确定目标客户所期望的、未来产品的基本属性，以及现有产品（在客户眼中）的不足（在以后必须纠正）。

计算机辅助工程（CAE）的应用支持在早期的产品草图中整合上述要求。使用计算机辅助设计（CAD），该产品可以通过其实际组成来定义，其中产品的各个组件都可以被定义和描述。除了几何特征和重量定义之外，该过程还包括性能要求、材料定义和制造公差。通过使用相关概念以及应用系统，在计算机辅助规划（CAP）中执行规定的产品数据。EDM 协调和控制这些应用系统的数据管理。图 6-1 显示了所部署的应用系统的定位，详细描述见 6.5.1 小节。Y - CIM 模型提供了这些主题的普遍有效表示以及 EDM 方法明确的区分和定位。由于其主要的技术功能，EDM 着重于服务结构，尤其是工程过程。在这种情况下，工程过程是指产品规划，这与产品制造明显不同。

6.1.2 作为 EDM 基础的 PLM

由于全球化、企业集中、流程和完整业务部门的外包，公司内核心流程集成的提高以及通过使用现代技术来优化的需求不断增加。因此，产品开发过程中所得数据的一致性必须在整个产品生命周期的后续阶段得到保证。这些阶段包括生产和物流，以及销售、市场营销、客户支持和回收等客户流程。行业正在不断寻找新概念，以便在整个生命周期中尽可能有效地管理所有业务流程中的产品。这一战略构想，被称为产品生命周期管理（PLM），力求把该领域和具体公司内的现行状况都考虑在内。

产品的生命周期始于产品研发，然后是制造、销售、维修和最终退出市场。既然这个漫长的过程会涉及具有不同信息要求的无数部门，那么 PLM 的目标就是优化设计过程。在这种情况下，产品开发过程和整个产品生命周期内的全部产品信息的供应就变得非常重要。图 6-2 描述了汽车产业的一个产品的典型生命周期。该图还显示了在生命周期的特定阶段对 EDM 和 CAx 的要求。

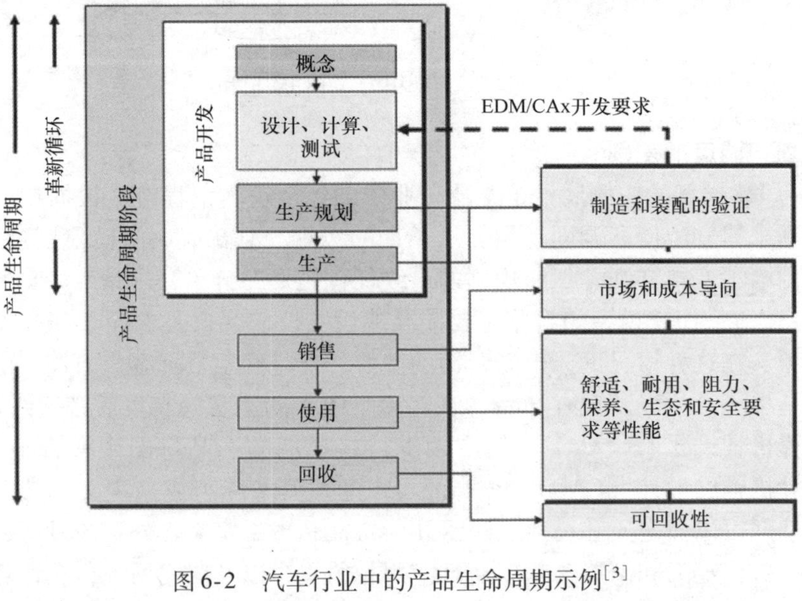

图 6-2　汽车行业中的产品生命周期示例[3]

如今，贯穿整个产品生命周期的产品数据和工程过程的管理是行业中最重要的管理任务之一。因此，预计在不久的将来，特别是在中型企业中，PLM 应用会得到非常重大的拓展。

PLM 技术的开发

大约 25 年前，产品生命周期管理第一次被提出。那时，所谓的工程数据库向源于设计过程的信息和数据管理提供 IT 支持。起初，主要焦点在数据存储和系统集成两个方面。然而，人们很快就认识到这不仅仅是一项 IT 任务。术语“产品生命周期”（PLM）造成了一些困惑，因为在不同的语境或领域使用时，它具有不同的含义。如今，术语 PLM 不仅定义不够准确和方式各异，而且它的定义还在一直发展变化。如上所示，PLM 是用户和软件供应商以不同方式使用的一个概念。

图 6-3 概述了近年来的 PLM 技术发展。虽然工业软件开发者把他们自己的系统（例如 CAD、CAE、DMU、PDM 或者 ERP 软件）看做 PLM 导向型的解决方案，但是 IT 集成者并未把 PLM 看做一个 IT 系统。相反，他们把它看做工程应用的一个集成平台。另一方面，战略顾问把 PLM 定义成一种愿景、战略和管理理念。无论是不是特定的系统，科研机构或市场分析师，依据他们自身的特定视角，把 PLM 视为要么一个工程/业务方法，要么作为产品相关数据和过程管理的一个解决方案。

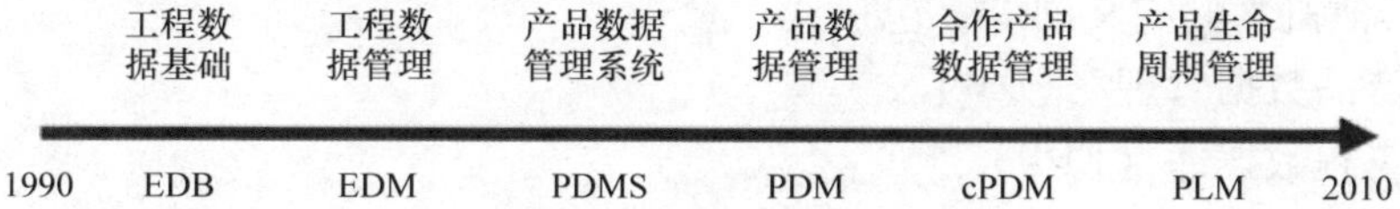

图 6-3　PLM 技术发展

6.1.3　工程数据管理（EDM）的定义

相关文献中没有统一的 EDM 定义。下面两个定义尝试总结各种 EDM 定义中最共同的元素：

- EDM 提供了一种在产品整个生命周期内集成数据和过程的方法，并且作为一个通过向 CAD 和 PPC 系统以及 CAx 应用提供接口作为技术和管理信息处理的支柱[4]。
- EDM 指在整个产品生命周期期间开发新产品或修改现有产品时，所产生、要求和传递的全部数据和过程的全局性构成和一致性管理[5]。

工程数据管理系统（EDMS）

作为综合平台，EDMS 通过一个整体系统接口把所需的应用系统（如 CAx 应用、办公软件、数控刀具等）连接在一起。除了来自相关系统的数据，开发过程及其连接过程都会得到管理和控制。数据管理指相关业务数据的定义、创造、保存、控制和传播。产品生命周期中生成并通过 EDMS 管理的数据包括通过产品配置（如零件列表）、CAD 模型和图样、随机电子和非电子文件类型，以及项目和工作流程计划。

根据其定义，EDMS 确定、控制和检查产品开发或创建过程，同时管理数据流。在过程链中，通过流程的定义、相关状态、状态变化、访问权限和其他活动来实现这一点。项目管理和调度也可以整合到 EDMS 中。EDMS 可以用于单个区域或业务单元或全公司范围。因此，它们并不局限于制造业中传统工程区域，而是也可以考虑用于一般信息管理和满足过程控制要求。为此，进行由 EDMS 提供的产品和过程的综合设计的能力就在于主数据的集中管理，这能够保证对产品数据访问的连贯性、一致性和广泛性。另一潜在优势是数据的积极控制、创造、改变和分布，这保证了在工作、团队和管理级上的系统化过程管理[1]。如今，EDMS 尚存的不足之处存在于标准化数据交换区、外部应用集成和文档的并行编辑。这些问题主要源于所涉及的 CAx 系统的不均一性。另外一个问题是 EDMS、PPC 和 ERP 之间的数据冗余，这严重阻碍了执行阶段的产品和过程设计[6]。

EDM 相关概念

EDM 所具有的系统导向和最终与 PDM 的关系进一步加剧了定义 PLM 时所造成的困惑。因为这一原因，工程数据管理这一概念可以作为许多具有相同核心目标的其他概念的同义词语，包括：

- 产品数据管理（PDM）
- 工程数据库（EDB）
- 技术信息系统（TIS）

一些其他同义词语和相关概念为：

- 文档管理（DM）
- 产品信息管理（PIM）
- 技术（团队）数据管理（TDM）
- 技术信息管理（TIM）

在美国，工程数据管理（EDM）通常是指产品数据管理（PDM）。在遵循使用 EDM / PDM 系统的 PLM 概念的工程流程内，本书采用工程数据管理的简化定义作为数据管理的一个分支。

6.2 虚拟产品开发中的 EDM

在汽车行业，虚拟产品开发可以提高原始设备制造商和供应商的创新能力。通过有针对性地使用公司范围内可访问流程和产品数据的主要数字化再生产，为具有不同观点的部门准备了专业知识。该任务不仅是管理和表现一直到制造前的开发过程，也描述了完整的产品生命周期。因此，公司可以在本地工作环境中整合各种外部合作伙伴和供应商。结果是可以显著缩短创新周期和大幅减少成本。

对汽车供应商而言，显著增加开发项目和产品复杂性的关键因素包括更短的建模周期、产品开发时间的缩短、开发任务的再定位和外包、可变元素的增加以及趋向 IT 系统的趋势等。这些关键因素将塑造对未来 EDM 的要求。

6.2.1　产品开发中的流程导向

自 20 世纪 90 年代初，在公司中引进业务流程导向的几种方法已被开发和应用。它们为不同分支中的流程导向提供了基础。在这方面最重要的方法是业务工程重组（BR）和业务工程（BE）。业务工程重组（BR）指的是一种重组机构的概念，其涉及对业务流程的彻底重新设计。Hammer/Champy[8] 和 Davenport[9] 是业务工程重组（BR）的两个最著名支持者。他们表示支持一家组织朝着业务流程导向型企业的快速转型。企业的核心流程必须根据目标数量，例如成本、时间、质量和增加的顾客导向等，来进行重组和改造。

根据 Österle[7]，业务工程（BE）遵循自上而下的原则。在这一原则中，当建立与信息系统的连接时，业务策略优先于业务流程。但是，BE 会扩展程序，把公共业务环境考虑在内。根据 BE，只要涉及其他两个等级，这些公共业务环境指可以放置在任何三个可能等级的一个项目。图 6-4 显示了一个公司的不同分支内的商业策略、流程和信息系统的整合。如图所示，需要考虑每一个主题领域的策略、流程和系统，即使它们处在不同的业务等级上。

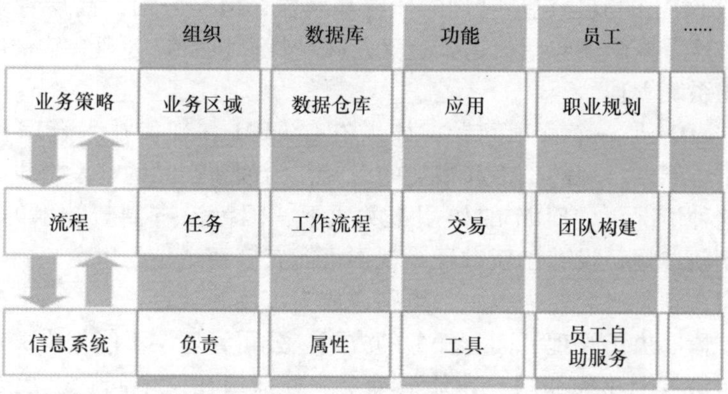

图 6-4　业务工程的规模

业务策略决定了企业的总体状况，这为有关业务部门、IT 结构等的决策提供了依据。在业务流程级别上确定了任务并构建了团队。这些定义构成了下一个细节级别的框架，即信息系统级别。在信息系统应用程序中，实现了模式化的业务流程。业务流程级别和信息系统级别都为 EDM 提供依据。EDM 寻求把策略和操作性应用程序连接起来。

6.2.2 作为集成管理方法的 EDM

如上所述，当把 EDM 作为一种集成管理方法时，它可能对公司的成功有着至关重要的影响。在未来，EDM 解决方案的成功引进将是企业战略的重要组成部分。为此目的，作为企业总体战略的一部分，长期 EDM 策略的系统开发与实施是有利的。各公司的 EDM 战略引进都有其独特之处。为了完成这一任务，现在有无数成功 EDM 用户的方法和经验可资借鉴。虽然最好的实践经验可以避免错误和不正确的决定，但是它们不能提供竞争优势。因此，公司应该批判性地审查现有经验并选择性地利用它们，同时还应该大胆地开发他们自己的新的创意概念。想要在未来生存并且成功的公司管理者们，尽管工作压力巨大，还是必须认识到策略性管理的重要性并投入时间和精力来研究它。

一个有效的工程数据管理系统的引进与这些非常复杂的、分散的和基于知识的工程流程的建立和成功运行以及相关员工和起支持作用的 IT 系统是密不可分的。近年来，产品生命周期管理作为产品的整个生命周期中的一个工程管理的综合方法已经被人们接受。如上所述，PLM 包括对特定产品数据和工程过程管理，以及在共同协作、全球分布的产品生命周期内的运行方法和应用系统（如 CAD、CAE、CAM 等）整合的概念、方法和工具，包括制造商、客户、供应商和合作伙伴。虽然 EDM 的概念包括管理的任务和利益，但是公司的高层管理感觉很少有参与感。这个概念还包括数据，这又意味着计算机系统管理、软件应用或一个指定区域的系统管理。

因此，EDM 是一个管理问题。如果没有 EDM 和现代技术合理且广泛的部署，那就不可能以合理的价格和很短的时间，为创新产品的开发提供必要的组织条件。在这种情况下，EDM 的作用至关重要，因为没有创新技术的正确使用，就不会有创新过程；没有创新过程，就不可能有创新产品的生产。一个没有创新产品的公司，竞争机会就会很少，更别说成为市场领导者了。

很多事情取决于管理者面对任务的方式。公司管理层不能把有关产品数据管理的决策留给各个业务部门。为什么单个业务部门在这个问题上没有整体业务观，这里有各种各样的原因。虽然 EDM 主要涉及产品开发，但还与该公司与 PLM 协作上的所有领域有关。正如上述说明，数据和信息在业务流程内被创建和需要。这些过程的表现，以及所有相关功能、数据、信息和 IT 系统，构成了 EDM 策略的理想基础。此外，它也为维护和控制运行 EDM 流程构成了一个理想平台。IT 系统的用户并不是该方法的唯一受益者；它能够精简 IT 基础设施，从而简化数据结构。EDM 流程的通用表现形式可以提供一个 EDM 和业务流程之间相互作用的概述，并且重点描述流程图。流程图可以用来将业务流程分类为核心流程或支持流程，并且将他们的位置归在 EDM 策略的框架中。具有不同细节层次的子过程开发能够处理特定部门内组成产品生命周期的所有过程。就 EDM 而言，这特别地意味着产品开发过程。

6.2.3　产品开发过程

产品开发过程（PDP）的主要结果是知识产品，即包括所有相关的文件、描述、规格、所有相关设备的数字模型和文件草案（如工具、机器、设备等）的产品说明。额外的过程还包括产品制造，其结果即是制造和装配所产生的实物产品，以及所涉及的采购过程和必要操作资源（如设施、设备、人员、财务资源）的提供。PDP 包括要求管理、组合和产品规划、产品设计、实际产品开发，以及建造、分析、计算、模拟和测试等。这一工艺段完成了对虚拟产品的（暂时）完整描述。在产品定义的框架内，工程师也参与了供应链管理（SCM）、设备的设计或购买，制造和装配流程的规划和技术文档的生成等。集成的 EDM 概念应该代表技术产品文档的所有可推论出的要求。

开发过程期间，工程师们规划、设计、定义、验证和记录产品及它们的产量、实施、使用和处置。大多数工程活动发生在产品生命周期的开始阶段，即实施和生产之前。各种方法（如设计方法）和工具（如 CAD、CAE、CAM 应用等）支持操作工程过程和任务。由 EDM 始终支持的工程任务经常被称作数字工程或虚拟工程。在不久的将来，产业环境的变化将推动工程方面的以下重要变化：

- 增加的跨地区和跨部门的工程合作
- 创新的、跨部门的扩充工程，包括嵌入式计算组件
- 产品相关服务和综合客户方案的扩大应用
- 产品生命周期的早期阶段中扩大客户集成
- 产品使用阶段和产品寿命结束时（如有关退货和回收的新规定等）工程的更大重要性
- 增强的版权保护（观念盗窃和产品盗版等所引起的）
- 对新法律法规的更多关注（如产品责任）
- 提高的工程任务效率（由于不断加剧的竞争）

6.2.4　虚拟产品开发的 EDM 支持

在 EDM 的背景下，虚拟产品开发被理解为虚拟产品可能最全面的描述。虽然目标是最小化所需物理原型的数量，但开发中的产品仍然是真实的，这将影响所有产品开发相关的决策。

改进流程的所有结果应该有利于更便宜和更快的生产。例如数字封装、几何检查和数字化装配评估，早在实际车辆装配之前就可以反映出设计问题（如部

件的交叉)。建立碰撞试验的原型比通过碰撞场景的计算机模拟来获取结果的费用要昂贵得多。

在产品生命周期管理方面，目标是为了尽可能全面地管理所有数据（例如CAD 模型）和产品开发中出现的工作类型，并且在同一处有相应线程一起运行。在过去，采购许多单独组件是非常必要的。如今，供应商将提供整套系统，如整个内部设计或整套照明设备。为了系统地创建并开展虚拟产品开发，需要明确总流程以及与之有关的具体过程。程序设计应该考虑工程中重要的总功能单元按逻辑顺序排列，它可以作为一个参考序列。这个参考序列代表着 EDM 方法的基础。

就产品而论，EDM 方法在一个 EDM 结构中将集合所有相关产品数据。这是特定产品配置、虚拟产品模型创建，以及早期验证（如制造、工厂规划和服务）的基础。每个阶段中，当前相关产品数据的创建和保存与特定阶段（如概念、结构和生产阶段）或某个特定模型和变型有关。产品定义是自上而下的，而产品验证在整个车辆测试中却是自下而上的。因此，一些模型和特定阶段的产品结构同时存在。目前，不可能将它们与一个共同的、以生命周期为导向的产品结构并列。这种产品结构的开发是虚拟产品开发过程中的主要挑战之一。沉浸式可视化环境支持复杂问题情况的决策（如造型审查、施工测试、模拟数据评估、装配/拆卸研究、工具认证和工厂设计等）。

EDM 还支持具有特定目标的同步工程：使并行处理从概念到生产调度成为可能（传统上这些步骤是一个接着一个执行的)，从而减少了总的序列时间。这个目标可以通过一个中心三维 CAD 数据模型来实现，它支持产品开发中各方的所有交流沟通。工作流程的改变使设计工程师从制造前期就能得到反馈，因此他们就可以将这些反馈结合到工作之中，从而可以减少设计过程之中或之后的后处理。不同部门通过同步工程进行早期融合的缺点是开发周期经常处于不安全的数据状态（见 2. 2. 5 小节）。

EDM 支持另外一种叫做前端装载的高效产品开发方法。前端装载涉及部分过程和资源的转移。这些过程和资源对以减少开发时间为目标的前期阶段的结果非常重要。在开发初期，提供高质量的产品数据有助于及早识别错误并避免因为修改带来的成本。EDM 的任务是建立需求框架来支持资源转移，并且尽可能积累与产品相关的知识和数据，以便产品可以尽快投产。

工程流程就是与创作、产品说明和变更等相关的所有活动（包括贯穿整个产品生命周期的过程）之间的详细联系。这些过程包括产品规划、设计和采用时的操作序列，以及变化和技术发布的相关工作流程。工程流程支持流程的最详细级别。

合作涉及产品开发过程中公司内外的部门或业务单位之间的协作和信息交换。具有共同目标的不同公司间的合作形成了供应商、客户和着重于增加价值的开发商之间的网络。促进相互合作的组织结构与流程的再定位对所有参与者来说都非常重要。

EDM 为实现这个伟大愿景提供了先决条件，包括：

- 合作、虚拟和集成产品的创造过程
- 工程伙伴间的早期和密切整合
- 增加有利于工程的专家数量
- 共同成本和时间管理
- 决策过程的高透明度
- 产品网络的同步
- 灵活和高效的系统集成和系统界面
- 高效的数据管理概念

6.2.5 EDM 过程集成

EDM 在产品再设计中发挥着关键作用。参与人员的角色逐渐被重新定义，而且过程也在同时重塑。这里创造了项目主体，项目组员工都不断地做出了贡献。在过去，人们都假设概念和设计、施工和测试、工具和模具设计、生产规划和制造等都在同一家公司内完成。如今，只有在特殊案例中这一假设才是真的。在不同公司和项目伙伴的网络内，每个参与者都对其作用有着特定的认识，这源自于之前所提到的任务。例如，一家公司可以开发创新概念并管理促进内部批量生产的项目，另外一家公司可能按照明确定义的要求交付组件或模块。还有，第三家公司可能负责计算、模拟甚至可能是不同类型测试台的设计。任务和责任的分配可以变化很大，这取决于行业、产品和公司规模[10]。近几年来，工程单位、开发伙伴和供应商间的广泛国际和洲际网络导致了数据管理系统的戏剧性发展。在这个网络中，EDM 已经成为必不可少的工程支柱。

EDM 过程集成的任务

使用资源将输入转化为结果的每个操作序列都可以被视为一个过程。为有利于 EDM 系统解决方案的引进，组织必须确定众多相互关联和相互依存的过程。对一个组织内的不同过程和这些过程间相互影响的这种系统性确定和处理被称为过程集成方法。有可利用的、支持过程集成的方法。对 IT 和方法支持的需要与产品和过程日渐复杂的全球趋势密不可分。就过程而言，有必要建立带有工作序列的跨公司的和多元文化的合作，以便可以在不同地点同时开发相互影响的组件。就产品而言，对灵活性和多功能性的要求导致了更大数量的模型和选择[11]。

为了使过程导向型的 EDM 成为可能，公司内应该建立一个系统全面的方法论层，这涉及许多组织的和文化的改变。这一层的主要任务是将公司的战略目标转换为流程要求。基于这些要求，适当的工作方法可以用合适的过程模型（固定过程）来定义。反过来，这些固定过程和客户要求为IT支持的概念开发提供了依据。随后，IT支持概念被传递到IT系统开发商，之后开发商会增加额外的系统要求详情。流程集成水平伴随着操作流程中系统解决方案的开发、测试、引进和使用。这些操作流程根据固定过程来执行。

6.3 EDM数据库

6.3.1 开发数据的作用

产品数据和开发数据在开发中产生并不断变化。有效和安全的电子管理是成功工程的先决条件之一。这些数据在产品发布和制造上并非是毫不相干的，这是EDM应用的另一重要原因。有人可能会问为什么这么多年来产品开发数据的作用一直在变化。原因是，如今完整的、容易理解的三维产品说明可用在许多不局限于工程的任务上。此外，在其他核心地区，这样的产品描述是附加流程优化的先决条件，特别是在制造和装配上。EDM的这种增强作用也表现为日益增加的三维CAD系统的使用。

EDM不仅是提高开发过程的组织和效率的工具，也是使产品数据作为全公司知识资源的枢纽。EDM给工程师、设计师和参与产品生命周期的来自各个其他学科的专家提供了一个关键平台。因此，EDM也是跨学科项目团队凝聚力和有效运作的一个关键因素，这一点在不断进步的公司内很常见[10]。

特定公司的数据

特定公司的数据对一家公司和其业务流程的落实非常重要。这些数据来自一个有组织的知识库，然后存档记录以便转移知识到其他专门技术部门。有组织的知识库的系统元素（即员工）必须通过信息过程来测试数据，从而对特定公司的数据进行分类。在业务环境中正在发生的变化使得公司必须考虑不同的选择来确保特定公司的数据总是最新的。

智能文档管理

制造企业也拥有大量的文件，不仅仅是文章、部件主数据、产品相关数据和文档。这类额外的数据正在不断增长并且变得越来越复杂和混乱。在一家公司竞争力和公司内部流程以及与合作伙伴和客户的交流沟通的组织方面，这类大量文件的重要性不能够被具体地量化。很长一段时间以来，人们只是有可能估计到了它的重要性。一般文档管理在许多方面都不同于具体的工程情况。工程师利用特定的创作系统进行设计和模拟，而且这些程序的结果对产品描述来说起着直接或间接的重要作用。

过多的既没有特定文章编号也没有具体项目的数字文献迫使企业采取行动。首先，所有相关信息应该是有组织的，这不仅仅包括产品数据。其次，文件存储必须足够简单安全，确保员工访问和操纵数据不会出现问题。第三，数据管理必须能够保证快速定位和访问文档，而不需要知道文档的实际内容、来源或作者[10]。

EDM支持工程师以结构化的方式存储和管理这些新文档。例如，在装配过程中，工程师非常准确地知道一个部件属于哪个装配单元。工程师所应用的工作结构一般是产品结构。因此，工程业务部的员工一般都知道如何以及在何处搜寻相关信息，在使用EDM时他们的寻找工作往往非常顺利。该部门是如今公司中EDM的主要使用者。然而，所产生的大量数据尽管非常重要，但是工程部门并没有收集到它们。在工程师看来，超出他们的专业软件应用（如表计算、调度、展示设计）的不同过程，就数据管理而言，都是微不足道的序列。如果他们把这些序列的结果保存在本地机器中单独创建的目录下或一个分散的数据存储单元中，那么产品开发不会受到直接影响。但是，缺乏组织和适当的概述会间接导致数据的不一致。该问题最早触发了文档管理系统的创建。文档管理系统通过构造、管理和搜寻特定文档来支持责任方。虽然贡献该程序必须管理的数据的应用程序范围通常比EDM系统的范围要广大得多，但任务仍然是非常相似的。

6.3.2 EDM文件

许多文档出现在产品开发过程中，必须要仔细管理。随着公司里越来越广泛地使用IT，文档的数量和类型也越来越多。不管文档是否与产品数据有关，仅举几个重要的代表数据为例，如照片、演示、信件、电子邮件、动画、数字样机（DMU）、视频、图样和协议等，在公司中它们都必须要进行管理。甚至在完全不依靠二维和三维CAD（最初用来开发PDM）的情况下，都非常有必要管理不同类型的数据，如记录任何工作步骤、过程或合同的数据。直到最近，这些数据主要是靠手动创建并存储在实物文件夹中。通常，他们用计算机上的文本编辑程序或者过时的方法来创建这些数据。最后，数据被打印在纸上，作为文件被签名并存储，甚至没有在某个地方记录它或登记存储位置[10]。

6.3.3 EDM中的CAD数据

当引入一个数据库导向型的管理系统时，应重点关注设计数据的管理。当选择一个没有忽视未来加载项的系统时，这样的数据库系统提供了更多的可能性。CAD系统提供了一些功能，包括了CAD数据管理的主要特色。这代表了与EDM功能联动的潜在可能性。举例来说，可以建立设计数据的通道和对中央组件结构的维护。需要用一种循序渐进的逻辑方式让用户了解系统的总体复杂性，这样才能保证用户接受系统。适当的接口与集成使 EDM 和 CAD 系统之间的数据得以双向匹配。因此，用户可以在通常的 CAD 环境中工作并且在其中进行所有的必要输入。有了这一过程可以省去对最新数据、开发网站的整合以及全世界供应商的频繁搜索的要求。

6.3.4 数字样机（DMU）

数字样机（DMU）的概念不仅仅包括车辆的数字表述。DMU 奠定了建设性开发的基础，因为来自不同业务单位的单个结果总是被整合并且可以进行整体评估。DMU 是一个数字车辆模型，可用于各种研究、模拟和评估（如碰撞、功能最小偏移、几何属性、法律要求以及装配要求和服务）（见 2.2.2 小节）。该表述来源于几何数据的数据管理系统，这确保了 CAD 数据和一个完整车辆属性的结构化存储。大多数情况下，它不依赖产品数据管理系统来存储描述产品的数据。这种结构使得定义不同种类的车辆并以此管理它们成为可能。然而，表示变化的数目也增加了系统必须处理的复杂性。因此，数字样机是一个跨部门交流平台和信息枢纽的基础。EDM 系统确保了基于元信息的完整汽车结构的创造。这意味着不必提供作为 CAD 模型的组件，但 CAD 模型仍然可以在产品结构上作为上级部分的部件来集成。集成的 EDM 系统使得查看数据格式和预定义的虚拟产品配置的浏览机制的集成成为可能，而不需要使用另外的软件。

车辆开发过程中的虚拟产品包括许多变型和组合选项。在 EDM 系统中使用变型管理，在组件从属定义之后，特定组件可以从 150% - 零件列表中过滤。这些具体定义的车辆变型可以作为评估包装、几何与功能特性的基础或后续执行模拟过程的基础。

6.3.5 虚拟产品

随着现代信息和通信系统操作性能的发展，一致性数字产品创作过程的愿景已经出现。这个过程可以将产品开发尽可能合理地在虚拟世界中进行。因此，虚拟产品开发的概念可以通过几个整合步骤来实现。然而，附加产品信息分类在虚拟产品模型上的集成明显地增加了虚拟程度和复杂性。结果，虚拟产品（也就是产品的计算机表示）可以被认为是技术产品在开发阶段的模拟结果，也因此作为完全基于计算机的、虚拟产品开发的中央信息载体。

功能单元必须在产品开发过程的优化下验证，这个验证是在 PLM 和相连接的、基于虚拟模型的 EDM 系统中进行。因此，虚拟产品贯穿于使用虚拟现实技术作为环境的整个产品生命周期，包括一个产品的所有基于计算机的和集成的模型。虚拟模型能够平等地研究不同的参与者群体（如开发商、供应商、制造商和客户等）。另外，该模型可以专门的虚拟方式通过服务和回收来处理虚拟产品和其规范，并且在与现实相近环境中评估其属性和功能。这样的虚拟产品也被称为虚拟或数字化原型。虚拟样机（VMU）的概念也被应用，尽管该术语是指虚拟原型 DMU 的扩展。除了 DMU 所提供的几何验证，VMU 还被用于验证技术方面。这些方面指的是已经减少或不使用物理原型的产品的功能和生产。

创建此类原型是用于共同沟通和决策的、现代 IT 支持的产品开发流程的首要战略目标，因为该原型使得在所有方面预先审查未来产品的质量成为可能。此外，产品可以根据客户需求来定义，并且其制造的可行性也可以预先进行测试。如今，产品的具体特性可以在工作站中通过建模和验证功能（即虚拟）来修改。因此，虚拟产品是基于计算机的、技术产品的现实表现；该产品具备产品生命周期内要求的所有功能。这意味着一个接近现实的模拟模型，包括所有产品信息和功能，以及后来现实产品的所有属性。

数字化原型（DPT）

在开发的早期阶段，数字化原型（DPT）的应用使得就相互作用和功能性方面检验新产品的所有部件成为可能。例如，持久性运行被用来测试某些元素的可靠性或断裂强度。三维建模变得日趋完善并逐渐演变成为汽车产品开发的通用工具，这对测试阶段具有重要影响。三维建模应用越成熟，测试阶段就会越多地从硬件原型向作为虚拟产品的数字化原型偏移。测试和计算方法近年来也已经数字化了。除了通过有限元法（FEM）来计算元件压力，今天还有可以利用的各种方案能够使开发团队模拟数码产品上各种各样的产品功能。这些模拟的巨大潜力显而易见。例如，一些汽车制造商已经在模拟不同驾驶情况下的噪声。然而，现代产品开发有一个缺点：在整个产品开发过程中，这些分支的数据管理还没有持续性地进行整合。

6.3.6　数据安全

数据安全是一个涉及多方面的话题，也是管理开发数据的主要问题之一：

• 首先，EDM 的主要目的是收集并保存产品开发过程中产生的所有数据。数据不止是存储起来，而是可以连续使用。然而，复制的图样和工作日程表并非总是可以连续使用。因此，如果没有电子数据管理，就不能保证一张图样或部件模型的微小变化不会丢失。

• 其次，EDM 管理的数据在防止未授权使用或者更改方面是安全的，因为 PDM 使用访问权限来可靠地控制数据访问。

• 第三，EDM 数据提供了高度信息安全，因为系统总是能识别任何文档的当前状态和版本。EDM 还知道信息是最新的还是过时的、数据的作者以及创建它们的系统。

此外，该信息安全是提高过程安全的一个重大因素，因为只有正确的数据和文件才能够成功地实现项目目标。最后要提到的关于数据安全的值得特别关注的很重要一点是，当使用 EDM 安全数据防止偷窃时，它并不会自动出现。因为这一安全属性是非常复杂的，关于该主题的完整论述不在本书范围之内。

6.4 工程数据管理系统（EDMS）

详细地研究 EDMS 的功能与应用之前，从系统技术的角度来研究一下几个概念是非常重要的。本质上来说，作为通用程序员工具包部分的信息系统技术是 EDM 功能的基础。

6.4.1 产品数据管理系统（PDMS）

从本质上和目前工作的目的来说，工程数据管理系统（EDMS）的概念是基于经典的 PDM 系统。因此，该系统的功能描述以 PDMS 的方式执行。本书中的所有综合性讨论都是围绕 6.1.3 小节中的 EDM 定义进行的，其中 PDMS 被定义为 EDM 的一个主要部分。EDM 名称用于进一步讨论一般的系统技术关系。只有当 PDM 系统的含义是专门的和明确的时，术语 PDM 才会使用。

研究表明，相关信息的搜索会占用一个工程师的 30%~70% 工作量[12]。因此，如果工程师一开始就可以获得最新数据，就可以避免因数据过时或缺失而造成的错误决定，从而提高产品的质量。这不仅需要特定产品的数据，也间接地需要与产品相关的信息（如，可提供子问题解决方案的专家名称，即使他们没有直接参与开发过程）。

PDMS 有着几十年的悠久历史。这些系统源于对管理 CAD 图样的需求。CAD 图样需求的增长，增加了对数据管理工具的需要，这些工具必须能够用来处理由不同程序和系统创建的不同类型的电子文件。这类工具被称为工程数据库（EDB）或技术信息系统（TIS）；其他名称（主要在美国使用）是工程文档管理系统（EDMS）、产品信息管理（PIM）和产品数据管理系统（PDMS）[11]。在 20 世纪 90 年代的 CIM 概念中，这些系统和方案是技术数据和信息的中央管理和组织的主要成分。这些系统的功能从最初的纯文档管理方法发展到全部产品开发数据管理，然后进一步发展到对产品数据以及所有完整产品开发流程和产品生命周期计划表的管理。尽管“产品数据管理系统（PDMS）”这一术语已经非常盛行，但仍然有种类繁多的概念。

建立 PDMS

PDMS 为用户提供了众多应用程序相关的功能，这可以通过产品和项目相关的方式，在自己公司内部或在跨公司合作的几家公司之中，来组织、管理和分发所有电子数据和文档。Anderl[13] 指出，主要功能是那些对象或元素管理功能、特权和权限管理、流程和数据管理。此外，跨应用功能使 PDM 系统能够管理和定制，并且保证检入和检出存储在系统数据库的数据以及系统卷上的存档。

图 6-5 给出了 Anderl 提出的 PDM 系统原理设计的基本概述。在核心部分，有两个功能模块，它们被划分为跨应用模块和应用相关模块。这些都建立在包含一个数据库和一个数据库管理系统（DBMS）的数据基础之上。用户界面和系统界面使得人类和机器能够沟通。Bullinger[4] 认为，PDM 是产品开发中目标性知识管理的关键技术。在这一方法中，产品信息不应该仅提供给参与产品开发的人，还要提供给实际产品开发过程之外的那些人（如供应商或客户）。这就有可能实现理想的共同企业目标。

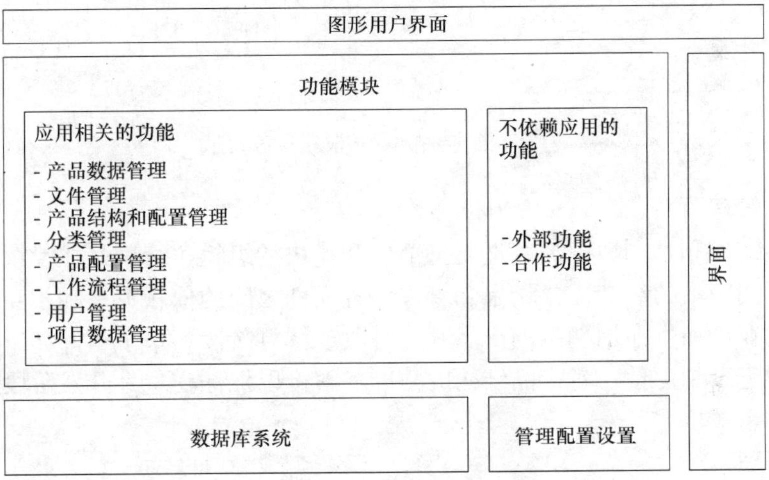

图 6-5　典型的 PDMS 结构[14]

尽管 PDMS 是作为一种产品知识管理工具开发的，用于关键长期的产品数据存档，但是当数据读入和写入系统结束时，不管是技术停止还是一般数据丢失，它们的存档功能就会终止。另一个问题是，目前没有对特别重要的产品文档文件存储的集成概念，而这些特别重要的产品文档文件只能从数量惊人的 PDM 信息中进行筛选。这类文件应该在系统的一个单独部分进行保存、存档和维护，以便它们可以被人工地与其他数据分离，并被有意图地转移给其他系统。

PDM 的主要功能

PDM 的主要功能可分为五个领域。这些领域通过执行者、预定义的过程和产品组件（部件和组装）之间的关系连接起来，并在文档和文件中进行描述。图 6-6 显示了 PDM 的五个主要功能组。一般来说，产品导向型的功能包括数据以及与产品产生和产品描述相关的过程，而过程导向型的功能包括与开发和生命周期相关的所有任务。

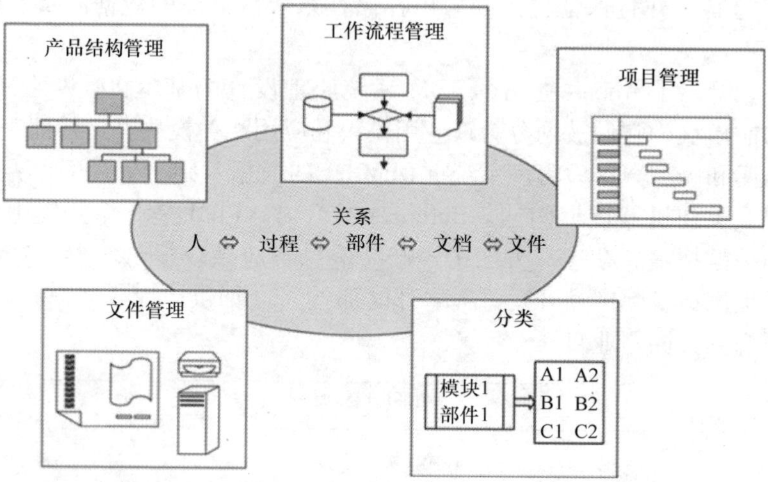

图 6-6　PDM 的主要功能（根据参考文献［15］）

产品结构管理

产品结构和不同数据的管理支持部件和模块的组织。特别是在复杂产品的情况下，不同版本的组装需要记录和管理内置元件之间的依赖关系和相互作用的具体方法。在产品生命周期内的产品开发阶段或修订阶段，单个组件和子装配的修改都会被记录和评估。对产品结构的精准了解可以保证在整个开发阶段都能得到当前的材料清单。

工作流管理

全球性企业的活动遍及世界各地。在澳大利亚设计，在中国生产，在美国决策，像这样的配置在汽车行业非常常见。全球化带来了机遇和风险。就汽车制造商而言，数据管理是一个重大挑战。PDM 中预定义的标准和规则指定了谁可以改动一个组件以及如何批准这一改动。工作流管理包括文件的控制和分发、客户和供应商在不同过程的整合。开发过程中，CAE 数据的管理和管理变更（包括问题识别、修改措施和发布管理）是重要的。应用包括文档控制（修改、验证）、客户和供应商的整合、文件分发、CAD 数据管理、DMU/CAx 工作流程和管理变更等。

文档管理

PDM 控制着产品数据的访问权限并确保当前信息的使用。现代 PDM 系统拥有软件应用程序（设计软件、成本计算程序或制造相关的软件等）的直接接口，可以直接修改或更新数据。文档管理包括数据和文档的提供、数据存档，以及文档控制和分发。应用程序包括数据和文档的提供、数据存档、文档控制和文档分发。

分类

部件标准化和标准件使用是降低产品成本的重要因素。在整个产品范围内进行产品数据的分类有利于新车型开发中（现有）零部件和模块的检测与应用。

项目管理

产品数据管理以及与组件和结构相关信息的存储支持工程管理相关的任务。通过这种方式，强大的 PDM 系统能够简化当前项目和未来项目的提前规划的成本和时间相关的计算。

PDM 系统基于客户端/服务器软件架构。它们的特点是对系统组件进行模块化配置，通过相关的或对象导向型的数据库管理系统来组织。PDM 系统都配备了多个数据接口和用户导向型模块，使数据能够高效传输。图 6-5 显示了典型 PDM 系统架构的主要模块。

6.4.2　EDM 的相关应用系统功能

基于 PDMS，EDMS 可以很容易地通过一些附加功能来进行定义。这些功能主要包括改进的应用程序关系、提高的创作系统集成性、模拟应用程序和视图工具，以及跨项目、过程和数据的工作流程管理。基于 PDMS 设计（见图 6-5），可以描述 EDMS 的特定功能实体。在各种各样的 EDMS 应用相关的功能中，主数据管理、文档管理、变动发布和 DMU 过程等作为汽车产品开发的代表性功能都在下面进行了详细地描述。

EDM 跨应用的功能是：

- 变动管理
- 工作流程管理
- 过程管理
- 项目管理
- 沟通交流
- 研究、可视化
- 用户管理
- 数据保护，数据安全/存储
- 存档

主数据管理

主数据管理（或产品数据管理）包括所有产品描述的主数据（如文档、存货清单、零件清单、产品结构等）的管理，以及规范和分类属性。除了开发过程（从 CAD 启动模式到发布的最终设计模型）中的数据扩展，修订和配置也必须进行管理[2]。

主数据管理要求明确定义数据对象和数据区，以保证在整个产品生命周期内主数据是一致的、不矛盾的和协调的。主数据管理还为数据的创建和更改确定了维护流程，并且指定了负责这些流程的组织实体。在这种情况下，最好的做法是在创建数据的技术部门对其进行维护，然后将它们与主数据维护（技术产品文档）的中心点结合。主数据维护也负责整个过程。整个过程可以理解为数据的连续控制和优化，甚至包含重要数据内容（例如，文章号确定）的维护。

最后，主数据管理也包括了主 IT 架构的定义。这个架构包含了所有需要用主数据进行后处理系统中的数据流和数据分布。为达此目的，关于哪些系统维护和改变哪些主数据对象的清晰定义已经被证明是成功的。这些系统是数据分配的一个起始点。主要发生在制造业和物流业环境（如企业内容管理、资产生命周期管理、质量管理等）下的其他通用 PDM 过程不在本书讨论的范围。

文档管理系统（DMS）

文档管理（DM）被设计用来帮助扫描、创建、管理、转发、存储、归档、打开和搜索文档等任务，其主目标是通过缩短文档处理时间和及时提供必要信息来提高生产率。文档管理系统（DMS）不仅支持办公流程，还通过程序的动态序列和静态信息对象整合的定义和支持来优化办公流程。

目前，许多业务中存在低效率的工作程序和冗余的并行工作。耗时的文档搜索、漫长的处理时间、多重存储、系统和程序的缺乏透明度、应用数据格式间的差异以及部分系统的不兼容性抑制了集成的、顾客导向型的和高效的工作流程。另外，近年来文档数量猛增而且持续增长。在这种情况下，有必要使用计算机支持的文档管理系统。有效和高效的办公意味着公司特有的支持业务流程的技术管理和高效信息管理。信息管理决定了生产和管理中的信息流动。越来越多的公司正在认识到改进信息管理是提高竞争力的一个重要因素。具体来说，信息管理包括一家公司产生或要求的所有文件的合理且完整的管理与编辑。

镜像是纸质文档向数字文档的转换。镜像数据只对完整系统功能进行粗略估计。镜像系统允许用户通过扫描仪创建纸质文档的电子副本并且将数字文档保存在电脑里，这消除了计算机世界和纸质世界之间的媒体脱节。然而，它也产生了页面不可编辑的数字文档（即，一种计算机无法解读的文档）。

近年来 DMS 市场迅速发展。引进这种系统的公司期望降低成本并且提高生产率和质量。越来越多使用电子文档管理的中小企业强调，这些期望不仅仅是系统供应商的营销策略。DMS 支持技术部门存储图样，银行保管收据，杂志出版社和新闻机构存档和定位各种文字和图案材料，以及保险机构和公共服务部门的文本和图像流动及应用。正如 PDMS 作为特定开发数据（即设计数据）管理的合适工具逐渐被人们所接受，用于管理一般文档的其他软件也出现在市场上。

PDM 着重于三维设计模型进行更清晰可靠的表述和零部件列表的自动创建，

DMS 则侧重于随机文档的修订和连接。无论企业首先采用 DMS 还是 PDM，最终他们都开始想知道如果只使用一个数据库，它是否可以帮助优化程序。这意味着一个数据库需要收集与文档数据协同的所有文档并相应地管理它们。提供这种功能的能力是选择 PDM 系统的另一个重要标准。

6.4.3 EDMS 结构

集成平台的主要功能是 EDMS 和其他软件应用程序的耦合，而属性和参数或结构的交换和同步通过一个集成的数据模型发生在元数据级别上。通常，这种集成不涉及原生数据的交换，并且即使这种交换发生时，相关数据会被检查出来并提供一些应用。因此，对于所有集成应用程序来说，EDMS 保持着数据大师的地位（6.5.1 小节提供了对 CAx 集成的详细描述。CAx 集成是在车辆开发中功能模块集成平台上的一个重要应用）。

把上文中部分描述的所有功能模块放在一起，那么就可以 EDMS 架构图的形式提供模块的概述和功能设计。

图 6-7 显示了综合工程数据管理系统的具体功能，它与遵循 PDMS 设计的上位组件大体上一致：

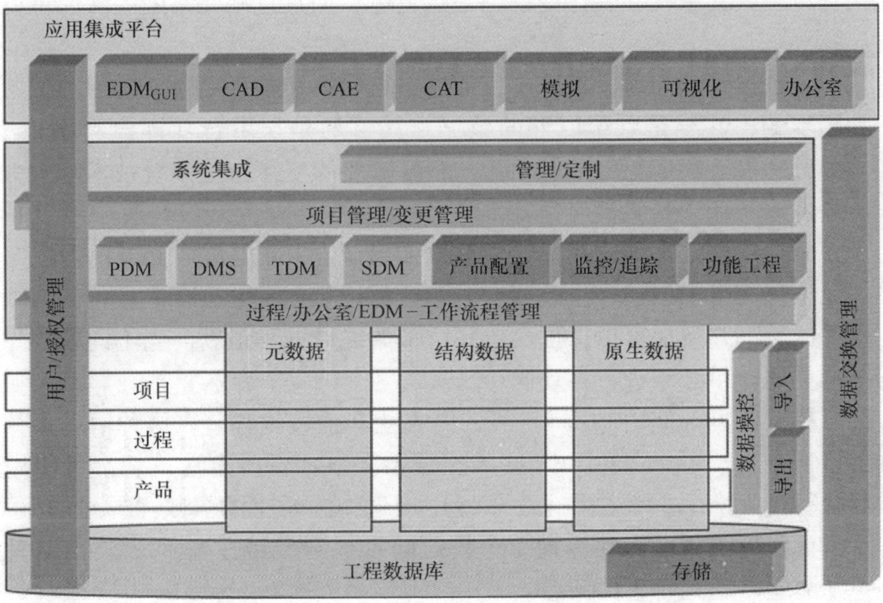

图 6-7 EDMS 结构

- 应用集成平台
- 系统集成

- 项目控制环境
- 工程数据库
- 接口、数据交换和数据准备
- 访问和管理

建立在一个扩展了项目和过程数据的基础上，该图形再次显示了主要模块、应用程序、EDMS 的控制和集成平台。该集成平台包含前面提到的 CAx 应用程序。一方面控制模块包含了过程、项目和变更管理功能，另一方面它包括了其他可操作性工作流程管理。一个涵盖广泛的用户/权限管理系统可以控制谁能够使用或访问数据。

6.4.4 EDMS 接口

在计算机支持的产品开发刚起步时，几乎没有接口存在。带有完全独立于其他应用程序的软件系统已经够用了。只有特殊硬件能够运行某些特定软件，通过屏幕、打印机或绘图仪进行数据输出并且保存在数据磁带和（与今天的标准相比）巨大的磁盘上。尽管这种情况早已成为过去，但是源自无数个不同硬件供应商的许多不同产品的孤岛在过去几年已经在许多公司内发展起来。随着公司不断优化其过程，其系统和软件变得越来越具体，而且这些元素间关联的重要性在增加。

就产品数据管理而言，接口不仅能够进行数据交换，而且还确保数据始终是最新和同步的，甚至是系统以外的数据。其目的是在后台（即没有用户工作）实现大部分功能。集成组件系统功能的程度最终决定了特定系统技术解决方案的整体质量。该功能正是我们对完整 EDM 的期望——产品开发过程中所有系统和应用程序的集成。定义不同系统的主数据如何彼此一致是非常必要的。该定义可以确保无论什么时候创建、更改或者删除数据记录，该数据都能被正确地映射到所定义的区域上，从而可以保证两个系统都始终准确和最新。当不同系统之间的数据结构不同时，必须进行自动同步。

如果有关各方都使用 PDMS，那么集成就有很大优势。在这种情况下，几何数据可以通过平常不保存在 ERP 侧的查看器来显示。所有这一切都可能做到并且已经执行过几次。不幸的是，由于使用接口作为桥梁的失败而导致的旧冲突，有一个方面没有得到必要的重视——数据同步（自动或手动）以及谁触发同步和信息从哪里转送到哪里的问题。

数据交换 EDMS 接口

本节介绍对一种控制的、记录的和可追踪方法的支持。该方法用于公司内部客户和外部顾客或供应商之间的数据交换：

- 内部客户/供应商：设计、CAE、生产计划、采购

- 外部客户/供应商：OEM、组件/系统开发供应商

这种导入/导出接口的功能是：

- 数据转换、映射和转换
- I/O 逻辑和方法
- I/O 自动化
- I/O 的质量、一致性和拟真性检查
- 数据传输过程的协定

6.5　EDM 中计算机支持的工程

IT 支持的开发正在强劲增长中。计算机和软件取代绘图桌是第一步。现在，参数导向型的工作软件正在以类似的方式重复着这一步。CAx 系统不只是简单地替代了原有方法。它们还是功能的广泛扩展，以满足产品开发日益增加的需求。同步工程增加了开发过程中出现的信息和数据的数量，从而进一步增加了任务的复杂性。需要灵活而又标准化的方法来进行概述并有可能实现从组织层面到 CAx 详细层面的连续监控。

6.5.1　CAx 如何改变产品开发

尽管 PDM 可以执行诸如已发布设计数据管理和相关零件清单和筹划制造、物流、成本计算以及产品管理等任务，但这不是 EDM。EDM 的核心是完整的产品开发过程的管理，从初始请求开始，然后通过概念和细节、系列开发和验证、模具和工具锻造，最终走向原型和检验，包括有修订变更请求和工作流程的完整开发历史。然而，EDM 在 CAx 环境中三维产品数据的结构化管理下还有可能的其他应用（如 CAD、CAM、CAE 等）[10]。

不同创作系统组所代表的软件应用，比如：

- 计算机辅助设计（CAD）指计算机支持的工程并被用作二维和/或三维应用程序的涵盖性术语。
- 计算机辅助工程（CAE）指计算机支持的工程程序并包括在技术方面用于工作程序的计算机支持的所有方法。这包括计算、分析和模拟，如强度计算或流动模拟。
- 计算机辅助过程规划（CAP 或 CAPP）指计算机支持的工作调度，生成以传统或 CAD 数据为基础的、用于组件制造和装配的数据。
- 计算机辅助制造（CAM）指计算机支持的制造，其特点是直接控制制造设备并支持运输和存储系统。
- 计算机辅助测试（CAT）指计算机支持的硬件测试的自动执行和

解读[16]。

CAD、CAE、CAT和CAM对产品创新过程具有显著影响。图6-1显示了它们在Y-CIM模型中的位置。这些领域中的任何一个都不能被看做孤立的领域。工程师必须至少具有关于它们的基本知识。如果拥有这些知识，CAx可以毫无疑问地加快生产过程。由于所有领域都需要专门知识，必须由多位专家来解决。这要求他们彼此之间进行通信联系（图6-8），这也必须依靠通用术语。

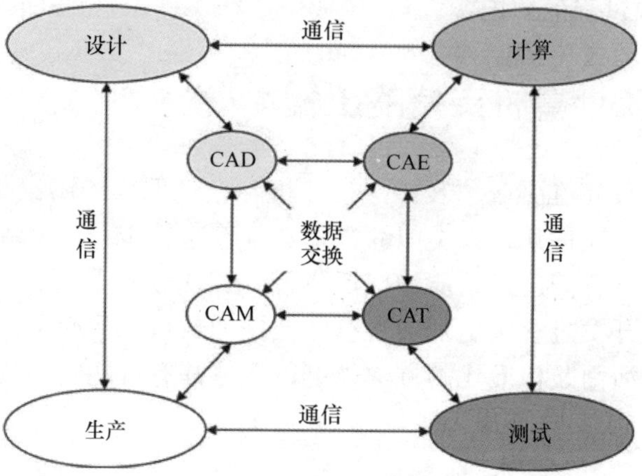

图6-8 CAD、CAE、CAT和CAM之间的关系

甚至更大的挑战是区域之间的数据交换。首先，必须有一个合适的交换格式。其次，各领域的要求互不相同。这在某种程度上使得数据交换变得更加艰难且抑制了合作。在完整的模拟过程中，超过50%的时间用于数据搜寻和管理[17]。部件清单、CAD、模拟以及模拟数据（属性、结果等）与EDMS的整合等之间的连续数据管理都可以减少这个百分比。

6.5.2 CAD集成

在大多数公司里，CAD软件毫无疑问是产品开发中最重要的创作系统。利用CAD软件可以进行模型创建进行细节化，并根据它们的预期功能分为组件和装配组。工程的效率和持续时间以及创造力程度是工程师的核心竞争力，这些都依赖于EDM软件的集成度。

使用多个CAD工具时（即在多CAD安装的情况下），CAD软件尤其重要。一种常见做法是用这些程序自身的团队数据管理系统（TDMS）来装备它们。这经常是使用特定软件特色功能的唯一方法。进一步说，只有被授权使用这些特色功能，才有可能在模型中表现结果和做出改变。更多情况下，利用这些特色功能去处理其他应用程序的模型、样机或绘图几乎是不可能的，因为它们都是完全集成的数据管理系统，而其基础可能是CAD包所提供的相同数据格式。

这凸显了EDM作为集成工具所面临的主要挑战之一——毫无损失地完全开发异型CAD前景和实现开发数据集中管理的需要。EDM集成的另一个方面是设计过程，无论是单独还是与能够使用多年的专用管理软件相连，通常都需要配备CAD系统。但是，如果该系统必须改变，那么会发生什么呢？假使，因为某些原因，需要安装一个不同的CAD系统呢？在这种情况下如何处理以前项目中的数据呢？如果必要的话，如何在新系统中维护和进一步使用它们呢？这可能会导致那些缺少系统性电子存储系统的企业（因为那些可以处理输出和理想情况下相关数据转化的所有数据）蒙受巨大损失。在这种情况下，无法保证“旧数据”不会在转换中丢失。

集成基本上意味着在CAD系统中提供PDM功能。设计工程师不必要离开应用程序，而是可以通过用户接口在PDM中创建、保存、加载或者删除CAD数据。对这些工程师而言，集成主要指应用程序菜单的扩展，其中包括CAD系统所不能单独提供的功能[10]。CAD和EDM的集成也意味着设计工程师不必依赖于具有一致性分类特征和EDM功能的单个CAD系统。在多CAD环境下，这一优势不应该被低估。另一方面，这意味着EDM可以直接访问相连CAD软件的数据并直接通过特定阅读器来表示它们。

应用大多数EDM的关键点在于现有开发数据（如客户创建的数据）如何完美而且彻底地被转化并作为基本设计状态导入到EDMS中。应用一个EDM时，项目团队会面临成千上万个CAD对象，它们存储在分散的、单个的CAD工作站中。这些CAD对象必须被导入到EDMS中。此外，EDM和CAD很少并联使用。因为这一原因，高品质的EDM软件应始终提供工具去导入现有数据。除了初期的导入，与客户和供应商规划和组织数据变更管理并且在EDMS中实施是非常重要的。为达此目的，可以建立虚拟数字节点。这些节点是特定数据管理活动发生的地方。这些里程碑被称为虚拟产品的虚拟原型（VPT）或数字化原型（DPT）。为实现此目的，可以建立用于操作性数据管理的所谓数据同步点（DSP）。在EDM工作流程中，所有这些控制和操作活动都表示为项目规划。

6.5.3 CAD的实现

为减少产品开发时间并保证所有受影响部门的产品数据的可用性，大多数制造业需要CAD系统直接集成到它们的业务流程和EDM系统中。

根据Scheer[2]，有必要研究一下将CAD系统集成到PLM环境中的一些重要标准，如图6-9所示。因此，应该事先计划EDM，并且特定项目的功能要求必须要在工程团队和EDM开发之间进行协调。通常情况下，按照EDM的阶段计划在开发项目中实现EDM功能。

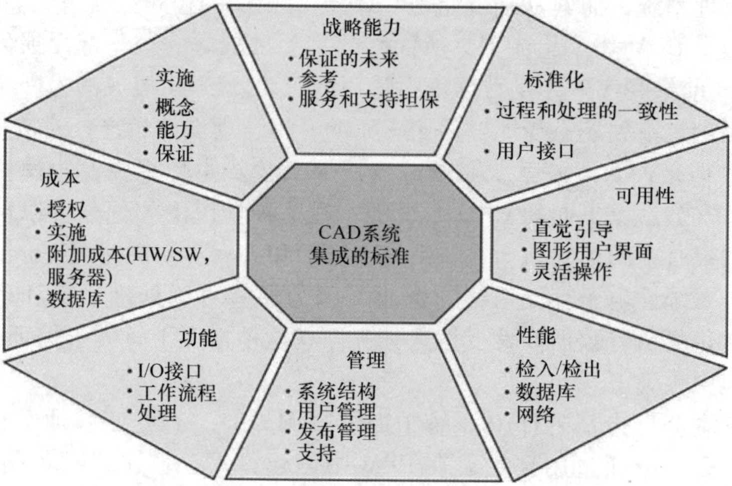

图 6-9　CAD 系统集成标准

6.5.4　虚拟计算机生成的三维产品设计模型

在目前的工程产品开发中，不断增长的虚拟化任务正逐渐增加了对三维产品设计模型的重视。这些模型主要包括：

- 三维 CAD 模型：这是产品的几何基础，因此也是任何现代虚拟产品开发的基础。
- 数字样机的三维 DMU 模型：作为用于不同模拟目的的数字模型从三维 CAD 模型中导出。
- 三维 CAE 模型：专为计算和模拟而准备。
- 三维视图模型：这是一个用于浏览解决方案的简化三维 CAD 模型。
- 三维 VR 模型：这是在产品创建阶段通过转换三维 CAD 模型而创建的。该三维 CAD 模型以正在使用的 VR 系统的重点为基础，并且根据属性和行为进行了编辑。
- 三维存储模型：由三维 CAD 模型导出的一种格式，其独立于任何特定的创作系统或三维视图软件。它可用于办公应用或长期存档（如三维 PDF 格式）时的再生产。

在这种情况下，三维 CAD 模型主要表示技术产品的几何属性、产品设计和结构。CAD 模型由不同的建模几何基本对象组成：点、线、面或体的模型。其中，由于体积模型的当前性能，特别是在产品并行设计及随后的部分产品创建过程中的重复使用性，体积模型是最重要的。

所谓的技术建模支持三维 CAD 模型的创建，因为只凭几何建模本身不能提供足够的产品描述。在技术建模中，影响几何（例如材料、公差和表面处理）等的技术属性被分配给模型。此外，还分配了几何元素和功能信息之间的关系（如影响几何的因素）。就其属性、价值、关系和约束来说，其特色是设计特性的特殊聚合。第 4 章包括了三维 CAD 建模技术的详细介绍与描述。

将三维模型产品数据导入到 EDM 系统并集成在工程数据管理中有一大困难。也有必要创建具体的数据模型来管理和控制这些特色并将这些模型集成到 EDM 中。这就导致了软件和硬件问题，因为不同软件供应商采用不同的市场策略，不断调整自己的接口并使用不同的 CAD 方法和设计工程师培训程序。

三维 DMU 模型代表基于 CAD 的产品的数字模型。该模型包含了组件几何形状和装配组结构。几何设计主要通过三维 CAD 模型（导数方法）的镶嵌布置来逐渐成形。但也有使用 CAD 模型的原始数字控制（参见 2.2.2 小节）的本机方法。DMU 是模型分析的信息和通信工具，它主要用于在空间和功能设计方面验证和优化产品。DMU 系统为此目的提供了许多功能，比如通过动力模拟对工程空间和碰撞进行评估的虚拟产品可视化。DMU 的目的是提供设计的多个视图的持续可用性、所预期的未来产品功能范围，以及更深层的技术关系。DMU 的一个重要应用是来自不同 CAD 系统的异构模型之间的连接，如果有必要的话，其结果可以重新导入到 CAD 模型。DMU 几何参考通常表示在 EDM 的团队数据管理（TDM）中。所以，明确的 DMU 规范是定义的虚拟节点的产品配置、产品视图和模型状态。

视觉模型使用流行的查看工具，使所有用户能够实现对产品的可视化（无论他们的特定创作系统是什么）。商业查看工具都不昂贵、容易使用而且可以通过 WEB 技术在更广泛范围内使用，甚至在不同公司之间。每个 VR 模型都与一个三维 CAD 设计模型有关并在虚拟世界中通过相关的设计模型行为的表现来扩展。VR 模型经常从表面和体积导向型的三维 CAD 系统中创建。这些系统不依赖所使用的特定 VR 系统的接口[18]。VR 系统中的 VR 软件也可以用于表示一个 VR 模型的运动和反应。VR 被实时地呈现给观察者。VR 核心的实时呈现（即连接的三维计算机图形）、沉浸式设计和互动需要等导致了对 VR 模型和其虚拟运行环境的高要求。特别是，必须要考虑感官逼真度以防止观察者在虚拟体验之中和之后出现不舒服的副作用。

所有这些不同的三维设计模型都必须在 EDM 中连接和表示。然而，更大的挑战是把这些不同的 CAD 表述与他们各自的产品结构视图，以及高度不同的应用程序的数据分配整合起来和把特定创作系统（CAD、CAE、DMU、VR、阅读器、办公软件等）整合到 EDMS 中。

6.6 产品开发中的集成 EDM 应用

下面几节详细地研究一些具体应用场景，重点关注 CAD 和 CAE 应用程序的 EDM 支持以及它们在产品开发过程中的整合。

6.6.1 早期设计阶段中的功能性尺寸标注和优化

CAE 技术在早期设计阶段中的角色是不断变化的。参数化几何模型能够支持以前项目模型的重新计算，为初始计算或模拟提供基本数据。这些早期的几何模型往往具有简化的几何形状，这导致了 CAE 过程中的细节水平下降。目前，车辆概念的决定必须在起草和开发过程中进行验证。虽然在早期阶段没有连续的 CAD 描述，但用于快速创建参数化几何模型的 CAE 方法和程序是直接互通的。只有这样，CAE 工程师才能通过评估所要求功能的重要影响来促进新发展。

评估步骤总是被导向开发状态。在设计阶段，基于相关信息深度的、调整反应的能力是必不可少的。即使在早期阶段没有可用详细信息的情况下，也必须提供粗糙的参数化模型才能够定义空间、拓扑、造型和封装要求。为了满足开发期间的功能要求，需要评估拓扑几何模型的适应性。

最终，这些模型是为了提供互连的车辆设计，这意味着它们应该为概念团队提供一个基础。概念团队包括封装、计算、前期开发和设计等方面的专家。拓扑和几何模型应该能够很快适应新封装或造型信息。还有，它们必须支持几何拓扑的优化并解决标准化、共性、车辆家族以及互换性等问题。此外，拓扑几何应该提供数据交换接口。这种通用数据交换平台将用于：

- 隐含地重新使用参数化车辆模型
- 创建、构建和传播知识
- 使用来自当前和过去开发项目的知识
- 提高数据和数据的一致性

拓扑几何模型非常有价值。概念工程师必须能够提供有关碰撞行为、刚度变化以及与现有二维/三维程序包要求的几何兼容性的描述。通过这种方式，拓扑几何模型帮助工程师推导分析模型和设计模型（包括设计变量、设计空间、目标功能和约束条件等）并直接验证和支持拓扑优化。为达此目的，拓扑几何模型能够自动生成可用于有限元计算的强大高品质网格。此外，它还导出了必要的连接（如粘合、缝焊、点焊等）和来自参数的 FE 条件。这种情况下，在设计过程中细节程度依赖信息状态是很重要的。因此，总是要在理想的结果精度和分析工作之间进行折中。

6.6.2　优化设计过程中模拟数据的一致性

在整个设计过程中都有连续可用数据的可取性是显而易见的。然而，重要的是必须确认一些相互矛盾的目标，例如功能验证和几何设计要求中存在的那些。所使用的设计工具应始终遵循和支持信息的当前实际状态，参数化模型设计的方式必须使工程师可以实现事先任何时间都没规划的参数变化。为了满足这些要求，参数化设计系统中的参考内容需要为了解释（如拓扑优化）而进行改变和定义。为启用这些功能，设计系统应自动创建和解释新的几何配置以及所产生的参数。对于连续使用直到能满足批量生产的参数化概念模型的需求，既不现实，也无效率。

因为 EDMS 能通过直接交互从创作系统中导入参数数据，从而解决了产品开发的大部分问题，所以 EDM 在此起着非常重要的作用。另一方面，EDMS 也可以作为参数数据库本身，可以向非互通系统（如 ERP 和 PPC）提供参数数据。在这种情况下，EDMS 还可用于配置管理，因此也被理解为是知识数据库。该层面上的高数据完整性也提高了数据管理活动的自动化程度，从而提高对可靠性、可用性、当前趋势和数据质量的信赖。

6.6.3　模拟数据的跨学科一致性

随着数据容量和复杂性的持续增加，管理产品信息的工作量也不断增加。因为来自不同 CAD 系统的信息重叠度比较高，所以技术部门关于全公司系统集成的解决方案目前只限于设计数据。随着产品结构定义的复杂性提高，非常低的共享信息水平（如设计和模拟数据）导致不同工程领域内部和它们之间出现了全新要求。这种跨学科结构提升了产品开发历史和配置的质量，因此代表了迈向跨学科融合的第一步。不过，扩展这种方法使其通用于来自其他学科应用数据的要求相当高。为达此目的，产品结构中的信息对象必须不可避免地进行调整和标准化，使其能够用来自多学科的不同系统和工具进行处理和解释。这些的前提是对能够处理这些信息对象的流程进行结构化和模块化。例如，一项要求是结构化操作过程使其具有输入和输出信息，这就为共享信息对象奠定了基础。

配置管理是 EDMS 的核心能力，它还提供了一个通用解决方案。难点主要在于确定这样的结构化标准，使其能够把所有领域的要求都考虑在内并在公司内部制度化这一标准。此外，各个专家必须在 EDMS 中创建和维护不同的结构。最后，变更管理的问题也应该在每一结构层上解决。

6.6.4　设计与模仿的集成

为了尽快对趋势和顾客需求做出反应，开发时间越来越短。现在，必须建立最新的开发方式以便跟上这一趋势并避免产品质量的降低。如果产品缺陷发现得太晚，需要付出非常昂贵的代价才能补救。因此，不及时检测会导致相当高的开发成本。最坏的情况下，甚至导致延迟投放市场。设计评估传统上发生在设计阶段结束时。因为不同的模拟类型（如机械、热力、运动学和声学模拟，以及流动模拟和成型模拟）往往没有通过 CAD 集成模拟解决方案来实现，所以数据传输和转换都很麻烦，而且必须使用专业人员。在开发过程的早期阶段，汽车制造商需要更多集成的模拟，以便降低成本（尤其是昂贵的物理测试），并优化产品质量和适销性。

既然在组件和模块开发的早期拥有很大的节约潜力，很明显，工程师应该在早期设计阶段进行模拟。在更早阶段就被集成到设计环境的高度自动化模拟解决方案消除了耗时的任务。应用集成到相关的 CAD 环境中以后，工程师使用 CAx 工具的难度大大降低。设计工程师和 CAE 工程师之间的密切合作也可以改进早期产品的优化。通过避免数据转换和冗余数据的保存，使用相同的 CAx 系统节省了宝贵时间。

设计以及模仿软件在 EDM 环境中的协同作用明显促进了模拟的使用。通过该方式，模拟可以完全集成到开发工具中，且可用来建立设计几何的透明链接。因此，工程师才能够在早期阶段实施所需的改变和减少模拟周期的持续时间。这带来了几个优势：

- 没有几何接口→没有几何传输的问题，而且没有几何恢复的工作
- 几何模拟的关联和生成连接→模拟始终是最新的
- 从设计（如壁厚、位置和重心定义等）访问参数化信息
- 根据预定义规则通过现有标准功能或 CAD 应用程序来评估结果
- 直接手动或自动改变几何结构和更新结果→快速评估变型
- 使用分析模板→易于更换几何结构和重新使用 FE 定义
- 单一的应用环境→相同的用户操作和菜单结构
- 可控 CAD / CAE 数据管理（如订阅、变更管理、潜力分析等）

6.6.5 CAD/CAE 数据管理

汽车制造商越来越多地利用 CAE 方法来计算车辆属性。这些特性影响着车身和底盘，以及安全组件、舒适性和动力传动系统等方面。在最近几十年里，对于车辆早期优化和功能批准（即，甚至在硬件原型构建之前）的需求是 CAE 方法近几十年越来越流行的主要原因。目的是尽早地使用虚拟样机进行计算，以便找到故障并实现在 CAD 模型中设计相关的变化[16]。

在某些配置中，尤其是在大型公司，EDM 系统控制工艺过程步骤并且管理产品数据，产品结构和零件清单的整合在设计部门内已经是高度复杂的。相比之

下，CAE 系统在虚拟产品验证中通过延迟的模拟和计算传递结果。常见的后果是产品的开发状态不能匹配当前计算结果。为了改善系统，规定目标必须以同步的方式将 CAE 系统集成到开发过程中，并在 EDM 系统中管理 CAE 系统数据。

因为这一理由，随后所做的模拟和出现的结果必须在 EDM 系统中参照设计数据来管理。为保证一致性，数据存储必须在模拟工具和 EDM 系统间协调一致。在这种情况下，要进行交换的相关数据是：

- 作为三维 CAD 模型或三维 CAE 模型的三维几何
- 产品结构（DMU、装配顺序、FEM、NVH 或者碰撞模拟模型）
- 质量属性（质量、重心、惯性矩）
- 材料数据（材料、金属板厚度、密度）
- 连接系统（如焊接点、铆钉等）
- 技术数据

图 6-10 显示了 CAx 和 xDM 集成的 EDMS 架构模式。如图 6-7 的 EDMS 架构模式中的基本所述，各功能模块重新建立了一个公共工程数据库。

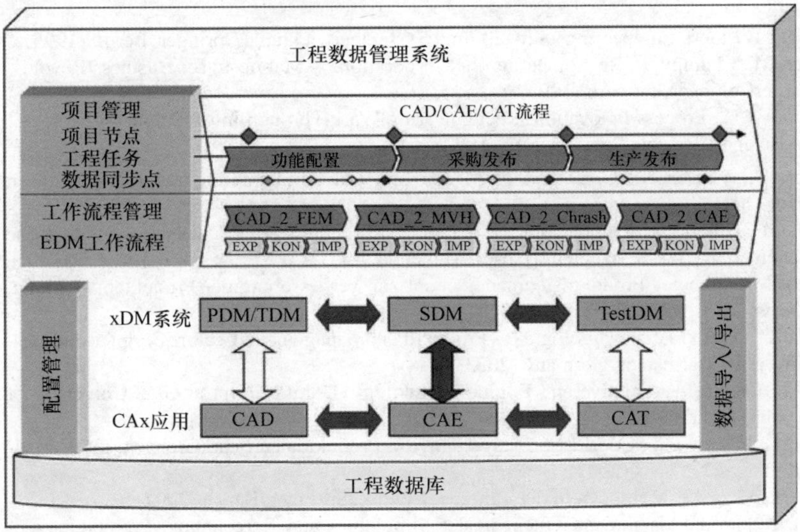

图 6-10　带有 CAx 和 xDM 集成的 EDMS 结构

过程导向型的工作流程控制位于项目和过程管理的上部区域。因为不同领域带有不同的应用程序，其间的集成平台比较复杂；因此，不同的数据格式被整合在一起，定义数字化原型（DPT）需要集成的配置管理。此外，不同的 xDM 系统会导致互不相通的数据库，它为操作数据交换带来了一个额外的挑战。目的是管理 EDM 中与 CAD/CAE 相关的所有数据。在不久的将来，由各种不同的软件应用所提供的功能以及大量的不同软件供应商将会妨碍 EDMS 的整体集成。然而，成功的第一步将是至少始终如一地在所有 CAx 学科的工作流程管理、变动管理、中央数据存储、数据准备和数据导入/导出上使用 EDM 功能。这样，由数据管理系统和软件应用上现有链接所提供的优势需要暂时被集成到 EDM 方法上作为一个整体。就 CAD 应用而言，这是通过传统产品数据管理系统和日益重要的团队数据管理（TDM）系统来实现的。在 CAE 情况下，该集成可以通过不同类型的模拟数据管理（SDM）系统来实现。

参考文献

1. Abramovici, M., Bickelmann, S.: Engineering Daten Management (EDM) Systeme: Anforderungen, Stand der Technik und Nutzenpotentiale, CIM-Management (1993)
2. Scheer, A.W., Boczanski, M., Muth, M., Schmitz, W.G., Segelbacher, U.: Prozessorientiertes Poduct Lifecycle Management. Springer, Berlin (2005)
3. Grabowski, H., Schnack, E.: Berechnung und Simulation in der Konstruktion. Lecture script at TU Karlruhe (2009)
4. Bullinger, H.: EDM: vom Datenmanagement zum Wissensmanagement. In: Chrysler, D. (ed.) Proceedings EDM Forum. Stuttgart, Germany (1999)
5. Eigner, M., Stelzer, R.: Product Lifecycle Management. Springer, Berlin (2009)
6. Spur, G., Krause, F.: Das virtuelle Produkt - Management der CAD-Technik. Hanser, München (1997)
7. Öterle, H.: Business Engineering - Prozeß- und Systementwicklung. Springer, Berlin (1995)
8. Hammer, M., Champy, J.: Reengineering the Corporation: A Manifesto for Business Revolution. HarperCollins, New York (1993)
9. Davenport, T.H.: Process Innovation: Reengineering Work Through Information Technology. Harvard Business Review Press, Bosten (1993)
10. Sendler, U., Wawer, V.: CAD und PDM- Prozessoptimierung durch Integration. Hanser, München (2011)
11. Eigner, M., Hiller, C., Schindewolf, S., Schmich, M.: Engineering Database - Strategische Komponenten in CIM-Konzepten. Hanser, München (1991)
12. Doblies, M.: Globales Produktdatenmanagement zur Verbesserung der Produktentwicklung. Phd Thesis, TU Berlin (1998)
13. Anderl, R.: Produktdatentechnologie B - Produktdatenmanagement. Lecture Script at Technische Universität Darmstadt, Germany (2003)
14. Hirz, M.: CAx in Automotive and Engine Technology. Lecture script at Graz University of Technology, Austria (2011)
15. Goltz, M., Müller, D.: PDM/PLM - Verwalten von Produktdaten ohne Grenzen. IMW Institutsmitteilung **27**, 57–67 (2002)
16. Meywerk, M.: CAE-Methoden in der Fahrzeugtechnik. Springer, Berlin (2007)
17. Anderl, R.: Produktdatenmanagement in der Simulation und Berechnung. Produktdaten J. (2002)
18. Berliner, K.: wissenschaftliches Forum für Produktentwicklung e.V.: Technology monitoring 1/01 - Virtual Reality. Technical Report, Paderborn, Germany (2001)

第 7 章　产品开发中的知识管理

特定产品生产和管理的知识对汽车产品研发至关重要，因此应该为其分配更高的优先权。本章介绍作为研究基础的产品知识，以及伴随产品生命周期的研发。本文探讨知识、知识管理和知识转移的基本原理，以及相关的最重要的基本模型和方法。虽然这里没有出现新的定义和概念，但本章的目的是总结知识管理领域中最新的科学发现，并提供了便于进一步分析的背景。

7.1　产品知识

虽然产品知识定义有很多细微的差异，基本上都包括以下内容：

- 产品所含的知识和信息（几何形状、功能、硬件）
- 关于产品的信息——明确记录的知识作为信息
- 关于产品的知识——产品开发人员头脑中的知识

下面将分析产品知识的开发、意义和生命周期，以及产品知识生产和产品知识管理的定义。

7.1.1　产品知识开发

现代数据处理方法不同，是因为数据不仅被计算和存储，而且还增加对附加信息的链接，这些信息以用户友好方式呈现，并有很好的说明。产品数据只是一串没有任何使用迹象的字符，然而产品信息还提供了有关产品的序列、事实和项目知识。因为产品信息与问题本身有关，所以这些信息是目标导向的，有其自身的语义逻辑，用于描述相关的产品知识。在学科研究中坚持产品知识的应用，使人们掌握相关规程，并最终成为产品知识竞争力。在 North[1] 的知识阶梯概念中，竞争力是其阶梯上的最高阶。

产品知识源出多头。就像人类在家庭培养和各种形式的学校教育中获取基本知识那样，每个对特定产品感兴趣的人自然会获得产品知识。在组织产品的知识方面，这意味着必须利用产品数据管理方法和知识管理方法共建一个公共知识库，去建立和保存获得的产品知识。在此背景下，产品知识代表与产品相关的整个信息集合。产品知识是通过产品开发和品质提升创造出来的，并能进一步应用于各种产品新型和新版本。产品知识最终沿着整个产品的生命周期集聚。基本知识、专业技能和经验知识相结合，再与产品生产流程和生命周期方面的知识一起，凝聚成了产品知识，产品知识也受社会经济因素的影响。

工程师是工程方面的专家。公司产品的创新水平和质量取决于工程师的专业知识和专门技术，取决于工程师的创造力和创新力，这些因素最终决定了客户满意度和经济效益。工程知识最重要的是储存在工程师头脑中的知识，现在被越来越多地存储在由工程师建立的电脑数据库中。这些数据（尤其是几何设计元素、组件、模块和产品数量的增加）是将不同工程学科整合到产品开发全过程中去的关键因素。这些数据也是不断指导公司核心流程运行的重要因素。

公司必须拥有工程师的专业知识，虽然这通常被工程师视为私人财产，然而工程师并不吝啬与别人分享专业知识的个人所有权，通过提供给公司使用，这样就变成了公司的资源。经验表明，工程师乐于提供专有知识的条件是为所期待的工作条件得到改善，拥有或占有大面积推广知识信息的技能和资源。对许多工程师而言，这意味着工程师能够复用设计模型或变型方案，能够跟踪产品开发和产品文档的全部变化过程。自从工程数据管理有了上述功能以来，产品开发日益高效。使用工程数据库的前提是，它不仅是一个存储的工具，也是一种过程指导工具。不可否认的是，工程数据管理既涉及工程师个人工作的变化，也涉及学科间合作形式与内容的变化。工程师个人必须遵守既定的规则，完成额外的数据管理，乍看起来不会为他们特定的工作职责带来内在利益。但是工程师要成功实现过程优化，必须完全接受上述原则。

7.1.2 产品知识的生命周期

产品知识作为一种信息，几乎经历了如同产品本身一样特征的生命周期。这意味着产品知识同样要经历起始到废弃的过程，即从开始采用到被遗忘的过程。虽然这一过程可以被视为无害和自然的，但作为重要的公司资产，产品知识也可能带来致命的危害。基于7.3节中对产品开发中知识转移的介绍，本节内容考察产品知识中的产品周期链，其包括：

- 产品动机——提供产品严格测试的动力
- 产品调查——收集产品所有合适、可发现、确定的数据，收集相关信息和知识
- 信息解释——收集信息的结构和评价
- 知识意识——新产品信息的储存
- 知识出版——新产品知识的传播
- 知识应用——产品知识的实际使用

- 知识选择——产品知识保护的初级阶段
- 知识流失——产品知识遗忘的初级阶段

产品知识的长期保存，与产品保存和长期知识保存类似，可以看做有效产品知识库的建立。

7.1.3　定义产品知识

如今在全球范围内，产品知识（尤其是特定产品知识）是组织进行生产和获得经济效益的最重要因素之一。产品知识为创新提供基础，因为其收集了所有特定产品开发各阶段的知识，包括知道是什么、怎么办和为什么的知识。产品设计（例如颜色和材料）的某些知识，总能把握时代精神和当下的社会潮流。产品开发路线也反映一定历史时期社会的技术能力，提供工程设计中首选技术解决方案和选择的信息。

通过提供早期的专业知识可以提高产品知识。这一过程可以通过使用模拟和计算生成并评估知识，也可提供其他相关信息来实现。此外，可以通过产品生命周期、评价方法、优化方法和组织决策支持等方面的反馈以扩展产品知识。现在我们可以把知识保存在知识文档和知识产品中去。然而，把这些专业知识简单地存储在产品数据管理系统、文档管理系统或某些电子存储媒体中是不够的。相反，对存储数据内容做更多的了解，而不是仅仅知道在数据存放的位置和存储模式，而且此要求越来越高。此外，必须对硬件系统可能出现的故障以及软件相关数据损失做出规划。因此，数据库的持续维护是必不可少的，需要将数据以保守的、传统的方式存储（即写在纸上）以防范数据损失带来的风险。在不同研发阶段，应做到轻松跟踪和显示特定产品的弱点和异常，以有利于产品的进一步开发。

7.1.4　产品知识生产

产品知识生产是事实知识（知道是什么）、过程知识（知道怎么办）和解释知识（知道为什么）的具体表现。更确切地说，它们代表的是有关产品版本的新型明确的、客观的知识。这也包括了有关不同种类产品和产品层次的知识。根据 Probst[2]，如果这些产品能够重复使用并长时间有效，同样也是产品知识保护的一部分。

7.1.5　产品知识管理

在产品开发过程中，产品知识包括有关预期产品生命周期以及产品装配的必要方法、事实和规则的技术和经济信息。这种知识可以是通用的，具体到部门、组织或特定产品的。知识数据应该被收集和保存，至少产品开发中创建的所有文件和应用都应当集中存储和存档，以便使用。虽然目前产品数据管理系统和文档管理系统可以有效存储和存档数据，然而最先进技术往往无法实现内容连接或存储知识数据的轻松查找和发布。因此，工程数据管理系统在未来几年内必须改变，以使其类似于所谓的产品知识管理系统。这一过程可以通过把知识管理活动整合到原始的工程数据管理系统来完成。在很长时间内，这仅仅是一种实现产品知识数据归档的方法。

7.2 知识管理基础

7.2.1 知识与知识管理

知识管理是一种可用来设计和控制过程的管理工具，也可用于支持组织的总体发展。知识管理的任务是为知识的发送者和接收者之间更好的交联创建条件，最终目标是提高知识的生成和应用。Wohinz 建议把知识管理解释为知识系统的管理[3]。因此，成功的知识管理意味着对人、组织和技术上有目的的投资。

定义知识

为了把重点放在知识上，划定这一术语的范围非常重要。来自众多学科的学者，包括心理学家、哲学家和社会学家，都在使用知识这一术语，相关研究颇多，然而至今尚未形成一个清晰且能被广泛接受的定义。本文借鉴了 Probst 的思想，他把知识定义为“个人解决问题的全套经验和所有技能”。

鉴别数据、信息和知识

许多学者试图定义知识，他们的定义通常受到自身对这一主题的挑战和偏见影响。下列术语列出了一些区分不同术语的主要标准（例如字符、数据、信息和知识），以及在这些标准和条件中不同层次之间的相关性。

数据可被有意义地组合起来，也可由根据某项规则或语法形成的符号或字符序列（如字母、数字、特殊符号）组成。然而，原始数据并未被解释，因此有可能得出完全基于数据的结论。

另一方面，通过数据评估和语境化来创建信息。透过经济观点或解释，原始数据转换成有用的信息，且可用于指导行动和决策。接下来，信息以目标明确的方式进一步连接，并以经验背景进行分类，就会发展为知识。环境依赖可能会引起这样的问题，那就是相同的信息放在不同的经验背景下，可能会导致同一情况下的知识表现为不同的形式。

知识的 North 阶梯

North 所提的知识阶梯概念有助于说明数据、信息和知识等相关术语的重要定义[1]。这样的知识（知识是什么）只有转变为可掌握的知识（知识怎么办），才是对公司有价值的知识。因此，知识必须连接行动。然而，只有存在某种驱动力，掌握的知识才会带来具体行动，所以相关动机或需求是必不可少的。行为表现为结果，表现为可以用来测量个人、群体或组织（如企业、大学研究所）利用知识、按照既定目标解决问题的结果。知识一旦被应用，这种能力，即所谓的竞争力，就变得很好定义了。

组织十分看重核心竞争力，它集技能和技术于一体，包含不容易被竞争对手复制的专有知识。有了核心竞争力，组织就能够满足客户的需要；核心竞争力并且可以转移到新的产品和生产领域中[6]。因为核心竞争力是独一无二的，所以最终决定了企业的竞争力，同时竞争力形式的知识成为一种战略资源，为发展竞争优势提供基础。

7.2.2　知识库的基本元素

知识的结构化

相关文献涵盖了知识的结构化方式和区分不同形式知识的方法。在本书中，知识被结构化为知识心理学、表达和知识载体[7]，见图 7-1。

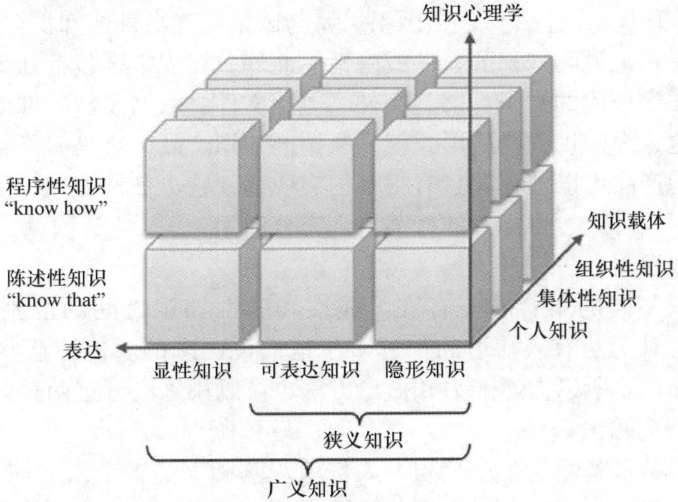

图 7-1　知识结构

基于知识载体的结构化

这种结构化形式表明：知识不仅是个人财产，对组织也同样重要：

- 个人知识是每个人的知识，与语境无关，其可用性取决于知识的载体。
- 集体知识的重要性决定于其所在的特定环境或组织（团队、企业等）。正是来自不同人的知识才能够被组合起来，产生目标导向的行为，并为所有集体成员拥有。

基于表达能力的结构化

这种结构化表明知识载体是否意识到知识的存在，表明知识是否能被表达。

- 显性知识是能够意识到且能被表达的知识，知识载体意识到知识并描述知识。

• 隐性知识是载体不能自觉意识到的知识，它要么不能被捕获，要么能够被捕获，但需要付出巨大的努力（例如通过使用特殊提问或分析技术）。

基于知识心理学的结构化

知识心理学区分陈述性知识和程序性知识。

• 陈述性知识涉及所有的事实（例如操作、问题）并且作为事实的知识而组织起来。

• 程序性知识是对实现认知过程方法的意识，也被称为流程知识或知道怎么办的知识。

知识的基本形式

知识有三种基本形式：

• 事实知识（是什么）描述具体事实和事件的知识。
• 过程知识（怎么办）包括要求执行发展过程的知识。
• 解释知识（为什么）包括因果关系与因果链连贯性的知识。

知识的形式也说明知识的显性或隐性。此外，知识维度包括知识的编码，它包括数字和文字描述的知识：书、文件、电脑文件、数据库、软件或视频中的数据和公式。这方面知识的物质形式就是所谓的知识产品，这是明确且独立于个人的。如果知识产品可以被存储且有很长的有效期，它也被称为知识保存。集成在数据库的知识只可通过目标人的行为得到充分利用[2]。

隐性和显性知识

知识能以不同的聚合状态存在。显性和隐性知识之间的区别可以追溯到Polyani[8]，他认为所有人知道的都远多于他们说出来的。他称这些不能表达的知识为隐性知识。所以沟通能力和做事方法也可以用来区分这两种知识形式。

隐性知识（默会知识）

隐性知识是紧紧建立在经验和个人价值观基础上的，个人往往意识不到它，也很难观察、明确和规范它。这部分知识或是个人不能表达的或是需要花费很大力气才能表达的知识。隐性知识是一种几乎不可能被完全表示和理解的知识。因此，隐性知识与个人紧紧联系在一起。

显性知识

相反，显性知识是有章法的，因为它可以用语言、数字、文字、图形等符号来表示，也更容易沟通。隐性和显性知识是可以相互转化的。隐性知识必须被编码转化为显性知识。知识一旦已经被编码，就可以被其他人接受和理解，并且也能被他人组织、利用和分享。

个人、集体和组织性知识

个人是组织知识的中心载体，因为他们有能力将数据变成知识，并且利用知识为公司谋取利益。然而，仅仅从个人的角度去看知识库是不充分的。事实上，许多过程都包括了集体知识的元素并为有效的组织行动提供基础[2]。另一种是组织性知识，包含由集体共享的个人知识和集体知识。这种组织性知识是个人知识的总和，并且为组织中的个人行为提供方向和框架。个人和集体的知识相结合，形成了组织知识库。

组织性知识是由组织内个人或许也包括组织外的个人通过分享知识创造的，目的是采取行动以实现既定目标。因此，组织知识库表示扩展的集体知识并提供一定的潜力。它包括组织无法获取的个人知识，以及先前并不存在的个人知识的组合。

7.2.3　工业管理中的知识管理

在本书中，知识管理不等于管理原始知识，而是管理知识系统。知识管理涉及给目标的设计、导向和发展创建指导思想。知识管理为创建和连接知识个体必须设立边界。虽然知识管理的方法与术语知识的定义不同，但一般来说，有两种方法可以使用：

- 以人为本：关注员工作为知识载体。
- 技术导向：重点放在支持信息和通信技术（即更强调数据和信息管理）上。

在工业管理中的知识管理可看做目标导向行动的一个基本先决条件，有助于创造和保持竞争优势。然而，知识管理超越了企业边界。最新的趋势是要给顾客创造一个有效的接口，用于转移和开发所有客户相关的知识（客户知识管理）。这基本上代表了客户关系管理和知识管理的结合。

7.2.4　知识管理基本模型

应用科学专家通常很难理解知识管理领域的重要性。因此，以一种很容易理解的方式详细阐述知识管理的概念是很重要的，并且以知识为导向的组织设计应该以透明的方式用于展示目标。

图 7-2 显示了知识管理的基本模型，这是一种可用于知识导向组织的调查方法，分五个层次——知识、数据、操作、目标和文化水平。当处理组织的知识，定义能够用于优化知识开发、转移和使用的组织边界时，用这些层次能确定重要的知识层面[9]。

基本模型层次

知识和数据/信息的传统区别导致了知识层和数据层之间的差异。知识层包括组织知识库的个人元素，在知识层方面，员工发挥核心作用，并且员工之间建立的联系和沟通也很重要。相反，在数据层可发现所有的组织数据和信息，包括明确的集体知识，以及为了存储、组织和分配知识的相关技术设施。

然而，在组织的运作层上，不同的业务流程中增加了真正的价值，知识是在某种行动中得到实施。操作结果的收集及解释和它们为进一步行动所产生的适应性改变能够带来个体和组织记忆的调整，这也称为学习。目标层在行动、知识和数据这三个层次之上，定义知识管理的目标和要求。在这里，组织策略上的规范

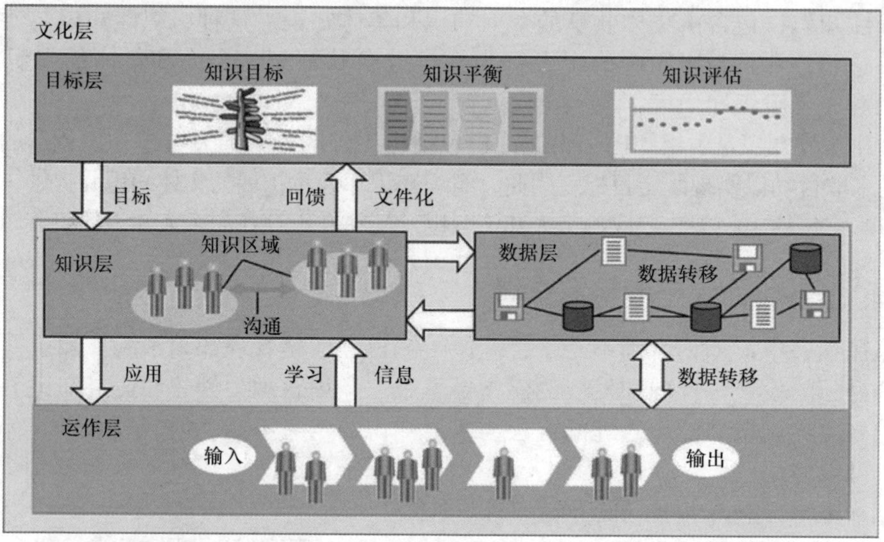

图 7-2　知识管理的基本模型

分解到个人业务流程的层次。策略知识管理与知识控制也出现在这个层次。知识目标不仅与重要的知识活动设计相关，还与必要的边界条件创造有关。

在最初四个层次上描述的所有知识活动都在该组织的文化层背景下。组织文化对如何处理知识有重要的影响。在这样的背景下，建立一个宽容、开放的学习文化至关重要，能让员工公开地互相沟通和乐于分享彼此的知识。一般来说，工具、方法或软件解决方案如果不被参与的人接受，就没有真正的用处，并且组织文化对这种接受有着强烈的影响。

层次的交叉结合

目标层、知识层、数据层、运作层之间的直接相互作用特别重要。知识模型的文化程度在此背景中，确定其他层面上的活动建立文化边界条件。来自目标层的要求是针对运作层和知识层的，需要具体的知识目标。在运作层上，目标一般是针对业务过程并且通常包括知识相关的目标。关于所采取的这些措施的执行和有效性，控制应该向目标层提供定期反馈，使得调整目标或获得进一步行动去实现相关目标成为可能。

知识层和运作层的挂钩源于运作层上和以行动为基础的学习过程中的知识应用。以行动为基础的学习再一次在知识层自身上创造新的知识。最后，知识层和数据层通过文件和信息过程直接连接。分析将数据转化为知识，这些转化的知识变得明确。运作层和数据层依次通过数据传送连接，提供重要的数据用于执行向数据层的流程，而在这中间数据本身被存储和处理。

7.2.5　在知识管理中的系统定位

现在可以通过定义知识系统讨论知识管理。一个系统由彼此相关而且能组合形成一个单元的单个元素组成。这种连接可以是物质流、信息流、相对定位、函数相关等。各个元素也可以视为一个系统本身。元素及其连接装置称为系统的结构。

虽然系统的目的不需要预先定义，但它将影响系统内的相互作用。因此可以把知识系统看做社会技术系统，此时人和技术设施之间可以相互作用。这样一个系统的目的可以描述为知识管理模块。

知识系统的传递关系与系统元素密切相关。如前所述，社会技术系统是由社会元素（人类）和技术系统元素（如计算机）组成的。虽然社会元素可以分配到运作层和知识层，但只有知识层对于转移关系的讨论是相关的。这个技术系统的元素被分配到数据层并且表示一个公司的数据。图 7-3 说明了知识系统，它包含了彼此连接的人（P1、P2）和技术设施（T1、T2、T3）。该图也显示了连接可以与知识系统边界之外的元素共存。

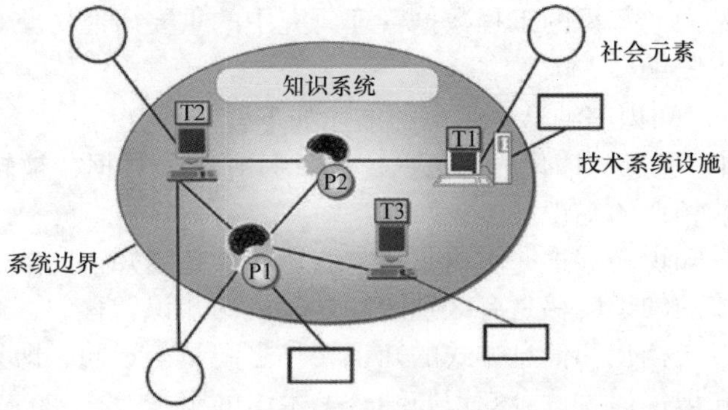

图 7-3　作为知识系统元素的个体和技术设施

因此，知识系统是工业操作系统的一种具体表现，并且与价值创造系统相关。作为知识的载体，人们形成社会子系统，并被视为操作层次中的价值链元素[3]。组织和技术设施（工具）是技术支持子系统的元素。通常会把知识管理分成三个层次（参见 Rehäuser/Krcmar）[4]：

- 知识的运用水平——知识需求和所提供知识的基础
- 知识持有人水平——负责满足知识需求的人
- 知识基础设施和信息处理水平

因此，知识管理可以理解为知识系统管理。

7.3　产品开发中的知识转移

知识转移是汽车行业中产品开发的有效设计的关键因素。汽车产品本身的复杂性导致非常复杂的产品知识，这些知识需要通过所有相关方面之间的交流进行维护和交换。各种特定和复杂的开发、优化和仿真过程在很大程度上彼此依赖。此外，他们都伴随着明显的变更管理。一个重大的挑战跨越了多个组织层次和单位的制造商/供应商。在这里，管理相关知识转移，必须着眼于保护专有技术，专有技术被视为重要的竞争优势。此外，项目团队员工之间的沟通和系统化且结构化数据管理的支持在知识的有效转移中发挥着重要作用。为了识别和正确地解释影响知识转移的因素，有必要详细分析知识过程。以下各小节会描述知识转移的基本概念。

7.3.1 知识转移的定义

在知识管理背景下，两个个体之间的联系是重要的，并且与知识是否传递尤为相关。

Hartlieb[11]对知识转移有如下定义：

“现有知识转移满足知识需求，如果知识接收者与知识的传播者对知识内容有相似的理解，则知识转移发生。”

知识转移是面向知识的工程数据管理研究中的重要研究对象。

知识转移与知识归纳

Sammer[12]对知识归纳这一术语的描述如下：

“个人的知识通过文档化成为数据，仅且只有这个数据，被转移且被知识接收者归纳成可能相似的知识。”

在本书中，知识转移这一术语是用来表达一个超越知识归纳定义的概念。第一，直接和间接的知识转移是有区别的。在间接的知识转移中，通过远程通信的知识转移与通过文档化和信息方式的知识转移之间又有不同，即只有通过文档化和信息流程的知识传递才适合知识归纳这一术语的定义。

7.3.2 知识系统中的转移与变化过程

从数据和知识的比较中，得到下面的传输和转化过程，对于进一步的分析和知识转移过程的设计这是必不可少的。

图7-4显示了基于Nonaka/Takeuchi[13]的研究工作的一个可能的数据和知识转移关系矩阵。

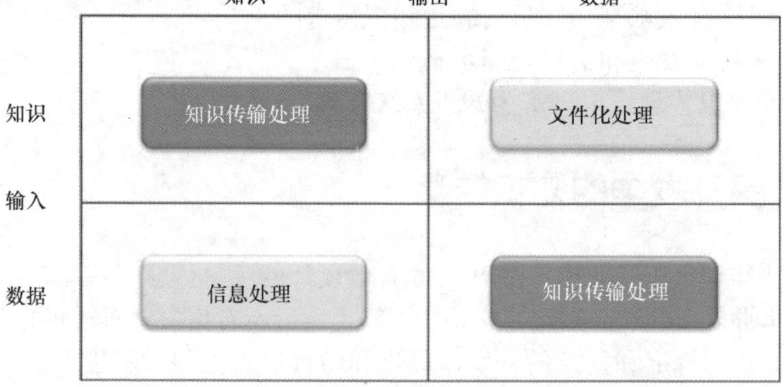

图7-4　数据和知识的转移矩阵（源自Nonaka/Takeuchi）

知识转移过程

这种关系处理两个个体之间知识的直接转移（无数据管理的知识转移）。

文档过程

Sammer[12]将文档化定义为知识向数据的转换。可以将文档化理解为知识外化的过程，这种以数字、语言、文本和图片的形式创造数据，其目的是尽可能准确地将知识传递给其他人。

信息处理过程

信息处理过程涉及数据到知识的转化。任意数据触发信息的单独处理过程，通过这种方式，个体认知系统把背景和意义提供给原始数据。

数据传输过程

这涉及数据的直接传输（即数据到数据），可以通过不同的媒体实现（例如打印文档、电子媒体），并且主要受现代信息和通信技术的支持。

7.3.3　直接与间接知识转移

特别需要注意的是，共享知识（或集体知识）可以通过直接（即在图 7-4 左上部分）或间接的知识转移来创建，包括上面提到的信息和文档化过程（通常指数据传输过程）。在后者中，如果信息是可用的硬拷图形式（即印制文件）或电子形式（例如 PC 内存），那么它是没有区别的。

7.3.4　直接知识转移

直接知识转移描述了通过在社会系统中两个体之间的通信进行的知识转移，可以理解为两个人类实体的连接，其中每个实体又可进一步分为多个运动和感觉子系统。例如，面对面沟通是直接知识转移发生的典型先决条件。转移的知识由发送人编码成信号，然后由接收者接收。接收者只能通过解码信号来生成知识。解码，指的是信号的个体解释，也受个人知识背景的影响。为了让接收者达到发送者的知识水平，双方必须有一个共同的背景知识（共同的语言、对术语的相同理解等）。当然，这也与知识领域相关；最后，如果双方没有共同的背景知识，知识转移不会实现。

7.3.5　间接知识转移

正如已经提到的，两个个体之间知识的间接传递通过技术子系统来实现，意味着在社会和技术的系统元素之间建立了连接，有助于社会技术系统中知识的转移。因此，知识系统分为技术子系统和社会子系统。在技术子系统中，一个人执行数据技术行为（例如语音、施加机械力操作键盘），并创建了数据（如数字、形式语言、文本或图像）。这些数据然后变成外在化的知识，它可以在技术子系统中存储和/或转移。随后，这些数据可以编码成信号，这是时空上的解耦。这些信号可以由一个人收集，再根据个人背景进一步分类，从而创造知识。

通过电信，知识也可以借由技术子系统转移，它可以从任何位置被完全解耦。为了知识的成功转移，接收者必须能够从包含于记录信号的信息中，通过在他们个体知识背景下对其分类生成知识。对于通过文档化和信息过程方式的知识转移，有效性和效率取决于接收者对发送者语境知识的适应程度，以及发送者创建该文件时对这方面的考虑程度。需要注意的是，由于信号转换的误差和信号范围的限制，知识转移质量可能会差于通过面对面谈话而产生的知识转移的质量。

此外，本章不讨论电信应用的细节，只关注通过文档化和信息过程的知识传输的重要性，因为它们更侧重于以知识为导向的工程数据管理。知识的间接转移可以分为三个子过程：

- 文档过程
- 信息过程
- 数据传输过程

在信息管理中的技术与社会子系统之间的信号接口称为用户界面。通过文档化和信息传输的知识转移需要从众多存储媒介形式之一上获取有效数据[14]。

文档化过程

个体知识总是为文档化提供背景。个人试图通过编码知识创建数据和文件，而编码知识某种程度上可以使其接触到其他的知识。只有将信息编码成信号才能做到这一点。为了把内容传输到一个技术子系统并且存储在其中，内容必须被编码。技术子系统可以用来存储数据和创建信号。在所有情况下，为了创建一个信号码或存储数据，必须有人对技术子系统进行操作。例如，这里可能包括使用键盘或语音识别程序。为创造和存储数据，人的主要任务是：

- 人必须以一种可操作的形式为技术系统提供信号。
- 人必须与技术子系统相互联系。

当记录或编码知识时，应该考虑接收者的背景知识。这意味着记录或编码者必须考虑人所拥有的最小知识背景，以此通过创造知识本身成功地完成知识转移过程。因此，知识转移的有效性和效率取决于知识发送者了解接收者背景知识的程度，以及发送者适应文档背景的程度。

信息处理

通过编码，信号传输和存储形成的数据随后可以通过信息处理产生知识。信息处理是一个由接收者通过获取和解码信号产生知识的过程。这一过程受接收者个人背景知识的影响，也建立在可被人体传感器吸收的不同物理信号上，（如一盘录音带的光波，阅读时的光波）。为了发生令人满意的知识转移，接收者必须具备必要的知识背景，并且如果刺激更多接收者的人体传感器，知识转移的质量将得到改善。

数据层面的文档和信息过程

当数据永久地存储在存储介质中时，可以实现时间解耦。更准确地说，它是文档化过程（发送者）和信息处理（接收者）的时间解耦。由于数据的创建是建立在人类知识的基础上的，文档化过程和随后的信息处理也可以看做是一种知识转移。8.1.5 小节中图 8-4 显示整个过程的信号流。知识载体 A 将知识编码为数据，并将其存储在技术子系统中。然后知识载体 B 可以独立地随时访问这些信号，并且可以进一步地通过信息处理来创造知识，在此过程中知识载体 B 在他/她自己的知识背景下处理和解释这些知识。

7.3.6 知识物流学的定义

知识物流学的定义是基于 Hartlieb[11] 的研究著作之上的，他跟实物物流学做了一个类比："运转的知识物流需要适当的干预措施，以确保能向特定的操作提供所需的有效知识。它必须是暂时和局部可用的、易访问的且能以适当的形式提供。"

工程数据管理可以与物流过程相联系，因为包括物流在内的功能也可以应用在工程数据管理中。因此，知识物流可以视为必要参考框架，特别在工程数据管理中发展以知识为导向的方法。更为详细考查知识物流可以将其理解为对知识需求、知识供应和知识转移的管理，从而连接这三个领域。负责特定任务、知识载体或管理的实体可以创建和表达知识需求。知识供应由实际的组织知识库组成。知识需求可以通过传输/转化过程满足，并由工程数据管理执行。因此，在定义知识管理过程中，有必要定义工程数据管理任务。

区分两个不同但相互关联的知识管理形式非常重要：现有知识管理和知识增强管理。以知识为导向的工程数据管理可以看做专注于组织中现有知识的管理（即重点是通过数据管理管理现有知识库）的那一部分知识管理。虽然知识开发（即管理知识库的增强）不是这里研究的主要对象，但需要指出的是，工程数据管理的实施和应用对知识库的先决条件和发展也是有影响的。

7.4 知识管理中的过程定位

过程定位的动机来源于直接实现知识管理到增值链的挑战。由于各种管理活动、操作行为以及相关专业化的分离，消极影响就会经常出现在组织内。例如，个别部门可能不在他们最擅长的部分工作，或者他们使用了不必要或不可理解的界面。因为这些不利影响的出现，尤其出现在功能和组织结构中，公司正在越来越多地尝试通过整合视角来克服这些问题[9]。

一种相关方法是过程定位，它侧重于组织的相关增值运作，并考虑各种过程和尝试跨部门优化。一个过程所有者负责整个过程，从而有可能把过程作为一个单元并进行交叉功能优化。因此，可以最小化界面问题，并且可以在整个价值链上实现持续客户集中。过程是一系列面向特定目标，且努力把输入（例如产品因素、信息科学）转换成确定结果的系列活动。每个过程都是由启动事件开始并结束于一个或多个最终状态的实现。在这里，功能和他们目标序列的确定，一方面是通过内外部客户和利益相关者的需求，另一方面是通过整个组织目标。

将业务流程应用于任何直接或间接有助于为组织增加价值的过程。过程定向的传统起点源自于价值链模型，它基于增值活动的组织化分析之上。过程管理基于过程定位并且在一个组织所有部门中实现这个定位。过程管理包括过程的分析、计划、控制、指导和优化。

过程发生在操作层面，包括组织的业务流程模型和系统化管理。对于面向流程的方法，区分以下三类知识是有用的：

- 关于业务流程的最佳实施，对过程的知识是必要的。
- 从过程中来的知识是增值活动中创造的知识，它包括知识和经验。我们的目标是在组织中集体发展这种知识。
- 前两类通常被分配到知识管理的知识之外，还有一种关于过程本身的知识。这一过程知识与过程管理相关。

从面向知识的过程管理和面向过程的知识管理，可见流程管理与知识管理的关系。

7.4.1 面向知识的过程管理

在第一种情况下，知识管理可以看成是为过程管理提供支持，假设知识产生于过程，然后再被重新使用。此外，我们的目标是优化知识管理和过程管理的集成，最终产生一个以知识为基础的过程管理。在这样的系统中，我们对过程进行管理并强调资源知识。

对于以知识为基础的过程管理，存在以下几个要点：

- 它主要是对过程进行最优和最有效的设计，并专注于知识管理方法。
- 目标是以某个方式来优化过程，用这种方式支持最有可能的学习并创造出作为过程中发现和操作的结果的新知识。
- 重点在有效知识的相关过程设计。
- 以知识为导向的过程管理是由过程所有者来操作的。

• 基于知识的过程设计结果应越来越多体现在公司的文件化和规范化的过程中。

7.4.2　以过程为导向的知识管理

如果把知识管理本身看做是一个过程，那样就在知识管理中引入了过程定位概念。根据 Oesterle[15] 的类型学方法，面向流程的知识管理可以看成一个支持性过程。Probst[2] 表明初始方法是由知识管理的组件提供的。这些组件可以看成子过程并在知识管理中得到处理。关于面向过程的知识管理，存在以下几个要点：

• 其意图是将知识管理的方法运用到固定和基本不变的过程中去创建期望值。

• 它直接作用于操作本身和在过程中活动的人。

• 旨在提高过程的效率（过程效率）。

• 面向流程的知识管理由一个过程管理者控制。

• 可以在工作指南中定义过程序列具体的、与知识相关的改编及特征。

在以过程为导向的组织结构中整合知识视角并将业务流程放置在知识管理中心有自身的好处。在这种方式下，知识更容易产生，因为关于过程和来自过程的知识直接关系到应用。因此，知识可以以面向行动的方式支持业务流程。此外，该过程定向提供更容易测量成本的方法以及有益于知识活动及知识密集型业务流程的方法。

7.4.3　与增值过程互相影响的知识过程

上文中对面向过程的知识管理的讨论强调了关于业务流程的面向知识建模。知识管理的一般过程定位与业务流程相关。在运作层，过程定向也可与增值过程相关。下面进一步观察知识过程的过程定向，并特别关注知识操作，把知识过程概念化在两个增值过程间的知识转移中。因此，在基本概念中还应该考虑 Remus[16] 定义的增值过程的概念。为了最小化映射知识过程的努力，选取对于知识分析有广泛相互影响的过程是有用和合适的。

图 7-5 给出了一个具有典型知识活动的增值过程之间的知识过程。如上所述，支持数据管理满足了在具体知识操作后面的一个连续知识过程。现在的问题是如何实现、支持和设计增值过程之间的知识过程，如果特定知识操作也必须链接额外的过程或行为，又该如何解决这些问题。

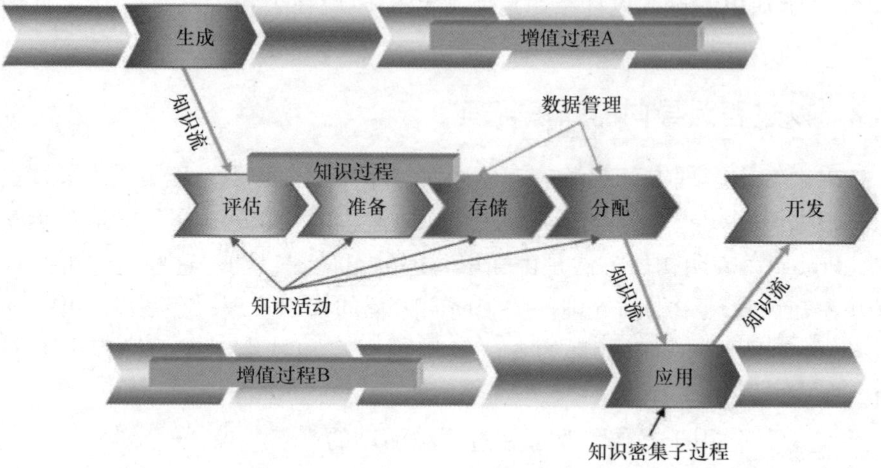

图7-5　知识过程与增值过程的相互作用

参 考 文 献

1. North, K.: Wissensorientierte Unternehmensführung. Wiesbaden, Germany (2002)
2. Probst, G., Raub, S., Romhardt, K.: Wissen managen - Wie Unternehmen ihre wertvollste Ressource optimal nutzen. Wiesbaden (2006)
3. Wohinz, J.W.: Industrielles Management - Das Grazer Modell. Wien, Graz (2003)
4. Rehäuser, J., Krcmar, H.: Wissensmanagement, Chap. Wissensmanagement im Unternehmen. Berlin, New York (1996)
5. Wohinz, J.W., Oberschmid, H.: Wissensmanagement. Induscript, TU Graz (2007)
6. Hammel, G., Prahalad, C.: Competing for the Future. Harvard Business School Press, Boston (1994)
7. Scheuble, S.: Wissen und Wissenssurrogate - Eine Theorie der Unternehmung. Deutscher Universitäts, Wiesbaden (1998)
8. Polyani, M.: The Tacit Dimension. Routledge and Kegal Paul, London (1966)
9. Wissensmanagement Forum: Das praxishandbuch wissensmanagement - integratives wissensmanagement (2007)
10. Haberfellner, R., et. al.: Systems Engineering - Methodik und Praxis. 11th edn. Verlag Industrielle Organisation, Zürich (2002)
11. Hartlieb, E.: Zur Rolle der Wissenslogistik im betrieblichen Wissensmanagement. Phd Thesis, Graz University of Technology, Austria (2010)
12. Sammer, M.: Wissensinduktion in Organisationen. Phd Thesis, Montanuniversität Leoben, Austria (1999)
13. Nonaka, I., Takeuchi, H.: Die Organisation des Wissens: Wie japanische Unternehmen eine brachliegende Ressource nutzbar machen. Frankfurt/Main, New York (1997)
14. Willfort, R.: Innovationsdienstleistungen im wissensorientierten Management von Innovationsprozessen. Phd Thesis, Graz University of Technology, Austria (2000)
15. Öterle, H.: Business Engineering - Prozeß- und Systementwicklung. Springer, Berlin (1995)
16. Remus, U.: Prozessorientiertes Wissensmanagement - Konzepte und Modellierung. Springer, Berlin (2002)

第 8 章　基于知识的工程数据管理

知识导向的工程数据管理（EDM），力求运用过程导向的知识管理来识别增值过程中的知识密集型活动。这些活动通过使用基于知识的过程管理相互连接并开发知识流程。透过两个过程的关系向知识管理提供过程导向。在工程数据管理中，知识导向的主要目标是回答以下问题：

- 如何捕捉和分类产品知识的基础数据库，并使它更容易获取？
- 什么样的知识需求可以通过系统的工程数据管理来满足？
- 工程数据管理在数据管理和工作流程中如何支持知识过程？
- 如何通过工程数据管理将不同的知识需求在知识持有者和任务载体之间转移？

通过回答上述问题，知识因素可以提高工程数据管理的质量和效率。目标是把得到的结果整合到增值过程中，从过程中获取知识并在之后使用这些知识。这将建立一个不断改进的过程（CIP），这个过程（理想化地）发生在企业的所有领域，并得到工程数据管理支持。

知识管理的一些重要元素可以通过集成使用 CAD 和 EDM 即刻实现。这种技术一个最重要的目标是重复使用部件和整个产品，甚至包括已被证明有效的产品结构的再利用。这些产品精确地包含了参与人员的过程性知识。知识管理的理念是避免一件东西使用一次就把它抛弃掉，而是要对其进行正确的维护和组织，这样就可以再次用于类似的项目中。工程数据管理本身并不代表知识管理。即使某个组织不能解决参数化和知识管理应用的问题，但这与工程数据管理或其潜在的利益需求并没有关系。

8.1　知识导向型工程数据管理的基本模型和方法

8.1.1　知识导向型工程数据管理的系统导向参考框架

为了进一步探讨工程数据管理中知识管理的一体化，很有必要建立一个统一的定义，将其放入知识管理的基本模型的背景中。知识导向的工程数据管理方法现在可以应用于系统导向的参考框架中。因此，数据检索和数据提交的工具在知识系统中分配给了 IT 设备，而在软件应用方面，它们的功能和数据管理系统则分配给了增值系统的技术设备。出于这个原因，在系统导向的参考框架的一般方法中，应用和描述工程数据管理成为可能。举一个例子，CAD 模板的应用在开发过程中需要一个特定的系统配置（例如预设置、标准）。这些准则应该在整个信息技术框架背景下通过工程数据管理来提供和支配。

8.1.2 知识过程连接工程数据管理的业务过程和支持过程

在组织中，成功知识管理的一个关键因素是把知识管理操作集成到业务过程中。这种知识往往具有特别价值，因为它在其核心业务过程中增加了组织的有效性和效率。除了业务过程视作知识管理开发最主要的出发点，其他类型的过程也考虑在内，特别是知识库的不断维护过程、知识管理过程和整体知识（转移）过程。

工程数据管理支持不断维护的过程，包括编辑活动、内部服务供应商的创新、文档的汇编和准备以及信息的审核、修改和更新。知识管理或知识管理过程中的元过程是为知识工作开发了资源（例如：知识管理应用的设计与实现、企业中对合格知识工作者的教育或与组织责任者的商讨）的知识管理项目或操作。知识过程转移和开发的知识超过了业务过程和商业案例，因为它们还需要协调处理业务过程和持续的维护活动。因此，工程数据管理就像一个持续的辅助过程，它为业务过程提供了必要的产品和过程数据。

在业务过程中（即其主要目标），不依靠二次辅助支持和传递过程的知识管理是不可想象的。所以，过程导向知识管理的第二个关键因素是使不同过程的类型相互适应和联系。图 8-1 展示了知识过程为业务过程和工程数据管理的持续支

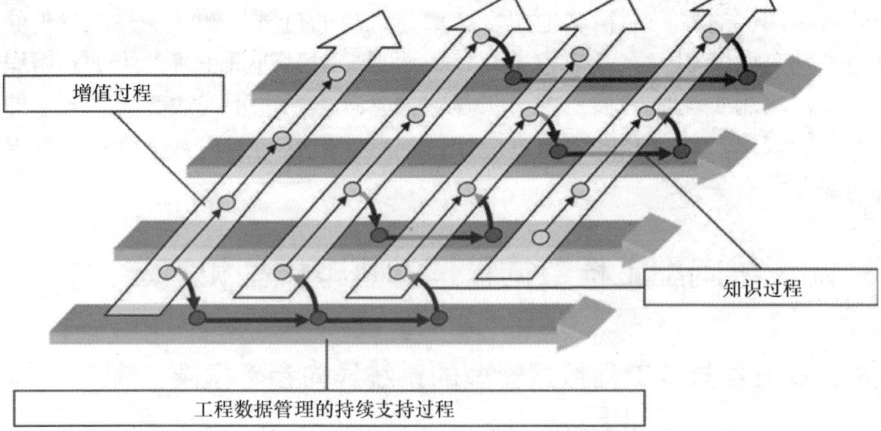

图 8-1 知识过程连接业务过程和工程数据管理的持续支持过程

持过程之间提供连接。知识密集型过程的特点是其灵活和不可预测的知识要求。它们产生不同的和（在建模时）仅部分可预见的结果，在不同的个体和业务案例之间具有较强的知识传递特点。从知识、操作和数据水平上看，过程导向的集成把知识管理和工程数据管理领域结合在一起。

8.1.3　增值过程的集成化方法

所定义的参考框架清楚地表明，知识层和数据观察不应该分开讨论。相反，我们很有必要在操作层面上将它们联系并整合到价值的创造过程中。在此之前，重点放在业务建模过程中整合知识管理上。现在将重点转移到知识管理和数据管理学科之间相结合的问题上。问题是：对于操作数据管理来说，知识管理过程扮演怎样的角色，知识导向的数据管理观能够提供怎样的机会？

图 8-2 显示了知识过程与增值过程之间的联系，包括数据等级和其特有性质的进一步加强。可以说，从理论上讲，知识过程中的每个知识操作都必须考虑数据管理操作。在这种方法中，项目管理要求必须推动运营数据管理，这点至关重要。最后，个人数据管理操作是由知识过程的需求引起的。通过确定数据管理操作要求以及用适当方法进一步满足要求这样的挑战，证明知识导向的数据管理需求是合理的。要做到这一点，相关的数据管理操作必须通过每个知识操作来定义，而知识过程必须纳入到一个系统化的数据管理中。

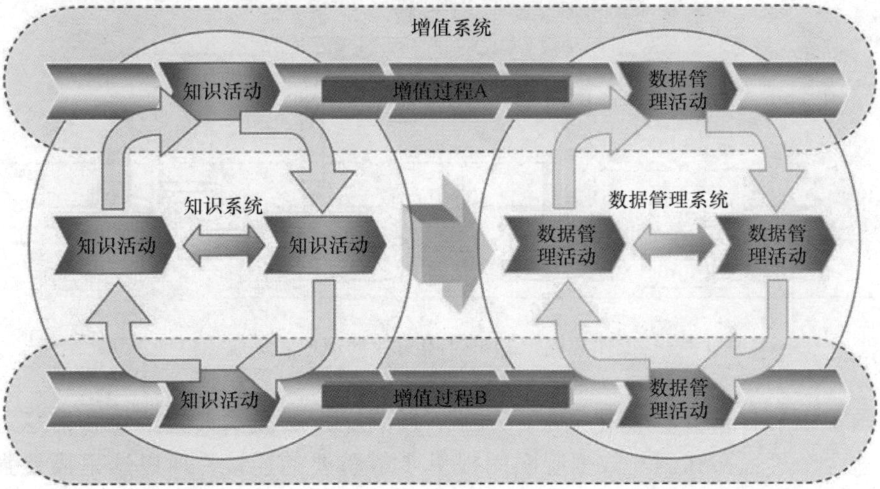

图 8-2　增值过程间知识和数据管理操作的集成化视角

8.1.4　数据管理与知识过程的集成化模型

数据管理是一系列数据处理方法、概念、组织和技术的措施及程序的集合。

目的是充分利用业务过程中潜在的数据，以确保正在进行的操作中的数据处于最佳状态。正如7.3.5小节中所讨论的，知识通过文档化和信息过程转移到工程数据管理中，同时还伴随着相应数据的转移。为了实现持续知识过程，需要有复杂的数据管理，这也意味着过程应该在对应数据管理的工程数据管理环境中设计出来。

图8-3显示了这种关系是如何在过程导向的操作层面中进行建模的，它们的相互作用发生在组织的知识和数据层次之间，其中一个层次是接收，另一个是提供各自的知识数据。业务过程导向的知识管理必须赋予员工和技术设备同等的重要性。因此，将数据和知识层次有效地整合到过程中可能会为每个后续开发的业务过程提供知识和数据，这些知识和数据来自于已经在组织中建立的其他业务过程。

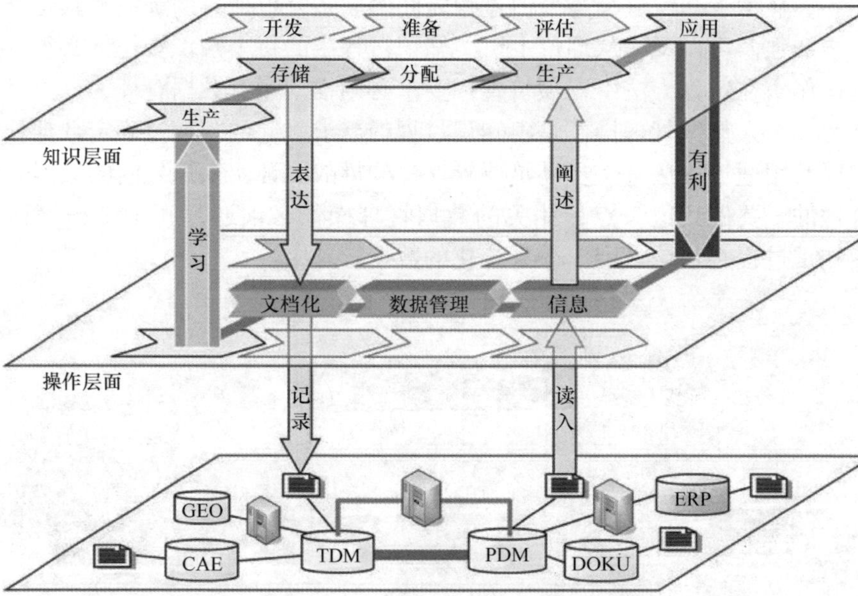

图8-3　操作层面上知识过程与数据管理的集成化模型

图8-3中有意识地采用一种新方法来强调操作层面及其文档化和信息过程。由于这两个过程在知识与数据层次间提供了最重要的连接，所以这里需要强调。数据管理活动的理论的思考和研究得出的结论是：知识过程在数据管理活动的连续和激活中发挥着重要作用。

正如图8-3所示，知识过程可以在增值过程和数据管理之间表示为集成界面层。在这种结构中，知识过程完成了之前没有执行的任务，并建立了基于知识数据管理的基础。

8.1.5　从知识转移模型到知识导向的工程数据管理

将先前建立的模型和方法呈现在 Hartlieb 的知识转移模型中，可以看出知识转移模型可以通过结合知识导向的工程数据管理的参考框架来扩展，如图 8-4 所示。

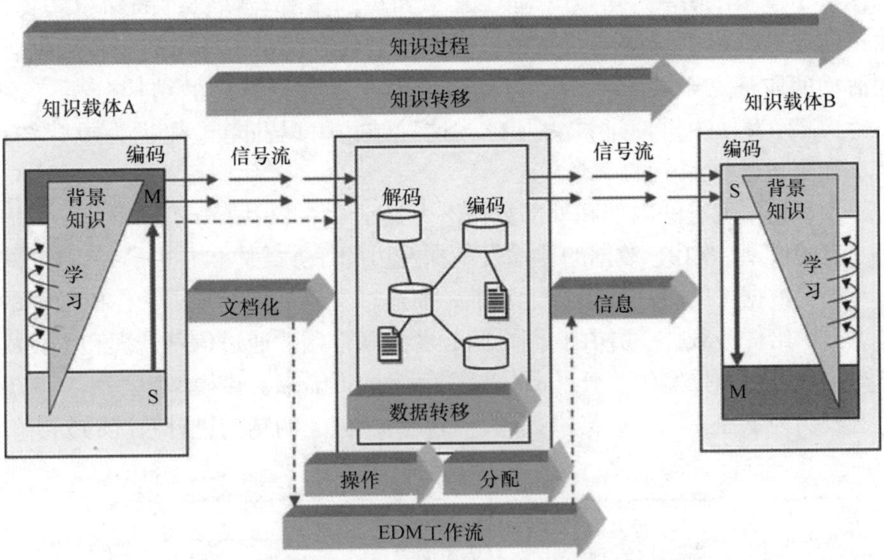

图 8-4　知识导向的工程数据管理的知识转移模型

该模型包含了对数据传输更为详细的描述，其中包括一个前提：数据管理要求总是应该放在当前知识过程的背景中。作为知识传播者的知识载体 A（运动中枢 M）和作为知识接收者的知识载体 B（感觉中枢 S）之间的知识过程是这种方法的基本考查对象。在过程导向方面，这种知识转移通常发生在两个增值过程之间或一个增值过程的两个活动中。因此，在共享环境下不能通过交流来转移的那一部分知识，将通过数据管理支持间接地进行知识转移。

这幅图也表明，知识转移的成功取决于知识过程的连续性。在工程数据管理的背景下，这意味着仅仅依靠数据管理及其功能的支持是不够的，必须要对文档和信息过程加以支持。工程数据管理也必须接受、解释和翻译来自发送者和接收者的信号，这些信号进入知识过程来支持正在进行的工艺流程。最后，该图还展示了伴随着知识转移的工作流程，这是一个能够确保知识过程不被打断的系统支持方式。为了弥补发送者和接收者之间对编码知识解释的不同要求，工程数据管理必须对接收者和用户都进行数据处理。但是，由于工作流程只支持知识转移过程，工程数据管理还必须提供数据分布机制和物理数据传输机制使数据到达它的使用地点。基于知识密集的过程，相关的知识过程现在可以根据这种特定的模型进行定义和分析。这使得在上述方面的考虑下开发工程数据管理成为可能，这就可以看做是知识导向的工程数据管理。

8.1.6 知识库和数据库的重建模型

在合乎逻辑的方式下，为了准备基于知识的工程数据管理的知识转移模型，对知识库和数据库进行彻底的分析是很有必要的。这对于导出的工程数据管理措施和活动的质量是至关重要的。以知识导向工程数据管理的结构分析（这在相关参考文献［2］中讨论过）为基础，这种结构可以简单地概括为重建知识/数据需求和提供数据服务的一个模型。

图8-5利用现有的内部和外部数据潜力显示了一个用于分析和重建知识需求和知识供应的模型。知识/数据的传输发生在左边的任务载体和右边的知识载体之间。组织与外部数据库的可用性形成了基础，而通过文档处理，知识载体以数据的形式把知识提供给任务载体，并在它们之间起着关联作用。通过信息处理和由接收者创造新知识来进行数据解码，任务载体试图满足数据需求。该模型也适用于9.1.4小节，这表明为了建立知识或提供数据，需要对所建立的结构进行系统的分析。

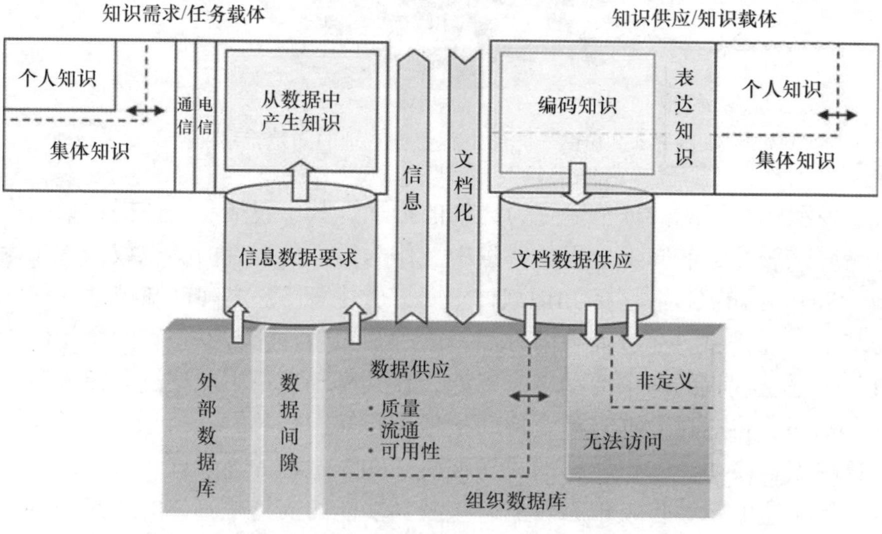

图8-5 知识库和数据库的重建模型

8.2 EDM中过程导向知识管理的IT支持要求

过程的潜在简化证明技术子系统在知识管理中的应用是合理的。在知识管理领域中，这种简化主要指的是信息、文档化和数据传输过程的优化。文档处理可以看做是后续相关过程的基础。文档化必须面向接收者，这也意味着必须考虑一些接收者能够成功应用来解释数据的知识。工程数据管理还可以通过适当的方法和应用程序来支持文档处理任务。

技术子系统可以通过管理和执行数据来支持文档处理。在这种背景下，可以把数据管理理解为存储、归档/备份、数据结构和分类，以及数据分布和检索。因此，对于文档处理（即信息/知识转化为数据），技术子系统可通过执行任务来提供帮助，如搜索信息（搜索引擎）、翻译数据（翻译引擎）和链接数据。

知识管理中的关键设计参数是人与机器之间的接口。通常被称为用户界面的这一设计，最终影响了信息过程的触发方式。在实际应用中，“易用性”因子定义了用户界面满足用户需求的程度。最常见的错误之一是，界面设计忽视或未能满足用户的需求。数据传输过程联结了技术子系统的特定系统元素。在这里，此过程可能受到特定元素之间不兼容性的阻碍。在实际应用中，技术性障碍（如系统故障、缺乏网络服务、过多使用不同系统和应用产品）对理论知识转移过程产生很大的限制。

8.2.1　技术子系统的建模方法

为了依照工程数据管理的实践和需求设计人和机器之间的接口（或业务过程与系统之间的运行水平），首先必须进行探讨业务信息系统建模的基本方法。四种最常见的方法如下：

- 在定义接口时，功能分解是基于界面定义时将信息系统的功能分解到多级子功能上。
- 数据流方法试图将信息系统定义为一组由行动转化的数据流。由于数据流的时间缓冲作用，数据存储得以实现。
- 数据建模的重点是描述信息系统数据库的结构。这种结构由具有相关属性的数据对象类型组成。单个数据对象类型通过定义的关系互相连接。
- 业务过程导向的方法标志着信息系统由主要的静态和结构化视图向动态和行为化的视角转变。

为了描述不同方法的建模范围，信息系统功能的静态视图（功能视图）、数据结构（数据视图）、通信通道（交互视图）和动态操作视图（任务视图）之间会有所区别。我们把每个功能都理解为一个计算机辅助下进行的任务。

定义任务结构

作为过程和系统之间的连接元件，我们把任务定义为任务相关的人类活动目标。图 8-6 显示了一种任务结构，它在工程数据管理中充当过程和系统之间的连接元件。为了在任务的规范和实施阶段表示可能的自由度，任务的外部和内部视图、任务载体和过程等术语具有以下含义。

任务的外部视图定义了所要达到的成果和对应的时间，影响着过程的有效性。在这里，确定正确的任务、定义并最终执行它们是很重要的。图 8-6 的左上部分显示了怎样得到正确的任务。首先，根据企业目标来定义管理化的业务过程很重要。这些过程包括延长期限、组织因素和责任，由此可以得到价值定义和增值的支持过程。相应的，关键任务过程可以更详细且安排在任务结构中，使其可以更准确地描述任务。同时，创造角色结构是为了对员工的作用进行描述。外部视图的定义是由企业质量管理手册支持的，定义了操作过程中的工作指导和标准。

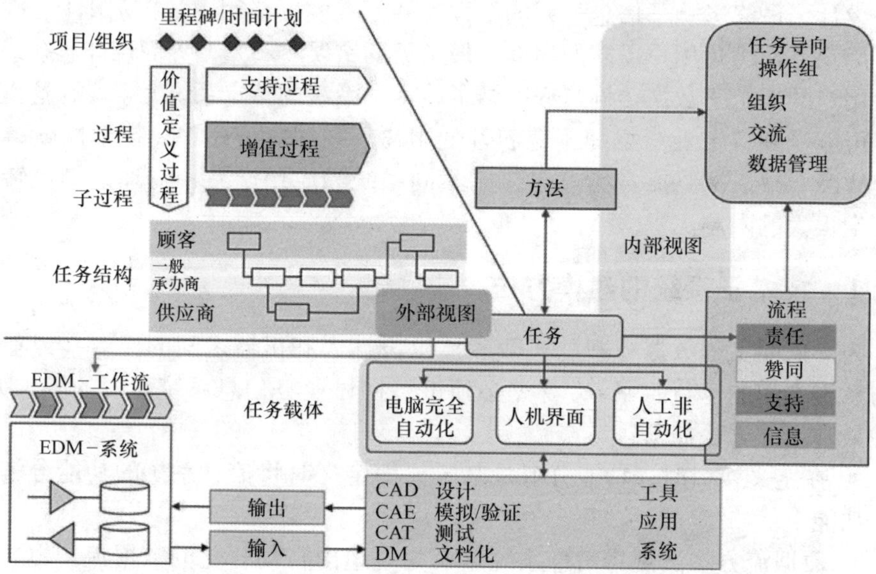

图 8-6　工程数据管理中，任务构造是过程和系统之间的连接元件

任务的内部视图规定了该任务的效率，详细说明了完成任务的基本方式。内部视图定义了任务的解决方法并指出（任务载体）完成任务的方式，即任务是由人还是机器完成。应该如何执行任务以达到任务目标？因此，内部视图定义了完成任务最适合的方法、工具和系统。其中包括责任的分配并定义了员工必须达到的目标、参与的任务以及执行任务所需的时间。

这个方法——如何分配解决方案——已经为每个特定的任务进行了定义，同时形成了员工技能定义的基础。它也为系统、软件的解决方案和应用的需求确定了基础。人作为任务载体，代表了合并内部和外部视图的最重要的连接，并以完整的方式执行了任务。任务导向组的形成包括团队背景、组织和角色。任务和责任的分配以及员工的能力和资质可以通过这种关系促进任务的完成。最后，在某种程度上，人是使用系统来执行任务的。该程序描述了任务的操作和执行，即谁能用什么方法执行解决方案？这可以通过以下方式完成：

- 人（非自动化的任务）
- 电脑（完全自动化的任务）
- 人机系统（半自动化的任务）

根据任务的范围、复杂性和重复水平，可以定义系统支持的方法并将其集成到工程数据管理环境中。这种系统支持可以通过应用处理来建立（例如 CAD、CAE、CAT）或通过工程数据管理的工作过程或工程数据管理系统的接口和网络这样一种跨功能方法来建立。整个过程的经济效率的特点是对任务的外部视图（有效性）和内部视图（效率性）的定义，以及任务载体的条件（技能、责任）和程序的系统支持度。在工程数据管理的环境下，任务的外部视图基本上定义和控制了工程数据管理的工作过程，而内部视图则通过它的方法来影响应用程序和功能。

8.2.2　知识导向的工程数据管理数据库

该数据库包括能够处理组织的数据，以及文档和元数据的技术子系统组件，不考虑数据来源。数据库通过生成和记录数据来支持组织化的内存，这与业务相关数据的文档化有着特殊的关联，允许其他知识载体在任意时间将知识重新整合到信息过程中。汽车行业必须处理各种各样的数据。数据的基本形式如下：

- 文件（例如测量报告、规格表、标准、协议、测试规范、规则、产品说明、修改文件）
- 元数据（例如计算数据、质量、重心、技术数据）
- 几何形状（例如设计模型、纹理、图案、造型曲面、立面）
- 过程数据（例如设计、仿真、计划、制造、生产）
- 数据结构（例如结构、过程导向的利益观）
- 项目管理和过程管理数据（例如里程碑、工作计划、成本）

8.2.3　知识密集型过程的工程数据管理工作流程支持

目前市场上可用的工程数据管理系统（EDMS）往往数量不足或不适合支持知识密集过程。为了呈现过程导向的知识，有必要将所谓的背景整合到工程数据管理系统的工作流程模块中。使用背景将工作流编辑器整合到工作过程中，因此他们可以获得过程相关的知识，这些知识是不包括在过程模型中的，例如需求、过程处理经验、决策原因、客户或竞争对手的知识和时间限制信息。背景包含了一组展现过程相关知识的文档，它与过程结构的具体工作流对象（过程、行动、应用、文件模板和业务案例）或组织结构（组织单位、角色、编辑）联系在一起。背景与工作流对象相联系决定了文件何时与处理操作的背景相联系。因此，开发人员可以通过不同类型的背景在工作流程执行时找到更多的知识。这些知识对于一些特定的操作是非常必要的，另外，这些知识也与某些业务案例相关。

8.2.4 知识导向工程数据管理的管理、转移和更新

知识导向工程数据管理的最主要目标是在相关时间和地点下支持任务载体尽可能有效地行动。因此，为了完成开发任务从而满足客户的要求，任务载体必须以最佳方式利用数据所提供的知识。在这里，知识需求和知识供应的结合是非常重要的，这种结合发生在操作、知识和数据层次中，其中需求的产生以及需求的时间和地点都要给予充分考虑。在转移过程中，也必须更加紧密地考虑个体水平。只有在现有知识和数据是透明且可用的情况下，转移才可以发生。在一个非常复杂的开发过程中，从数据的可用性方面来讲，数据是不断更新的。要点如下：

- 数据生成
- 数据准备
- 数据分配
- 数据评估
- 数据控制和管理

技术子系统（如仿真程序和数据库）之间的数据传输是在数据层次上进行的。传输相关数据（如协议、产品数据、结构、几何形状）是为了保证其能在工程任务的接收点上起作用。在进一步分析知识导向工程数据管理的设计之前，了解一些背景信息是必要的。在这里，独特的关注焦点是知识载体从数据中生成必要的知识，这些数据已经通过完成的数据传输传送出去了。

8.3 产品开发中的智能软件

基于计算机的开发这个领域仍保持指数位增长。用计算机及其相关软件代替绘图板，这是第一步。如今，由于参数化设计和仿真系统，这一步在不断迈进。先进的 CAD 系统不仅取代了早期的设计方法，还提供了强大的增强功能来帮助应对不断增长的产品开发需求。比起 CAD 软件的单纯安装以及向用户介绍其功能范围，智能软件的使用需要更多的组织工作。除了正在开发的产品及其背景的广泛知识，设计工程师还必须具备信息技术的专业知识。只有这些额外的专有技术才能够使他们创建软件系统，并在随后的过程中提供优势。

然而，即使是现代的 CAx 系统也无法生成新的设计模型。人仍然是关键的因素，他们必须有足够的工具支持来应对复杂性和信息洪。另一个重要的步骤是开发任务的标准化，增强了参数化的服务能力。已知的 CAD 扩展功能不仅潜在

地改善了产品开发和生产工程之间的合作，而且还改进了知识集成领域。当组织知识用于产品开发时，我们使用基于知识的设计和工程（KBE）（见第 5 章）。这种必须适用于产品开发过程的知识，可以不依赖于个人而使用。在产品开发过程中，支持产品知识强化和集成的方法是参数化关联设计方法。这种方法将智能工具集成到 CAD 环境中，使得在组织内分配和支持知识成为可能。由于可用的数据必须被捕获并在 CAD 模型中映射为知识，关键参数的传输才成为可能。

8.3.1 参数关联法

参数关联法在汽车开发中越来越常见。它支持在网络思维、开发和不同阶段的车辆装配设计。第 4 章介绍了参数关联开发的相关设计并深入分析了参数关联 CAD 的功能。在引入参数关联设计之前，汽车的开发可以划分为连续的开发阶段。但是，参数关联法能够使用计算监测使不同开发阶段的过程透明化和同步化。参数关联法使 CAx/EDM 集成应用中的知识能够被存储和管理。过去一直保持独立的过程、专业部门和供应商，现在可以在不同的开发阶段，使用新的网络策略进行更紧密的合作。参数关联 CAD 模型存储着关于汽车开发过程的知识，使之在新的汽车项目中重复使用。

这种新型透明化汽车开发的优势是，在不同阶段的连续控制以及由此产生的时间和质量优化。这些品质在当代汽车工业中尤其重要，日益复杂的车辆模型和随之增加的信息内容要求我们提高效率。一个过程阶段的细微变化，先前会导致个别部件不受控制，现在则可以在 CAD 环境下进行优化和控制。传统的开发方法被灵活的参数化模型所取代，因为在传统方法中，CAD 系统只提供了独立的、静态的模型。而新的方法创建了个体部件和整个组件之间的关系，因此，动态链接的汽车部件变化可以通过几个阶段的开发自动进行修改[3]。

在过去二十年中，越来越多的汽车工程及相关要求导致开发中所涉及的各部分互相分离。负责项目和过程的协调员大多从设计开发中调离出来，这主要是由开发合作部门来处理的。因此，制造商失去了大量的工程知识，这些知识对关联参数化设计过程的持续系统化发展是至关重要的。为了从布局阶段到制造阶段创建连续的参数化关联过程链，需要整个过程中的相关部门都付出巨大的努力，将设计计算和生产供应计划相结合，从而开辟出新的优化路径。

8.3.2 参数化关联设计的基础

在参数化关联设计中，几何相关信息不仅存储为产品形状，也存储为几何元素间的交叉联接。如果定义的几何模型（即参数）的变量发生改变或被替换，模型的形状将会自动调整，但是，设计目标也要考虑在内。这强调了在类似的设计应用中再利用 CAD 模型的能力的重要性（参见第 4 章和第 5 章）。关于 CAD 模型，各种各样的控制参数都是可用的。在标准模型的树形结构中，重要参数需要明确地展示出来。但是，几何形状簇也可以加入设计表中，使其可以通过结合显式参数来修改。在CAD程序或表格中应用公式可以进一步扩大控制参数的范围。在非常复杂的模型中，控制参数来自于可编程的宏命令和代码。此外，设计表格和宏命令可以用来与其他CAE软件交换参数，以及进行参数优化。

参数化关联设计呈现了一个重要的机会，去收集和完善公司和员工的专有技术，使该资源用于未来的开发。所有设计工程师都必须接受挑战，将他们的个人知识与其他CAE过程联系在一起，并使用参数关联设计来加强这种联系。下面是这种方法必不可少的要素：

- 参数可以是数值、几何元素（如直线、曲线或曲面）。
- 隐式参数是（隐藏的）参数（如定义在三维模型或图样中的二维草图）。
- 显式参数在CAD模型树形参数结构中是可见的且可以控制几何元素。
- 设计表格可以定义部件和组件中的几何控制参数。
- 检查（例如通过信号和消息发出警告）定义参数中任何违规的用户。
- 如果在更新过程中定义的参数发生改变，需要检查反应触发分支的设计步骤。
- 任何值，如来自于力学（动量、加速度）或几何（体积、三角函数）的数值，都可以表示为参数并应用在公式或规则中。
- 复杂的关系和设计变量，可以通过宏命令（例如用Visual Basic编写）来控制。

8.3.3 知识管理和产品配置

知识管理和产品配置在工程数据管理中按照它们的特点来处理。设计工程师和仿真工程师的知识作为计算机生成的数据来存储。我们的目标是使用特定的程序来处理数据，这样的话在创造性工程中的某些任务可以自动完成。在过去，大型企业开发了一些方法，试图在科学项目中实现这一目标，并且为了创建能够处理来自不同领域的应用程序的方法，一些软件公司甚至用很抽象的目标公式来创建程序。其潜在的动机是创建可以在不同专业领域使用的标准化软件[4]。

然而，考虑到工程的复杂性，可以说这种软件解决方案的开发是一个严峻的挑战。虽然有了计算机，许多事情变得更容易，计算机程序已经成为不可或缺的工具（特别是在工程领域），但是它不能取代工程师的创造力。近些年来，我们开发出了称为知识管理的方法，这是一种更加明智的方法。这一术语涵盖了可用的专有技术的改进使用。参数、模板和模型可以用于存储和记录工程师的经验，从而使这些经验可再生。这一原则的具体应用是参数化关联概念车，在9.3节中会有更详细的描述。

参考文献

1. Hoffmann, M., Goessmann, T., Misch, A.: Unsichtbar oder Vergessen-Wie man "verborgenen Wissensprozessen" auf die Schliche kommt. In: Professionelles Wissensmanagement-WM2001 (2001)
2. Hartlieb, E.: Zur Rolle der Wissenslogistik im betrieblichen Wissensmanagement. Ph.D. thesis, Graz University of Technology (2010)
3. Tecklenburg, G. (ed.): Die digitale Produktentwicklung. Expert (2008)
4. Sendler, U., Wawer, V.: CAD und PDM-Prozessoptimierung durch Integration. Hanser, München (2011)

第 9 章 CAD/EDM 在汽车工业中的高级应用

以下研究测试了汽车工业中产品的开发过程。我们特地从产品开发的 EDM 环境中选取了一些与现存问题相关的课题。

9.1 基于知识的 EDM 应用

既然知识过程已经被认定为数据管理操作中的一个相关组成部分，并且详细阐明了知识和数据管理的一般定位，那么详细分析这两者之间的相互作用是很重要的。就关键知识密集型操作而言，重点是业务过程模型子过程顶层的下一层。这里，进行知识密集型操作时，需要知识过程的应用。在高度信息技术驱动的研发领域内，知识密集型活动经常伴随着密集的数据管理操作。虽然系统格局在此有所不同，但产品数据管理在汽车发展中发挥着主要作用。

如果产品开发过程要求在特定时间点（节点）得到一个特定结果，并且预期结果需要执行知识密集型操作，那么该节点需求也影响着对数据领域的需求。这些需求将在数据同步点上结合。如果某一特定时间同步点的要求得到了满足，就可以开展数据管理活动。在这种情况下，才可以完成知识过程，并且知识密集型操作的部分结果也可以反馈到过程中。这些同步点的确定和数据管理操作、知识操作的时序取决于特定的应用程序。9.2.3 小节描述了一个使用数据路线图概念的应用案例。

9.1.1 EDM 中相关的知识操作

知识操作决定了在每一步知识过程中处理知识的方式。然而，我们有必要根据具体实施方案来确定用于分析各种知识过程的知识操作。

图 9-1 提供了一个案例研究的概要，展示了 EDM 相关的知识操作及其在运作和数据层面上的衍生。为便于理解知识过程和数据管理之间的关系，明确以下知识操作非常重要，且对报告而言，这些操作也很有必要：

- 知识识别
- 知识生成

- 知识存储
- 知识准备
- 知识分配
- 知识应用

知识活动	操作层面	数据层面
确定(透明度)	调查，导航，研究	I/O工具，搜索引擎，数据管理
产生(发展、接收、记录)	信息，学习，阅读，交流	可视化软件，软件应用，数据接口
准备，指定格式	组织，分类，操作，正式成形，转换	数据转换，预/后处理，质量和一致性的数据检查，数据合规性，重命名
存储(为了分享)	存档，编码，记录	数据记录，数据存储，数据备份
分配(分享)	转移，交流，交换，出版	数据转移，信息平台，推/拉原则，数据流程，数据输入/输出
应用	使用，操作，行动	软件应用，图形用户界面
开发(改进)	学习，研究，阐释，交联，结合	软件计算，人工智能，解决方案
保存	保护，保存，存档	数字保存，数据存储，数据备份

图 9-1　行动和数据层面的知识操作的衍生

在知识库的实施以及知识过程的建模后，知识操作可被用来将所需操作导入到数据层中。

9.1.2　操作层面通过数据转移影响知识转移的因素

基于确定工作步骤的增值过程一般发生在操作层面上。如果操作主要是为了支持知识管理（产品开发中就是如此），那么研究就可以限定为两个相关过程：信息过程和文档过程。因此，文档和信息处理都可以看做操作的特殊类型；其中，某一人为知识编码的目的而去影响技术子系统并且使之便于他人访问。这一过程产生数据并增加了附加值。当执行 EDM 时，数据转移过程对知识转移的质量尤其重要。

图 9-2 概述了在增值过程 A 和 B 之间数据转移过程中可能出现的干扰。该概述是在个案研究中分析大量 EDM 使用案例后得出的结果。在数据转移中，可以执行下列数据管理操作：

- 数据增强
- 数据筛选
- 数据准备
- 数据转换
- 数据处理

由于在相关知识转移的全过程中，每个单独的知识操作都可能潜在地影响知识转移质量，所以可能出现许多障碍扰乱知识流。

图 9-2　影响数据转移过程的因素

9.1.3　间接知识转移中的数据管理障碍

基于业务过程分析所得信息的知识流程被用于分析实际的知识转移，因此，在 EDM 使用案例的数据管理中会出现障碍。

图 9-3 展示了知识操作的不同特征组合以及它们对知识转移的影响。它还展示了 EDM 相关问题和介入措施。当知识流程不工作时，知识活动栏才会出现。基于这种模式，可以得出可分类的数据管理操作。我们在 EDM 介入步骤栏中描述了这些操作。

9.1.4　知识导向型 EDM 使用案例开发的参考过程

作为主要研究对象，这一使用案例展示了某个参考模型中知识过程和数据管理之间的关联。因此，可以把数据管理的计划阶段整合到面向知识的概念中。

这种使用案例产生的需求正如通常在总体规划阶段所生成的需求一样，其中过程方法设定了数据管理的要求。有了使用案例的定位以及伴随着这些使用案例

间接知识转移过程	指示活动					EDM障碍/问题	EDM介入步骤
	产生	存储	准备	分布	应用		
电子通信	×				×		
持续记录和信息过程	×	×	×	×	×		
不完美间接知识转移							
仅知识产生 (无存储活动)	×					· 无存储选项(应用，授权) · 产生数据的知识潜力分析	· 授权概念 · 基于知识的程序
仅知识存储	×	×				· 数据垃圾 · 未知数据潜力(透明力) · 未能发现的未确定的数据	· EDM数据分析
知识存储和准备	×	×	×			· 不必要数据准备→数据垃圾，可能未定义数据分布和未告知数据用户	· 数据准备机制检查 · EDM工作流程检查
已存储知识没有客户	×	×	×	×		· 无工作流程信息 · 未告知数据媒体或存储位置 · 无可利用的数据接口 · 无可利用的可能试验工具 · 无可利用的应用软件	· EDM工作流程检查 · 授权概念 · 应用和软件可利用的更新
系统排斥数据流程			×			· 系统自动数据管理程序不必要的数据准备	· 数据准备机制检查 · EDM工作流程检查
系统排斥数据分布				×		· 不必要数据分布	· EDM工作流程检查 · 数据分布配置检查
仅数据应用					×	· 知识管理背景，数据质量问题	· 基于知识的程序分析 · EDM监控
仅提供文档和信息	×	×			×	· 拙劣的数据管理 · 数据准备(可选)不工作 · 数据分布不运行	· 确定EDM工作流程 · 数据传递系统技术调整 · 数据的系统技术适应调整
无EDMS运行					×	· 无EDM需求或需要 · 较少EDM数据潜力 · 员工EDM障碍	· 提高数据产生的知识潜力 · 员工EDM培训

图 9-3　知识转移过程中的 EDM 障碍

而发生的知识过程的描述，我们可以称之为数据管理中基于知识的规划阶段(图 9-4)。当使用案例被用于产生需求时，知识导向型的使用案例分析也提供了 EDM 方法和高级的 EDM 特性的开发要求。通过提供关于商务过程模型、知识过程和操作数据管理之间关系的相关知识，EDM 方法开发向前更进了一步。这种开发在知识导向型研究的基础上进行，并可被看做是将知识管理集成到产品开发过程中的多阶段概念的最后一步。

前面描述了知识流程和数据管理之间的紧密联系，为一些其他用途提供了起点。它不但可以用于描绘当前流程，而且有助于开发高效的工程数据管理方法。在开发过程中，如果把 EDM 看做一系列知识密集型活动的中心知识库，那么数据管理的知识导向型观点一定是方法开发的最佳起点。这种可以连接到商务过程模型的整体方法建立了一个坚实的基础并使这种类型的开发操作和方法成为一种很有前景的工具。

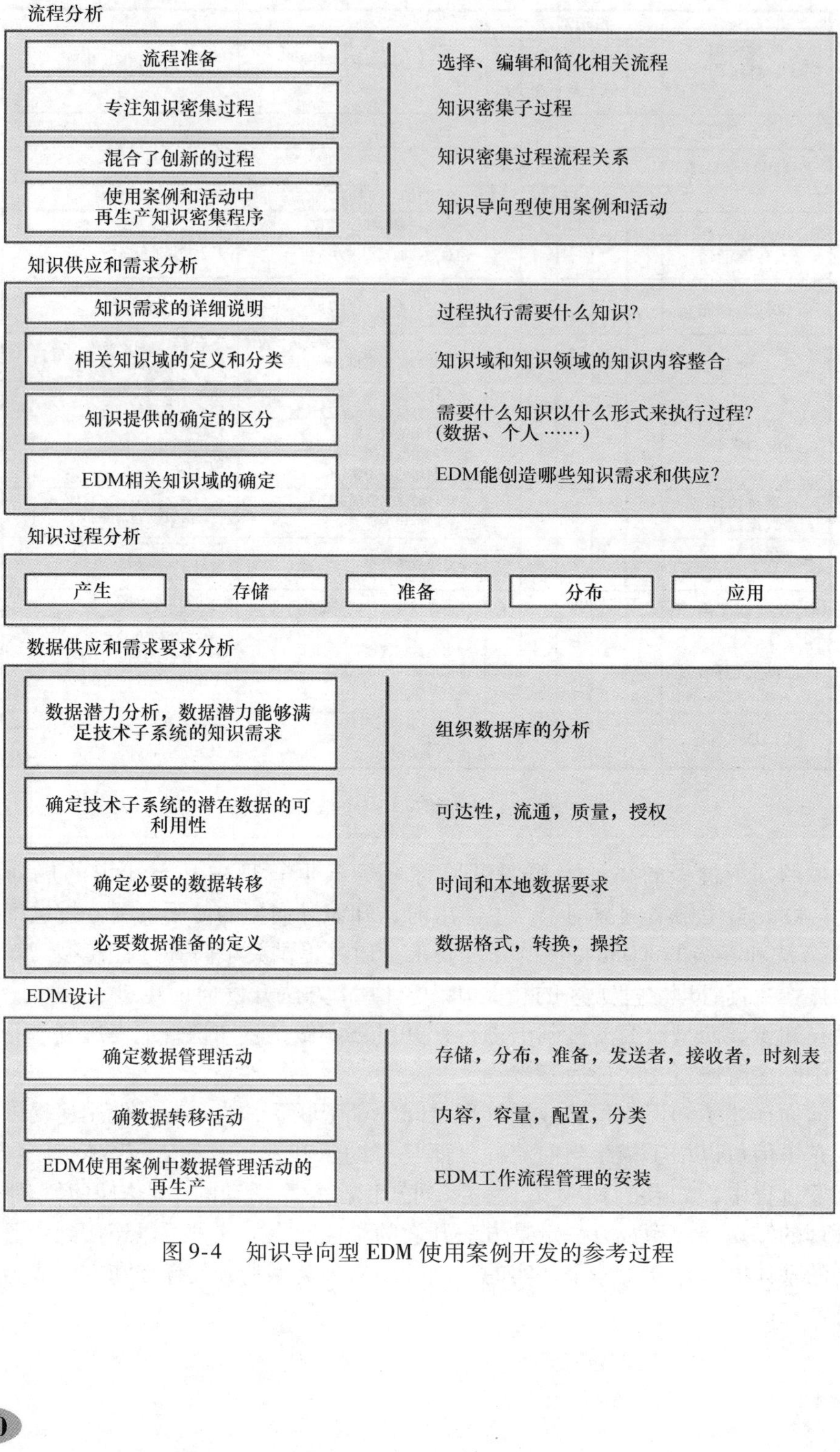

图 9-4　知识导向型 EDM 使用案例开发的参考过程

9.2 汽车工程中的集成 CAD 数据管理

本节将研究 CAD 的数据管理，这是工程数据管理领域里的一个重要课题。本节案例研究的目的是开发集成 CAD 数据管理的概念。这一概念是过程导向型的，并且通过重新构建 CAD 知识库，寻求利用知识观点建立更明确的要求，最后提高 CAD 数据管理质量。本项目研究了在产品开发过程中 DMU 和 VMU 与 CAD 数据管理的集成；基本上涉及了开发过程中的 CAD 数据管理、CAD 模型描述、CAD 数据质量、CAD 工作流程管理、CAD 数据监控和 CAD 数据控制等。此外，在这之前提供了一份更详细的 CAD 过程描述，其重点是产品数据的文件材料。先前绘制在图样中的数据现在被转移到了数字产品中，其目的是在 CAD 应用中为集成数据管理设计一个总体规划。以下所有 CAD 数据管理的设计方法都基于过程分析步骤和 8.1.6 小节中所介绍的知识库重建。

9.2.1 本课题相关的挑战

公司通常根据一定规则来建立 CAD 数据管理，这些规则就是 CAD 标准。这些标准并没有充分考虑到在产品开发过程中对 CAD 数据管理的需求不断变化的方式。在项目节点处，通常有一个数据管理活动的粗略计划，这也使得就数据管理而言规划产品开发流程是必要的。数据管理的特定项目要求或两个过程之间的特定数据管理通常不在考虑范围之内，而知识方面的数据管理操作分析则整合得更少。下文中下列系统步骤是用来演示一个高效的 EDM 设计方法：

- 应用过程矩阵的过程分析
- 知识和数据库的重建
- 知识操作转换为数据管理操作
- CAD 和 EDM 适当设计方法的推导

过程导向型的数据管理必须从开发过程的起点开始。只有当详细描述了这个过程以及定义了所有接口之后，才可以明确各个过程步骤的 CAD 数据要求。

9.2.2 集成 CAD 数据管理的概念

可以把由这些案例研究所得到的结果结合起来以形成集成 CAD 数据管理的概念。通过标准功能模块，EDM 基本上可以支持所有这些需要，这就是理想的集成平台。图 9-5（见彩插）展示了功能模块：

- CAD 调度（项目导向、数据路线图）
- CAD 几何参考
- CAD 数据质量、进度和完备程度

- CAD 工作流程（过程导向）
- CAD 数据监控

这些功能模块被集成到 CAD 数据管理中并被嵌入到项目节点和调度数据之间。

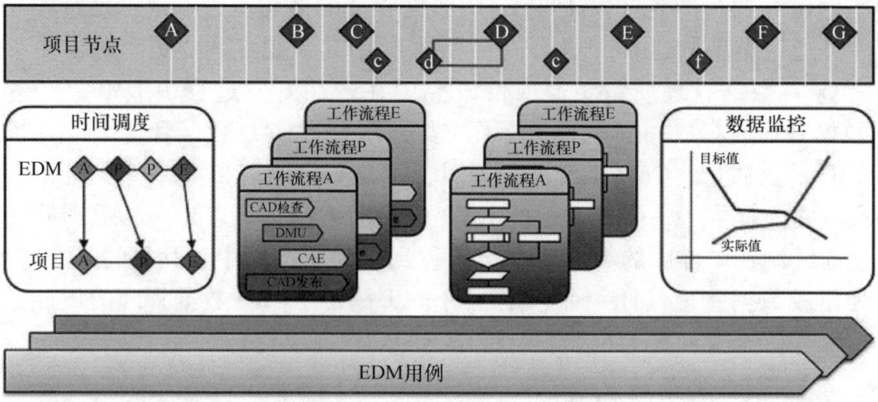

图 9-5　集成 CAD 数据管理的概念

以下几节将更加详细地讨论集成 CAD 数据管理的各个功能模块。

9.2.3　CAD 调度

作为 CAD 数据管理规划的基础，校准项目中的关键节点和检索 CAD 数据管理结果需求是很有必要的。这些需求为数据管理操作规划及 EDM 方法和系统的必要调整提供了首个参考点。项目的具体需求总是要对节点进行调整。例如，我们可以省略一些节点或增加其他节点，或者改变或移动一些节点事件和线条。导致这些改变的可能原因包括调整以适应预定义的质量检验关。时间进度表还提供了创建数据路线图的基础。

数据路线图的概念

数据路线图概念是 CAD 数据管理的一个管理工具。它可以分为四个等级并临时连接到项目进度表。

图 9-6（见彩插）用示意图展示了这样一个数据路线图。在第一级上，建立与项目时间进度表的链接，并在进度表中明确了 CAD 数据管理的主要项目节点和附加要求的质量检验关。在第二级上，可以通过使用完整的 CAD 数据来实现对虚拟产品开发的描绘。这发生在一个指定的时间点并符合几何参考的要求。在第三级上，创建数据管理所要求的必要的 EDM 节点文档。这一步需要完成地更加精确，因为它将控制不同专业过程之间的数据管理操作。最后，在第四级上，描绘 EDM 使用案例，可以从中导出具体的数据管理活动。

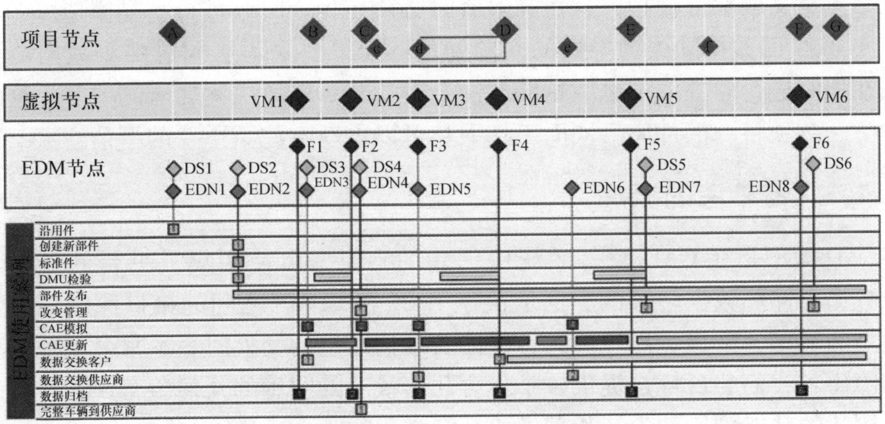

图 9-6　产品开发过程中的概念数据路线图

数据路线图不仅包含数据管理日期，而且还涉及数据内容的各自描述（如质量、配置、大小等）。数据路线图同时还显示了几何完备度参考确定的内容。生成这个图解说明的困难在于能以可控方式在不丢失信息的情况下显示过程的时间平行性。箭头（即连接）主要显示从数据源到数据池的数据流，而没有说明内容的粒度。以下例证将阐明粒度问题。材料强度和多体模拟的仿真研究（MBS）要求验证所需信息，此信息包括产品几何形状及其结构的数据。为了进行动态模拟（如悬架分析），MBS 只需要相关组件的连接点坐标。这种情况下，半轴、轮架、稳定器等的精确几何形状无关紧要。MBS 的输出是空间曲线，它们描述了相关组件对驾驶行为的影响。设计过程中唯一的反馈是坐标或包络曲线的潜在变化，它们表示特定组件的定位。与之相比的是，强度计算及其推导则要求一致且详细的几何尺寸，然后在适当的系统中对尺寸数据进行处理并增加额外信息使之丰富。该例证表明，MBS 是一种能对缩减的特定信息执行几个有意义计算（如轴系分析或车辆动态模拟等方面）的模拟方法。就数据路线图而言，为特定模拟过程提供缩减的数据是很重要的。

在开发过程中，数据粒度逐渐增大。在虚拟开发中，虚拟产品模型能够高精度描述真实模型，但所有特性的 100% 确切阐述是不可能。由于这一原因，集中精力来描述主要特征（如几何形状、结构、材料和连接技术等）很有意义；这些特征可以在数据路线图中作为产品数据对象来引入。

数据路线图的预期收益

- 提高员工意识：如果一个由数据经理领导的车辆项目团队能采纳数据路线图概念并懂得它的优势，这一工具可以成为一个可靠步骤。
- 减少相对无意义的验证操作：某些项目进度表中包含了在某特定时间看

起来毫无意义的部分模拟，这意味着有时必须在稍晚时候进行重复模拟。

• 减少因数据缺失而导致的问题处理：如果一个团队同意由于数据缺失而无法在那时进行验证，那么数据路线图会自动减少未解决问题点的数字。这样就减少了一个项目内的冲突，同时工作人员可以重新专注于重要的事情。

9.2.4 几何参考的概念

CAD 模型是在 CAD 软件系统中创建的，数据由使用集成平台的 EDMS 提供。数据存储和数据转移的方法取决于 CAD 和 EDMS 之间的接口深度。尽管特定模型的转移通常很少出现问题，但涉及结构信息的交换时，经常会出现更多重大的障碍。我们的目标是提供一个包含几何状态的明确的几何参考，这些状态对专业团队的功能供给和生产相关供给都是必要的。

图 9-7 展示了参考几何法，我们可从以下三方面来描述它：

• 产品配置在本质上确定了车辆产品的组成。例如，详细规划传动系统变型或特征变型。

• 产品结构展示了虚拟产品的不同视角（例如 DMU、CAE、装配等）。

• 产品开发过程中，产品开发维度详细规划了不同的完备程度。这些完备程度在时间上由节点或阶段控制。

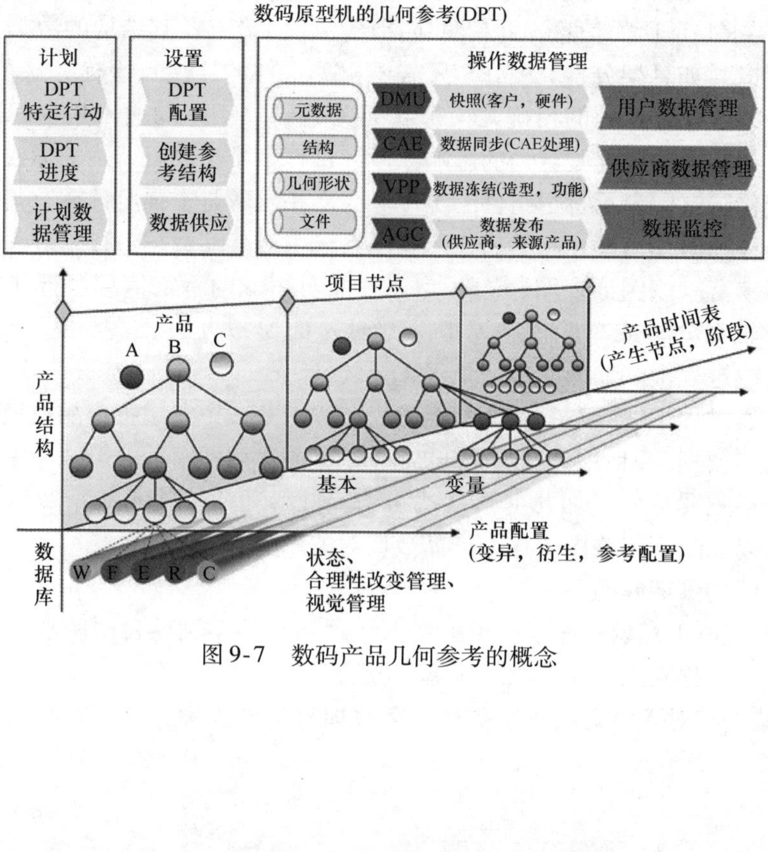

图 9-7 数码产品几何参考的概念

9.2.5　CAD 数据质量、进度和完备度

在机械产品的开发过程中，可以从基体开始并一直持续下去，直到把所有必要设计元素都包括进来，从而使 CAD 模型变得越来越详细，这都记录在完备度模型中。数据路线图还规定了特定部门（如 DMU 部门）所需要的信息。理想情况下，在每个功能单元中，这些数据包代表着作为产品生命周期部分所需的全部数据。

然而，我们在那一点还不能确定数据从哪里来、它必须具有什么质量等级以及它什么时候可以使用。为了给数据路线图（在考虑质量的情况下）的特定几何参考提供数据，要用三维完备模型来描述产品。在此模型基础上，这些 CAD 文件也被提供给某些应用程序。这描述了一个特定模型的开发状态和全部设计规范，如完备度、焊接点或公差等。如果所有完备度必需的条件都得到了确定，则每个模型都可以被分配到一个特定的完备度级别。

CAD 文档的三维完备度等级模型

图 9-8 展示了 EDM 系统中关于一个三维 CAD 文件完备模型的一个方法。它可以被分为以下部分：

- EDM 完备度：几何的可使用性完备度。
- EDM 质量：对 CAD 几何有什么要求，以及哪些已经满足？
- EDM 状态：该过程可以把哪些职责交给 CAD 数据？

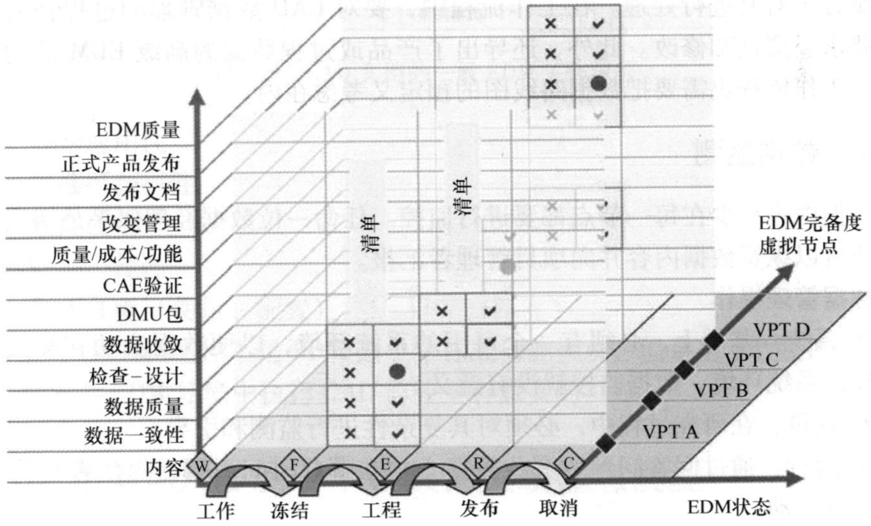

图 9-8　CAD 文档的三维完备度等级模型

取决于数据路线图中定义的几何参考的完备模型影响着 EDM 的一般工作流程。在这种情况下，CAD 数据质量具有特别的含义，我们可以从以下方面来进

种易于操作的工具，用于帮助支持和维护整个的概念性整车过程。这个过程从最初的构想、草图和规范开始，紧接着通过三维 CAD 表示边界条件，形成初步的和最终的车辆概念几何尺寸，并最终为重量估算、推进单元布局和动态驾驶行为提供功能性布局步骤。以下几小节包括介绍与概念整车开发相关的工作领域，描述为解决综合方法问题而开发的解决方法。将不同工程学科集成到一个综合软件模型中，为知识管理和工程数据管理的过程导向型结合提供了巨大潜力，该应用方法集中在特定的相应过程上。要想在整个开发周期中都能保持对产品知识的关注，必须采用复杂的数据模型和数据管理策略。

9.3.1 汽车概念阶段的要求

汽车的整车开发过程从产品规格定义、初始功能布局以及总体汽车包配置开始。初始整车布局是通过结合初始造型方案和技术概念生成的。特别的，开发革新技术的重要挑战是创建一个高度灵活的三维 CAD 模型，这个模型可以帮助处理大量的变量分析和确保高效优化。这种优化必须将法律法规、造型和技术功能性考虑在内，同时必须有助于解决传动系统配置、能量存储系统、车辆行驶特性及更多其他问题（参见 1.2 节关于整车开发周期的详细描述）。在早期开发阶段，必须应用集成开发策略，包括与模拟和计算步骤相互连接的参数化关联几何创建，以满足多学科工作包的要求。

现代开发过程在早期阶段生成关于各种产品特性的知识，这有助于减少后续工序中的工程量和风险（成本密集型）。概念汽车的开发要求强大的和用户友好的方法和策略，在这些最初的工程步骤中，这有助于满足各式各样的、高度集成的需求。图 9-10 展示的是一个汽车概念阶段工作区域的工作流程例证。

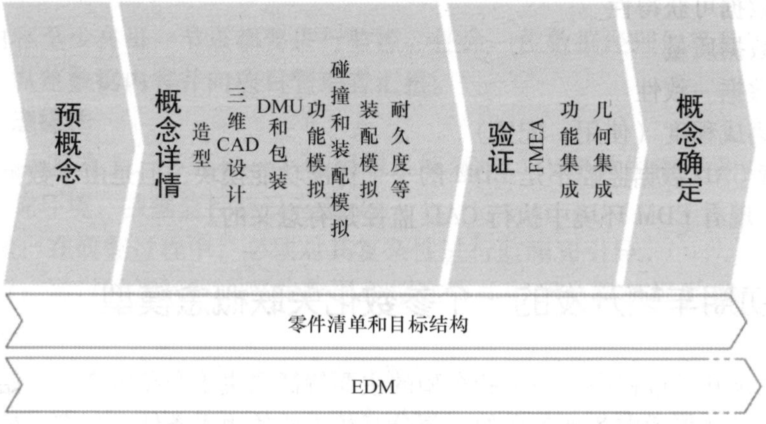

图 9-10　示例汽车概念阶段的工作区域

汽车概念阶段的要求

- 快速识别设计和封装的相关事实
- 符合人体工程学的观点（如乘客座位位置、控制元件的可访问性、车门区、汽车行李箱特性、反光镜功效）
- 简易实现设计数据（外部和内部表面模型）
- 采用现有 DMU 组件（例如发动机和传动系统、内部和外部组件、人体模型等）
- 各种法规限制的简易分类（如主动和被动碰撞安全、视野要求、照明、乘客和行李的空间要求）
- 重量管理与轴载分布
- 安全技术集成
- 推进单元的功能性布局和能量存储技术
- 底盘和悬架的尺寸预标注
- 与客户、开发伙伴和设计师讨论
- 基于简单数据源（照片、图样和简化的三维数据）的不同竞争/基准产品的比较

在一辆新车的初始设计和布局阶段，造型过程、技术工程操作、经济预算以及客户相关投入之间的最佳交互作用是影响高效概念生成的一个重要因素。汽车开发的概念阶段必须考虑影响整车概念模型定义的诸多因素。

在虚拟开发中，这个汽车模型被以不同的方式呈现来说明产品结构清单、概念车成本结构、重量和质量清单、有限元网格、造型模型，当然还有三维 CAD 模型结构。概念车的所有这些表现都服务于特定的开发领域，并且在不同的部门生成和维护。在大多数开发过程中，这些子区域或多或少地被分开处理。学科之间的数据传输主要集中在每部分的任务上。该步骤会导致不透明的整车开发过程，而该过程必须精心组织并严密监控。

图 9-11（见彩插）展示了在早期开发阶段影响集成三维 CAD 模型的重要因素。在当前方法中，三维 CAD 车辆几何被放置在不同工作区域中，从而连接不同学科并作为整个开发过程的数据收集器和表征模型。一开始，初始造型研究被用于几何模型中根据造型方案来调整目标几何数据（如车辆尺寸）。这一初始造型信息可以通过简单二维草图、图样或黏土模型的初始扫描数据的形式进行整合。在随后的阶段里，计算机辅助外部和内部造型曲面被导入到三维 CAD 模型中，从法规限制（碰撞和行人安全条例）、人体工程学任务和空间观察点等几方面促进车辆造型的详细研究。

在初始开发阶段应用一个完整的参数化 CAD 模型已经可以显著提高概念模型和连续开发状态的集成度。一大挑战是整车模型的综合功能性高效表现，包括

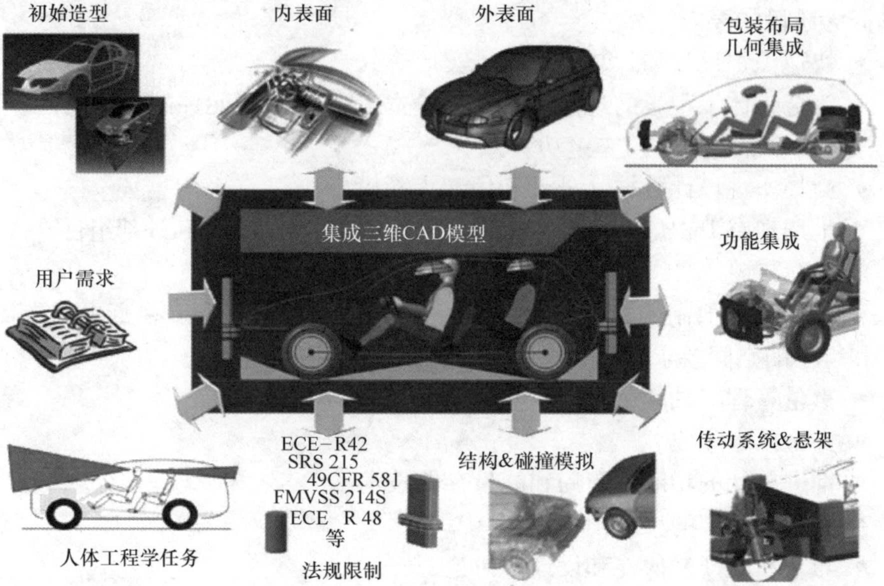

图 9-11　早期开发阶段中影响集成三维 CAD 模型的因素[1]

不同车型和优化循环所需的灵活性。目前车辆模型的参数化关联结构要求把所有可能的修改考虑在内，以便得到一个稳定的车辆模型。因此，为了充分利用集成方法的全部潜力，一个重要因素就是 EDM 策略的集成。

概念开发中的一个主要步骤是处理封装布局与几何集成。这些过程要解决车辆组件的几何布置，以及乘客空间和行李箱的定义等问题。对于舒适度和空间要求、车辆尺寸定义和技术模块空间要求等限制条件，还要进行几何研究。在此阶段确定虚拟概念车的结构，该结构通常包括新几何图形与先前模型的现有组件的结合（如传动系统、底盘、燃油箱、空调系统等）。此外，还必须考虑可选传动系统的包装要求。燃油箱、电动机和电池、混合动力发动机配置和其他技术对传统和未来车辆布置的影响都要进行研究。

封装布局和几何集成的基础是一个三维 CAD 模型结构，它包含所有的几何数据，以及多学科的同步接口。DMU 过程（如组件定位、碰撞和距离分析）和分区功能性为概念阶段和开发前阶段提供重要支持。在先进的整车开发技术中，几何集成从对乘客要求的定义开始。在这里，车门区、座位位置、头和肘部空隙以及控制单元的可访问性都是重要元素。汽车类型对座椅位置有显著的影响，开发跑车和开发 SUV 之间存在着明显差异。此外，目标市场也影响乘客空间需求。例如，与欧洲市场相比，印度市场的汽车必须满足不同的空间和行李目标要求。从开发阶段的早期就要把所有这些因素都考虑在内，并且从总体上确定车辆特征。图 9-12（见彩插）展示了一辆现代汽车的尺寸概念。大量可视的尺寸展示了技术组件和人体工程学视角的交互作用。用几种不同的标准规定了车辆的主要尺寸。对于欧洲汽车制造商来说，最重要的标准是 GCIE（全球汽车制造商信息交换集团）标准，它明确了一长串人体工程学和技术方面的汽车尺寸[2]。

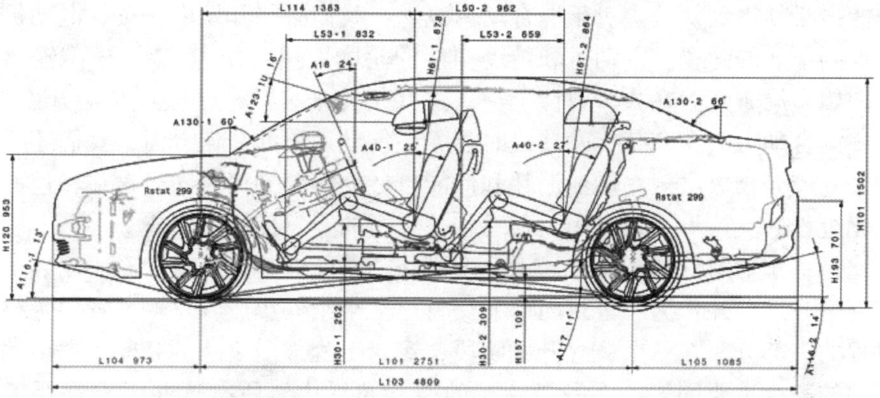

图 9-12　一辆现代汽车的整车布局，带有大约 30 个选定的人体工程学和车身尺寸

模块结构和碰撞模拟涉及初始车身布置的定义。在这个开发阶段，车身结构的生成要考虑到负载和耐久性要求，以及碰撞和刚度的要求。车身布局必须考虑应用的框架结构、材料和连接技术。车辆类别、目标车辆质量、生产数量、成本的影响以及平台策略这几个因素影响了传统的钢基概念、铝合金空间框架或组合结构之间的选择。在开发过程中，随着精度不断增加，车身结构模型在三维 CAD 中生成。在完备度不同的步骤中，几何数据被转移到有限元计算程序里，完成在预定义负载条件下的计算。计算结果直接推动后续的几何修改。

实现参数控制接口来连接三维 CAD 模型与网格生成以及其他相关数据是很重要的。这一阶段的特点需要几何模型具有高度灵活性。详细程度在开始时相对不高，随着开发过程的深入而不断增加。焊点和连接技术定义是作为应用材料和技术的功能而确定的。在概念工程过程的末尾，已论证的车身结构为系列开发提供了依据。图 9-13 展示了一个用于模拟的早期车身结构。

图 9-13　概念车身的结构[3]

必须通过嵌入传动组件来在车辆环境中获得空间。在早期概念阶段，从目标驾驶性能和燃油消耗方面评价不同的动力传动技术。所选发动机满足新车概念要求的能力必须得到认可。对于混合动力概念，我们必须开发内燃机、电动机、电池和控制单元的配置。发动机和传动构件的轮廓数据要作为 DMU 模型输出，以用于初始布局研究。在大多数情况下，这些组件来自其他模型或特定开发部门。在实施混合动力概念和替代发动机时，除了传动系统的几何方面，我们还要考虑到未来的废弃排放法规、燃油消耗和性能目标功能等方面。同时，在相连的模拟和优化过程的支持下，该应用主要在相关负责的开发部门中完成。

此外，车辆组件的初始布局由几个模块的功能性集成支持。而驱动装置则由特定部门开发，并作为一个封闭单元交付。几个组件集成到车辆设置中是整车开发过程的一部分。在整个概念开发阶段，参与工程部门之间的高效数据传输是能否成功的一个重要因素。在一辆新车的概念布局中，所有这些因素都要考虑在内，不同市场与之相关的法规则有所不同。

汽车的人体工程学布局与安全问题密切相关。在概念阶段，目标车辆的类型提供了每排座椅位置的原则性布局、乘客数量和行李空间的安排。除了这些主要决定外，特定品牌的限制条件也会影响人体工程学的布局。座位位置和乘客空间是非常重要的物理因素。所有这些人体工程学元素都会影响车门区的布局、开启角度、行李箱盖的处理和其他因素等。

特定的客户需求与车辆等级或特定品牌相关，并且会受到市场特点的影响。一般来说，为投放全球市场而开发的汽车必须考虑各种各样的法律法规要求（如碰撞和安全、照明、废气排放、性能和重量、保险分级等），而针对某个特定市场制造的汽车可以重点满足目标市场的要求进行开发。

9.3.2 虚拟概念开发的集成方法

当前方法包括实现集成车辆模型来改进概念汽车的开发。为了连接不同的开发领域（如几何学、法规、功能方面等），概念阶段和开发前阶段的所有过程都要和整车模型联系起来。这一集成的整车模型涵盖几何数据、功能数据和用于把数据传输给相连过程的不同接口。一个强大的数据库包含所有相关信息的清单，这些信息被用于几何模型的控制及其他模拟和计算步骤。产品可视化通过一个集成的、参数化的三维 CAD 整车模型实现。该模型由主数据库控制。三维 CAD 几何模型既作为多个几何相关研究的基础，又作为整个概念模型的示范单元。数据库的双向连接使得参数化几何控制，以及跟踪程序和数据归档成为可能。该虚拟概念模型通过数据接口连接到一些辅助工具和程序。因此，可以认为几何模型是全部车辆概念模型的呈现。

在整车设计领域使用计算机辅助方法概述过去和目前发展状况

由于概念车布局的重要性，汽车制造商、大学和研究机构已经深入细致地探讨了这个话题。自 20 世纪 80 年代初开始，汽车行业中出现了虚拟开发方法，这种方法也被应用于概念车设计。以下几节包括精选的相关研究工作和出版物。此外，本章中给出的集成方法只涉及总体发展水平。

1986 年，Hänschke 发表了汽车模型概念的最初成果[5]。在柏林工业大学和德国汽车制造商的一次合作中，基于 CAD 的工具 AURORA（汽车技术的友好优化和计算机辅助设计）被开发出来，这使得创建简化的几何元素变得可行，这些元素被用于表示与包装相关研究的车辆外轮廓和内部几何图形。通过这种方式，可以在 CAD 环境中生成一个可变车辆模型来表示了组件以及基于立法的一般边界条件的空间要求。AURORA 的进一步开发是在 20 世纪 90 年代，Heinke 和 Deter 引入了一套用于表示概念车几何图形[6,7]的参数化系统。这种几何表示是基于线框元素的、通过使用骨架模型构成的。该模型是为某一特定车型创建的，该模型能用来修改几何参数，支持变量研究和优化循环。通过点和坐标的输出，可以提供并行仿真过程（MBS，FEM）。在接下来的几年里，简化整车模型的参数化创建和表示的初期研究结果已经成为一些进阶方法和软件解决方案的基础，例如参考文献［8］。

1994 年，Bulheller 建立了一个集成的产品数据模型，它包含了产品几何结构、技术信息（如材料、公差等）和一个结构中的生产计划信息[9]。这个集成的产品模型作为产品表示的基础以及不同开发过程的数据来源，从而使同步工程方法，包括 CAD 和 CAM 的连接，成为可能。

根据参考文献［6］和［7］的概念，Rasenack 开发了一种车辆包装几何图形的参数控制方法[10]。该方法包括创建发动机和传动系统包装的简化的、功能性几何图形，以及在概念整车开发中实现用于初步研究的车轮外廓。除了纯粹的几何表示，他还开发了支持基于几何包装的优化循环的最初方法。

参数化设计方法显著提高了概念车几何创建的可能性。除了几何表示，设计模型还作为仿真程序的基础，如有限元计算。着重从强度、刚度和 NVH 特性等方面研究车辆结构的概念布局的要求，Zimmer 从 20 世纪 80 年代中期以来一直从事开发用于车身结构表示和模拟的基于有限元的平台[8]。与传统的基于三维 CAD 模型的方法不同，Zimmer 的方法是基于简化几何模型的参数化生成。这些创造的模型直接用于有限元模拟的后续网格划分程序。

21 世纪初，参数化三维 CAD 系统被应用到整车开发过程中，这使得车辆开发的新集成方法的出现成为可能。从 2000 年到 2005 年开展的几个研究项目开发了在汽车概念阶段用以充分发挥参数化关联设计全部潜力的强化设计方法。以下三篇博士论文展示了在这个领域精选的综合研究工作。2001 年，Gessner 研究了创建几何特征的可能性，这些特征表示了用于包装研究的预定义模型[11]。引入参数化几何图形用于表示包装相关的因素，如乘客视野、顶部净空等，支持新车模型的创建，特别是在早期开发阶段。接下来，在2003年的博士论文中，为了在汽车开发中在白色组件中高效地创建车身，Forsen将参数化设计和关联方法的可行性相结合。利用汽车应用的例子，他介绍和评估了不同参数化关联设计的可能性，包括用于提高数据质量和再利用以知识为基础的模板的系统化方法。此外，Forsen指出了参数化CAD模型的分层结构和复杂模型中依赖关系的重要性。与此同时，Böhme研究了参数的分类和用于高效地结合包装相关组件的数据模型结构。而且，他还引入了在用于CAD外部模拟和变量研究[3]的CAD模型中定义节点几何的方法。

过去十年中，一家商业软件供应商与几家研究所及德国汽车制造商合作开发了一个用于支持概念车布局的综合方法。车辆布局工具CAVA（CATIA V5汽车扩展车辆结构）作为一个集成CAA（组件应用程序架构）模块[14]，被嵌入到一个标准三维CAD软件包[13]中。该工具通过提供CAD曲面作为车辆主要尺寸、所选法规的几何表示、乘客人体工程学基础，以及刮水器和后视镜布置的边界条件来支持新车总体布局的开发。为提供最新信息，该软件需要根据现行法律和趋势不断地修订。

近年来，在前端装载和同步工程方法之后，一些汽车制造商已经开发了基于三维CAD的工具和方法来支持开发概念汽车。这些解决方案根据每家公司的要求专门配置，它们经常包括特定特色和功能。举一个关于特定制造商方法的例子，在BMW[15]上，Tesch引入了一个基于现有汽车模型结构（即来自先前的模型）来参数推导新车概念的方法。这种方法基于一个简化的、参数化车辆模型。该模型主要由车身底板结构组成。该结构中，现有模型的几个组件得以实现（如传动系统、悬架等）。这一概念配置服务于衍生研究和封装优化。

Nikol描述了第二个制造商相关的概念设计方法的例子[16]。在他的书中，他介绍了一个由Audi公司开发的概念整车设计方法。在该方法中，一个新的模型架构总是基于以前汽车模型的现有设计。这种方法提供了详细的几何细节，包括利用先前模型的系列化设计知识的能力。然而，这种方法限制了创建全新车型和架构的自由度。

2002年以来，该作者参与概念汽车的开发，并综合考虑不同的影响因素。该项目开始于在三维CAD环境中简化几何图形的参数化创建，以便实现车辆主要尺寸的自动表示。在不断扩大和改进的过程中，一些额外的模块和功能性也得以实现，因此，当前版本涵盖了汽车概念早期定义的广泛应用领域。作为额外的研究领域，功能性车辆布局已经成为车辆布局程序的一个重要方面。开发能够连接车辆几何表示和其边界条件的方法，以及开发驾驶特性、燃油消耗和其他性能评估所要求的计算和模拟程序的方法仍然是一个重大挑战。一家国际汽车工程和部件供应商以及一家德国汽车制造商都在使用的是该工具的现行版本。与这些公司的密切合作为进一步开发工具和方法提供了一个高效的项目环境，这些工具和方法将会支持概念汽车开发的全面工作领域。

集成方法的架构

在目前的方法中，虚拟汽车模型的第一步由数据库控制的轴系和车轮尺寸、轴距、汽车外部尺寸和乘客座椅点（SgRP）配置等组成。通过对外部控制组件（如可变防撞护栏）和非参数化组件（如传动系统、底盘或内部模块的简化三维模型）的定位和评估，附加组件的配备扩展了虚拟汽车模型。通过额外模块的使用，各种功能方面得以整合，这使得早期计算和仿真过程成为可能。利用这种方式，集成几何模型和质量计算模块、重心计算以及驱动性能的估算过程可以连接起来（通过把目标加速和车辆速度值考虑在内）。此外，在给定或假定传动配置的标准行驶工况下，该模型可以用来估算燃料消耗（或电力驱动的能量消耗）。应用单轨车辆模型能够支持驾驶动态特性的评估和评价。

影响早期开发阶段的参数预先确定了集成概念车的结构，形成了汽车开发项目的所有概念阶段的辅助工具核心。这个概念工具由一个包括数据模块逻辑顺序的数据库和一个包含 7 个主要部分（图 9-14，见彩插）的联合三维 CAD 模型组成。通过使用控制参数化模型的外部数据池，一个基于三维外部控制的 CAD 开发策略简化了概念设计和封装过程。外部数据收集器包括相关尺寸、位置和/或人体工程学观点的主要采集。数据表还允许非主要从事三维 CAD 设计软件研究的项目合作伙伴修改和改变虚拟汽车模型，从而提供直接访问车辆几何相关信息的路径。

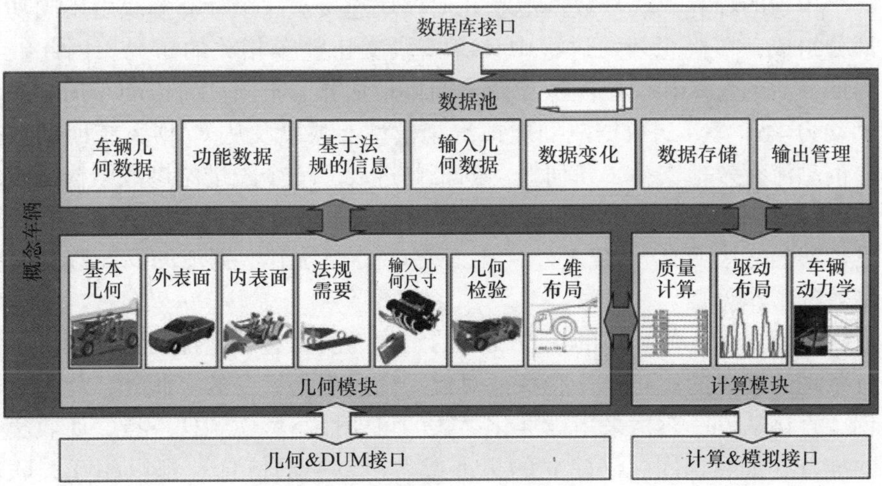

图 9-14　概念工具的原理架构

数据池结构由 7 个主要部分组成，所有主要几何结构都按照 GCIE 标准进行定义。功能性研究的数据在特定模块中处理，其中包括数学计算和关系。基于法律的范围包括撞车和安全、视觉法规、照明设备、人体工程学数据和其他政府规定的领域等。标准化的导入几何数据控制额外的简化几何模型的尺寸和定位，如传动组件、悬架、行李元素和内部模型等。验证数据表使得控制机制的清晰定义、不同的检验几何体以及预定义二维截面的产生成为可能。在整个开发过程中，数据存储系统支持创建变量研究、基准数据处理和文档发布等。在导出管理系统的帮助下，三维 CAD 系统和不同模拟程序之间可以进行高效数据交换。

几何模块中的虚拟车辆模型集成了几个部分，这些部分把元素组合起来形成一个逻辑单元。该逻辑单元由相互依存的模块组成，其参数由用于集中输入和编辑的外部数据池控制。模块化的构建和开放的架构提供了所需的灵活性，并允许额外组件的实现。参数化三维 CAD 模型包括以下组件的可视化：

- 基本的车辆几何尺寸，把与 GCIE 规定相关的汽车尺寸考虑在内
- 外表面（简化的、基于工程的表面，把基本布局、法规要求和包装相关的事实考虑在内）
- 内表面（简化的、基于工程的表面，把人体工程学观点、封装相关方面、法规限制等（例如视野、后视镜）考虑在内）
- 检查用于评估和验证虚拟概念车的几何尺寸
- 导入几何尺寸，以便配备预定义的汽车组件（如发动机、传动系统、悬架等）
- 二维分区（在 DMU 的任务和详细工程领域中发布定义的自动切片和技术讨论基础的可能性）

一个单独的计算模块与数据池和几何模块连接。这个计算模块由不同功能导向的部分组成，在概念开发过程中计算模块支持整车相关的布局。因此，集成的、高度灵活的公式和模拟模型支持早期重量估算、不同动力传动布局程序和主要车辆动力学计算。从数据池到虚拟汽车模型参数以及从 CAD 系统回到数据库的双向信息流有效地支持了几何概念的工作进展。一个先进的参数结构能组织从相关数据输入到工具的每个组件。在整个开发过程中，除了信息从输入和数据组织工具转移到三维 CAD 系统之外，从三维 CAD 系统到数据池的反向数据交换保证了高效的工作流程。

数据池和实际几何环境的用户友好的解构为所有起决定性的特征提供了清晰而又有条理的概述的优势，这些特征对模型描述都是必要的。此外，使用电子表格开创了直接从汽车表格采用标准化参数的可能性。考虑到这一点，所收集模型输入的准备（如数据库、已建立的标准或客户专属的信息）都以相互关联表格的形式发生。输入模板包括关于定位坐标系、车轮尺寸、第三排乘客座位方向、

负荷状况、近似弹簧常数、轴荷分配和基于 GCIE 标准的加速踏板点位置等信息。这些表格里包含的参数值都可以清楚地编辑。在预定义边界的辅助下，同时对插入值的合理性进行监测。图 9-15 说明了用户、数据池、几何模块和计算模块之间的数据流和参数控制。

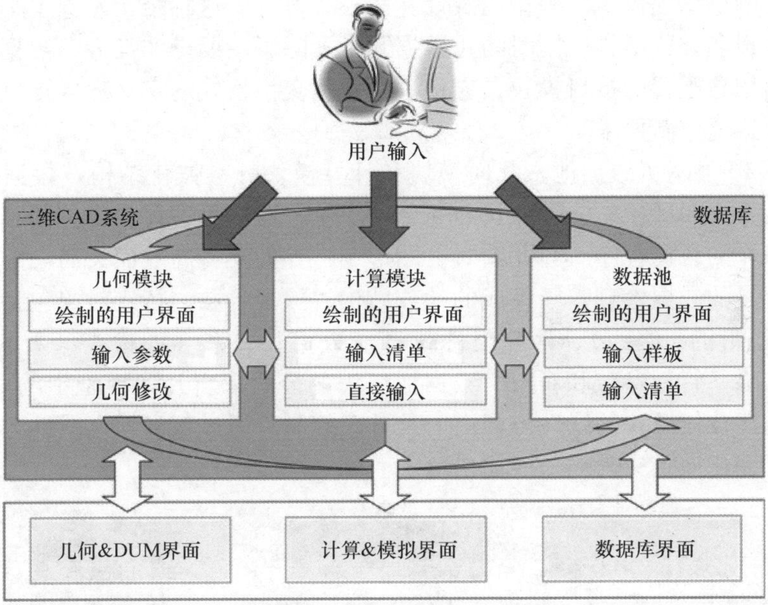

图 9-15　用户操作和数据流[1]

9.3.3　数据池结构和参数化策略

整个概念工具的参数化是基于一份精确定义的参数列表，其中包括数据池、几何模块和计算模块中控制和操作不同工作领域的所有信息。在数据池（或数据库）中管理参数的完整列表，即在几何图形和计算模块的相应部分中每个参数都有其自己的内容。模块和数据池之间的信息流是双向的，这使得用户友好地修改，即改变数据池的参数或通过修改几何值或计算程序值来改变它们的工作区域，成为可能。基于参数系统的一个关键特性是用户调整参数的能力，参数化在概念阶段提供了必要的灵活性。因此，各种不同参数之间的联系可以在开发过程的不同阶段进行定义和修改。通过这种方式，用户可以添加新参数或配置公式或有关当前项目需求的关系。例如，工程师可以决定是否将轴距作为一个输入值或一个基于车辆车轮坐标系计算的值。

根据目标导向型参数化方法，该系统的各参数都配备了一份参数属性列表[17]。基于不同参数的应用，这种方法扩展了信息内容。通过这种方式很有可能为概念工具中不同操作整合成一个通用的参数化法，例如几何创建、几何结构组织、检查操作或功能车辆计算等。

集成的数据池配置管理着所有封闭模块和功能的整个参数化结构，包括模板结构、用户界面和跟踪系统。数据池本身可以作为一个集中化的参数平台，并且利用必要的信息提供几何模型以及计算和模拟过程。这种结构确保了不同应用程序中的逻辑参数化结构，同时防止数据冗余。除了主要操作任务，数据池配备了一个可由用户配置的接口模块，支持不同数据交换格式的定义，以提供多个应用程序和快速适应新要求。

图9-16显示了数据池、几何模块和计算模块的参数化结构。数据池控制系统基于几个VBA程序（visual basic应用程序），这些程序促成了控制和执行不同功能和操作的自动程序。与此同时，图形用户界面支持高效而又简便的操作。整个概念工具的数据管理基于集成的参数结构。除了参数，特定对象包括几何组件（如几何图形的包络线）、计算组件或者参数相互关系（如检查参数、参考点）的信息。除了管理参数和对象，数据池组织的公式来自几何模型中的变量参数。为此目的，几何模块的线性方程由一种方式控制。通过该方式，线性方程的不同参数可以变化地定义为输入或输出值。

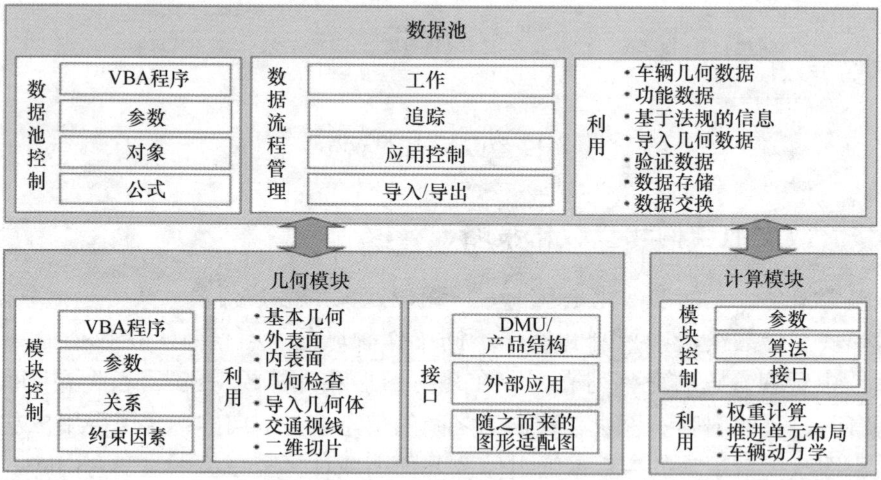

图9-16 集成概念工具的参数化策略

数据流管理结合不同来源的信息并提供数据的可访问性。工作区域在数据池作为一个输入平台并且总是保有当前数据状态。跟踪区域由两个模块组成。在开发过程中，一个有效的保存管理模块可以使保存工作状态的过程成为可能，而载荷管理模块支持所需发展状态的重新加载。应用程序控制模块处理内部计算程序，如几何参数和功能参数的计算（如长度、重心、流动阻力区域）等。导入/

导出区域管理与外部应用程序数据交换的过程。这包括导入几何组件的补充数据，以及计算程序数据。此外，为了外部程序的使用，导出系统允许参数配置的有效转移。如前所述，数据池拥有概念工具的所有数据，该工具应用于几何和计算模块。基于信息以及输入的几何数据，车辆几何数据、基于法规的信息和导入的几何数据被转移到几何模块用来控制概念车几何模型。为不同的计算程序进行功能数据处理，几个检查操作包括预定义概念检查程序的验证数据。此外，数据池包括数据存储（跟踪）和数据交换的操作。

几何模块的参数化由模块控制、模块利用和一个接口结构组成。集成的 VBA 程序控制整个数据流和过程，也支持数据输入和用户处理。几何模块中的参数结构完全集成在参数关联的几何定义结构中。这意味着该几何定义是基于预定义参数、相应的关联几何配置和几何约束的。关系以方程中的几何函数或逻辑配置的形式来表达连接，这使得应用变量参数输入策略成为可能。

在应用的 CAD 软件包中，不同关联几何部分的配置使一个集成概念车模型的定义成为可能。这包括基本几何图形、外表面和内表面，以及一个交通视野模块。输入几何图形到产品结构中的整合需要考虑在概念过程中交付的组件。作为一个独立的特色，在整个概念开发过程中，几何检查模块支持不同变量的评估。

几何模块配有接口，这些接口是为了概念开发的强化以及外部几何形状和应用的整合。DMU /产品结构接口支持把产品结构整合到虚拟的概念车模型中。这包括，基于预定义的材料清单或中性产品结构列表，把一个虚拟车辆模型构建成子模块和组件。把产品分成几个层次和模块的细分支持组件和模块高效地集成为一个数字实体模型。与概念车的不同模块结合，DMU 集成支持所提供几何图形的详细描述，包括它们的规范特征和空间需求。外部应用程序，如用于悬架系统研究的模块（包括运动学）或者与参数化几何模型的集成，通过特定的接口在车辆实体模型中导入和定位。除了 DMU 结构和外部应用程序的集成，一个随之而来的图形适配器支持额外的、后续的几何元素的导入，这些几何元素都能够支持设计过程。这些数据可以来自现有的车辆模型、基准数据或者进行预研究的组件和模块集成。

计算模块由两个主要区域组成。该模块控制部分通过数据接口在数据池和后续外部应用程序之间组织数据交换，并且管理不同算法和计算程序。在第二个模块中，统筹组织了功能性车辆布局的不同运用，如重量估算、动力传动机构的布局程序和概念车动力学模拟。

9.3.4　概念汽车开发中的几何创建

在一个三维 CAD 软件中生成一辆概念车模型，它包括描述虚拟概念车的所有几何元素。这些元素包括线框元素（点、直线和曲线）、表面和立方体。几何元素是完全参数化的，其中两种出现了基于几何的参数类型。在概念车中，总共有大约500个驱动参数定义其几何尺寸，还有从几何相关操作而产生的二级参数。驱动参数由嵌入式参数表控制，该参数表与CAD外部数据池相连接。

几何模块由7个主要部分组成，这些部分由许多公式和依赖关系相互连接。这些数学关系也是参数驱动，并且显示在一个单独的关系表中。除了连接到数据池，几何模块配备了一个接口到计算模块和几个接口到外部应用程序。计算模块的连接处理功能车辆布局的所有基于几何的信息，如主要车辆尺寸（如悬架特性）、组件的重心和空气阻力的计算区域等。外部接口采用独立于程序的几何数据格式运作，并且与造型或计算软件包形成联系。

图9-17（见彩插）显示了一个车辆概念的示例，该概念是所有部分显示在几何模块中的结果。7个模块的组合形成了一个集成的三维CAD概念车，包括车辆基础几何图形、技术相关的内外表面、法规和人体工程学边界的检查表面以及导入的轮廓数据。基于几何的概念评估可以通过外观检查和通过几何检查模块中的自动验证周期来进行。以下部分包括一个几何模块中7个部分的简短描述并且提供了相互连接功能和应用程序的概述。

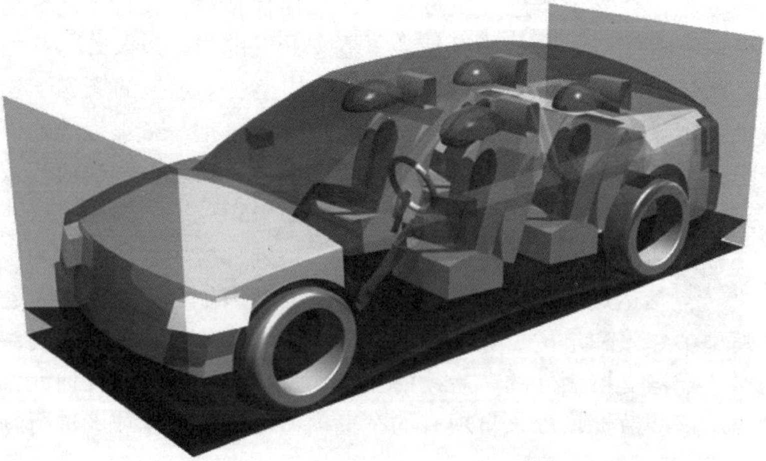

图9-17　几何模块中展示的概念车布局

一般车辆尺寸显示在基础集合部分，其中包括车辆主要维度的边界曲面。这样，大量标准化的内部和外部汽车尺寸可以显示为简化的几何元素（如车辆长度、宽度和高度、轴距、接近角与离去角、车门开闭件的最大开度）。

总体来说，基础几何部分包括45个尺寸和几何边界。边界曲面不显示汽车本身的几何结构，而是表示为几何车辆概念配置的校正仪。在早期概念阶段没有汽车造型或其他二级参数信息的情况下，这种方法可以定义车辆设置。基础几何部分支持整个开发过程，从第一个标注尺寸开始，维护技术、法规和人体工程学相关的配置定义，最后为车辆概念的配置检查几何体。

在一个单独的检查单元中执行确认过程，该单元与基础几何部分相联系。为此，基础几何部分增强了商业可用软件包的实用性，包括基于法规信息的实用性[18]。在应用三维 CAD 系统中，现成软件包的紧密集成能够直接嵌入到虚拟概念车的几何模块中。这种紧密集成使得对象定义和参数化策略导入到整个软件架构中变得非常容易。图 9-18（见彩插）显示的是几何尺寸的选择和显示在基础几何部分的尺寸。

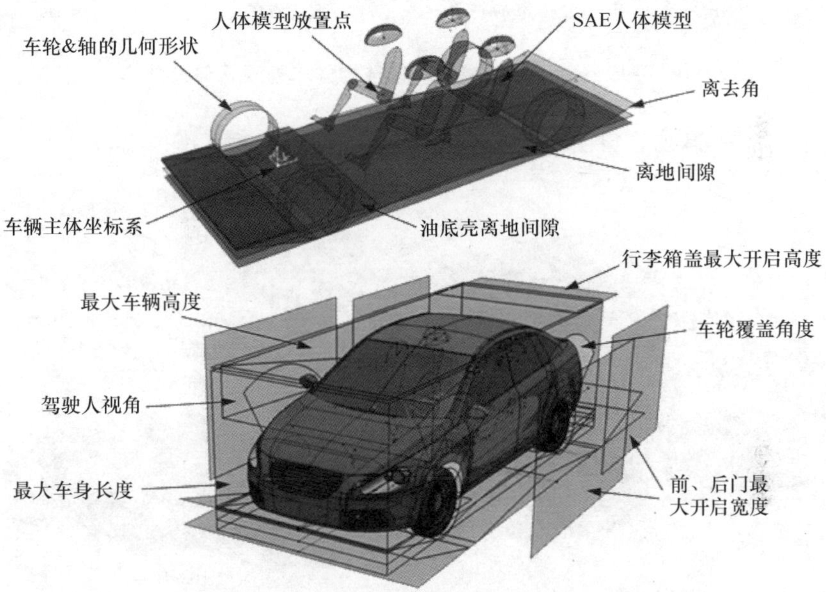

图 9-18　基础几何部分中边界表面和尺寸的选择

符合 GCIE 准则，基础几何部分的所有维度都遵循 SAE 标准指南和规格。外部几何部分表示虚拟概念车的简化外表面。这些表面是基于技术性的并且高度灵活地描述了不同汽车种类的几何结构。外部几何部分不能形成一些造型表面，而是一个汽车轮廓的完整技术表示。应用线框和表面元素的参数彼此关联相通，并且集成到几何模块的逻辑参数管理中作为模板模型。外部部分的操控由 CAD 外部数据库或者 CAD 环境中图形用户界面的数据输入执行。图 9-19 显示了一个汽车外部几何形状的可用车辆模板示例。

如果预定义的模板几何不能满足新车概念的要求，那么可以集成一个额外的自由单元。该单元使车辆几何图形的定义不受常见汽车设置的限制。通过这种方式，现有类别毫无限制地支持个体交通全新的、未来导向型的概念生成以及与虚

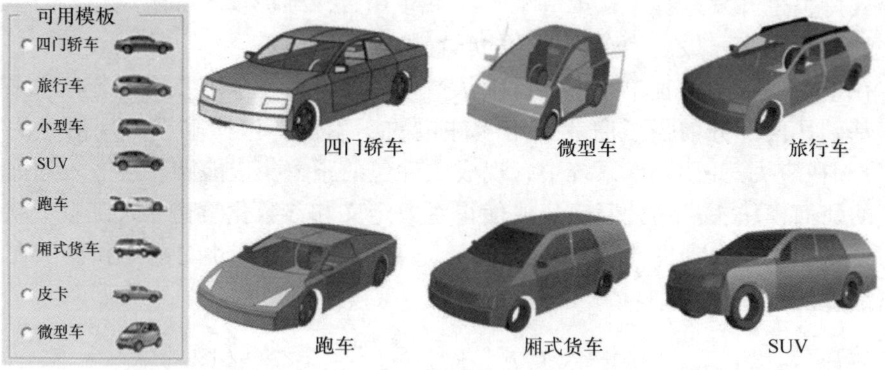

图 9-19　可用车辆模板和精选的样车外观几何尺寸

拟概念车功能的集成。自由单元允许很高的几何自由度（图 9-20）。

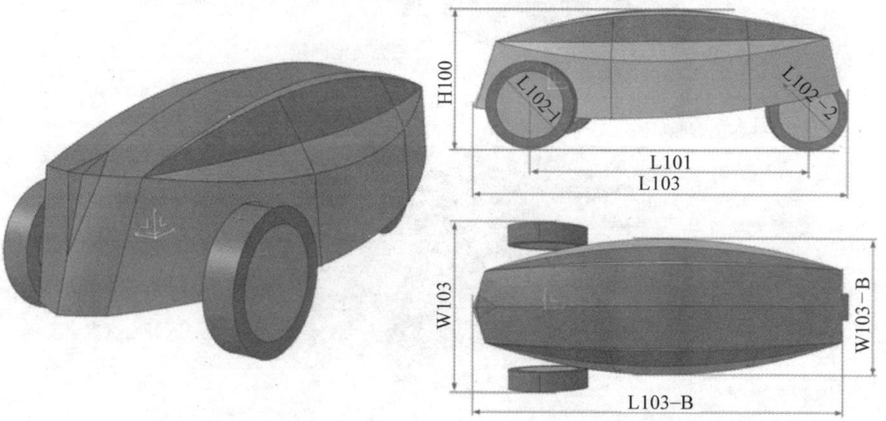

图 9-20　按照 SAE 标准 J1100 自由外表面主要尺寸选择的示例

概念车的内部几何图形在一个单独部分阐明，其中包括简化座椅表面、仪表板、转向盘、变速器、踏板、乘员舱和行李箱内表面，以及大量人体工程学研究的边界几何图形（如膝盖和肘部间隙、车门区、顶部净空等）。内部几何部分的逻辑配置和外部几何部分是相同的。它包含一个模板状特性，带有参数控制几何调整的选项。

由于内部几何部分与基础几何部分和外部几何部分是相连的，任何部分的修改都会整合到整个虚拟概念车中。相互连接的参数管理确保数据库中的每个参数在 CAD 模型的目标部分里都有一个明确定义的相对应的几何参数，从而影响其他部分的依赖性参数。根据所运用的人体模型的功能可以进行人类学和人体工程学研究。车辆内部特征，如座位位置、控制单元的可访问性、舒适维度和车门区等，都可以优化。

图 9-21（见彩插）显示了在早期概念阶段基于内表面的研究例证。除了表示一辆车的简化内表面，人体模型和边界表面的整合使得详细的人体工程学研究、不同车辆组件的封装优化和法律规定的评估成为可能。

一般几何模块架构是由车辆尺寸、边界曲面和虚拟概念车的检查几何组成的。DMU 和包装相关的研究所要求的附加组件几何图形的集成在导入几何部分执行。本节提供了两种不同的功能。所选组件的变参数关联模板包括一个燃油箱模型、燃油箱、电池组、电动机模型和大量常见悬架系统。这些模板直接集成到几何模块的参数化概念中，并据此和数据池连接上。这些包括 1.6～6L 排量的普通内燃机的外轮廓和典型传动，以及一系列标准化组件。

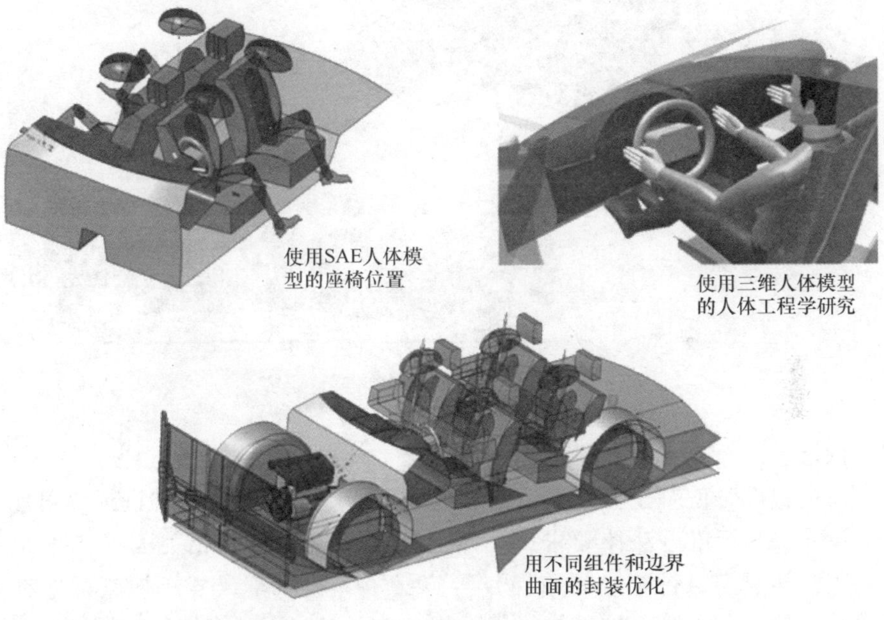

图 9-21　带应用实例的内部几何截面

此外，外部 DMU 几何结构的集成接口支持封装相关的技术标准组件或携带部件到虚拟概念车（如发动机、变速器、发动机冷却系统、底盘组件、座椅模型、空调系统、车窗升降器、喇叭、行李箱等）的实施。参数控制的定位轴系统确定外部零件的位置，这使得基于数据的控制和保存管理得以实现。

从外部资源导入的几何结构作为非可变 DMU 元素执行，用来描述组件的外轮廓。导入的几何部分为发动机、变速器和行李箱等提供了一系列的可实施模型。这些模型可以在数据库中进行选择并在车辆模型中通过参数参考轴系统进行定位。概念研究的附加部分通过几何接口实现。在这一方法中，就空间要求和其他功能而言，在概念阶段可以考虑其他汽车的现有组件并将其用于人体工程学研究、封装和碰撞分析、造型概念的评估等。

图 9-22（见彩插）显示的是一项封装研究的结果，该研究使用的是虚拟概念车的简化几何结构和上代模型中的辅助 CAD 组件。在所显示的案例研究中，正在开发的汽车必须采用以前模型的组件。因此，具有代表性的发动机、传动系统组件、悬架部件、转向系统和底架被加载到概念车布局中来评估新模型的几何结构可能性。

图 9-22　导入几何结构的封装研究

几何结构检查

几何检查部分使基于预定义质量参数列表的虚拟概念车的验证成为可能，按照 GCIE 和 SAE 标准、法律要求、人体工程学特点和封装相关因素（如组件碰撞、乘客空间要求、行李空间布局）等定义了一般汽车尺寸。检查程序在开发过程中或在特定节点阶段按需执行。因此，它可以应用于支持优化周期，以及验证和技术发布过程等。

几何检查部分包含能够进行额外测试的边界曲面。边界曲面在基础几何部分、外部部分和内部部分，以及检查向量和检查尺寸等中确定。几何驱动部分检查程序的直接参数依赖可以确保检查过程的通用性和检查结果与虚拟车模型的参数及数据管理系统的集成。检查程序包括冲突的自动验证或者重叠的几何图形和用户导向型视觉检验。自动验证的结果保存在程序的检查结果列表中，而手动检查是使用规定的检查任务列表进行并由用户自行记录。图 9-23 展示了在一个车辆模型中的一系列检查表面及其应用。

一旦检查功能批准了技术解决方案，那么开发状态就可保存下来。几何和功

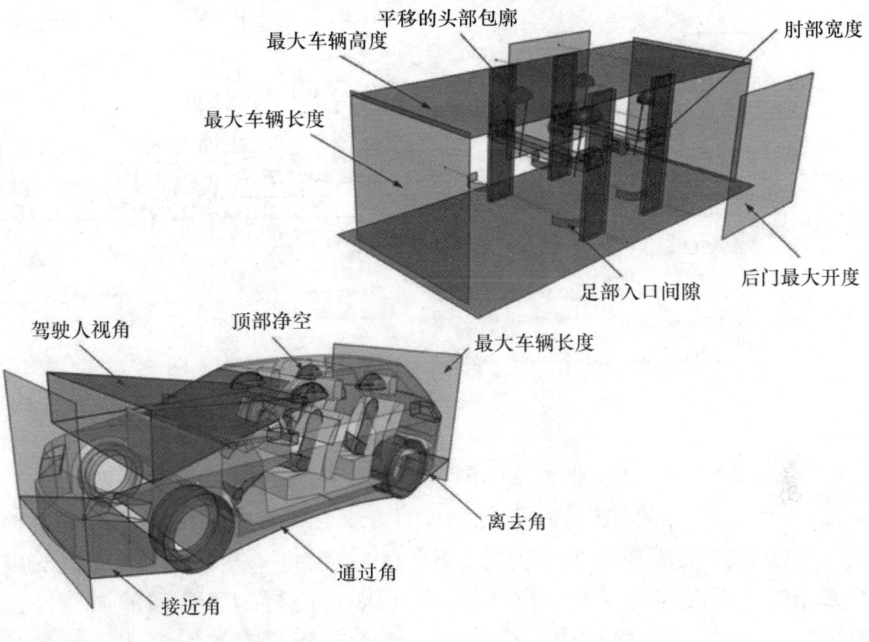

图 9-23　检查表面及其在车辆模型上应用的选图

能参数可以导入到数据管理系统中。在后一步中，当三维 CAD 造型数据可获得时，造型表面可以替代技术外表面，但造型表面也必须满足技术和法规要求。在一致的情况下，利用几何检查部分对这些造型表面进行分析以便观察其与既定要求的符合程度，当在不符合既定要求的情况下，高亮显示不合要求的位置。

工程造型的汇聚在汽车开发中是一项重要任务。许多情况下，这两个部门的产品要求表述和解决方案决策不尽相同。如果造型解决方案通过了检查步骤，那么车辆概念状态就获得通过并且得以保存。万一几何检查发现造型曲面和概念规范之间存在差异，必须就技术必要性方面重新考虑汽车造型。

一个集成的二维切片功能使得虚拟概念车的二维图样自动参数化推导成为可能。这些图样包括预定义的视图和截图并且描述了汽车的空间概念。依照 GCIE 标准，在视图和截面中确定的几何维度自动生成并与三维 CAD 模型连接起来。在开发过程中，在三维工作空间对模型的修改直接影响了尺寸图更新。维度概念展示了完整车辆，包括注释和文本表格。所有截图、视图和尺寸都嵌入到虚拟概念车的全局参数化管理系统中，还包括与数据库的连接。

相关的和重要的几何尺寸提供了一个与车辆大小、封装解决方案以及人体工程学相关的关键特性的概述。维度概念在概念开发阶段是整车描述的一部分并且服务于数据跟踪及发布存档。图 9-24 显示了在早期概念阶段一个维度车辆布局的前视图和侧视图，其中还包含了选定的车辆组件和尺寸。

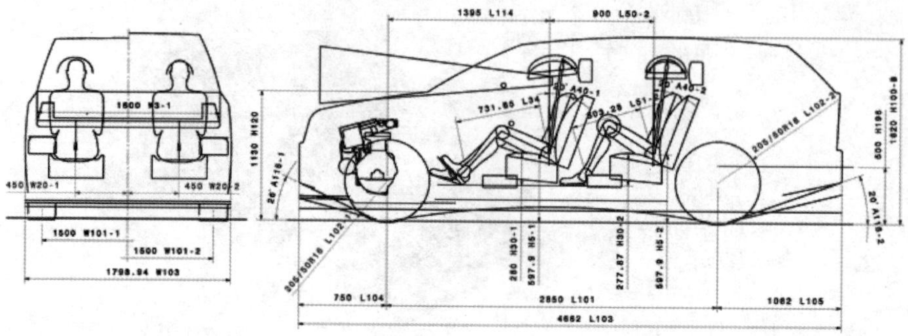

图 9-24　一个带尺寸的车辆布局的前视图和侧视图

外部接口

几何模块嵌入在一个商业三维 CAD 软件包中，为几何数据交换提供了不同的可能性。开放性结构使用于组件、产品结构或者整车几何结构的外部车辆模拟数据更容易实施。集成在一个单独的 DMU 区域进行，并且由 GUI 支持的虚拟概念车的数据组织策略进行管理。除了对车辆 DMU 进行基于几何的调查外，一个灵活的 CAE 接口能够连接结构优化软件，用于车辆车身、NVH、刚度和碰撞性能的概念性预计算[3,19]。接口的工作方式是双向的，并且从虚拟概念车导出必要的几何数据到仿真软件。在数据流的第二方向，车身结构模型（包括简化梁、运载和联结单元等）被导入到虚拟概念车中，并作为封装研究的几何组件。一个普通几何结构的导出功能通过中立的数据接口支持数据传输。通过这种方式，虚拟概念车的选定几何形状被作为中立数据格式保存并且可以导入到几种常见的设计或仿真软件包中。这些中立数据格式需要考虑包括尺寸和形状在内的几何特征，但不包括概念模型的任何参数或历史数据。因此，不同的 CAE 应用程序可以集成到虚拟车开发过程中，如 NVH 仿真、有限元计算、多体模拟、特定碰撞相关的计算以及其他情况等。

在产品规划和技术计算领域中，除了模拟之外，不同过程可以从初始阶段起就得到概念几何数据的供应支持。这些包括项目和产品规划、成本计算、早期生产工程任务以及技术和经济可行性研究的评估等。一种到外部工程和组件供应商的有效数据传输使得与开发过程的直接集成成为可能。车辆造型是概念发展阶段中的一个重要过程。在目前的方法中，基于工程的技术开发和造型部门之间的密切互动由一个集成的造型导出功能支持。这使得边界曲面的定义以及使其从虚拟概念车到应用造型软件包的转移成为可能。为达此目的，在对话框中选择要导出的曲面，并将其转换成一个中立数据格式。该中立几何形状被导入到所应用的造型软件中，并作为车辆外部造型和内部造型表面开发的输入数据。同时导出的表面被保存在参数关联的虚拟概念车中以确保在开发过程中的明确分配。为了存档起见，所有相关参数都保存在数据池的跟踪系统中。用于创造造型而导出的边界曲面由基础几何截面的曲线和曲面、外部截面和内部截面组成，并且在所选择的发展状态下代表着虚拟概念车。

9.3.5　项目流中的过程和应用

汽车开发的初始阶段包括以下核心过程：

- 几何图形的生成
- 几何集成
- 功能集成

图 9-25（见彩插）显示了与核心流程相关的学科和验证方法的概述。过程目标包括不同的产品描述，这显示为上位要求。为了支持验证以及功能集成和评价，几何创造与功能开发的所有关系都与几何集成的过程联系在一起，这使集中工作区形式的车辆结构得以优化。在集中式虚拟概念车中的多学科交叉使得同时考虑相互冲突的观点成为可能。这正是当前集成概念模型方法的一个主要应用，该模型由车辆设计师定义和控制。几何生成的过程由造型和设计的定义或描述方法来推动，其传递造型曲面和在早期概念阶段就可以获得的沿用件和标准件的数据。

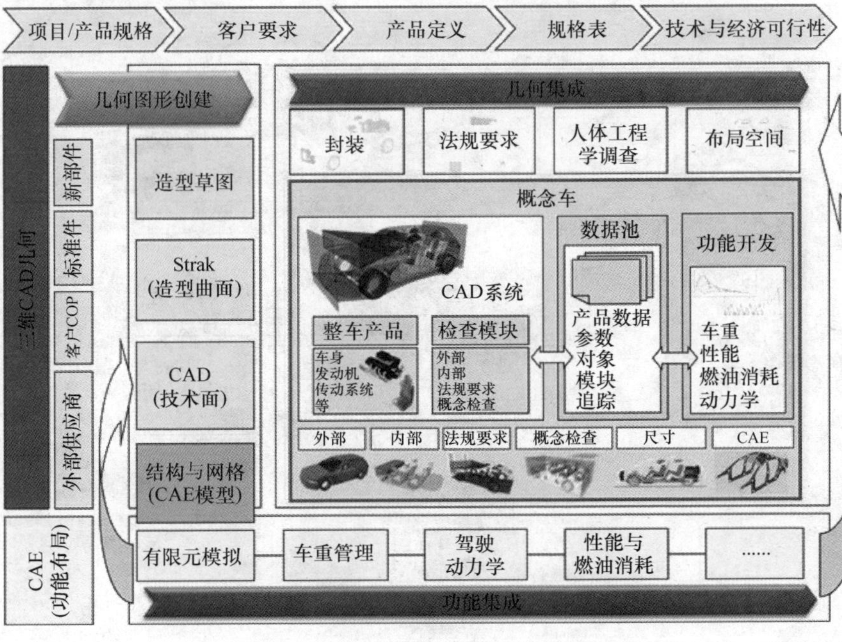

图 9-25　生产流程中虚拟概念车的模块和功能[20]

在概念阶段，可以用作技术层面新组件的高质量 CAD 数据非常少。大部分几何图形都定义为封装调查的粗略估计。几何集成过程中，应用程序需完成多项子任务，如封装和布局、虚拟人体工程学调查、法规要求的核查、一个空间概念的生成和质量包的定义等。功能验证包括来自几何模型的 CAE 相关信息的转移，作为输入数据或模拟过程的边界条件，能使之前严格分开的工作流程得到强化。在考虑到法律要求、功能特性和客户相关的影响下，虚拟概念车的综合几何数据的参数关联生成可以使新概念车从初始过程阶段就得到精确的表征。在开发项目过程中，一个粗略的车辆封装可以通过几个组件和模块的实施逐步细化。

图 9-26 提供了一个应用案例的概述，该案例基于典型项目工程过程的工作流程。从第一个车辆数据开始，确定了一个初始概念的三维 CAD 模型。根据各个开发步骤或验证过程的要求，使用了虚拟概念车的不同模块。图 9-26（见彩插）显示了一个跨学科的考虑，其中概念开发周期内的所有任务都在虚拟车辆模型内进行。因为传输到外部应用程序的数据也由虚拟模型触发和监控，所以一般的数据流都由一个集中系统管理。所有工作流程的结果都在一个集成数据库结构中保存和维护。集中数据管理概念避免了不一致的信息流并且支持进行变量研究及优化循环。

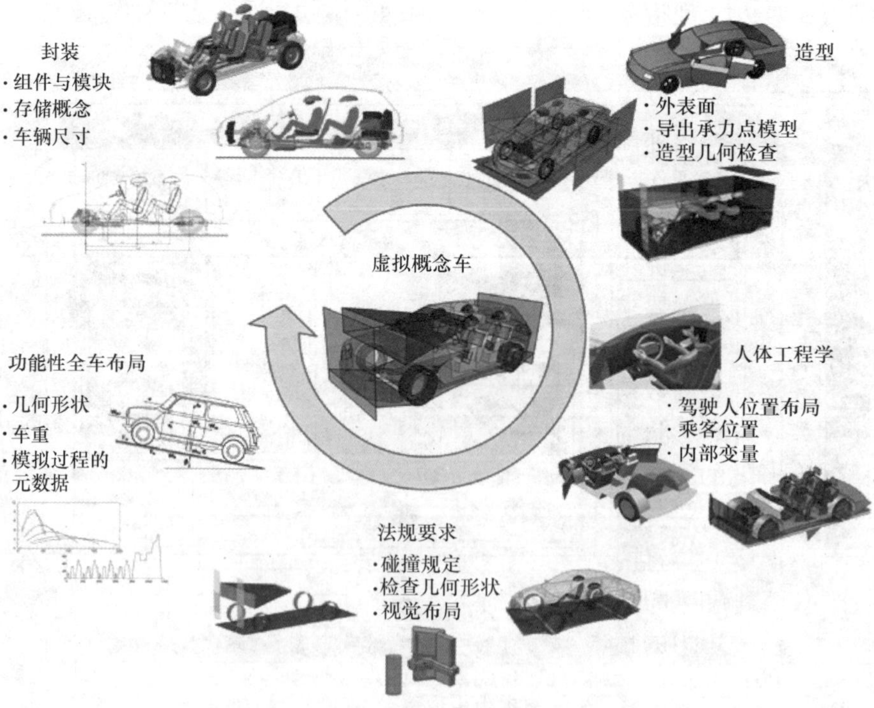

图 9-26　汽车概念阶段使用集成方法的工作流程的跨学科因素[1]

概念汽车开发过程可以从封装相关的车辆数据的定义开始，这符合规格表中的要求。通过在三维 CAD 模型中选择适当的参数边界表面和几何元素，这个过程包括了车辆主要尺寸的表示。额外实施的预定义组件和人体模型能够定义一个初始整车封装概念。预定义组件或模块的来源可以包括现有车辆模型（如之前的模型）、几何数据池或者简化的三维 CAD 模型。来自外部资源的包络线几何和简化的预定义组件的集成，以及在一个三维 CAD 模型下车辆尺寸边界表面的表示，导致了概念性整车模型的早期而有效的设置。该概念模型为进一步研究和优化周期提供了基础，它可以处理组件的相互作用、车辆尺寸和乘客的空间需求，以及存储概念的早期估计。

在开发的初始阶段，关于车辆造型信息的有限的可利用性使得考虑车辆的未来轮廓形状变得非常困难。为在后续步骤中避免发生问题，二维造型草图可以直接在三维 CAD 车辆模型中完成。该步骤允许对技术造型汇聚进行早期评估，并使得从一开始就进行修改或优化周期成为可能。造型过程本身在概念整车开发中的应用，通过从虚拟概念车中获取相关几何图形而实现。在一个承力点模型中总结这些表面，该模型代表着车辆主要尺寸的规范几何图形和乘客、行李或组件的空间要求，以及法规指令。通过中性的几何数据接口可以完成到所应用的造型软件的导入。

在早期的车辆开发中，一个重要的工作包是为驾驶人和乘客定义符合人体工程学的解决方案。内部模块的生成，包括座椅、仪表板、控制元素和乘员舱限制表面等，直接连接到作为驾驶人和乘客的人体模型的位置。在考虑特定的人体工程学需要的情况下，来自座位位置和空间要求，一个三维 CAD 内部模型的可变配置支持初始定义和优化循环。

整车开发的法规要求包括：被动安全指南、照明设备的几何规定和驾驶人视觉及乘客安全的相关标准。作为几何检查表面，每种规定的陈述都能够直接实现集成虚拟车辆模型的数据结构，因此需在整个开发周期考虑这种状况。

除了基于几何形状的不同的应用例子，集成的车辆模型包括一个功能布局的模块和整车开发的评估。几何相关任务和功能特性的整合使整个概念阶段的跨学科处理成为可能，它支持各种各样要求和特色的考虑。在功能性概念开发中，车辆重量和车辆重心位置的估计是一个基本的挑战。连接数据库和几何模块使估计车辆总质量和车辆重心变得容易，这与项目开发状态无关。在考虑到不同载荷条件下的具体行驶阻力的情况下，驾驶性能和燃料（即能量）消耗的评估是基于几何数据、质量数据以及所导入的关于发动机和传动系统配置的信息。驾驶行为的代表性数字计算包括车辆速度、加速度和爬坡能力计算。就相关车辆概念的适用性而言，该计算能够对不同动力传动技术进行早期评估。除了标准的驱动装置，电动汽车和混合动力驱动配置也在考虑之列。最后，横向驾驶和车辆操作特征可以通过使用一个集成的单轨模型计算，它结合了来自几何模块、车辆质量和重心估计、动力传动系统布置和数据池等的信息。在考虑不同轴重条件下的驾驶倾向（轻度、中度和过度转向）模拟可以及早地评估和优化影响参数，以便能够获得均衡良好的底盘和车辆布局。

现代的三维 CAD 软件包支持实现二维研究、草图或图样转到三维模型。这种可能性使得基于工程的建造和 DMU 开发接近造型过程。基于一个开放架构，二维研究可以在虚拟汽车模型中实行从而执行与人体工程学观点（乘客）、封装边界（传动系统和底盘组件）或基于法规影响（如安全和碰撞法规等）相关的不同检查。先进设计软件提供了一个额外功能，可以从二维草图生成三维表面，它允许在汽车三维 CAD 模型中二维研究的直接转换。在所提供的三维硬件（造型研究、黏土模型或详细比例模型等）中，扫描或测量数据可以作为后续表面生成过程的基础直接导入到 CAD 软件中。

图 9-27（见彩插）显示了在一个汽车概念阶段集成三维 CAD 模型中的一个典型工作流程。初始步骤为概念模块的定义。这些基本模块的逻辑安排的结果是一个集成的三维 CAD 模型，它包括最重要的法规影响组件的主要尺寸和几何图形的检查。额外导入的几何图形的适应和采用导致了车辆封装概念和随后的一个空间布局。如果在一个早期概念阶段没有可用的设计表面，简化的参数化外表面可以用于可视化概念车的外部几何形状。这些简化的外表面可以被以后步骤中生成的外表面替代，或者可以支持车身衍生或变量研究的可视化。同样，在非常早期的概念阶段，参数化控制的、简化的内表面中可以观察汽车座椅、仪表板和其

图 9-27　几何为中心的集成三维 CAD 模型的工作流程例证[1]

他组件，从而可以进行初始人体工程学研究和优化过程。由于变量结构，数据组织和几何参数控制的应用方法让随时在模块之间切换成为可能，该切换是为了虚拟概念车模型的优化评估和修改。

9.3.6　集成虚拟概念开发中的产品知识

在概念发展过程的整个过程中，结合一个不断增加的验证数据份额的车辆概念，正逐步生成并导致产品成熟度的增加。工作流程中的每个应用步骤都通过三维 CAD 模型的耦合反应（或计算模型）和数据库结构完成，这导致在所涉及各个领域的知识不断增加，这很可能是因为几何创建中详细程度的不断提高以及在计算模块及数据库跟踪系统方面不断增长的信息内容。和较早的步骤相比，改进和变量研究的执行或者虚拟模型中新特性的实施都提高和增强了项目地位并因此提高了产品的知识地位。

图 9-28（见彩插）显示了一个由嵌入式虚拟概念车连接的两个汽车开发过程的示例。除了为一辆新车概念发展的纯技术导向型过程之外，虚拟开发工具的集成结构支持所涉及两方之间的通信和所需知识的转移。这一切通过三维 CAD 几何数据中一个容易处理的产品展示，以及通用参数化策略和一个基于数据的参数管理来实现。

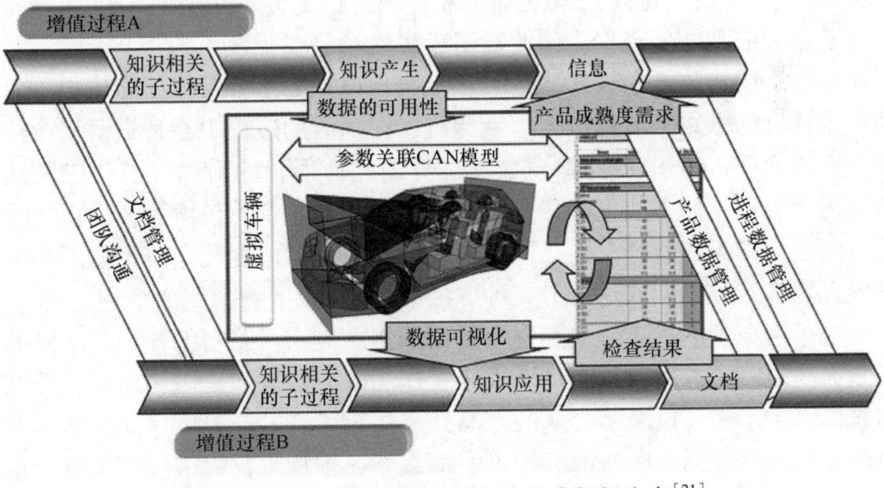

图 9-28　嵌入到汽车开发过程中的虚拟概念车[21]

子过程（A）中采取的行动生成了虚拟概念车定义的数据，在参数关联的三维 CAD 模型中能够显示（A）的信息。一个并行子过程（B）可以访问 CAD 模型并能够执行和车辆模型有关的不同操作。通过这种方式，就产品解释和评估而言，完成子过程（B）得到了一个附加值。反思一下，子过程（B）通过提供对虚拟模型数据的访问增加了产品知识，如在验证文档或检查过程时。子过程（A）中的后续活动可以从数据库中读取这些信息并使用它作为进一步开发步骤的基础。

开发过程中，正在进行的数据流和数据浓缩周期增加了虚拟概念车中的信息密度，因此丰富了关于产品的知识。一个集成数据库结构和一个完全参数关联的几何定义的结合能够产生一个基于对象导向型参数的综合产品描述，这些参数都被转移到了不同的相关联过程中。在外部应用程序（如有限元计算）中，通过导出的参数与并行可获得的来自三维 CAD 模型的几何数据相结合完成对产品信息的有效解释。在逆过程方向上，数据库中的信息积累促进了知识水平的提高。新修订或者运行的参数可通过数据库结构从子过程（B）转移到子过程（A）中。例如，（B）中的检查过程揭示在法规预测实行时可能的失败；其结果用于在（A）中执行的几何修改。在概念开发过程中的工作领域的扩展考虑与虚拟车辆模型本身的详细参数化及其影响边界条件的结合使逐步创建产生一个面向知识基础的工具成为可能。这一切都在一个虚拟环境中进行。

9.3.7 虚拟概念车与基于知识的 EDM 的集成

调查了虚拟概念车的应用导向型观点之后，关联性参数几何创建方法集成到知识 EDM 模型中的讨论现在就变得非常有趣。这需要一个工具的过程导向型视图，其必须集成到增值过程之间的知识过程模型（参见 7.4.3 小节）中。

在数据层面，传输的数据通过关联参数化设计方法升级，因为用户可以通过应用程序特有的方式来解释数据，因此可以在随后的过程中在特定语境中使用该数据。换句话说，由于产品/概念数据本身的几何形状的附加可视化以及几何关系的可视化表现，使得知识转移变得更加有效，这有助于车辆概念的功能评估。在反方向上，知识和数据流也会产生附加值，因为几何变化令概念使用参数，这些参数直接来自数据库或通过另一种方法准备。

通过车辆概念的逐步建立和安全数据的不断应用所获得的知识使产品的成熟度不断提高。概念开发过程的进度决定着产品的成熟度。更确切地说，数据可靠性和数据保护水平，以及所公认的产品知识决定了产品成熟度。如果整个开发过程中产品和过程数据不断交流和记录，那么产品模型不仅代表文档工具，也代表知识数据库。这样的知识数据库必须支持开发，因为在整个开发过程中，管理数据高度依赖前后关系，而知识数据库使数据复制成为可能。

图 9-28 显示在多过程互动中以下几方面是非常重要的：

- 团队交流
- 文档管理
- 产品数据管理

- 过程数据管理

只有把这些因素都组合起来，才可以管理产品知识。接下来，所有这些因素必须统一并系统地集成到 EDM 环境中。为达此目的，可以把被视为虚拟概念车核心方法的关联参数建模作为附加模块加以集成，而且 EDM 系统接管数据和流程管理的功能并把它们作为核心模块。

图 9-29（见彩插）显示的是虚拟概念汽车模块集成到 EDM 系统的架构中。一方面，它在集成平台上构成了 CAD 应用程序的交互界面。另一方面，它提供了一个连接 EDM 数据库的双向接口。该接口不仅能允许必要的 CAD 模型参数的输入/输出，而且也可以提供额外数据，CAD 模型使用这些数据来通知用户。作为结果，虚拟概念车的原功能被分为关联参数建模和 EDM 系统的核心功能。非增值程序和边界工作数量因此得以减少，而且避开了现有系统的接口，增强了整个虚拟过程链，而且使得把重点放在概念工作的实际核心任务上成为可能。

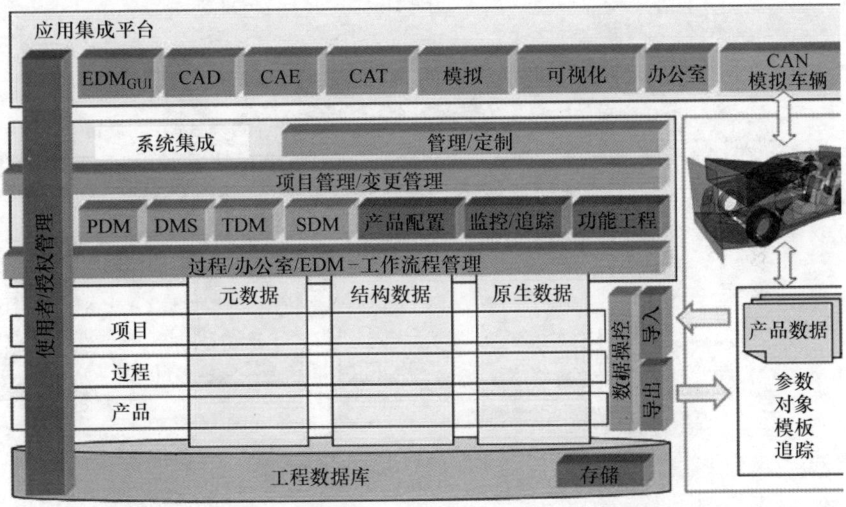

图 9-29　工程数据管理系统——带有集成虚拟概念车模型的架构

汽车行业中，在创新过程的早期阶段，概念工具已经用于评估车辆的几何特性和几何规范。在数据有限的情况下也能做到这一点，并最终形成较好的验证概念。在较早的开发阶段，通过提供比以前更高价值的信息，概念工具支持前端装载原理。这减少了概念阶段所需的改变循环的次数，从而缩短了开发时间。

9.4 操作化 EDM 的分析和设计过程

过程分析步骤（9.1.4 小节）和涉及操作化 EDM 设计的活动可以显示在组合过程模型中。

图 9-30 显示了在前几章中讨论过的 5 个过程步骤，从过程导向型任务到在 EDM 系统中的应用：

- 过程分析连接知识过程从而创建了作为额外分析对象的知识密集型过程。
- 为了形成这个进程间的连接，确定了一个 EDM 使用案例，以便捕获所有必要的 EDM 条件或需求。
- 有了这个参照系，可以重建知识库或数据库并进而分析知识过程。
- 个体知识活动可以分配给相关的信息管理操作以及引用到可用数据基础中。

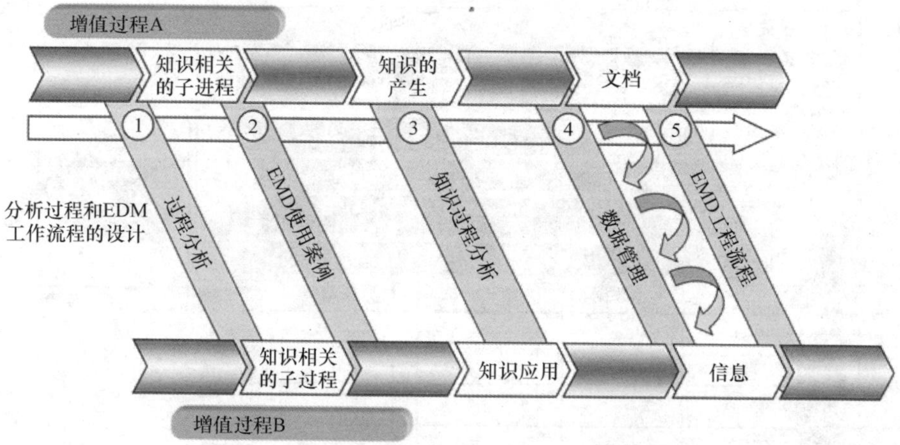

图 9-30　操作化 EDM 的分析和设计过程

因此，尽管已经在此证明它可用于 EDM 工作流程的实现，但该过程模型也可应用于知识导向型的数据管理分析。

设计措施的综合考虑

通过组合基于知识的战略和运营设计措施，可以创建一个综合的、基于知识的工程数据管理。

图 9-31 显示了集成方法中使用的主要起点，该方法也可用于系统的和连续的 EDM 开发。

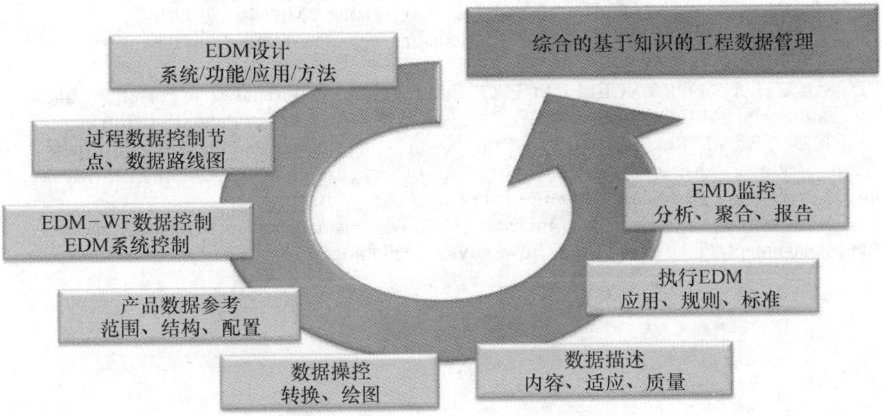

图 9-31　集成知识导向型工程数据管理的模型

参 考 文 献

1. Hirz, M.: An approach of multi disciplinary collaboration in conceptual automotive development. Int. J. Collaborative Enterp. **2**(1), 39–56 (2011)
2. GCIE: Global Cars Manufacturers Information Exchange Group, Model Year (2008)
3. Nelsen, M.: FCM - Fast Concept Modeller. Product Presentation (2009)
4. International Organization for Standardization: Road vehicles - Functional safety. ISO 26262 (2009)
5. Hänschke, A., Kramer, F., Kondzilla, R., Wollert, W.: Das rechnergestützte Entwicklungssystem für Fahrzeuge AURORA. VDI-Berichte **613** (1986)
6. Heinke, O., Kondziella, R., Appel, H.: Variable Konzeptentwicklung mit einem Fahrzeugentwurfsystem. VDI-Berichte **968** (1992)
7. Deter, T., Oertel, C.: Einsatz eines Entwurfssystems beim Entwicklungsprozeß des Automobils. ATZ Automobiltechnische Zeitschrift **97** (1995)
8. Zimmer, H., Hövelmann, A., Frodl, B., Hänle, U., et al.: Entwurfstool zur Generierung parametrischer, virtueller Prototypen im Fahrzeugbau. VDI-Berichte **1559** (2000)
9. Bulheller, K.: Das Produktmodell als Kommunikationsbasis im Entwicklungsverbund. VDI-Berichte **1148** (1994)
10. Rasenack, W.: Parametervariation als Hilfsmittel bei der Entwicklung eines Parameter-Package, vol. D 83. Offset-Druckerei Gerhard Weinert, Berlin (1998)
11. Gessner, K.: Package-Feature für die Kommunikation in der frühen Phase der Automobilentwicklung. Fraunhofer IPK/IRB (2001)
12. Forsen, J.: Ein systemtechnischer Ansatz zur methodischen parametrisch-assoziativen Konstruktion am Beispiel von Karosseriebauteilen. Shaker, Aachen (2003)
13. Dassault Systems: CATIA V6. Date of access: 2009–11-10. http://www.3ds.com/products/catia
14. Potthoff, J.: CAVA: Fahrzeugauslegung mit CATIA V5 unter Berücksichtigung gesetzlicher Vorgaben und Richtlinien. Die digitale Produktentwicklung **1148** (2008)
15. Tesch, F.: Strukturvariabilität: Ableitung von Derivaten in Produktfamilien mit CATIA V5 in frühen Phasen. Die digitale Produktentwicklung **1148** (2008)
16. Nikol, B.: Definition von Auslegungsmethoden durch Standardisierung von V5-Tools in der Audi-Konzeptentwicklung. Die digitale Produktentwicklung **II 1148** (2010)

17. Meyer, B.: Objektorientierte Softwareprogrammierung. Hanser, München (1990)
18. Transcat: CAVA - CATIA V5 Automotive Extensions Vehicle Architecture. date of access: 2008–11-14. http://www.transcat-plm.com
19. SFE - SOLUTIONS FOR EXCELLENCE, Gesellschaft für Strukturanalyse in Forschung und Entwicklung mbH/SFE CONCEPT: date of access: 2010–07-01. http://www.sfe-berlin.de
20. Dietrich, W., Hirz, M., Rossbacher, P.: Integration von geometrischen und funktionalen Aspekten in die parametrisch assoziative Modellgestaltung in der konzeptionellen Automobilentwicklung. In: 3. Grazer Symposium Virtuelles Fahrzeug, Graz (2010)
21. Dietrich, W.: Zur prozessorientierten Integration von Wissensmanagement in das Engineering Data Management. Phd Thesis, Graz University of Technology, Graz (2010)

Translation from English language edition:
Integrated Computer - Aided Design in Automotive Development
by Mario Hirz, Wilhelm Dietrich, Anton Gfrerrer and Johann Lang

图书在版编目(CIP)数据

汽车研发中的集成计算机辅助设计/（奥）马里奥·希尔茨（Mario Hirz）等著；尹必峰，董非译. —北京：机械工业出版社，2017.5
（汽车先进技术译丛）
书名原文：Integrated Computer - Aided Design in Automotive Development
ISBN 978-7-111-56882-7

Ⅰ. ①汽… Ⅱ. ①马… ②尹… ③董… Ⅲ. ①汽车 - 计算机辅助设计 Ⅳ. ①U462-39

中国版本图书馆 CIP 数据核字（2017）第 108588 号

机械工业出版社（北京市百万庄大街 22 号 邮政编码 100037）
策划编辑：孙 鹏 责任编辑：孙 鹏
责任校对：张 征 封面设计：鞠 杨
责任印制：李 飞
北京铭成印刷有限公司印刷
2017 年 6 月第 1 版第 1 次印刷
169mm × 239mm · 24.75 印张 · 插页 · 474 千字
0 001—3 000 册
标准书号：ISBN 978 - 7 - 111 - 56882 - 7
定价：199.00 元

凡购本书，如有缺页、倒页、脱页，由本社发行部调换
电话服务 网络服务
服务咨询热线：010 - 88361066 机 工 官 网：www.cmpbook.com
读者购书热线：010 - 68326294 机 工 官 博：weibo.com/cmp1952
010 - 88379203 金 书 网：www.golden - book.com
封面无防伪标均为盗版 教育服务网：www.cmpedu.com